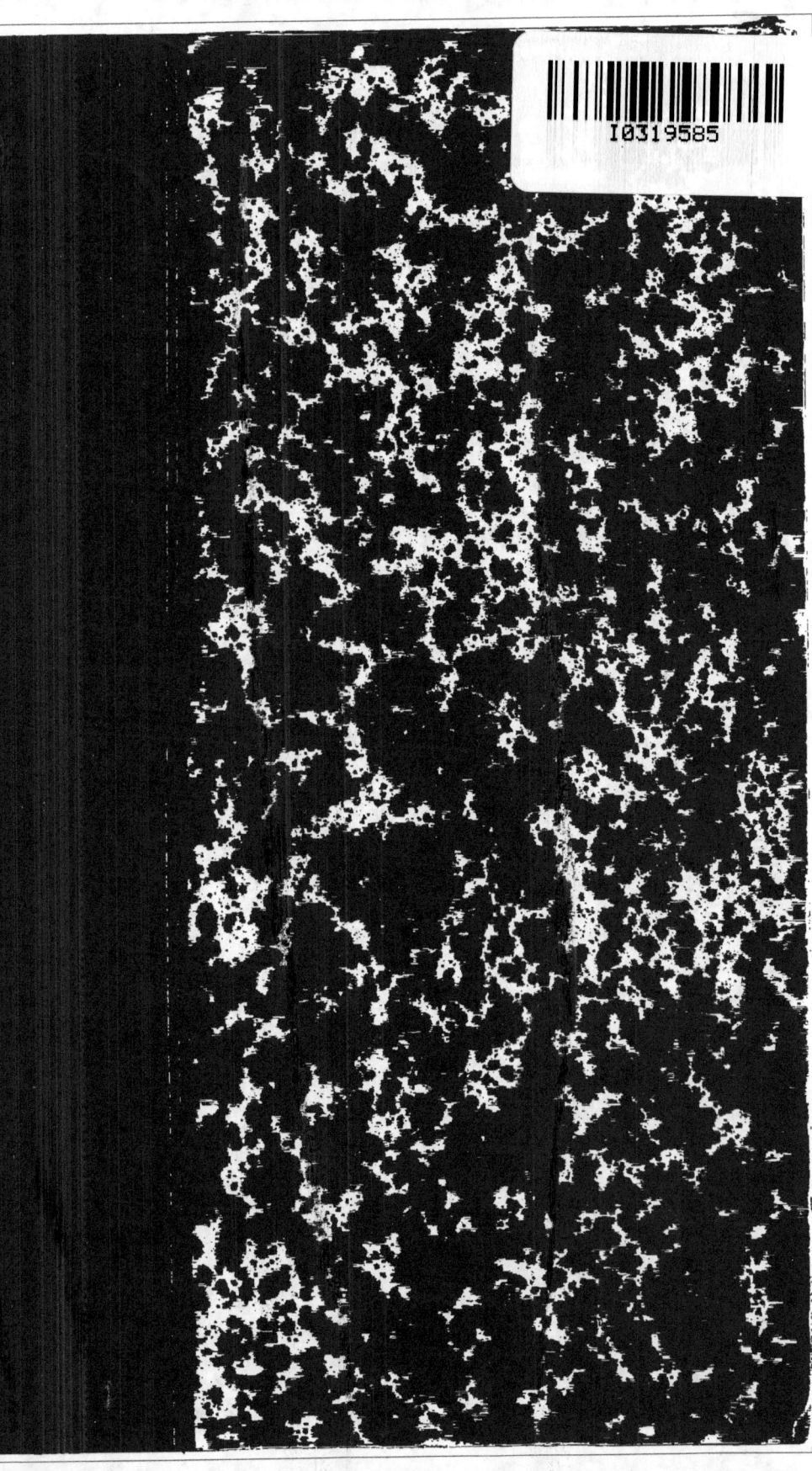

(Conserver la Couverture)

LA
Guerre
DE
1870-71

LES OPÉRATIONS AUTOUR DE METZ

Du 13 au 18 Août

III

Journées des 17 et 18 Août

BATAILLE DE SAINT-PRIVAT

PARIS
LIBRAIRIE MILITAIRE R. CHAPELOT et Ce
IMPRIMEURS-ÉDITEURS
30, Rue et Passage Dauphine, 30

1905
Tous droits réservés.

I h 4
230

LA
GUERRE DE 1870-71

LES OPÉRATIONS AUTOUR DE METZ
Du 13 au 18 Août

III

Journées des 17 et 18 Août

BATAILLE DE SAINT-PRIVAT

Publié par la Revue d'Histoire
rédigée à la Section historique de l'État-Major de l'Armée

LA Guerre DE 1870-71

LES OPÉRATIONS AUTOUR DE METZ
Du 13 au 18 Août

III
Journées des 17 et 18 Août

BATAILLE DE SAINT-PRIVAT

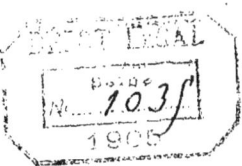

PARIS
LIBRAIRIE MILITAIRE R. CHAPELOT ET Cⁱᵉ
IMPRIMEURS-ÉDITEURS
30, Rue et Passage Dauphine, 30

1905
Tous droits réservés.

SOMMAIRE

La journée du 17 août en Lorraine.

I. Situation de l'armée française le 17 au matin.............	1
II. Le grand quartier général après la bataille (nuit du 16 au 17).	10
III. Retraite de l'armée française.........................	19
IV. Le grand quartier général pendant la journée du 17 août.....	49
V. Situation de l'armée française dans la nuit du 17 au 18 août..	56
VI. Les armées allemandes le 17 août......................	67

La journée du 18 août.

I. Matinée du 18 août. — Armées allemandes................	103
— Armée française................	148
II. Combat d'Amanvillers (jusqu'à 5 heures du soir)..........	188
III. Déploiement du 6ᵉ corps et combat de Sainte-Marie-aux-Chênes.	266
IV. Combat de Gravelotte (jusqu'à 5 heures).................	322
V. Le grand quartier général et les réserves................	397
VI. Combat de Saint-Privat (jusqu'à 7 heures)...............	414
VII. Suite du combat d'Amanvillers (de 5 heures à 7 heures).....	472
VIII. Prise de Saint-Privat. — Fin du combat à l'aile droite française (depuis 7 heures).............................	502
IX. Fin du combat sur le plateau d'Amanvillers (depuis 7 heures du soir)..	553
X. Fin du combat de Gravelotte (depuis 5 heures du soir)......	586
XI. La nuit du 18 au 19 août et la retraite sur Metz...........	680
Ravitaillements en vivres et en munitions pendant la période du 14 au 18 août...................................	741

LA GUERRE DE 1870-1871

La journée du 17 août en Lorraine.

I. — Situation de l'armée française le 17 au matin.

La lutte, longue et meurtrière, que venait de soutenir l'armée française n'avait nullement abattu son moral, et il est permis d'affirmer, d'après de nombreux et unanimes témoignages que, dans la soirée du 16, l'impression la plus généralement répandue était celle d'un succès. Quoique, dans la matinée, le 2e corps eût subi un réel échec, la résistance inébranlable qu'on avait ensuite opposée aux tentatives de l'adversaire sur tout le front de combat de l'armée fut considérée par tous comme la preuve manifeste d'une victoire.

Faisant allusion aux opinions qui se firent jour dans l'entourage du commandant en chef, le général Jarras dit : « Je ne pense pas qu'il se soit élevé une seule voix pour contester à l'armée française son succès. Elle était restée maîtresse du champ de bataille, c'est-à-dire qu'elle demeurait, le soir, sur le terrain même où elle avait combattu toute la journée ; en d'autres termes, elle avait gagné une bataille défensive (1). »

---

(1) *Souvenirs* du général Jarras.

Bien qu'on puisse retrouver la cause première d'une telle appréciation dans la conception qu'on avait alors de la *bataille défensive* à laquelle le général Jarras fait allusion, on ne saurait contester que cette appréciation eut la plus heureuse influence sur le moral des troupes considérées dans leur ensemble.

On doit observer toutefois que les diverses fractions de l'armée n'étaient pas toutes dans les mêmes conditions matérielles et morales, et il convient de rechercher la situation réelle de chacune d'elles, en tenant compte de l'impression qu'elle avait pu remporter du combat, des pertes qu'elle avait subies, des munitions qui lui restaient (1) et des vivres dont elle disposait encore.

Les pertes totales avaient été assez considérables, mais elles étaient, en fait, très inégalement réparties entre les divers éléments de l'armée, ainsi que le fait ressortir le tableau suivant (2) :

---

(1) Il ne pourra être question que des munitions d'artillerie, car il est impossible de reconstituer, dans le détail, les données relatives à la consommation et à la distribution des cartouches d'infanterie. On peut simplement, à ce sujet, faire cette observation générale que, si certains bataillons ou régiments avaient fait une très grande consommation de cartouches, les ressources dont disposaient les réserves divisionnaires et les parcs étaient beaucoup plus considérables qu'il n'était nécessaire pour combler sur place le déficit existant.

(2) Ce tableau indique pour chacune des divisions de l'armée :

1° Les pertes totales en officiers et en hommes de troupes;

2° Le nombre des bataillons, escadrons ou batteries présents sur le champ de bataille;

3° L'effectif moyen des hommes *disponibles* par bataillon, escadron et batterie;

4° Le *pour cent* des pertes en hommes d'infanterie, de cavalerie et d'artillerie.

L'effectif moyen des *disponibles* ne comprend pas seulement les hommes réellement *présents sur les rangs* (*), mais aussi tous ceux qui se trouvaient détachés pour la conduite et l'escorte des trains régimentaires ou des réserves des batteries. Il est à remarquer que

(*) Nombre impossible à déterminer au moyen des documents qu'on possède.

LA GUERRE DE 1870-1871.

	PERTES EN		NOMBRE DE			EFFECTIF MOYEN des HOMMES DISPONIBLES par			POUR CENT DES PERTES en hommes.		
	officiers	hommes	bataillons	escadrons	batteries	bataillon	escadron	batterie	d'infanterie	de cavalerie	d'artillerie
2ᵉ corps.											
1ʳᵉ Dⁿ	53	1182	13	»	3	580	»	150	15,5	»	4
2ᵉ Dⁿ	82	2249	13	»	3	670	»	150	25,5	»	4,5
Br. Lapasset	50	745	6¼	4	1	630	100	135	17,5	9	12,5
Dⁿ cavⁱᵉ	17	66	»	18	»	»	110	»	»	3,5	»
Résᵛᵉ d'artⁱᵉ	9	58	»	»	6	»	»	160	»	»	6
3ᵉ corps.											
1ʳᵉ Dⁿ	42	601	13	»	3	670	»	150	7	»	1
2ᵉ Dⁿ	1	20	13	»	3	580	»	140	0,25	»	0
3ᵉ Dⁿ	»	»	13	»	3	640	»	150	0	»	0
4ᵉ Dⁿ	5	103	13	»	3	630	»	150	1	»	1
Dⁿ cavⁱᵉ (1)	2	11	»	26	»	»	110	»	»	0,5	»
Résᵛᵉ d'artⁱᵉ	2	28	»	»	8	»	»	160	»	»	2
4ᵉ corps.											
1ʳᵉ Dⁿ	74	922	13	»	3	680	»	140	10	»	0,20
2ᵉ Dⁿ	14	267	13	»	3	650	»	150	3	»	0,35
3ᵉ Dⁿ	»	»	13	»	3	690	»	145	0	»	0
Dⁿ cavⁱᵉ	50	175	»	16	»	»	110	»	»	10	»
Résᵛᵉ d'artⁱᵉ	3	26	»	»	6	»	»	160	»	»	2,5
6ᵉ corps.											
1ʳᵉ Dⁿ	27	566	13	»	4	740	»	130	5,5	»	10
2ᵉ Dⁿ	31	233	3	»	2	530	»	180	12,5	»	9
3ᵉ Dⁿ	97	2043	12	»	3	670	»	150	24	»	10
4ᵉ Dⁿ	63	1038	12	»	2	660	»	135	13	»	5
2ᵉ chrs	2	1	»	4	»	»	110	»	»	0	»
Garde.											
1ʳᵉ Dⁿ	38	555	13	»	3	580	»	140	7	»	5,5
2ᵉ Dⁿ	75	1318	10	»	3	590	»	140	21	»	12,5
Dⁿ de cavⁱᵉ	46	366	»	29	»	»	110	»	»	11,5	»
Résᵛᵉ d'artⁱᵉ	2	29	»	»	6	»	»	145	»	»	3,5
Résᵛᵉ de cavⁱᵉ.											
1ʳᵉ Dⁿ	5	51	»	4	2	»	120	155	»	10,5	0
3ᵉ Dⁿ	26	148	»	16	2	»	110	155	»	5,5	16
Résᵛᵉ gⁱᵉ d'artⁱᵉ.											
13ᵉ	»	25	»	»	2	»	»	170	»	»	7,5
18ᵉ	5	85	»	»	6	»	»	135	»	»	10,5

(1) Moins le 2ᵉ chasseurs, dont 4 escadrons étaient affectés au 6ᵉ corps et un autre au grand quartier général.

On voit qu'au point de vue des pertes, et en considérant seulement celles de l'infanterie, — qui sont, en général, de beaucoup les plus considérables, — trois divisions avaient été fortement éprouvées et avaient laissé sur le terrain du quart au cinquième de leur effectif (1); quatre autres, — plus la brigade Lapasset, — avaient perdu du cinquième au dixième de leur effectif (2); quatre autres encore n'avaient subi que des pertes peu importantes (3) et les quatre dernières enfin pouvaient être considérées comme intactes (4).

De tous les corps d'armée, celui qui avait le plus souffert matériellement, était incontestablement le 2e corps, et c'était sans doute aussi celui qui, dans son ensemble, avait été le plus atteint par l'impression démoralisante d'une retraite précipitée. Mais on ne doit pas oublier, qu'à l'exception de la brigade Lapasset, maintenue énergiquement au combat par son chef, tout

---

les bataillons de chasseurs ayant, en général, un effectif très supérieur à celui des bataillons de la ligne, l'*effectif moyen* de ceux-ci se trouve ainsi sensiblement augmenté. La même remarque est applicable aux batteries de 12 et à certaines batteries à cheval, qui relèvent également la moyenne des batteries montées de 4 des réserves d'artillerie.

Il n'a pas été tenu compte des deux escadrons d'escorte du maréchal Bazaine $\left(\frac{5}{5 \text{ Hs.}} \text{ et } \frac{1}{2 \text{ Ch.}}\right)$, non plus que de celui du maréchal Canrobert $\left(\frac{6}{6 \text{ Ch.}}\right)$. Les autres escadrons d'escorte ont été compris parmi les divisions de cavalerie dont ils faisaient organiquement partie.

(1) $\frac{2 \text{ D}}{2}$, $\frac{3 \text{ D}}{6}$, $\frac{2 \text{ D}}{G}$.

(2) Br. Lapasset; $\frac{1 \text{ D}}{2}$, $\frac{4 \text{ D}}{6}$, $\frac{2 \text{ D}}{6}$, $\frac{1 \text{ D}}{4}$.

(3) $\frac{1 \text{ D}}{3}$, $\frac{1 \text{ D}}{G}$, $\frac{1 \text{ D}}{6}$, $\frac{2 \text{ D}}{4}$. Parmi celles-ci, la division de Cissey n'avait perdu, dans son énergique mais courte contre-attaque, que 3 p. 100 de ses fantassins.

(4) $\frac{4 \text{ D}}{3}$, $\frac{2 \text{ D}}{3}$, $\frac{3 \text{ D}}{3}$, $\frac{3 \text{ D}}{4}$.

le reste du corps Frossard avait disposé de l'après-midi entière du 16 pour se rallier auprès de Gravelotte et que, sous ce rapport, c'était l'un de ceux qui présentait le plus d'ordre dans la disposition de ses bivouacs.

Il sera démontré plus tard (1) que les batteries du 2ᵉ corps avaient consommé sur le champ de bataille la plus grande partie de leur approvisionnement en munitions de 4 et de 12 (2), mais qu'elles commencèrent à se recompléter auprès de leur parc à Gravelotte dans le courant même de l'après-midi, et qu'en somme le corps d'armée disposait encore de près de la moitié de son approvisionnement total (3).

En ce qui concerne les vivres, il paraît avéré, qu'en raison du grand nombre de sacs laissés par les hommes à leur bivouac du matin, une distribution était absolument nécessaire dans la soirée du 16. Mais il est à remarquer qu'il eût été certainement possible de faire faire cette distribution par le convoi administratif du corps d'armée, et au besoin par celui du grand quartier général qui, tous deux, étaient parqués à Gravelotte même (4).

---

(1) Dans un chapitre spécial consacré aux ravitaillements en vivres et en munitions pendant la période du 14 au 18 août. On se bornera ici à noter, par anticipation, les résultats obtenus.

(2) 80 p. 100 pour les batteries de 4 ; 95 p. 100 pour les batteries de 12 ; 26 p. 100 pour les batteries de mitrailleuses.

(3) Soit : 47 p. 100 de coups de 4 ; 49 p. 100 de coups de 12 ; 88 p. 100 de boîtes à balles.

Le recomplétement des batteries ne fut cependant pas achevé par le parc pendant la nuit du 16 au 17 et ne fut terminé, au Ban-Saint-Martin, que le 18 au matin.

(4) Les deux tiers des voitures des subsistances du convoi auxiliaire du 2ᵉ corps étaient encore présentes. Elles contenaient un jour de biscuit, trois ou quatre jours de vivres de campagne, et étaient accompagnées de quelques têtes de bétail.

Le convoi auxiliaire du grand quartier général comprenait : un jour

Le corps de la Garde avait combattu jusqu'à la nuit, mais une seule de ses divisions d'infanterie, celle des grenadiers, avait subi des pertes importantes. Les batteries n'avaient pas consommé le tiers de leur approvisionnement (1) et furent d'ailleurs entièrement recomplétées dans la nuit par le parc stationné à Gravelotte. Les hommes possédaient encore au moins deux jours de vivres dans le sac et le convoi administratif du train régulier (30 fourgons) était présent à Gravelotte. Comme d'autre part, les troupes avaient conservé jusqu'à la nuit leurs positions de combat, et qu'ensuite les bivouacs avaient été installés assez régulièrement autour de Rezonville (2), la division de voltigeurs pouvait être considérée comme absolument prête, soit à marcher, soit à recommencer la lutte dès les premières heures du jour, le lendemain (3).

Le 6ᵉ corps avait eu une division (4) très fortement, et deux autres (5) assez sérieusement éprouvées. Par surcroît, ces trois divisions étaient plus ou moins disloquées sur tout l'espace qui s'étend de Rezonville à Gravelotte.

---

et demi de vivres-pain, trois ou quatre jours de vivres de campagne, un troupeau de bétail, *pour toute l'armée*.

(1) 28 p. 100 des coups de 4; 27 p. 100 des coups de mitrailleuses.

(2) Sauf pour le 3ᵉ grenadiers, le IIIᵉ bataillon du 4ᵉ voltigeurs et les 2ᵉ et 3ᵉ brigades de cavalerie, qui campèrent à proximité de Gravelotte.

(3) « L'esprit des troupes était très bon, dit le général Garnier dans ses *Souvenirs inédits*; la certitude d'avoir lutté avantageusement contre des troupes supérieures en nombre (?) nous donnait une réelle confiance, et ce fut un grand malheur pour la France que notre chef n'ait pas su profiter de nos succès..... »

(4) $\frac{3 \text{ D}}{6}$.

(5) $\frac{2 \text{ D}}{6}$, $\frac{4 \text{ D}}{6}$.

La division Tixier, seule, n'avait subi que des pertes peu importantes et se trouvait bivouaquée dans des conditions permettant de la considérer comme immédiatement disponible le 17 au matin.

Pendant la journée du 16, l'artillerie du corps d'armée n'avait pas dépensé, au total, la moitié des munitions transportées par les batteries (1), et comme elle avait reçu sur le champ de bataille même quelques caissons du 2ᵉ corps et de la Garde, elle disposait encore, à la cessation du feu, de 67 p. 100 en coups de 4 et 80 p. 100 en coups de 12 de l'approvisionnement normal des batteries.

On doit observer néanmoins que le 6ᵉ corps se trouvait dépourvu de parc, ce qui nécessitait une mesure particulière à prendre en vue de son ravitaillement au moyen du parc d'un corps d'armée encore largement pourvu (2).

En ce qui concerne les vivres, et bien que les distributions antérieures eussent dû, normalement, assurer la subsistance des hommes au moins jusqu'au 17, il est permis de supposer, d'après des renseignements assez peu précis il est vrai, que les vivres du sac avaient été consommés prématurément et que par suite, une distribution générale s'imposait dès le 17 au matin. Le convoi auxiliaire du grand quartier général ayant été chargé de pourvoir aux besoins du 6ᵉ corps, il y aurait donc eu lieu de procéder à ces distributions sur le plateau de Gravelotte.

Le 3ᵉ corps n'avait subi, dans son ensemble, qu'un assez faible dommage matériel. Seule, la 1ʳᵉ division

---

(1) 42 p. 100 des coups de 4; 20 p. 100 des coups de 12.
(2) Par exemple celui du 3ᵉ corps, stationné entre Saint-Marcel et Villers-aux-Bois.

avait éprouvé des pertes sensibles, et se trouvait en outre assez morcelée entre Gravelotte et Rezonville. Les 2º et 4º étaient presque intactes et la 3º n'avait pris aucune part à la bataille. Au point de vue moral, la situation était certainement excellente, car dans la soirée le maréchal Lebœuf écrivait au commandant en chef une lettre dans laquelle il était question du « brillant succès » qu'on venait de remporter (1). . . . .

La consommation des munitions avait été relativement peu considérable (2), et bien que le parc, présent près de Villers-aux-Bois, n'eût pas achevé le recomplétement des batteries pendant la nuit, celles-ci possédaient réellement, le 17 au matin : 85 p. 100 en coups de 4 ; 62 p. 100 en coups de 12 ; 84 p. 100 en coups de mitrailleuses, de leur approvisionnement normal.

Les distributions antérieures auraient dû assurer la subsistance des hommes jusqu'au 19 inclus ; mais il apparaît que, là comme au 6ᵉ corps, un certain gaspillage des vivres du sac rendait une distribution nécessaire pour la journée du 18 (3). Il eût été d'ailleurs possible de procéder immédiatement à cette distribution au moyen des ressources portées par les 50 fourgons du convoi des subsistances arrivés depuis la veille à Saint-Marcel (4).

Quant au 4ᵉ corps, deux de ses divisions avaient,

---

(1) Lettre du maréchal Lebœuf au maréchal Bazaine, 16 août, 8 h. 30 du soir.

(2) 28 p. 100 en coups de 4 ; 63 p. 100 en coups de 12 ; 19 p. 100 en coups de mitrailleuses (de l'approvisionnement des batteries).

(3) Le maréchal Lebœuf réclamait instamment une distribution pour le 18. (Lettre du commandant du 3ᵉ corps, datée du 17 août, 4 h. 30 du soir.)

(4) Le convoi auxiliaire avait été, seul, maintenu au Ban-Saint-Martin.

seules, été engagées, et avaient, toutes deux, l'impression — justifiée — d'être restées maîtresses du champ de bataille ; ce ne fut qu'assez tard dans la nuit qu'on retourna à Doncourt pour y bivouaquer, et là les troupes furent complètement rassemblées dans la main de leurs chefs. La 3e division, arrivée très tard à Bruville, n'avait pas vu le feu et était, par conséquent, absolument intacte.

L'artillerie du 4e corps avait consommé dans la journée : 27 p. 100 en coups de 4 ; 64 p. 100 en coups de 12 ; 10 p. 100 en coups de mitrailleuses de l'approvisionnement normal des batteries.

Comme le parc était arrivé dès 3 heures de l'après-midi à Doncourt et qu'il commença pendant la nuit le recomplètement des batteries, celles-ci possédaient, dans la matinée du 17 : 93 p. 100 en coups de 4 ; 88 p. 100 en coups de 12 ; 99 p. 100 en coups de mitrailleuses, de leur approvisionnement normal.

Les vivres du sac, enfin, assuraient la subsistance des divisions les moins favorisées sous ce rapport jusqu'au 18 inclus.

Il paraît résulter de tout ceci qu'aux premières heures du jour, le 17 août, on pouvait considérer comme effectivement et immédiatement disponibles sept divisions d'infanterie (1) ainsi que l'artillerie de trois corps d'armée (2), tous échelonnés entre Gravelotte, Rezonville et Doncourt. Le 2e corps tout entier et la division Tixier du 6e, n'eussent pas tardé à l'être également, car il suffisait pour cela d'achever le recomplètement de leurs caissons d'artillerie au moyen de ressources se

---

(1) $\frac{2\,D}{3}, \frac{3\,D}{3}, \frac{4\,D}{3}, \frac{1\,D}{4}, \frac{2\,D}{4}, \frac{3\,D}{4}, \frac{1\,D}{6}$.

(2) 3e, 4e et Garde.

trouvant sur place. La division de grenadiers de la Garde était, comme on sait, complètement pourvue en vivres et en munitions ; on n'avait donc qu'à rallier ces diverses fractions, ce qui n'eût sans doute pas présenté de grandes difficultés puisque la plupart d'entre elles étaient réparties aux abords même de Rezonville.

Quatre divisions (1), enfin, et l'artillerie du 6ᵉ corps, étaient dans une situation qui nécessitait tout d'abord un rassemblement préalable d'éléments assez dispersés et un recomplétement immédiat de l'approvisionnement des batteries.

Au point de vue moral, et sauf pour quelques régiments qui avaient été fâcheusement impressionnés par les péripéties particulières d'un combat malheureux, on peut considérer que l'esprit de discipline et de dévouement de tous était encore à peu près intact. Officiers et soldats croyaient avoir remporté un succès le 14..... Nombreux et unanimes sont les témoignages de l'enthousiasme qui régnait dans les bivouacs pendant la nuit du 16 au 17..... Bien qu'on puisse discuter aujourd'hui, où les faits sont connus, la légitimité de cet enthousiasme, il n'en comptait pas moins très réellement alors, parce qu'il donnait la mesure des efforts qu'une direction énergique et éclairée eût encore pu demander à la troupe.

II. — Le grand quartier général après la bataille (nuit du 16 au 17).

Le Maréchal n'avait quitté le champ de bataille qu'à la nuit noire pour se rendre à Gravelotte, où il arriva vers 10 heures du soir, après s'être fait ouvrir un pas-

---

(1) $\frac{1\,D}{3}, \frac{2\,D}{6}, \frac{3\,D}{6}, \frac{4\,D}{6}$.

sage par son escorte à travers la multitude d'isolés qui encombraient la grande route (1).

Avant de quitter Rezonville, le commandant en chef s'était entretenu avec le maréchal Canrobert et les généraux Frossard et Bourbaki, auxquels il avait prescrit — bien platoniquement d'ailleurs — « de reprendre leurs anciens campements en les resserrant (2) », mais il n'apparaît nulle part qu'il se fût ouvert à eux, à ce moment, de ses projets pour le lendemain.

On a déjà dit qu'après le combat, toute l'armée — chefs et soldats — croyait avoir remporté un succès. Le commandant en chef ne paraît pas avoir échappé à cette même impression, car dès son arrivée à Gravelotte il télégraphiait au général Coffinières : « Nous avons livré aujourd'hui une bataille heureuse pour nous (3)..... »

En ce qui concerne l'effectif des troupes adverses qu'il avait combattues dans la journée, il est probable que le Maréchal partageait également les vues de plusieurs de ses subordonnés. Dans une lettre, datée de 8 h. 30 du soir et adressée au grand quartier général, le maréchal Lebœuf annonçait qu'on avait eu devant soi seize divisions prussiennes. D'autre part, le commandant en chef rendait compte à l'Empereur, le lendemain seulement, il est vrai (4), — qu'il avait eu affaire, dans la journée du 16, aux armées réunies du prince Frédéric-Charles et du général Steinmetz. Il est, d'ailleurs, à remarquer que les renseignements, généralement très pessimistes, —

---

(1) *Souvenirs* du général Jarras.
(2) Voir l'ordre du maréchal Bazaine aux commandants de corps d'armée pour la journée du 17 août et *Souvenirs* du général Jarras.
(3) Télégramme daté de Gravelotte, 16 août, 10 heures du soir.
(4) Dépêche du maréchal Bazaine à l'Empereur, datée du 17 août, 4 h. 30 du soir.

reçus dans la journée du 15 (1), aussi bien que la remarquable ténacité dont le général Alvensleben avait fait preuve sur le champ de bataille, pouvaient paraître légitimer cette appréciation, cependant erronée en fait (2). D'ailleurs, à 10 h. 30 du soir, le général Desvaux vint trouver le Maréchal à Gravelotte et lui fit part d'un renseignement recueilli par le général du Preuil auprès des habitants, et d'après lequel « de nombreuses colonnes prussiennes auraient traversé la Moselle pendant toute la soirée ». Il est donc très vraisemblable que le commandant en chef eut l'impression d'avoir combattu dans la journée des forces très supérieures à celles qui s'étaient réellement présentées, et qu'en outre il s'attendait à voir ces forces renforcées par des troupes fraîches dans la journée du lendemain.

Dans sa déposition devant le conseil de guerre de Trianon, le général de Ladmirault a déclaré qu'il n'eût pas hésité à attaquer le 17 au matin « pour maîtriser à nouveau la route de Mars-la-Tour », et ce que l'on sait déjà de la situation réelle du 4e corps ne permet pas de s'étonner que son chef ait pu formuler une opinion aussi affirmative.

De son côté, le commandant du 3e corps écrivait, à 8 h. 30 du soir, au maréchal Bazaine, « qu'il fallait s'attendre à une nouvelle affaire lorsque le Prince royal aurait fait sa jonction avec le prince Frédéric-Charles (sic) »..... et qu'il prenait toutes ses dispositions « pour le cas où la lutte recommencerait le lendemain ». Peut-

---

(1) Voir Fascicule II, *Journée du 15 août*, pages 58 et 59.
(2) Les renseignements recueillis pendant la journée du 16 étaient peu nombreux, en ce qui concerne les mouvements de l'ennemi autour de Metz. Cependant, plusieurs colonnes avaient été signalées par le poste de la cathédrale de Metz comme se dirigeant vers les ponts de la Moselle.

être, est-ce le souvenir quelque peu effacé de cette lettre qui fit déclarer au maréchal Lebœuf, lors du procès Bazaine, qu'il avait l'impression « qu'on compléterait le lendemain le mouvement tournant par la droite » et que s'il avait été consulté « il aurait été d'avis de recommencer la lutte le lendemain (1) ».

On doit cependant faire observer qu'au moment où il la formula, cette opinion devait être quelque peu flottante dans l'esprit du Maréchal, car il avait antérieurement exprimé devant le Conseil d'enquête sur les capitulations, l'avis que, selon lui, l'armée était trop en désordre pour qu'il fût possible de reprendre la lutte le 17 (2).

Le commandant de la Garde répondait, dans la soirée, à une demande de renseignements sur l'ennemi :

« Vionville est occupé. Il faudrait que le maréchal Lebœuf et le général de Ladmirault fussent chargés d'attaquer de flanc; nous pourrions nous conserver de front. Les Prussiens ont reçu du renfort; ils recommenceront demain (3). »

Enfin, le maréchal Canrobert a déclaré, au procès de Trianon, « qu'il eût été possible de marcher en avant (4) ». Cette parole n'est pas pour surprendre dans la bouche du vaillant Maréchal, mais il est permis de se demander si elle n'est pas plutôt la traduction de ses généreux désirs que le résultat d'une juste appréciation de la situation exacte dans laquelle se trouvaient les bataillons placés sous son commandement et dont la libre dispo-

---

(1) Déposition du maréchal Lebœuf, procès Bazaine, page 229.

(2) Déposition du maréchal Lebœuf devant le Conseil d'enquête sur les capitulations.

(3) Voir aux pièces annexes : Lettre du général Jarras au général Bourbaki et réponse du général Bourbaki.

(4) Déposition du maréchal Canrobert, procès Bazaine, page 225.

sition lui échappait momentanément par le seul fait de leur éparpillement.

D'ailleurs, le général Jarras, bien placé dans la circonstance pour connaître les opinions exprimées par quelques hautes personnalités le soir même de la bataille, rapporte dans ses *Souvenirs* que « le sentiment de beaucoup le plus répandu était qu'il convenait d'éviter une seconde grande bataille si c'était possible, et que, par suite, il y avait lieu de conduire l'armée vers le Nord, en prenant une nouvelle direction par Briey et Longuyon, afin de gagner de l'avance sur l'armée allemande ». « Il est vrai, ajoute le général, que tous ceux qui ont exprimé cette opinion ne l'ont pas maintenue plus tard ; mais j'ai pu constater, dans diverses circonstances, que les donneurs d'avis ou de conseils, quand les événements deviennent contraires à leurs prévisions, blâment des décisions ou des mesures qui n'ont été prises qu'à leur instigation, oubliant de bonne foi, je veux bien le croire, ce qu'ils avaient préconisé naguère. »

Si, d'ailleurs, on observe que les commandants des 3e et 4e corps, — dont les troupes étaient précisément celles qui étaient le plus en état de reprendre la lutte immédiatement, — ne furent pas à même de s'entretenir avec le Maréchal sur les projets pour le lendemain, il est permis de croire que le général Bourbaki fut le seul, parmi les généraux que rencontra le commandant en chef, qui fit allusion à un retour offensif de l'armée française par son aile droite.

Dans la lettre du maréchal Lebœuf, datée de 8 h. 30 du soir, le commandant du 3e corps avise le maréchal Bazaine, qu'au dire de prisonniers, l'adversaire avait engagé 16 divisions.

Or ces appréciations, bien qu'erronées, en fait, en ce qui concerne la journée du 16 août, ne manquaient pas de présenter une certaine vraisemblance s'il s'agissait de prévoir l'effectif qu'on pouvait avoir à combattre le

17. En prêtant à l'ennemi des projets et des dispositions raisonnables on ne pouvait manquer d'envisager comme très probable l'arrivée du gros des forces allemandes dès la matinée du 17 à proximité du champ de bataille de la veille, et l'on sait déjà que si les choses ne se passèrent point ainsi dans la réalité il faut en chercher la cause dans l'erreur initiale que commit le commandant de la IIe armée prussienne, — erreur que le commandement français ne pouvait évidemment escompter.

Attaquer à la première heure du 17 avec les divisions disponibles, ou bien remettre une offensive générale à une heure plus avancée de la journée, était donc s'exposer soit à essuyer une défaite, soit, — pour envisager le cas le plus favorable, — à ne remporter qu'un demi-succès, à la suite duquel le but stratégique, — replier l'armée derrière la Meuse, — n'en était pas moins irrémédiablement manqué.

En revanche, ce que l'on sait aujourd'hui de la situation réelle de l'armée après la bataille, paraît faire ressortir la possibilité que l'on avait de se retirer par le Nord sous la protection de fortes arrière-gardes qu'il eût été aisé de constituer avec des troupes presque intactes.

Malheureusement, ni le commandant en chef, ni probablement les états-majors, n'étaient à même, à cette époque, d'organiser une marche d'armée assez rapide pour qu'on pût espérer échapper définitivement à l'étreinte d'un adversaire qu'on sentait menaçant, et c'est probablement l'une des raisons majeures, mais inavouées, pour lesquelles le maréchal Bazaine, conscient de son incapacité, saisit la première occasion venue pour essayer de légitimer un mouvement de retraite vers la place de Metz.

Le soir de la bataille, en effet, le commandant en chef écrivait au Souverain à 11 heures du soir :

« La difficulté aujourd'hui gît principalement dans la diminution de nos parcs de réserve, *et nous aurions peine à supporter une journée comme celle du 16 avec ce qui nous reste dans nos caissons. D'un autre côté, les vivres sont aussi rares que les munitions* et je suis obligé de me reporter sur la ligne de Rozérieulles à Saint-Privat (1). »

A Gravelotte, il est vrai, le Maréchal avait été rejoint par le colonel Vasse-Saint-Ouen (2) qui lui rendit compte, de la part du général Soleille, de la situation générale de l'armée au point de vue des munitions : « Je fus chargé de dire que la consommation avait été *considérable*, dit le colonel, qu'on pouvait l'apprécier au tiers ou au quart de l'approvisionnement de l'armée en munitions d'artillerie, et qu'il serait utile d'envoyer à Metz, dans la nuit même, chercher de nouveaux caissons à munitions (3). »

Bien que le chiffre fourni ne fût évidemment que très approximatif, ainsi que le déclare d'ailleurs le général Soleille lui-même (4), il est difficile de s'expliquer comment il fut qualifié de « *considérable* » dans le compte rendu qui fut fait au maréchal. Mais, il semble, d'autre part, que le commandant en chef n'ait voulu retenir que cette épithète elle-même, car s'adressant à un officier d'état-major qui était près de lui, il lui dit : « Notre situation n'est pas brillante ! (5) »

Or, bien qu'il eût été très légitime de la part du

---

(1) Lettre du Maréchal à l'Empereur, 16 août, 11 heures du soir.
(2) Chef d'état-major de l'artillerie de l'armée.
(3) Instruction du procès Bazaine. Déposition du colonel Vasse-Saint-Ouen. On montrera plus tard combien cette dernière affirmation était erronée.
(4) Instruction du procès Bazaine. Déposition du général Soleille.
(5) Instruction du procès Bazaine. Déposition du colonel Vasse Saint-Ouen.

général Soleille de provoquer au plus tôt, ainsi qu'il le tenta réellement, des ordres nécessaires pour ravitailler l'artillerie en munitions, il semble que le chiffre du tiers ou du quart indiqué par lui, eût dû au contraire être considéré comme très rassurant, et comme permettant, à l'inverse des allégations du Maréchal dans sa lettre à l'Empereur, — de faire face à la consommation d'une nouvelle journée de lutte (1).

On sait qu'en ce qui concerne les vivres, certains corps de troupe avaient effectivement consommé prématurément les vivres du sac qui leur avaient été distribués à Metz. Il est hors de doute que le Maréchal connaissait cette situation, puisque le matin même de la bataille il en avait avisé l'intendant de Préval afin qu'il prît des mesures en conséquence (2). Peut-être même avait-il reçu confirmation de cet état de chose pendant la journée, au cours de laquelle le service de l'intendance ne put évidemment faire faire de distributions. Mais les convois des corps d'armée et du grand quartier général étaient encore largement approvisionnés, et certains d'entre eux, — ceux du grand quartier général et du 2ᵉ corps, — se trouvaient, dans la soirée du 16, à quelques pas de l'état-major du Maréchal, c'est-à-dire à proximité des troupes qu'il s'agissait de ravitailler. D'ailleurs, au moment d'arriver à Gravelotte, le Maréchal avait été rejoint par l'intendant de l'armée, — M. de Préval, — et ce haut fonctionnaire, ignorant sans doute lui-même la présence de convois des subsistances à Gravelotte, proposa au commandant en chef d'aller chercher au

---

(1) A la condition, bien entendu, de faire réapprovisionner les batteries par les parcs de corps d'armée, ce qui fut d'ailleurs en partie exécuté dans la nuit même, comme on le verra plus tard.

(2) Instruction du procès Bazaine. Déposition de l'intendant de Préval.

Ban-Saint-Martin une colonne de voitures qu'il comptait pouvoir amener sur le plateau le lendemain matin (1).

La pénurie de vivres n'était donc pas telle, en réalité, que le Maréchal se plaisait à la dépeindre au Souverain, et lui-même dut reconnaître plus tard, devant le Conseil d'enquête sur les capitulations, que les termes de sa lettre à l'Empereur étaient impropres et qu'il avait voulu simplement dire que des distributions aux troupes étaient nécessaires, — ce à quoi le président objecta : « Vous n'aviez qu'à faire venir les parcs et les convois sur le plateau (2)..... »

Bien qu'une partie de ces parcs et de ces convois fut, en réalité, déjà « sur le plateau », l'intendant de Préval fut autorisé à se rendre à Metz pour en ramener des vivres. D'autre part, le Maréchal écrivit au général Coffinières, dès son arrivée à Gravelotte, « qu'ayant consommé beaucoup de munitions, il avait besoin de les remplacer en en tirant de Metz ; *qu'il envoyait des ordres à cet effet* et qu'il priait le gouverneur de la place forte de prêter son concours à cette opération qui ne devait souffrir aucun retard (3) ».

Malheureusement, les *ordres* qu'il annonçait se bornèrent, en ce qui concerne le service des subsistances, à l'*autorisation* qu'il avait donnée à l'intendant de Préval dont la mission n'aboutit point, ainsi qu'il sera dit ultérieurement. Quant au ravitaillement en munitions, le Maréchal ne donna aucune suite à la demande formulée par le colonel Vasse-Saint-Ouen et se contenta d'adresser au gouverneur de Metz une nouvelle lettre, — portée

---

(1) Instruction du procès Bazaine. Déposition de l'intendant de Préval.

(2) Conseil d'enquête sur les capitulations. Interrogatoire du maréchal Bazaine.

(3) Lettre du maréchal Bazaine au général Coffinières, 16 août, 10 heures du soir.

par le capitaine Fix, — dans laquelle il le priait « d'aider l'intendance et l'artillerie dans les demandes qui lui seraient adressées pour satisfaire aux exigences du service (1) ».

Après avoir annoncé des ordres, le Maréchal paraissait s'en rapporter à l'initiative des chefs de service de l'intendance et de l'artillerie. Or, tandis que le premier était parti pour Metz sans même savoir ce que le Maréchal comptait faire le lendemain matin, le second recevait, à la suite de l'ordre général de retraite dont il va être bientôt question, la note suivante :

« Ces dispositions (c'est-à-dire la retraite de l'armée sur la position Rozérieulles, Saint-Privat) ne vous permettront probablement pas d'amener votre convoi de munitions sur nos positions actuelles. Vous aurez alors à les diriger sur les positions qui doivent être occupées dans la journée du 17. »

Il ressort donc clairement de ce qui précède que ce ne fut nullement la pénurie, — plus apparente que réelle, — de vivres et de munitions qui décida le Maréchal à se retirer sous Metz, mais qu'il saisit avec empressement le motif qui paraissait s'offrir à lui de justifier auprès de son souverain, — et sans doute auprès de ses subordonnés, — une mesure derrière laquelle il espérait masquer son insuffisance de chef et qui, dans tous les cas, le dispensait de résoudre par des dispositions énergiques et fermes une situation qui les réclamait impérieusement.

III. — Retraite de l'armée française.

En arrivant à Gravelotte vers 10 heures du soir, le général Jarras avait demandé au maréchal Bazaine quels

---

(1) Lettre du maréchal Bazaine au général Coffinières, 16 août, expédiée entre 11 h. 30 et minuit par le capitaine Fix.

ordres il devait transmettre de sa part pour le lendemain. Le commandant en chef lui répondit « qu'il le ferait prévenir lorsqu'il serait prêt à les lui donner..... » simple scène qui, à elle seule, dépeint très nettement le rôle qui était réservé au chef d'état-major général.

Ce dernier, cependant, fut appelé une heure plus tard chez le Maréchal qui lui *dicta* l'ordre suivant, lequel fut expédié vers minuit et demi :

Ordre pour la journée du 17 août.

Gravelotte, 17 août, minuit et demi.

« Ainsi que nous en sommes convenus, vous avez dû, à 10 heures, reprendre vos anciens campements en les resserrant.

« La grande consommation qui a été faite dans la journée d'aujourd'hui de munitions d'artillerie et d'infanterie, ainsi que le manque de vivres pour plusieurs jours, ne permettent pas de continuer la marche qui avait été tracée. Nous allons donc nous porter sur le plateau de Plappeville. Le 2ᵉ corps occupera la position comprise entre le Point-du-Jour et Rozérieulles. Le 3ᵉ corps se placera à sa droite à hauteur de Châtel-Saint-Germain, qu'il laissera en arrière. Le 4ᵉ corps sur la droite du 3ᵉ vers Montigny-la-Grange et Amanvillers. La Garde à Lessy et à Plappeville où sera le grand quartier général. Le 6ᵉ corps sera à Vernéville. La division du Barail suivra le mouvement du 6ᵉ corps à Vernéville et la division Forton s'établira avec le 2ᵉ corps (1).

---

(1) Aucun emplacement n'est indiqué à la réserve générale d'artillerie. Le général Jarras dut s'apercevoir de cette omission car il adressa au général Canu, la note suivante :

Gravelotte, 17 août, minuit et demi.

« Vous devez partir ce matin à 4 heures avec tout le personnel et

« Le mouvement devra commencer le 17, à 4 heures du matin, et sera couvert par la division Metman, qui tiendra la position de Gravelotte, et ira ensuite rallier son corps en passant par l'auberge de Saint-Hubert et prenant à la cote 338 (1) sur l'ancienne voie romaine, le chemin de grande communication, qui, passant en avant de Châtel-Saint-Germain et la ferme de Moscou à gauche, conduit à Montigny-la-Grange.

« Le général de Forton marchera avec le 2ᵉ corps.

« Dans le cas où l'ennemi entreprendrait une attaque sur une des directions à parcourir, le mieux serait d'indiquer comme point de ralliement le plateau qui est au-dessus de Rozérieulles entre Saint-Hubert et le Point-du-Jour. De là, on pourra se porter sur les campements indiqués plus haut.

« Bazaine. »

« *P.-S.* — Dans le cas où les troupes, qui sont en position depuis la bataille, y seraient encore, vous les rappelleriez dès à présent, si la sécurité de vos campements ne s'y oppose pas. »

Cet ordre extraordinaire parvint, en général, aux divers corps d'armée entre 1 heure et 2 heures du matin (2), sauf toutefois au 4ᵉ corps qui ne le reçut que vers 9 heures.

Toute l'armée, à l'exception du corps de Ladmirault, prit donc les armes avant le lever du soleil.

---

le matériel placés sous vos ordres. Vous suivrez le mouvement de la Garde impériale et vous vous établirez en prenant position derrière elle entre Lessy et Plappeville. Le colonel d'Andlau dirigera votre marche et vous indiquera le point sur lequel vous devez vous établir.

« Jarras. »

(1) 300 mètres au Nord de la ferme du Point-du-Jour.
(2) Procès Bazaine ; déposition du colonel Fay.

Bien que le général Jarras eût suppléé dans une certaine mesure à l'insuffisance de l'ordre de mouvement, en envoyant auprès de chaque corps d'armée un officier d'état-major chargé d'indiquer un itinéraire fixé à l'avance, le mouvement de retraite, commencé sur tous les points à la fois par les troupes stationnées entre Saint-Marcel et Gravelotte, occasionna dès le début des croisements et des encombrements tels que nombre de colonnes déjà en marche durent marquer le pas pendant de longues heures ou chercher une autre voie que celle qui leur était indiquée, augmentant encore ainsi la lenteur et les difficultés de la marche.

En raison même de l'enchevêtrement des diverses colonnes, il paraît nécessaire, avant de suivre pas à pas les opérations de chacun des corps d'armée, de donner d'abord un tableau d'ensemble du mouvement tel qu'il fut exécuté, sinon tel qu'il fut prévu par le chef de l'état-major général dans l'étude sommaire qu'il avait faite au sujet des itinéraires à suivre (1) (2).

La grande route de Gravelotte à Metz, avait été affectée, dans le principe, à toutes les voitures des convois du grand quartier général, des parcs et des ambulances, en même temps qu'à la Garde, au 2ᵉ corps, à la réserve générale d'artillerie et à la 3ᵉ division de cavalerie. Quand la plus grande partie de l'interminable file des convois, dirigée par le colonel Fay (3), se fut engagée sur la route du Point-du-Jour, la Garde, qui avait quitté Rezonville à la première heure, s'ébranla à sa suite. Mais dès que la division de voltigeurs et la réserve d'artillerie de la Garde eurent défilé, la réserve générale d'artillerie puis le 2ᵉ corps prirent rang dans la colonne, tandis que

---

(1) Étude dont on ne retrouve aucune relation écrite complète.
(2) Voir les croquis nᵒˢ 1 et 2.
(3) Du grand état-major général.

la division de grenadiers et la division de cavalerie de la Garde reçurent l'ordre de s'écouler vers le Nord par la route de la Malmaison, route sur laquelle allaient bientôt s'engager les fractions des 3ᵉ et 6ᵉ corps stationnées près de la maison de Poste (1). Ces dernières fractions vinrent aussi grossir, à partir de la Malmaison, le flot des troupes qui débouchaient de Bagneux et s'engageaient sur le chemin de Vernéville pour chercher un passage par la ferme de Chantrenne (division de cavalerie du 2ᵉ corps; divisions Montaudon et Aymard du 3ᵉ).

La réserve générale d'artillerie, puis le 2ᵉ corps, suivirent la Garde vers le Point-du-Jour tandis que la division de cavalerie de Forton parvenait à franchir l'étroit défilé de la Mance en se faufilant à travers les carrières qui bordent la route.

Toutes les troupes du 3ᵉ corps, bivouaquées près de Villers-aux-Bois et de Rezonville (division Aymard et fractions de la division Montaudon), s'écoulèrent par Villers-aux-Bois et Bagneux, puis se réunirent à la Malmaison aux fractions dont il vient d'être question et qui affluaient directement des environs de Gravelotte.

La division Nayral et la réserve d'artillerie du 3ᵉ corps, bivouaquées près de Saint-Marcel, gagnèrent Vernéville par la Caubre. Mais elles se heurtèrent à toutes les troupes du 6ᵉ corps qui s'installaient au bivouac autour du télégraphe, puis aux nombreuses colonnes qui venaient de la Malmaison et cherchaient un passage par la ferme Chantrenne. Elles durent donc s'arrêter assez longtemps avant de se remettre en route pour le plateau de Leipzig.

---

(1) Fractions des divisions Montaudon, Levassor-Sorval et La Font de Villiers.

Enfin, le 4ᵉ corps quitta Doncourt à une heure avancée de la matinée pour se rendre à Amanvillers par Anoux-la-Grange, et arrêta ainsi les colonnes du 6ᵉ corps qui, sur ces entrefaites, venaient de quitter elles-mêmes leurs positions autour de Vernéville pour gagner les hauteurs de Saint-Privat.

Marche de la Garde, du 2ᵉ corps, de la réserve générale d'artillerie et de la 3ᵉ division de cavalerie. — Le colonel Fay, chargé de la direction des convois et des parcs réunis autour de Gravelotte, avait fait mettre sa colonne en marche de très bonne heure. Bien qu'il soit impossible de fixer exactement l'heure du départ, il est probable que ce dernier eut lieu au plus tard à 4 heures du matin, puisque la colonne, comprenant les convois du grand quartier général et du 2ᵉ corps et les parcs d'artillerie de la Garde et du 2ᵉ corps, précéda les premières troupes qui, parties de Rezonville à 4 heures du matin, durent se présenter elles-mêmes à Gravelotte avant 5 heures (1).

La division de voltigeurs de la Garde, en effet, avait rompu à l'heure indiquée par l'ordre de l'armée et s'était engagée à partir de Gravelotte à la suite des convois (2). La marche cependant fut coupée de longs temps d'arrêt, car le général Deligny ne parvint sur le plateau du Point-du-Jour qu'à partir de 8 heures du matin (3). Il y fit une halte de deux heures et reprit ensuite son mouvement sur Plappeville, en suivant l'ancienne voie romaine, vers Châtel-Saint-Germain puis Lessy. Pendant cette halte, la réserve d'artillerie de la

---

(1) Conclusions tirées des dépositions du colonel Fay (*Procès Bazaine*, page 258), et de l'intendant Bagès (*Instruction du Procès Bazaine*) ainsi que du *Journal* de l'adjoint à l'intendance Boutellier.

(2) Les chasseurs à cheval de la Garde marchaient avec la division.

(3) 2ᵏ,500 en trois heures environ.

Garde avait défilé par la grande route devenue libre et se rendait sur le plateau du mont Saint-Quentin en passant par Longeau.

La division de grenadiers, accompagnée des guides, s'était mise en route à peu près à la même heure que les voltigeurs ; elle s'avança, à travers champs, jusqu'à Gravelotte, où elle fut ralliée par le 3ᵉ régiment de grenadiers qui avait, comme on sait, passé la nuit près du village. Il était alors à peu près 5 heures du matin. A cause de l'encombrement qui régnait déjà sur la route de Moulins, le général Picard reçut l'ordre de s'engager, avec la division de cavalerie Desvaux, sur la route de la Malmaison qui se trouvait encore libre en cet instant.

La division de cavalerie partit la première et gagna Vernéville, puis se confia à un guide qui la conduisit, à travers champs, jusqu'à Amanvillers. S'engageant ensuite sur le chemin qui conduit à Châtel, elle remonta sur le plateau de la ferme Saint-Vincent, où elle fit une longue halte pour faire manger les hommes et les chevaux. Elle arrivait à 4 heures sur le plateau qui domine Plappeville pour y installer son bivouac, lorsque, sur de nouveaux ordres, on la fit redescendre par Lessy sur le moulin de Longeau qu'elle n'atteignit qu'après une marche rendue très lente par le croisement (à Lessy) de colonnes de voitures appartenant à la Garde.

Enfin, la division de grenadiers, formée en colonne sur la route à partir de Gravelotte, dépassait la lisière Nord du bois des Génivaux, sans rencontrer de troupes ; elles se jetait alors à travers champs vers la ferme de Chantrenne, puis Leipzig et Châtel, et gagnait ensuite son bivouac de Plappeville (où elle arrivait vers 1 heure), après avoir fait une grand'halte au sortir de Lessy.

Dès 4 heures du matin, le général Frossard avait fait prendre les armes à son corps d'armée, mais il fallut attendre, pour se mettre en marche, que la Garde, puis les neuf batteries de la réserve générale d'artillerie eussent défilé sur la route. Les batteries du général Canu suivirent la Garde par la chaussée de Metz et parvinrent sur le plateau du Saint-Quentin vers 1 h. 30. Là, elles furent rejointes par les trois batteries de 12 (1) laissées à Metz, batteries que le général Soleille avait prié le général Coffinières de lui renvoyer au plus tôt (2).

Pendant que le 2ᵉ corps attendait son tour de prendre rang dans la colonne, le général Fauvart-Bastoul, commandant provisoirement la 2ᵉ division, voulut faire reprendre à ses régiments les sacs laissés aux bivouacs de Flavigny; il parvint, avec ses troupes d'infanterie, jusque sur le plateau 311, au Sud-Ouest de Rezonville. Mais là, il fut rejoint par le chef d'état-major de la division qui lui apportait l'ordre formel du général Frossard de faire demi-tour (3).

Quand la grande route fut enfin libre, le 2ᵉ corps d'armée se mit en marche dans l'ordre suivant : 2ᵉ division, — 1ʳᵉ division, — brigade Lapasset formant arrière-garde (4). La marche fut très lente, comme celle de la Garde. A son arrivée au Point-du-Jour, la division de tête dut faire une halte, sans doute pour laisser défiler les voltigeurs de la Garde qui s'étaient arrêtés en ce point pendant que la colonne d'artillerie qui les suivait (réserve de la Garde et réserve générale) s'écoulait par la grande route vers Metz. Quand le 2ᵉ corps se présenta,

---

(1) $\frac{5, 6, 8}{13}$.

(2) Lettre du général Soleille au général Coffinières, datée de Gravelotte, 16 août (après la bataille); et Historique du 13ᵉ régiment d'artillerie.

(3) *Souvenirs* du général Devaureix, alors lieutenant au 66ᵉ et Historiques des 8ᵉ et 67ᵉ régiments. (Man. de 1871.)

(4) La place de la réserve d'artillerie n'est indiquée formellement nulle part. Elle marchait soit en tête, soit entre la 1ʳᵉ division et la brigade Lapasset, puisque celle-ci formait l'arrière-garde.

c'est-à-dire vers 10 heures, le général Deligny fit reprendre la marche, et la division Fauvart-Bastoul put, dès lors, s'installer au bivouac sur le plateau, le long et au Nord de l'ancienne voie romaine, près des bois de Châtel. Il était alors 11 heures. La division Vergé s'arrêtait à peu près à la même heure à l'Est du Point-du-Jour, pendant que la réserve d'artillerie, s'engageant sur la voie romaine, venait former son parc sur le plateau 346-347, c'est-à-dire au milieu des régiments de la 2e division.

Quant à la brigade Lapasset, on sait que le groupe principal (1) s'était replié vers Gravelotte au milieu de la nuit. Les deux bataillons du 97e restés à Rezonville, avaient quitté cette localité à 5 heures du matin. Toute la brigade, — y compris le 3e lanciers, la 7e batterie du 2e et la 2e compagnie du 14e chasseurs qui lui servait d'escorte, — forma l'arrière-garde du 2e corps et arriva, vers midi, sur l'éperon 332-334 qui domine Rozérieulles.

La division de cavalerie Forton monta à cheval à 6 h. 30 ; mais dans l'impossibilité où elle se trouvait de prendre la grande route à cause de l'encombrement qui y régnait, elle contourna le village de Gravelotte par le Sud, descendit dans le ravin en longeant la chaussée et parvint à gagner l'autre rive en se faufilant à travers un terrain coupé de carrières qui avoisine la ferme Saint-Hubert. Elle ne se trouva réunie sur le plateau, avec ses deux batteries à cheval, que vers 10 h. 30 du matin, c'est-à-dire après une marche des plus lentes ; les hommes étaient à cheval depuis quatre heures et l'on n'avait encore parcouru que trois kilomètres. Le général ordonna une halte auprès de voitures du service des

---

(1) 84e et $\frac{\text{III}}{97}$.

subsistances qui se repliaient sur Metz et fit distribuer quelques vivres à ses hommes et de l'avoine à ses chevaux. Outre les fourgons du convoi dont il vient d'être parlé, des cacolets et des voitures d'ambulance continuaient à défiler sur la route. La division de cavalerie reprit la marche au milieu de cette cohue de voitures et n'arriva à son bivouac dans le ravin de Châtel qu'aux dernières heures de l'après-midi (1).

Enfin, la division de cavalerie du 2ᵉ corps (2), précédée du 5ᵉ régiment de chasseurs, se mit en marche à la pointe du jour, c'est-à-dire vers 4 h. 30. Elle traversa le bois Leprince et déboucha près de la Malmaison sur les colonnes de la Garde, qui remontaient alors dans la direction de Vernéville. Elle parvint néanmoins à traverser la route et pénétra dans le bois des Génivaux à travers lequel elle gagna la ferme de Chantrenne. De là, elle se dirigea sur la Folie, puis, après une courte halte en ce point, elle descendit dans le ravin de Châtel où elle s'installa au bivouac entre la localité de ce nom et le moulin de Longeau. Il était alors 11 h. 30.

Quant au 4ᵉ chasseurs, il se rendit directement à Rezonville et suivit la grande route jusqu'au plateau du Point-du-Jour, où il s'arrêta auprès de la 1ʳᵉ division du 2ᵉ corps. Il ne rejoignit sa division qu'un peu plus tard, dans le ravin de Châtel.

Déploiement de la division Metman autour de Gravelotte. — L'ordre de mouvement pour la journée du 17 août prescrivait à la division Metman de couvrir, sur le plateau de Gravelotte, la retraite de l'armée.

---

(1) *Relation* du commandant Le Flem et Historiques des régiments de la 3ᵉ division de cavalerie. (Man. de 1871.)

(2) A l'exception du 4ᵉ chasseurs qui avait passé la nuit au Sud-Ouest de Saint-Marcel et qui marcha isolément le 17.

Dès que le terrain eut été suffisamment déblayé par les troupes qui y stationnaient (1), le général commandant la 3ᵉ division du 3ᵉ corps, prescrivit à la 1ʳᵉ brigade, à laquelle on adjoignit la batterie de mitrailleuses, de se porter dans la direction de Rezonville en appuyant sa droite au bois Leprince, et à la 2ᵉ brigade de surveiller les débouchés du bois des Ognons, et la direction d'Ars. Le 7ᵉ bataillon de chasseurs devait tenir le fond du ravin de la Mance, à l'extrême gauche de la division, pendant que la compagnie du génie mettrait le village de Gravelotte en état de défense. Enfin, le 6ᵉ escadron du 10ᵉ chasseurs surveillait la direction de Rezonville.

Le 71ᵉ régiment fut, par suite, placé au Sud de Gravelotte, à cheval sur la route d'Ars, et le 59ᵉ fut formé derrière lui ; le 7ᵉ bataillon de chasseurs descendit dans le ravin de la Mance.

La 1ʳᵉ brigade se déploya face à Rezonville, au delà de la maison de Poste : le 7ᵉ régiment à droite, entre le bois de la Jurée et la route, la batterie de mitrailleuses sur les pentes orientales du ravin.

Pendant une partie de la matinée, on observa des mouvements de troupes ennemies au Sud de Rezonville, mais tout se passa tranquillement.

Cependant, lorsque toutes les troupes françaises eurent évacué la rive droite de la Mance, le général Metman donna l'ordre de la retraite, « qui se fit dans le plus grand ordre et par échelons ».

Seules, certaines fractions du 7ᵉ bataillon de chasseurs à pied et du 71ᵉ régiment échangèrent, comme

---

(1) C'est-à-dire probablement vers 6 heures du matin, car alors le 2ᵉ corps s'était rapproché de la route de Gravelotte et les fractions des divisions La Font de Villiers et Montaudon s'apprêtaient à suivre la Garde vers la Malmaison. D'ailleurs, l'Historique du 7ᵉ régiment dit qu'il reçut l'ordre de se porter en avant un peu après que les zouaves de la Garde eurent défilé derrière lui sur la route. Comme ceux-ci suivaient la cavalerie du général Desvaux, il devait être plus de 5 h. 30.

on le verra plus loin, quelques coups de feu avec des tirailleurs de l'avant-garde du VII° corps prussien (1).

Quand la division eût passé le ravin de la Mance, quelques tirailleurs ennemis se montrèrent sur la lisière orientale des bois de Vaux (2); le général Metman fit alors mettre en batterie les mitrailleuses du capitaine Mignot entre la ferme Saint-Hubert et le Point-du-Jour. Après quelques coups, les tirailleurs disparurent dans le bois et toute la division installa son bivouac au Nord de la ferme de Moscou.

Marche des 3° et 6° corps. — On se rappelle que les grenadiers de la Garde, précédés des deux brigades du général Desvaux s'étaient engagés de très bonne heure (peu après 5 heures), sur la route de la Malmaison à Vernéville.

Dès la pointe du jour, le général Montaudon avait prescrit à ses bataillons de se rallier à la ferme de Bagneux pour reprendre les sacs qu'on y avait laissés la veille. La 1re brigade, à laquelle se joignirent les fractions du 84° et du 95° restées sur la lisière du bois des Ognons (3), s'écoulèrent, avec les deux batteries bivouaquées près de la maison de Poste (4), à la suite de la Garde sur la route de la Malmaison. D'autre part, le 95° et le III° bataillon du 84° restés près de Rezonville, partirent de grand matin et rallièrent toute la division à Bagneux (5).

---

(1) Deux compagnies du 71° prussien (avant-garde du VII° corps).
(2) Rapport du général Metman, daté du 23 août.
(3) $\frac{I, II}{81}$ et 3 c $\frac{III}{95}$.
(4) $\frac{5, 7}{8}$.
(5) La batterie de mitrailleuses de la division $\left(\frac{8}{8}\right)$ était restée près de Saint-Marcel. Elle rejoignit isolément. Itinéraire inconnu.

Mais pendant que la 1re division du 3e corps se rassemblait en ce point, la 4e s'était elle-même ralliée près de la route d'Étain au Nord de Villers-aux-Bois, puis s'était engagée sur la route de Bagneux. Les 1re et 4e divisions du 3e corps formèrent donc une seule colonne qui gagna la Malmaison pour prendre ensuite la route de Vernéville puis contourner le bois des Génivaux par la ferme Chantrenne. La division Montaudon, marchant en tête arriva de bonne heure sur le plateau de la Folie où elle installa son bivouac (1). La division Aymard se rendit à la ferme de Leipzig où elle s'arrêta pour faire le café, puis prit, vers 2 heures de l'après-midi, ses bivouacs au Sud de la ferme de Moscou.

Pour protéger la retraite des troupes massés autour de Saint-Marcel, le maréchal Lebœuf avait prescrit à la division de cavalerie de Clérembault de monter à cheval dès le matin et de surveiller les directions de Vionville et de Mars-la-Tour. En conséquence, la division traversa le ravin de Saint-Marcel à Bruville et alla se former sur les crêtes qui dominent le bois de Tronville. De là, vers 7 heures du matin, on aperçut dans la direction de Mars-la-Tour quelques escadrons prussiens. Comme en cet instant, le général de Berckheim, resté sans soutien pour ses batteries à la suite du départ de l'infanterie, venait demander une escorte au général de Clérembault, celui-ci, après avoir mis deux escadrons du 2e dragons à sa disposition, lui demanda à son tour deux batteries pour le cas où il serait attaqué (2).

Les escadrons prussiens ayant disparu et l'ennemi ne se montrant plus sur aucun autre point, le général de Clérembault rétrograda à travers champ avec sa division et ses deux batteries, prit la direction de

---

(1) A 8 heures. (Rapport du général Montaudon.)
(2) Les 3e et 4e batteries à cheval du 17e furent alors détachées auprès de la division de cavalerie.

Bagneux et arriva vers 11 heures à Vernéville où l'encombrement était grand par suite de l'arrivée en ce point de toutes les colonnes du 6e corps. On fit une halte d'environ une heure et demie, puis on gagna la ferme de Leipzig en contournant le bois des Génivaux par la ferme Chantrenne sur le chemin que la division Aymard venait enfin de dégager (1).

Les divisions Bisson, Levassor-Sorval et La Font de Villiers, après avoir longtemps attendu que les 1re et 4e divisions du 3e corps eussent évacué la route de la Malmaison à Vernéville, étaient cependant parvenues à atteindre cette dernière localité.

La portion du 9e régiment campée au Nord de Rezonville s'était mise en marche à 5 h. 30 du matin ; celle qui avait passé la nuit près de la maison de Poste ne put partir qu'à 8 h. 30, à la suite de la division La Font de Villiers. Vers 10 heures, tout le régiment était réuni au Sud-Ouest de Vernéville auprès de la tour du télégraphe (2).

La division Levassor-Sorval, bivouaquée non loin de Rezonville à l'exception du 25e régiment, s'ébranla de bonne heure vers le Nord, traversa une partie du champ de bataille de la veille et gagna, par Villers et Bagneux, le village de Vernéville, au Sud duquel elle s'établit au bivouac entre 9 et 10 heures, le dos appuyé au château (3).

Enfin, la division La Font de Villiers, ralliée toute

---

(1) Rapport du général de Clérembault, daté du 21 août, et Historiques des corps de troupe. (Man. de 1871.)

(2) Les itinéraires sont inconnus. La première portion dut sans doute prendre par Villers-aux-Bois et Bagneux ; la seconde par Mogador et la Malmaison.

(3) Le 25e suivit probablement le flot des troupes campées autour de Gravelotte et s'écoula ainsi par Mogador et la Malmaison.

entière auprès de la portion campée au Sud du bois Leprince, s'engagea sur la route de Mogador. Mais arrivée à la Malmaison, elle trouva la route tellement encombrée de troupes (1), qu'après une pose interminable elle prit à travers champs et continua sa marche, en colonne par divisions à demi-distance. Elle n'arriva à Vernéville qu'à 11 heures et installa son bivouac près de la tour du télégraphe, face au Sud-Ouest (2).

Le 2e régiment de chasseurs avait reçu l'ordre de se rendre de Rezonville à Vernéville en passant à travers champs de manière à éviter d'encombrer encore les chemins. Après avoir traversé le bois Leprince, il se rendit à Vernéville par la Malmaison en suivant les abords de la route. A 10 h. 30 il formait son bivouac à l'Ouest du château et était rejoint un peu plus tard par le 2e régiment de chasseurs d'Afrique.

Quant aux troupes réunies autour de Saint-Marcel, — division Tixier, division Nayral et réserve d'artillerie du 3e corps, — elles s'écoulèrent directement sur Vernéville par la Caulre (3).

La division Tixier avait reçu l'ordre « de protéger, comme arrière-garde, la retraite du 6e corps sur Vernéville ».

Dès la première heure, le 10e régiment, couvert par des lignes de tirailleurs, quittait la voie romaine et venait se déployer au Nord du village de Saint-Marcel, dans lequel le 4e régiment avait laissé son Ier bataillon, tandis que les deux autres se formaient plus en arrière. Les Ier et IIIe bataillons du 100e s'étaient également

---

(1) Les heures d'arrivée à Vernéville montrent qu'il s'agissait de la colonne Levassor-Sorval.
(2) Journaux de marche de la division et de la compagnie du génie. Historiques des corps de troupe. (Man. de 1871.)
(3) On a déjà vu que la division de cavalerie du 3e corps avait suivi l'itinéraire : Bagneux, Chantrenne.

repliés vers Saint-Marcel et s'arrêtaient provisoirement à l'ancien emplacement du bivouac, c'est-à-dire au Sud-Est du village (1).

Des quatre batteries divisionnaires, deux seulement se trouvaient aux environs de Saint-Marcel (2); les deux autres avaient été entraînées pendant la bataille jusqu'à Gravelotte (3). Préoccupé de rallier ses batteries, qui avaient d'ailleurs beaucoup souffert la veille, le commandant de l'artillerie de la 1re division réunit son groupe à Vernéville dès 8 heures du matin, c'est-à-dire plusieurs heures avant que la colonne du général Tixier n'y arrivât elle-même (4).

Pendant que la 1re division du 6e corps, couverte vers le Sud-Ouest par la division de cavalerie de Clérembault, prenait ainsi une position d'arrière-garde autour de Saint-Marcel, la division Nayral du 3e corps se mettait en marche à 6 heures du matin et se dirigeait sur Vernéville et Chantrenne par la ferme de la Caulre; elle vint malheureusement se heurter aux colonnes qui contournaient le bois des Génivaux par le Nord $\left(\frac{4\,D}{3}\right)$, puis à celles qui débouchaient vers Vernéville $\left(\frac{4\,D}{6}\right)$, et dut ainsi faire une grand'halte, qui dura de 10 h. 45 à midi; elle par-

---

(1) Il est *probable* que le 12e régiment se plaça auprès du 100e avec lequel il formait brigade.

(2) $\frac{8}{8}, \frac{12}{8}$.

(3) $\frac{5,\ 7}{8}$.

(4) Journal du lieutenant-colonel de Montluisant.

A Vernéville, le lieutenant-colonel de Montluisant reçut sous ses ordres, les deux batteries de 12 du commandant Brunel $\left(\frac{9,\ 10}{13}\right)$ affectées jusqu'ici à la division Bisson.

vint ensuite à gagner la ferme de Leipzig vers 1 heure.

A la suite de la division Nayral, marchait la réserve d'artillerie du 3ᵉ corps, dont une batterie à cheval (1) s'établit, dès le début du mouvement de retraite de l'infanterie, au Nord de Saint-Marcel, avec l'un des escadrons de soutien que le général de Clérembault avait mis à la disposition du général de Berckheim. Les cinq autres batteries de la réserve quittèrent Saint-Marcel vers 8 heures et suivirent la division Nayral, s'arrêtant en même temps qu'elle sur le bord de la route. Mais pendant la grand'halte que fit faire le commandant de la division, elles purent continuer vers le plateau de Leipzig, où elles arrivèrent vers midi à la suite de la division Aymard (2) (3).

Le 2ᵉ régiment de chasseurs d'Afrique n'avait reçu l'ordre de mouvement pour le 17 que vers 8 heures du matin. Il monta aussitôt à cheval et gagna la Caulre par la grande route. Là, le maréchal Canrobert apprit au général du Barail que l'unique régiment de sa division était affecté au 6ᵉ corps pour former une brigade avec le 2ᵉ régiment de chasseurs. Mais, en cet instant, la colonne d'artillerie du 3ᵉ corps défilait sur la route de Vernéville et d'ailleurs la division Tixier, quittant sa position de Saint-Marcel, se mettait elle-même en marche à travers champs en colonne de divisions pour aller s'installer au Sud-Ouest de Vernéville. Le général du Barail fit donc mettre pied à terre aux chasseurs d'Afrique, qui ne reprirent leur marche qu'après le défilé de la division Tixier et arrivèrent les derniers sur

---

(1) $\frac{2}{17}$.

(2) Historiques des batteries de la réserve du 3ᵉ corps. (Man. de 1871.)

(3) On se rappelle que les 3ᵉ et 4ᵉ batteries du 17ᵉ marchaient avec la division Clérembault.

la croupe du Télégraphe, où ils joignirent le 2ᵉ régiment de chasseurs avec lequel ils allaient faire brigade, sous le commandement du général de La Jaille. Il était alors à peu près 11 h. 30 (3).

Marche du 4ᵉ corps. — L'ordre de mouvement, pour la journée du 17, ne parvint à Doncourt qu'un peu avant 9 heures, par suite d'un retard resté inexpliqué. Mais, comme à ce moment les hommes préparaient leur repas, le général de Ladmirault donna seulement l'ordre de faire filer de suite les convois sur Amanvillers et fixa l'heure du départ des troupes à midi, — heure qui fut un peu avancée, comme on le verra bientôt, à la suite de renseignements pessimistes parvenus un peu plus tard au quartier général du corps d'armée.

Dès la pointe du jour, le général de Gondrecourt, commandant provisoirement la division de cavalerie, avait dirigé de fortes reconnaissances du 2ᵉ hussards vers le champ de bataille de la veille, c'est-à-dire dans les directions de Vionville et de Mars-la-Tour.

A 6 heures du matin, les trois régiments et les deux batteries de la division Lorencez, campés à hauteur de Bruville, avaient pris les armes et occupaient respectivement : le 54ᵉ, la crête à l'Ouest du village, face au Fond de la Cuve ; la 1ʳᵉ brigade et les 8ᵉ et 9ᵉ batteries, la croupe comprise entre cette même localité et Saint-Marcel, c'est-à-dire face au Sud.

Cependant, et après plusieurs heures d'attente, le général de Lorencez avait prescrit d'aller reprendre les sacs où on les avait laissés la veille, au Nord de Doncourt. Le 54ᵉ exécutait déjà cette opération, quand, vers 10 heures, une reconnaissance du 2ᵉ hussards vint

---

(3) Les deux batteries à cheval de la division $\left(\frac{5, 6}{19}\right)$, laissées à Bruville pendant toute la nuit, rejoignirent isolément.

annoncer « qu'une masse considérable de cavalerie approchait (1) ». La 2ᵉ brigade tout entière, — y compris le 65ᵉ resté pendant toute la nuit au Nord de Doncourt, — revint reprendre position au Nord-Ouest de Bruville, tandis que la batterie Desvaux (10ᵉ du 1ᵉʳ) rejoignait les deux autres à l'Est du village. Les trois batteries s'installèrent à quelques mètres en arrière de la crête pendant que l'infanterie de la 1ʳᵉ brigade restait en bataille à 200 mètres plus en arrière encore.

Mais bientôt, le général Berger se crut menacé sur son flanc gauche par la « masse » de cavalerie signalée vers le Sud et pensa devoir faire front dans cette direction en se retirant sur le mouvement de terrain que suit la grande route à l'Ouest de Doncourt. Il fit donc faire demi-tour à sa brigade et lui fit exécuter un changement de direction à gauche en bataille, mouvement qui l'amena parallèlement à la chaussée sur la position qu'on vient d'indiquer (2).

Comme d'ailleurs l'ordre de mouvement du corps d'armée était parvenu sur ces entrefaites au général commandant la division, et que celui-ci se trouvait être chargé d'assurer le service de l'arrière-garde, il prescrivit à la 1ʳᵉ brigade et à l'artillerie de la 3ᵉ division de se replier dans le voisinage de la 2ᵉ brigade et de prendre position entre Doncourt et Bruville. Le mouvement s'exécutait vers 11 heures et l'artillerie prenait de nouvelles positions de combat à l'Ouest de Doncourt.

Quant à la division Grenier, dont le bivouac était installé au Sud du village, elle avait pris les armes à l'annonce de l'approche de l'ennemi et avait dégagé le

---

(1) Il s'agissait, comme on le verra plus loin, de trois escadrons du *11ᵉ hussards* prussien se dirigeant vers Jarny.

(2) Le général Berger avait poussé un *détachement* jusqu'à Jarny dès le début de l'alerte. La composition de ce détachement reste ignorée.

terrain, — vers 10 heures, — pour venir, — en attendant le départ, — se former au Nord-Ouest de la localité (1).

Cependant, cette fausse alerte avait déterminé le général de Ladmirault à avancer d'une heure le départ primitivement fixé à midi.

Dès 10 heures, les bagages et les convois avaient été mis en route sur Amanvillers par Jouaville et Habonville ; à partir de 11 heures les divisions s'ébranlèrent successivement à travers champs en colonnes serrées et dans l'ordre suivant : 1re division, 2e division, 3e division (2). La brigade de hussards flanquait la colonne sur sa gauche et l'éclairait dans la direction de Briey. Le 3e régiment de dragons marchait sur le flanc droit de la colonne, tandis que le 11e dragons formait la pointe d'arrière-garde en même temps qu'il flanquait, par un détachement, la droite de la division Lorencez. Enfin, les deux batteries de 12 de la réserve d'artillerie, que le général de Berckheim avait fait poster au Nord-Est de Doncourt et à proximité du chemin de Jouaville, pour protéger, le cas échéant, la retraite du corps d'armée, laissèrent défiler toute la colonne et marchèrent à sa suite jusqu'à Amanvillers. Quant aux quatre autres batteries de la réserve (3), elles furent dirigées sur Amanvillers par la Caulre, la Malmaison et Vernéville.

Arrivée à Anoux-la-Grange, la division de Cissey fit une halte d'une heure pendant laquelle la division

---

(1) Dès la première heure du jour, un bataillon du 43e avait été poussé jusqu'à la ferme Greyère pour en ramener les blessés. La compagnie de grand'garde du 98e rentra à Doncourt en même temps que lui.

(2) La division Lorencez, formant arrière-garde, suivait à distance, celle qui la précédait.

(3) $\frac{5,\ 6}{17}$ à Saint-Marcel et $\frac{6,\ 9}{8}$ à Bruville.

Grenier la dépassa. Celle-ci arriva donc la première à Amanvillers et s'établit au bivouac, vers 4 heures, entre ce village et le château de Montigny-la-Grange.

La division de Cissey, qui s'était remise en marche à la suite de la 2ᵉ, arriva vers 5 heures à Amanvillers où elle devait tout d'abord installer son camp. Mais, tant à cause du manque d'eau qui lui avait été signalé par le sous-chef d'état-major envoyé en reconnaissance que par suite de renseignements erronés sur la présence de l'ennemi dans le bois de Fèves, le commandant du 4ᵉ corps prescrivit au général de Cissey de s'étendre sur le plateau jusqu'à Saint-Privat et de former son bivouac face à l'Est. La 1ʳᵉ division franchit donc la voie ferrée et poussa jusqu'auprès de la route de Briey en occupant le village de Saint-Privat avec un régiment (le 73ᵉ). Mais comme le général de Cissey reconnut bientôt que les bruits alarmants dont il vient d'être question n'avaient rien de fondé, et que, d'autre part, le 6ᵉ corps arrivait lui-même, ainsi qu'on le verra bientôt, à Saint-Privat, il ne laissa que deux régiments (1.ᵉʳ et 6ᵉ) sur les emplacements choisis, et reporta vers le Sud les deux autres et le bataillon de chasseurs pour les établir derrière la 1ʳᵉ brigade.

Quant à la division Lorencez, qui survint vers 6 heures du soir à hauteur d'Amanvillers, elle reçut, du commandant de corps d'armée, l'ordre de gagner le plateau de la ferme Saint-Vincent, sur lequel elle s'établit, face à Metz, entre 7 et 8 heures du soir.

La division de cavalerie, enfin, prit son bivouac près et au Nord d'Amanvillers.

En résumé, le 4ᵉ corps, — si on le compare aux autres fractions de l'armée, — exécuta sa marche dans d'excellentes conditions. Mais il est à remarquer que pendant le défilé de ses colonnes entre Habonville et Amanvillers, il avait arrêté la marche du 6ᵉ corps qui, pour les raisons qu'on va dire, quittait alors Vernéville et se dirigeait vers Saint-Privat.

Retraite du 6ᵉ corps de Vernéville sur Saint-Privat. — A leur arrivée à Vernéville, les troupes du 6ᵉ corps avaient été disposées, ainsi qu'on l'a vu, en demi-cercle autour du village. Toutes les divisions, placées sur deux lignes étaient formées côte à côte. A la droite, la division Tixier, faisait face au Sud-Ouest et s'était engagée dans l'espace laissé libre par les parcelles des bois Doseuillons; à la gauche de celle-ci, la division La Font de Villiers campait à l'entrée du large couloir compris entre les bois Doseuillons et ceux de Bagneux; plus à gauche encore, la division Levassor-Sorval était adossée, en partie, aux murs du château, le long de la route venant de la Caulre; enfin, près de la tour de l'ancien télégraphe aérien, c'est-à-dire au centre des positions qu'on vient d'indiquer et près de la lisière méridionale du village, se tenaient le 9ᵉ régiment d'infanterie et les deux régiments de cavalerie désormais affectés au 6ᵉ corps.

Le corps du maréchal Canrobert se trouvait ainsi groupé sur un espace très restreint, à la naissance des pentes d'une large croupe dont le point culminant est marqué par la tour du télégraphe ; pentes descendant doucement vers Bagneux, la Caulre et Anoux-la-Grange, mais en grande partie couvertes, à très faible distance en avant des bivouacs, par les bois de Bagneux et les parcelles des bois Doseuillons. De larges espaces découverts permettaient néanmoins de faire mouvoir aisément des masses importantes de toutes armes dans les diverses directions (1), et la situation du 6ᵉ corps

---

(1) L'arrivée des troupes du 6ᵉ corps et leur installation autour de Vernéville le prouvent d'ailleurs surabondamment.

n'eût sans doute pas paru périlleuse s'il eût été conforme aux errements d'alors de faire tenir solidement les débouchés extérieurs des bois par quelques arrière-gardes.

Le commandant du 6ᵉ corps, qui professait une répugnance marquée pour les bois (1), apprécia cependant cette situation d'une manière toute différente au cours de la reconnaissance qu'il fit des environs de Vernéville pendant la matinée.

Le maréchal Canrobert, en effet, rencontra vers midi le colonel Lamy, du grand quartier général, et pria cet officier de faire observer au commandant en chef « que la position du 6ᵉ corps était très en l'air, et qu'elle paraissait difficile à défendre par suite de la présence des bois (2) ».

Peu de temps après le départ du colonel Lamy, un renseignement parvenait au quartier général du 6ᵉ corps, d'après lequel « l'armée ennemie était restée en position à Tronville, compacte et résolue » ; un autre, fourni par un habitant de Vaux, faisait savoir que des fuyards et des blessés refluaient vers Novéant et repassaient sur la rive droite de la Moselle.

Le maréchal Canrobert rendait compte de ces faits au commandant en chef quand parvint à Vernéville l'annonce que Gravelotte était attaqué par l'ennemi (3). Il

---

(1) Voir la déposition du maréchal Canrobert devant la Commission d'enquête sur les capitulations. Séance du 28 février 1872.

(2) Déposition du maréchal Canrobert devant le Conseil d'enquête. Séance du 28 février 1872.

(3) Le commandant du 6ᵉ corps demandait en outre au maréchal Bazaine si le bruit qui avait couru était fondé, d'après lequel l'armée française allait reprendre les positions de combat de la veille. Il ajoutait encore qu'il était prêt à exécuter ce mouvement, mais qu'il demandait instamment à être ravitaillé en vivres et en munitions.

La lettre du maréchal Canrobert fut portée à Plappeville par le sous-

était alors 1 heure à peu près. Le 4ᵉ escadron du 2ᵉ chasseurs soutenu par le Iᵉʳ bataillon du 28ᵉ était aussitôt envoyé en reconnaissance vers la Malmaison et les troupes du corps d'armée se tenaient prêtes à prendre les armes.

Cependant, l'escadron parvenait au Nord de Gravelotte au moment où la division Montaudon, déjà repliée sur le plateau de Moscou, faisait mettre en batterie ses mitrailleuses près de Saint-Hubert pour disperser les tirailleurs qui se montraient à la lisière des bois de Vaux. Tout paraissant calme aux environs de Gravelotte, les chasseurs à cheval rentrèrent au bivouac, mais le bataillon du 28ᵉ resta à la ferme de la Malmaison.

C'est sur ces entrefaites que le commandant du 6ᵉ corps reçut, vers 3 heures (1), du maréchal Bazaine, la lettre suivante en réponse à la communication transmise par le colonel Lamy :

Plappeville, 17 août.

« D'après les observations qui m'ont été transmises par le colonel Lamy au sujet de votre position à Vernéville, je vous autorise (*sic*) à quitter cette position et à aller vous établir sur le prolongement de la crête occupée par les autres corps. Vous pourriez occuper Saint-Privat-la-Montagne et vous relier par votre gauche au 4ᵉ corps établi à Amanvillers. Je vous prie de me faire

---

lieutenant Thomas du 6ᵉ chasseurs et arriva à destination à 2 heures. Il est à remarquer que dans cette lettre, le commandant du 6ᵉ corps ne faisait aucune allusion aux craintes qu'il avait chargé le colonel Lamy de soumettre de sa part au commandant de l'armée. (Lettre du maréchal Canrobert au maréchal Bazaine. Note sur la mission confiée au sous-lieutenant Thomas du 6ᵉ escadron du 6ᵉ chasseurs à cheval, escorte du maréchal Canrobert.)

(1) Instruction du procès Bazaine. Déposition n° 80 du maréchal Canrobert. — L'heure donnée par le Maréchal dans sa déposition devant le Conseil d'enquête est évidemment erronée (1 h. 30).

connaître la détermination à laquelle vous vous serez arrêté et de me dire, en même temps, le point choisi pour votre quartier général, afin qu'il n'y ait pas de retard dans notre correspondance.

« Bazaine. »

« *P.-S.* — Cette position de Vernéville avait été indiquée pour protéger la retraite du général de Ladmirault, qui est encore à Doncourt. »

Il est à remarquer que *l'autorisation* donnée par le maréchal Bazaine ne reposait, en fait, sur aucune considération d'ordre tactique et qu'ici, encore, il donna un témoignage irrécusable de la tendance qu'il avait à s'en rapporter à la décision d'un subordonné, plutôt que de trancher par lui-même une question qui était cependant de son seul ressort.

Au reçu de la lettre précitée, le commandant du 6ᵉ corps réunit ses généraux de division et donna les ordres de départ pour se porter sur les hauteurs de Saint-Privat (1), puis il rendit compte immédiatement au commandant en chef de la décision qu'il venait de prendre (2).

Toutes les divisions devaient rompre en même temps et gagner directement Saint-Privat en marchant à travers champs en colonne de divisions, les deux régiments

---

(1) D'après les *Souvenirs* du général du Barail.

(2) *Le maréchal Canrobert au maréchal Bazaine.*

Vernéville, 17 août.

« Le Maréchal commandant le 6ᵉ corps, d'après l'autorisation qui lui a été donnée par le Commandant en chef, quitte aujourd'hui à 4 h. 30 la position de Vernéville pour aller occuper celle de Saint-Privat-la-Montagne.

« Il a l'honneur d'en rendre compte. »

du général du Barail constituant, avec un bataillon d'infanterie (1), l'arrière-garde du corps d'armée.

Le mouvement commença vers 4 h. 30.

Les divisions Levassor-Sorval et Tixier se dirigèrent vers Amanvillers, tandis que la division La Font de Villiers marchait sur Habonville en passant entre les bois Doseuillons et de la Cusse (2).

Or, on se rappelle que la tête du 4ᵉ corps n'avait atteint Amanvillers qu'à 4 heures du soir. Au moment où le 6ᵉ corps s'ébranlait vers Saint-Privat, la colonne du général de Ladmirault était donc encore presque tout entière en marche et se développait à travers champs par le Nord des bois de la Cusse, barrant ainsi la route aux troupes du maréchal Canrobert.

Arrivées à hauteur d'Amanvillers, les divisions Levassor-Sorval et Tixier durent donc s'arrêter jusqu'au moment où la queue du 4ᵉ corps (division Lorencez) eut franchi la voie ferrée pour gagner le plateau Saint-Vincent. Après une halte d'environ deux heures, la division Levassor-Sorval traversa à son tour le chemin de fer et vint établir son bivouac au Sud de Saint-Privat entre 8 et 9 heures du soir (3); la division Tixier la suivit et se trouva bientôt séparée de son artillerie qui avait marché jusqu'ici entre les deux brigades, mais qui s'égara dans l'obscurité devenue complète et s'arrêta près de Saint-Privat; de son côté, l'infanterie de la division s'arrêta vers 10 heures du soir entre le village et la forêt de Jeaumont, à l'exception toutefois du 100ᵉ régiment qui, resté sans indications parmi les troupes de la 4ᵉ division au milieu desquelles il s'était

---

(1) Le IIIᵉ bataillon du 100ᵉ régiment (division Tixier).

(2) L'itinéraire du 9ᵉ régiment reste inconnu. Il paraît probable qu'il suivit la division La Font de Villiers; départ à 5 h. 30 de Vernéville.

(3) Le bataillon du 28ᵉ resté en grand'garde à la Malmaison ne rejoignit sa division que plus tard encore.

fourvoyé, passa la nuit entre les 25ᵉ et 28ᵉ régiments au Sud de Saint-Privat.

Les deux régiments de la division de cavalerie du Barail avaient suivi, les derniers, le mouvement de retraite, détachant à la pointe d'arrière-garde deux escadrons du 2ᵉ chasseurs d'Afrique. Mais retardés considérablement par la colonne des voitures à bagages du corps d'armée, qui ne parvenait à traverser la voie ferrée qu'avec une extrême lenteur, ils n'arrivèrent à l'Ouest de Saint-Privat qu'entre 11 heures et minuit.

Quant à la division La Font de Villiers, qui avait d'abord marché sur Habonville ainsi qu'il a été dit, elle fit tête de colonne à droite et s'engagea entre la voie ferrée et les bois de la Cusse pour gagner le passage à niveau situé à mi-distance entre Habonville et Amanvillers (1). Se dirigeant ensuite droit vers le Nord, elle traversa la route de Briey à 1 kilomètre à l'Ouest de Briey et prit son bivouac à partir de 7 h. 30 entre cette localité et Roncourt.

Vers 9 heures, enfin, le 9ᵉ régiment arrivait près et au Sud de Roncourt, où il formait les faisceaux.

Telles furent les déplorables conditions dans lesquelles s'effectua la retraite de l'armée française pendant la journée du 17 août.

---

(1) Partie à 4 h. 30 de son bivouac de Vernéville, la 3ᵉ division dut arriver au passage à niveau, — après une marche à travers champs, — avant 6 heures (4 kilomètres). A ce moment, la tête de la division Lorencez atteignait Amanvillers. La division La Font de Villiers ne fut donc probablement pas retardée par les troupes du 4ᵉ corps. Elle parvint, en effet, une heure et demie plus tard près de Roncourt après une autre marche à travers champs d'environ 4 kilomètres.

L'armée, bivouaquée le matin sur la ligne Doncourt-Rezonville, avait rétrogradé, en refusant légèrement l'aile droite, sur une nouvelle position dont les distances à la première variaient de 5 kilomètres (Rezonville au Point-du-Jour), à 10 kilomètres (Doncourt à Saint-Privat). Or, le mouvement, commencé à la pointe du jour, ne se terminait qu'à la nuit noire.

La seule lecture de l'ordre de mouvement pouvait évidemment faire prévoir un tel résultat, mais il n'est peut-être pas inutile de faire ressortir quelques-uns des graves incidents de marche provoqués par l'absence presque absolue de coordination dans le déplacement des colonnes.

En supposant qu'on ait écarté *a priori* l'idée d'une marche à travers champs qui, cependant, fut mise en pratique par plusieurs corps d'armée ennemis le lendemain et paraissait d'ailleurs s'imposer pour toutes les colonnes d'infanterie passant au Nord du bois des Génivaux, on disposait de quatre routes ou chemins permettant de se rendre de la zone Doncourt, Rezonville, Gravelotte sur la position Roncourt, Rozérieulles, savoir :

1° La grande route de Gravelotte à Metz ;

2° L'itinéraire Rezonville, Villers-aux-Bois, Bagneux, Chantrenne, Leipzig ;

3° Saint-Marcel, la Caulre, Vernéville, Amanvillers ;

4° Doncourt, Jouaville, Batilly, Saint-Privat.

Or, il est tout à fait digne de remarque que, jusqu'à une heure avancée de l'après-midi, les deux seuls passages utilisés par l'armée furent ceux de Saint-Hubert et de la ferme Chantrenne (1). La voie Batilly, Saint-

---

(1) A l'exception, il est vrai, de la division de cavalerie de la Garde qui fila, sous la conduite d'un guide, de Vernéville à Longeau par Amanvillers. Ce long détour était d'ailleurs absolument inutile, car à

Privat resta inoccupée parce que le projet primitif du commandant en chef limitait à Amanvillers la position sur laquelle il voulait se replier. D'autre part, l'important chemin de Vernéville à Amanvillers ne fut suivi par aucune colonne parce que le mouvement était ordonné de telle façon que ni le 3ᵉ corps ni le 6ᵉ ne pouvaient en tirer parti ; celui-ci s'arrêtait en effet à Vernéville et barrait ainsi la route à une partie du 3ᵉ qui devait, de son côté, se rabattre sur le plateau de Leipzig.

Ces seules observations suffisent à mettre en lumière le grave danger auquel on s'était exposé en fixant, comme le fit le commandant en chef, les emplacements à occuper par les différents corps d'armée à l'issue de la marche, sans s'inquiéter en quoi que ce fût, ni des emplacements de départ, ni des dispositions du réseau routier qu'on pouvait utiliser. Au moins, la conséquence immédiate de tels errements se manifesta-t-elle clairement par ce fait que toutes les troupes qui gagnèrent, avant 4 heures du soir, les positions qui leur étaient assignées sur les « lignes d'Amanvillers », s'écoulèrent uniquement par la grande route de Moulins et par le mauvais chemin de Chantrenne ; la première voie fut suivie, outre les très nombreuses voitures des parcs et des convois, par quatre divisions et demie d'infanterie, une division de cavalerie et trois réserves d'artillerie ; la seconde livra passage à quatre divisions d'infanterie, deux divisions de cavalerie et une réserve d'artillerie.

D'ailleurs, il est à noter que l'écoulement de l'armée par les deux seuls chemins qu'on vient d'indiquer se compliqua encore de croisements de colonnes produisant des arrêts interminables. Bien que très ralenti par les

---

cette heure matinale, le général Desvaux n'avait devant lui aucune colonne qui lui interdît de gagner directement Châtel par Chantrenne et Leipzig.

parcs et les convois, le mouvement se fit cependant avec un ordre relatif, sinon sans à-coups, sur la route de Saint-Hubert. Même, l'écoulement du 2ᵉ corps, qui ne commença, — il est vrai, — que très tard, à cause de l'encombrement de la route par des voitures de toute sorte, s'exécuta très rapidement à partir du moment où la voie lui fut ouverte jusqu'au Point-du-Jour. Mais en ce qui concerne les colonnes dirigées sur Chantrenne, il se produisit une série de croisements et d'arrêts tels que certains régiments restèrent sur pied depuis la pointe du jour jusqu'à midi pour franchir 4 ou 5 kilomètres. Les colonnes des 3ᵉ et 6ᵉ corps, partant à la fois des environs de la maison de Poste, de Rezonville, de Villers-aux-Bois et de Saint-Marcel, les unes à destination de Vernéville, les autres à destination de Leipzig par Chantrenne, vinrent donner dans le flanc les unes des autres et créer un enchevêtrement qui ne fut résolu qu'au prix des plus longs retards et des plus grandes fatigues. C'est ainsi que la division Levassor-Sorval, débouchant de Bagneux, fut d'abord obligée de s'arrêter à la Malmaison pour laisser défiler les divisions Montaudon et Aymard venant de Mogador. A la suite de ces dernières, ce fut au tour de la division La Font de Villiers, qui cependant avait attendu longtemps que la route de Mogador fut libre, à faire une nouvelle station devant la Malmaison pour laisser passer la division Aymard ; quand celle-ci arriva près de Vernéville, elle trouva la division Nayral et la réserve d'artillerie du 3ᵉ corps bloquées sur le chemin venant de la Caulre..... D'ailleurs, si l'on veut se faire une idée suffisamment approchée des conditions désastreuses qui accompagnaient ces mouvements en tous sens, il faut encore tenir compte de la présence, à la suite de chaque division, des voitures à bagages et des fourgons à vivres qui n'étaient pas sans augmenter les difficultés et les lenteurs de la marche.

Seul, de tous les corps d'armée, le 4ᵉ put effectuer son mouvement dans des conditions normales, mais à une heure rendue très tardive, tant par suite du retard apporté par l'état-major général dans la transmission des ordres, que par suite de l'ajournement du départ prescrit par le général de Ladmirault.

Ces fâcheuses circonstances suspendirent pendant près de deux heures la marche du 6ᵉ corps vers Saint-Privat (1). Elles furent cause, en outre, que les deux corps de l'aile droite de l'armée arrivèrent sur leurs positions à une heure avancée de la journée ou même après la tombée de la nuit, et que par suite on négligea d'installer des avant-postes (2) et qu'aucun travail d'organisation défensive ne fut entrepris le jour même.

IV. — Le grand quartier général pendant la journée du 17 août.

Dès 5 heures du matin, le grand quartier général s'était transporté à Plappeville.

Dans la matinée, le Maréchal se préoccupa, ainsi qu'on le verra plus tard dans le chapitre spécial consacré à cet objet, de prendre quelques mesures, — incomplètes, — pour ravitailler l'armée en vivres et en munitions. Il écrivit à ce propos une lettre aux commandants de corps d'armée et aux différents chefs de services, dans laquelle il traite, en outre, les sujets les plus

---

(1) On a fait remarquer plus haut que le passage d'Amanvillers était resté absolument inutilisé pendant la plus grande partie de la journée. En revanche, les circonstances malheureuses auxquelles on fait allusion, jointes à la décision de reporter le 6ᵉ corps à Saint-Privat, produisirent ce résultat inattendu qu'à partir de 4 heures du soir, cinq divisions d'infanterie, une division de cavalerie et une réserve d'artillerie convergèrent toutes sur Amanvillers ou ses abords.

(2) Sauf sur quelques points particuliers.

divers relatifs aux propositions, aux états de pertes et à l'entretien des armes; il y mêle encore les recommandations « d'exécuter les travaux de défense nécessaires pour s'établir solidement, de reconnaître les communications en arrière à travers les bois et d'en faire occuper certains points ».

Après s'être entendu avec l'intendant de l'armée, il fit prévenir les corps d'armée par une seconde lettre, qu'ils eussent à diriger leurs équipages sur le plateau de Plappeville pour y toucher de l'avoine et des vivres de campagne.

Mais à cela se bornent les signes extérieurs de l'activité du commandant en chef dans l'exercice de son commandement. Le reste de son temps paraît avoir été consacré à une correspondance des plus suivies avec l'Empereur et avec le Ministre de la guerre.

Dans les premières heures de l'après-midi, le général Coffinières recevait une dépêche d'un aide de camp de l'Empereur, datée de 2 h. 15, et dans laquelle on demandait d'urgence « des nouvelles de l'armée », sans doute pour faire cesser l'inquiétude qu'avait fait naître la lettre écrite la veille au soir par le Maréchal, — lettre dans laquelle celui-ci déclarait « qu'il se retirait sur la ligne Saint-Privat—Rozérieulles, mais qu'il se replierait probablement sur Verdun par le Nord ».

A 3 h. 15, une dépêche paraissant écrite au nom du Maréchal, commandant en chef, mais dont on n'a pu établir l'origine exacte, annonçait à l'Empereur que « nous avions eu l'avantage dans le combat » et que l'armée s'était concentrée sur les hauteurs de Plappeville (1).

---

(1) Dépêche du Maréchal, commandant supérieur (sic), à l'Empereur, Metz, 17 août, 3 h. 30 du soir.

Quelques minutes plus tard, le Maréchal rendait compte au Ministre de la guerre des combats du 14 et du 16 ; il lui annonçait que « l'ennemi avait été repoussé dans les deux rencontres » et que dans celle du 16 on avait eu affaire « aux corps réunis du prince Frédéric-Charles et du général Steinmetz (1) ».

Enfin, à 4 h. 30 du soir, le commandant en chef adressait à l'Empereur une nouvelle dépêche qu'il est intéressant de reproduire, parce qu'elle paraît résumer clairement le système de justification définitivement adopté par le Maréchal pour défendre, vis-à-vis de son souverain, la décision qu'il avait prise de ramener l'armée sous Metz :

Le maréchal Bazaine à l'Empereur au camp de Châlons.

Metz, 17 août, 4 h. 30 soir.

« Hier soir, j'ai eu l'honneur d'écrire à Votre Majesté pour l'informer de la bataille soutenue de 9 heures du matin à 9 heures du soir contre l'armée prussienne, qui nous attaquait de Doncourt à Vionville. L'ennemi a été repoussé et nous avons passé la nuit sur les positions conquises. La grande consommation qui a été faite de munitions d'artillerie et d'infanterie, la seule journée de vivres qui restait aux hommes, m'ont obligé à me rapprocher de Metz pour réapprovisionner le plus vite possible nos parcs et nos convois. J'ai établi l'armée du Rhin sur les positions comprises entre Saint-Privat-la-Montagne et Rozérieulles. Je pense pouvoir me remettre en marche après-demain en prenant une direction plus au Nord, de façon à venir déboucher sur la gauche de la position de Haudiomont (2), dans le cas où l'ennemi

---

(1) Dépêche du maréchal Bazaine au Ministre de la guerre. Metz, 17 août, 3 h. 15.

(2) 6 kilomètres à l'Ouest de Fresnes-en-Woëvre.

l'occuperait en forces pour nous barrer la route de Verdun et pour éviter des combats inutiles qui retarderaient notre marche. Le chemin de fer des Ardennes est toujours libre jusqu'à Metz, ce qui indique que l'ennemi a pour objectif Châlons et Paris. On parle toujours de la jonction des armées des deux princes. Nous avions devant nous hier le prince Frédéric-Charles et le général Steinmetz.

« Bazaine. »

Mais bientôt une nouvelle dépêche du quartier impérial, — où les inquiétudes n'avaient sans doute pas été calmées par la dépêche partie de Metz à 3 h. 15, — pressait le Maréchal de « donner plus de détails (1) ».

Celui-ci écrivit alors à l'Empereur une lettre dans laquelle il lui confirmait sa dernière dépêche et où il lui faisait part, à la fois, des renseignements fantaisistes qu'il possédait sur l'ennemi et des conclusions bizarres qu'il tirait d'une canonnade insignifiante dirigée, à ce moment, sur le fort de Queuleu :

« On dit aujourd'hui que le roi de Prusse serait à Pange ou au château d'Aubigny ; qu'il est suivi d'une armée de 100,000 hommes et qu'en outre, des troupes nombreuses ont été vues sur la route de Verdun et dont l'avant-garde occuperait Fresnes et Mont-sous-les-Côtes. Ce qui pourrait donner une certaine vraisemblance à cette nouvelle de l'arrivée du roi de Prusse, c'est qu'en ce moment, où j'ai l'honneur d'écrire à Votre Majesté, les Prussiens, d'après le commandant supérieur de Metz, dirigent une attaque sérieuse sur le fort de Queuleu. Ils auraient établi des batteries à Magny, à Mercy-le-Haut et au bois de Pouilly. Dans ce moment, le tir est même

---

(1) Pièces annexes. — Aide de camp de l'Empereur au maréchal Bazaine. Camp de Châlons, 17 août, 4 h. 13 du soir.

assez vif..... Nous allons faire tous nos efforts pour reconstituer nos approvisionnements de toute sorte, afin de pouvoir reprendre notre marche dans deux jours si cela est possible ; je prendrai la route de Briey. Nous ne perdrons pas de temps, à moins que de nouveaux combats ne déjouent mes combinaisons..... »

Le Maréchal n'avait pas terminé sa lettre, qu'une autre dépêche de l'Empereur le pressait « de dire la vérité sur la situation (1) ».

C'est alors que le commandant en chef se décida à faire porter au camp de Châlons la lettre qu'il venait d'écrire, par le commandant Magnan, son aide de camp, « afin que celui-ci pût donner de vive voix à l'Empereur plus de détails que cette lettre n'en contenait ».

« Ma mission, dit le commandant Magnan (2), comprenait plusieurs points :

« D'abord, je portais à l'Empereur un pli cacheté contenant la dépêche du Maréchal datée de Metz, 17 août, dans laquelle le Maréchal adressait à l'Empereur un ordre de combat trouvé sur un colonel prussien tué le 16 (3) et une note du général Soleille (4), indiquant le peu de ressources qu'offrait la place de Metz pour le ravitaillement en munitions d'artillerie et d'infanterie.

« Je devais en outre donner à l'Empereur tous les détails sur la bataille du 16 que le Maréchal n'avait pas le temps de lui faire parvenir encore, et lui exposer la situation depuis son départ de l'armée.

« La bataille de Rezonville indiquait, en effet, que l'armée du Rhin, débordée par son flanc gauche, n'arri-

---

(1) Dépêche de l'Empereur au Maréchal, 17 août, 5 h. 10 du soir.
(2) Dans un *Mémoire* qui paraît avoir été rédigé en 1873.
(3) Colonel de Lyncker, trouvé porteur de l'ordre du Xe corps et de l'ordre n° 30 de la *19e division* pour le 16.
(4) Voir aux documents annexes la *Note* du grand quartier général sur les ressources de la place de Metz.

verait plus sans de nouveaux engagements, peut-être même une nouvelle bataille, à gagner Verdun, et que bien certainement elle trouverait les positions d'Haudiomont et de Fresnes fortement occupées par l'ennemi. Le Maréchal était donc obligé, avant de reprendre sa marche, de reconstituer en quelque sorte son armée, un peu désagrégée par le choc du 16, de s'aligner en vivres, et surtout en munitions dont la consommation avait été excessive dans les précédents combats, et de rejeter dans Metz les blessés fort nombreux et une grande quantité de voitures qui n'étaient pas absolument nécessaires.

« Telles étaient les raisons du mouvement du 17 vers Metz. Je devais ajouter que le Maréchal était toujours, ainsi qu'il avait été convenu avec l'Empereur, dans l'intention de gagner Verdun, s'il pouvait le faire sans compromettre l'armée, mais que cette opération présentait depuis le 16 des difficultés bien sérieuses, sans compter que le Maréchal était assez préoccupé, en ce moment, de ne trouver dans Metz que 800,000 cartouches d'infanterie, et pas un atelier de fabrication immédiate.....

« Je n'avais pas à indiquer la route que comptait prendre le Maréchal qui se réservait d'agir en cela suivant les circonstances les plus favorables.

« Enfin, je devais demander à l'Empereur, au nom du Maréchal, l'autorisation de remplacer dans leurs fonctions M. le général commandant le 2ᵉ corps d'armée et M. le général chef d'état-major général (1)..... »

---

(1) « J'arrivai au camp de Châlons vers 9 heures du matin, continue le commandant Magnan. Je fus reçu immédiatement par l'Empereur auquel je rendis compte de ma mission et j'eus également l'honneur de converser quelques instants avec M. le maréchal de Mac-Mahon.

« M. le maréchal de Mac-Mahon voulut bien me dire qu'il se considérait comme le premier lieutenant du maréchal Bazaine; qu'il était décidé qu'il n'y eût qu'un commandant en chef le jour où les deux

En même temps qu'il envoyait un de ses aides de camp auprès de l'Empereur, le maréchal Bazaine prescrivait à l'intendant de Préval de se rendre également à Châlons pour pousser par voie ferrée vers Metz tout ce qu'il pourrait trouver en pain et biscuit. Le commandant en chef s'ouvrit à lui de son projet de s'élever vers le Nord et lui indiqua Longuyon comme étant un centre de ravitaillement sur lequel il convenait de réunir les approvisionnements (1).

Le commandant Magnan et l'intendant de Préval partirent tous deux de Metz à 10 heures du soir en passant par Thionville et arrivèrent le lendemain au quartier impérial, où leurs déclarations pessimistes au sujet des

---

armées se rejoindraient, mais que les troupes qu'il avait au camp de Châlons étaient loin d'être en bonnes conditions pour une semblable entreprise ; que d'ailleurs il quittait le camp de Châlons qui n'était pas une bonne position militaire et que si nous sortions de Metz, nous le retrouverions sur les hauteurs entre Reims et Soissons. Pour appuyer son impression sur l'état de son armée, il me montrait, en effet, un bataillon qui allait à la cible pour la première fois.

« Il fut décidé, après quelques pourparlers entre l'Empereur, le maréchal de Mac-Mahon et le prince Napoléon, que le maréchal Bazaine pouvait faire toutes les mutations qu'il voudrait en sa qualité de général en chef et qu'elles seraient ratifiées ultérieurement ; que M. le général Frossard serait appelé à l'organisation de la défense de Paris et remplacé dans le commandement du 2ᵉ corps par M. le général Deligny ; que le général de Cissey remplacerait, comme chef d'état-major général, M. le général Jarras (*).

« L'Empereur m'invita en outre à ramener à Metz, auprès du grand quartier général de l'armée, M. le baron Larrey, médecin-chef, et M. l'abbé Métairie aumônier en chef. Aucune autre communication ne me fut faite..... »

(1) *Instruction du procès Bazaine; Procès Bazaine* et *Conseil d'enquête*: dépositions du commandant Magnan ;

Instruction du procès Bazaine et *Procès Bazaine*: dépositions de l'intendant de Préval.

(*) Ces projets n'eurent aucune suite. Voir les *Souvenirs inédits* du général de Cissey (du 10 août).

approvisionnements dont disposait encore l'armée de Metz ne furent pas sans portée, comme on le verra plus tard, sur les hésitations dont fit preuve le commandement de la nouvelle armée qu'on réunissait alors au camp de Châlons (1).

V. — Situation de l'armée française dans la nuit du 17 au 18 août (2).

2ᵉ corps. — Le 2ᵉ corps avait été installé entre le coude que fait la grande route au Point-du-Jour, les bois de Châtel-Saint-Germain et l'extrémité de l'éperon 332 qui domine Rozérieulles. Il occupait ainsi sur un développement de 2,000 mètres environ une sorte de croupe allongée faisant face aux bois de Vaux et de l'extrémité orientale de laquelle on dominait la région de Rozérieulles et de Sainte-Ruffine, mais qui se trouvait être presque entièrement masquée du plateau de Gravelotte par la crête partant du Point-du-Jour et se dirigeant vers le Sud.

La 1ʳᵉ division était groupée, sur un espace très restreint, en colonne par brigade, le long et au Sud de l'ancienne voie romaine, la droite appuyée au coude du Point-du-Jour (3). Dès son arrivée sur la position, le 3ᵉ bataillon de chasseurs fut chargé de l'occupation de la ferme du Point-du-Jour qui, composée de deux corps de bâtiments séparés, fut mise en état de défense par la compagnie du génie. Enfin, les deux batteries de 4 de la division (4) furent installées derrière des épaulements

---

(1) *Conseil d'enquête sur les capitulations :* déposition de M. Rouher.
(2) Voir croquis nº 1.
(3) De la droite à la gauche, en première ligne : 32ᵉ et 55ᵉ ; en seconde ligne : 76ᵉ et 77ᵉ, une batterie $\left(\frac{12}{5}\right)$ entre les deux brigades.
(4) $\frac{5, 6}{5}$.

rapides construits de part et d'autre de la ferme et permettant de surveiller la crête de Gravelotte qu'on dominait ainsi à une distance de 2,000 mètres au delà du profond ravin de la Mance, dont les pointes boisées n'étaient que difficilement praticables à l'infanterie.

La 2ᵉ division avait placé les deux régiments de sa première brigade (8ᵉ et 23ᵉ) le long et au Nord de la voie romaine, de part et d'autre, d'une sorte de mamelon (346) d'où l'on découvrait la lisière des bois de Vaux et les lacets de la route de Metz, et sur lequel on installa les batteries divisionnaires. Plus en arrière, la 2ᵉ brigade (66ᵉ et 67ᵉ), dont le colonel Ameller venait de prendre le commandement, était établie en bordure de la lisière du bois de Châtel et face au Sud-Ouest. Sur l'espace laissé libre entre les deux brigades bivouaquaient le 12ᵉ bataillon de chasseurs et la réserve d'artillerie du corps d'armée.

La brigade Lapasset avait gagné l'extrémité de la croupe dominant Rozérieulles et installait tout d'abord ses deux régiments en bataille sur la crête même (1) où la 7ᵉ batterie du 2ᵉ, prenait position pour surveiller la direction de Rozérieulles et de Sainte-Ruffine. Le 3ᵉ régiment de lanciers avait installé son bivouac près de Rozérieulles.

Enfin, la division de cavalerie Valabrègue campait dans le ravin de Châtel, un peu en amont du moulin de Longeau.

Au 2ᵉ corps, comme chez tous les autres, le service des avant-postes n'avait été organisé d'après aucun plan d'ensemble. Chaque brigade, — ou même chaque régiment, — avait détaché quelques grand'gardes sur les points qui paraissaient être les plus propres à occuper pour assurer la sécurité immédiate des bivouacs. La

---

(1) Dans la soirée, le 84ᵉ se reportait un peu plus en arrière dans le vallon que suit la voie romaine.

brigade Lapasset toutefois avait rompu en visière avec les errements habituels et avait poussé ses avant-postes jusqu'aux points d'appui de Sainte-Ruffine et Jussy, à 1500 mètres en avant de ses bivouacs, de manière à surveiller la vallée de la Moselle et à en tenir le débouché : trois compagnies du IIe bataillon du 97e s'installaient entre Sainte-Ruffine et Jussy ; trois compagnies du 84e (1) s'établissaient sur la croupe qui domine Jussy, entre ce village et le bois du Peuplier (2).

Le 77e régiment avait détaché aux avant-postes un bataillon entier (le IIIe), qui plaça ses grand'gardes le long de la route de Metz et dans les carrières du Point-du-Jour, face aux bois de Vaux ; mais en même temps, le 23e régiment (de la 2e division) installait ses avant-postes « sur la crête qui domine la route de Verdun », c'est-à-dire entre la division Vergé et la brigade Lapasset et *en arrière*, par conséquent, des avant-postes du 77e.

3e corps. — Arrivée la première sur le plateau, la division Montaudon s'était formée sur deux lignes entre les fermes de la Folie et de Leipzig (3). Elle occupait ainsi la partie la plus élevée des pentes qui descendent vers le bois de la Charmoise situé à quelques centaines de mètres en avant de son front. Le IIe bataillon du 95e fournit une grand'garde qui fut placée à la pointe Nord de ce bois pour surveiller le long et étroit glacis descendant vers Chantrenne (4).

Entre Leipzig et « l'Arbre mort », où se trouvait le

---

(1) 6 $\frac{I}{84}$, 3 $\frac{II}{84}$, 4 $\frac{III}{84}$.

(2) Situé au Nord de Vaux.

(3) De la droite à la gauche : première ligne : 95e et 81e ; deuxième ligne : 18e bataillon de chasseurs, 51e et 62e. — Une batterie près de la Folie ; deux près de Leipzig.

(4) On ne relève, d'après les documents existants, la présence d'aucune autre grand'garde. Mais il est probable que le 84e en plaça également.

quartier général du corps d'armée (1000 mètres au Nord-Est de Moscou), la 2ᵉ division campait également sur deux lignes (1) (2).

La 4ᵉ division occupait l'espace compris entre la ferme de Moscou et le coude de la grande route, près du Point-du-Jour. La première brigade (80ᵉ-85ᵉ) était massée près de la chaussée sur trois lignes et avait détaché, dès son arrivée, le IIᵉ bataillon du 80ᵉ à la ferme Saint-Hubert située à 600 mètres en avant du front des bivouacs; en outre, la 6ᵉ compagnie du IIIᵉ bataillon s'installait en grand'garde au delà de la ferme pour surveiller le défilé de la grande route dans le ravin de la Mance (3). La 2ᵉ brigade, à laquelle s'était joint le 11ᵉ bataillon de chasseurs, était installée plus en arrière, sa droite à hauteur et à 300 mètres à l'Est de la ferme de Moscou (4). Le 60ᵉ régiment détachait son IIIᵉ bataillon jusque dans la bande boisée du ravin de la Mance. Enfin, l'artillerie avait formé son parc non loin de la lisière du bois de Châtel.

A l'exception de ses batteries, toute la division Aymard était donc campée en avant de la crête et se trouvait ainsi complètement exposée aux vues du plateau de Gravelotte. En avant de son front, des pentes découvertes aux formes convexes se développaient sur une profondeur d'environ 1 kilomètre et aboutissaient à un ravin profond et boisé, très difficilement praticable en dehors de la grande route.

---

(1) Première ligne : 19ᵉ, 15ᵉ B. Ch., 41ᵉ; deuxième ligne : 69ᵉ, 80ᵉ. L'artillerie près de l'Arbre mort.

(2) Il est impossible de fixer l'emplacement des avant-postes, en admettant qu'on en eût installé.

(3) En première ligne : $\frac{I}{85}$ et $\frac{I}{80}$; en seconde ligne : $\frac{II}{85}$ et $\frac{III}{80}$; en troisième ligne : $\frac{III}{85}$.

(4) De la droite à la gauche. 11ᵉ B. Ch., 60ᵉ, 44ᵉ.

Derrière la division Nayral, c'est-à-dire à la naissance de la gorge étroite que suit la route de Leipzig à Châtel, se trouvaient réunies, la division de cavalerie de Clérembault et la réserve d'artillerie du 3ᵉ corps.

Quand, vers 2 heures de l'après-midi, la division Metman déboucha sur le plateau de Moscou, elle ne trouva plus, entre les 2ᵉ et 4ᵉ divisions, qu'un espace très restreint. Elle s'installa donc au Nord de la ferme par régiments en colonne (1).

Enfin on entreprit la construction de tranchées-abris devant tout le front de la division, ainsi que des épaulements rapides pour l'artillerie (2).

Le 3ᵉ corps occupait ainsi un front de 4 kilomètres masqué sur toute son étendue par l'important massif boisé des Génivaux et par le profond ravin de la Mance, obstacles qui restaient tous deux à peu près libres, tandis que, — chose curieuse, — on prévoyait au contraire des dispositions minutieuses pour se garder dans la direction de Metz.

La 1ʳᵉ division fut, en effet, chargée d'installer vers l'Est des avant-postes placés sous la haute direction du général Clinchant. « On devra, dit la réponse au Rapport de la 1ʳᵉ division, observer la route de Briey et celle de Saulny. Il sera fait des abatis aux emplacements où cette précaution sera jugée utile. Des communications intérieures seront établies dans les bois, afin de prévenir toute surprise. On devra aussi garder et éclairer la route qui vient d'Amanvillers (3). »

---

(1) De la droite à la gauche : 7ᵉ B. Ch., 7ᵉ, 29ᵉ, 59ᵉ $\left(\dfrac{\text{III}}{71}\text{ à Moscou}\right)$; en seconde ligne : $\dfrac{\text{I, II}}{71}$ et l'artillerie divisionnaire.

(2) Ces travaux ne furent achevés que le lendemain. Il en sera question plus en détail ultérieurement.

(3) Les mesures prises à la suite de ces prescriptions restent ignorées.

Garde. — Réserve générale d'artillerie. — 3e division de cavalerie. — La Garde impériale, à l'exception de la division de cavalerie du général Desvaux, était réunie entre le fort de Plappeville et le mont Saint-Quentin.

La réserve d'artillerie de la Garde avec la réserve générale d'artillerie de l'armée (1) étaient parquées sur le plateau même du mont Saint-Quentin. La division de voltigeurs occupait les pentes septentrionales de ce dernier et était formée sur deux lignes face au Sud. Derrière elle, c'est-à-dire au col même de Lessy, bivouaquait la 2e brigade des grenadiers (2e et 3e grenadiers). Enfin, tout le reste de la division Picard (zouaves, 1er grenadiers, artillerie divisionnaire et régiment des guides) occupait le plateau de Plappeville, entre le fort du même nom et le col de Lessy.

Par ordre du maréchal Bazaine, un régiment de voltigeurs dut se rendre, dans l'après-midi, sur l'éperon coté 313 qui domine Châtel-Saint-Germain pour « soutenir le général Frossard en cas d'attaque ». Cette prescription fut effectivement transmise par le général Bourbaki, et le 1er régiment de voltigeurs fut avisé de se tenir prêt à partir « aussitôt que l'ordre en serait donné (2) ».

D'autre part, le général Bourbaki prescrivait au commandant de la division de grenadiers, — également sur l'ordre du maréchal Bazaine, — de s'éclairer « très au

---

Il est d'ailleurs important de noter que l'ordre du maréchal Bazaine d'occuper les bois situés en arrière des positions paraît avoir détourné l'attention de tous de la direction véritablement dangereuse et que c'est ainsi que le 3e corps se prépara spécialement à défendre les bois de Vigneulles.....

(1) Celle-ci fut ralliée dans la soirée par les quatre batteries du 13e (5e, 6e, 7e et 8e) laissées à Metz.

(2) Aucun document ne prouve que l'ordre fut réellement exécuté le jour même. Dans tous les cas le 1er voltigeurs rentra à son bivouac du mont Saint-Quentin où il passa la nuit.

loin » par des patrouilles de cavalerie et de surveiller « le lendemain matin » les environs d'Amanvillers et de Saulny. Enfin, recommandation était faite « d'observer et de garder fortement avec de l'infanterie les débouchés des bois placés en avant de la division », c'est-à-dire les bois de Châtel et de Vigneulles (1).

On se rappelle que la division de cavalerie du général Desvaux, arrivée vers 4 heures du soir sur le plateau de Plappeville, avait reçu l'ordre de rétrograder jusqu'auprès du moulin de Longeau, où elle vint prendre, en effet, son bivouac au côté des divisions de Forton et Valabrègue. Dans la soirée, le général Desvaux recevait l'ordre du général Bourbaki d'observer et de garder les débouchés de la vallée de la Moselle. Enfin, des reconnaissances envoyées vers Ars annonçaient que ce point était occupé par des forces ennemies assez importantes.

4e corps. — On sait qu'en arrivant à Amanvillers, le général de Ladmirault avait cru bon, sur la foi de renseignements erronés, de placer une partie de ses troupes face à l'Est, c'est-à-dire vis-à-vis des bois de Fèves et de Vigneulles (2).

C'est ainsi que la division Lorencez, arrivée peu de temps avant la chute du jour sur le plateau de Saint-Vincent, se forma sur deux lignes face à Plappeville et à hauteur de la ferme Saint-Maurice (3).

---

(1) Les mesures prises en exécution de ces ordres restent inconnues.

(2) Peut-être est-ce la lettre du maréchal Bazaine qui provoqua cette mesure. Le général de Cissey qui relate le fait n'indique pas la provenance de ces renseignements.

(3) A cheval sur la route de Lorry. Première ligne : 54e et 65e ; deuxième ligne : 2e B. Ch., 33e, 15e. L'artillerie derrière la division. Aucun document ne donne de renseignements sur les avant-postes, si ce n'est que le IIIe batataillon du 15e fut envoyé dans les carrières de la Croix.

La division de Cissey, s'était tout d'abord établie à proximité de la route de Briey et avait fait occuper Saint-Privat par un régiment (le 73e). Mais quand le 6e corps arriva sur ce point, le général de Cissey, d'ailleurs rassuré sur la soi-disant présence de coureurs ennemis dans la région de Norroy, avait laissé les seuls régiments de la brigade Brayer (1er et 6e) sur leurs emplacements ; tout le reste de la division fut rapproché d'Amanvillers pour faire place à la division Levassor-Sorval et se forma sur deux lignes, le long du chemin de Saint-Privat (1). L'artillerie campait près du coude de la voie ferrée.

La division de cavalerie du 4e corps bivouaquait au Nord d'Amanvillers. Aucune reconnaissance n'est relatée.

La division Grenier et la réserve d'artillerie avaient, seules, été installées sur les emplacements indiqués par l'ordre de l'armée. Les quatre régiments de la 2e division avaient été formés en bataille ; la droite était près d'Amanvillers ; la gauche, refusée vers l'arrière, entourait la ferme de Montigny, de sorte que le régiment de gauche de la division (le 98e) faisait face au Sud (2). En seconde ligne et sur le revers du plateau, l'artillerie de la division bivouaquait à peu de distance d'Amanvillers, ayant à sa gauche la réserve d'artillerie du corps d'armée. Quelques grand'gardes furent placées, tant dans la direction de Vernéville, que sur les derrières de la division ; le 13e régiment fournit deux grand'gardes: l'une à la ferme Champenois (3), l'autre un peu plus au Nord ; le 64e plaça une compagnie sur le chemin bordé d'arbres situé à 500 mètres en avant de son bivouac ; enfin, le 98e, nullement orienté

---

(1) On ne trouve aucun renseignement sur les avant-postes.
(2) De la droite à la gauche : 5e B. Ch., 13e 43e, 64e, 98e.
(3) 3 $\frac{\text{II}}{13}$.

par l'autorité supérieure sur la direction qu'il s'agissait de surveiller, plaçait une compagnie en arrière de son flanc gauche sur le chemin d'Amanvillers à Châtel, et une autre sur le mamelon 343, laquelle se trouva faire face aux positions occupées par la division Montaudon (1).

La division Grenier se trouvait ainsi occuper une position ayant des vues étendues dans la direction de Vernéville et qui se fut aisément prêtée à une solide organisation défensive. Malheureusement, et sans doute en raison de l'heure tardive à laquelle on arriva au bivouac, on n'exécuta aucun travail de ce genre. Une demande du commandant de l'artillerie de la 2e division, à l'effet de construire des épaulements rapides pour les pièces, ne reçut pas de suite.

6e *corps*. — Le maréchal Canrobert avait établi son quartier général à Saint-Privat.

La division La Font de Villiers, arrivée la première, avait été installée sur deux lignes entre Saint-Privat et Roncourt sur le rebord du plateau d'où l'on domine le long glacis qui se développe sur une étendue de 2,000 mètres jusqu'au vallon descendant de Sainte-Marie vers Auboué (2).

Le 9e régiment s'était installé à la droite de la 3e division, face au village de Roncourt, dont il était distant d'environ 300 mètres.

Quand la division Levassor-Sorval eut pu franchir la voie ferrée à Amanvillers, elle marcha directement vers Saint-Privat et s'arrêta au Sud de la localité où elle se forma sur deux lignes face au Sud-Ouest : la première ligne, le dos tourné à Jérusalem et à 400 ou 500 mètres

---

(1) Lettre de M. le lieutenant-colonel Lecat, alors lieutenant au 98e.
(2) Première ligne : 75e et 91e ; deuxième ligne : 93e et 94e. L'artillerie entre les deux brigades.

de ce hameau ; la deuxième le long de la route de Saint-Privat à Châtel (1).

Quant à la division Tixier, qui n'atteignait Saint-Privat qu'à la nuit, elle ne trouva qu'avec assez de difficulté l'emplacement qui lui avait été assigné à l'Est du village. Trois de ses régiments y parvinrent seuls et y établirent leurs bivouacs (4e, 10e et 12e). Le 9e bataillon de chasseurs s'arrêta près et à l'Est de Jérusalem ; le 100e régiment, qui marchait en queue de colonne, vint, à la nuit noire, tomber dans les bivouacs de la 4e division et s'arrêta entre les 26e et 28e régiments. Les quatre batteries du lieutenant-colonel de Montluisant, perdirent la trace de leur infanterie et s'arrêtèrent près de Saint-Privat.

Enfin, la division de cavalerie du Barail (2e chasseurs et 2e chasseurs d'Afrique) s'arrêtait, très tard dans la soirée, sur la lisière occidentale du village, faisant face au Sud et ayant en avant d'elle l'infanterie de la division La Font de Villiers. Les deux batteries à cheval de la division bivouaquaient au Nord de Saint-Privat.

Il est à peine besoin de dire qu'aucun travail de défense ne fut exécuté.

Les positions sur lesquelles s'était repliée l'armée française n'étaient pas sans présenter, — si on les envisage exclusivement au point de vue tactique, — certains avantages dont il eût été sans doute aisé de tirer parti en vue d'une bataille défensive. Bien que la zone de terrain, qui s'étend immédiatement à l'Est des « lignes d'Amanvillers » fût couverte de bois et que par suite les

---

(1) Première ligne : 25e, 26e ; deuxième ligne : 70e et 28e. L'artillerie entre les deux brigades. Aucun renseignement sur les avant-postes.

mouvements des réserves n'y eussent pas toujours été des plus faciles, la ligne principale de résistance, s'étendant depuis Roncourt jusqu'à Rozérieulles, se prêtait à une organisation qui eût pu présenter une sérieuse valeur si elle eût été prévue, rationnellement conçue et exécutée en temps opportun. Au Sud de la ferme de la Folie, le champ de tir de l'infanterie eut été, il est vrai, très réduit sur certains points, soit par la présence des bois, soit par la forme convexe des pentes, mais il est à remarquer que sur toute cette partie du champ de bataille, le profond ravin de la Mance et les bois eux-mêmes constituaient des obstacles importants où les avant-postes de la défense eussent pu éterniser la résistance.

Au Nord de la ferme de la Folie, les abords de la position principale de combat offraient un champ de tir sensiblement plus étendu, et une série de points d'appuis tels que Vernéville, Habonville, Saint-Ail, Sainte-Marie et les bois d'Auboué qui eussent pu constituer autant de postes avancés faciles à défendre.

Malheureusement, on ne prit, à proprement parler, aucune mesure défensive de quelque nature qu'elle fût, si l'on en excepte les quelques mètres de tranchées-abris que certains régiments des 2e et 3e corps creusèrent en hâte dans la soirée sur le front même de leurs bivouacs, en exécution des ordres émanés du grand quartier général. D'ailleurs, aucun travail de ce genre ne fut entrepris, comme on l'a vu, par les 4e et 6e corps arrivés fort tard sur les emplacements qui leur étaient assignés.

L'occupation et l'organisation défensive de postes avancés ne furent exécutées ni même prévues sur aucun point. Seules, quelques grand'gardes s'avancèrent jusque sur le ravin de la Mance et dans le bois des Génivaux, mais restèrent d'ailleurs, sauf de rares exceptions, sans soutiens et sans liaisons entre elles.

Sur les cinq corps d'armée dont disposait le Maréchal, quatre étaient placés côte à côte sur la crête même qui s'étend de Roncourt jusqu'à Rozérieulles, et, chose bizarre, le seul corps d'armée qu'on gardât comme réserve fut placé, avec une masse de trois divisions de cavalerie et la réserve générale d'artillerie en arrière de l'aile gauche entre Plappeville et la Maison-Neuve.

Enfin, et sauf les quelques exceptions qu'on connaît, toutes les divisions d'infanterie furent installées côte à côte sur la crête même où, le cas échéant, elles eussent été appelées à combattre; de sorte que, dès le 17 au soir, les quatre corps de première ligne étaient d'ores et déjà déployés sur un front de près de 12 kilomètres de développement qu'aucun service de sécurité ne protégeait contre les entreprises du canon de l'adversaire.

VI. — Les armées allemandes le 17 août.

Le grand quartier général dans l'après-midi du 16. — Le grand quartier général des armées allemandes avait reçu à midi, à Herny, la première nouvelle de la bataille de Rezonville (1). Un peu plus tard, parvenait le télégramme expédié de Pont-à-Mousson à 11 h. 45 par le commandant de la II⁰ armée. Le maréchal de Moltke se rendit alors à Pont-à-Mousson, où il arriva vers 5 heures. Il y trouva une lettre du général de Stiehle qu'il est intéressant de reproduire en partie, parce qu'elle dépeint d'une manière saisissante l'idée qu'on se faisait alors sur la situation au quartier général de la II⁰ armée :

---

(1) Rapport du lieutenant-colonel de Bronsart expédié de Buxières à 9 h. 30 du matin.

Grand quartier général à Pont-à-Mousson, 16 août, 2 heures soir.

« Je laisse pour Votre Excellence l'ordre d'armée qui vient d'être donné pour demain (1).

« Le compte rendu du IIIe corps, daté de Vionville 10 heures du matin, permet de conclure qu'une *forte fraction ennemie a été refoulée et se retire sur Thionville*. Le IIIe corps est avisé de poursuivre directement l'adversaire en avançant l'aile gauche, afin de le refouler dans Thionville ou vers la frontière belge. Comme cette éventualité était à prévoir, l'ordre d'armée d'aujourd'hui donne à l'aile droite de la IIe armée (Xe, IIIe et IXe corps) une certaine indépendance, en la plaçant éventuellement sous les ordres du général de Voigts-Rhetz, dans le cas où Son Altesse Royale ne serait pas elle-même sur les lieux.

« Je crois qu'il y a lieu de laisser les quatre autres corps d'armée continuer tranquillement vers la Meuse entre Bannoncourt et Commercy, afin d'être maître demain des passages. Mais il faudra bien alors nous arrêter plusieurs jours, afin de ne pas déboucher de l'Argonne dans la plaine de Champagne rien qu'avec des têtes de colonnes..... »

Mais le maréchal de Moltke ne partageait pas précisément les vues du commandant de la IIe armée, auquel il répondit par l'intermédiaire du général de Stiehle :

Grand quartier général à Pont-à-Mousson, 16 août, 8 heures soir.

« A mon avis, rejeter vers le Nord *les forces principales* de l'ennemi qui abandonnent Metz, est chose décisive pour le résultat de la campagne. Plus le IIIe corps aura d'ennemis devant lui, plus grand sera demain le

---

(1) Ordre prescrivant de continuer, le 17, la marche vers la Meuse.

succès, quand on pourra disposer contre lui des Xe, IIIe, IVe, VIIIe, VIIe corps et éventuellement du XIIe.

« Ce n'est que lorsque ce but capital sera atteint que les Ire et IIe armées pourront se séparer pour continuer la marche vers l'Ouest. Les autres corps de la IIe armée pourront faire halte dès maintenant.

« Il n'y a qu'un intérêt secondaire à atteindre rapidement la Meuse; il y en a un de premier ordre à s'emparer de Toul. Quant à détacher trois corps de la IIe armée, cela n'est pour le moment nullement nécessaire (1). »

On se rappelle (2) que le quartier général de la IIe armée avait prescrit à 3 heures au IXe corps d'accélérer sa marche dans la direction de Mars-la-Tour. Pour être en mesure de soutenir, le 17, les corps engagés aux environs de Vionville, le prince de Saxe « était directement invité, le soir même (du 16 août), par le grand quartier général, à mettre, dès 3 heures du matin, le XIIe corps en marche par Thiaucourt sur Mars-la-Tour, et à jeter préalablement sa cavalerie vers la route de Verdun (3) (4) ».

Ordres à la Ire armée. — Dès midi, c'est-à-dire dès qu'on sut qu'un combat était engagé devant Rezonville, un officier d'état-major avait été expédié d'Herny auprès du général Steinmetz pour lui transmettre l'ordre verbal de disposer les VIIe et VIIIe corps à Corny et à Arry et de les tenir prêts à franchir la Moselle à la suite du IXe corps. D'ailleurs, le maréchal de Moltke complétait ces ordres verbaux par la dépêche suivante :

---

(1) *Correspondance* du maréchal de Moltke.
(2) Voir fascicule II. *Journée du 16 août*, page 572.
(3) A la suite du rapport que le capitaine Thauvenay apporta de la part du prince Frédéric-Charles sur la situation défavorable du Xe corps
(4) *Historique du Grand État-Major prussien.*

Grand quartier général à Pont-à-Mousson, 16 août, 5 heures soir.

« L'ennemi qui abandonnait Metz a été attaqué aujourd'hui près de Rezonville par le IIIe corps d'armée venant de Gorze. On a rappelé le Xe corps qui se trouvait plus à l'Ouest. Pour refouler l'ennemi vers le Nord en le coupant de Châlons et Paris, et vu l'importance de ses forces, Sa Majesté prescrit de faire franchir la Moselle aux deux corps disponibles de la Ire armée derrière les troupes du IXe corps. Les convois des trois corps devront rester sur la rive droite jusqu'après le passage des troupes.

« Le commandant en chef de la Ire armée dirigera les VIIe et VIIIe corps d'armée de manière à les amener le plus rapidement possible sur l'ennemi.

« Les mesures à prendre pour disposer de nouveau les armées en vue de la continuation de la marche vers l'Ouest demeurent réservées (1). »

D'ailleurs, le général Steinmetz, en se rendant à Coin-sur-Seille, avait été avisé par le général de Gœben de la bataille qui se livrait au Nord de Gorze. Aussi avait-il immédiatement ordonné aux VIIe et VIIIe corps de pousser en avant leurs équipages de ponts et de créer des points de passage à Arry et Corny (2).

Quand les instructions du grand quartier général lui parvinrent, il prescrivit au VIIe corps et à la *1re* division de cavalerie de se tenir prêts à passer la Moselle à Corny le 17 au matin; au VIIIe corps d'en faire autant à Arry et à la *3e* division de cavalerie de prendre position

---

(1) *Correspondance* du maréchal de Moltke.

(2) Dans la nuit du 16 au 17, le VIIe corps fit construire trois ponts à Corny, à proximité du pont suspendu. Le VIIIe corps en établit un à Arry auprès de celui qu'avait déjà jeté le IIIe corps.

entre Pouilly et Marly pour couvrir le passage de la Moselle et les convois des deux corps d'armée.

Ordre du grand quartier général au commandant de la IIe armée (16 août, 8 heures du soir). — En même temps qu'il expédiait au général de Stiehle la lettre citée plus haut, le maréchal de Moltke adressait l'ordre suivant au prince Frédéric-Charles :

Au commandant en chef de la IIe armée, Thiaucourt.

Grand quartier général à Pont-à-Mousson, 16 août, 8 heures soir.

« Le commandant en chef de la Ire armée est avisé de faire franchir la Moselle demain matin aux troupes des VIIe et VIIIe corps d'armée immédiatement derrière celles du IXe et de les diriger vers l'ennemi par le chemin le plus direct.

« Il pourra se faire plus tard que l'on dispose les Ire et IIe armées en vue de la continuation de la marche vers l'Ouest. Mais il est plus important d'abord de refouler vers le Nord, en les coupant de Châlons et de Paris, la plus grande partie possible des troupes ennemies et de les poursuivre jusqu'à la frontière du Luxembourg, et éventuellement sur le territoire de ce pays.

« Le reste de la IIe armée peut, dès maintenant, faire halte et se reposer. Il suffit de pousser en avant des avant-gardes pour occuper les passages de la Meuse. »

A la tombée de la nuit, le prince Frédéric-Charles avait quitté le champ de bataille pour se rendre à Gorze où il avait établi son quartier général.

Bien que le commandant de la IIe armée n'ait pas paru se rendre un compte exact de l'épuisement complet des troupes engagées pendant le cours de la journée, il n'en comprit pas moins la nécessité d'appeler à lui des forces fraîches « pour faire face à l'attaque que l'on prévoyait ».

L'*Historique du Grand État-Major prussien* fait remarquer que les IIe et IVe corps, stationnés le soir même à Buchy et aux Saizerais, étaient trop éloignés (deux fortes marches) pour qu'on pût compter sur leur concours. Rien ne fut donc changé à l'ordre (daté de midi) qui leur prescrivait de gagner respectivement Pont-à-Mousson et Boucq.

A 11 heures du soir, les ordres suivants étaient expédiés aux corps d'armée :

Le IXe corps, dont le commandant en chef se trouvait à Gorze, devait se rassembler, à la pointe du jour, sur les hauteurs situées immédiatement au Nord de cette localité et y attendre des ordres ;

Le XIIe corps devait rompre pendant la nuit pour gagner, par Thiaucourt, la région de Mars-la-Tour où il prendrait position derrière le Xe corps ;

La Garde devait se porter, au plus vite également, sur Mars-la-Tour et se rassembler à la gauche des Saxons ; la cavalerie de la Garde, seule, devait continuer son mouvement vers la Meuse ;

Les trois corps d'armée précités seraient suivis par les colonnes de munitions, mais les trains resteraient en arrière ;

Le IIe corps attendrait de nouveaux ordres à Pont-à-Mousson, mais pousserait ses troupes avancées vers la Meuse dans la direction de Saint-Mihiel ;

Enfin, le IVe corps devait continuer sa marche sur Toul.

Mais avant que ces ordres ne parvinssent à destination, quelques corps d'armée avaient déjà pris des mesures qui en favorisaient l'exécution, soit par suite de l'intervention directe du grand quartier général, ainsi qu'on l'a montré plus haut, soit par suite de l'initiative de chefs en sous-ordres.

Dès la réception de l'ordre du maréchal de Moltke, le prince de Saxe avait prescrit à sa division de cavalerie de se rassembler le 17 à 4 heures du matin près de

Vigneulles pour se porter ensuite sur Harville et éventuellement jusqu'à la route d'Étain « afin de chercher à y surprendre des troupes et des convois ».

D'autre part, un officier de la *12e* division de cavalerie chargé, pendant la journée du 16, d'établir la liaison avec le général de Rheinbaben, avait été témoin de l'engagement du Xe corps; à 10 heures du soir, il apportait au prince George de Saxe une dépêche du général Voigts-Rhetz lui demandant de se porter vers Tronville dès le lendemain matin pour soutenir les troupes engagées. Le commandant de la *23e* division faisait prendre aussitôt les armes à ses troupes et les mettait en marche à 3 heures du matin sur Thiaucourt, après en avoir rendu compte à son commandant de corps d'armée, ainsi qu'à celui de la Garde.

Quand le prince de Wurtemberg reçut cette communication un peu après minuit, il se décida à abandonner la direction qui lui était assignée vers l'Ouest et à se porter vers le Nord.

Lorsque la Garde et le XIIe corps reçurent les ordres du commandant de la IIe armée, ils étaient donc prêts à les exécuter sans retard. « Mais un inconvénient était à prévoir, car la Garde et le XIIe corps allaient être tous deux dirigés sur le même point : Chambley. Il eût donc été désirable qu'un ordre commun eût été préparé pour ces deux corps et qu'on eût assigné au XIIe corps la route Pont-à-Mousson, Thiaucourt, Chambley et à la Garde les routes plus à l'Ouest (1). »

Le grand quartier général dans la nuit du 16 au 17. — Au moment où il expédiait ses ordres, — c'est-à-dire vers 11 heures du soir, — le prince Frédéric-Charles

---

(1) *Heeresbewegungen im Kriege 1870-1871*; — *Herausgegeben vom grossen Generalstabe.*

adressait au grand quartier général un compte rendu sommaire sur la bataille et sur les mesures qu'il avait prises pour le lendemain matin.

Ce rapport arrivait à Pont-à-Mousson vers minuit, un peu après que le lieutenant-colonel de Bronsart, de retour du champ de bataille, eut lui-même donné des détails circonstanciés sur la lutte qui venait de se dérouler autour de Rezonville. « On savait donc, dit l'*Historique du Grand État-Major prussien*, que deux corps d'armée avaient été engagés dans une lutte acharnée et meurtrière contre des forces bien supérieures, et qu'il s'agissait avant tout de les soutenir en temps voulu dans les positions qu'ils avaient maintenues. »

Or, il est à remarquer que si jusqu'ici les ordres du maréchal de Moltke avaient nettement exprimé la préoccupation de rejeter vers le Nord, en les coupant de Châlons, *les forces principales* de l'armée française, et s'il avait en même temps redressé l'erreur capitale du prince Frédéric-Charles en arrêtant le mouvement de la IIe armée vers la Meuse, il n'avait pris que des demi-mesures pour assurer l'exécution de son projet. Sur son ordre direct, le XIIe corps devait s'acheminer le lendemain matin vers le champ de bataille et se joindre ainsi aux trois corps (X^e, IIIe et IXe) qu'on savait être aux prises avec l'ennemi sur la rive gauche de la Moselle. Mais, en fait, aucun ordre formel de concentration générale n'avait encore été donné en vue d'une bataille. Le chef du grand quartier général s'était contenté d'y faire allusion dans sa lettre au général de Stiehle, mais il ajoutait immédiatement une prescription, — reproduite d'ailleurs dans l'ordre adressé au prince Frédéric-Charles, — qui en remettait à plus tard l'exécution (1).

---

(1) « Le reste de la IIe armée peut dès maintenant, faire halte et se reposer. »

Il se produisit alors ce fait curieux, que ce fut le commandant de la IIe armée, qui, pressé par la nécessité évidente de soutenir les corps engagés le 16 août et cédant par conséquent à des exigences d'ordre tactique, ordonna une concentration que le commandement supérieur des armées hésitait encore à prescrire quoiqu'il eût conçu un plan stratégique qui la rendait immédiatement indispensable.

Ce ne fut réellement que dans le courant de la nuit du 16 au 17, et après la réception des comptes rendus du prince Frédéric-Charles et du lieutenant-colonel de Bronsart, que la nécessité apparut pressante au maréchal de Moltke de réunir toutes ses forces entre Gorze et Mars-la-Tour. Les ordres donnés par le Prince remplissaient ce but en ce qui concernait la IIe armée.

Restait la Ire armée à laquelle le grand quartier général adressa la dépêche suivante :

Au commandant en chef de la Ire armée, à Coin-sur-Seille.

Grand quartier général à Pont-à-Mousson, 17 août, 2 heures matin.

« Les IIIe et Xe corps ont conservé hier leurs positions. Il est de toute nécessité de les soutenir le plus tôt possible, *au lever du jour.*

« Les corps venant de la IIe armée ont plus de chemin à parcourir que ceux de la Ire. Il y a lieu pour celle-ci de rompre immédiatement et d'utiliser tous les passages à sa portée (ce qui probablement a déjà été prescrit).

« Sa Majesté se rendra incessamment vers Gorze, où Elle attendra vos comptes rendus. »

Cet ordre parvenait à Coin-sur-Seille à 4 heures du matin. Le général Steinmetz fit aussitôt prescrire verbalement aux troupes de se mettre en route.

La *15e* division, suivie de l'artillerie de corps du

VIII⁰ corps, commença à traverser la Moselle à Arry, en exécution des ordres donnés la veille. A 6 heures, le VII⁰ corps se mettait en marche de Pommerieux et Selligny sur Corny. La *1*re division de cavalerie se massait à Fey. Enfin le général Steinmetz se rendait à Corny avec son état-major.

Matinée du 17 août. — Opérations de la II⁰ armée. — Sur le champ de bataille, la nuit s'était passée tranquillement, mais les troupes engagées la veille étaient dans une situation très précaire.

D'après les *Opérations de la II⁰ armée*, « l'état dans lequel se trouvaient les troupes commandait impérieusement de les ménager ». Les cadres avaient été très fortement éprouvés et certaines unités (bataillons ou batteries) ne comptaient plus qu'un très petit nombre d'officiers. D'ailleurs, hommes et chevaux étaient fort épuisés, la plupart n'ayant pu prendre de nourriture pendant la journée du 16. Enfin, et bien que le commandant en chef eût donné l'ordre de faire compléter au plus tôt les munitions, celles-ci manquaient encore dans la matinée du 17. « Sans doute, dit von der Goltz, on ne pouvait pas exiger, dans la matinée du lendemain, de grands efforts de la part d'hommes aussi épuisés. D'ailleurs, il faut ajouter que la journée qui venait de s'écouler avait été forcément suivie d'un relâchement tel qu'il s'en produit toujours après une période de grande surexcitation. »

Dès 4 h. 30 du matin, le commandant de la II⁰ armée avait repris son poste d'observation près de Flavigny. A la pointe du jour on put découvrir la ligne des avant-postes français toujours présents sur les crêtes à l'Ouest de Rezonville et au Sud de la voie romaine.

Au Nord de Flavigny, une patrouille du *15*⁰ hulans était au contact permanent avec une grand'garde française et lui faisait des prisonniers. Mais bientôt on aperçut des mouvements de troupes importants dirigés vers Gravelotte, puis les crêtes se dégarnirent peu à peu. Cependant, les patrouilles qui tentaient de pousser jusqu'à Rezonville furent maintenues à distance par des coups de fusil.

Vers 6 heures du matin, le grand quartier général arrivait à son tour sur le champ de bataille et s'installait sur la hauteur au Sud de Flavigny. C'est là qu'on reçut quelques renseignements, — d'ailleurs très contradictoires, — sans qu'on parvînt à discerner quelles étaient les intentions d'un adversaire en présence duquel on avait passé la nuit, mais qu'on voyait se dérober sans qu'on prît des mesures efficaces pour conserver le contact.

D'après l'*Historique du Grand État-Major prussien*, on signalait à la fois : des colonnes d'infanterie se retirant sur Vernéville; de l'artillerie filant vers Metz; des lignes de tirailleurs déployées sur les hauteurs des bois de Vaux et des mouvements de troupes dirigées vers l'Ouest sur Jarny.....

A 6 h. 30 du matin, en effet, les avant-postes faisaient savoir que l'ennemi se massait autour de Gravelotte (1).

Un peu plus tard, une patrouille de la *6ᵉ* division de cavalerie confirmait ce fait :

« Les Français se massent, à cheval sur la route Gravelotte—Conflans, à l'Ouest de cette première localité. De fortes colonnes de toutes armes viennent du Nord-Ouest vers Gravelotte. Il semble qu'un nouveau corps se rapproche et veuille ensuite rompre par la route précitée. Quelques compagnies ont été portées en avant vers la gauche, ont déployé des tirailleurs et paraissent attendre l'ordre de rompre. Une nouvelle colonne paraît être en marche sur Gravelotte. Une brigade de cavalerie est actuellement en marche (2). »

---

(1) *Die Operationen der II. armee. Loc. cit.*
(2) *Ibid.*

Vers 8 heures du matin, une patrouille du *16⁰* hussards faisait savoir que les rassemblements observés près de Gravelotte se disposaient à attaquer (1). Un officier de l'état-major de la II⁰ armée fut aussitôt envoyé vers l'Est pour vérifier ce fait, qui paraissait légitimer les craintes du commandement, et qui eût été, il est vrai, gros de conséquences pour une armée à bout de forces comme l'était alors l'armée allemande du plateau de Vionville. Mais cet officier apprécia plus exactement les intentions des troupes françaises (division Metman) en exprimant l'avis qu'il ne s'agissait probablement que d'une arrière-garde n'ayant nullement le dessein d'attaquer; il faisait en effet parvenir, — assez tardivement d'ailleurs, — le rapport suivant :

17 août, 11 h. 30 matin.

« Il ne paraît pas qu'on doive s'attendre à une attaque de l'ennemi. Il a pris une position d'arrière-garde à Gravelotte. A la fumée qu'on aperçoit, il est à supposer qu'il fait actuellement la soupe. Quelques colonnes du train se retirent vers Metz (2). »

Un autre rapport des avant-postes disait :

« L'ennemi occupe Gravelotte avec son infanterie; il fourrage et cherche à emmener les approvisionnements situés dans le rayon de son tir. Des tirailleurs sont déployés sur les hauteurs du bois de Vaux. Les dernières fractions de l'artillerie se retirent sur Metz par la grande route. Des colonnes, — infanterie et bagages, — se retirent de même sur Vernéville par la grande route. »

Plus tard, les avant-postes de la *6⁰* division de cavalerie adressaient le rapport suivant :

---

(1) *Historique du Grand-État-Major prussien.*
(2) *Die Operationen der II. armee. Loc. cit.*

« D'importantes troupes d'infanterie se retirent des abords de la route conduisant à Metz vers la route de Gravelotte à Doncourt ; comme cette marche en retraite s'effectue en arrière du village et des hauteurs, on ne peut évaluer exactement la force de l'adversaire. Les sonneries de l'ennemi s'entendent aussi bien dans la direction de Metz où elles deviennent de plus en plus faibles que sur le flanc gauche où on les perçoit distinctement. »

Dans la région qui s'étend au Nord des bois de la voie romaine, les mouvements des 3º et 4º corps avaient été tout d'abord assez bien observés quoique les directions de marche eussent été souvent faussement appréciées.

Une reconnaissance du 11ᵉ régiment de hussards (5ᵉ division de cavalerie) expédiait, à 9 h. 30, le renseignement suivant :

« Près de Saint-Marcel, des colonnes sont visibles, qui marchent sur Verdun. Un camp considérable se trouve près de Bruville. Des grand'gardes ennemies (cavalerie et infanterie) sont à la ferme Greyère. Près de Bruville des colonnes d'infanterie sont sur la route et se dirigent vers Jarny (1). »

Vers 9 heures, les trois autres escadrons du 11ᵉ hussards quittèrent leurs bivouacs et annoncèrent un peu plus tard qu'on apercevait au loin des nuages de poussières entre Doncourt et Jouaville (2).

Mais bientôt toutes les troupes signalées se mettaient en marche et disparaissaient vers le Nord sans qu'aucune des reconnaissances de cavalerie ait pu dire ce qu'elles étaient devenues.

Devant l'aile droite des armées allemandes, on restait

---

(1) *Bergische Lanziers Westfalische Husaren nº 11.*
(2) *Die Operationen der II. armee.*

donc au contact de l'armée française, mais en face de l'aile gauche « ce contact allait en s'affaiblissant sans cesse jusqu'au moment où il finissait par cesser totalement (1) ».

Les Allemands cherchent à expliquer ce fait curieux en alléguant qu'on craignait un mouvement offensif de l'adversaire et que, par suite, on s'était plus particulièrement préoccupé des moyens de résister à une attaque. On comprend à la rigueur qu'à la suite de l'expérience de la veille ils se soient peu souciés de lancer en avant de grosses masses de cavalerie dont ils étaient en droit de prévoir une intervention brutale et inopportune qui eût pu provoquer une affaire qu'ils redoutaient tant. Mais on s'explique difficilement en quoi des préoccupations d'ordre défensif purent les dispenser de prendre des mesures efficaces pour se renseigner sur les agissements d'un adversaire dont on craignait l'attaque. Au reste, le mouvement de retraite de l'aile droite de l'armée du Rhin, en admettant qu'il ne fut pas l'indice certain d'un mouvement rétrograde général de tous les corps français, ne pouvait que faire naître, chez le commandement allemand, le désir de savoir en quoi consistait la manœuvre aux débuts de laquelle il avait assisté des hauteurs de Flavigny. La seule raison qui eût pu légitimer une pareille inertie eût été la complète annihilation de toute la cavalerie prussienne. Or, si certaines fractions de celle-ci avaient été durement éprouvées la veille, il est incontestable que certaines unités (et particulièrement la 6ᵉ division) étaient en mesure de soutenir par quelques escadrons les reconnaissances qu'on envoya vers le Nord et de leur donner ainsi un peu plus d'allant qu'elles n'en montrèrent en réalité.

Il est à remarquer, en effet, qu'en cette circonstance,

---

(1) *Historique du Grand État-Major prussien.*

des reconnaissances, — d'ailleurs peu nombreuses, — eurent effectivement lieu en avant du front de la IIᵉ armée ; mais que, sans doute inquiètes d'avoir laissé leur division au bivouac, elles ne montrèrent aucune audace et ne tentèrent même pas de conserver un contact que la cavalerie française ne leur disputait cependant en aucune façon.

C'est ainsi que l'escadron du *11ᵉ* régiment de hussards, parti de Mars-la-Tour à 5 h. 45, signalait tout d'abord un camp important à Bruville (4ᵉ corps français), puis des colonnes en marche vers Verdun..... Mais à partir de l'instant où les troupes du général de Ladmirault eurent abandonné Bruville, puis Doncourt, pour se replier sur Amanvillers, l'escadron prussien ne fournit plus aucune nouvelle. Les trois autres escadrons du même régiment envoyés vers Jarny signalent simplement des nuages de poussière entre Doncourt et Jouaville (marche en retraite du corps de Ladmirault), mais s'en tiennent à cette indication vague sans chercher à suivre ni même à voir une colonne qu'ils eussent cependant pu observer impunément de la région comprise entre Giraumont et Saint-Ail (1).

« La perte du contact de l'armée française le 17 août, qui produisit dans le commandement suprême de l'armée allemande de l'incertitude et de l'hésitation, dit le général de Woyde, mérite de faire l'objet de quelques considérations. Ces considérations nous amènent à conclure inévitablement que la journée de Mars-la-Tour, — considérée avec raison par les Allemands comme une

---

(1) L'Historique du *11ᵉ* régiment de hussards manque de précision sur les reconnaissances qu'il effectua dans la matinée du 17. Il parle bien de fortes colonnes observées de loin, et de deux patrouilles qui « conservèrent le contact », mais il ajoute que ces patrouilles « furent relevées » par les Saxons et qu'à 1 heure tout le régiment était réuni au bivouac de Tronville.

journée glorieuse pour leur cavalerie, en n'envisageant la question qu'à un seul point de vue, — appartient, en réalité, à l'époque où la belle cavalerie allemande fut employée d'une manière peu judicieuse, et même, pour bien dire, contraire à tous les principes (1). »

Ire armée. — On se rappelle que dans sa dépêche au commandant de la Ire armée (datée du 17 août, 2 heures du matin), le maréchal de Moltke s'était contenté de presser vivement le général Steinmetz d'amener ses corps d'armée sur le champ de bataille. Or, dans la journée du 16, le commandant de la Ire armée n'avait reçu que des renseignements généraux sur le combat engagé du côté de Rezonville (2), de sorte qu'avant d'exécuter l'ordre, cependant très pressant, du grand quartier général, il fallut « commencer par se mettre au courant de la situation sur la rive gauche ». Le colonel Wartensleben partit donc à la pointe du jour de Coin-sur-Seille et rejoignit le maréchal de Moltke sur la hauteur de Flavigny d'où on expédia au général Steinmetz des renseignements et des ordres complémentaires.

C'est sur ces entrefaites, qu'on reçut, au quartier général de la Ire armée, un rapport du général de Gœben, daté de 1 heure du matin, rapport dans lequel le commandant du VIIIe corps rendait compte de l'engagement de la veille et annonçait que « vu l'énorme supériorité numérique des Français, il ferait partir au point du jour la division Weltzien et l'artillerie de réserve pour Corny, et qu'il irait lui-même en avant pour être en mesure d'agir suivant les circonstances ». « Il est d'ailleurs probable, ajoutait-il, que les Français profiteront de la nuit pour exécuter leur retraite (3). »

---

(1) *Cause des succès et des revers dans la guerre de 1870.*
(2) *Les opérations de la Ire armée* par von Schell.
(3) *Ibid.*

A 8 h. 30 du matin, un officier apporta à Novéant, où s'était rendu le général Steinmetz, les nouvelles instructions du grand quartier général :

« Les troupes ennemies se replient, la plus grande partie sur Metz, mais elles sont encore en possession de Rezonville et de Gravelotte. Le VIIe corps défilera à Corny et se dirigera, par Ars-sur-Moselle, sur Gravelotte ; il faut occuper le bois de Vaux, sur le flanc droit. Le VIIIe corps marchera sur Rezonville, laissant Gorze à sa gauche. Lorsque les têtes de colonne commenceront à défiler, on devra en rendre compte. On suppose que l'armée sera prête à midi (1). »

Aussitôt, le commandant de la Ire armée donna ses ordres :

Les VIIe et VIIIe corps devaient se mettre en route sans tarder dans les directions qu'on vient d'indiquer ; le VIIIe corps était chargé d'établir les liaisons, à droite avec le VIIe corps, à gauche avec la IIe armée ; ces deux corps devaient se faire précéder d'avant-gardes et laisser chacun une brigade en réserve ; la brigade de réserve du VIIe corps restait à la disposition exclusive du commandant de l'armée. La 1re division de cavalerie devait suivre le VIIe corps jusqu'à la Moselle et attendre là de nouveaux ordres ; mais elle était chargée cependant de laisser des troupes en observation sur la rive droite jusqu'à l'arrivée de la 3e division de cavalerie (2).

Enfin, plus tard encore, et à la suite d'explications verbales fournies par le colonel de Wartensleben de retour du champ de bataille, on prescrivit au Ier corps « d'effectuer avec son artillerie une démonstration contre Metz, par la rive droite de la Moselle, afin de

---

(1) *Les Opérations de la Ire armée allemande.* Loc. cit.
(2) On se rappelle que la *3e* division de cavalerie avait reçu l'ordre, la veille au soir, de venir entre Pouilly et Marly.

détourner autant que possible l'attention de l'adversaire des importantes marches en voie d'exécution sur la rive gauche (1) ».

Marche de la Ire armée. — L'avant-garde du VIIe corps s'était mise en marche de Novéant sur Gravelotte par Ars, sous le commandement du général de Woyna (2). Le général Steinmetz marchait avec elle.

L'escadron de hussards qui précédait la colonne parvint sans encombre jusqu'au moulin Fayon, situé sur la Mance, un peu en deçà du débouché des bois. Mais là, il fut arrêté par la fusillade de tirailleurs appartenant au 7e bataillon de chasseurs et au 71e régiment d'infanterie (de la division Metman) qui occupaient, l'un le fond du ravin, l'autre la croupe 319 au Sud de Gravelotte, et s'apprêtaient d'ailleurs tous deux à suivre le mouvement de retraite de la division.

Dès l'arrivée de la tête de colonne, à hauteur du moulin Fayon, le général de Woyna prescrivit aux deux premiers bataillons du *77e*, de gagner la lisière des bois, puis il les fit appuyer par les fusiliers du *53e*. Les deux bataillons de tête se jetèrent donc dans les taillis où ils progressèrent lentement, refoulant devant eux les tirailleurs français, malheureusement laissés sans soutiens.

Il était 1 heure de l'après-midi, quand le *77e* parvint à la lisière Nord-Est du bois des Ognons ; une fusillade peu nourrie s'engagea alors avec les tirailleurs déployés devant le front des trois bataillons du 71e, dont le IIIe, trop exposé, se retirait bientôt un peu en arrière de la

---

(1) *Historique du Grand État-Major prussien.* — Cet ordre fut donné à 9 h. 30 du matin. (*Opérations de la Ire armée allemande.*)

(2) Elle comprenait : la *28e* brigade (moins le bataillon de fusiliers resté auprès de l'artillerie de corps) ; le 2e escadron du *15e* hussards et la 1re batterie du *7e* régiment.

crête (1). Mais, de ce côté, l'infanterie allemande ne fit aucune tentative pour déboucher du bois, et laissa, comme on sait, la division Metman, se retirer librement.

A l'Est de la route d'Ars à Gravelotte, un demi-bataillon avait d'abord gagné la lisière orientale des bois de Vaux, puis il se rabattait à gauche à l'approche des deux premiers bataillons du 53e, et essuyait le feu de la batterie de mitrailleuses (2), que le général Metman faisait mettre en batterie pendant que son infanterie se retirait sur le plateau de Moscou.

Cependant, le général de Woyna était bientôt avisé d'avoir à suspendre tout mouvement offensif. Le général Steinmetz, en effet, venait lui-même de recevoir l'ordre formel de rompre le combat « le Roi n'ayant plus l'intention d'en venir aux mains ce jour-là et se réservant au contraire de n'agir que le lendemain avec toutes ses forces réunies (3) ».

En conséquence, le commandant de la Ire armée avait prescrit de ne pas dépasser la lisière des bois, et refusait au général de Woyna l'autorisation de faire canonner, des hauteurs de Gravelotte, le camp qu'il venait de reconnaître aux abords de Vernéville (4).

---

(1) Le 77e prussien perdit 3 officiers et 20 hommes, pendant le combat sous bois ; le 71e n'eut que 2 hommes tués et le 7e bataillon de chasseurs 2 hommes blessés.

(2) $\frac{5}{11}$.

(3) *Historique du Grand État-Major prussien.*
On verra plus loin par suite de quelles considérations le grand quartier général « se décida à n'attaquer que le lendemain ». Dès lors « et pour éviter que la manœuvre de flanc dessinée par la Ire armée amenât, le jour même, une affaire sérieuse » on adressa, à midi, au général Steinmetz l'ordre de faire cesser la fusillade qu'on entendait de la hauteur de Flavigny. Des instructions dans le même sens furent adressées directement au VIIIe corps à Gorze.

(4) Camp du 6e corps.

Ordres du commandant de la Ire armée (4 heures du soir). — Le général Steinmetz se rendit alors à Ars-sur-Moselle, d'où il donna, — à 4 heures, — l'ordre au VIIe corps, de se couvrir sur sa droite, dans le bois de Vaux, et de relier ses avant-postes à ceux de la *26e* brigade qu'on portait en ce moment même un peu au delà d'Ars dans la direction de Metz. Il fut en même temps prescrit à la *3e* division de cavalerie de se rendre à Augny et d'établir ses avant-postes sur la ligne Vaux—Magny.

Enfin, la *1re* division de cavalerie devait rester également sur la rive droite à Corny (1).

En face du plateau du Point-du-Jour, c'est-à-dire devant les bivouacs du 2e corps, les deux premiers bataillons du *53e* prussien s'établirent donc aux avant-postes sur la lisière des bois de Vaux et échangèrent quelques coups de fusil avec les grand'gardes de la division Vergé (2).

Devant Gravelotte, les deux bataillons de mousquetaires du *77e* avaient occupé, comme on sait, la lisière du bois des Ognons et étaient soutenus par le bataillon de fusiliers du *53e*, installé un peu plus en arrière sur la route d'Ars. Un peu plus en arrière encore, et au point où la route commence à s'élever au-dessus du fond de la vallée, le reste de la *14e* division avait formé son bivouac.

De la *13e* division, une partie (*26e* brigade, — 5e batterie — et 4e escadron du *8e* hussards) était restée près d'Ars et avait poussé ses avant-postes vers Metz en liaison avec ceux du bois de Vaux. Le reste de la division et l'artillerie de corps du VIIe corps bivouaquaient dans la vallée à peu de distance à l'Ouest d'Ars.

---

(1) *Les Opérations de la Ire armée. Loc. cit.*
(2) Ils furent renforcés dans la soirée par le 7e bataillon de chasseurs.

Pendant la plus grande partie de l'après-midi, le général Steinmetz était resté sans nouvelles du VIII⁰ corps. Dès 1 h. 30 cependant, il avait envoyé un de ses officiers à Gorze pour être fixé sur la situation du général de Gœben, dont il était séparé par un massif boisé difficilement praticable.

Aucun incident n'avait marqué la marche du VIII⁰ corps. Dans la soirée, il était réuni aux abords de Gorze : les deux divisions au Nord-Est du village, l'artillerie de corps, dans la vallée, au Sud-Est (1). L'avant-garde (*67⁰* régiment, *2⁰* batterie et un escadron de hussards du Roi) s'était avancée jusqu'au milieu du bois de Saint-Arnould et s'était couverte, vers Rezonville, par des avant-postes qui se reliaient : à droite, à ceux du VII⁰ corps, et à gauche, à ceux du IX⁰.

La *1*ʳᵉ division de cavalerie était bivouaquée, comme elle en avait reçu l'ordre, aux environs de Corny, sur la rive droite de la Moselle.

La *3⁰* division de cavalerie s'installait aux environs de Coin-lès-Cuvry et se couvrait vers Metz par le *8⁰* régiment de cuirassiers, qui poussait deux escadrons à Jouy-aux-Arches et à Augny (2).

Canonnade devant le fort de Queuleu. — Quant au Iᵉʳ corps d'armée, il avait esquissé devant le fort de Queuleu la démonstration qu'on lui avait prescrit d'exécuter.

Un peu avant 5 heures, l'artillerie de corps et la 1ʳᵉ abtheilung montée étaient venues prendre position à Mercy-le-Haut et à Laquenexy, tandis que la 2⁰ abtheilung s'étendait plus à gauche sur la hauteur au Sud-

---

(1) La *31⁰* brigade, de retour des environs de Thionville, arrivait à Arry dans la journée.

(2) Ce régiment relevait le *9⁰* hulans que la *1*ʳᵉ division de cavalerie avait provisoirement laissé à Fey.

Ouest de Metz. Enfin, les deux divisions d'infanterie du corps d'armée s'avançaient à leur tour pour soutenir ce déploiement imposant d'artillerie.

Quelques minutes après 5 heures (1), les batteries de la hauteur de Peltre, puis bientôt celles de Mercy, ouvrirent le feu sur le fort de Queuleu, où toutes les dispositions étaient déjà prises.

La 7ᵉ batterie de la division de Laveaucoupet avait été fractionnée en deux portions, dont l'une servit les pièces de gros calibre du fort et dont l'autre fit le service de ses pièces de campagne.

Tout se borna à une canonnade aussi inutile d'un côté que de l'autre. L'*Historique* des Prussiens fait remarquer que les projectiles du fort restaient inoffensifs (2). Les leurs atteignirent cinq hommes dans un tir qui dura une heure et demie (3).

Aussi, la *démonstration* en question ne fit illusion à personne et si, au cours de la canonnade, le général Coffinières prévint le maréchal Bazaine qu'une « attaque sérieuse » était dirigée sur le fort de Queuleu, le commandant en chef ne s'en émut pas autrement et ne modifia en quoi que ce fût les dispositions qu'il avait prises. Seul, un bataillon du 24ᵉ (le Iᵉʳ) fut porté, de par l'initiative du commandant du fort de Saint-Quentin, à la porte Serpenoise. Enfin, vers 7 heures, les commandants des forts de Saint-Quentin et de Queuleu télégraphiaient tous deux au gouverneur de Metz que l'attaque allemande paraissait simplement destinée à détourner l'attention des mouvements de troupes vers la Moselle (4).

---

(1) Voir les dépêches télégraphiques du poste d'observation de la cathédrale de Metz.

(2) Le fort de Queuleu tira : 112 projectiles de 24 et 176 projectiles de 12.

(3) Journal de marche de la 3ᵉ division du 2ᵉ corps.

(4) Voir aux pièces annexes : la dépêche du général Coffinières au

Vers 6 h. 30, le feu avait cessé et tout était rentré dans l'ordre. Le Ier corps d'armée regagnait alors ses bivouacs de Laquenexy et de Courcelles-sur-Nied.

Marche de la IIe armée. — L'aile gauche de la IIe armée s'était mise en marche de très bonne heure pour gagner les environs de Mars-la-Tour.

Conformément aux ordres du prince royal de Saxe, la *12e* division de cavalerie, qui avait quitté Vigneulles un peu après 4 heures du matin, arriva à Harville, sur la route de Mars-la-Tour, à 7 h. 30 (1). Après une courte halte, au cours de laquelle on envoya des patrouilles vers l'Ouest sur Fresnes et Pintheville, on poursuivit la marche vers Saint-Jean-lès-Buzy qu'on atteignit à 9 heures. Là, on apprit que l'empereur Napoléon avait gagné Verdun la veille avec une escorte de 5,000 hommes, puis le général de Lippe fit envoyer des reconnaissances dans toutes les directions. Un escadron du *17e* hulans poussa vers l'Est jusqu'à Olley et Jandelize, mais ne rencontra aucune troupe ennemie. D'autres reconnaissances firent savoir qu'Étain était inoccupé et que les routes étaient libres jusqu'à l'Orne. Tous ces renseignements furent adressés au commandant du XIIe corps, puis au prince Frédéric-Charles, mais aucun d'eux ne parvint à ce dernier avant qu'il eût donné les ordres (datés de 1 heure de l'après-midi) dont il sera question plus loin; le premier renseignement, qui partit de Mars-la-Tour avant 8 heures du matin, toucha le commandant du XIIe corps sur la route de Thiaucourt vers 1 heure de l'après-midi et revint sur ses pas pour

---

maréchal Bazaine, 5 h. 45; la dépêche du commandant du fort de Saint-Quentin au gouverneur de Metz, 6 h. 40; la dépêche du commandant du fort de Queuleu au gouverneur de Metz, 7 h. 5.

(1) *Das XII. Korps im Kriege 1870-1871.* V. Schimpff.

être communiqué à Flavigny au commandant de la IIᵉ armée (1).

Vers 4 heures du soir, la division de cavalerie saxonne s'établit au bivouac : la *23ᵉ* brigade à Saint-Jean-lès-Buzy ; la *24ᵉ* à Parfondrupt. Deux escadrons du *17ᵉ* hulans étaient aux avant-postes au delà de Saint-Jean, et un autre fut détaché, sans doute dans l'intention de surveiller la route du Sud, à Harville, qu'on avait traversé le matin et où un bataillon du *3ᵉ* régiment de grenadiers de la Garde passait également la nuit (2).

La *23ᵉ* division d'infanterie avait quitté Régniéville dès 3 heures du matin. Précédée d'une avant-garde comprenant la *46ᵉ* brigade, elle arrivait à Thiaucourt vers 5 heures et continuait par Xammes, Hagéville, Xonville, Puxieux et Mars-la-Tour où elle s'établissait au bivouac à partir de 2 heures (3).

L'alarme avait été donnée à 1 heure du matin dans les bivouacs de la *24ᵉ* division (à Pont-à-Mousson) et de l'artillerie de corps (à Montauville). A 1 h. 30, la colonne se mettait en marche par Montauville et Régniéville sur Thiaucourt où elle prit un repos assez long. Elle ne se mit en marche, en effet, qu'à 11 heures 30 et n'arriva à ses bivouacs de Puxieux qu'à partir de 4 heures du soir (4).

---

(2) *Die Operationen der II. armee.* Page 115, note (**).

(1) *Auszeichnungen uber das 1 Königlich Sachsisch Ulanen-Regiment Nr. 17.*

(2) *Das XII. Korps im Kriege 1870-1871 et Geschichte der Königlich-Sachsischen Jäger-brigade und des daraus hervor gegungen Schutzen fusilier regiments.*

(3) *Zur geschichte des 6 Königlich-Sachsischen Infanterie regiments Nr. 105. Geschichte der Königlich-Sachsischen 7 Infanterie regiments Prinz Geog. Nr. 106.*

D'après les *Heeresbewegungen im Kriege 1870-1871* du *Grand État-Major* prussien, la *24ᵉ* division suivit le même itinéraire que la *23ᵉ* jusqu'à Hagéville, puis gagna Puxieux en passant par Buxières.

On sait que la 2ᵉ division de la Garde bivouaquait à Rambucourt et Bouconville.

L'avant-garde partait de Bouconville à 3 h. 30 du matin et s'engageait sur le chemin Xivray—Réchicourt Essey—Beney—Saint-Benoît—Dampvitoux et Hagéville (1). Le gros de la 2ᵉ division rejoignait le précédent itinéraire à Xivray. Enfin, l'artillerie de corps, bivouaquée à Beaumont, rétrogradait jusqu'à Flirey pour trouver un chemin praticable qui lui permît de suivre les traces de la 2ᵉ division d'infanterie. L'avant-garde arriva près d'Hagéville à 1 heure de l'après-midi, mais à ce moment elle se heurta aux troupes du XIIᵉ corps qui suivaient le chemin conduisant à Mars-la-Tour par Xonville, puis à la colonne de la 1ʳᵉ division de la Garde qui arrivait à sa suite de Thiaucourt. Force lui fut d'arrêter sa tête de colonne, — ce dont elle profita pour faire serrer la queue et prendre une formation de rassemblement, — puis de se rendre à Hannonville à travers champs après une halte de plus de deux heures. Il en résulta un assez long retard et les troupes de la 2ᵉ division ne s'établirent au bivouac devant Suzémont que vers 6 heures du soir. L'avant-garde poussa jusqu'aux Forêts royales (2), établit ses avant-postes le long du ruisseau de Longeau, et détacha un bataillon du 3ᵉ grenadiers et un escadron du 2ᵉ hulans à Harville pour garder la grande route dans la direction de Verdun (3).

L'alerte avait été sonnée à 3 heures du matin dans les

---

(1) L'avant-garde comprenait : la 3ᵉ brigade d'infanterie, les deux batteries légères et le 2ᵉ régiment de hulans.

(2) Entre Hannonville et Brainville.

(3) *Geschichte des Königin Augusta Garde-Grenadier-Regiments Nr. 4. Geschichte des Königin Elisabeth Garde-Grenadier-Regiments Nr. 3. Die ersten 60 Jahre des Garde-Ulanen Regiments. Heeresbewegungen im Kriege 1870-1871*, herausgegeben vom Grossen Generalstabe.

bivouacs de la 1re division aux environs de Bernécourt. Le départ eut lieu vers 3 h. 30 par Flirey et Euvezin sur Thiaucourt. Là, la division tomba sur l'itinéraire de la 23e division saxonne ; mais, si l'on s'en rapporte aux « *Heeresbewegungen im Kriege 1870-71* », du Grand État-Major allemand, les Saxons ayant « une avance de quelques heures », la section de route Thiaucourt—Hagéville put être successivement utilisée par les deux corps d'armée (1). Mais la colonne de droite de la Garde n'en arriva pas moins à Hagéville vers 1 heure, c'est-à-dire en même temps que la colonne de gauche. Elle prit donc, comme cette dernière, une formation de rassemblement, puis gagna ensuite les environs de Hannonville où elle s'établit au bivouac de part et d'autre de la grande route vers 5 heures (2).

La Garde et une moitié du corps saxon n'arrivèrent donc pas avant la fin du jour aux environs d'Hannonville, et cela après une marche très longue et très fatigante. A défaut d'ordres supérieurs, le manque d'entente entre les commandants des deux corps d'armée avait eu des conséquences fâcheuses qui eussent pu être

---

(1) Les heures fournies par les Historiques des régiments (c'est-à-dire celles qui ont été indiquées ici) ne permettent pas de comprendre l'affirmation des *Heeresbewegungen*. La 23e division ayant quitté Régneville à 3 heures et étant arrivée à Thiaucourt à 5 heures pouvait, à la rigueur, avoir quitté cette localité quand la tête de la 1re division de la Garde s'y présenta. Mais la 24e division, qui avait quitté Pont-à-Mousson à 1 h. 30 du matin dut probablement être arrêtée par la colonne de la Garde. Il dut en être de même de l'artillerie de corps saxonne qui marchait entre les deux divisions. C'est peut être la raison du départ très tardif (11 h. 30 du matin) de Thiaucourt que signale l'Historique du 105e régiment (appartenant à la 24e division).

(2) *Geschichte des Königlich-preusischen Ersten-Garde-Regiments zu Fuss. Kurze Darstellung der geschichte des 2 Garde-Regiments zu Fuss. Geschichte des Königlich-preusischen 4 Garde-Regiments zu Fuss. Das 3 Garde-Regiment zu Fuss.*

désastreuses, si les craintes du haut commandement, relatives à une attaque française, se fussent réalisées (1).

Ordres du prince Frédéric-Charles (1 heure de l'après-midi). — On verra plus loin comment, à la suite d'une conférence tenue aux environs de Flavigny entre le maréchal de Moltke, le prince Frédéric-Charles et quelques commandants de corps d'armée, on se décida à ne se porter en avant que le lendemain matin.

Dès lors, et avant même que le grand quartier général eût rédigé ses ordres, le commandant de la IIe armée fit connaître à ses corps la décision prise en haut lieu et leur donna ses instructions pour le stationnement :

Champ de bataille de Vionville, 17 août, 1 heure de l'après-midi.

« L'ennemi paraît se retirer en partie vers le Nord-Ouest, en partie vers Metz.

« La IIe armée et les VIIe et VIIIe corps se mettront en marche demain matin vers le Nord pour rechercher l'ennemi et pour le battre.

« Aujourd'hui, les corps d'armée camperont sur le champ de bataille de Vionville, ayant à l'aile droite le IXe corps. Les avant-postes chercheront à se lier dans les bois avec ceux du VIIIe corps, — lequel bivouaque à Gorze, — et s'étendront par leur gauche jusqu'à la chaussée Metz—Verdun, en avant de Flavigny.

« Le IIIe corps d'armée bivouaquera à Vionville et

---

(1) Les *Heeresbewegungen*, qui glissent très légèrement sur la rencontre des colonnes de troupes des deux corps d'armée, ajoutent cependant qu'il se produisit un tel encombrement que non seulement les trains et les convois des Xe et XIIe corps ne purent avancer, mais qu'ils durent même faire demi-tour.

Flavigny; ses avant-postes se relieront à ceux du IXᵉ corps et s'étendront à gauche jusqu'à la lisière occidentale du bois au Nord de Vionville (1).

« Le XIIᵉ corps établira aujourd'hui ses bivouacs à Mars-la-Tour, poussera ses avant-postes jusqu'au ruisseau de l'Yron et enverra des détachements de cavalerie vers Hannonville pour observer la route de Verdun.

« Les corps qui établiront des avant-postes feront reconnaître par des officiers le terrain qui s'étend en avant de leur front tant au point de vue d'une marche en avant qu'en ce qui concerne l'ennemi.

« Le Xᵉ corps conservera ses bivouacs à Tronville.

« Le corps de la Garde établira son bivouac à Puxieux (2).

« Le IIᵉ corps quittera Pont-à-Mousson demain matin à 4 heures, marchera par Arnaville, Bayonville et Onville sur Buxières, puis se massera au Nord de cette localité, où il fera la soupe.

« Le quartier général de l'armée est aujourd'hui à Buxières (3). »

Ordres du grand quartier général pour la journée du 18 août. — « Le 17 août, un peu après midi, dit l'*Historique du Grand État-Major prussien*, sept corps d'armée et trois divisions de cavalerie de la Iʳᵉ et de la IIᵉ armée

---

(1) Dans le courant de l'après-midi, le manque d'eau sur le plateau de Flavigny fit reporter les bivouacs de la 5ᵉ division jusqu'auprès de Chambley.

(2) Cet ordre mit cinq heures pour parvenir à la Garde, de sorte que celle-ci, déjà installée près d'Hannonville, y resta.

(3) Le IVᵉ corps reçut l'ordre particulier suivant : « La brigade de hulans de la Garde est restée à la droite du IVᵉ corps avec mission de battre le pays jusqu'à la Meuse aux environs de Saint-Mihiel. (IVᵉ corps : ligne Boucq—Sauzey—Jaillon ».)

se trouvaient donc sur place ou assez rapprochés pour que l'état-major allemand pût compter en toute certitude sur leur concours dans le cas où la bataille eût dû recommencer ». Bien qu'il y ait quelques réserves à faire au sujet de cette appréciation en ce qui concerne la Garde et le corps saxon, plus ou moins engagés dans un enchevêtrement qui eût peut-être rendu très tardive leur intervention dans une bataille éventuelle, il n'en est pas moins vrai que, dans les premières heures de l'après-midi, la situation des IIIe et X^e corps n'était plus faite pour inspirer les mêmes inquiétudes que dans la matinée. On agita donc au grand quartier général la question de savoir s'il ne conviendrait pas de reprendre immédiatement l'offensive (1).

Malheureusement, la cavalerie était restée, comme on l'a vu précédemment, presque absolument inactive depuis la veille au soir. Les officiers des états-majors allemands ne s'étaient guère, non plus, éloignés de leurs quartiers généraux, de sorte que pendant la matinée du 17 août, une armée de plus de 150,000 hommes put abandonner le champ de bataille de la veille, — champ de bataille sur lequel les deux adversaires étaient restés au contact pendant tout le cours de la nuit, — sans que l'ennemi sût approximativement dans quelle direction elle s'était retirée. Les quelques patrouilles qui, dans la matinée du 17, dépassèrent la ligne des avant-postes, ne fournirent que des renseignements vagues et souvent contradictoires, qui laissèrent le grand quartier général allemand dans une incertitude complète au sujet des mouvements de son adversaire.

Dans la direction de Metz cependant, la marche des colonnes françaises n'avait pu échapper aux observations des états-majors du grand quartier général et de la

---

(1) *Die Operationen der II. armee. Loc. cit.*

II⁰ armée réunis depuis le matin près de Flavigny. On avait constaté d'une façon certaine que des troupes nombreuses se retiraient vers l'Est par Gravelotte (1). En revanche, les renseignements devenaient tout à fait contradictoires en ce qui concernait la région de Saint-Marcel : certaines patrouilles de cavalerie signalaient des mouvements de troupe vers l'Ouest sur Jarny, d'autres vers le Nord-Est sur Vernéville. D'ailleurs, ces patrouilles perdaient bientôt le contact en avant du front de la II⁰ armée et le commandement supérieur de cette armée « plus particulièrement préoccupé des moyens de résister à une attaque », suivant l'expression de la Relation officielle, ne prenait aucune autre mesure pour chercher à résoudre une question qui allait se poser primordiale pour la manœuvre du lendemain.

« On savait bien, dit encore l'*Historique du Grand État-Major prussien*, qu'à l'Est, du côté de Metz, la Iʳᵉ armée se trouvait en contact direct avec l'adversaire ; mais, là aussi, on ne pouvait distinguer si on avait devant soi la totalité de l'armée française ou seulement une notable fraction de celle-ci, tandis qu'une autre partie poursuivait peut-être vers la Meuse. La division de cavalerie saxonne devait éclaircir le dernier point de la question ; mais elle avait plus de 30 kilomètres à faire, depuis ses campements actuels, pour atteindre la route d'Étain. »

En résumé, vers midi, le grand quartier général ignorait encore absolument, si l'armée française s'était reportée tout entière vers Metz ou si une fraction tout au moins de cette armée avait repris son mouvement sur Verdun par les routes d'Étain et de Briey.

D'après de Goltz (2), le commandant de la II⁰ armée,

---

(1) Voir : pages 77 et suivantes.
(2) *Die Operationen der II. armee. Loc. cit.*

toujours fidèle à l'idée qui le hantait depuis deux jours déjà, inclinait à penser que la bataille de la veille avait eu pour conséquence de précipiter la retraite de Bazaine vers l'Ouest, et qu'à l'exception des fractions observées aux environs de Gravelotte, le reste de l'armée française était en retraite vers l'Ouest par les routes du Nord (1).

Enfin, il paraît avéré qu'à ce moment de la journée, le maréchal de Moltke ne savait pas encore s'il avait eu affaire, dans la journée du 16, à l'armée française tout entière ou bien seulement à une fraction importante de cette dernière.

Quoi qu'il en soit, on envisagea un instant, au grand quartier général, l'éventualité d'une offensive immédiate avec les forces importantes sur lesquelles on pouvait désormais compter. Mais le prince Frédéric-Charles argua de la fatigue des troupes dont les unes avaient été fortement éprouvées par la bataille de la veille et dont les autres avaient fourni de longues marches pendant la matinée même (2). Il fit encore remarquer que le combat ne pourrait, dans tous les cas, commencer que fort tard dans la journée et que dès lors la nuit viendrait mettre fin à la lutte avant qu'on fût en droit d'espérer un résultat décisif. Quelle que fût la valeur de ces observations,

---

(1) On a vu que la division de cavalerie saxonne atteignit dans la matinée la route de Conflans à Verdun ; elle constata alors que l'armée française n'avait pas paru sur cette voie. Mais le rapport de cette importante constatation ne parvint au Prince royal de Saxe que vers 1 heure de l'après-midi. D'après les *Opérations de la 11ᵉ armée*, le prince Frédéric-Charles n'eut pas connaissance dudit rapport avant de donner ses ordres pour le 18. Le général de Woyde (*Causes des succès et des revers dans la guerre de 1870-1871*) déclare même n'avoir pu élucider la question de savoir si cet important rapport fut communiqué par la suite au commandant de la 11ᵉ armée.

(2) *Die Operationen der II. armee. Loc. cit.*

Metz. — III.

dont l'importance ne devenait primordiale que s'il se fût agi de livrer le jour même une bataille décisive, le maréchal de Moltke parut les admettre, et reporta purement et simplement au lendemain l'exécution d'une manœuvre que son esprit calculateur et méthodique s'inquiétait sans doute d'avoir conçue sans qu'il pût l'appuyer sur une base ferme de renseignements précis. Chose curieuse, cependant, le grand quartier général expédiait l'ordre suivant dès 2 heures de l'après-midi et s'exposait ainsi à l'obligation de le modifier profondément dans le cas où d'importants rapports sur l'ennemi fussent parvenus dans la soirée :

Hauteur Sud de Flavigny, 17 août, 1 h. 45 soir.

« La IIe armée rompra demain matin 18, à 5 heures et s'avancera en échelons par l'aile gauche entre l'Yron et le ruisseau de Gorze (ligne générale entre Ville-sur-Yron et Rezonville). Le VIIIe corps se liera à ce mouvement à l'aile droite de la IIe armée. Le VIIe corps aura d'abord pour mission de couvrir le mouvement de la IIe armée contre les entreprises venant de Metz. Les ordres ultérieurs de Sa Majesté dépendront des mesures prises par l'ennemi. Adresser les comptes rendus destinés à Sa Majesté d'abord sur la hauteur au Sud de Flavigny.

« De Moltke. »

Après avoir rédigé cet ordre, le grand état-major général retourna à Pont-à-Mousson.

On peut être en droit de s'étonner, qu'après avoir si prématurément pris une décision ferme au sujet d'opérations qu'il se décidait à remettre au lendemain, le chef du grand état-major général n'ait point profité de l'après-midi du 17 août, pour chercher à éclaircir personnellement une situation restée jusque-là fort obscure. L'un des premiers écrivains allemands qui ait essayé de réfuter les critiques assez généralement émises sur ce sujet (1), pense expliquer la hâte dont fit preuve le maréchal de Moltke par le désir qu'on avait au grand état-major de gagner au plus vite Pont-à-Mousson pour permettre au vieux souverain de prendre du repos. Peut-être cette raison parut-elle singulière à l'auteur lui-même lorsqu'il la donna, car il se hâte d'ajouter, fort justement d'ailleurs, que tant dans la journée du 17 que dans la matinée du 18, le grand quartier général parcourut 68 kilomètres *en arrière des armées*, tandis qu'un général comme Napoléon Ier, « qui aurait eu l'habitude de faire lui-même une reconnaissance », n'aurait pas manqué de se porter personnellement vers le Nord, peut être jusqu'à Auboué (14 kilomètres de Flavigny), pour se renseigner sur ce qui se passait. D'ailleurs, ajoute-t-il, « un jeune général eût attendu sur place l'arrivée du dernier rapport et eût peut-être passé la nuit du 17 au 18 au milieu de ses troupes..... »

Au reste, de Moltke avoue lui-même, — pour qui connaît son style, — la précipitation dont il fit preuve en cette circonstance, lorsqu'il dit que « *dès* 2 heures on expédia de Flavigny l'ordre de faire avancer les corps d'armée en échelons par l'aile gauche (2) ». Mais quel que soit le véritable motif de cette précipitation, la faute capitale ne subsiste pas moins de s'en être purement et simplement rapporté à l'initiative des commandants des divisions de cavalerie ou à celle des commandants de corps d'armée en ce qui concerne le service d'exploration. Les pratiques du grand quartier général et les vices de répartition de la cavalerie qu'on a déjà eu l'occasion de signaler à plusieurs reprises, allaient encore une fois

---

(1) Fritz Hœnig : *Vingt-quatre heures de stratégie*.
(2) *Mémoires du maréchal de Moltke*, page 63.

faire lourdement sentir leurs inconvénients par l'incertitude et l'hésitation qu'ils allaient apporter dans la direction des opérations (1).

D'ailleurs, et à un autre point de vue, l'ordre pour le 18 août est tout à fait digne de remarque en ce qu'il paraît caractériser l'une des doctrines de la stratégie de Moltke.

Dans ses Mémoires, le Maréchal expose lui-même les considérations qui l'ont conduit à adopter les dispositions qu'on connaît. « Deux éventualités, dit-il, étaient à prévoir. » Ou bien l'armée française restait sous Metz, et alors l'armée allemande devait être à même d'exécuter une conversion vers l'Est pour tourner la position ennemie par le Nord, tandis que l'aile droite engagerait un combat traînant en attendant que l'action de la gauche se fît sentir. Ou bien, au contraire, le maréchal Bazaine tentait de continuer sa retraite sur Verdun, et il fallait alors que l'aile gauche de l'armée allemande se portât en avant dans la direction du Nord, vers la route la plus rapprochée, par où les Français pouvaient encore se retirer, celle qui passe par Doncourt. Si l'on trouvait l'adversaire en train de battre en retraite, il fallait l'attaquer immédiatement, afin de le retenir, tandis que l'aile droite suivrait pour soutenir la gauche.

Il paraît incontestable que les dispositions prises par le grand quartier général allemand étaient fort habiles et ne pouvaient manquer de répondre aux exigences d'un engagement contre un adversaire dont le gros serait encore, le 18, soit à l'Est vers Metz, soit au Nord dans la

---

(1) De même que le 15 au soir le rapport relatif à la présence d'un grand bivouac observé à Rezonville ne parvint pas au prince Frédéric-Charles, de même, le 17, le compte rendu de la cavalerie saxonne dont il a été question précédemment, paraît n'avoir pas dépassé le commandant du XII° corps, au moins d'après les documents parus jusqu'ici.

région comprise entre Conflans, Briey et Saint-Privat. Mais il est à remarquer que si le maréchal Bazaine se fût décidé assez tôt à se rabattre vers le Nord-Ouest par les routes de Conflans et de Briey, — ainsi que le maréchal de Moltke inclinait précisément à le croire, — et qu'il eût gagné, dans la journée du 17, la rive gauche de l'Orne, rien n'était moins certain que d'arriver assez à temps, le 18, avec l'aile gauche de la IIe armée, pour attaquer autre chose qu'une arrière-garde française. En supposant d'ailleurs que cette aile gauche de la IIe armée fût parvenue à prendre le contact avec l'arrière-garde en question dans la région de Conflans, rien n'était moins sûr non plus que l'aile droite des forces allemandes fût parvenue, après une marche à travers champs nécessairement fort lente, à atteindre le reste de l'armée française dans la région de Briey.

Il ne semble donc pas que les dispositions, — remarquables à un certain point de vue, — prises par de Moltke lui eussent permis, à elles seules, d'*imposer sûrement* à son adversaire une bataille décisive qu'Alvensleben avait cependant si bien préparée la veille.

Le 16 août au soir, le maréchal de Moltke avait été conduit, par la marche même des événements, à admettre, sous une forme concrète, un point de doctrine qu'il s'était jusque-là refusé à mettre en pratique, puisqu'il avait écrit au général Stiehle : « Plus le IIIe corps a d'ennemis devant lui, plus grand sera demain le succès, quand on pourra disposer contre lui des Xe, IIIe, IV, VIIIe et VIIe corps, et éventuellement aussi du XIe (1). » Le 17 août cependant, la bataille décisive échappa encore une fois au Maréchal ; car aucune disposition antérieure n'avait été prise pour permettre au gros des

---

(1) Voir : Journée du 17 août. Lettre du maréchal de Moltke au général Stiehle, datée du 16 août, 8 heures du soir.

forces allemandes de se réunir rapidement sur le point où les deux corps de la IIe armée étaient parvenus, d'une manière imprévue, à immobiliser pendant toute une journée l'armée française entière; cette dernière put donc profiter de la circonstance pour se soustraire au contact immédiat. L'épuisement des troupes engagées la veille, aussi bien que la crainte de provoquer une affaire à laquelle on ne se sentait pas, du côté allemand, en état de faire face avec avantage, furent peut-être les causes pour lesquelles on s'abstint d'attacher aux pas de l'adversaire en retraite une fraction des troupes dont on disposait. Mais il est à remarquer que, bien que ces motifs ne dussent plus exister le lendemain matin 18, le maréchal de Moltke se contenta de prescrire une marche en masse, supérieurement ordonnée en vue d'une bataille vers l'Est ou vers le Nord, mais qui eût pu manquer un adversaire dont on renonçait, *a priori*, à entraver, dans la mesure du possible, le mouvement de retraite éventuel vers le Nord-Ouest.

L'œuvre si remarquable du général Alvensleben, improductive le 17 par la faute du commandement supérieur des armées, risquait donc de rester encore stérile le 18, parce que, malgré l'expérience des jours passés, la stratégie du maréchal de Moltke persistait à laisser à son adversaire le soin d'accepter la bataille, — ce que ne manqua pas de faire le commandement français, malheureusement.....

La journée du 18 août en Lorraine

I. — Matinée du 18 août. — Armées allemandes.

Ire armée. — Bien que la Ire armée fût au contact depuis la veille avec le corps du général Frossard, la nuit du 17 au 18 s'était passée sans incident sur le front des avant-postes ; mais, dès la naissance de l'aube, on pouvait constater une grande animation dans les camps du Point-du-Jour et de Moscou.

A 7 heures du matin, le chef d'état-major du VIIe corps adressait, du plateau au Sud de Gravelotte, le compte rendu suivant au commandant de la Ire armée à Ars-sur-Moselle :

« L'ennemi occupe encore, en général, ses positions d'hier. Au Point-du-Jour et à Saint-Hubert, il y a de fortes batteries et des masses d'infanterie. Le camp français, vu entre la ferme de Moscou et Leipzig, existe encore ; on y voit beaucoup de mouvement ; on entend les tambours, les clairons, la musique (1). »

Après avoir donné ses ordres pour la matinée du 18 (le 17 août à 4 heures du soir), le général Steinmetz avait fait observer au grand quartier général combien la situation du VIIe corps — le seul qui restât en réalité à sa disposition — lui paraissait dangereuse par suite de l'éloignement du VIIIe corps maintenu à Gorze (2).

---

(1) *Les Opérations de la Ire armée*, von Schell.
(2) Rapport expédié le 17 août à 6 heures du soir. (*Les Opérations de la Ire armée.*)

Le compte rendu du commandant de la Ire armée n'arriva à Pont-à-Mousson que dans le courant de la nuit du 17 au 18 et le maréchal de Moltke n'y répondit qu'à 4 heures du matin par la lettre suivante, parvenue à 6 h. 30 à Ars (1) :

Quartier général à Pont-à-Mousson, 18 août, 4 heures du matin.

« Rien de changé dans les conditions du commandement dans la Ire armée. Il y a lieu, sur le champ de bataille, d'attendre aujourd'hui aussi des ordres directs de Sa Majesté.

« Le VIIe corps d'armée aura d'abord à observer une attitude défensive. La liaison avec le VIIIe corps ne peut être cherchée que vers l'avant.

« Si l'armée ennemie se rejetait sur Metz, il en résulterait, de notre part, un changement de direction à droite. La Ire armée sera, en cas de besoin, directement soutenue par le deuxième échelon de la IIe armée (2). »

Le grand quartier général opposait donc une fin de non-recevoir catégorique aux observations du commandant de la Ire armée.

Il est à remarquer, toutefois, que le maréchal de Moltke confiait au VIIe corps une mission dont l'exécution pouvait devenir fort délicate. Chargé « de couvrir le mouvement de la IIe armée contre les entreprises venant de Metz », en « observant tout d'abord une attitude défensive », le général Steinmetz était en droit de se considérer comme obligé de maintenir le VIIe corps dans la région d'Ars et dans la basse vallée de la Mance où ce corps d'armée stationnait effectivement depuis la veille, et où il fût resté très isolé si une attaque sérieuse se

---

(1) *Les Opérations de la Ire armée.*
(2) *Correspondance militaire du maréchal de Moltke.*

fût produite par la vallée de la Moselle. Cette dernière éventualité devait d'autant plus attirer l'attention du commandant de la Ire armée que, dans sa dernière communication, le grand quartier général paraissait prévoir une liaison ultérieure des VIIe et VIIIe corps « vers l'avant », ce qu'on ne pouvait guère entendre qu'en escomptant un mouvement du corps de Zastrow vers la région de Gravelotte.

Il ne semble donc pas étonnant que le général Steinmetz ait cru devoir s'assurer de la coopération des troupes laissées sur la rive droite de la Moselle et ait adressé, à 7 heures du matin, au commandant du Ier corps d'armée, les instructions suivantes :

« Le VIIe corps est appelé à former la base du mouvement en échelons que l'armée va exécuter par la gauche. Il se pourrait qu'il eût à supporter le premier choc dans la difficile position qu'il occupe, et, dans ce cas, il aurait besoin d'être soutenu par la rive droite de la Moselle. A cet effet, le général de Manteuffel pourrait amener une brigade d'infanterie avec quelques batteries dans la direction de Vaux, en les tenant hors de la zone d'action de la place, afin d'être en mesure de prendre en flanc, de la rive droite de la Moselle, toute tentative de l'ennemi dans la direction d'Ars. Cette brigade du Ier corps serait couverte, de Metz, par la *3e* division de cavalerie, à Augny et à Marly (1). »

Enfin, le commandant de la *1re* division de cavalerie fut prévenu d'avoir à se tenir personnellement au courant des événements et d'avoir à gagner, le cas échéant, le plateau de Rezonville par le chemin Corny—Gorze.

Ces ordres une fois donnés, le commandant de la Ire armée se rendit, vers 8 heures du matin, sur le

---

(1) *Historique du Grand État-Major prussien.*

plateau au Sud de Gravelotte où il rejoignit le VIIIe corps d'armée.

Conformément aux prescriptions qu'il avait reçues directement du grand quartier général, le commandant du VIIIe corps avait mis ses troupes en marche de Gorze sur Rezonville à 6 heures du matin, ainsi qu'il sera indiqué plus loin. Quand le général Steinmetz arriva sur le plateau au Sud-Ouest de Gravelotte, il reçut du général de Gœben un compte rendu sommaire (1) lui indiquant : que son corps d'armée avait atteint Rezonville, en liaison par sa gauche avec le IXe corps ; que l'avant-garde continuait sur Villers-aux-Bois, mais qu'aucun renseignement nouveau n'étant parvenu au sujet de la IIe armée, le gros du VIIIe corps s'arrêtait à Rezonville pour pouvoir se porter, le cas échéant, soit vers l'Est, soit vers le Nord.

Sur la lisière Nord des bois de Vaux, les avant-postes du VIIe corps avaient engagé, dès la pointe du jour, une fusillade assez vive avec les avant-postes des 76e et 77e régiments et en particulier avec la grand'garde (2) postée dans la grande carrière du Point-du-Jour (3). Bien qu'aucune tentative offensive n'ait été faite, du côté français, contre les avant-postes ennemis, ceux-ci crurent devoir renforcer les deux bataillons qui occupaient la lisière du bois depuis la veille (4) à l'aide du 7e bataillon de chasseurs, maintenu jusque-là en réserve (5).

---

(1) Daté de Rezonville, 8 heures du matin.

(2) $2\ \dfrac{\text{III}}{77}$.

(3) Le IIIe bataillon du 77e était tout entier aux avant-postes au coude que fait la route, à l'Est des carrières.

(4) $\dfrac{\text{I, II}}{53}$.

(5) Une partie de l'artillerie des divisions Vergé et Fauvart-Bastoul

Aux environs du Point-du-Jour, la division Vergé avait pris les armes dès 5 heures du matin, et le 1er bataillon du 32e, déployé dans les fossés de la route avait porté deux compagnies au delà du ravin, tandis que le Ier bataillon du 55e postait sa 3e compagnie dans les sablières ; à la gauche de cette ligne d'avant-postes, quelques grand'gardes du 76e étaient restées sur le plateau du Point-du-Jour et n'avaient fait occuper que par des petits postes la lisière orientale des bois de la Mance. Aussi, le général de Voyna, commandant la 28e brigade prussienne, put-il profiter de cette circonstance pour jeter dans les taillis, au Nord du moulin de la Mance, l'un des deux bataillons d'avant-postes qui occupaient depuis la veille la lisière Nord du bois des Ognons (1); un peloton de ce bataillon fut même poussé jusqu'à Gravelotte d'où il chassa quelques isolés du 2e corps.

Sous la protection de ces grand'gardes, la 14e division s'était rassemblée entre Gravelotte et la lisière des bois. La 26e brigade était restée à Ars pour surveiller la vallée de la Moselle. Enfin, l'artillerie de corps et le reste de la 13e division était en marche d'Ars sur Gravelotte.

IIe armée. — De son quartier général de Buxières, le prince Frédéric-Charles avait convoqué les commandants des Xe, XIIe corps et de la Garde à Mars-la-Tour pour le lendemain 18, à 5 heures du matin. Les commandants des IIIe et IXe corps étaient de même invités à se trouver à Vionville à 5 h. 30.

Ordres de Frédéric-Charles. — Le commandant de la IIe armée donnait donc dès la première heure à ses com-

---

se mit en batterie le long de la route et de la voie romaine, mais aucune batterie du 2e corps n'ouvrit le feu.

(1) $\frac{I}{77}$.

mandants de corps d'armée des instructions verbales que l'*Historique du Grand État-Major* résume ainsi (1) :

« La II⁰ armée continuera aujourd'hui son mouvement en avant. Sa mission est toujours de couper l'adversaire de Verdun et de Châlons, et de l'attaquer partout où elle le trouvera. A cet effet, le XII⁰ corps formera l'extrême gauche, ayant en arrière et à droite la Garde, suivie elle-même, en arrière et à droite, du IX⁰ corps. Le XII⁰ corps se dirigera sur Jarny, la Garde sur Doncourt, le IX⁰ corps, passant entre Vionville et Rezonville, laissera Saint-Marcel immédiatement sur sa gauche. Le III⁰ corps suivra le IX⁰ en se tenant entre lui et la Garde. La 6⁰ division de cavalerie recevra des ordres du commandant du III⁰ corps. L'artillerie de corps de ce dernier demeure à la disposition du commandant de la II⁰ armée, comme réserve générale d'artillerie. Le X⁰ corps, auquel on a adjoint la 5⁰ division de cavalerie, suivra le XII⁰ de manière à maintenir son itinéraire entre celui-ci et la Garde.

« L'ennemi paraissait être, hier soir, en retraite sur Conflans. Les trois divisions qui bivouaquaient hier autour de Gravelotte se sont aussi, probablement, repliées. S'il en était autrement, le général Steinmetz les attaquerait et, dans ce cas, le IX⁰ corps pourrait être appelé à s'engager le premier. — On ne peut préciser encore si tout cela amènera, pour la II⁰ armée, un changement de front à droite ou à gauche. — Pour le moment, il ne s'agit que d'une marche en avant de 8 kilomètres à peine. Elle devra s'exécuter, non pas en

---

(1) Ce texte est quelque peu différent de celui que donne von der Goltz : *Die Operationen der II. armee*. S. 120. Entre autres choses, ce dernier se termine par ces mots qui, s'ils sont exacts, donnent une précieuse indication sur la conception que se faisait alors de la situation le commandant de la II⁰ armée : « On fera repos cet après-midi. »

colonnes de marche, longues et minces, mais par divisions massées, l'artillerie de corps entre les deux divisions de chaque corps d'armée. »

« Le Prince ajoutait, à titre de renseignement, dit encore l'*Historique du Grand État-Major*, que le VIII⁰ corps se porterait sur Metz, en arrière et à droite du IX⁰, le VII⁰ plus à droite encore. On pouvait compter que le II⁰ corps déboucherait dans l'après-midi. Les forces ennemies étaient évaluées à 100,000 ou 120,000 hommes. »

On voit qu'entre 5 et 6 heures du matin, le commandant de la II⁰ armée admettait, de préférence à toute autre hypothèse, celle de la retraite de l'armée française vers la Meuse, de sorte que, d'après ses vues, l'ennemi ne pourrait être atteint qu'en avant du front de marche de la II⁰ armée ou même sur son flanc gauche. « Les trois divisions qui bivouaquaient hier autour de Gravelotte se sont aussi probablement repliées », dit-il, et par suite, l'éventualité d'une conversion vers l'Est lui apparaissait comme peu vraisemblable. Néanmoins, cette manière d'envisager la situation devait logiquement conduire le prince Frédéric-Charles à disposer son armée « en ordre serré, formant une forte masse de bataille toujours prête à converser à droite ou à gauche suivant que l'ennemi se montrerait dans l'une ou l'autre direction », c'est-à-dire à réduire la profondeur de chacun de ses corps d'armée à une dimension de même ordre que l'intervalle qui les séparait.

Malheureusement le commandant de la II⁰ armée crut devoir inverser les positions du XII⁰ corps et de la Garde. Les places relatives assignées à ces deux corps d'armée dans la marche vers le Nord, devaient évidemment provoquer un croisement d'itinéraires. La remarque en fut faite au Prince, qui maintint cependant sa décision, regardant « comme préférable et plus conforme aux attributions de la Garde, de la conserver massée et moins éloignée du centre présumé de la ligne de bataille..... Quant à l'inconvénient d'un croisement, il estimait y avoir suffisamment obvié en prescrivant le mouvement par divisions massées (1). » Il est d'ailleurs juste d'ajouter que si la décision du commandant de la IIe armée d'intervertir la marche de la Garde et du XIIe corps peut paraître critiquable en soi, les conséquences fâcheuses en furent considérablement augmentées par les dispositions défectueuses qu'adopta le commandant du corps saxon, ainsi qu'on va le voir.

Marche de la IIe armée (jusqu'à 9 heures) (2). — Dès 5 heures du matin, les trois corps d'armée de première ligne avaient pris les armes et se tenaient prêts à commencer le mouvement ordonné.

Corps saxon : A 5 h. 45, la 23e division, bivouaquée au Sud de Mars-la-Tour, s'engageait dans les rues du village, — en colonne de route, par conséquent, — pour venir se masser de part et d'autre de la chaussée de Jarny (3).

La 24e division, bivouaquée près de Puxieux, recevait l'ordre de venir se former en arrière de la 23e, pendant que cette dernière détachait à 2 kilomètres plus au Nord une avant-garde placée sous le commandement du général de Craushaar et chargée, pendant la marche

---

(1) *Historique du Grand État-Major prussien.*
(2) Croquis n° 1.
(3) L'*Historique du Grand Etat-Major* fait observer (page 636) que *la configuration du terrain* aux abords Est et Ouest de Mars-la-Tour *rendait difficile* la marche en dehors de la route. On doit cependant observer que pendant la bataille du 16, de nombreux régiments de cavalerie (*19e Dr., 13e Hul., 4e Cuir., 10e Huss., 16e Dr., 1er Dr. G.*) sillonnèrent en tous sens la région qui touche à Mars-la-Tour, au Sud et à l'Ouest, jusqu'à la route de Conflans.

sur Jarny, d'éclairer le pays sur sa gauche jusqu'à Friauville (1). Enfin l'artillerie de corps, campée auprès de la ferme de Mariaville, devait venir se placer sur « un large front » entre les deux divisions, ainsi que le prescrivait l'ordre de l'armée.

Tous ces mouvements préparatoires se firent en colonne de route, bien que la 24ᵉ division, pour venir de Puxieux, n'eût qu'à traverser une région où, deux jours auparavant, la 5ᵉ division de cavalerie puis la 38ᵉ brigade avaient évolué à leur aise (2). Aussi, la 23ᵉ division ne fut-elle formée, au Nord de Mars-la-Tour, qu'à 7 heures du matin, et la queue de la 24ᵉ division n'eut-elle dégagé le village qu'à 9 heures seulement.

Quoi qu'il en soit, le mouvement sur Jarny fut entamé vers 7 heures, c'est-à-dire dès que la 23ᵉ division eut été massée. L'avant-garde la précédait de 2 kilomètres. Les 45ᵉ et 46ᵉ brigades étaient formées respectivement à droite et à gauche de la chaussée par bataillons en colonne à distance de un quart de peloton (3). L'artillerie de corps marchait en arrière de la 46ᵉ brigade. Enfin, quand la 24ᵉ division fut réunie au Nord de Mars-la-Tour, elle s'ébranla à son tour : la 47ᵉ brigade à droite de la route de Jarny, la 48ᵉ à gauche.

A 8 h. 30 du matin (3), la tête de l'avant-garde atteignit Jarny, puis continua sa route par les deux rives de l'Orne. Mais sur ces entrefaites, le capitaine de Treitschke de l'état-major de la 23ᵉ division, parti en reconnaissance avec un escadron du 1ᵉʳ régiment de cavalerie, faisait connaître qu'il croyait voir de Labry

---

(1) L'avant-garde du XIIᵉ corps comprenait :
Le 1ᵉʳ régiment de cavalerie saxon, le régiment de tirailleurs (108ᵉ), la 2ᵉ batterie saxonne et la 2ᵉ compagnie de pionniers.
(2) Entre le ravin de Mariaville et la route de Buxières.
(3) *Das XII. Korps im Kriege 1870-1871;* von Schimpff, alors aide de camp du prince royal de Saxe.

« de l'infanterie et de l'artillerie ennemies à l'Ouest de Valleroy, ainsi que d'autres colonnes d'infanterie au Nord de Doncourt (1) ».

A la suite de ce rapport, le général de Craushaar crut devoir suspendre la marche en avant; il fit occuper Labry par un bataillon, la hauteur située immédiatement à l'Est de Jarny par un autre bataillon, et la route qui mène à Conflans par une compagnie, tandis que le reste de la colonne se massait à Jarny même.

Mais pendant que l'avant-garde prenait ces dispositions, le capitaine de Treitschke s'étant avancé jusque près de Valleroy, constatait que le pays était bien réellement libre jusqu'à Briey; il rectifiait donc immédiatement, par un nouvel avis, le renseignement qu'il venait d'expédier de Labry.

Toutefois, le prince royal de Saxe voulant se conformer strictement aux vues du commandant de la IIe armée, considéra qu'un mouvement des Saxons au delà de la route de Conflans eût été « intempestif » et rendit compte au prince Frédéric-Charles que le XIIe corps ayant atteint Jarny, il y arrêtait ses troupes jusqu'à nouvel ordre. « Il terminait, dit l'Historique allemand, en ajoutant que les données transmises par le premier rapport du capitaine de Treitschke reposaient sur une appréciation erronée. »

Il était alors 9 heures du matin. Le gros de la 23e division commençait à se masser aux abords de Jarny. Une heure plus tard, c'est-à-dire à 10 heures, la tête de la 24e division arrivait à hauteur du château Moncel, mais la queue de cette division n'atteignait le lieu du rassemblement qu'à 11 heures seulement (2).

---

(1) Ce compte rendu parvint à l'avant-garde saxonne à 8 h. 45. (*Historique du Grand État-Major.*)

(2) Ces heures sont données par le colonel von Schimpff. Le même

Garde : La Garde avait fait relever ses avant-postes entre 4 heures et 5 heures du matin, puis la brigade d'avant-garde s'était rassemblée près de Labeuville pour venir se joindre ensuite au gros du corps d'armée massé entre Hannonville et Mars-la-Tour (1). Là, on dut stationner pendant de longues heures en attendant que la colonne du corps saxon se fût écoulée vers Jarny. Le prince de Wurtemberg réunit ses officiers pour leur transmettre les directives du commandant de l'armée et leur donner ses propres ordres. Ce ne fut qu'après 9 heures du matin que la Garde put enfin dépasser Mars-la-Tour et se mettre en marche vers Bruville (2).

X^e corps : Entre 6 heures et 7 heures du matin, le Xe corps avait quitté son bivouac au Sud de Tronville et avait pris la formation suivante dans laquelle il devait exécuter sa marche vers le Nord (3) :

---

auteur dit qu'on éprouva certaines difficultés de marche et qu'en particulier, pour franchir la région plus ou moins boisée située au Nord de la ferme la Grange, on dut se fractionner en colonnes par sections. A 9 heures du matin, le XIIe corps était donc encore échelonné entre Labry et Mars-la-Tour sur une profondeur totale de 9 kilomètres.

(1) *Geschichte des Konigin Elisabeth Garde-Grenadier-Regiments. Nr. 3.*

(2)   *Formation de marche de la Garde :*

Avant-garde : régiment de hussards, régiments de fusiliers (de la 2e brigade), 1re batterie, bataillon de chasseurs ;

Gros de la *1re* division ;

Artillerie de corps ;

2e division d'infanterie ;

1re brigade de cavalerie.

La *2e* brigade (hulans) était sur la Meuse. Au cours de la marche vers Bruville, la *3e* brigade (dragons), qui avait passé la nuit à Xonville, rallia la *1re*.

(3) *Geschichte des Oldenburgischen Infanterie-Regiments Nr. 91.* — *Geschichte des Herzoglich Braunschweigischen Infanterie-Regiments Nr. 92.*

En tête, la 20ᵉ division par brigades sur deux lignes de régiments, près et au Nord-Est de Tronville ; l'artillerie divisionnaire entre les deux brigades ;

A 200 pas en arrière de la 20ᵉ division, l'artillerie de corps ;

A 200 pas derrière l'artillerie de corps, la 19ᵉ division dans la même formation que la 20ᵉ.

Vers 10 heures, c'est-à-dire après que la Garde eut commencé sa marche vers Bruville, le Xᵉ corps s'ébranla à son tour en prenant le même point de direction que le corps du prince de Wurtemberg.

La 5ᵉ division de cavalerie avait été réunie tout entière, à proximité de Tronville, dès les premières heures de la matinée. A 10 h. 30 du matin, elle se mit en marche à la suite du Xᵉ corps (derrière l'aile gauche de ce dernier), mais elle reçut presque aussitôt l'ordre d'aller établir son bivouac entre Mars-la-Tour et Hannonville, pour, de là, surveiller les directions du Nord et de l'Ouest (1).

IXᵉ corps : Dès la pointe du jour, les avant-postes du IXᵉ corps avaient cru voir quelques patrouilles françaises dans la direction de Villers-aux-Bois et vers le bois Leprince. Un peu plus tard, ils prétendirent observer des mouvements de troupes vers le Nord-Ouest (2).

Aussi, dès avant 6 heures, la brigade de cavalerie hessoise, accompagné de sa batterie à cheval, avait-elle été envoyée dans la direction du Nord pour éclairer le terrain. Quand elle eut dépassé la ligne des avant-postes,

---

(1) *Geschichte der Ulanen-Regiments Nr. 16.* — *Bergische Lanziers Westfalische Husaren Nr. 11.*

(2) Ce renseignement était erroné. — Aucun mouvement de cette nature n'eut lieu dans l'armée française pendant les premières heures du jour. — Il s'agit peut-être des colonnes qui passèrent par Villers, puis Bagneux et la Malmaison.

ces derniers furent relevés et vinrent se joindre aux troupes du IX⁰ corps qui se rassemblaient en ce moment sur l'emplacement désigné au Sud-Ouest de Rezonville.

Les deux divisions étaient formées à la même hauteur, la *18*⁰ à droite, la *25*⁰ à gauche ; derrière la *18*⁰ se trouvait l'artillerie de corps (1).

Enfin, chacune des deux divisions forma une avant-garde particulière :

Celle de la *18*⁰ comprenait :

Le *6*⁰ régiment de dragons ; le *9*⁰ bataillon de chasseurs ; le *36*⁰ régiment d'infanterie et la 1ʳᵉ batterie ;

Celle de la *25*⁰ :

Le *2*⁰ bataillon de chasseurs et le *4*⁰ régiment hessois, puis les Iʳᵉ et 1ʳᵉ batteries hessoises.

Vers 7 heures du matin, le IX⁰ corps se mit en marche en deux colonnes, franchit la route, puis se dirigea vers la ferme de la Caulre : la *18*⁰ division et l'artillerie de corps par Villers-aux-Bois ; la *25*⁰ division par Saint-Marcel.

Il était 8 h. 45 quand l'avant-garde atteignit la ferme de la Caulre.

Conformément aux ordres du général de Manstein, le corps d'armée s'arrêta en ce point où les troupes prirent une formation de rendez-vous. Près de la ferme et au Nord de la grande route la *18*⁰ division, ayant derrière elle l'artillerie de corps, porta son avant-garde à quelque distance en avant, dans la direction de Vernéville. Cette avant-garde établit des grand'gardes entre les bois Doseuillons et les bois de Bagneux. Enfin, la *25*⁰ division se rassembla près de la ferme de la Caulre, au Sud de la grande route (2).

---

(1) Les Historiques des corps de troupe ne sont pas d'accord sur l'emplacement de l'artillerie de corps ; on adopte ici la version de l'Historique du *9*⁰ régiment d'artillerie.

(2) *Die Theilnahme der hessischen 25. Division an dem Feldzug*

En avant de la colonne de droite (*18e* division), le 6e dragons, ayant un escadron à l'avant-garde, avait fait fouiller le bois Leprince pendant le cours de la marche. Après un court repos à la ferme de la Caulre, il continuait dans la direction de Vernéville où un escadron pénétrait sans y trouver autre chose que des blessés français (1).

En tête de la colonne de gauche (*25e* division), la brigade de cavalerie hessoise marchait en formation de rendez-vous sur Saint-Marcel et la Caulre. Elle atteignit cette dernière ferme vers 8 h. 30, tandis qu'un escadron du 1er régiment était poussé en reconnaissance vers Anoux-la-Grange (2).

IIIe corps : Enfin, le IIIe corps et la *6e* division de cavalerie, restaient, par ordre du prince Frédéric-Charles, dans leurs bivouacs près de Vionville et de Buxières, pour constituer la réserve éventuelle que le grand quartier général avait promise à la Ire armée (3) (4).

Le grand quartier général. — Dès 6 heures du matin, le grand quartier général arrivait sur la hauteur au Sud de Flavigny et détachait auprès de chacun des commandants d'armée des officiers d'état-major, « avec mis-

---

1870-1871, von Scherff. — *Geschichte des Feld-Artillerie-Regiments Nr. 9. Die ersten funf Jahre des Holsteinschen Infanterie-Regiments Nr. 85. Das Magdeburgische Fusilier-Regiment Nr. 36.* — *Geschichte des 1. Hessischen Infanterie (Leibgarde Regiments Nr. 115)* — *Geschichte des 4 hessischen Infanterie-Régiments Nr. 118.*

(1) *Geschichte des Magdeburgischen-Dragoner-Regiments Nr. 6.*

(2) *Geschichte des 1 Grossherzoglich hessichen Dragoner-Regiments Nr. 23.*

(3) On verra par la suite que le IIIe corps ne fut mis en marche qu'à 1 heure de l'après-midi.

(4) Lettre du maréchal de Moltke au général de Steinmetz. 18 août, 4 heures du matin.

sion de lui faire connaître immédiatement tout événement important (1) ».

« Durant les premières heures de la matinée, dit encore l'*Historique du Grand État-Major*, on s'était de plus en plus confirmé, au grand quartier général du Roi, dans l'opinion que le gros des forces françaises avait rétrogradé sur Metz et que la droite de la position ennemie devait se trouver à peu près à Amanvillers. Dans ces conditions, il semblait désormais inutile de conserver à l'aile gauche la direction très divergente qui lui avait été assignée dès le principe ; vers 8 heures, le colonel de Verdy était donc envoyé à Vionville, auprès du commandant de la IIe armée pour lui faire connaître comment on appréciait actuellement la situation au grand quartier général. »

D'après les *Opérations de la IIe armée*, on aurait fait en même temps savoir au prince Frédéric-Charles, que dans le cas où la route de Verdun par le Nord serait libre, il n'y avait plus lieu de faire appuyer autant le XIIe corps vers la gauche, et qu'enfin, si les prévisions du grand quartier général se vérifiaient, le IXe corps devrait chercher à envelopper l'aile droite de l'ennemi pendant que la Ire armée l'attaquerait de front ; la Garde devrait servir de réserve, tandis que les autres corps d'armée s'arrêteraient jusqu'à nouvel ordre.

C'est à la suite de ces *indications* que le commandant de la IIe armée prescrivit à ses corps de première ligne de faire halte sur la route de Doncourt :

Le XIIe corps devait s'arrêter à Jarny (2) ;

---

(1) *Historique du Grand État-Major prussien*.
(2) On a vu plus haut que, presque au moment où cet ordre partit de Vionville, le prince royal de Saxe prenait l'initiative de suspendre la marche de sa tête de colonne et en rendait compte au commandant de l'armée.

La Garde à Doncourt (1) ;
Le X⁰ corps à Bruville (2) ;
Le III⁰ corps devait rester sur place ;
Enfin, le IX⁰ corps recevait l'ordre particulier suivant :

Vionville, 8 h. 35 matin.

« Le IX⁰ corps arrêtera le gros de son infanterie à la ferme de Caulre, au Nord-Est de Saint-Marcel ; il poussera des têtes de colonnes de la cavalerie vers Leipzig et Saint-Privat-la-Montagne, et se reliera avec la Garde qui fera halte à Doncourt. Les rapports fournis par la cavalerie envoyée vers l'Ouest seront adressés directement au maréchal de Moltke en même temps qu'à moi-même.

« Fr.-Charles. »

En réalité, le prince Frédéric-Charles ne prenait aucune des mesures que paraissait souhaiter, — sous condition il est vrai, — le grand quartier général. L'aile gauche de l'armée (XII⁰ corps) était purement et simplement arrêtée à Jarny, mais n'était nullement engagée dans une direction moins divergente que celle qu'on lui avait tout d'abord indiquée. D'autre part, le IX⁰ corps n'était aucunement chargé « d'attaquer l'aile droite » de l'armée française, et même aucune allusion n'était faite à cette mission éventuelle dans l'ordre qu'on lui expédia à 8 h. 35.

Il semble qu'en cette occasion, le commandant de la II⁰ armée ait simplement cherché à gagner du temps avant d'adopter des mesures qui lui paraissaient en contradiction avec la conception qu'il se faisait lui-même

---

(1) La Garde était encore, à ce moment, arrêtée à Mars-la-Tour par la colonne du XII⁰ corps.

(2) Le X⁰ n'avait pas encore quitté Tronville.

de la situation. C'est qu'en effet, les renseignements incomplets ou erronés, parvenus jusqu'ici (8 h. 30) à Vionville, n'avaient pu dessiller les yeux du Prince.

Renseignements reçus par Frédéric-Charles. (Jusqu'à 8 h. 30.) — Dès la pointe du jour cependant, on avait observé, des hauteurs de Flavigny, que jusqu'à la ligne Saint-Marcel, Doncourt et Jarny, le terrain était complètement libre ; mais en rendant compte au grand quartier général de la mise en marche de la IIe armée vers le Nord, le prince Frédéric-Charles avait ajouté :

« Aucune fraction ennemie n'est en marche sur la route de Doncourt. Le camp de Saint-Marcel est évacué. *Des troupes ont défilé sur la route pendant la nuit* (1). »

D'autre part, le rapport d'une grand'garde des environs de Gravelotte, parvenu un peu plus tard, paraît avoir été interprété en faveur de l'hypothèse chère au commandant de la IIe armée ; ce rapport était ainsi conçu :

18 août, 4 h. 50 matin.

« Je me suis rapproché jusqu'à 400 pas du camp ennemi. L'ennemi n'a pris aucune mesure de sécurité ; sa force est d'environ six à huit divisions d'infanterie L'artillerie s'est repliée presque en totalité ; la cavalerie comprend un ou deux régiments portant des uniformes blancs. Tout donne l'impression d'une retraite précipitée vers Metz, mais il y a encore 6,000 ou 8,000 hommes à l'Est de Gravelotte. »

Dans son ouvrage sur les *Opérations de la IIe armée*, de Goltz prétend que le mot « division » fut pris, au quartier général, dans l'acception de « demi-bataillon », ce qui permettait de conclure à la présence d'un effectif

---

(1) *Die Operationen der II. armee.*

relativement faible dans le champ d'observation de la grand'garde allemande.

Cette hypothèse une fois admise « il parut tout naturel que la fraction ennemie restée à l'Ouest de Metz, se fût retirée ensuite sous le canon de la place quand elle eut constaté la supériorité numérique des troupes allemandes prêtes à s'avancer (1)..... ».

Ceci, au dire du commandant de la IIe armée, n'impliquait en aucune façon que la partie principale de l'armée française ne fût pas déjà très avancée dans la direction de Verdun.

Un nouveau rapport de la *18e* division vint même corroborer cette manière de voir :

18 août, 5 h. 15 matin.

« 1° Gravelotte est inoccupé ce matin ;

« 2° D'après le rapport du piquet de dragons, la générale aurait été battue dans le camp et des mouvements de l'ennemi auraient été observés *vers le Nord-Ouest;*

« 3° Les deux compagnies qui occupent Rezonville signalent des patrouilles d'infanterie ennemie dans le bois au Nord de cette localité (2). »

Après la réception de ce rapport qui lui parut de la plus haute importance, le prince Frédéric-Charles envoya le capitaine de Bergen, de son état-major, vers Gravelotte pour se renseigner d'une manière plus positive.

Cet officier adressa, de la lisière Nord du bois des Ognons, un premier rapport d'après lequel la retraite des Français vers le Nord et le Nord-Est devait être considérée comme tout à fait certaine. Mais ce rapport, — daté de 6 h. 40 et reçu au quartier général de la

---

(1) *Die Operationen der II. armee.*
(2) *Ibid.*

IIᵉ armée à 7 h. 30, — fut suivi d'un second, — arrivé à 8 h. 15 à Vionville, — dont les conclusions étaient absolument opposées : le camp ennemi était toujours là et aucune marche en retraite n'avait lieu.

Enfin, quelques minutes plus tard, — à 8 h. 30, — un rapport des hussards de la Garde parvenait au prince Frédéric-Charles (1) :

« Les habitants de Bruville disent que les Français ont quitté Doncourt hier vers 9 heures. La direction dans laquelle ils se sont retirés est inconnue. Quelques-uns disent sur Verdun, d'autres vers Briey, d'autres encore vers Metz (2). »

Il est bien évident qu'à la suite de tous ces renseignements contradictoires la situation dut paraître fort peu claire au commandant de la IIᵉ armée. Mais on ne peut s'empêcher de constater que malgré le peu de concordance des rapports et malgré aussi les explications que le lieutenant-colonel de Verdy ne put manquer de donner au Prince, ce dernier persistait cependant à croire le gros de l'armée française en retraite sur Verdun. La divergence de vues, qui se manifestait déjà depuis le 15 août, entre de Moltke et le commandant de la IIᵉ armée, était donc encore complète le 18 août à 8 h. 30 du matin, et malgré les instances, — peu pressantes à la vérité, —

---

(1) La cavalerie de la Garde s'était arrêtée à l'Ouest de Mars-la-Tour, avec le reste du corps d'armée. Seul, le 4ᵉ escadron de hussards avait franchi la route de Jarny en passant dans un intervalle de la colonne saxonne.

Vers 7 heures du matin, le 4ᵉ escadron atteignit Doncourt. C'est de ce point qu'il expédia le rapport en question. Après quoi, un peloton se porta au trot vers Sainte-Marie par Jouaville, tandis que le reste de l'escadron vint se placer entre Jouaville et Batilly. — (*Das Königlich Preussich Garde-Husaren Regiment im Feldzug 1870-1871.*)

(2) *Die Operationen der II. armee.*

du grand quartier général, la IIᵉ armée allait suspendre sa marche jusqu'à ce que quelques renseignements plus précis, mais dus à la seule initiative de certaines fractions de la cavalerie divisionnaire, vinssent enfin apporter des éclaircissements sur la situation d'une armée de plus de 150,000 hommes qui, il y a peu d'heures, campait encore à quelques kilomètres des têtes de colonnes allemandes.

Marche de la Iʳᵉ armée (jusqu'à 9 heures). — A l'aile droite de la IIᵉ armée, le VIIIᵉ corps s'était mis en marche à 6 heures du matin, de Gorze sur Rezonville (1). La colonne s'engagea sur le chemin qui mène à Rezonville par le bois Saint-Arnould.

Les deux escadrons d'avant-garde, laissant Rezonville à leur gauche, franchirent le ravin de la Jurée et atteignirent Gravelotte vers 8 h. 30. Quelques patrouilles, poussées au delà du village furent accueillies à coups de fusil par les grand'gardes du 32ᵉ et du 80ᵉ qui occupaient, alors, les bois de la Mance au Sud de la route de Metz.

Toutefois, le colonel commandant le 7ᵉ hussards put facilement reconnaître, des abords de Gravelotte, les « imposantes » positions françaises du Point-du-Jour, et aviser le général de Gœben que des forces évaluées à deux corps d'armée occupaient la crête à l'Est du ravin.

---

(1) *Ordre de marche du VIIIᵉ corps :*

Avant-garde (général de Strubberg) : 1ᵉʳ et 2ᵉ escadrons du 7ᵉ hussards ; *67ᵉ* régiment d'infanterie ; *8ᵉ* bataillon de chasseurs ; une compagnie de pionniers ; 2ᵉ batterie ; *28ᵉ* régiment.

Gros du VIIIᵉ corps : 3ᵉ et 4ᵉ escadrons du 7ᵉ hussards ; *33ᵉ* régiment ; 1ʳᵉ batterie ; Iʳᵉ et IIᵉ batteries ; *60ᵉ* régiment ; artillerie de corps ; *16ᵉ* division (moins la *31ᵉ* brigade encore en marche pour rejoindre, avec un escadron et une batterie).

Sur ces entrefaites, la colonne d'infanterie prussienne avait débouché du bois de Saint-Arnould et était arrivée à proximité de Rezonville. Pendant que l'avant-garde était dirigée vers Villers-aux-Bois, le gros de la colonne déboîtait du chemin, à hauteur de la Maison Blanche, et se formait en masse à travers champs pour aller prendre une position de rassemblement au Nord de la grande route, ainsi que venait de le décider le général de Gœben (1).

Dès que le commandant du VIIIe corps reçut le compte rendu du colonel du 7e hussards, il prescrivit au 28e régiment d'infanterie d'obliquer vers le Nord-Est pour couvrir le flanc droit de l'avant-garde alors en marche sur Villers. Ce régiment gagna le bois Leprince, jeta son bataillon de fusiliers dans la pointe Nord-Est du bois de la Jurée et poussa quelques patrouilles jusqu'à la Malmaison où celles-ci échangèrent des coups de feu avec les grand'gardes du bois des Génivaux (2).

Le reste de l'avant-garde atteignit bientôt Villers-aux-Bois, où elle s'arrêta et fit occuper la ferme de Bagneux par le 8e bataillon de chasseurs à pied.

Quant aux deux escadrons du 7e hussards qui avaient poussé jusqu'à Gravelotte, ils s'étaient rabattus sur l'avant-garde du corps d'armée aux environs de Villers-aux-Bois. De là, le colonel envoyait une reconnaissance d'officier sur Vernéville et faisait accompagner le 8e bataillon de chasseurs par un peloton qui, de Bagneux, lança des patrouilles dans les directions de Gravelotte, de la Malmaison et de Vernéville.

---

(1) Voir page 106.

(2) $\frac{6}{7\,\text{Ch}}$ et $6\,\frac{1}{7}$.

Situation générale des armées allemandes vers 9 heures du matin. — Vers 9 heures du matin, la situation générale des armées allemandes était donc la suivante :

Sur la lisière Nord des bois de Vaux, les avant-postes du VIIe corps étaient au contact immédiat avec ceux du général Frossard. De faibles fractions d'infanterie étaient parvenues jusqu'à Gravelotte pendant que le gros du VIIe corps commençait à se masser au Sud de cette localité, autant que possible, à l'abri des vues des troupes françaises. La *26e* brigade occupait toujours Ars et surveillait la vallée de la Moselle dans la direction de Metz.

Le VIIIe corps, en marche sur le chemin de Gorze à Rezonville, commençait à se masser près de cette dernière localité, tandis que l'avant-garde, réunie près de Villers-aux-Bois, occupait Bagneux et le bois de la Jurée et faisait patrouiller jusqu'à la chaussée conduisant de Gravelotte à Vernéville.

Le IXe corps se formait auprès de la Caulre, de part et d'autre de la grande route ; l'avant-garde, poussée un peu plus loin dans la direction de Vernéville, avait établi ses avant-postes entre le bois Doseuillons et celui de Bagneux ; la cavalerie hessoise patrouillait vers Vernéville et se reliait sur sa droite aux hussards du VIIIe corps et sur sa gauche vers Batilly à un escadron des hussards de la Garde.

Le XIIe corps avait dépassé, par son avant-garde, la route de Conflans. La tête de la *23e* division commençait à se masser au Sud de Jarny, mais la tête de la *24e* division était à trois ou quatre kilomètres plus en arrière, et la queue de cette dernière touchait encore à Mars-la-Tour ; la *12e* division de cavalerie occupait toujours ses bivouacs de Parfondrupt et de Saint-Jean-les-Buzy et n'allait se mettre en route que quelques instants plus tard.

La Garde était encore massée à l'Ouest de Mars-la-

Tour et s'apprêtait à poursuivre sa marche sur Doncourt; de toute la cavalerie de la Garde, un seul escadron (1) avait dépassé Mars-la-Tour et était parvenu (vers 9 heures) aux environs de Batilly où il entrait en liaison avec la cavalerie hessoise (2).

Le X⁰ corps, ayant derrière lui la 5ᵉ division de cavalerie, était toujours massé à l'Ouest de Tronville et se tenait prêt à rompre au premier signal.

Enfin, le IIIᵉ corps était encore dans ses bivouacs de Vionville et de Buxières ainsi que la 6ᵉ division de cavalerie.

Ordre du grand quartier général. — 9 heures 20. — Des positions qu'ils occupaient sur la lisière des bois de Vaux et aux environs de Gravelotte, les avant-postes de la Iʳᵉ armée avaient constaté des mouvements assez importants dans les camps français : « Des troupes, des voitures se formaient en colonnes, face au Nord et au Nord-Est, et semblaient s'éloigner dans cette direction. Sur d'autres points, au contraire, on voyait de l'infanterie ennemie descendre du plateau vers le bois des Génivaux. De part et d'autre, on entretenait sur le front des avant-postes une fusillade peu nourrie (3). »

Tous ces mouvements furent considérés du côté allemand, — aussi bien par les généraux postés près de Gravelotte que par les avant-postes des VIIᵉ et VIIIᵉ corps, — comme des indices d'une retraite vers le Nord, et le général Steinmetz adressait lui-même un rapport dans ce sens au grand quartier général. Le maréchal de

---

(1) $\frac{4}{\text{Hs. G}}$.

(2) Un peloton des husssards de la Garde était à ce moment en reconnaissance dans la direction de Sainte-Marie-aux-Chênes.

(3) *Historique du Grand État-Major prussien.*

Moltke, qui attendait toujours les renseignements sur la hauteur de Flavigny, ressentit manifestement l'influence de ces appréciations erronées (1). Alors qu'à 8 heures du matin il inclinait à considérer l'armée française comme réunie sur la crête Point-du-Jour, Amanvillers, et que dans les instructions adressées au commandant de la IIe armée il faisait allusion à une attaque éventuelle de la Ire armée et du IXe corps soutenu par la Garde ; un brusque revirement d'opinion le conduisit, un peu après 9 heures, à admettre un mouvement de retraite sur Briey. Il en avisa le commandant de la IIe armée, mais sans lui faire pressentir cependant quelles pourraient être les modifications à apporter à la manœuvre qu'il lui avait sommairement indiquée une heure auparavant :

Au Commandant en chef de la IIe armée.

Hauteur au Sud de Flavigny, 18 août, 9 h. 20 matin.

« Sur l'aile droite du VIIe corps, combat de tirailleurs sans importance. Les troupes visibles sur la hauteur, près de Metz, semblent se mouvoir dans la direction du Nord, soit donc vers Briey. Il ne semble pas que la Ire armée ait besoin d'autres soutiens que le IIIe corps venant de Vionville ou de Saint-Marcel. »

Or, il est à remarquer que le grand quartier général avait été avisé — avant l'expédition de cet ordre — de

---

(1) On verra plus loin que les mouvements observés dans les camps français étaient simplement provoqués par les ordres des généraux Frossard et Lebœuf de prendre des dispositions préparatoires de combat :

Construction et occupation de tranchées-abris ; occupation du bois des Génivaux ; réapprovisionnements en munitions ; évacuation des bagages.

l'arrêt prescrit par le commandant de la II⁰ armée aux IX⁰ et XII⁰ corps ainsi qu'à la Garde sur la route de Conflans. Au milieu des hésitations dans lesquelles le jetaient les renseignements contradictoires affluant à Flavigny, le maréchal de Moltke, indécis sur la conduite à tenir, se contentait donc d'approuver implicitement les mesures dilatoires adoptées par le prince Frédéric-Charles, préférant le *statu quo* à une manœuvre qui risquait de conduire son armée dans le vide. Le haut commandement allemand payait, en cette circonstance, la faute qu'il avait commise en laissant sa cavalerie presque absolument inactive, et à ce point de vue particulier, l'inertie qui régnait à Flavigny ne peut être comparée qu'à celle dont faisait preuve, à cette même heure, les commandants de l'aile droite française.

Ordre du grand quartier général de 10 h. 30. — Cependant, la dernière conception du maréchal de Moltke devait être aussi éphémère que la précédente.

Entre 9 h. 30 et 10 heures, en effet, arrivaient successivement à Flavigny, le major de Holleben et le général de Sperling. Le premier, détaché dès la première heure auprès de la I⁰ armée, exprimait cette opinion que l'ennemi était en forces considérables au bois des Génivaux et *qu'il semblait résolu à accepter la lutte*. Cette manière de voir était bientôt confirmée par le chef d'état-major de la I⁰ armée, venu à 10 heures au grand quartier général pour y demander des ordres. En fait, ces renseignements, — contradictoires avec ceux qui les avaient précédés d'une heure, — n'apportaient aucun éclaircissement nouveau à ceux qu'on possédait à 8 heures du matin, et d'après lesquels le maréchal de Moltke avait estimé que l'armée française, ou au moins une grosse fraction de cette armée, occupait vraisemblablement la crête entre le Point-du-Jour et Amanvillers. Le stationnement de l'armée ennemie à l'Est de la Mance n'était pas considéré comme étant d'une certitude absolue et, de même que l'instruction adressée à 8 heures au commandant de la II⁶ armée impliquait un doute à cet égard, de même l'ordre d'engagement qui suit envisageait encore le cas d'une retraite possible sur Briey.

A 10 h. 30 cependant, le maréchal de Moltke, rompant avec ses hésitations du matin, revenait à sa première conception et prenait une décision qui, si elle ne répondait pas d'une manière parfaite à la situation réelle, — presque toujours inconnue à la guerre, — avait au moins le mérite incontestable de donner le mouvement, et par conséquent la vie, à ses armées jusque-là très hésitantes, et surtout d'orienter l'initiative du commandant de la II⁶ armée :

Au Commandant en chef de la II⁶ armée.

Hauteur au Sud de Flavigny, 18 août, 10 h. 30 matin.

« D'après les renseignements reçus, on peut admettre que l'ennemi veut se maintenir entre le plateau du Point-du-Jour et Montigny-la-Grange.

Quatre bataillons ennemis se sont avancés dans le bois des Génivaux. Sa Majesté estime qu'il y a lieu de mettre le XII⁶ corps et la Garde en marche dans la direction de Batilly, afin, soit d'atteindre l'ennemi près de Sainte-Marie-aux-Chênes dans le cas où il se retirerait vers Briey, soit de l'attaquer à Amanvillers dans le cas où il resterait sur la hauteur. L'attaque devrait être donnée simultanément par la I⁶ armée venant du bois de Vaux et de Gravelotte, par le IX⁶ corps contre le bois des Génivaux et Vernéville, et par l'aile gauche de la II⁶ armée venant du Nord (1). »

---

(1) *Correspondance du maréchal de Moltke.*

Cet ordre était communiqué au commandant de la
Ire armée auquel on faisait savoir par le général de Sperling qu'il n'y avait pas lieu d'attaquer pour elle avant que la IIe armée ait gagné assez de terrain pour être en mesure de s'engager aussi (1).

Quartier général de la IIe armée. — Renseignements reçus entre 8 h. 30 et 10 heures. — Avant que l'ordre d'engagement dont il vient d'être question parvînt au prince Frédéric-Charles, il s'était passé d'importants événements au quartier général de la IIe armée.

Peu de temps après avoir prescrit à ses corps de première ligne de s'arrêter sur la route de Conflans, le prince Frédéric-Charles recevait, en effet, du capitaine de Bergen, envoyé en reconnaissance vers Gravelotte (2), un troisième rapport daté de 8 h. 45 et plus affirmatif encore que le second sur la présence de camps français au Point-du-Jour :

« Grande animation dans le camp ennemi ; il semble que l'infanterie se concentre plus en arrière ; l'artillerie occupe encore la crête. Les mouvements de cette nuit étaient causés par l'arrivée de réserves ; de nouveaux feux de bivouac ont été allumés. Actuellement la fusillade diminue d'intensité aux avant-postes (3). »

Il fallut bien conclure de ce rapport que l'ennemi ne manifestait en aucune façon l'intention d'abandonner ses positions comme l'avait affirmé le premier renseignement du même officier (reçu à 7 h. 30).

Cependant comme la première dépêche provenant du XIIe corps arrivait sur ces entrefaites et laissait croire

---

(1) Le général de Sperling quittait Flavigny à 11 heures et arrivait auprès du général Steinmetz vers 11 h. 30.
(2) Voir page 120.
(3) *Die Operationen der II. armee.*

tout d'abord à la présence de troupes de toutes armes dans la région comprise entre Doncourt et Briey (1), le prince Frédéric-Charles était conduit à penser que l'armée ennemie s'était effectivement fractionnée en deux portions, l'une restant sous Metz, et l'autre battant en retraite par Briey. Mais à 9 h. 30, une seconde dépêche du prince de Saxe, provoquée par la rectification du capitaine de Treitschke faisait savoir qu'à la suite d'une reconnaissance plus complète on avait constaté que Valleroy était inoccupé par l'ennemi. Le commandant du XIIe corps ajoutait qu'il arrêtait son infanterie à Jarny et que sa division de cavalerie éclairait la route de Briey.

On conclut cependant de tout ceci que si l'aile gauche de la IIe armée n'avait point encore définitivement pris le contact de l'ennemi, des troupes françaises avaient peut-être été vues réellement aux environs de Valleroy, puis avaient disparu par la suite vers l'Ouest (2). D'ailleurs, le prince Frédéric-Charles pensait trouver une confirmation de cette manière de voir dans la nouvelle, — transmise par le général de Manstein, — que « les patrouilles poussées vers le Nord et vers le Nord-Est n'avaient rien vu de l'ennemi », et il estimait qu'avant d'entreprendre une conversion à droite il importait d'at-

---

(1) A la suite du premier renseignement fourni par le capitaine de Treitschke, le commandant du XIIe corps avait transmis l'avis suivant au commandant de l'armée :

Au Nord de Labry, 8 h. 50.

« De l'artillerie ennemie paraît être en position à l'Ouest de Valleroy : on voit aussi des colonnes de cette arme à l'Ouest de Valleroy et au Nord de Doncourt. »

Observations purement imaginaires et qui furent rectifiées plus tard, comme on sait, par le capitaine de Treitschke.

(2) *Die Operationen der II. armee.*

tendre des renseignements plus précis de l'aile gauche de l'armée.

C'est sur ces entrefaites qu'on reçut à Vionville la communication du grand quartier général datée de 9 h. 20, communication qui n'était point faite, comme on l'a pu voir, pour reporter toute l'attention du commandant de la IIᵉ armée vers l'Est.

Entre 9 h. 30 et 10 heures, on ne reçut aucune nouvelle de l'aile gauche allemande, et comme d'autre part on savait à n'en pas douter que les pointes de cavalerie du XIIᵉ corps avaient poussé jusqu'à Valleroy, on crut pouvoir expliquer ce fait en supposant que la portion de l'armée française battant en retraite sur Verdun était déjà fort éloignée vers l'Ouest. Comme, d'autre part, on ignorait toujours le véritable résultat des reconnaissances de la cavalerie divisionnaire vers le Nord-Est, et qu'on s'en rapportait sur ce point à la dépêche du général de Manstein dont il vient d'être question, on admit que la portion de l'armée française restée sous Metz ne dépassait vraisemblablement pas la Folie.

Il était alors à peu près 10 heures, et c'est à ce moment que le prince Frédéric-Charles, considérant « la situation comme à peu près éclaircie », pensa pouvoir se conformer aux directives du grand quartier général datées de 8 heures du matin, alors que ce dernier venait précisément, — par une volte-face dans laquelle il ne persista il est vrai que peu de temps, — de faire savoir qu'il inclinait à apprécier la situation d'une manière toute différente.

Le commandant de la IIᵉ armée allait donc diriger le IXᵉ corps (soutenu par la Garde) sur ce qu'il supposait être la droite des positions françaises, mais il est à remarquer qu'en cette occurrence il était persuadé qu'une fraction seulement de l'armée française était restée sur les hauteurs de Moscou, tandis que l'autre portion, — peut-être la plus importante (1), — était déjà très loin vers l'Ouest. Il semble même, si l'on s'en rapporte aux *Opérations de la IIe armée*, que le véritable motif qui ait triomphé de la résistance opposée jusque-là par le Prince au plan tracé dès 8 heures du matin par le maréchal de Moltke, fut la presque assurance que son armée n'avait plus rien à craindre des corps français qui, faisant hâte vers la Meuse, s'étaient évanouis aux environs de Briey devant les patrouilles saxonnes; — mais ceci ne l'empêchait pas, comme on va le voir, de retenir le XIIe corps à Jarny pour le cas où le canon qui allait effectivement tonner vers Metz aurait rappelé vers l'Est les détachements des troupes françaises supposées engagées entre l'Orne et la Meuse.

Quoi qu'il en soit, il semble qu'au moment où le commandant de la IIe armée prescrivit au IXe corps d'attaquer par Vernéville, il pensait n'avoir affaire de ce côté qu'à une partie seulement de l'armée de Bazaine et qu'il considérait que la droite française ne dépassait probablement pas la Folie.

Vers 10 heures du matin, le prince Frédéric-Charles donnait donc les ordres suivants :

Ordre au IXe corps.

10 heures du matin.

« Le IXe corps se mettra en marche dans la direction de Vernéville et de la Folie. Si l'ennemi y a sa droite, il entamera l'action, en déployant d'abord une nombreuse artillerie. »

---

(1) Ceci est en contradiction, il est vrai, avec l'*Historique du Grand État-Major prussien*. Mais cet ouvrage est en désaccord sur un assez grand nombre de points avec le capitaine von der Goltz, bien que les allégations de ce dernier soient généralement considérées comme très véridiques.

Ordre au corps de la Garde.

10 h. 15 du matin.

« La Garde continuera sa marche par Doncourt jusqu'à Vernéville et se formera sur ce point en soutien du IX⁰ corps, qui s'avance sur la Folie contre l'aile droite ennemie. Il est à désirer qu'on éclaire à gauche vers Amanvillers et Saint-Privat-la-Montagne et qu'on envoie rapidement des rapports. »

Communication de ces ordres fut faite au XII⁰ corps, en même temps qu'on lui prescrivait de rester à Jarny, « en prévision du cas où il serait encore nécessaire de faire des détachements quelconques vers le Nord ou le le Nord-Ouest (1) ».

Enfin, le prince Frédéric-Charles rendait compte des dispositions prises au grand quartier général par l'intermédiaire du lieutenant-colonel de Brandenstein, qui rejoignit le maréchal de Moltke à 10 h. 30.

Les ordres d'engagements donnés par le commandant de la II⁰ armée étaient expédiés depuis environ trois quarts d'heure quand parvint à Vionville (vers 11 heures) l'ordre du grand quartier général daté de 10 h. 30. Or, il est à remarquer que tous deux étaient basés sur des suppositions erronées, — et d'ailleurs légèrement différentes (2), — et Fritz Hœnig fait observer, à juste raison semble-t-il, que lancer ainsi le IX⁰ corps en avant sans qu'on fût fixé en quoi que ce fût sur la situation de l'adversaire ni sur l'étendue de son front, exposait à voir ce corps d'armée s'engager isolément, contrairement au désir exprimé par le grand quartier

---

(1) *Die Operationen der 11. armee.*
(2) De Moltke *supposait* l'aile droite de l'armée française à Montigny tandis que Frédéric-Charles *pensait* qu'elle ne dépassait pas la Folie.

général au sujet de *l'attaque simultanée* des deux armées. D'ailleurs, on doit encore observer que le commandant de la II⁰ armée ne portait effectivement à l'attaque qu'un seul de ses corps (le IX⁰) et que des deux autres, l'un était seulement destiné à servir de soutien (la Garde) et que l'autre, arrêté à Jarny, était complètement tenu à l'écart jusqu'à nouvel ordre; ces dispositions n'ont évidemment rien de commun avec celles qu'indiquait le grand quartier général et d'après lesquelles le IX⁰ corps venant de l'Ouest, puis la Garde et le XII⁰ corps, venant du Nord, devaient attaquer simultanément l'aile droite française dont la position réelle était d'ailleurs totalement inconnue.

Quartier général de la II⁰ armée. — Renseignements reçus entre 10 h. et 11 h. 30. — Un peu avant l'arrivée à Flavigny de l'ordre du maréchal de Moltke daté de 10 h. 30, c'est-à-dire vers 11 heures, on avait reçu des nouvelles de la I⁰ armée ; le capitaine de Bergen, en effet, avait adressé un quatrième rapport au prince Frédéric-Charles :

Pointe du bois près de Gravelotte, 10 h. 20 matin.

« Le camp a pris maintenant des dispositions toutes différentes des précédentes.

« La plus grande partie des troupes s'est retirée par les deux flancs, sans qu'on ait pu fixer la direction de marche suivie ultérieurement. Une position de combat a été prise à mi-hauteur des pentes où le camp principal était établi antérieurement. On ne peut voir l'aile droite, masquée par un bois. Mouvements de troupes importants dans la direction du Nord, — feu très vif sur le front des avant-postes (1). »

Le prince de Wurtemberg faisait également parvenir

---

(1) *Die Operationen der II. armee.*

un compte rendu sommaire de ses opérations, mais il ne fournissait aucun éclaircissement nouveau sur la situation de l'ennemi :

Doncourt, 10 h. 25 matin.

« Le corps de la Garde vient d'atteindre avec sa tête Doncourt, où il va prendre position et attendre de nouveaux ordres.

« Les patrouilles envoyées dans la direction de Sainte-Marie et vers la route de Briey n'ont encore rien fait savoir sur l'ennemi. »

Enfin quelques blessés français trouvés par le Xe corps avaient déclaré que l'armée de Bazaine « s'était repliée en grande hâte sur Metz, dans l'après-midi du 17 ».

« Ces nouvelles et les instructions qui arrivaient précisément du grand quartier général, dit l'*Historique du Grand État-Major prussien*, ne laissaient désormais aucun doute sur la présence en avant de Metz *du gros des forces françaises*. Les derniers renseignements fournis par la Garde *établissaient nettement* que l'ennemi n'était pas en retraite vers la Meuse par la plus septentrionale des trois routes. »

Il est à remarquer toutefois que ces considérations ne paraissent pas avoir pris un poids suffisant aux yeux du Prince pour qu'il modifiât ses ordres de 10 heures du matin, — lesquels s'accordaient fort peu avec les instructions du grand quartier général, même en se plaçant dans l'hypothèse où la droite française eût été située aux environs de la Folie.

Mais un peu après 11 heures, une nouvelle de la plus haute importance parvenait à Vionville. Le général de Manstein transmettait en effet le rapport suivant du lieutenant Scholl, du 2e régiment de cavalerie hessoise, envoyé en reconnaissance dans la direction de Sainte-Marie-aux-Chênes :

Hauteur de Batilly, 10 h. 25 matin.

« Patrouilles ennemies sur la hauteur Sainte-Marie-Amanvillers; colonnes de troupes sur la grande route ; camp à Saint-Privat-la-Montagne ; des patrouilles ennemies s'avancent au trot (1). »

Cependant, on considéra au quartier général de la IIe armée qu'un tel rapport n'ayant encore reçu aucune confirmation, on ne pouvait décider si le camp signalé à Saint-Privat était celui d'un faible détachement ou bien, au contraire, celui d'une troupe ayant un effectif important.

Il ne semble donc pas, si l'on s'en rapporte aux allégations contenues dans les *Opérations de la IIe armée*, qu'il faille attribuer positivement à la conviction que l'aile droite française s'étendait jusqu'à Saint-Privat, la résolution que prit le commandant de la IIe armée de surseoir à l'attaque du IXe corps et d'appeler la Garde et les Saxons respectivement sur Vernéville et Sainte-Marie-aux-Chênes. Il ressort d'ailleurs des ordres qu'on va lire que la présence de « la ligne de bataille française » au Nord de Montigny ou d'Amanvillers n'est considérée que comme une éventualité et que la Garde reçoit expressément l'ordre de prolonger son mouvement jusqu'à Amanvillers pour prononcer ensuite, de concert avec le IXe corps *une attaque tournante contre la droite ennemie* (supposée par conséquent plus au Sud).

Dès lors, on ne peut attribuer la décision prise à 11 h. 30 par le prince Frédéric-Charles au désir de faire face aux exigences d'une situation différente, dans ses

---

(1) Le 2e régiment de chasseurs (du 6e corps) était alors en reconnaissance dans la région comprise entre Sainte-Marie et Moineville, ainsi qu'on le verra plus loin.

grandes lignes, de celle qu'il concevait à 10 heures du matin.

Il paraît beaucoup plus vraisemblable que le commandant de la II⁰ armée, inquiet de constater, à la réflexion, combien les mesures prises par lui à 10 heures répondaient peu au plan d'engagement tracé par le grand quartier général, se décida à modifier ses prescriptions antérieures dans le seul but de rechercher, autant que cela lui était encore possible, l'attaque enveloppante et simultanée indiquée par le maréchal de Moltke (1).

Ordres de 11 h. 30 du quartier général de la II⁰ armée. — Les ordres suivants étaient donc expédiés de Vionville vers 11 h. 30 :

Ordre au IX⁰ corps.

Vionville, 11 h. 30 matin.

« La Garde reçoit l'ordre, en ce moment, de se porter par Vernéville sur Amanvillers et de là, éventuellement, contre la droite ennemie. Si le front de l'adversaire se prolongeait plus au Nord, le IX⁰ corps attendrait, pour s'engager sérieusement, que la Garde entrât en ligne par Amanvillers. Les troupes auront donc vraisemblablement le temps de faire le café. »

Ordre à la Garde.

Vionville, 11 h. 30 matin.

« L'ennemi paraît être en position de combat sur la ligne des hauteurs qui s'étend des bois de Vaux au delà de Leipzig. La Garde hâtera son mouvement par Ver-

---

(1) Il est à remarquer qu'en cette circonstance les hésitations du prince Frédéric-Charles à se conformer aux vues du grand quartier

néville et le prolongera jusqu'à Amanvillers, d'où elle prononcera, de concert avec le IXᵉ corps, une vigoureuse attaque enveloppante contre la droite ennemie. Le IXᵉ corps attaquera en même temps, de Vernéville, dans la direction de la Folie.

« La Garde peut suivre le chemin qui passe par Habonville.

« Le XIIᵉ corps marche sur Sainte-Marie. »

Ordre au XIIᵉ corps.

Vionville, 11 h. 30 matin.

« Il est ordonné au XIIᵉ corps de se porter sur Sainte-Marie-aux-Chênes, de se couvrir par de la cavalerie vers Briey et Conflans et de jeter, autant que possible, des troupes à cheval jusque dans la vallée de la Moselle, pour couper la voie ferrée et la ligne télégraphique de Thionville.

« Les VIIᵉ, VIIIᵉ et IXᵉ corps, ainsi que la Garde, attaqueront, dans deux heures, l'ennemi en position sur les hauteurs, de Leipzig au bois de Vaux.

« Ils seront soutenus en deuxième ligne par les IIIᵉ, Xᵉ et XIIᵉ corps, ainsi que par le IIᵉ. »

Enfin, à midi, les ordres suivants étaient expédiés au Xᵉ corps et au IIᵉ :

Ordre au Xᵉ corps.

Vionville, midi.

« L'ennemi est en position sur les hauteurs de Leipzig et des bois de Vaux. On l'y attaquera aujourd'hui :

---

général ne durèrent qu'une demi-heure. Il y avait un progrès marqué par conséquent sur ses agissements précédents, puisque la conception de de Moltke exposée dans la dépêche datée de 8 heures du matin n'avait été admise et appliquée qu'après 10 heures par le commandant de la IIᵉ armée.

« La Garde sur Amanvillers ;
« Le IXe corps par la Folie ;
« Les VIIe et VIIIe corps de front ;
« Les corps suivants suivent comme soutiens en seconde ligne :
« Le XIIe corps sur Sainte-Marie ; le Xe sur Saint-Ail ; le IIIe sur Vernéville (1) ; le IIe sur Rezonville. »

Ordre au IIe corps.

Vionville, midi.

« Le IIe corps se portera de Buxières sur Rezonville, pour y servir de réserve à l'aile droite. La Ire et la IIe armée attaquent aujourd'hui l'ennemi en position en avant de Metz.

« On a le temps faire la soupe, car il n'est pas nécessaire de se hâter d'entrer en ligne à Rezonville. La cavalerie saxonne assure la sécurité dans la direction de Verdun. »

Les ordres précédents étaient déjà en voie d'exécution pour quelques-uns des corps d'armée, quand les premiers coups de canon se firent entendre aux environs de Vernéville, où le IXe corps ne résistait pas, comme on va le voir bientôt, à la tentation de canonner les bivouacs du corps Ladmirault, et ceci malgré les instructions du prince Frédéric-Charles..... Celui-ci se portait alors avec tout son état-major vers Saint-Marcel.....

Le grand quartier général au moment de l'ouverture du feu. — Au moment de l'ouverture du feu devant Vernéville, le grand quartier général était encore sur la hauteur de Flavigny. Dans la crainte de voir la Ire armée

---

(1) Le IIIe corps reçut à midi et demi l'ordre verbal de rompre de Vionville sur Vernéville.

s'engager prématurément, le maréchal de Moltke adressa au général Steinmetz l'ordre suivant, qui arriva d'ailleurs trop tard (à 1 heure) à son destinataire :

Au général de Steinmetz.

Hauteur au Sud de Flavigny, midi.

« Le combat qu'on entend en ce moment n'est qu'un engagement partiel devant Vernéville, et n'entraîne pas l'attaque générale de la Ire armée. Il n'y a pas lieu pour elle d'engager de fortes masses de troupes, mais, éventuellement, d'employer son artillerie à préparer l'attaque qui sera ultérieurement donnée. »

« En résumé, dit l'*Historique du Grand État-Major prussien*, tandis que la IIe armée se trouvait chargée de prononcer un énergique effort contre la droite française par une attaque simultanée de front et de flanc, la Ire armée avait pour mission de se borner d'abord à tenir sans cesse en haleine le front des fortes positions de l'aile gauche ennemie. »

On pourrait d'abord observer que cette manière de concevoir le rôle de la Ire armée n'était pas en parfaite concordance avec celle qu'en avait tracée le maréchal de Moltke à 10 h. 30 du matin, puisqu'il était dit dans l'ordre en question que la Ire armée devait attaquer à la fois par Gravelotte et par les bois de Vaux, soit simultanément de front et de flanc.

Mais en se plaçant à un point de vue plus élevé, on doit constater que si tel était, en effet, le plan général de la bataille qu'on allait engager, — et le mérite de l'avoir conçu est déjà très grand, — les ordres qui émanèrent du grand quartier général, aussi bien que ceux du commandant de la IIe armée, n'en assuraient nullement la réalisation, puisque toutes les dispositions prises jusqu'à midi ne pouvaient conduire qu'à une simple attaque directe sur Amanvillers, et non point au grand mouvement enveloppant qu'on a trop souvent voulu présenter comme le résultat immédiat des hautes conceptions du commandement en chef, et qui ne fut dû, en réalité, qu'à l'initiative éclairée des chefs en sous-ordre, ainsi qu'on le verra par la suite.

Marche de la IIe armée (depuis 9 heures du matin). — A 9 heures du matin, heure à laquelle la tête du gros du XIIe corps avait commencé à se masser aux abords de Jarny, et où la queue du corps d'armée quittait Mars-la-Tour, la division de cavalerie saxonne sortait elle-même de ses bivouacs de Parfondrupt et de Saint-Jean-les-Buzy pour se porter dans la direction de Conflans. Laissée sans ordres, la *12e* division de cavalerie était donc restée immobile depuis les premières heures du jour, lorsque vers 9 heures « des fumées (?) qui s'élevaient dans la direction de l'Est donnèrent à penser qu'un combat se livrait à l'Ouest de Metz (1) ». Le général de Lippe prit alors sur lui de rapprocher sa division de Conflans, en laissant cependant en arrière le *17e* régiment de hulans pour surveiller la direction de Verdun. Deux heures plus tard, à peu près, la division de cavalerie saxonne avait gagné 4 kilomètres vers l'Est et arrivait, vers 11 heures, aux environs de Puxe. C'est en ce point qu'elle reçut l'ordre du prince royal de Saxe dont il sera question bientôt (2).

On sait que de Jarny, le XIIe corps s'était fait éclairer vers le Nord-Est et dans la direction de Briey par le *1er* régiment de cavalerie. Vers 11 heures du matin, un peloton du 1er escadron rencontra près de Batilly quelques

---

(1) *Das XII. corps im Kriege 1870-1871*, par von Schimpff.
(2) *Aufzeichnungen uber das 1 Königlich Sachsische Ulanen-Regiments Nr. 17.*

cavaliers français qui se replièrent devant lui ; un autre peloton du même escadron rencontra des patrouilles vers Coinville (1), mais partout ailleurs, le terrain était libre.

A 11 h. 30, le commandant du XIIe corps recevait copie des ordres adressés au IXe corps et à la Garde, et respectivement datés de 10 heures et 10 h. 15 du matin, en même temps que l'ordre du commandant de l'armée lui prescrivant de rester à Jarny « en prévision du cas où il serait encore nécessaire de faire des détachements quelconques vers le Nord ou vers le Nord-Ouest (2) ».

Or il est à supposer que la conviction qu'avait le prince royal de Saxe sur l'absence de l'ennemi dans toute la région de Briey, jointe à la connaissance des ordres précités relatifs au IXe corps et à la Garde, lui firent apparaître, plus clairement qu'au prince Frédéric-Charles lui-même, la situation réelle de l'adversaire. Malgré la prescription de rester à Jarny avec tout son corps d'armée, il résolut donc de marcher à l'ennemi en prolongeant par leur gauche les deux corps voisins et en se dirigeant vers Saint-Privat, qu'on signalait comme une direction importante.

A 11 h. 30, il donnait, en effet, les ordres suivants :

« L'avant-garde se dirigera, par les deux rives de l'Orne, sur Valleroy et Moineville ;

« La 23e division portera la 45e brigade sur Tichémont et occupera le bois de Ponty. La 46e brigade restera à Jarny, à la disposition du commandant de corps ;

« La 24e division marchera sur Sainte-Marie-aux-Chênes par le château de Moncel, Jouaville et Batilly ;

---

(1) C'étaient, comme on le verra plus loin, des reconnaissances de la cavalerie du général du Barail.

(2) D'après les ouvrages *Die Operationen der II. armee* et *Das XII. corps im Kriege 1870-1871* (loc. cit.).

« L'artillerie de corps gagnera Giraumont-en-Jarnisy. »

Immédiatement après avoir donné ces ordres, le prince de Saxe adressait au commandant de l'armée le compte rendu suivant :

Jarny, 18 août, 11 h. 45 matin.

« L'ennemi doit se trouver près de Moineville et de Sainte-Marie-aux-Chênes. Le XIIe corps s'avance vers ces deux points. Les flanc-gardes sont à Valleroy. Je me porte à Fleury, puis à Jouaville. »

C'est sur ces entrefaites, c'est-à-dire vers midi, qu'on entendit les premiers coups de canon dans la direction de Vernéville ; quelques instants plus tard, arrivaient les nouvelles instructions qu'on connait et d'après lesquelles le XIIe corps devait se porter vers Sainte-Marie. Comme une grande partie des forces saxonnes venait précisément de se mettre en marche dans cette direction, il suffit au prince de Saxe de « prendre quelques mesures complémentaires pour faire concorder les dispositions prises avec les prescriptions du commandant en chef (1) ».

Ordre fut donné à la *46e* brigade de suivre la *45e* sur le bois de Ponty, et à la cavalerie, encore stationnée à Puxe, de se diriger sur le même point, tout en faisant explorer la direction de Briey. Le *17e* régiment de hulans resta toujours chargé de surveiller, des environs de Puxe, la direction de Verdun. Le *18e* hulans éclaira vers Briey ; puis la brigade de cavalerie lourde se porta derrière le bois de Ponty où elle arriva à 2 h. 45 (2).

---

(1) *Historique du Grand État-Major prussien.*
(2) *Das XII. corps im Kriege 1870-1871* et *Aufzeichnungen uber das 1 Königlich Sachsische Ulanen-Regiment Nr. 17.*

Vers 1 heure de l'après-midi, la situation du XIIe corps était donc la suivante (1) :

Dans la vallée de l'Orne, l'avant-garde marchait sur Valleroy et Moineville (*1er* régiment de cavalerie, régiment de tirailleurs *108e* et 2e batterie) par Labry ; deux bataillons (Ier et IIe) franchissaient l'Orne à Hatrize et marchaient sur Moineville par la rive droite ; le IIIe bataillon marchait sur Valleroy par la rive gauche ;

La *45e* brigade, avec deux batteries (1re et IIe), marchait sur le bois de Ponty par Tichémont, suivie à peu de distance par la *46e* brigade accompagnée d'une batterie (Ire) ;

La *24e* division, enfin, franchissait le chemin de fer avant d'arriver à Jouaville et marchait sur Batilly, ayant derrière elle l'artillerie de corps.

On se rappelle, que le seul escadron de hussards de la Garde (le 4e) qui eût réussi à traverser les colonnes du XIIe corps devant lesquelles la Garde s'était arrêtée à l'Ouest de Mars-la-Tour, avait atteint les environs de Batilly vers 9 heures et était entré en liaison avec la cavalerie hessoise. Depuis Doncourt, un peloton avait pris les devants par Jouaville sur Saint-Ail, pendant que le reste de l'escadron se massait entre Jouaville et Batilly. Un peu avant 11 heures, ce peloton constatait, des hauteurs de Batilly, que Sainte-Marie était occupé et que de nombreuses tentes couvraient les hauteurs de Saint-Privat (2). Avis en fut donné au commandant de la Garde qui adressa aussitôt au prince Frédéric-Charles le rapport suivant qui confirmait le rapport du 2e régiment de cavalerie hessoise daté de 10 h. 25 (3).

---

(1) *Das XII. corps im Kriege 1870-1871.*

(2) *Das Koniglich preussische Garde-Husaren-Regiment im Feldrug gegen Franckreich 1870-1871.*

(3) Ce dernier rapport parvint seul (un peu après 11 heures) au

Doncourt, 18 août, 11 h. 30 matin.

« D'après un rapport de la cavalerie parvenue sur la hauteur de Batilly, et daté de 10 h. 50, l'infanterie occupe Sainte-Marie et des troupes nombreuses sont près de Saint-Privat-la-Montagne. Par suite, et en exécution des ordres reçus (1), la Garde quitte Doncourt ; mais en raison des circonstances, le général commandant croit devoir marcher, non pas sur Vernéville, mais bien sur Habonville. »

Les deux divisions d'infanterie de la Garde, en effet, avaient repris leur marche vers Doncourt aussitôt que les Saxons eurent débarrassé le chemin de Puxieux à Mars-la-Tour, c'est-à-dire un peu après 9 heures (2).

La 1re division, suivie de l'artillerie de corps avait atteint Doncourt à 11 heures du matin et s'était arrêtée au Sud du village. A la même heure, la tête de la 2e division était encore au Sud de Bruville.

C'était sur ces entrefaites que le prince de Wurtemberg avait reçu, successivement, l'ordre du prince Frédéric-Charles (de 10 h. 15) lui enjoignant de marcher sur Vernéville, puis les renseignements fournis par les hussards sur la présence d'un camp à Saint-Privat.

Afin de se conformer aux instructions du commandant en chef, tout en tenant compte des modifications survenues dans la situation, le prince de Wurtemberg ordon-

---

commandant de la IIe armée avant qu'il donnât ses ordres de 11 h. 30. Le rapport de la Garde dont il est question ici n'atteignit le prince Frédéric-Charles que plus tard, alors qu'il avait déjà quitté Vionville pour se rendre à Vernéville. (*Die Operationen der II. armee.*)

(1) C'est-à-dire l'ordre daté de 10 h. 15, car l'ordre daté de 11 h. 30 prescrivant à la Garde de prolonger son mouvement jusqu'à Amanvillers n'était pas encore parvenu au prince de Wurtemberg.

(2) Voir l'ordre de marche, page 113.

naît à la 2ᵉ division de la Garde, dont la tête arrivait alors à Bruville, de se porter par Saint-Marcel sur Vernéville. La *1*ʳᵉ division, au contraire, ainsi que l'artillerie de corps et la division de cavalerie (1) devaient marcher de Doncourt, par Jouaville, sur Habonville.

C'est après avoir pris ces dispositions que le commandant de la Garde adressa le rapport précité au commandant de l'armée.

A 11 h. 30, la *1*ʳᵉ division, précédée d'une avant-garde comprenant : le régiment de hussards, le régiment de fusiliers, la 1ʳᵉ batterie et le bataillon de chasseurs, s'était portée sur Habonville dans la même formation que précédemment. Mais l'escadron de hussards, qui, à la suite de la découverte qu'il avait faite de camps importants sur les hauteurs de Saint-Privat, avait poussé des patrouilles vers ce point et vers Sainte-Marie, annonçait que des troupes françaises s'avançaient sur Sainte-Marie, puis un peu plus tard, que des compagnies et des escadrons se portaient également sur Saint-Ail et Habonville.

En conséquence, la *1*ʳᵉ division hâtait sa marche quand le canon se fit entendre sur sa droite.

Pendant que l'avant-garde poursuivait sur Habonville par le Sud de la voie ferrée, le gros de la colonne se déployait à hauteur de Jouaville (2).

La 2ᵉ division, précédée du 2ᵉ régiment de hulans, s'était également mise en marche sur Saint-Marcel, barrant ainsi la route au Xᵉ corps qui arrivait précisément du Sud en cet instant même et qui dut faire halte pour

---

(1) La brigade de dragons avait rejoint la brigade de cuirassiers au cours de la marche sur Bruville.

(2) *Das 3. Garde-Regiment zu Fuss.* — *Geschichte des Königlich preussischen 4. Grenadier-Regiment zu Fuss.* — *Das Königlich preussische Garde-Husaren-Regiment im Feldzug gegen Franckreich 1870-1871.*

laisser défiler la Garde, pendant que la canonnade tonnait déjà dans la direction de Vernéville (1).

Il était un peu plus de midi, lorsque le prince de Wurtemberg reçut l'ordre de prolonger son mouvement jusqu'à Amanvillers (ordre de 11 h. 30). Bien que l'*Historique du Grand État-Major prussien* estime que « les mesures déjà en voie d'exécution répondissent complètement à cette nouvelle prescription », il est impossible de ne pas constater que si le commandant de la Garde avait orienté vers Vernéville, une partie de son corps d'armée (la 2ᵉ division) pour se conformer, dans une certaine mesure, aux ordres datés de 10 h. 15, il n'en avait pas moins dirigé la plus grande masse de ses troupes (1ʳᵉ division et artillerie de corps) sur Habonville, c'est-à-dire dans une direction relativement très excentrique par rapport à celle qu'envisageait le prince Frédéric-Charles à 11 h. 30. En réalité, les dispositions en cours d'exécution à midi répondaient un peu moins mal aux exigences de la situation réelle que celles qu'avait prescrites le commandant de la IIᵉ armée, précisément parce qu'elles tendaient à une extension de la gauche allemande au delà de Vernéville.

Il est d'ailleurs juste d'ajouter qu'avant d'atteindre cette localité, c'est-à-dire vers 1 heure de l'après-midi, le prince Frédéric-Charles, lorsqu'il eut pris connaissance des rapports de la Garde qui lui arrivaient en cet instant, abonda dans la voie que lui avait tracée le prince de Wurtemberg et prescrivit directement à la 2ᵉ division de la Garde de faire un à gauche et de se diriger également sur Habonville. L'ordre en question parvint au commandant de la 2ᵉ division alors que celle-ci était encore à l'Ouest de Saint-Marcel. La colonne changea

---

(1) *Geschichte des Herzoglich Braunschweigischen Infanterie-Regiments Nr. 92* (de la 20ᵉ division).

immédiatement de direction, passa à l'Ouest du bois Doseuillons et arriva à 2 h. 30 sur la hauteur à l'Ouest d'Habonville près du petit bois d'Anoux-la-Grange (1).

Le Xe corps, suivi par la 5e division de cavalerie, avait quitté Tronville à 10 heures du matin. Mais à peine le général de Rheinbaden était-il en marche, qu'il reçut l'ordre d'aller s'installer au bivouac à l'Ouest de Mars-la-Tour pour surveiller les directions de l'Ouest et du Nord. La brigade de hussards bivouaqua près de Sponville et les deux autres brigades entre Hannonville et Mars-la-Tour, puis les troupes firent la soupe.....

Le canon redoublait d'intensité, quand vers 1 heure, un officier de l'état-major du Xe corps apporta l'ordre de marcher sur Batilly. La division monta à cheval et prit la route Bruville, Doncourt, Jouaville et Batilly où elle arriva entre 5 heures et 6 heures du soir pour se placer à la droite du Xe corps (2).

Ce dernier, en effet, avait continué sa marche vers le Nord en formation massée.

Il arrivait en vue de Bruville, quand la 2e division de la Garde lui barra le chemin ainsi qu'on vient de le dire. Dès que le terrain fut libre, il poursuivit sa route à travers champs. Vers 2 h. 30, il arrivait à Batilly et se formait en réserve à l'Ouest du village.

Armée française.

2e corps. — A l'exception de quelques fausses alertes qui s'étaient manifestées en plusieurs points de la ligne des avant-postes, la nuit s'était passée tranquille-

---

(1) *Geschichte des Konigin Elisabeth Garde-Grenadier-Regiments Nr. 3.* — *Geschichte des Konigin Augusta Garde-Grenadier-Regiments Nr. 4.*

(2) *Bergische Lanziers Westfalische Husaren Nr. 11.* — *Geschichte*

ment dans les camps du général Frossard. Aux premières heures du jour, cependant, la fusillade reprit assez vive à l'aile gauche du 2ᵉ corps dont les grand'gardes se trouvaient en présence des avant-postes allemands installés sur la lisière des bois de Vaux, ainsi qu'on l'a dit précédemment (1). En même temps, on découvrait, des hauteurs du Point-du-Jour, une ligne d'épaulements de batteries sur la crête opposée, au Sud de Gravelotte (2). Le général Vergé, d'autre part, avait appris que, dès la soirée du 17, l'ennemi avait réuni des troupes et amené des batteries « à Gravelotte et dans le ravin qui descend à Ars-sur-Moselle (3) ». « On devait donc s'attendre, dit-il dans son rapport, à une attaque de ce côté. » Aussi, les dispositions furent-elles prises immédiatement pour résister à une offensive dont on prévoyait d'autant plus l'éventualité que la fusillade, partie des bois de Vaux, semblait en être le prélude (4).

Sur l'ordre du général commandant la 1ʳᵉ division, les batteries divisionnaires (5) furent établies le long de la grande route, de part et d'autre de la ferme du Point-du-Jour, laquelle était occupée depuis la veille par le 3ᵉ bataillon de chasseurs (6).

---

des Oldenburgischen Dragoner-Regiments Nr. 19. — Erlebnisse des 1. Hannoverschen Ulanen-Regiments Nr. 13.

(1) Voir page 106.
(2) Rapport du général Vergé, — daté du 21 août, — et Journal de marche de la 1ʳᵉ division du 2ᵉ corps.
(3) Rapport du général Vergé (*loc. cit.*).
Le renseignement était inexact en ce qui concerne les batteries amenées à Gravelotte, mais il est, au contraire, très exact en ce qui concerne le stationnement du VIIᵉ corps dans le ravin d'Ars.
(4) Croquis n° 2.
(5) $\frac{5, 6, 12}{5}$.
(6) Deux compagnies $\left(1, 2\frac{1}{80}\right)$ avaient été envoyées par le 80ᵉ sur

Les trois batteries de la 2ᵉ division (1) furent également installées dans l'abri naturel formé par la levée de la voie romaine sur le front même des bivouacs de la 1ʳᵉ brigade de cette division, de manière à battre directement la lisière des bois de Vaux alors occupée par les avant-postes du *53ᵉ* régiment prussien (2). Enfin, les deux batteries de 12 de la réserve (3) furent appelées successivement un peu plus tard et s'installèrent : la 11ᵉ à la gauche des batteries Vergé, et la 10ᵉ sur la croupe de Rozérieulles, de manière à battre efficacement les pentes qui descendent vers Jussy entre la grande route et le bois de Vaux (4).

Pendant qu'une partie des batteries du 2ᵉ corps se disposait ainsi à agir au premier signal, — en négligeant malheureusement de dérober aux vues des observateurs de Gravelotte leurs mouvements préparatoires, — le Iᵉʳ bataillon du 32ᵉ occupait, au Nord du Point-du-Jour et près du coude de la grande route, une tranchée construite depuis la veille ; les deux autres bataillons du 32ᵉ se reportaient un peu plus en arrière pour profiter de l'abri offert par la crête. Deux compagnies du

---

le même point. Elles y étaient restées malgré la présence des chasseurs à pied.

Les batteries de la division Vergé furent abritées par des épaulements rapides. Elles se trouvaient à 2,000 mètres environ de la crête au Sud de Gravelotte, c'est-à-dire à une distance très défavorable pour le tir, étant donnée la graduation des fusées.

(1) $\frac{7, 8, 9}{5}$.

(2) Rapport du commandant Colangettes, commandant l'artillerie de la 2ᵉ division.

(3) $\frac{10, 11}{5}$.

(4) Rapport du général Gagneur sur la bataille du 18 août. Toutes les réserves des batteries du corps d'armée furent repliées sur la lisière du bois de Châtel.

Iᵉʳ bataillon furent envoyées en grand'garde dans la bande boisée qui borde la Mance et se relièrent, à droite à la compagnie du 80ᵉ qui gardait le défilé de la grande route (1), et à gauche à la compagnie du 55ᵉ (2) installée dans les Sablières. Le 55ᵉ régiment et la 2ᵉ brigade (76ᵉ et 77ᵉ) restèrent provisoirement sur l'emplacement de leurs bivouacs, le long et au Sud de la voie romaine (3).

A l'extrême gauche du 2ᵉ corps, la brigade Lapasset était toujours bivouaquée sur le revers de l'éperon qui domine Rozérieulles. Mais la fusillade qu'on entendait sur la lisière des bois de Vaux donna au général Lapasset « quelques inquiétudes sur le village de Sainte-Ruffine », qui était, en effet, un point d'appui important d'où l'on pouvait surveiller et battre la vallée de la Moselle dans la direction d'Ars. Le commandant de la brigade mixte renforça donc les troupes chargées de surveiller son extrême gauche (4) en expédiant à Sainte-Ruffine le IIIᵉ bataillon du 97ᵉ.

Cependant, les mouvements du VIIᵉ corps allemand n'étaient pas restés ignorés des troupes du 2ᵉ corps. « Dès le matin, dit le général Frossard, les rapports des reconnaissances signalent de nombreux mouvements dans les colonnes prussiennes et l'établissement de quelques batteries de position à gauche (Sud) de Gravelotte (5). » D'ailleurs, des hauteurs du Point-du-Jour, on observait

---

(1) 6 $\frac{\text{III}}{80}$.

(2) 3 $\frac{\text{I}}{55}$.

(3) Le IIIᵉ bataillon du 77ᵉ conservait cependant sa position d'avant-postes au coude méridional de la route et dans les Carrières du Point-du-Jour.

(4) Six compagnies des 84ᵉ et 97ᵉ échelonnées entre la pointe Nord-Est des bois de Vaux (bois du Peuplier) et Sainte-Ruffine.

(5) Rapport du général Frossard, daté du 20 août.

la marche de la *14ᵉ* division prussienne et son rassemblement sur le plateau entre Gravelotte et le bois des Ognons : « Pendant toute la matinée, dit le Journal de marche de la division Vergé, on aperçoit de fortes colonnes prussiennes qui sortent des bois de gauche et se dirigent vers la droite pour prendre des positions de combat. » Le commandant de la 1ʳᵉ division, de plus en plus persuadé de l'imminence d'une attaque qu'il prévoyait depuis le matin, prescrivit, — vers 10 heures du matin, — de renforcer la ligne de combat de sa division. Le 55ᵉ régiment prit donc les armes et déploya ses deux premiers bataillons à la gauche du 3ᵉ bataillon de chasseurs, c'est-à-dire au Sud du Point-du-Jour, dans les fossés de la grande route, le IIIᵉ bataillon restant en réserve. Plus au Sud encore et jusqu'au delà du coude de la grande route, le Iᵉʳ bataillon du 76ᵉ, puis les Iᵉʳ et IIᵉ bataillons du 77ᵉ se déployèrent dans les fossés, tandis que les IIᵉ et IIIᵉ bataillons du 76ᵉ se placèrent en réserve et que le bataillon d'avant-postes du 77ᵉ (le IIIᵉ) fut relevé de sa position et passa également en seconde ligne (1). Bien que ces divers mouvements eussent causé une recrudescence passagère dans la fusillade engagée avec les tirailleurs du bois de Vaux, la situation resta cependant sensiblement stationnaire jusqu'à midi devant le front du 2ᵉ corps.

Un peu avant que la canonnade éclatât, le commandant du 2ᵉ corps, resté pendant toute la matinée à Châtel-Saint-Germain, fit son apparition sur le plateau du Point-du-Jour (2).

---

(1) Rapport du général Vergé. Journal de marche de la 1ʳᵉ division du 2ᵉ corps et Historiques des 52ᵉ, 76ᵉ et 77ᵉ régiments d'infanterie. (Man. de 1871.)

(2) Le général commandant le 2ᵉ corps monta sur le plateau vers 11 heures. (Rapport du général Frossard, daté du 20 août.)

Les trois divisions de cavalerie réunies dans le ravin de Châtel au Nord de la Maison-Neuve restèrent dans leurs bivouacs. Les divisions de cavalerie du 2ᵉ corps et de la Garde paraissent avoir envoyé quelques reconnaissances vers Jussy et Sainte-Ruffine, tandis que le général Picard prescrivait à deux officiers du régiment des guides d'explorer dans les directions de Saulny et d'Amanvillers.

3ᵉ corps. — La division de cavalerie du 3ᵉ corps, cependant, montrait un peu plus d'activité que celle du 2ᵉ. Dès 5 heures du matin, les tentes étaient abattues, les voitures chargées et les escadrons se tenaient prêts à marcher (1). Puis tous les pelotons d'éclaireurs de la division partirent en reconnaissance en avant du front du corps d'armée et signalèrent bientôt, comme on le verra plus loin, certains mouvements des colonnes prussiennes au delà des bois des Génivaux (2).

Les reconnaissances de cavalerie du 3ᵉ corps faites pendant la journée du 17, n'avaient fourni au maréchal Lebœuf que des renseignements vagues ou erronés. C'est ainsi que celles qui rentrèrent les dernières, à 11 h. 30 du soir, signalaient « des forces ennemies assez sérieuses dans les bois qui s'étendent entre Gravelotte et Vernéville », de même que des nuages de poussière au delà de ces bois « indiquant la marche de quelques colonnes ennemies filant de notre droite vers notre gauche (3) ».

Mais le 18 au matin, vers 6 heures, on aperçut, du plateau de l'Arbre-Mort où était installé le quartier

---

(1) Journal de marche de la division de cavalerie du 3ᵉ corps.
(2) Historique du 8ᵉ régiment de dragons. (Man. de 1871.)
(3) Le commandant du 3ᵉ corps rendit compte de ces faits au maréchal Bazaine le 18 au matin. (Lettre du maréchal Lebœuf au maréchal Bazaine.)

général du corps d'armée, « des troupes prussiennes marchant en bataille dans les plaines basses situées en arrière de Gravelotte et se dirigeant de gauche à droite, vers un point qui paraissait, à cette distance, être à hauteur de Doncourt. Ces troupes marchaient obliquement par rapport à nous, comme si elles eussent décrit un grand mouvement de conversion, dans lequel nous eussions été au pivot. Par suite de cette disposition, on apercevait distinctivement les officiers prussiens marchant en avant de leurs hommes (1) ».

Immédiatement avisé de ce fait important, le commandant du 3ᵉ corps faisait prévenir verbalement le maréchal Bazaine par un officier et le priait de lui donner des ordres (2). Pour toute réponse, le commandant en chef lui fit dire « de tenir bon dans la forte position qui lui avait été assignée (3) ».

Mais le maréchal Lebœuf n'avait pas attendu l'arrivée des instructions qu'il sollicitait pour faire compléter l'organisation défensive ébauchée la veille. Le général Vialla, commandant le génie du 3ᵉ corps, reçut l'ordre de faire mettre en état de défense les fermes de Moscou, de Leipzig et de la Folie; des épaulements rapides furent construits pour les batteries sur les positions reconnues par le général de Rochebouet, commandant

---

(1) Note non signée trouvée dans les archives du 3ᵉ corps. Elle est confirmée par une *Note* du maréchal Lebœuf. Il est seulement permis de penser que l'heure indiquée par la première de ces notes est un peu prématurée, à moins cependant que les troupes observées ne fissent partie de la brigade de cavalerie hessoise précédant la 25ᵉ division sur Saint-Marcel et non de la 25ᵉ division elle-même.

(2) Cet officier serait arrivé chez le commandant en chef à 6 h. 45 et aurait rejoint le maréchal Lebœuf à 9 heures seulement. (D'après la *Note* précitée.) Le maréchal Lebœuf faisait prévenir en même temps le commandant du 2ᵉ corps (*Note* du maréchal Lebœuf).

(3) Déposition du maréchal Lebœuf devant le Conseil d'enquête sur les capitulations. Séance du 23 février 1872.

l'artillerie du corps d'armée; la ligne de combat de l'infanterie fut jalonnée par des tranchées-abris échelonnées, tandis que les réserves étaient reportées en arrière de la crête à l'abri des vues et des feux (1); enfin, les voitures à bagages des corps de troupe étaient renvoyées vers l'arrière et l'artillerie dirigeait ses caissons vides vers Plappeville pour être réapprovisionnés en munitions.

Pendant que tous ces travaux étaient en cours d'exécution, le commandant du 3ᵉ corps recevait, avant 8 h. 25, le renseignement suivant de sa cavalerie :

« Changement de front oblique à gauche.

« Les forces principales semblent se diriger sur Saint-Marcel et au Sud de Saint-Marcel (2). De nouvelles têtes de colonne sortent du bois d'Ars (3) se dirigeant également sur les hauteurs à l'Ouest de Rezonville déjà fortement occupé (4). »

En outre, les reconnaissances de l'escadron divisionnaire de la 1ʳᵉ division d'infanterie, qui avaient gagné la lisière occidentale des bois des Génivaux, avaient signalé, vers 7 heures du matin, la marche de colonnes ennemies se dirigeant vers Saint-Marcel et Rezonville (5). Un peu plus tard, les mêmes reconnaissances faisaient savoir que « des colonnes nombreuses » étaient en marche vers Vernéville et sur la route de Gravelotte à la Malmaison (6).

---

(1) Journal de marche du 3ᵉ corps et rapport du maréchal Lebœuf, daté du 20 août.

(2) Il s'agit évidemment de la *25ᵉ* division du IXᵉ corps.

(3) Lire : *bois Saint-Arnould*, colonne du VIIIᵉ corps.

(4) Ce rapport, transmis par le commandant du 3ᵉ corps à 8 h. 25, arriva au grand quartier général vers 9 heures. (D'après les *Souvenirs* du général Jarras.)

(5) Rapport du général Montaudon, daté du 20 août. Il s'agit des colonnes du VIIIᵉ et du IXᵉ corps allemand.

(6) Journal de marche de la 1ʳᵉ division du 3ᵉ corps. La colonne

Enfin, on observait directement, des hauteurs de Moscou et de Leipzig, « le défilé de masses considérables en arrière de Gravelotte (1) ».

Le commandant du 3ᵉ corps en prévint aussitôt le commandant en chef en lui adressant la note suivante (2) :

« Des forces ennemies considérables (infanterie et cavalerie) s'avancent vers Gravelotte sur un front assez étendu et parallèle au front de bandière des 2ᵉ et 3ᵉ corps. Il me semble qu'une affaire se prépare pour aujourd'hui. »

Devant un déploiement de forces aussi imposant, le maréchal Lebœuf conclut à l'imminence d'une attaque et le danger lui apparut manifeste de ne laisser occuper que par quelques grand'gardes les massifs boisés des Génivaux qui s'étendaient en avant de son front et qui eussent permis à l'adversaire de s'approcher à couvert jusqu'à une faible distance des tranchées-abris dont il comptait faire sa ligne principale de résistance.

Ordre fut donc donné, à chacune des 1ʳᵉ, 2ᵉ et 3ᵉ divisions, de faire tenir solidement la partie de ces bois qui s'étendait en avant de son front, tandis qu'on occuperait de suite les tranchées-abris battant les pentes découvertes

---

marchant vers Vernéville était celle de la *18ᵉ* division et de l'artillerie de corps du IXᵉ corps. — Quant à celle qui aurait suivi la route Gravelotte, la Malmaison, il semble qu'elle soit le résultat d'observations incomplètes sur les mouvements des flanc-gardes du VIIIᵉ corps (*28ᵉ* régiment d'infanterie et deux escadrons du *7ᵉ* hussards).

(1) Journal de marche de la réserve d'artillerie du 3ᵉ corps, confirmé par celui de la 4ᵉ division du 3ᵉ corps, par le rapport du général Metman ; et par la *Note* du général Saussier, alors colonel commandant le 41ᵉ régiment.

(2) Cette note fut expédiée probablement vers 8 h. 30 et certainement avant 9 heures, car on verra plus loin qu'à cette dernière heure elle était déjà communiquée par le commandant en chef au général Bourbaki.

descendant vers la Mance, et que les réserves seraient reportées en arrière de la crête de l'Arbre-Mort.

La 4ᵉ division, bivouaquée entre Moscou et la droite du 2ᵉ corps, devait se conformer aux mêmes principes en faisant également occuper la bande boisée du ravin de la Mance où elle avait d'ailleurs déjà détaché sept compagnies depuis la veille (1).

Les nouveaux ordres du maréchal Lebœuf furent mis à exécution pendant qu'on achevait les travaux d'organisation dont il a été question plus haut (2).

Entre la ferme de Moscou et le coude de la grande route l'infanterie de la 4ᵉ division avait construit des tranchées-abris le long du chemin qui réunit ces deux points. Vers 10 heures, le général Sanglé-Ferrière (commandant la 2ᵉ brigade) les fit occuper par le Iᵉʳ bataillon du 85ᵉ à droite, et par les 3ᵉ, 4ᵉ, 5ᵉ et 6ᵉ compagnies du Iᵉʳ bataillon du 80ᵉ à gauche (3), c'est-à-dire près de la grande route. Le IIᵉ bataillon du 80ᵉ occupait toujours, à quelques centaines de mètres en avant, la ferme Saint-Hubert, dont les murs avaient été crénelés. Les trois autres bataillons de la brigade furent reportés en arrière de la crête (4).

---

(1) $6 \frac{III}{80}$ et $\frac{III}{60}$.

(2) Ces ordres durent être donnés vers 9 heures du matin et être exécutés entre 9 heures et 10 heures.

(3) Les 1ʳᵉ et 2ᵉ commpagnies de ce bataillon avaient été portées entre les deux maisons du Point-du-Jour, qu'elles relièrent par une tranchée-abri, bien que ce point d'appui fut déjà occupé par le 3ᵉ bataillon de chasseurs du 2ᵉ corps (Historique du 80ᵉ régiment d'infanterie. Man. de 1871). — Le Iᵉʳ bataillon du 85ᵉ se couvrit par deux compagnies (1ʳᵉ et 2ᵉ) envoyées « du côté de la ferme Saint-Hubert ». (Historique du 85ᵉ. Man. de 1871.)

(4) $\frac{III}{80}$, $\frac{II, III}{85}$.

A la droite de la 2ᵉ brigade, le général Brauer n'avait pu déployer que quatre compagnies du Iᵉʳ bataillon du 44ᵉ dans les tranchées ; les deux autres restant en soutien. Le IIIᵉ bataillon du 44ᵉ occupait les cours et les jardins de la ferme de Moscou et les tranchées attenantes, concurremment avec le IIᵉ bataillon du 60ᵉ et d'autres fractions de la division Metman, ainsi qu'on le verra plus loin. Le IIIᵉ bataillon du 60ᵉ occupait depuis la veille le ravin boisé de la Mance.

Enfin, les trois derniers bataillons de la brigade furent massés en deçà de la crête sur la lisière des bois de Châtel-Saint-Germain (1).

Les trois batteries de la division Aymard (2) avaient également levé leur bivouac et s'étaient réparties sur tout le front de combat de la division, c'est-à-dire sur les pentes découvertes descendant vers Saint-Hubert. A l'extrême droite, la 9ᵉ batterie s'était installée près et au Sud de la ferme de Moscou, derrière un épaulement construit par des hommes du Iᵉʳ bataillon du 44ᵉ, sous la direction des officiers de la batterie et avec des outils fournis par le génie ; ses caissons furent immédiatement abrités derrière les murs de la ferme. A l'extrême gauche, c'est-à-dire en arrière du Iᵉʳ bataillon du 80ᵉ, la 11ᵉ batterie s'était également construit des épaulements rapides, mais elle ne s'en trouvait pas moins cependant dans une situation assez peu avantageuse, tant au point de vue de la distance probable du tir qu'à celui de la protection absolument nulle que pouvait lui offrir le terrain pour ses caissons. Enfin, la batterie de canons à balles s'établissait derrière le centre de la

---

(1) 11 Ch., $\frac{I}{60}$, $\frac{II}{44}$.

(2) $\frac{8, 9, 10}{11}$.

division et commençait des épaulements rapides qui ne purent être achevés avant l'ouverture du feu (1).

La 3ᵉ division, dont les bivouacs s'étendaient de la ferme de Moscou à l'Arbre-Mort, avait plié ses tentes dès 8 heures du matin et avait renvoyé toutes ses voitures vers l'arrière. Sur l'ordre du maréchal Lebœuf, le général Metman avait fait construire des tranchées-abris échelonnées pour l'infanterie et des épaulements rapides pour l'artillerie (2).

Le 59ᵉ régiment occupa tout d'abord la ferme de Moscou et les tranchées construites à sa droite et à sa gauche, mais un peu plus tard la défense de la ferme même fut exclusivement confiée à deux bataillons de la 4ᵉ division (3).

A la droite du 59ᵉ, le 29ᵉ régiment disposa son 1ᵉʳ bataillon dans des tranchées-abris et maintint le IIIᵉ en réserve. Plus à droite encore, le 7ᵉ régiment resta disposé sur trois lignes : le 1ᵉʳ bataillon déployé face à l'Ouest dans une tranchée-abri ; les IIᵉ et IIIᵉ bataillons en réserve, en arrière de la crête, près de l'Arbre-Mort. Le 74ᵉ régiment, — à l'exception de trois compagnies qui occupèrent les bois de Vaux de concert avec le 7ᵉ bataillon de chasseurs et le IIᵉ bataillon du 29ᵉ, ainsi qu'on le verra bientôt, — se reporta en arrière de la crête à proximité de l'Arbre-Mort. Enfin, la batterie de mitrailleuses de la division (4) vint occuper, au Nord de Moscou,

---

(1) Rapport du lieutenant-colonel Maucourant, commandant l'artillerie de la 4ᵉ division du 3ᵉ corps, daté du 21 août.

(2) Tous ces travaux furent exécutés par la 11ᵉ compagnie du génie, aidée par des travailleurs d'infanterie et sous la direction des officiers du génie de la division. L'organisation défensive de la ferme de Moscou fut commencée par la 3ᵉ division et terminée par la 4ᵉ. (Rapports du général Metman et de la 3ᵉ compagnie du génie.)

(3) $\frac{III}{44}, \frac{II}{60}$.

(4) $\frac{5}{11}$.

les pentes d'où l'on découvre le plateau de Gravelotte. Bientôt elle fut renforcée par les deux batteries de 4 (1), mais elle se retira un peu plus tard derrière la crête; les deux batteries de 4 s'abritèrent derrière des épaulements construits en toute hâte.

La division Nayral avait levé son camp à 9 heures du matin et avait occupé aussitôt les tranchées qu'on achevait de construire. Trois compagnies du IIIe bataillon du 19e occupèrent la ferme de Leipzig que la compagnie du génie avait mise en état de défense. Les Ier et IIe bataillons du régiment se déployèrent dans les tranchées construites sur les deux versants de la croupe allongée qui descend vers les Génivaux, à 700 mètres au Sud de la ferme de Leipzig; le reste du IIIe bataillon restait un peu plus en arrière en soutien de l'artillerie. Le IIe bataillon du 69e s'installa dans une tranchée-abri bordant la lisière Sud-Ouest du petit bois de la ferme de Leipzig, tandis que deux compagnies (3e et 4e) du Ier bataillon occcupaient la ferme en même temps que les trois compagnies du 19e (2). Le 15e bataillon de chasseurs et le 41e régiment formèrent la réserve de la division, en arrière de la crête, au Nord de l'Arbre-Mort et près de l'artillerie divisionnaire qui resta sur l'emplacement de son parc.

Dès les premières heures du jour, la compagnie du génie de la 1re division avait entrepris des travaux d'organisation défensive sur le plateau de la Folie. Après s'être entendu avec le commandant de l'artillerie et avoir pris les ordres du général Montaudon, le commandant du génie fit exécuter un épaulement de

---

(1) $\frac{6, 7}{11}$.

(2) Les autres compagnies du 69e furent envoyées dans le bois des Génivaux ainsi que le 90e régiment tout entier. Il en sera question plus loin.

batterie sur le point culminant du mamelon 343 situé à 500 mètres au Nord-Ouest de la ferme de la Folie ; des tranchées-abris furent creusées de part et d'autre de cet épaulement ; il mit en même temps la ferme précitée en état de défense et l'occupa avec sa compagnie de sapeurs concurremment avec les trois compagnies du 51ᵉ qu'on y envoya par la suite.

Vers 10 heures du matin, toutes les troupes d'infanterie de la division prirent les armes, puis vers 11 h. 30 deux batteries divisionnaires (1) furent appelées au Nord-Ouest de la Folie derrière l'épaulement dont il vient d'être question ; la troisième (2) fut laissée à l'aile gauche de la division, sur la crête, au Nord-Est de la ferme de Leipzig. La 1ʳᵉ brigade, commandée par le colonel Dauphin du 62ᵉ, occupa la position principale de résistance entre Leipzig et la Folie : trois compagnies du IIᵉ bataillon du 51ᵉ formèrent la garnison de la ferme de la Folie ; les trois autres compagnies de ce bataillon restèrent provisoirement en réserve avec le Iᵉʳ bataillon sur l'emplacement même de leur bivouac, c'est-à-dire à quelques centaines de mètres au Sud-Est de la Folie, ayant à leur gauche le 62ᵉ régiment et à leur droite le 18ᵉ bataillon de chasseurs à pied (3). Enfin, le IIIᵉ bataillon du 51ᵉ fut porté au Sud de la Folie ; il fit occuper la crête qui descend du mamelon 343 vers le bois de la Charmoise par deux compagnies et laissa les autres en soutien, établissant ainsi la liaison avec la brigade Clinchant qui venait de se porter tout

---

(1) $\frac{6,\ 8}{4}$.

(2) $\frac{5}{4}$.

(3) Le 62ᵉ fournit une compagnie à l'artillerie comme soutien. Le 18ᵉ bataillon de chasseurs resta l'arme au pied sur le front de bandière de son camp.

entière en avant dans les bois de la Charmoise et des Génivaux.

En exécution des ordres donnés vers 9 heures du matin par le maréchal Lebœuf, en effet, les trois premières divisions du 3ᵉ corps avaient fait occuper aussitôt le massif boisé qui les séparait du plateau de la Malmaison et de Vernéville, où l'on signalait déjà la présence de masses ennemies très importantes.

En même temps qu'il prenait les dispositions qu'on vient de voir sur la crête de la Folie, le général Montaudon chargeait le général Clinchant, commandant la 2ᵉ brigade, d'assurer la défense du bois de la Charmoise jusqu'au chemin qui mène à Chantrenne. Ce bois, presque entièrement entouré de fossés, constituait un point d'appui très important et facile à défendre. Le commandant de la 2ᵉ brigade fit occuper la lisière Nord-Ouest par le IIᵉ bataillon du 81ᵉ qui déploya trois compagnies (1ʳᵉ, 3ᵉ, 5ᵉ) dans le fossé et garda les trois autres en réserve dans l'intérieur du bois (1). Le IIIᵉ bataillon du même régiment gagnait la clairière comprise entre la Charmoise et le bois des Génivaux, et entrait ainsi directement en liaison avec les troupes de la 2ᵉ division qui occupaient ce dernier. Le Iᵉʳ bataillon du 81ᵉ restait en réserve à l'Est du bois de la Charmoise. Quant au 95ᵉ régiment, il s'était arrêté entre la Folie et le bois de la Charmoise, et avait déployé trois compagnies du 1ᵉʳ bataillon sur la crête qui descend du mamelon 343, reliant ainsi les tirailleurs du 81ᵉ à ceux du IIIᵉ bataillon du 51ᵉ. Mais bientôt, le général Clinchant dirigea le IIIᵉ bataillon du régiment du colonel Davout dans la

---

(1) La lisière du bois de la Charmoise fut tout d'abord occupée par le IIᵉ bataillon du 95ᵉ. Mais celui-ci fut bientôt relevé par le 81ᵉ et rappelé au Nord-Est du bois auprès du 1ᵉʳ bataillon du 95ᵉ. (Rapport du colonel Davout, commandant le 95ᵉ régiment.)

parcelle du bois des Génivaux qui s'étend au Sud-Ouest du bois de la Charmoise et dont la lisière Nord-Ouest fut ainsi occupée, face à la ferme de Chantrenne.

A la gauche de la brigade Clinchant, le 90ᵉ régiment tout entier, puis deux bataillons du 69ᵉ étaient également venus, sur l'ordre du général Nayral, jusqu'au ruisseau de Chantrenne. Quatre compagnies du Iᵉʳ bataillon du 69ᵉ (1) franchirent même le ruisseau, puis, éprouvant de grandes difficultés à pénétrer dans le taillis épais qui en borde la rive droite, elles contournèrent la lisière par la ferme de Chantrenne et parvinrent jusqu'à la pointe extrême du bois qui fait face à Vernéville (2). Le IIIᵉ bataillon du 69ᵉ resta en réserve auprès du IIIᵉ bataillon du 81ᵉ dans la clairière au Sud du bois de la Charmoise. Enfin, le 90ᵉ pénétra tout entier dans la partie des Génivaux qui borde la rive gauche du ruisseau de Chantrenne, ses bataillons échelonnés vers l'arrière, de la droite à la gauche, et le Iᵉʳ bataillon entrant en liaison avec celui du 69ᵉ qui occupait la clairière.

Quelques instants après avoir pénétré dans le bois avec ses bataillons, le colonel de Courcy (du 90ᵉ) fut rejoint par le commandant du 7ᵉ bataillon de chasseurs à pied (de la 3ᵉ division), qui entrait à son tour dans le taillis et trouvait ainsi prise la place qu'il devait occuper lui-même. Après entente entre les deux chefs de corps, le commandant Rigaud poussa deux de ses compagnies (3) jusque dans la parcelle de la rive

---

(1) Les 3ᵉ et 4ᵉ compagnies de ce bataillon occupaient la ferme de Leipzig, ainsi qu'on l'a vu plus haut.

(2) On verra plus loin que ces quatre compagnies furent obligées de rétrograder dès le début de l'action et d'abandonner les bois de la rive droite.

(3) $\frac{5, 6}{7\text{ Ch}}$.

droite qui s'étend vers la Malmaison, tandis que deux compagnies du 90ᵉ (1) devaient les soutenir plus à droite ; mais ces deux dernières ne dépassèrent pas, en réalité, le ruisseau, de sorte que les deux compagnies de chasseurs se trouvèrent isolées et très en pointe. L'une d'elles, la 6ᵉ, fut installée sur la lisière du du bois, face à la Malmaison ; l'autre, la 5ᵉ, resta en soutien dans le bois. A leur gauche, une compagnie du 7ᵉ régiment d'infanterie (2) tenait également la lisière. Les quatre autres compagnies du commandant Rigaud furent placées en réserve à proximité de la clairière qui marque le fond du ravin, ayant à leur gauche le IIᵉ bataillon du 29ᵉ, puis trois compagnies (1ʳᵉ, 3ᵉ, 5ᵉ) du IIᵉ bataillon du 71ᵉ, installées, sous le commandement du capitaine Schmedter, au pont sur lequel le chemin de la Malmaison à Saint-Hubert traverse le ruisseau de Chantrenne (3).

Dès une heure environ avant que la canonnade éclatât aux abords de Vernéville, le 3ᵉ corps était donc déployé sur la crête qui s'étend de la route de Saint-Hubert jusqu'à la ferme de la Folie, c'est-à-dire sur un front de 3,500 mètres environ. La ligne principale de résistance du corps d'armée, jalonnée par une série de tranchées-abris et de fermes organisées défensivement, permettait de battre, au moins en grande partie, les pentes

---

(1) 3, 4 $\frac{1}{90}$.

(2) 6 $\frac{1}{7}$.

(3) Rapport du commandant Rigaud, commandant le 7ᵉ bataillon de chasseurs à pied.
Rapport non signé sur les opérations des IIᵉ et IIIᵉ bataillons du 29ᵉ.
Historiques des 7ᵉ bataillon de chasseurs et 71ᵒ régiment d'infanterie. (Man. de 1871.)

découvertes qui se développaient sur une distance variant de 500 à 1000 mètres jusqu'aux bois de la vallée de la Mance. Ceux-ci, formés de taillis assez peu praticables, constituaient un masque d'une grande profondeur, — environ deux kilomètres, — dans lequel on venait de répartir, un peu au hasard, une douzaine de bataillons appartenant à trois divisions différentes et qui, d'ailleurs, ne dépassaient pas, — à l'exception de quelques compagnies, — la ligne tracée par le ruisseau de Chantrenne.

En outre, il est important de remarquer dès maintenant que la partie du massif boisé des Génivaux et de la Charmoise située sur la rive gauche du ruisseau, — c'est-à-dire précisément celle qui était fortement occupée par nos troupes, — bien que constituant un vaste poste avancé sur le front de combat du 3e corps restait complètement isolée des parties voisines du champ de bataille. Masquées au Nord et à quelques centaines de mètres à peine de la lisière du bois par la longue crête 321 qui descend du mamelon 343 sur Chantrenne, puis au Sud par les croupes 323-322 qui, de la Malmaison, viennent se terminer au confluent de la Mance, les troupes qui occupaient les Génivaux restaient sans aucune action directe sur la lutte qui pouvait se dérouler soit au Nord sur le champ de bataille d'Amanvillers, soit au Sud sur celui de Gravelotte.

4e *corps*. — Tandis que le maréchal Lebœuf prenait les dispositions qu'on vient d'indiquer, le 4e corps d'armée, bivouaqué de part et d'autre d'Amanvillers, restait à peu près inactif sur ses positions, ou, du moins, ne prenait aucune mesure d'organisation défensive en vue du combat.

Dès 7 heures du matin, les équipages régimentaires et les voitures du parc d'artillerie avaient reçu l'ordre de se diriger sur Metz pour chercher à se ravitailler en vivres et en munitions (1). Puis, quelques patrouilles de la cavalerie divisionnaire s'avancèrent jusqu'au delà de Vernéville. En même temps, un escadron du 7e hussards était envoyé en reconnaissance dans la direction de Gravelotte.

Vers 9 heures du matin, le général de Ladmirault fut prévenu, par le général Montaudon, que des colonnes ennemies importantes étaient en mouvement aux environs de Saint-Marcel. Un peu plus tard, des isolés, qui avaient poussé jusqu'à Vernéville pour y chercher des vivres, rentraient au camp en annonçant l'approche des troupes prussiennes (2).

D'ailleurs, la grand'garde du IIIe bataillon du 64e, placée un peu en avant de Montigny, signalait bientôt la présence de détachements ennemis dans la région de Vernéville. Enfin, du plateau élevé de la ferme Saint-Vincent, les troupes de la division Lorencez découvraient au delà de la crête de la Malmaison à Vernéville des nuages de poussière importants.

Malheureusement, tous ces indices ne parurent pas suffisants au commandant du 4e corps pour qu'il troublât le repos de ses troupes ; il fit donc simplement prévenir les généraux commandant les divisions par un officier de son état-major qu'ils eussent à se tenir prêts à résister à une attaque, mais il leur enjoignit en même temps de ne

---

(1) Cet ordre ne fut exécuté que tardivement. Même, quelques corps de troupe n'avaient pas encore expédié leurs voitures au moment où le combat s'engagea vers midi. Le convoi administratif du 4e corps était resté sur les glacis de Metz. Par suite d'une erreur inexpliquée, le convoi partit pour Amanvillers dans la matinée, manqua la colonne des trains régimentaires qui se dirigeait pendant ce temps sur Metz, et arriva sur le champ de bataille quand l'action s'engageait. (Déposition de l'intendant Gayard. — Instruction du procès Bazaine. Séance du 13 septembre 1872.)

(2) A 9 heures, le IXe corps se rassemblait à la Caulre. Sa cavalerie marchait sur Vernéville.

pas communiquer aux troupes des nouvelles qui pourraient apporter quelque agitation parmi elles.

Il est vrai que pendant les premières heures de la matinée, le général de Ladmirault ne reçut aucune communication du grand quartier général, ce qui, peut-être, fut considéré par lui comme une raison suffisante pour conserver une attitude purement expectante en attendant l'arrivée d'instructions ultérieures.

Quelle que fût la raison déterminante de cette attitude, les conséquences n'en furent pas moins très fâcheuses, en ce sens que le 4ᵉ corps eut à combattre quelques heures plus tard sur une position très découverte, dont l'organisation défensive put à peine être ébauchée pendant le cours même de la lutte.

Entre 10 heures et 11 heures, cependant, le commandant du 4ᵉ corps reçut du maréchal Bazaine une note lui communiquant les graves nouvelles qu'il tenait du maréchal Lebœuf et lui recommandant de faire surveiller les routes qui débouchaient *sur ses derrières* par Norroy-le-Veneur (1).

En ce qui concerne ce dernier point, le général de Ladmirault jugea, avec raison, que le bataillon du 15° (2) laissé dans les carrières de la Croix suffisait à surveiller la direction indiquée. Malheureusement, il n'apprécia certainement pas à leur juste valeur les renseignements sur l'ennemi qu'on lui communiquait, car il se contenta de glisser, dans une note relative à des mesures d'ordre administratif, la vague recommandation d'exécuter des

---

(1) On ne retrouve pas aux archives cette note du grand quartier général, mais la lettre du maréchal Bazaine au maréchal Canrobert, datée de 10 heures du matin, en fait mention et les dispositions prises ultérieurement par le général de Ladmirault indiquent suffisamment qu'elle parvint à son destinataire.

(2) $\frac{\text{III}}{15}$.

travaux de défense et de reconnaître les communications à travers bois, en arrière des bivouacs.

Malheureusement encore, les résultats de prescriptions aussi peu positives et aussi peu précises, venues à la suite des recommandations quelque peu timorées dont il vient d'être question, furent à peu près nulles. Seule, l'artillerie de réserve attela ses pièces et se tint prête à marcher (1). Aucune troupe d'infanterie ne construisit de tranchées-abris, et les compagnies du génie n'entreprirent l'organisation défensive d'Amanvillers et de Montigny-la-Grange qu'au moment où le canon vint sonner l'alarme et alors que toutes les troupes d'infanterie se rendaient déjà derrière les faisceaux pour répondre à l'appel de midi.

A peine quelques patrouilles de cavalerie arrivaient-elles au galop pour rendre compte de l'arrivée à Vernéville de troupes ennemies de toutes armes (2), que le canon du général de Manstein donnait le signal du combat, avant même que les ordres expédiés au dernier moment par le commandant de corps d'armée ne fussent parvenus à tous les corps de troupe. Ces derniers furent donc tactiquement surpris dans leurs bivouacs sur une position nullement organisée, et cela, bien que le quartier général du 4ᵉ corps eût été, à peu de chose près, tout aussi bien renseigné sur l'imminence d'une attaque que l'était le commandant du 3ᵉ corps lui-même.

6ᵉ corps. — Par sa situation à l'extrême droite de

---

(1) *Journal* du lieutenant Palle.

(2) Il est manifeste que le commandement fut avisé de l'arrivée d'une colonne prussienne à Vernéville avant que le canon se fît entendre. (Rapports des généraux de Ladmirault, Osmont et Pradier. Journaux de marche des 1ʳᵉ et 2ᵉ divisions.) Mais il est non moins manifeste que les troupes de la division Grenier se rendaient simplement à l'appel quand le canon tonna.

l'armée, le 6ᵉ corps se trouvait dans des conditions assez différentes de ceux dont il a été question jusqu'ici.

Arrivé très tard dans ses bivouacs la veille au soir, et d'ailleurs presque complètement dépourvu d'outils, le maréchal Canrobert ne put faire exécuter l'organisation défensive de la position qu'il était éventuellement chargé de défendre.

Il se trouvait donc, à ce point de vue, dans des conditions beaucoup plus désastreuses que le général de Ladmirault.

Dès la pointe du jour, toutefois, le commandant du 6ᵉ corps prenait des mesures pour se procurer des renseignements sur l'ennemi. A 5 heures, il faisait appeler le général du Barail, auquel il prescrivait de pousser immédiatement des reconnaissances vers le Sud-Ouest et vers le Nord, et de prendre des renseignements auprès des habitants des communes environnantes.

Quelques instants plus tard, le général du Barail recevait une lettre du général Margueritte lui annonçant qu'il était appelé, avec sa brigade, au camp de Châlons. Cette lettre était apportée par un petit détachement du 3ᵉ chasseurs d'Afrique, dont l'arrivée indiquait que la route de Verdun était encore libre (1).

D'autre part, l'aumônier de la 1ʳᵉ division de cavalerie revenait de Gorze, où il avait passé la nuit auprès des blessés, et assurait que « toute l'armée ennemie était en mouvement et qu'une attaque était imminente ». Enfin, le commandant de la 1ʳᵉ division de cavalerie expédiait des reconnaissances du 2ᵉ régiment de chasseurs d'Afrique vers Sainte-Marie et Auboué.

Aussitôt après avoir donné ses ordres au commandant

---

(1) *Souvenirs* du général du Barail. — Le général ne spécifie pas de quelle route il s'agit; c'est probablement celle de Briey, car celle de Conflans était occupée depuis la veille par la cavalerie saxonne.

de la 1ʳᵉ division de cavalerie, le maréchal Canrobert prescrivait aux divisions d'infanterie de rectifier leurs bivouacs, dont quelques-uns avaient été pris un peu au hasard, la veille au soir, au milieu d'une obscurité complète.

La 3ᵉ division bivouaquée sur deux lignes par brigade au Nord de Saint-Privat et parallèlement au chemin qui conduit à Roncourt, puis la 2ᵉ division (9ᵉ régiment) installée à la droite de cette dernière et face au Nord, conservèrent leurs emplacements. Mais la 1ʳᵉ division, dont trois régiments seulement étaient parvenus à l'Est de Saint-Privat, rappela le 100ᵉ, resté, au milieu des troupes de la division Levassor-Sorval sur le chemin qui vient d'Amanvillers ; elle prolongea ses bivouacs un peu plus vers le Nord et se forma par brigades sur deux lignes.

Enfin, la 4ᵉ division rectifia simplement ses bivouacs après le départ du 100ᵉ régiment et se trouva dès lors formée sur deux lignes par brigade, au Sud de la grande route, face à Saint-Ail et le dos tourné au hameau de Jérusalem.

Quant aux deux régiments du général du Barail, ils restèrent formés près et à l'Ouest du village de Saint-Privat (1).

Le commandant du 6ᵉ corps avait prescrit dès le matin à tous ses généraux de division de faire réunir à 8 heures, auprès de Jérusalem, les voitures régimentaires des corps de troupe pour aller chercher des vivres sur le plateau de Plappeville (2). Il ajoutait

---

(1) On sait que le 2ᵉ chasseurs avait été réuni la veille au 2ᵉ régiment de chasseurs d'Afrique. Les deux batteries à cheval $\left(\frac{5,\ 6}{19}\right)$ de la 1ʳᵉ division de cavalerie étaient campées au Nord de Saint-Privat.

(2) Le 2ᵉ escadron du 2ᵉ chasseurs fut désigné pour escorter le convoi.

dans la note contenant cette prescription, — en même temps que d'autres d'un ordre plus général, — que chaque fois que les corps s'établiraient dans de nouvelles positions, « ils devraient exécuter les moyens de défense nécessaires pour s'établir solidement ». Malheureusement cet ordre resta inexécuté, et l'absence des outils régimentaires ne paraît avoir suggéré à personne l'idée de les remplacer, dans la mesure du possible, par des outils réquisitionnés dans les villages avoisinants, ni même d'utiliser les quelques outils portatifs des compagnies du génie du corps d'armée (1).

Cependant, le général du Barail faisait partir de nouvelles reconnaissances entre 7 heures et 8 heures du matin; vers 7 heures, le 2ᵉ régiment de chasseurs lançait dans toutes les directions autour de Saint-Privat de petites patrouilles composées d'un brigadier et de quatre hommes; une heure plus tard, le 2ᵉ régiment de chasseurs d'Afrique expédiait des reconnaissances d'officier sur Montois, Auboué et Saint-Ail.

Vers 9 heures, quelques-unes des reconnaissances parties à la première heure du jour, rentraient au camp sans avoir rien découvert. Ces renseignements négatifs ne rassurèrent cependant pas le maréchal Canrobert et une reconnaissance plus importante que les précédentes fut décidée. Le boute-selle fut aussitôt sonné au camp du 2ᵉ régiment de chasseurs, dont les trois escadrons présents se portèrent bientôt dans la direction d'Auboué sous le commandement du colonel (2).

A 9 h. 30, c'est-à-dire peu d'instants après le départ

---

(1) Déposition du maréchal Canrobert devant le Conseil d'enquête sur les capitulations. (Séance du 28 février 1872.) Il ressort de cette déposition qu'aucun travail de défense ne fut fait au 6ᵉ corps.

(2) *Souvenirs* du général du Barail et Historique du 2ᵉ chasseurs. Il semble que le général du Barail fasse une erreur d'heure en laissant entendre que le départ de ces trois escadrons eut lieu de grand matin.

de ces trois escadrons, le capitaine Campionnet, du grand quartier général, arrivait à Saint-Privat « pour demander des renseignements sur l'ennemi » au maréchal Canrobert. Cinq ou six agents civils, envoyés le matin même au delà de l'Orne, dans la région de Briey, rentraient à ce moment même à Saint-Privat et confirmaient les rapports des reconnaissances de cavalerie sur l'absence des troupes prussiennes en avant des positions du 6e corps (1).

Vers 10 heures du matin, cependant, un premier renseignement positif parvenait au maréchal. Une reconnaissance d'officier faisait savoir d'Auboué que des troupes ennemies étaient parvenues à Valleroy et que d'autres étaient en marche le long de la rive gauche de l'Orne (2). D'ailleurs, les patrouilles du 2e régiment de chasseurs d'Afrique, parties vers 8 heures, constataient également la présence de détachements de cavalerie aux environs d'Auboué et de Saint-Ail. Enfin, les trois escadrons du 2e chasseurs dépassaient Sainte-Marie, puis franchissaient la route entre cette localité et Auboué, et se jetaient dans le ravin qui descend d'Habonville vers le Nord. De ce point, deux pelotons du 3e escadron furent dirigés respectivement sur Coinville et le bois de Rondeseille (1 kilomètre au Sud-Est de Moineville) ; le gros de la colonne continua à marcher dans cette dernière direction et s'arrêta bientôt sur le plateau au Sud de Coinville. Là, on apprit, par des habitants, que Moineville était occupé par l'ennemi ainsi que Serry. D'autre part, des éclaireurs vinrent bientôt

---

(1) *Note* du maréchal Canrobert et dépositions du même devant le Conseil d'enquête (séance du 28 février) et à l'Instruction du procès Bazaine. (Déposition n° 80.)

(2) Le maréchal Canrobert rendit compte de ce fait au maréchal Bazaine par une lettre datée de 10 h. 15.

annoncer « que des masses prussiennes avec de l'artillerie s'avançaient du côté de Batilly ».

Sans doute satisfait d'avoir recueilli ces renseignements, à la vérité fort importants, le 2ᵉ chasseurs crut pouvoir rentrer à Saint-Privat où il arriva vers 11 heures, après avoir constaté, en passant, la présence de quelques cavaliers ennemis près de Sainte-Marie-aux-Chênes.

Préoccupé de la marche des masses prussiennes qu'on lui signalait vers Batilly, le maréchal Canrobert envoyait immédiatement un de ses officiers en reconnaissance sur ce point, mais cet officier ne fit parvenir aucun renseignement nouveau avant le commencement de la bataille (1).

En résumé, le commandant du 6ᵉ corps était resté, jusqu'à 10 heures du matin, sans autres nouvelles de l'ennemi que celle — très vague, mais cependant très inquiétante — qui lui avait été donnée par l'aumônier de la division du Barail, et d'après laquelle une attaque paraissait imminente à la suite des mouvements de toute l'armée prussienne vers le Nord.

A partir de 10 heures, les renseignements parvinrent à Saint-Privat plus positifs et plus précis : de la cavalerie se montrait aux environs d'Auboué et de Valleroy ; des troupes étaient en marche par la rive gauche de l'Orne ; des reconnaissances ennemies se montraient vers Saint-Ail. A 11 heures, le maréchal Canrobert recevait confirmation du mouvement des Saxons par la vallée de l'Orne : Serry et Moineville étaient occupés ; des éclaireurs ennemis s'étaient montrés devant Sainte-Marie ; enfin, « des masses prussiennes avec de l'artillerie s'avançaient dans la direction de Batilly ».

Bien qu'à ce moment le commandant du 6ᵉ corps n'ait

---

(1) Relation du général Henry, chef d'état-major du 6ᵉ corps.

pas encore reçu du grand quartier général communication des renseignements si importants fournis par le maréchal Lebœuf sur la marche des colonnes prussiennes (1), il était cependant en mesure de prévoir l'arrivée prochaine de masses importantes devant la position qu'il occupait entre Amanvillers et Doncourt, et il semble qu'il n'ait pas été plus en droit que le commandant du 4ᵉ corps de se montrer surpris du coup de canon qui éclatait à 11 h. 45 auprès de Vernéville. Les troupes du 6ᵉ corps, cependant, n'étaient pas plus prêtes que celles du 4ᵉ corps à recevoir la bataille. Aucun poste avancé n'avait été occupé, ni organisé. Le service des avant-postes se réduisait, comme au 4ᵉ corps, à quelques grand'gardes installées à courte distance en avant des bivouacs; comme au 4ᵉ corps encore, quoique pour des motifs différents, l'organisation défensive de la position principale de résistance était nulle et les bivouacs s'étalaient aux vues des reconnaissances ennemies sur les hauteurs de Saint-Privat et de Roncourt.

Le grand quartier général pendant la matinée du 18 et les Réserves. — On se rappelle qu'après la bataille du 16, le maréchal Bazaine pensait qu'il avait eu affaire, à Rezonville, « aux corps réunis du prince Frédéric-Charles et du général Steinmetz (2) ». Sur la foi de renseignements, d'ailleurs en partie erronés, il s'imaginait que le roi de Prusse « suivi d'une armée de 100,000 hommes » était arrivé, dans la journée du 17 à Pange ou au château d'Aubigny et, qu'en outre « des troupes

---

(1) On verra plus loin que ces renseignements ne furent connus à Saint-Privat qu'à 1 h. 15.

(2) Dépêche du maréchal Bazaine au Ministre de la guerre : 17 août, 3 h. 30 du soir.

Dépêche du maréchal Bazaine à l'Empereur : 17 août, 4 h. 30 du soir.

nombreuses avaient été vues sur la route de Verdun », troupes dont l'avant-garde occupait Fresnes et Mont-sous-les-Côtes (1).

Le Bulletin (du 17 août) du bureau des renseignements résume très succinctement, — et très incomplètement, semble-t-il, — ce que l'on savait ou tout au moins ce que l'on croyait savoir sur l'ennemi : « On a peu de renseignements exacts sur la position des Prussiens, dit ce Bulletin ; on sait cependant que les troupes de la IIe armée (général de Steinmetz) (*sic*) ont, en entier, passé la Moselle, à Ars, et que nous sommes coupés de la route de Verdun. Les convois circulent encore du côté de Thionville par les voies ferrées des Ardennes. »

Dans la matinée du 17, cependant, le grand quartier général avait reçu, du Ministre de la guerre, une dépêche très alarmante, datée de 1 h. 5 du matin, et d'après laquelle « un corps d'armée considérable » aurait été vu aux environs d'Apremont dans la journée du 16. D'après la même dépêche, 150 ou 200 cuirassiers de la Garde prussienne auraient atteint la Meuse à Saint-Mihiel, dès le 15 au soir (2). Une seconde dépêche, expédiée du ministère à 8 h. 17 du matin, annonçait comme certaine la présence de 5,000 cavaliers aux environs de Saint-Mihiel avec un régiment d'infanterie et un régiment d'artillerie (3).

Quelle que pût être la foi ajoutée par le commandant en chef à ces renseignements, — d'ailleurs erronés, quoique très affirmativement présentés, — renseignements qui eussent pu lui faire croire à une marche rapide d'une fraction des armées ennemies vers l'Ouest, il n'en savait

---

(1) Lettre du maréchal Bazaine à l'Empereur : 17 août.
(2) Dépêche du Ministre de la guerre au maréchal Bazaine, expédiée le 17 août à 1 h. 5 du matin.
(3) Dépêche du Ministre de la guerre au maréchal Bazaine, expédiée le 17 août à 8 h. 17.

pas moins très positivement, le 17 au soir, que des colonnes prussiennes venaient de franchir sans interruption les ponts de la Moselle en amont de Metz, se dirigeant vers les plateaux de la rive gauche (1).

Dès 8 h. 15 du matin, en effet, le poste d'observation de la cathédrale de Metz avait signalé des vedettes sur la ligne Noisseville, Mercy-le-Haut et Augny.

A 10 h. 40, le commandant du fort de Queuleu annonçait que « des troupes considérables », venant de l'Ouest, défilaient par Fey au Sud des bois de Jouy. A 11 h. 45, le poste de la cathédrale observait une colonne d'artillerie se dirigeant par le Sud de Marly et d'Augny vers la Moselle.

A 1 h. 5 du soir, le fort de Queuleu signalait encore de « fortes colonnes ennemies » marchant de Fey dans la direction de Pont-à-Mousson.

A 1 h. 25, le fort Saint-Quentin confirmait ces observations et signalait, en outre, de grands nuages de poussière aux environs de Verny.

A 6 h. 40 du soir, le commandant de ce même fort résumait ses observations en disant :

« Toute la journée, on a vu sur la route de Nomény et entre cette route et la Moselle, des colonnes considérables se dirigeant du côté de la rivière en passant en arrière des bois du château Saint-Blaise. L'attaque sur le fort de Queuleu paraît destinée à détourner l'attention des mouvements de troupe vers la Moselle. »

Enfin, à 9 heures du soir, le poste de la cathédrale faisait savoir que dans toute la région sillonnée par des colonnes ennemies pendant tout le cours de la journée « on ne distinguait aucun feu de bivouac (2) ».

---

(1) *Souvenirs* du général Jarras, confirmés par les dépêches citées plus loin.

(2) Toutes ces dépêches précitées étaient adressées au gouverneur de

D'autre part, le maréchal Canrobert avait annoncé, sur le rapport d'un habitant venant de Gorze, qu'une colonne de 10,000 hommes était signalée comme arrivant de la direction de Nancy et qu'une attaque était à prévoir pour le lendemain matin.

Enfin, le Bulletin de renseignements du 3ᵉ corps faisait savoir que l'ennemi occupait Gravelotte, qu'il paraissait vouloir s'y établir en y construisant des épaulements de batterie, et qu'enfin des mouvements de troupes avaient lieu du côté de Vernéville (1).

Bien que plusieurs de ces renseignements fussent en réalité inexacts, il semble difficile d'admettre que le grand quartier général, s'il a cherché — ce dont on pourrait douter — à se faire une idée générale de la situation de l'ennemi, ait pu arriver à une autre conclusion que celle-ci : les fractions des deux armées allemandes qui ont paru sur le champ de bataille du 16, ont été renforcées pendant la journée du 17 par des colonnes ayant franchi la Moselle en amont de Metz ; et en supposant que l'adversaire ait commis la faute de détacher vers la Meuse une fraction de ses forces, on ne peut que s'attendre cependant à une attaque ayant pour but de couper les communications de l'armée française avec l'intérieur du pays et de la rejeter sur la place de Metz.

Que s'est-il passé réellement dans l'esprit du commandant en chef à l'examen des rapports dont il vient d'être question ? Il est à peu près impossible de le dire, lui-même étant toujours resté muet sur ce sujet. Peut-être

---

la place de Metz. D'après les *Souvenirs* du général Jarras, elles furent communiquées au grand quartier général avant la nuit.

(1) Renseignements en partie erronés, comme on en peut juger en se reportant aux opérations des armées allemandes pendant la journée du 17 août.

même faut-il chercher la raison de ce mutisme dans ce fait probable que les renseignements reçus dans la journée du 17 n'éveillèrent en lui aucune réflexion, bien décidé qu'il était à rester sous Metz et à ne point entreprendre une opération dont il avait vaguement entretenu le souverain, il est vrai, mais que son incapacité de chef lui interdisait de mener à bien.

Il est certain, en effet, que dès le 17 août, le maréchal Bazaine pensait à replier son armée des hauteurs d'Amanvillers sur une position encore plus rapprochée de Metz. Il s'en ouvrit au colonel Lewal, et bien qu'il ait prétendu par la suite n'avoir encore pris aucune décision ferme à ce moment (1), il n'en prescrivit pas moins à cet officier supérieur d'exécuter le lendemain matin, avec les sous-chefs des états-majors des corps d'armée, une reconnaissance des positions de la rive gauche qui entourent Metz à hauteur des forts. La répartition des corps d'armée dut même être faite dans la journée du 17, car cette répartition fut communiquée le 18 vers 10 heures du matin par le colonel Lewal aux sous-chefs d'états-majors réunis à Châtel-Saint-Germain (2).

D'ailleurs, le capitaine Yung, du grand quartier général, a déclaré plus tard (3) qu'étant entré le 17 août à 3 h. 30 dans le cabinet du maréchal Bazaine alors occupé à consulter une carte, celui-ci lui avait indiqué les positions sur lesquelles il comptait se retirer et avait exprimé l'intention de faire exécuter le mouvement le plus tôt possible : le jour même ou au plus tard le lendemain 18 (4).

---

(1) C'est-à-dire dans la journée du 17.
(2) *Conseil d'enquête sur les capitulations.* Rapport du général d'Autemarre sur le rôle politique du maréchal Bazaine.
(3) Déposition du capitaine Yung. Procès Bazaine, page 276.
(4) Quelques sous-chefs étant en retard au rendez-vous donné à Châtel-Saint-Germain, le 18 août, le colonel Lewal ne put commencer

Aucun ordre d'exécution ne fut cependant donné par le Maréchal dans la nuit du 17 au 18, et la matinée suivante s'écoula sans qu'il parût disposé à changer pour l'instant la situation des troupes.

Dès 6 h. 45 du matin, cependant, un officier envoyé par le maréchal Lebœuf lui rendait compte de la marche de masses ennemies vers Doncourt (1). Mais le commandant en chef se contentait de répondre au commandant du 3º corps de « tenir bon dans la forte position qui lui avait été assignée. »

Le Maréchal travaillait avec le général Jarras quand survint, vers 9 heures, un autre officier du 3º corps porteur du rapport daté de 8 h. 25 (2), rapport signalant à

---

la reconnaissance qu'à 11 h. 30 du matin, *après avoir indiqué les emplacements réservés à chacune des unités de l'armée*. En débouchant sur le plateau de Montigny, on entendit la canonnade et l'on assista à la prise d'armes du 4º corps. Le combat se développant très rapidement, les sous-chefs d'état-major demandèrent l'autorisation de retourner auprès de leurs généraux et le colonel Lewal continua seul sa reconnaissance après avoir envoyé un de ses officiers à Plappeville pour informer le Maréchal de ce qui venait de se passer.

Il poussa jusqu'à Woippy « d'où il vit assez le reste du terrain pour n'avoir pas à le parcourir » et rentra à Plappeville ; il rejoignit le Maréchal, vers 5 heures, sur le mont Saint-Quentin.

Les ordres de retraite furent expédiés à partir de 9 heures du soir, ainsi qu'on le verra plus tard. Mais il paraît probable que ces ordres étaient déjà rédigés, — tout au moins depuis le matin, — et qu'ils avaient été communiqués aux sous-chefs d'état-major vers 10 heures, c'est-à-dire avant la reconnaissance. Il en résulta que les commandants de corps d'armée eurent connaissance de ces ordres dans le courant de l'après-midi, alors que la bataille battait son plein. (*Note* du maréchal Canrobert. *Dépositions du maréchal Canrobert* à l'instruction du procès Bazaine, 14 octobre 1872, et au Conseil d'enquête sur les capitulations, 28 février 1872. — *Relation du général Henry*, chef d'état-major du 6º corps. — *Déposition du général de Ladmirault* devant le conseil d'enquête, 23 février 1872.)

(1) Voir page 154.
(2) Voir page 155.

la fois la marche des forces principales de l'ennemi vers Saint-Marcel et le débouché de nouvelles têtes de colonnes du bois Saint-Arnould (1).

« A cette occasion, dit le général Jarras, le Maréchal commandant en chef exprima de nouveau l'avis que la position défensive occupée par son armée le rassurait complètement sur une attaque de l'ennemi, et il répéta qu'il ne croyait pas que cette attaque fût faite d'une manière sérieuse, et surtout qu'elle pût réussir..... La confiance du Maréchal ne pouvait être ébranlée, et en ma présence il répondit à d'autres émissaires envoyés par les commandants de corps d'armée, dans des termes qui ne peuvent me laisser aucun doute à ce sujet. »

Vers 10 heures du matin, le commandant en chef adressait la lettre suivante au commandant du 6ᵉ corps :

Le maréchal Bazaine au maréchal Canrobert (2),
à Saint-Privat-la-Montagne.

Metz, 18 août, 10 heures du matin.

« M. le maréchal Lebœuf m'informe que des forces ennemies, qui paraissent considérables, semblent marcher vers lui ; mais à l'instant où je vous écris, il m'en-

---

(1) La déposition du Maréchal devant le Conseil d'enquête (séance du 19 mars 1872), déposition d'après laquelle il n'aurait été prévenu qu'à midi de la marche des colonnes prussiennes, est manifestement erronée. D'ailleurs, le Maréchal se contredit lui-même dans son ouvrage : *L'Armée du Rhin.*

(2) D'après le registre du grand quartier général, cette lettre est datée de 10 heures du matin. Le général Henry, dans sa *Relation* de la bataille fait donc une erreur manifeste en plaçant à 10 heures la réception de l'ordre du grand quartier général. Il a certainement confondu l'heure du départ avec celle de l'arrivée. On verra plus loin que cette dernière est postérieure au commencement de la bataille.

voie l'extrait ci-joint du rapport de ses reconnaissances (1).

« Quoi qu'il en soit, installez-vous le plus solidement possible sur vos positions. Reliez-vous bien avec la droite du 4e corps ; que les troupes soient bien campées sur deux lignes et sur un front aussi restreint que possible. Vous ferez également bien de faire reconnaître les routes qui, de Marange, viennent déboucher sur votre extrême droite, et je prescris à M. le général de Ladmirault d'en faire autant, si possible, par rapport au village de Norroy-le-Veneur (2). Si, par cas, l'ennemi se prolongeant sur votre front, semblait vouloir attaquer sérieusement Saint-Privat-la-Montagne, prenez toutes les dispositions de défense nécessaires pour y tenir et *permettre à toute l'aile droite de l'armée de faire un changement de front pour occuper les positions en arrière, si c'était nécessaire, positions qu'on est en train de reconnaître.*

« Je ne voudrais pas y être forcé par l'ennemi et, si ce mouvement s'exécute, ce ne sera que pour rendre les ravitaillements plus faciles, donner une plus grande quantité d'eau aux animaux et permettre aux hommes de se laver.

« Votre nouvelle position doit vous rendre vos ravitaillements plus faciles par la route de Woippy.

« Profitez du moment de calme pour demander ou faire venir tout ce qui vous est nécessaire.

« J'apprends que la viande a été refusée hier parce qu'elle était trop avancée. Nous ne sommes pas aux économies, et l'intendance aurait bien pu faire abattre pour donner de la viande fraîche.

« Je vous envoie la brigade Bruchard, qui sera pro-

---

(1) D'après la *Relation* du général Henry, l'extrait annoncé n'était pas contenu dans l'envoi du grand quartier général.
(2) L'ordre en question n'a pas été retrouvé aux archives.

visoirement détachée du 3ᵉ corps, jusqu'à ce que la division de cavalerie qui vous est destinée soit reconstituée. Je pense que votre commandant de l'artillerie a reçu les munitions nécessaires pour compléter vos parcs.

« Bazaine. »

Cet ordre suffirait presque, à lui seul, pour qu'on pût se rendre compte de la raison principale pour laquelle l'armée française perdit la partie décisive qui se joua dans le courant de l'après-midi. L'insouciance du commandant en chef, son indifférence aux graves nouvelles qu'il venait de recevoir, le rôle incompréhensible qu'il attribue au corps de son aile droite et son projet nettement exprimé de replier toute l'armée sous les murs de Metz, expliquent suffisamment la conduite du commandant en chef pendant tout le reste de cette malheureuse journée.

Cependant, dès la réception du rapport du maréchal Lebœuf signalant le rassemblement du VIIᵉ corps prussien, le commandant de la Garde avait été avisé par le capitaine de Mornay-Soult, du grand quartier général, que des mouvements de troupes considérables s'exécutaient en avant du front des 2ᵉ et 3ᵉ corps, et qu'on devait s'attendre à une grande bataille ; cet officier lui avait d'ailleurs remis la lettre suivante un peu avant 9 heures :

Le colonel Boyer, aide de camp du maréchal Bazaine, au général Bourbaki.

18 août.

« Le Maréchal vous envoie cette note du maréchal Lebœuf (1), en vous recommandant de faire diriger de

---

(1) Voir page 156. Note dans laquelle le maréchal Lebœuf rendait compte de l'arrivée du VIIᵉ corps auprès de Gravelotte.

suite une brigade de la Garde par le bois qui vous sépare des 2ᵉ et 3ᵉ corps, en faisant bien reconnaître les chemins qui le traversent et en y faisant faire, s'il y a lieu, les travaux nécessaires.

« Votre brigade occuperait la position qui vous a déjà été indiquée hier et se tiendrait en relation avec vous, tout en étant prête à occuper notre droite si elle était compromise (1). »

Mais à peine cet ordre ferme était-il expédié au commandant de la Garde qu'une note complémentaire vint en atténuer l'effet, comme si le grand quartier général eût été effrayé de la responsabilité qu'il avait osé prendre en déplaçant une brigade : « ..... Vous pourrez, selon les convenances, ou la rappeler ou la laisser. Faites ce que vous croirez utile, pour faciliter les distributions et le remplacement des cartouches..... (2). »

Pendant que se déroulaient ces événements, les reconnaissances de cavalerie, parties du ravin de Châtel et de Plappeville, avaient fait parvenir leurs rapports au commandant de la Garde.

Les deux reconnaissances d'officiers dirigées par le

---

(1) Cet ordre ne fut transmis qu'à 10 heures au général Deligny et la brigade Brincourt (1ᵉʳ et 2ᵉ voltigeurs), accompagnée de la compagnie du génie, ne se mit en marche que vers midi pour aller occuper l'éperon coté 313 qui domine Châtel-Saint-Germain au Nord-Ouest.

L'ordre du général Bourbaki au général Deligny portait en *post-scriptum* :

« Cette brigade ne se laissera engager, ni surtout placer en première ligne sans un ordre de vous ou de moi. »

(2) Il est à remarquer qu'au reçu de cette note, le commandant de la Garde se déchargea immédiatement du souci de prendre une décision en transmettant purement et simplement ladite note au général Deligny. Il est impossible de savoir si ce dernier en fit autant vis-à-vis du général Brincourt.

général Picard sur Saulny et Amanvillers (1) étaient rentrées sans avoir rencontré l'ennemi, comme il est naturel de le penser aujourd'hui.

Le général Desvaux adressait au général Bourbaki un rapport que celui-ci transmettait à 10 heures au grand quartier général.

Bulletin de renseignements de la Garde :

Plappeville, 18 août, 10 heures du matin.

« Le village d'Ars-sur-Moselle est occupé en force par les Prussiens. Leurs avant-postes dépassent le village de Vaux (2).

« Une reconnaissance de cavalerie de la Garde (lanciers) a constaté ce matin qu'un escadron de hulans se trouvait entre Vaux et Sainte-Ruffine. Ce dernier village est occupé par un détachement du 97º (français).

« Un escadron de chasseurs français (3) est en avant de Sainte-Ruffine, observant les mouvements des hulans (4). »

Ces renseignements qui n'apprenaient rien de bien nouveau au grand quartier général, provoquèrent tout d'abord l'ordre inattendu du commandant en chef au général Bourbaki de ne plus envoyer de reconnaissances dans la direction de Vaux, « la cavalerie de ligne, placée en avant de la Garde, devant être naturellement chargée de ce service (5) »; puis craignant que les troupes enne-

---

(1) Voir page 153.
(2) Le général Desvaux avait déjà rendu compte de ce fait la veille au soir.
(3) Du 5º régiment de chasseurs (division de cavalerie du 2º corps).
(4) Le rapport du général Desvaux se termine par cette phrase, qui n'est pas reproduite par le *Bulletin de la Garde* : « Les Prussiens occupent les deux rives de la Moselle. »
(5) Voir aux documents annexes.

mies signalées dans la vallée de la Moselle ne vinssent inquiéter les convois de ravitaillement qui suivaient la route de Moulins, il fit parvenir d'urgence au commandant de la Garde, l'ordre suivant :

Plappeville, 18 août (Urgent).

« J'ai l'honneur de vous prier de prendre les mesures de précaution nécessaires, en faisant garder la route de Moulins à Longeville, afin que les convois de ravitaillement des divers corps d'armée, et en particulier du 2e, ne soient pas inquiétés par des coureurs ennemis dans leurs mouvements sur Metz et le Ban-Saint-Martin. Il est nécessaire que ces mesures soient prises sans délai.

« Bazaine ».

« *P.-S.* — Veuillez faire envoyer de suite trois plantons de l'artillerie de la Garde au fort de Saint-Quentin. Ils observeront ce qui se passe, notamment du côté du fort de Queuleu, et préviendront *directement* et au fur et à mesure de leurs observations, le Maréchal commandant en chef de ce qu'ils apercevront. »

Ordre fut donc donné au général Deligny « d'organiser le mont Saint-Quentin » avec le 4e régiment de voltigeurs, le bataillon de chasseurs et les trois batteries divisionnaires ; mais les dispositions prises par le commandant de la 1re division de la Garde paraissent, — d'après les documents qu'on possède, — s'être bornées à l'envoi de trois compagnies de chasseurs dans les directions de Moulins, Maison-Neuve et Sainte-Ruffine.

En ce qui concerne les corps de première ligne, le maréchal Bazaine avait encore reçu, avant 11 heures, des renseignements confirmant ceux qu'il avait déjà.

Dès 9 heures, en effet, le commandant Guioth, du

grand quartier général, avait été envoyé auprès des 2e et 3e corps pour savoir si le ravitaillement était terminé. Parti de Plappeville avec le capitaine de Coupray, qui venait d'apporter au commandant en chef le rapport du maréchal Lebœuf (daté de 8 h. 25), cet officier rencontra d'abord le commandant du 3e corps, qui le chargea de prévenir le maréchal Bazaine qu'il faisait occuper les bois des Génivaux et « que l'ennemi se déployait devant lui en s'étendant vers notre droite ». En revenant vers Plappeville, après avoir parcouru les positions du 3e corps, puis du 2e, le commandant Guioth se présenta au général Frossard à Châtel-Saint-Germain. Celui-ci le pria de dire au commandant en chef que ses troupes avaient beaucoup souffert pendant la journée du 16, que la position qu'il occupait aujourd'hui était très difficile à défendre et qu'enfin il souhaitait que le ravin du Châtel, encombré par des divisions de cavalerie, fût rendu libre.....

Quand le commandant Guioth fit son rapport au Maréchal à Plappeville, celui-ci, suivant la formule qu'il répétait depuis le matin, se borna à faire observer « que les positions étaient très bonnes et que le commandant du 2e corps n'avait pas à se plaindre de la sienne ».

Il était alors 10 h. 45, et une heure à peine le séparait de l'instant où le canon de Vernéville allait indiquer le commencement de la bataille. La sérénité du commandant en chef n'avait point été altérée par les rapports qui lui étaient parvenus dans la matinée, et il continuait à professer la même confiance dans l'excellence et la toute puissance des *positions* qu'il avait choisies pour son armée. Cette confiance paraît être telle, ainsi qu'en témoigne le général Jarras, qu'on pourrait être surpris de voir le Maréchal hanté par l'idée de replier ses corps d'armée sur une position plus rapprochée de Metz.

« On se trouve ici en présence d'une inconséquence, dit encore le général Jarras, de laquelle on a fait surgir un nouveau grief à l'appui du reproche qui a été fait au maréchal Bazaine d'avoir voulu, dès sa prise de commandement, se rendre indépendant de l'Empereur en se mettant dans l'impossibilité de le rejoindre. Il ne m'appartient pas de me livrer à ce sujet à une discussion que je considère comme épuisée ; mais c'est l'occasion pour moi de faire ressortir un trait du caractère du Maréchal, qui me semble n'avoir pas été suffisamment mis en évidence. Je veux parler des inconséquences de langage et de conduite, c'est-à-dire de l'absence de logique que j'ai remarquée dans les actes et les paroles du commandant en chef de l'armée du Rhin. Était-ce de sa part défaut de mémoire, calcul ou indifférence ? Je l'ignore et il m'importe peu de le savoir. Mais combien de fois ne m'a-t-il pas été donné de surprendre les divergences qui existaient entre son langage et sa conduite ! Approuver ou blâmer le lendemain ce qu'il avait blâmé ou approuvé la veille, négliger l'observance d'un principe qu'il avait invoqué naguère, c'étaient des inconséquences en quelque sorte naturelles chez lui et pour lesquelles il n'avait aucun scrupule. Je ne pense pas que ce soit manquer au malheur d'écrire aujourd'hui ce qui n'est plus ignoré de personne. Ni par l'étendue de son savoir, ni par son génie militaire, ni par l'élévation de son caractère, le maréchal Bazaine n'était en mesure de tirer l'armée du Rhin de la situation fâcheuse où elle se trouvait le jour où il fut investi du commandement en chef. Il est d'ailleurs une qualité, indispensable dans les circonstances difficiles, qui lui faisait complètement défaut. Il ne possédait en aucune manière l'énergie du commandement ; il ne savait pas dire : *Je veux*, et se faire obéir. Donner un ordre net et précis était de sa part une chose impossible. Je crois aussi bien fermement que, quoi qu'il fît, il sentait dans son for intérieur que la situation et les événements étaient au-dessus de ses forces. Il succombait sous le poids de cette vérité accablante. N'ayant pas su arrêter un plan de conduite, il n'avait pas un but net et précis, il tâtonnait et ne voulait rien compromettre en attendant que les événements lui ouvrissent des horizons nouveaux dont il espérait, au moyen d'expédients plus ou moins équivoques, parvenir à dégager sinon son armée, au moins sa personnalité et ses intérêts. La fortune ne l'avait-elle pas favorisé jusqu'alors au delà de ses espérances? Faute de mieux, il s'est abandonné au hasard, dernière ressource de ceux qui ne comptent plus sur eux-mêmes. »

BATAILLE DE SAINT-PRIVAT

II. — Combat d'Amanvillers (jusqu'à 5 heures du soir).

Attaque du IXe corps. — On se rappelle qu'à partir de 8 h. 45 du matin, le IXe corps s'était rassemblé autour de la ferme de la Caulre et qu'il s'était couvert, dans la direction de Vernéville, à l'aide d'une avant-garde appartenant à la *18e* division. Cette avant-garde s'était ensuite établie en halte gardée entre le bois Doseuillons et les bois de Bagneux. Le *6e* régiment de dragons, qui marchait en tête, découvrait bientôt, depuis les environs de Vernéville, les camps français de Montigny-la-Grange ; il poussait alors ses patrouilles jusque dans le village même de Vernéville qu'il avait tout d'abord cru occupé par l'adversaire, mais dans lequel il ne rencontra effectivement que des blessés (1) et sans doute aussi quelques isolés à la recherche de vivres.

---

(1) *Geschichte des Magdeburgischen Dragoner-Regiments Nr. 6.*

Le général de Manstein venait d'expédier à Vionville le rapport de la reconnaissance d'officier du 2ᵉ régiment de cavalerie hessoise signalant un camp à Saint-Privat-la-Montagne (1), quand il reçut l'ordre de l'armée daté de 10 heures, lui enjoignant de se mettre en marche vers Vernéville et la Folie et d'entamer l'action par une nombreuse artillerie, « si l'ennemi y avait sa droite ».

A 11 heures, les troupes du IXᵉ corps se remettaient donc en marche, précédées par l'avant-garde de la *18ᵉ* division (2), avant-garde à laquelle le général de Manstein, bien qu'il fût plus complètement renseigné que le prince Frédéric-Charles sur la position de l'aile droite française, avait prescrit « de s'avancer dans la direction de la Folie, d'occuper le bois et la ferme, *mais de ne pas dépasser ces points* (3) ».

Il est difficile de se rendre compte de la portée que le général de Manstein attribuait à cette dernière recommandation, car il eût peut-être pu considérer comme superflu d'interdire à sa faible avant-garde de dépasser d'un bond la position défendue par l'adversaire, position qui était implicitement désignée par l'ordre de l'armée comme étant celle de forces très importantes.

D'ailleurs, il est à remarquer qu'en lançant son avant-garde sur le bois et sur la ferme de la Folie, le commandant du IXᵉ corps prenait d'ores et déjà la décision d'attaquer à fond avec le gros de son infanterie, sous peine de laisser accabler ses troupes avancées par des forces

---

(1) Daté de 10 h. 25.

(2) Sous le commandement du général de Blumenthal :
6ᵉ régiment de dragons ; *36ᵉ* régiment d'infanterie ; *9ᵉ* bataillon de chasseurs ; Iʳᵉ batterie du *9ᵉ* régiment.

(3) D'après l'ouvrage du Grand État-Major prussien. D'après Scherff, le texte exact serait celui-ci : « Se porter dans la direction de la Folie ; occuper le bois attenant et la métairie, mais ne pas dépasser ce point. » (*Kriegslehren. Drittes Heft.*)

qu'il ne pouvait pas ne pas apprécier dès maintenant comme étant très supérieures en nombre aux siennes. Cette manière d'agir était donc en contradiction formelle avec la recommandation du prince Frédéric-Charles de n'entamer l'action qu'avec une nombreuse artillerie. Mais, contradiction plus grave encore, l'attaque du IXe corps était ordonnée malgré l'avis reçu quelques minutes plus tôt, de la présence d'un camp français à Saint-Privat, c'est-à-dire à 4 kilomètres plus au Nord du point que le commandant de l'armée indiquait comme marquant probablement l'aile droite ennemie. Le général de Manstein passait donc outre à la condition restrictive relative à la réalisation de cette dernière hypothèse.

Quoi qu'il en soit, l'avant-garde parvint à Vernéville; mais, quand le général de Blumenthal constata, *de visu*, la présence de nombreuses troupes françaises sur la crête aux environs de Montigny (1), la mission qu'on lui avait confiée lui parut inexécutable, et il se contenta, pour se conformer, dans la mesure du possible, aux ordres reçus, de diriger trois bataillons (2) sur les premiers points d'appui qui se présentaient à sa droite (bois des Génivaux et ferme Chantrenne), gardant en réserve à Vernéville le reste de son avant-garde (6e régiment de dragons, $\frac{1}{36}$, $\frac{3}{9 \text{ Ch.}}$ et Ire batterie) (3).

C'est sur ces entrefaites que le commandant du IXe corps, ayant dépassé le gros de ses troupes, arrivait sur la hauteur à l'Ouest de Vernéville, et découvrait une partie des bivouacs de la division Grenier « où semblait

---

(1) Toute la droite de la division Grenier, masquée par la crête à l'Ouest d'Amanvillers, était invisible de Vernéville.

(2) $\frac{\text{II, III}}{36}$, $\frac{1, 2, 4}{9 \text{ Ch}}$.

(3) *Kriegslehren. Drittes Heft.*

régner, — et où régnait réellement, — une insouciante quiétude ».

« Le général de Manstein ne voulait dans aucun cas laisser échapper l'occasion de surprendre l'ennemi, et il prenait la résolution d'attaquer sur-le-champ et vigoureusement (1) ».

Peut-être, en effet, le désir de surprendre l'ennemi dans ses bivouacs entra-t-il en ligne de compte dans la détermination du général allemand, mais il est à remarquer que la décision d'attaquer avait été déjà prise par lui dès avant 11 heures, alors qu'il était encore à la ferme de la Caulre, car les ordres donnés par lui à ce moment ne pouvaient manquer de conduire à la bataille. Arrivé à Vernéville, il ne fit en réalité que poursuivre la réalisation de son idée première, et bien que l'*Historique du Grand État-Major prussien* exprime l'opinion que, malgré la présence déjà signalée de troupes françaises à Saint-Privat, le général de Manstein « pensait avoir devant lui la droite ennemie », il est permis de croire, jusqu'à plus ample informé, que le commandant du IXe corps, dont l'attention était tout entière attirée par le spectacle qui se déroulait devant lui, fut de plus en plus détourné des préoccupations que le renseignement de la cavalerie hessoise aurait dû faire naître en lui.

Ordre fut donc donné au commandant de l'artillerie du corps d'armée d'appeler au plus vite les batteries de la *18e* division et celles de l'artillerie de corps, puis de les porter en face des positions de la Folie et de Montigny-la-Grange, sur lesquelles on découvrait la présence de l'adversaire (2).

En attendant, la batterie de l'avant-garde prenait posi-

---

(1) *Historique du Grand État-Major prussien.*

(2) Les bivouacs de la plus grande partie de la division Grenier (c'est-à-dire ceux de la 1re brigade et de l'artillerie) ne pouvaient être vus de Vernéville.

tion sur la hauteur à 300 mètres à l'Est de Vernéville et ouvrait le feu (1) sur l'aile gauche de la division Grenier dont les troupes se rendaient à ce moment même, derrière les faisceaux pour répondre à l'appel de midi.

Mais à une distance aussi considérable, — environ 3,000 mètres, — les résultats du tir furent à peu près nuls, et le général de Manstein, qui s'en était vite rendu compte, prescrivit au commandant de l'artillerie de pousser plus en avant les autres batteries de la *18e* division qui arrivaient en cet instant.

Le général de Puttkammer conduisait personnellement la colonne des batteries de la *18e* division dans le vallon défilé qui s'étend au Nord-Est de Vernéville, puis il les établit, par le mouvement de « sur la droite en bataille », sur la longue croupe 326-312 qui descend d'Amanvillers et qui domine, au Nord, le chemin réunissant ces deux localités.

Un peu plus tard, l'artillerie de corps arrivait à son tour (2) et prolongeait la gauche des batteries déjà installées, en dépassant le chemin de traverse allant de Champenois au bois de la Cusse.

Le dernière batterie arrivée, c'est-à-dire la IVe lourde, appuya beaucoup plus à gauche que les autres et vint s'établir sur la petite croupe 321, à 200 mètres au Sud-Est de la lisière du bois de la Cusse (3).

A midi et demi, neuf batteries prussiennes, échelonnées sur les croupes dont il vient d'être question et placées très en avant de leur infanterie, soutenaient donc audacieusement, — mais témérairement, comme

---

(1) Il était alors, d'après l'*Historique du Grand État-Major*, 11 h. 45. — Les rapports français disent midi moins quelques minutes. Au moins ceux de la division Grenier....

(2) La tête de l'artillerie de corps arrivait à Vernéville à 12 h. 15.

(3) *Geschichte des Schleswigschen Feld-Artillerie-Regiment Nr. 9.* (*Stellungen der batterien gegen 12 1/2 Uhr.*)

on le verra bientôt, — la lutte avec les défenseurs du plateau de Montigny (1).

Deux escadrons du 6e régiment de dragons avaient seuls, tout d'abord, servi de soutien à cette longue ligne de batteries et s'étaient arrêtés en arrière de l'aile gauche de cette dernière, dans le fond du vallonnement où ils ne trouvèrent d'ailleurs qu'un abri très précaire contre les coups longs de l'artillerie française.

Pour assurer d'une manière plus efficace la protection de l'artillerie, le général de Wrangel avait dirigé deux compagnies (2) vers le bois de la Cusse et deux autres (3) sur la ferme de l'Envie. Ces dernières essuyèrent tout d'abord la fusillade de l'infanterie française qui occupait, en cet instant, le chemin bordé de peupliers à l'Ouest de Montigny; puis elles atteignaient sans coup férir la ferme de l'Envie que le 4e corps avait malheureusement négligé d'occuper. C'est à ce moment même (midi et demi) que la dernière batterie prussienne arrivait en position sur la croupe 324.

Quant aux deux compagnies dirigées sur les bois de la Cusse, elles s'étaient d'abord engagées dans le vallon abrité par la croupe de l'artillerie; mais bientôt assaillies par le feu des pièces du 4e corps, elles se jetaient vers leur gauche et parvenaient sur la lisière Nord du bois de la Cusse que borde la voie ferrée, en un point excentrique d'où elles ne pouvaient nullement protéger l'artillerie du IXe.

A midi un quart, la tête du gros de la *18e* division

---

(1) D'après Kunz, — *Kriegsgeschichtliche Beispiele.* — *Heft 6*, — la dernière batterie arrivée à l'aile gauche $\left(\frac{IV}{9}\right)$, ouvrit le feu à 12 h. 30.

(2) $\frac{2, 3}{36}$.

(3) $\frac{1, 4}{36}$.

avait atteint Vernéville. « Toujours préoccupé de soutenir l'artillerie, — qui en cet instant était encore isolée à plus de 1500 mètres en avant de Vernéville, — le général de Manstein dirigea sur le bois de la Cusse les deux bataillons de tête du *84e* (I et F). Arrivés dans le vallon, les fusiliers durent obliquer vers la gauche et suivre le même itinéraire que les deux compagnies du *36e*; le Ier bataillon du *84e*, seul, poursuivit vers la parcelle du bois de la Cusse qui fait face à Amanvillers, croisant en chemin les deux escadrons du 6e dragons, qui, décimés par la mitraille, se repliaient déjà sur Vernéville.

Les bataillons de l'avant-garde dirigés par le général de Blumenthal sur la ferme Chantrenne, s'étaient vus assaillis par une fusillade assez vive au moment où ils débouchaient de la croupe marquée par le cimetière de Vernéville. Les quatre compagnies du Ier bataillon du 69e, postées depuis un instant, comme on sait, sur la lisière du bois des Génivaux (rive droite), ouvrirent en effet un feu rapide à 800 mètres, dès qu'elles virent apparaître l'adversaire. La 1re compagnie fut même lancée en avant du bois, sur la légère éminence qui lui masquait, de la lisière, le terrain avoisinant le château et le cimetière de Vernéville. Malheureusement, le colonel Le Tourneur, qui avait accompagné ces quatre compagnies, estima que dans une situation aussi avancée par rapport aux autres troupes de la division, il lui serait impossible de tenir devant les forces, à la vérité très supérieures en nombre, qu'il voyait déboucher des environs de Vernéville. Il donna donc l'ordre de la retraite et se replia à travers bois jusqu'à la ferme de Leipzig où il avait laissé le IIe bataillon et les 3e et 4e compagnies du Ier bataillon.

Dès lors, le champ était libre pour les compagnies prussiennes. Les deux compagnies des ailes des fusiliers du *36ᵉ* (1), qui marchaient en tête, prirent le pas de course et dévalèrent sur la ferme Chantrenne qu'elles occupèrent sans coup férir, à peine inquiétées par quelques balles du IIIᵉ bataillon du 95ᵉ qui, de la lisière du bois des Génivaux (rive gauche), avait des vues très imparfaites au delà de la ferme.

Les deux autres compagnies des fusiliers prussiens (2) avaient continué droit devant elles sur la lisière abandonnée par les compagnies du 69ᵉ, puis s'étaient rabattues, en longeant le bois, sur la ferme qu'elles occupaient également. Enfin, le IIᵉ bataillon du *36ᵉ*, suivi des trois compagnies du *9ᵉ* bataillon de chasseurs, prenait plus à droite encore, arrivait jusqu'au taillis où il pénétrait, puis progressait lentement, à cause de l'épaisseur du fourré, dans la direction de Chantrenne.

Pendant que le IXᵉ corps prenait les dispositions que l'on vient de voir, le corps du général de Ladmirault avait vivement rompu les faisceaux.

Déploiement du 4ᵉ corps. — Un peu avant midi, en effet, les vedettes de la cavalerie du 4ᵉ corps étaient précipitamment rentrées au camp d'Amanvillers et avaient annoncé au général de Ladmirault que des colonnes ennemies approchaient de Vernéville et paraissaient vouloir attaquer incessamment. Les quelques grand'gardes de la division Grenier, — et en particulier celle que le 64ᵉ avait installée à la croisée des chemins (326) à 500 mètres au Sud-Ouest de Montigny, — prévenaient du même fait les corps de troupe dont elles faisaient partie. Mais à peine ces rapports parvenaient-ils aux intéressés que la batterie prussienne ouvrait le feu des abords de Vernéville.

Toutes les troupes de la division Grenier n'eurent

---

(1) 9ᵉ et 12ᵉ.
(2) 10ᵉ et 11ᵉ.

qu'à rompre les faisceaux, auprès desquels elles se formaient déjà, pour être prêtes au combat. Le général de division, surpris par l'attaque de l'adversaire sur une position où rien n'avait été prévu pour la défense, fit porter toutes ses troupes en avant du bivouac, de manière à pouvoir, pour le moins, battre la naissance des pentes marquées par les fermes de l'Envie et de Champenois, tandis que les trois batteries divisionnaires attelaient très rapidement leurs pièces.

Mais à peine l'infanterie de la division Grenier commençait-elle son déploiement, que les batteries de la réserve d'artillerie du 4e corps occupaient la crête entre Amanvillers et Montigny (1). Attelées déjà depuis quelque temps, ainsi qu'on l'a vu plus haut, elles n'eurent qu'à rompre le parc pour exécuter presque aussitôt leur mise en batterie après une courte marche en bataille.

Les deux batteries de 4 (2), qui occupaient la droite de la position de rassemblement, gagnèrent le mamelon 327 situé au Sud-Ouest d'Amanvillers et s'établirent à hauteur du double coude que forme en cet endroit le chemin de Vernéville, dominant ainsi la longue croupe sur laquelle allaient bientôt s'installer les neuf batteries prussiennes du IXe corps (3).

En même temps, les batteries de 12 du commandant Ladrange (4) se séparaient et prenaient position sur la

---

(1) Les batteries de la 1re division n'arrivèrent qu'après que l'artillerie de réserve était déjà engagée. (*Rapport* du général Lafaille, commandant l'artillerie du 4e corps.)

(2) $\frac{6, 9}{8}$.

(3) *Journal* du lieutenant Palle et *Historiques* des 6e et 9e batteries du 8e régiment.

(4) $\frac{11, 12}{1}$.

crête : la 11ᵉ à mi-distance entre Amanvillers et Montigny ; la 12ᵉ près et à hauteur de cette dernière ferme. Enfin, les deux batteries à cheval (1), prêtes les dernières, s'installèrent également près de Montigny. Le général Grenier indiqua lui-même au commandant Poilleux la position qu'il souhaitait lui voir prendre pour soutenir la gauche de son infanterie qu'il trouvait trop en l'air. La 5ᵉ batterie du 17ᵉ (Cahous) s'établit dans l'intervalle des deux batteries de 12, et à la gauche des canons à balles (2) de la 2ᵉ division d'infanterie qui se mettaient eux-mêmes en batterie en cet instant à la gauche de la batterie Florentin ; comme les quatre batteries placées au Nord-Ouest de Montigny avaient pris de larges intervalles, la 6ᵉ batterie à cheval du 17ᵉ (Albenque) manqua d'espace pour son déploiement et dut contourner le château de Montigny par l'Est puis prendre place au Sud de ce point et un peu en arrière de la crête.

Des cinq batteries établies à l'aile gauche de la division Grenier, les premières arrivées avaient tout d'abord tiré à grande distance sur les quelques compagnies de l'avant-garde prussienne débouchant de Vernéville, puis elles prirent bientôt toutes pour objectif les batteries qu'elles voyaient surgir successivement de la dépression de terrain située au delà de la croupe 326 et dont le fond échappait complètement à leurs vues.

Pendant que le général Lafaille faisait ainsi entrer immédiatement en action, — et avec beaucoup d'à-propos, — les batteries de la réserve du corps d'armée, l'infanterie de la division Grenier prenait également ses

---

(1) $\frac{5, 6}{17}$.

(2) $\frac{5}{1}$.

positions de combat sur une longue ligne de quatre régiments déployés côte à côte.

Le 5ᵉ bataillon de chasseurs, qui formait l'extrême droite, vint tout d'abord se déployer sur l'éminence placée à 500 mètres au Sud-Ouest d'Amanvillers, à hauteur du coude que fait le chemin de Vernéville. Près de lui, arrivait bientôt la 7ᵉ batterie du 1ᵉʳ (Prunot) qui dirigeait aussitôt un tir très efficace sur l'artillerie ennemie et joignait son feu à celui des batteries Prenier placées à sa gauche (1). Mais presque immédiatement, quatre compagnies de chasseurs furent affectées au soutien des autres batteries divisionnaires arrivant en ligne à leur tour ; comme d'autre part, le 13ᵉ régiment d'infanterie débouchait lui-même, bataillons déployés, sur le mamelon d'Amanvillers, les deux compagnies restantes du bataillon de chasseurs appuyèrent sur leur droite pour dégager le terrain et vinrent s'embusquer derrière une haie à mi-distance entre Amanvillers et le bois de la Cusse. A proximité de ces deux compagnies, la 6ᵉ batterie du 1ᵉʳ (Erb) venait elle-même de s'installer à 120 mètres à la droite de la batterie Prunot, sa section de droite dans le chemin creux aboutissant à l'extrémité occidentale d'Amanvillers. Quant à la batterie de mitrailleuses Saint-Germain (2), elle prenait position beaucoup plus à gauche, c'est-à-dire à l'Ouest de Montigny sur la croupe qui s'avance de ce point vers Champenois et entre les deux batteries de 12 de la réserve (3). Dès l'abord, les batteries divisionnaires et celles de la réserve ouvraient

---

(1) $\frac{6,9}{8}$.

(2) $\frac{5}{1}$.

(3) Presque en même temps, la batterie à cheval $\frac{5}{17}$ prenait place à sa gauche, ainsi qu'il a été dit précédemment.

le feu sur des compagnies qui s'avançaient de Vernéville vers le Nord et cherchaient à se glisser dans les bois de la Cusse (1), mais bientôt elles s'attaquaient aux nombreuses batteries ennemies qui s'établissaient à courte distance sur la croupe au Nord de Champenois, bien que les capitaines commandants eussent reçu l'ordre de modérer la vitesse de tir en raison du faible approvisionnement du parc.

Pendant que s'engageait ainsi un combat d'artillerie à faible distance (2), les deux régiments de la brigade Bellecourt (13ᵉ et 43ᵉ) formés sur une seule ligne, se portaient à 400 mètres en avant de leurs bivouacs, déployant de nombreux tirailleurs sur le chemin de terre perpendiculaire à celui qui mène d'Amanvillers à Vernéville, — la gauche de la brigade à peu près vis-à-vis de la batterie de mitrailleuses Saint-Germain (3).

A la gauche de la 1ʳᵉ brigade, la brigade Pradier s'était également déployée en avant de Montigny. Les trois bataillons du 64ᵉ dépassèrent quelque peu le chemin de terre dont il vient d'être question et qui en cet endroit se trouvait bordé d'une rangée de peupliers; puis ils se couvrirent par deux compagnies (4) poussées

---

(1) Il s'agissait, comme on le verra bientôt, des compagnies $\frac{2, 3}{36}$.

(2) Distance variant de 800 à 1500 mètres.

(3) $\frac{5}{1}$.

Les deux compagnies de grand'gardes du 13ᵉ $\left(\frac{I}{13} \text{ et } 3 \frac{II}{13} \right)$ postées à Champenois sur la croupe 326 se replièrent en arrière, bien qu'en réalité elle ne fussent point menacées directement par l'infanterie ennemie. Il est permis de se demander ce qui fut advenu si ces deux compagnies eussent reçu par un feu rapide les têtes de colonne de l'artillerie de la *18ᵉ* division qui se dirigeait précisément sur elles.

(4) 2, 3 $\frac{III}{64}$, capitaines Azémard et Gérard.

plus en avant sur la croupe qui domine Champenois. De là, ces deux compagnies purent diriger un feu très meurtrier sur la grande batterie prussienne. Enfin, l'extrême gauche de la division Grenier se trouvait formée par deux bataillons du 98ᵉ (Iᵉʳ et IIᵉ) déployés en tirailleurs sur un rang coude à coude le long de l'allée de peupliers précitée ; le IIIᵉ bataillon avait été maintenu en réserve sur la lisière occidentale de Montigny (1).

Telle quelle venait de se constituer hâtivement sous l'influence d'une surprise, la ligne de combat de la division Grenier n'était pas sans offrir des inconvénients d'autant plus graves que des habitudes invétérées de défensive purement passive, allaient fatalement maintenir presque partout les troupes sur les premiers emplacements où on les avait déployées, sans qu'on cherchât, — sauf sur quelques points, — à modifier ces emplacements, en vue d'assurer, — pour le moins, — la surveillance effective et la défense efficace de la zone sur laquelle cheminait l'assaillant. Il est à remarquer, en effet, que le long glacis qui descend de la crête Amanvillers—la Folie jusque dans la région de Vernéville, présente une série de couloirs parallèles, dans chacun desquels la lutte doit rester absolument circonscrite pour un défenseur immobile sur ses positions et qui n'a pas pris soin d'organiser judicieusement une ligne de combat se pliant convenablement aux formes du terrain et assurant le flanquement réciproque de chacune de ses parties.

C'est ainsi que du chemin creux où étaient embusqués les chasseurs du 5ᵉ bataillon, on découvrait seulement

---

(1) Lettre de M. le lieutenant-colonel Lecat (du 16 janvier 1902), alors lieutenant à la 1ʳᵉ compagnie du Iᵉʳ bataillon du 98.

Il résulte des renseignements très précis contenus dans cette lettre que le *Rapport* du général Pradier contient une erreur en faisant déployer tout d'abord un seul bataillon du 98ᵉ.

la lisière orientale du bois de la Cusse et le revers septentrional de l'étroite croupe 321 sur laquelle venait de s'installer la batterie extrême de la gauche prussienne; mais la ligne des pièces de la croupe 326 restait cachée. Comme, d'autre part, le 13e régiment s'était arrêté sur le mamelon occupé par l'artillerie française, et que, de là, les formes arrondies du terrain ne permettaient pas de voir plus loin que le buisson marqué 330, le long couloir que suivirent les batteries du IXe corps et les premières compagnies jetées dans la Cusse, resta invisible pour le défenseur.

Des positions du 43e, on avait des vues sur l'étroit couloir de Champenois, mais seulement jusqu'à ce dernier point; d'ailleurs, tout ce qui se passait au Nord de la grande crête occupée par l'artillerie allemande et au Sud de la croupe occupée par le 64e, restait absolument ignoré de la brigade Bellecourt. Seul, le 64e, en poussant deux compagnies sur la croupe 332, put surveiller à la fois le couloir de Champenois et celui de l'Envie. Depuis l'allée de peupliers, le 98e battait bien ce dernier compartiment du champ de bataille, mais il était absolument incapable de faire sentir son action, soit au Nord de Champenois contre l'artillerie prussienne, soit au Sud de l'importante croupe 336-331 au delà de laquelle se déroula un combat d'infanterie fort vif et qui resta ainsi complètement localisé entre l'extrême droite de la *18e* division et les défenseurs des bois des Génivaux et de la Charmoise.

Ce compartimentage du champ de bataille du 4e corps par une série de croupes allongées du Nord-Est au Sud-Ouest, en même temps que les formes arrondies de leurs sommets, eurent donc cette double conséquence, de dérober les cheminements de l'assaillant aux vues d'un défenseur presque entièrement immobile de parti pris, et de circonscrire l'action de chacune des parties de la ligne de combat française dans une zone très étroite.

Aile droite du 3ᵉ corps. — En raison de sa situation au Sud du mamelon 343 et à cause de la présence de la crête 331 qui descend sur Chantrenne, la division Montaudon du 3ᵉ corps ne découvrait rien du terrain avoisinant les fermes de l'Envie et de Champenois. Au reste, on sait déjà que sur l'ordre du maréchal Lebœuf, toutes les troupes du 3ᵉ corps avaient été soigneusement, — mais peut-être prématurément, — postées sur les positions qu'elles devaient défendre à la lisière des bois et sur la crête de la Folie. Ce déploiement fait, *a priori*, et avant qu'on eût le moindre indice sur les projets de l'assaillant, ne se trouva pas répondre au rôle important que le corps du maréchal Lebœuf pouvait jouer sur le flanc de l'attaque imprudente que le général de Manstein dirigeait sur Montigny par Vernéville. Le commandement ne crut pas cependant devoir modifier les dispositions qu'il avait fixées lui-même sur le terrain pendant le cours de la matinée, et le morcellement très complet des troupes n'inspira aux chefs en sous-ordre d'autre sentiment que celui de défendre sur place des postes qu'on leur avait si expressément désignés. Il en résulta que les trois premières divisions du 3ᵉ corps, — et surtout les deux premières (1), — ne jouèrent qu'un rôle très secondaire dans la bataille, en s'absorbant presque exclusivement dans la défense passive d'un bois où parurent seulement des détachements peu importants des masses allemandes qui attaquaient d'une part Amanvillers et d'autre part le Point-du-Jour.

Le seul appui direct que le 3ᵉ corps fournit dès le début au général de Ladmirault fut celui de quelques compagnies et de quelques batteries postées sur le mamelon 343 où le général Montaudon avait fait

---

(1) La 4ᵉ division et une partie de la 3ᵉ prirent, des hauteurs de Moscou, une part importante au combat de Gravelotte.

préparer comme on sait quelques épaulements rapides et quelques tranchées-abris.

A 11 h. 30, en effet, le général Montaudon avait été prévenu par le 1er escadron du 3e régiment de chasseurs à cheval, que l'ennemi entrait dans le village de Vernéville et paraissait diriger de l'infanterie sur les bois de la Cusse (1). Le général venait précisément de faire appeler à la droite de sa position les deux batteries Barbe et Crassous (2). Celles-ci arrivaient quelques minutes plus tard sur le mamelon 343 avec deux compagnies du 18e bataillon de chasseurs leur servant de soutien. Elles se mirent en batterie aussitôt sur la crête, — quelques pièces seulement de la batterie Crassous trouvant place derrière les épaulements en terre préparés à l'avance, — puis elles ouvrirent le feu au moment même où les colonnes ennemies débouchaient de Vernéville.

En même temps, le Ier bataillon du 51e, laissé jusque-là en réserve au Sud-Est de la Folie, venait se déployer auprès des deux batteries divisionnaires et occupait les tranchées-abris voisines, se reliant ainsi à la ligne occupée successivement, de la droite à la gauche, par le IIIe bataillon du 51e, puis par le Ier bataillon du 95e.

Combat autour de Chantrenne. — Cependant, la fusillade éclatait bientôt très vive dans le vallon de Chantrenne. En débouchant sur la lisière du bois des Génivaux qui borde le ruisseau (rive droite), le IIe bataillon du *36e* régiment prussien avait été accueilli par les feux des tirailleurs de la 1re compagnie du IIIe bataillon du

---

(1) *Rapport* du général Montaudon. Daté du 20 août.

(2) $\frac{8, 6}{4}$. L'autre batterie divisionnaire $\left(\frac{5}{4}\right)$ fut maintenue toute la journée en réserve à l'Est de Leipzig. (Rapport du général de Rochebouët, commandant l'artillerie du 3e corps.)

95ᵉ alors postés sur la lisière de la rive opposée. Les compagnies ennemies, hésitant à s'engager en terrain découvert, s'arrêtèrent dans le fourré, pendant que les deux compagnies (1) de la garnison de Chantrenne gagnaient la crête qui sépare la ferme de la lisière occupée par les 3ᵉ et 4ᵉ compagnies du IIIᵉ bataillon du 95ᵉ. Sur ce point, la fusillade éclata donc à très courte distance (environ 300 mètres) et fut bientôt renforcée du côté français par celle des trois compagnies du 95ᵉ déployées dans la coupe récente qui formait clairière entre le bois des Génivaux et celui de la Charmoise.

Cependant, le général de Blumenthal se rendit très vite compte de l'impossibilité où il était de pousser plus avant vers la Folie (2). Outre les troupes auxquelles il se heurtait directement, le bois de la Charmoise apparaissait solidement occupé, et l'infanterie française se montrait encore au delà de ce bois soutenue par de l'artillerie. Dès le début de la fusillade, en effet, les trois compagnies du 95ᵉ (2ᵉ, 4ᵉ, 6ᵉ du Iᵉʳ bataillon), déployées tout d'abord sur le prolongement de la lisière Nord-Ouest du bois de la Charmoise, avaient conversé à gauche et s'étaient embusquées derrière une haie bordant le chemin de l'Envie, balayant ainsi de leurs feux l'étroit couloir suivi par le chemin de Chantrenne (3).

Le général de brigade allemand résolut donc de surseoir à l'exécution des ordres du commandant du IXᵉ corps, mais il prit aussitôt les mesures nécessaires pour conserver le point d'appui important (ferme de Chantrenne) que les Français avaient négligé d'occuper eux-mêmes. Dans ce but, il appela à lui le IIᵉ bataillon du *36ᵉ*, resté jusque-là dans le fourré de la rive droite, puis

---

(1) 9ᵉ et 12ᵉ du *36ᵉ*.
(2) *Historique du Grand État-Major prussien.*
(3) De leur position, ces trois compagnies ne découvraient pas encore les compagnies du *36ᵉ*, mais elles battaient bien les abords des bois.

les deux dernières compagnies de fusiliers laissées à Chantrenne.

Le bataillon de mousquetaires du *36*ᵉ franchit au pas de course l'espace découvert formant le fond de la vallée et vint se déployer à la gauche du bataillon de fusiliers sur la crête 321. En outre, le 9ᵉ bataillon de chasseurs occupait Chantrenne avec sa 1ʳᵉ compagnie et laissait les 2ᵉ et 4ᵉ dans les fourrés de la rive droite.

Assez bien abrités sur la lisière du bois, les tirailleurs du 95ᵉ ne subissaient que peu de pertes, et la 1ʳᵉ compagnie du IIIᵉ bataillon repoussait victorieusement, à l'aile gauche, la tentative que les 11ᵉ et 12ᵉ compagnies prussiennes du *36*ᵉ tentaient de ce côté, par la partie du taillis qui s'avance vers la ferme. Il était près de 1 heure quand le général de Blumenthal fit renforcer sa ligne de feux en appelant à sa gauche la 1ʳᵉ compagnie de chasseurs laissée dans la ferme où elle était bientôt remplacée par la 4ᵉ venue de la rive droite.

Dès lors, la fusillade continua de pied ferme, mais peu nourrie et sans que les bataillons éparpillés dans les bois des Génivaux sous des commandements différents, fussent employés à une contre-attaque qui, en refoulant les quelques compagnies voisines de Chantrenne, eût débouché sur le flanc droit et presque sur les derrières du IXᵉ corps, précisément alors en fort mauvaise posture, comme on le verra bientôt.

Déploiement de la division de Cissey et occupation des bois de la Cusse par le IXᵉ corps. — Au moment même où l'avis du commandant du 4ᵉ corps sur l'imminence d'une attaque parvenait au général de Cissey, le premier coup de canon se faisait entendre (1).

Mais déjà, à la suite des communications antérieures

---

(1) Journal de marche de la 1ʳᵉ division du 4ᵉ corps.

du général de Ladmirault, le commandant de la 1ʳᵉ division avait prescrit aux troupes de se réunir dans leurs bivouacs et de se tenir prêtes à prendre les armes au premier signal (1). Dès le début de la canonnade, on rompit donc les faisceaux et les deux brigades, laissant les sacs au camp dont les tentes restèrent dressées, se portèrent au pas gymnastique vers la crête qui se développait entre Amanvillers et Saint-Privat, à 1 kilomètre environ en avant des bivouacs. La 2ᵉ brigade, obliquant vers la droite, vint se former en deçà de la crête précitée, le 57ᵉ à la droite et à peu près vis-à-vis des deux mares situées à 500 mètres au Nord de la voie ferrée ; dès le début de la marche, le IIIᵉ bataillon du 73ᵉ avait suivi le tracé du chemin de fer et venait s'embusquer dans la tranchée voisine de la crête 325 ; il détacha ses tirailleurs dans la direction des bois de la Cusse et relia ainsi la division de Cissey à la division Grenier.

En cet instant, l'artillerie prussienne se mettait en batterie sur la croupe 326.

Presque aussitôt, les trois batteries de la division de Cissey arrivaient à leur tour. Attelées depuis le matin sur l'emplacement de leur bivouac, elles se déployèrent avec de larges intervalles : la 5ᵉ batterie à gauche et près de la voie ferrée, sur le mamelon 328 ; la batterie de mitrailleuses (12ᵉ) à droite et près de la grande mare ; la 9ᵉ batterie au centre.

Dès leur arrivée sur la crête, les batteries reçurent comme soutien les cinq compagnies du 20ᵉ bataillon de chasseurs (2), qui s'étaient portées en avant en même temps que les deux régiments de la 2ᵉ brigade : les trois premières compagnies s'établirent, sous le commandement du capitaine Delherbe, auprès de la batterie

---

(1) Rapport du général de Cissey. Daté du 23 août.
(2) La 6ᵉ compagnie n'était pas encore revenue de Metz.

de gauche ; les deux autres compagnies (4ᵉ et 5ᵉ) commandées par l'adjudant-major Leclère, s'installèrent à la droite, dans le voisinage des mitrailleuses.

Quant à la brigade de Goldberg (1ᵉʳ et 6ᵉ), elle avait fait demi-tour, s'était portée, en bataille, jusque dans la dépression de terrain qui remonte d'Amanvillers vers Jérusalem, sa gauche (6ᵉ régiment) appuyée à la voie ferrée, sa droite (1ᵉʳ régiment) à 600 mètres plus au Nord et en arrière du 57ᵉ.

De toutes les troupes d'infanterie de la division de Cissey, les tirailleurs du IIIᵉ bataillon du 73ᵉ furent donc seuls engagés immédiatement et purent tout d'abord diriger leur tir contre la batterie d'extrême gauche de l'artillerie allemande (IVᵉ du *9ᵉ*) puis, un peu plus tard, contre les compagnies ennemies qui garnissaient bientôt la lisière orientale des bois de la Cusse.

Quant aux batteries divisionnaires, elles n'ouvrirent le feu qu'un peu plus tard encore, vers 1 heure de l'après-midi, contre l'infanterie et l'artillerie prussiennes qui se démasquèrent, ainsi qu'on va le voir, entre les bois de la Cusse et la voie ferrée.

A la gauche du IXᵉ corps, en effet, le bataillon de fusiliers du *84ᵉ* parvenait vers 1 heure sur la lisière Nord des bois de la Cusse et établissait trois compagnies le long de la voie ferrée (1), auprès des deux compagnies du *36ᵉ* (2). Prises en flanc par les feux du IIIᵉ bataillon du 73ᵉ et des batteries de la division de Cissey, les compagnies prussiennes éprouvaient des pertes sen-

---

(1) Une compagnie restait en arrière au milieu des taillis, « ayant perdu sa direction ». (*Historique du Grand État-Major.*)

(2) D'après l'*Historique* allemand, ces compagnies auraient eu à subir à maintes reprises l'attaque de nos tirailleurs. Il semble, d'après les rapports français, que la mission de défense des bois fut malheureusement beaucoup plus simple pour l'infanterie prussienne.

sibles sans pouvoir riposter à cause de la faible portée de leur fusil (distance de tir : 1000 mètres).

D'autre part, le Ier bataillon du *84*^{e} avait gagné le bouquet de bois le plus oriental, — vis-à-vis d'Amanvillers, — et déployait sur la lisière deux faibles compagnies qui se trouvèrent dès le début exposées aux feux très supérieurs des tirailleurs du 73e et du 5e bataillon de chasseurs à pied.

Enfin, deux batteries hessoises (1 et I), — de l'avant-garde de la *25*^{e} division, — arrivaient presque en même temps à l'extrême aile gauche prussienne et s'établissaient tout d'abord au Sud d'Habonville pour tirer sur l'artillerie des hauteurs de Saint-Privat.

Vers 1 heure de l'après-midi, la situation du IXe corps n'était donc rien moins qu'avantageuse sur ses deux flancs. Autour de Chantrenne, le général de Blumenthal, engagé dans une direction très excentrique, était tenu en respect par quelques fractions de la division Montaudon; dans les bois de la Cusse, deux compagnies et demie (1) faisaient seules face aux tirailleurs déployés sur la crête d'Amanvillers; quelques autres seulement (2), — soutenues, il est vrai, par deux batteries, — tenaient la parcelle Nord de la Cusse.

A peine en mesure d'assurer efficacement la possession de points d'appui d'aile fort éloignés l'un de l'autre, l'infanterie prussienne laissait complètement à découvert sur son front la grande batterie que le général de Manstein avait établie devant Montigny (3).

Aussi, pendant que les événements qu'on vient de

---

(1) $\frac{1, 3}{84}$, $\frac{1}{2}\frac{3}{36}$.

(2) $\frac{10, 11, 12}{84}$, $\frac{2}{36}$, $\frac{1}{2}\frac{3}{36}$.

(3) Deux compagnies $\left(\frac{1, 4}{36}\right)$ occupaient cependant l'Envie.

relater se déroulaient aux ailes, la grande batterie du centre éprouvait-elle un désastreux échec.

Combat sur le front de la division Grenier (jusqu'à 2 heures). — Dès son entrée en ligne, l'artillerie prussienne avait ouvert le feu, tant sur l'infanterie de la division Grenier que sur les batteries du 4ᵉ corps qui arrivaient successivement entre Montigny et Amanvillers. Presque complètement à découvert sur la longue croupe de Champenois, elle eut, dès l'abord, beaucoup à souffrir du feu des tirailleurs des 64ᵉ et 43ᵉ et de celui des batteries du 4ᵉ corps voisines de Montigny.

Les batteries Prunot et Erb (7ᵉ et 6ᵉ du 1ᵉʳ) (1), mais surtout les batteries installées près de Montigny, dirigèrent leurs feux contre l'aile gauche de la ligne allemande.

Bien qu'arrivée la dernière, — (à 12 h. 30), — la IVᵉ batterie du 9ᵉ eut beaucoup à souffrir à cause de sa situation avancée. Elle soutint cependant courageusement la lutte pendant près d'un quart d'heure, quand survint (à 12 h. 45) une nouvelle batterie de canons à balles qui s'établit à 700 ou 800 mètres d'elle dans l'étroit espace laissé libre, près du coude du chemin d'Amanvillers, entre la batterie Prunot et celles du commandant Prenier (6ᵉ et 9ᵉ du 8ᵉ). C'étaient les mitrailleuses de la division Lorencez (2) qui, rappelées de la ferme Saint-Vincent par le général de Ladmirault ainsi qu'une batterie de 4 de la même division (3) venaient d'arriver à Amanvillers. En quelques minutes, la batterie de l'aile

---

(1) La section de gauche de la batterie Erb tira seule sur les batteries prussiennes. Les deux autres ouvrirent le feu sur l'infanterie, qui cherchait à se glisser dans les bois de la Cusse.

(2) $\frac{8}{1}$.

(3) Cette batterie, $\frac{10}{1}$, fut dirigée beaucoup plus à gauche et se mit en batterie près et au Sud de Montigny.

gauche prussienne subit des pertes énormes; 3 officiers, 44 hommes et tous les chevaux sauf 8, c'est-à-dire les trois quarts de l'effectif présent, furent mis hors de combat. Jusque-là les tirailleurs du 13ᵉ régiment, masqués à la batterie ennemie par la forme arrondie du terrain, n'avaient point encore été remarqués par le capitaine commandant (1). Mais quelques instants après qu'il eut été forcé d'interrompre le tir, il vit apparaître sur la crête militaire une ligne épaisse de tirailleurs, devant laquelle il se hâta de se replier vers les bois de la Cusse, emmenant avec lui les deux seules pièces qu'il pût faire atteler avec les quelques chevaux encore debout qui lui restaient (2). Le IIIᵉ bataillon du 13ᵉ régiment s'était, en effet, porté un peu en avant dès qu'il eut constaté l'extinction du feu de la batterie ennemie. C'est alors que le lieutenant Parent de la 3ᵉ compagnie de ce bataillon, entraînant sa section, s'était avancé au pas de course sur la batterie désemparée (3). A peine arrivé sur les pièces, le lieutenant Parent craignant d'être chargé par les deux escadrons du 6ᵉ dragons prussien qui se tenaient plus en arrière, fit ouvrir le feu sur eux et les détermina à la retraite. Il fit alors prévenir le général Bellecourt de ce qui se passait et se rendit lui-même auprès de son chef de bataillon pour réclamer des attelages. Ceux-ci furent fournis par le capitaine commandant la 9ᵉ batterie du 8ᵉ régiment. Malheureusement, on n'envoya que deux attelages seulement sous la conduite du lieutenant Palle qui ne put ainsi ramener que deux des quatre pièces tombées entre nos mains (4). Après quoi, la section du

---

(1) *Geschichte des Schleswigschen Feld-Artillerie-Regiments Nr. 9.*
(2) *Geschichte des Artillerie-Regiments Nr. 9. Loc. cit.*
(3) Le chasseur Hammoniaux, du 5ᵉ bataillon s'était élancé de son propre mouvement sur la batterie, où il arrivait le premier.
(4) *Rapports* : du général Bellecourt au général Grenier, daté du

lieutenant Parent se replia sur son bataillon arrêté sur la crête militaire.

Il était alors 1 h. 15 et le bois de la Cusse, jusque-là très faiblement occupé, se trouvait désormais défendu par dix compagnies et deux batteries (1). La 1ʳᵉ compagnie du *84ᵉ*, débouchant de la lisière Sud-Est du bois, avait tenté de gagner quelque peu de terrain vers les batteries françaises, mais écrasée par les feux de notre artillerie et particulièrement par les feux des tirailleurs du 73ᵉ (IIIᵉ bataillon), du 5ᵉ bataillon de chasseurs et du 13ᵉ régiment, elle dut regagner précipitamment son couvert, sous la protection de la 2ᵉ compagnie appelée à la lisière.

Bien que l'infanterie du général de Bellecourt n'ait nullement tenté de profiter de ce signe de faiblesse, « la situation des batteries prussiennes et particulièrement de l'artillerie de corps n'en était pas moins de plus en plus critique (2) ».

Quant aux batteries de la *18ᵉ* division, c'est-à-dire celles de l'aile droite, moins découvertes et plus éloignées que les autres, elles entretenaient la lutte avec l'artillerie du 4ᵉ corps et prenaient même un avantage passager sur les batteries du mamelon 343, bien qu'elles eussent déjà subi des pertes sensibles. Après un tir très vif, mais assez peu efficace (3), les deux batteries de la division Montaudon (4) avaient, en effet, tiré une

---

20 août ; du lieutenant Parent, daté du 21 août ; du capitaine Masson, commandant la 9ᵉ batterie du 8ᵉ régiment.

(1) $\frac{1, F}{84}$, $\frac{2, 3}{36}$, $\frac{1, I}{Hess}$.

(2) *Historique du Grand État-Major prussien*.

(3) Distance de tir : environ 2,000 mètres.

(4) $\frac{6, 8}{4}$.

bonne partie des munitions qui leur restaient; les pièces très encrassées ne fonctionnaient plus qu'imparfaitement et même le mécanisme de culasse de l'une des mitrailleuses était hors de service (1). Il était alors un peu plus de 1 heure et sur ces entrefaites arrivèrent sur le mamelon 343 les deux batteries de 4 de la réserve du 3ᵉ corps sous les ordres du commandant Grevel (2). Toutes deux prirent pour objectif, — avec la hausse de 1900 mètres, — l'artillerie ennemie de Champenois. Presque au même moment, débouchaient à leur droite les 3ᵉ et 4ᵉ batteries à cheval du 17ᵉ (réserve du 3ᵉ corps). Amenées au galop par le lieutenant-colonel Delatte en personne, elles s'installèrent, d'après les indications du général de Berckheim, à quelques centaines de mètres au Sud de Montigny et à 25 mètres en arrière de la crête, disposition qui leur permit de « supporter sans trop souffrir une pluie de projectiles pendant le temps nécessaire (trois heures) (?) pour consommer tous leurs obus ordinaires, dans un tir fait au commandement des chefs de section (3) ».

Profitant de ce renfort important, le commandant Leclère put ramener ses deux batteries (4) en arrière de la ferme de la Folie où elles furent réapprovisionnées et remises en état (5).

Près de Montigny, les batteries déjà en position

---

(1) *Rapport* du lieutenant-colonel Fourgous, commandant l'artillerie de la division Montaudon, — et *Historique* du 4ᵉ régiment d'artillerie. (Man. de 1871.)

(2) $\frac{7,\ 10}{4}$.

(3) *Rapport* du lieutenant-colonel Delatte, commandant les batteries de la réserve du 3ᵉ corps (17ᵉ régiment), daté du 25 septembre.

(4) $\frac{6,\ 8}{4}$.

(5) Elle rentrèrent en action un peu avant 2 heures sur leurs emplacements précédents.

avaient également été renforcées vers 1 heure, comme on le sait, par la 10ᵉ batterie de la division Lorencez; mais, faute de place, elle dut s'établir sur la chaussée menant au château et ne put tirer qu'au jugé sur l'artillerie allemande, qu'elle distinguait fort mal de ce point.

Entre 1 heure et 2 heures, les neuf batteries allemandes du IXᵉ corps se trouvèrent donc en butte au tir de quinze batteries françaises installées sur la crête entre Amanvillers et la Folie.

Il est à remarquer toutefois que, parmi ces dernières, quelques-unes étaient en mauvaise situation pour battre efficacement l'artillerie ennemie (1); d'autres, comme les 6ᵉ et 7ᵉ batteries du 1ᵉʳ régiment, avaient leurs vues partiellement masquées par le terrain lui-même. D'ailleurs, les distances de tir, très variables suivant les batteries (de 800 à 2,000 mètres), ne convenaient pas toutes au tir fusant des obus à balles et rendaient à peu près nuls les effets des feux de certaines des batteries qui faisaient usage de ce genre de tir. Enfin, les rapports et historiques des nombreuses batteries déployées au Sud d'Amanvillers font ressortir d'une manière frappante leur peu d'unité d'action, car il est aisé de constater qu'aucune direction d'ensemble n'intervint dans le tir, qui resta presque absolument abandonné à l'inspiration des capitaines commandants. Par suite, bon nombre des batteries, loin de prendre des emplacements et des objectifs convenant à des nécessités d'ordre tactique, se contentèrent de faire feu sur les objectifs que le hasard leur permettait d'apercevoir, se laissant très souvent distraire de leur mission principale par des fractions infimes d'infanterie défilant au loin dans la

---

(1) $\frac{10}{4}$. Les batteries voisines devaient très probablement se trouver dans le même cas.

plaine et nullement intéressantes pour l'instant. C'est ainsi que des deux batteries de 4 de la division Grenier (6ᵉ et 7ᵉ du 1ᵉʳ), placées à l'extrême droite sur une position qui eut pu leur permettre, — en modifiant légèrement les emplacements, — d'enfiler toute la ligne prussienne et même de la prendre à revers, quatre pièces de la batterie Erb (6ᵉ) firent, sur les bois de la Cusse, où s'abritaient des tirailleurs ennemis que l'infanterie française eut dû suffire à tenir en respect, un tir à obus à balles qui, à cette distance de 1000 mètres, ne dut d'ailleurs produire que des résultats insignifiants. La batterie de mitrailleuses de la 3ᵉ division (8ᵉ du 1ᵉʳ), arrivée vers 1 heure à la gauche de la batterie Prunot, avait commencé par diriger son tir sur l'infanterie des bois de la Cusse et ne prit que quelques minutes plus tard pour objectif la batterie de gauche de l'artillerie prussienne qu'elle contribua d'ailleurs, ainsi qu'on l'a pu voir, à mettre en si piteux état. Les deux batteries de 4 de la réserve (1), placées près du coude que fait le chemin de Vernéville, répartirent leurs feux à la fois sur les bois de la Cusse et sur l'artillerie de Champenois (2).

Quant aux batteries déployées sur la crête de Montigny, elles paraissent, en raison même de leur plus grand éloignement des bois de la Cusse, s'être plus particulièrement consacrées à la lutte avec l'artillerie allemande.

Les deux batteries à cheval du commandant Poil-

---

(1) $\frac{6,\ 9}{8}$.

(2) Il résulte d'ailleurs du *Rapport* du capitaine Masson (daté du 20 août) commandant par intérim les deux batteries, que cet officier ne voyait pas, de sa position, la batterie de gauche allemande; mais il devait fort bien découvrir les batteries les plus éloignées $\left(\frac{2,\ 1}{9}\right)$.

leux (1) réglèrent tout d'abord leur tir au moyen d'obus ordinaires armés de fusées percutantes sur les batteries voisines de Champenois et exécutèrent ensuite sur elles un tir fusant d'obus à balles (distance variant de 1500 à 1700 mètres) (2). Les deux batteries de 12 de la réserve (3) prirent le même objectif. La batterie de canons à balles Saint-Germain (5ᵉ du 1ᵉʳ) en fit autant. Au Sud de Montigny, les deux batteries à cheval amenées par le lieutenant-colonel Delatte (4), tirèrent avec des hausses variant de 1500 à 1800 mètres sur l'aile gauche des pièces prussiennes, — au Nord de Champenois. Enfin, les deux batteries de 4 du 3ᵉ corps (5) prirent comme objectif l'artillerie de la *18ᵉ* division (hausse 1900 mètres).

Ce furent donc surtout les batteries voisines de Montigny et de la Folie qui s'attaquèrent à l'artillerie du IXᵉ corps, dirigeant sur elle un tir de front (6), tandis que les batteries de l'aile droite française qui, d'emplacements plus convenablement choisis, eussent pu produire, par un tir d'enfilade, une désorganisation presque immédiate de la longue ligne prussienne, ne purent agir qu'avec assez peu d'efficacité sur un objectif échappant presque entièrement à leurs vues (7).

---

(1) $\frac{5, 6}{17}$.

(2) Le commandant Poilleux fait remarquer dans son *Rapport* que les obus de l'adversaire, tombant sur un terrain mou, causèrent tout d'abord très peu de pertes.

(3) $\frac{11, 12}{1}$.

(4) $\frac{3, 4}{17}$.

(5) $\frac{7, 10}{4}$.

(6) Car chaque batterie ennemie faisait face à Montigny.

(7) Sauf, comme on l'a vu, en ce qui concerne la batterie de mitrail-

Quoi qu'il en soit, l'artillerie allemande n'en éprouvait pas moins des pertes déjà fort importantes, car, aux effets du tir des batteries françaises, venaient s'ajouter ceux des tirailleurs de la division Grenier et plus particulièrement des 43e et 64e régiments, dont les vues s'étendaient sur toute la crête occupée par les batteries ennemies.

Lors de la destruction de la IVe batterie prussienne, le IIIe bataillon du 13e s'était, comme on se le rappelle, porté en avant de manière à découvrir les pentes qui descendaient vers la Cusse.

Malheureusement, après la prise des deux pièces prussiennes, on crut devoir ramener ce bataillon en arrière et le former en réserve derrière le IIe. Les tirailleurs des deux premiers bataillons du 13e restèrent donc seuls déployés sur le bord du chemin, n'ayant que des vues très imparfaites sur la ligne des batteries allemandes, mais tenant sous leur feu meurtrier les compagnies ennemies qui garnissaient la lisière des bois de la Cusse.

A la gauche du 13e, le 43e régiment dirigeait un feu très efficace sur les batteries opposées, mais ses trois bataillons, bien que couchés à terre en arrière des tirailleurs, commençaient à souffrir beaucoup du tir de l'artillerie adverse.

Enfin, du sommet de la croupe 332 qui domine Champenois et l'Envie, les deux compagnies du 64e ainsi que le bataillon de droite du régiment (1) continuaient à cribler de leurs feux les servants des pièces prussiennes.

Malheureusement, le 64e déployé à quelque distance

---

leuses $\frac{8}{1}$ qui découvrait admirablement la batterie isolée de l'aile gauche prussienne (croupe 321).

(1) Le 1er bataillon du 64e, placé sur les pentes descendant vers l'Envie, n'avait aucune vue sur l'artillerie prussienne.

en avant du chemin de la Folie ne tarda pas à être lui-même très éprouvé par le tir de l'artillerie ennemie ; les IIe et IIIe bataillons, plus particulièrement exposés par leur situation sur les pentes descendant vers le Nord-Ouest, durent, après avoir presque complètement épuisé leurs munitions, se retirer en arrière des batteries, près du parc de Montigny.

Il était alors environ 2 heures, et le général Pradier fit prescrire au IIIe bataillon du 98e, resté comme on sait en réserve auprès du château, de renforcer la ligne de combat que venait de quitter une fraction importante du 64e. Mais le nouveau bataillon gagna la gauche de son régiment, de sorte que, contrairement, sans doute, aux intentions du général de brigade, l'emplacement précédemment abandonné par les deux bataillons du 64e resta complètement dégarni de troupes (1).

Dès lors, les trois bataillons du 98e se trouvaient en ligne ; mais, bien qu'ils n'eussent aucune vue sur l'artillerie ennemie, ils souffraient néanmoins des coups de cette dernière (2), et déjà les deux premiers bataillons avaient dépassé d'une centaine de mètres la ligne des peupliers, pour se soustraire à un tir qui leur paraissait sans doute réglé (3).

Ainsi déployé à la naissance du large vallon qui conduit à l'Envie, et isolé sur ses deux flancs, d'une part de l'artillerie allemande de Champenois, et d'autre

---

(1) Le *Rapport* du général commandant la brigade dit que les deux bataillons du 64e « furent *remplacés* par *deux* (sic) bataillons du 98e ». Il semble qu'il y ait là une double erreur que relève expressément M. le lieutenant-colonel Lecat, — alors lieutenant au 1er bataillon du 98e, — dans sa lettre du 16 janvier 1902.

(2) Probablement des coups longs dirigés sur les tirailleurs du 64e et des coups courts destinés aux batteries du 4e et du 17e, nouvellement arrivées au Sud de Montigny.

(3) Lettre de M. le lieutenant-colonel Lecat. (*Loc. cit.*)

part des bataillons du général de Blumenthal engagés autour de Chantrenne, le 98ᵉ n'eut pour l'instant aucune occasion d'intervenir dans la lutte, si ce n'est « par un tir au jugé avec la hausse de 1000 mètres sur quelques rares Allemands qui se montraient de temps à autre aux abords de l'Envie ou entre l'Envie et Champenois » (1).

Déploiement de la division Lorencez (entre 1 heure et 2 heures).— Pendant que ces événements se déroulaient, — c'est-à-dire entre 1 heure et 2 heures, — la division Lorencez était apparue sur les hauteurs d'Amanvillers, en arrière de la division Grenier.

Dès les premiers coups de canon, le commandant de la 3ᵉ division avait fait prendre les armes à ses troupes. Quand, quelques minutes plus tard, arriva l'ordre du général de Ladmirault de se porter sur Amanvillers, la division était prête à se mettre en marche, ce qu'elle fit immédiatement en laissant ses sacs au bivouac (2). Le général de Lorencez crut bon cependant de laisser auprès de la ferme Saint-Vincent, les deux premiers bataillons du 15ᵉ régiment et la 9ᵉ batterie du 1ᵉʳ régiment, sans doute pour continuer à surveiller la direction à laquelle il faisait face depuis la veille (3). Le reste des troupes s'engagea sur le chemin d'Amanvillers et atteignit cette dernière localité vers 1 heure.

Dès son arrivée, le 2ᵉ bataillon de chasseurs, qui tenait la tête, fut déployé au Sud d'Amanvillers où il fut arrêté

---

(1) Lettre du lieutenant-colonel Lecat. (*Loc. cit.*).

(2) Ordre de marche :

2ᵉ bataillon de chasseurs, — deux batteries $\left(\frac{8, 10}{1}\right)$, — 33ᵉ régiment, — 54ᵉ, 65ᵉ. (*Journal de marche* de la division Lorencez.)

(3) Le IIIᵉ bataillon du 15ᵉ, envoyé depuis la veille dans les carrières de la Croix, au Nord-Est d'Amanvillers, y resta jusqu'au soir. (*Rapport* du général Osmont, daté du 3 septembre.)

provisoirement. Les deux batteries débouchèrent ensuite du village et s'engagèrent immédiatement ainsi qu'on l'a vu précédemment.

C'est alors que le général de Ladmirault « craignant principalement pour sa gauche qui ne se reliait pas avec le 3ᵉ corps d'armée » fit prescrire au général Pajol de diriger les trois bataillons du 33ᵉ sur Montigny-la-Grange, « d'occuper cette position avec le plus grand soin, et de s'y maintenir coûte que coûte, pendant toute la durée de la bataille (1) ».

Pendant que le 33ᵉ s'acheminait vers le point indiqué, la 2ᵉ brigade arrivait à son tour et était déployée de part et d'autre d'Amanvillers ; le 54ᵉ, conduit par le général Berger en personne, forma ses deux premiers bataillons en bataille au Nord-Ouest du village et laissa son IIIᵉ bataillon en réserve, à 300 mètres en arrière (en colonne serrée par division), son flanc gauche appuyé aux maisons de la localité ; le 65ᵉ obliqua à gauche dès qu'il eut traversé la voie ferrée, puis, formé en colonne de bataillons, vint se déployer au Sud d'Amanvillers, en arrière des 13ᵉ et 43ᵉ de ligne.

A peu près en même temps, le 2ᵉ bataillon de chasseurs, dégageant le terrain, s'était porté sur la ligne de combat de la division Grenier, à la gauche des compagnies du 5ᵉ bataillon de chasseurs, c'est-à-dire à l'extrême droite de cette division et face aux bois de la Cusse.

Enfin, à l'extrême gauche, le 33ᵉ s'était déployé de part et d'autre du château de Montigny que le général Pajol faisait occuper par deux compagnies du Iᵉʳ bataillon et que la 2ᵉ compagnie de mineurs mettait en état de défense, avec l'aide de quelques travailleurs d'infan-

---

(1) *Rapports* du général Osmont et du général Pajol, — ce dernier daté du 19 août.

terie du 65ᵉ régiment. Le reste du Iᵉʳ bataillon du 33ᵉ se forma au Nord du château (derrière la batterie de mitrailleuses Saint-Germain) et les deux autres bataillons au Sud.

Cependant, le général de Lorencez avait fait prescrire aux troupes laissées près de la ferme Saint-Vincent de rejoindre le reste de la division, et celles-ci débouchaient d'Amanvillers vers 2 heures.

Les deux bataillons du 15ᵉ régiment furent déployés à la gauche du 65ᵉ. Quant à la 9ᵉ batterie du 1ᵉʳ régiment, très indécise à la suite de deux ordres contradictoires qu'elle venait de recevoir coup sur coup, elle fut conduite, par son capitaine commandant, au Nord-Ouest d'Amanvillers, dans l'intervalle compris entre les divisions Grenier et de Cissey.

La batterie s'installa donc près du chemin qui conduit d'Amanvillers à Habonville, à 300 mètres en avant des deux premiers bataillons du 54ᵉ, et prit de larges intervalles (20 mètres), pour se soustraire autant que possible aux effets du tir des batteries qu'elle apercevait maintenant au delà de la Cusse et contre lesquelles elle ouvrit aussitôt son feu (1).

Vers 2 heures de l'après-midi, la situation était donc la suivante pour les troupes du 4ᵉ corps déployées au Sud d'Amanvillers :

La division Grenier, formée sur une seule ligne le long du chemin de la Folie à Sainte-Marie, faisait subir de lourdes pertes à l'artillerie de la croupe Champenois; mais, bien qu'elle ne fût elle-même menacée par aucune

---

(1) *Rapport* du capitaine en second Migurski, de la 9ᵉ batterie du 1ᵉʳ régiment et *Historiques* des batteries de la division Lorencez $\left(\frac{8, 9, 10}{1}\right)$. (Man. de 1871.)

troupe d'infanterie ennemie, le tir des batteries adverses l'avait déjà forcée à retirer du combat deux de ses bataillons (1).

Derrière la division Grenier, la division Lorencez venait de déployer également sur une seule ligne ses quatre régiments, dépassant légèrement sur sa droite le village d'Amanvillers et sur sa gauche le château de Montigny-la-Grange (2).

Toute l'artillerie du 4e corps était en ligne, formant trois groupes distincts, savoir : aux abords de Montigny, six batteries joignaient leurs feux à six autres batteries du 3e corps (3) pour contre-battre — avec succès — la grande batterie ennemie de Champenois ; à 600 mètres au Sud-Ouest d'Amanvillers, six batteries, très mal placées, en général, pour battre l'artillerie du IXe corps, tiraient de préférence, et concurremment avec le troisième groupe (artillerie de la division de Cissey) déployé au Nord de la voie ferrée, sur les troupes toujours grossissantes qui apparaissaient dans les bois de la Cusse, puis bientôt aux abords d'Habonville.

Déploiement de la 25e division hessoise et combat des bois de la Cusse (jusqu'à 2 heures). — Tandis qu'à partir de 1 heure, en effet, le combat aux environs de Chantrenne se réduisait à une fusillade de pied ferme, l'aile gauche du IXe corps était progressivement renforcée par la 25e division tout entière.

Celle-ci, partie de la ferme de la Caulre à la suite de la *18e* division, avait, dès son départ, détaché vers le

---

(1) $\dfrac{\text{II, III}}{64}$.

(2) Le 2e bataillon de chasseurs était engagé sur la ligne de combat de la division Grenier.

(3) Batteries $\dfrac{6, 8}{4}$; $\dfrac{7, 10}{4}$; $\dfrac{3, 4}{17}$, déployées au Nord du mamelon 343.

Nord sa brigade de cavalerie pour couvrir le mouvement sur la gauche. Les 1ᵉʳ et 2ᵉ régiments de chevau-légers, traversant les bois Doseuillons, avaient donc gagné la région comprise entre Habonville et les bois de la Cusse et n'avaient pas tardé à être canonnés par les batteries de droite de la division Grenier. Force fut donc pour eux de rétrograder et de chercher une position d'abri à l'Ouest des parcelles de bois.

La batterie à cheval de la 25ᵉ brigade de cavalerie (batterie à cheval hessoise), envoyée directement sur Vernéville, avait débouché de cette localité alors que le combat d'artillerie battait déjà son plein aux abords de Champenois ; elle s'était alors installée un peu à l'Est du village sur le premier emplacement de la batterie d'avant-garde de la 18ᵉ division.

C'est sur ces entrefaites que le prince Louis de Hesse, qui avait devancé sa division, arrivait à la pointe Sud du groupe oriental des bois de la Cusse.

D'autre part, le commandant du IXᵉ corps venait de recevoir l'ordre du commandant de l'armée, daté de 11 h. 30, l'avisant que la Garde s'acheminait sur Amanvillers pour attaquer éventuellement, de là, la droite ennemie, et lui recommandant de différer toute attaque sérieuse « si le front de l'adversaire se prolongeait plus au Nord (1) ».

L'*Historique du Grand État-Major prussien*, fait remarquer à ce sujet que le général savait d'une manière certaine que l'aile droite française se prolongeait bien au delà d'Amanvillers et que, dès lors « tous ses efforts devaient tendre à s'élever, lui aussi, vers le Nord, autant que les circonstances actuelles le comporteraient encore ».

D'ailleurs, il n'était plus temps maintenant d'envi-

---

(1) Voir page 137.

sager le plus ou moins d'opportunité d'une attaque immédiate ou combinée avec celle de la Garde. La situation aventurée de la plus grande partie des batteries du IX⁰ corps exigeait l'intervention rapide de l'infanterie sous peine de laisser écraser l'artillerie par les nombreuses troupes ennemies qui se montraient sur les crêtes. Cependant, — fait digne de remarque, — le général de Manstein, qui n'avait pas hésité à lancer en avant de son infanterie une masse de neuf batteries sur une position absolument découverte, ne prit plus aucune mesure, une fois le combat engagé, pour tenter de protéger son artillerie *en avant de son front*.

Probablement surpris par la tournure que prenaient les événements, et surtout, peut-être, par l'irruption imprévue de la brigade Bellecourt sur le flanc gauche de son artillerie (1), il ne paraît plus s'être préoccupé de la direction qu'il avait primitivement donnée à son attaque vers la Folie et Montigny, et semble avoir concentré toute son attention sur la région marquée par les bois de la Cusse, — région devant laquelle apparurent d'ailleurs bientôt de nouvelles forces ennemies (la division de Cissey) qui durent réveiller chez le commandant du IX⁰ corps, le souvenir quelque peu effacé, semble-t-il, du camp dont la présence lui avait été signalée auprès de Saint-Privat.

Déjà, le général de Manstein venait d'appeler de Vernéville le bataillon de fusiliers du *85⁰* « pour donner de l'air, — sur la gauche, — à l'artillerie de corps, serrée de près ». Quelques instants plus tard, — après avoir reçu l'ordre de l'armée dont il vient d'être question, — il fit prescrire au prince Louis de Hesse de

---

(1) Des abords de Vernéville, le général de Manstein n'avait certainement pu découvrir les tentes de la droite de la division Grenier, masquées par la crête.

gagner avec sa division les bois de la Cusse « et d'y attendre l'entrée en ligne de la Garde pour attaquer simultanément (1) ».

Il était midi et demi quand le commandant de l'avant-garde de la 25ᵉ division (2) reçut cet ordre à hauteur de Vernéville. Obliquant immédiatement à gauche vers Anoux-la-Grange, le colonel de Lyncker, passa entre les bois Doseuillons et ceux de la Cusse, gagna la pointe du taillis situé au Sud-Est d'Habonville, y arrêta ses quatre bataillons d'infanterie et porta aussitôt ses deux batteries sur la croupe au Sud du village.

A peu près au moment (vers 1 heure) où les fusiliers du *84ᵉ* atteignaient le remblai du chemin de fer (3), les deux batteries hessoises ouvraient le feu contre l'artillerie du colonel de Narp (4), apparue depuis un instant sur les hauteurs au Sud de Saint-Privat (5). A cette distance, un peu inférieure à 3,000 mètres, les batteries françaises ne restèrent pas sans infliger quelques pertes aux deux batteries hessoises dont l'une des pièces fut même mise hors de service.

---

(1) Ordre du commandant du IXᵉ corps à la *25ᵉ* division :

« L'avant-garde s'avancera jusqu'à la pointe Nord-Ouest des bois de la Cusse. Toute la division se rassemblera en ce point et y demeurera jusqu'à l'arrivée de la Garde pour s'avancer ensuite de concert avec elle. »

Cet ordre fut adressé à la fois au prince Louis et au commandant de l'avant-garde, colonel de Lyncker, qui le reçut à midi et demi, au moment où il arrivait à hauteur de Vernéville.

(*Die Theilnahme der Grossh. Hessichen (25). Division aus dem Feldzug 1870-1871 gegen Franckreich — von Scherf.*)

(2) 2ᵉ bataillon de chasseurs ; *4ᵉ* régiment d'infanterie ; 1ʳᵉ et Iʳᵉ batteries hessoise.

(3) Voir page 207.

(4) $\frac{5, 9, 12}{15}$.

(5) Voir page 206.

Mais le général de Manstein, survenant un peu plus tard auprès de l'avant-garde hessoise, faisait porter les cinq batteries de la division jusque sur la croupe que coupe la voie ferrée à 1000 mètres à l'Est d'Habonville. Ces cinq batteries ennemies engageaient alors une lutte fort vive avec les trois batteries de la division de Cissey, puis avec les batteries du 6ᵉ corps qui se montraient plus au Nord (1) ; elles ne tardèrent pas à prendre la supériorité sur les premières, malgré les pertes que leur infligeaient les tirailleurs du IIIᵉ bataillon du 73ᵉ régiment déployés, comme on sait, au Sud de la voie ferrée (2).

Pendant que l'artillerie engageait ainsi le combat à l'aile gauche du IXᵉ corps, l'infanterie hessoise s'avançait à son tour. Le *2ᵉ* bataillon de chasseurs pénétrait, à la gauche des fusiliers du *84ᵉ*, dans la parcelle du bois que borde la voie ferrée. Le *4ᵉ* régiment s'établissait lui-même au Sud-Ouest de cette même parcelle. Enfin, quelques fractions du *2ᵉ* bataillon de chasseurs, franchissant la ligne ferrée, s'installèrent devant le front des batteries hessoises à la naissance du léger vallon qui descend vers l'Ouest.

D'ailleurs, le gros de la *25ᵉ* division arrivait bientôt à son tour et se massait en arrière du *4ᵉ* régiment, pendant que le *1ᵉʳ* bataillon de chasseurs était envoyé dans la parcelle du bois qui fait face à Amanvillers pour renforcer les fractions de la *18ᵉ* division qui s'y trouvaient déjà (3).

---

(1) On verra plus loin que quelques batteries du 6ᵉ corps ouvrirent le feu sur l'artillerie hessoise. Mais au bout de peu d'instants, elles furent obligées de faire face à l'artillerie de la Garde, qui apparut sur ces entrefaites vers Saint-Ail.

(2) L'aile gauche de l'artillerie hessoise souffrit particulièrement du tir à grande distance (1200 à 1300 mètres) de l'infanterie française.

(3) $\frac{I}{84}$.

Le 3ᵉ régiment hessois se portait également dans la clairière centrale du bois pour couvrir le flanc droit de la division; mais bientôt informé de la situation critique de l'artillerie sur la croupe de Champenois, le commandant du régiment faisait avancer son Iᵉʳ bataillon dans cette direction. Ce bataillon arrivait sur la lisière, en arrière de l'aile gauche de la grande batterie, alors que la IVᵉ batterie lourde avait déjà été rejetée vers les bois avec une partie seulement de son matériel, et qu'elle ne se maintenait plus qu'avec la plus grande peine dans sa nouvelle position sous le feu de la batterie Boniface (1).

Dès que le Iᵉʳ bataillon du 3ᵉ hessois tenta de déboucher en terrain découvert, il fut reçu par des feux d'artillerie et d'infanterie si violents qu'il dut se borner à tenir la lisière d'où il ne prêtait, avec une arme d'une portée très réduite, qu'un appui absolument illusoire aux batteries prussiennes. L'autre bataillon (le IIᵉ) du 3ᵉ hessois fut également porté sur la lisière (à la gauche du Iᵉʳ bataillon du 84ᵉ) et put à peine atteindre de ses feux les tirailleurs du 73ᵉ qui lui faisaient face (distance de 600 ou 700 mètres).

En résumé, vers 2 heures de l'après-midi (croquis nº 4), la situation de l'aile gauche allemande était la suivante dans les bois de la Cusse :

Quatre bataillons (2) tenaient les parcelles orientales

---

(1) $\frac{5}{15}$. Cette dernière luttait, non sans désavantage, avec la batterie hessoise du Sud de la voie ferrée $\left(\frac{I}{II\text{ess}}\right)$. Chaque fois, cependant, que la IVᵉ batterie prussienne tentait de rouvrir le feu, le capitaine Boniface dirigeait sur elle le tir de sa section de gauche qui, en une dizaine de coups, éteignait pour un temps la batterie, d'ailleurs très fortement éprouvée déjà. (*Historique* de la 5ᵉ batterie du 15ᵉ régiment.)

(2) $\frac{I}{84}$, $\frac{I, II}{3 \text{ Hess}}$, 1 B. Ch.

du bois, mais se trouvaient dans l'impossibilité d'en déboucher pour porter secours à l'artillerie de corps, alors très malmenée par les feux de l'infanterie Grenier et des batteries du 4ᵉ corps. Bien qu'ils restassent immobiles sur leurs positions, ces quatre bataillons, mal abrités, subissaient des pertes sensibles sous les feux des tirailleurs du 73ᵉ, du 5ᵉ bataillon de chasseurs et du 13ᵉ régiment et sous le tir des batteries en position à l'Ouest d'Amanvillers (1), sans pouvoir eux-mêmes faire un usage efficace de leurs armes à courte portée.

Deux bataillons et demi (2) occupaient la parcelle bordant la voie ferrée, mais conservaient une attitude purement passive. Au Sud-Ouest de cette parcelle de bois, les six bataillons des 1ᵉʳ, 2ᵉ et 4ᵉ régiments hessois formaient une réserve importante, d'ailleurs mal abritée et qui ne laissait pas que de subir quelques pertes du fait de l'artillerie adverse.

Enfin, cinq batteries déployées au Nord-Ouest du bois de la Cusse luttaient avec l'artillerie de la division de Cissey et n'allaient pas tarder à prendre la supériorité sur leur adversaire.

Retraite de l'artillerie de la division de Cissey (vers 3 heures). — En effet, depuis une demi-heure déjà, de nouvelles et nombreuses batteries étaient apparues entre Habonville et Saint-Ail (3), et bien que celles-ci dirigeassent leur tir contre les troupes du 6ᵉ corps déployées au Sud de Saint-Privat (4), les deux batteries

---

(1) $\frac{6, 7, 9}{1}$.

(2) $\frac{2, 3}{36}$, $\frac{F}{84}$, 2 B. Ch.

(3) C'étaient, comme on le verra plus tard, les neuf batteries de la 1ʳᵉ division et de l'artillerie de corps de la Garde.

(4) Division Levassor-Sorval.

de 4 de la division de Cissey (5ᵉ et 9ᵉ), dont l'une au moins (la 5ᵉ) crut observer que son tir sur l'artillerie hessoise n'avait pas de résultat appréciable, tournèrent leurs feux sur les nouvelles batteries ennemies en refusant leur aile droite, tandis que les mitrailleuses (12ᵉ) continuaient seules à battre « les masses profondes » de l'infanterie des bois de la Cusse. Malheureusement, les batteries de la 25ᵉ division, débarrassées d'un adversaire qu'elles prenaient dès lors en écharpe, infligèrent en peu d'instants des pertes assez sensibles à la 5ᵉ batterie du 15ᵉ régiment; celle-ci fut obligée de se reporter en arrière de la crête, mais elle sut trouver, en obliquant un peu vers le Nord, une nouvelle position où elle était abritée des vues des batteries de la voie ferrée, position d'où elle put continuer à lutter, pendant quelque temps encore, avec l'artillerie de la Garde prussienne. La 9ᵉ batterie, moins exposée que la précédente, subissait des pertes un peu inférieures (1). Mais comme à la suite d'un tir très vif, le manque de munitions commençait à se faire sentir, elle crut devoir se retirer pour se réapprovisionner auprès de sa réserve.

Dès lors, les trois premières compagnies du 20ᵉ bataillon de chasseurs, placées primitivement en soutien à la gauche des batteries et couchées dans les sillons sur la crête même, restaient exposées à une grêle de projectiles, sans pouvoir répondre à un adversaire qui, embusqué en contre-bas sur la lisière des bois, échappait à leurs vues. Le capitaine Delherbe, qui commandait ces trois compagnies, les conduisit donc dans la tranchée du chemin de fer où elles trouvèrent un abri, assez précaire, il est vrai, contre le tir des batteries hessoises.

---

(1) Pertes totales de la journée : 6ᵉ batterie du 15ᵉ : 16 hommes et 7 chevaux ; 9ᵉ batterie : 10 hommes et 4 chevaux.

Un peu plus au Nord, le IIe bataillon du 73e, bien qu'il se tînt un peu en deçà de la crête, fut également couvert d'une grêle d'obus destinés aux batteries et dut chercher en arrière une position moins défectueuse.

Sur ces entrefaites, le 6e régiment s'était porté en avant et progressait de part et d'autre de la voie ferrée. Il couronnait bientôt la crête en s'étendant jusqu'à 300 mètres au Sud du chemin de fer. Il portait alors ses tirailleurs jusqu'à mi-côte et ouvrait le feu sur l'infanterie ennemie qui garnissait la lisière des bois de la Cusse (1).

Cependant, les deux seules batteries qui soutenaient encore la lutte (5e et 12e du 15e), commençaient à succomber sous le poids d'un feu très supérieur. A 2 h. 30, la 5e batterie, déjà fort éprouvée dans sa première position auprès de la voie ferrée, avait dû exécuter un tir rapide qui épuisa ce qui lui restait de munitions. Elle se retira donc pour se réapprovisionner auprès de sa réserve.

Restée seule en position, la batterie de canons à balles (12e) tenta de lutter encore pendant quelques instants ; mais elle dut bientôt se retirer également (2).

Bien que l'infanterie des deux partis n'ait encore prononcé aucun mouvement offensif, la 25e division prussienne, puissamment soutenue par l'artillerie de la Garde qui venait de se déployer au Sud de Saint-Ail, avait donc remporté, dès 3 heures, un sérieux avantage

---

(1) D'après : *La guerre telle qu'elle est*, par le lieutenant-colonel Patry, alors lieutenant au 6e régiment.

(2) *Historiques* des batteries de la division de Cissey.

Les batteries se retirèrent sur la route de Briey, près de la lisière des bois de Saulny. Les réserves étaient restées plus en arrière encore sur la route. On mit un certain temps à les retrouver, de sorte que les batteries n'eurent achevé de se réapprovisionner qu'à 4 heures de l'après-midi. Elles se reportèrent aussitôt en avant, comme on le v plus tard.

sur la division de Cissey en annihilant, pour un temps, l'artillerie de cette dernière. Aussi, le prince Louis de Hesse, en constatant, — vers 3 h. 30, — que les troupes allemandes de la Garde étaient en marche par Sainte-Marie et « croyant y reconnaître l'indice d'une attaque sur Saint-Privat », n'allait-il pas tarder à donner le signal de l'attaque.

Mais déjà, le combat de front, devant les troupes de la division Grenier, avait pris une tournure des plus fâcheuses pour le IXe corps.

Combat sur le front de la division Grenier entre 2 et 3 heures. Échec de l'artillerie prussienne. — Vers 2 heures, en effet, la batterie de mitrailleuses Saint-Germain (5e du 1er), sur laquelle plusieurs batteries allemandes concentraient leur tir, s'était retirée en arrière de la crête ; mais, passant derrière la batterie Florentin (11e du 1er) et appuyant de 500 mètres environ vers le Nord, elle était venue aussitôt se reformer près des deux batteries de 4 de sa division sur le mamelon situé à l'Ouest d'Amanvillers, position d'où elle ouvrit le feu « sur les masses d'infanterie qui apparaissaient à 2,000 mètres du côté de Vernéville (1) », c'est-à-dire sur le bataillon de fusiliers du *85e* que le général de Manstein venait d'appeler à la gauche de la grande batterie de la croupe Champenois (2).

A peu près au même instant, d'ailleurs, la 9e batterie du 8e régiment, installée auprès du coude de la route de Vernéville, sans doute trop en contre-bas pour avoir des vues étendues et ne pouvant trouver place sur la croupe

---

(1) *Historique* des batteries de la division Grenier.

(2) Quelques instants plus tard, la batterie Prunot $\left(\frac{7}{1}\right)$ se reportait à la droite des batteries de son groupe pour mieux battre les bois de la Cusse.

qui s'étendait à sa droite, à cause de l'encombrement qui y régnait, se repliait vers sa gauche jusqu'auprès de Montigny où elle venait ainsi, par hasard, remplacer la batterie Saint-Germain.

Les six batteries du 3ᵉ corps établies entre Montigny et le mamelon 343 (1) continuaient à prêter un précieux concours à l'artillerie du 4ᵉ corps ; les deux batteries du 17ᵉ, commandées par le lieutenant-colonel Delatte, ne cessaient de battre, par un tir très vif à 1400 ou 1600 mètres, les batteries voisines de Champenois. Partiellement abritées par le rideau de peupliers qui borde le chemin de la Folie à Sainte-Marie, elles ne subirent que des pertes relativement faibles (2).

Les batteries du 4ᵉ régiment (7ᵉ et 10ᵉ) placées à la gauche de ces dernières en une position plus dominante, mais non abritée par la rangée d'arbres dont il vient d'être question, avaient subi des pertes un peu plus importantes (3) et avaient été obligées déjà de se reporter à la lisière des bois pour se refaire.

Mais toutes deux rentraient très rapidement au combat un peu en avant de leur ancienne position. Enfin, à leur gauche, les deux batteries de la division Montaudon (6ᵉ et 8ᵉ du 4ᵉ) continuaient également à lutter, malgré l'encrassement des mitrailleuses qui avait déjà interrompu une première fois le tir de la batterie Barbe, ainsi qu'on l'a vu précédemment (4).

---

(1) $\frac{3, 4}{17}$, $\frac{7, 10}{4}$, $\frac{6, 8}{4}$.

(2) *Rapport* du lieutenant-colonel Delatte et *Historiques* des 3ᵉ et 4ᵉ batteries du 17ᵉ.

Pertes totales : 3ᵉ batterie, 6 hommes et 10 chevaux ; 4ᵉ batterie, 8 hommes et 12 chevaux.

(3) Pertes totales : 7ᵉ batterie, 10 hommes ; 10ᵉ batterie, 7 hommes et 11 chevaux.

(4) *Journal* du lieutenant Palle. (*Loc. cit.*)

On vient de rappeler, il y a un instant, que les fusiliers du 85ᵉ régiment prussien avaient été dirigés vers la gauche de la grande batterie allemande. Quand, un peu après 2 heures, ils arrivèrent à hauteur de l'aile avancée des pièces prussiennes, l'artillerie « se trouvait déjà presque hors d'état de combattre, et sa situation était devenue excessivement critique (1) ».

La 2ᵉ batterie à cheval avait été assaillie par des feux de flanc très intenses dès la disparition de la IVᵉ batterie située naguère à 300 mètres plus à gauche. Ses pertes en hommes et en chevaux étaient telles, qu'elle avait dû amener les avant-trains et se replier sur les bois de la Cusse, « réduite, pour emmener un canon dont les six chevaux manquaient, à l'atteler, sous le feu même de l'infanterie ennemie, derrière une autre pièce (2) ».

C'est sur ces entrefaites qu'apparut, à la gauche des batteries encore en position, le bataillon du major de Goddenthow (3). Celui-ci, après avoir fait déposer les sacs de ses hommes, lança ses deux compagnies d'aile au pas de course sur le terrain même qu'occupait autrefois la IVᵉ batterie (croupe 321). Déployées en tirailleurs, ces deux compagnies dépassèrent quelque peu la gauche des batteries de la croupe 326 et gagnèrent encore quelques centaines de mètres sous la poussée des fractions des deux compagnies du centre que le commandant appela à la rescousse ; elles tombèrent alors sous le feu très meurtrier des deux premiers bataillons du 13ᵉ de ligne, des batteries de la division Grenier et surtout de

---

(1) *Historique du Grand État-Major prussien.*

(2) D'après Kunz (*Kriegsgeschichliche Beispiele......Heft 6*), la 2ᵉ batterie à cheval se serait retirée vers 2 heures, c'est-à-dire avant l'arrivée du bataillon du *85ᵉ*.

(3) $\frac{F}{85}$.

la batterie de canons à balles de la division Lorencez, qui, sur l'ordre du général Lafaille, venait de se porter à une cinquantaine de mètres en avant, de manière à mieux découvrir les pentes descendant vers Vernéville et les bois de la Cusse (1).

En quelques instants, le brave bataillon prussien fut décimé (2). Ayant laissé sur le terrain à peu près la moitié de son effectif, il lâcha pied et ses débris vinrent se rallier sur la lisière des bois de la Cusse.

« Grâce à l'effort désespéré des fusiliers, dit l'*Historique du Grand État-Major prussien*, le mouvement offensif de l'adversaire avait été arrêté et le péril le plus imminent pour les batteries se trouvait écarté, au moins pour le moment. » Certes, « l'effort désespéré » du bataillon allemand est digne des plus grands éloges et avait été inspiré par une juste appréciation du danger que courait alors l'artillerie allemande dont deux batteries venaient déjà de quitter la lutte complètement désemparées. Mais le respect de la vérité historique oblige à remarquer qu'à l'exception du léger mouvement en avant exécuté à peu près à ce moment par la batterie de mitrailleuses Guérin (8e), aucune offensive de l'infanterie ne se produisit sur ce point et que les tirailleurs de la division Grenier restèrent bravement, —

---

(1) *Historique* des batteries de la division Lorencez. C'est peut-être ce mouvement en avant des mitrailleuses qui fut pris par les Allemands pour l'offensive à laquelle fait allusion l'*Historique du Grand État-Major prussien*, car, depuis le léger bond en avant du IIIe bataillon du 13e régiment, exécuté vers 1 h. 15, l'infanterie française ne paraît malheureusement pas avoir dépassé le chemin sur lequel ses tirailleurs étaient embusqués. La batterie de mitrailleuses Saint-Germain ne dut pas voir l'attaque du bataillon prussien à cause de la forme du terrain. Elle ne paraît d'ailleurs pas avoir tiré sur lui.

(2) Pertes du bataillon $\left(\frac{F}{85}\right)$: 12 officiers et 400 hommes.

mais passivement, — sur les bords du chemin où ils étaient déployés depuis le début de la lutte.

Quoi qu'il en soit, et bien qu'on eût ainsi laissé échapper l'occasion de clouer sur leurs pièces les servants allemands, la situation n'en était pas moins devenue intenable pour les sept batteries ennemies encore en position.

Le lieutenant-colonel commandant l'artillerie de corps donnait donc vers 2 h. 30 l'ordre de ramener les batteries vers l'arrière.

Les 3e et 4e batteries légères exécutèrent, — à grand'-peine, — le mouvement les premières. A leur suite, la IIIe batterie lourde laissait une pièce sur la position. Enfin, à la droite de cette dernière, la IIe batterie lourde suivait également le mouvement de retraite, abandonnant sur le terrain cinq voitures de munitions et d'approvisionnements (1).

Quant à la batterie à cheval hessoise, prise à partie par la 9e batterie du 8e régiment qui venait, comme on l'a dit précédemment, de s'installer à l'abri d'une haie en avant de son ancien bivouac et au Nord de Montigny, elle subit bientôt des pertes sensibles qui l'obligèrent à quitter la croupe du cimetière de Vernéville et à se replier en arrière (2).

---

(1) Pertes des batteries allemandes *pour la journée* : IVe lourde : 48 hommes et 49 chevaux ; 2e à cheval : 38 hommes et 102 chevaux ; 4e légère : 29 hommes et 48 chevaux ; 3e légère : 26 hommes et 47 chevaux ; IIIe lourde : 35 hommes et 54 chevaux ; IIe lourde : 24 hommes et 70 chevaux.

L'*Historique du Grand État-Major prussien* fait remarquer que presque toutes ces pertes furent éprouvées avant 3 h. 30 de l'après-midi. Toutefois, toutes ces batteries, sauf une (la IIe) rentrèrent en ligne après s'être plus ou moins reconstituées.

(2) Au bout de peu de temps, cette batterie reçut l'ordre de rentrer en ligne au Sud-Ouest de Champenois pour préparer l'attaque de ce point d'appui.

« Après le départ de ces cinq batteries, il ne restait donc plus, vers 3 heures, sur le front primitivement si long de cette ligne de bouches à feu, que trois batteries de ce qui avait primitivement formé l'aile droite : la 1re légère, la 2e légère et la Ire lourde. Le capitaine d'Eynatten, auquel le commandement était échu sur ce point, n'en ordonnait pas moins une conversion à gauche sur la batterie du centre et s'avançait de 200 pas environ pour canonner plus efficacement les colonnes d'infanterie française qui s'étaient établies dans les dépressions du terrain et dans les plis de la croupe (1). »

L'artillerie du 4e corps, — à l'exception des batteries de la 1re division opérant sur un tout autre théâtre, — était encore tout entière en ligne. A sa gauche, il est vrai, les deux batteries à cheval du lieutenant-colonel Delatte (2), complètement à bout de munitions, étaient bientôt obligées de se retirer sur la lisière des bois entre Leipzig et la Folie (3). Mais les batteries voisines appartenant au 3e corps tenaient toujours leurs positions. Un peu avant 3 h. 30, les défenseurs du plateau qui s'étend de la Folie à la voie ferrée, disposaient donc encore de seize batteries, dont quelques-unes, toutefois, étaient assez durement éprouvées, et qui, presque toutes, avaient dépensé une grande partie de leurs munitions.

Entre 3 heures et 3 h. 30, l'infanterie n'avait pas

---

(1) *Historique du Grand État-Major prussien.* — Rien ne permet de supposer que la retraite des batteries allemandes fut suivie d'un mouvement offensif quelconque de la part de l'infanterie française.

(2) $\frac{3, 4}{17}$.

(3) De là, les deux batteries gagnèrent le plateau de la ferme Saint-Vincent et firent rechercher leurs réserves et le parc d'artillerie qui leur fournirent 7 caissons de munitions.

sensiblement changé les dispositions qu'on a indiquées plus haut. Les deux bataillons de gauche du 98e (Ier et IIIe) s'étaient seulement avancés de quelques centaines de mètres, dans le but d'éviter, dans une certaine mesure, les coups de l'artillerie ennemie.

Un peu plus tard, à l'extrême droite de la 2e division et sur la demande du général Grenier que l'infanterie prussienne réunie dans les clairières de la Cusse, inquiétait de plus en plus, le général Berger avait fait avancer successivement deux bataillons du 54e : le Ier bataillon vint prolonger sur leur droite les deux compagnies du 5e bataillon de chasseurs embusquées dans le chemin qui descend vers la maison du garde-barrière, alors en construction sur le chemin de Sainte-Marie ; le IIIe bataillon, obliquant plus à gauche, s'arrêta derrière le centre de la brigade Bellecourt dont les tirailleurs garnissaient le chemin de terre 331-327-325.

Mais bientôt, et grâce à la passivité des troupes françaises qui laissèrent échapper l'occasion de remporter un succès éclatant sur le IXe corps allemand, la situation allait complètement changer d'aspect.

Entrée en ligne de l'artillerie du IIIe corps (3 h. 30). — Sur l'ordre du commandant de la IIe armée, en effet, le IIIe corps, rassemblé pendant tout le cours de la matinée à Chambley (5e division) et à Flavigny (6e division et artillerie de corps), s'était mis en marche vers le Nord après midi et probablement même vers 1 heure seulement (1).

---

(1) Les *Historiques* des régiments du IIIe corps ne sont pas d'accord sur les heures de départ. La 6e division paraît avoir quitté Flavigny un peu avant 1 heure ; la 5e division n'aurait quitté Chambley qu'à partir de 1 h. 30 et le régiment de queue (le 12e) n'aurait même rompu qu'à 3 heures.

La 6ᵉ division, marcha en formation de rassemblement par Saint-Marcel et la Caulre ; la 6ᵉ division de cavalerie s'avança en seconde ligne. L'artillerie de corps devait, d'après les ordres donnés, suivre la 6ᵉ division d'infanterie. Mais, occupée, au moment du départ, à la répartition de chevaux de complément qu'elle venait de recevoir, elle ne put se mettre en route que plus tard, c'est-à-dire à la suite de la 5ᵉ division (1).

De son côté, le quartier général de la IIᵉ armée dépassait Anoux-la-Grange, arrivait vers 1 h. 45 à l'Ouest de Vernéville et se rendait ensuite (à 2 heures), à l'Ouest d'Habonville, dans l'espoir de résoudre enfin la question, toujours obscure pour lui, de savoir jusqu'où s'étendait la droite française (2).

D'après de Goltz, ce ne fut qu'en arrivant à hauteur des bois de la Cusse que le prince Frédéric-Charles, découvrant les troupes du 6ᵉ corps sur le plateau de Saint-Privat, se rendit enfin compte de la véritable situation de l'armée française. Il ordonnait aussitôt au commandant de l'artillerie du IIIᵉ corps de renforcer les troupes du général de Manstein avec quatre des batteries de l'artillerie de corps. Cet ordre parvint au général de Bulow, vers 2 h. 45, aux environs de Saint-Marcel, et à 3 h. 30, les quatre batteries montées de l'artillerie de corps (3), prenaient position sur la croupe qui s'étend du bois des Génivaux au cimetière de Vernéville, tandis que les deux batteries à cheval (4), très

---

(1) *Historique du Grand État-Major prussien.* — *Geschichten der Nr. 8, 48, 12, 20, 35, 64; Feldartillerie Nr. 3; 6. Kur. und 15. Uhl.*

(2) *Die Operationen der II. armee.*

(3) $\frac{3, 4, \text{III}, \text{IV}}{3}$.

(4) $\frac{1\,c,\ 3\,c}{3}$.

fortement éprouvées dans la journée du 16, restaient provisoirement en réserve près de Vernéville (1).

Les batteries montées dirigèrent tout d'abord leur tir : d'une part sur l'artillerie française voisine du château de Montigny, et d'autre part sur les mitrailleuses de la division Montaudon, installées sur la croupe 343.

Sur la demande du commandant de l'artillerie du IXe corps, le commandant des quatre batteries montées du IIIe portait bientôt la IIIe batterie lourde sur la hauteur située à 1500 mètres au Nord-Est de Vernéville (croupe 313), puis la IVe lourde vers la ferme de l'Envie.

Cette dernière batterie, assaillie dans sa marche par les feux du 98e, dut rétrograder quelque peu et s'arrêter auprès de la batterie à cheval hessoise qui, sur ces entrefaites, était rentrée en ligne au Sud-Ouest de Champenois (2). Mais le colonel de Dresky reconnut bientôt que la situation des deux batteries lourdes devenait intenable sous le tir à longue portée du chassepot; il les fit donc rétrograder jusque sur leur ancienne position et se contenta de faire avancer un peu l'aile gauche de sa ligne primitive de manière à mieux battre la lisière des bois au delà de Chantrenne, ainsi que l'artillerie du mamelon 343 qui lui paraissait particulièrement gênante.

Pendant ce temps, le général Alvensleben avait prescrit aux deux batteries à cheval arrêtées à Vernéville (3) de se porter en avant pour renforcer les trois batteries de la *18e* division, restées à l'Ouest de Champénois. La 3e batterie à cheval arrivait la première et s'installait à la gauche des batteries divisionnaires. La

---

(1) *Geschichte des Feldartillerie-Regiments Nr. 3.*
(2) Page 234, note 2.
(3) $\frac{1\,c,\ 3\,c}{3}$.

1ʳᵉ batterie à cheval, survenant ensuite, se plaçait à la gauche et en avant de la 3ᵉ.

Il était alors à peu près 4 heures, et depuis l'arrivée des six batteries du IIIᵉ corps, l'artillerie française, déjà fort éprouvée par une lutte de plusieurs heures, commençait à faiblir sur tous les points. Grâce à cet état de choses, deux batteries du IXᵉ purent, après s'être reconstituées, rentrer en ligne : la 2ᵉ batterie à cheval revint, la première, s'intercaler entre l'artillerie de la *18ᵉ* division et les deux batteries à cheval du IIIᵉ corps; la 4ᵉ batterie légère arriva ensuite, avec cinq pièces, à la droite de la ligne (1).

Vers 4 h. 15, douze batteries étaient donc en action à l'Est de Vernéville, ayant pris, d'une manière définitive, la supériorité du feu sur l'artillerie des hauteurs de Montigny.

Échec de l'artillerie française (vers 4 heures). — Sur le mamelon 343, en effet, la 6ᵉ batterie du 4ᵉ (Crassous) qui, lors de la précédente rentrée en ligne du groupe dont elle faisait partie, avait cédé son ancienne place derrière des épaulements à la 8ᵉ batterie (mitrailleuses Barbe), restait exposée, sans protection, au tir de l'artillerie du IIIᵉ corps. Bien que ses pertes fussent relativement faibles, par la raison que le tir de l'adversaire était surtout attiré par les mitrailleuses (2), elle crut devoir se

---

(1) La IIIᵉ batterie s'égara au milieu des bois de la Cusse, essuya une très vive fusillade près de la lisière orientale et se retira définitivement. La 3ᵉ légère ne rentra dans la lutte que plus tard, à la droite de l'artillerie hessoise. Les IIᵉ et IVᵉ ne reparurent pas. (*Geschichte des Feldartillerie-Regiments Nr. 9.*)

(2) Le fait est signalé par l'*Historique* allemand et paraît d'ailleurs avoir été fréquent dans les batailles de la première partie de la campagne. Grâce au crépitement particulier des canons à balles, ceux-ci semblent avoir, en maintes circonstances, attiré spécialement l'attention et par suite le feu de l'artillerie ennemie. Le même sort était réservé

replier, vers 4 heures, en arrière de la Folie (1). Quant à la batterie Barbe, elle supporta sans essuyer de très grosses pertes (2), et grâce à ses épaulements, le tir convergent de plusieurs batteries prussiennes; elle continua donc la lutte pendant une heure encore et elle ne se retirera auprès de la 6e batterie que poussée par la nécessité de remettre en état les culasses de ses pièces fortement encrassées (3).

Un peu plus au Nord, les 7e et 10e batteries à cheval du 4e avaient déjà été obligées de se retirer une première fois (4). Une demi-heure après l'arrivée des batteries du IIIe corps prussien et au moment de la réapparition de plusieurs batteries sur la croupe 326, — c'est-à-dire vers 4 heures, — les batteries Lécrivain (7e) et Margot (10e) durent reculer à nouveau jusque sur la lisière du bois pour se refaire et compléter leurs munitions. Mais la 7e batterie ne put rentrer en ligne, tandis que la 10e ne tardait pas à reprendre un nouvel emplacement de tir un peu plus rapproché de Montigny pour recommencer la lutte avec l'artillerie de la ferme Champenois.

Aux abords de Montigny, quelques batteries étaient également forcées d'abandonner la lutte :

La 5e batterie à cheval du 17e (Cahous) avait subi des pertes énormes (5); bien que la facile pénétration du sol

---

aux batteries à cheval rendues très très visibles par leurs pelotons de chevaux.

(1) Pertes de $\frac{6}{4}$: 9 hommes; 12 chevaux; 257 obus.

(2) Pertes de $\frac{8}{4}$: 11 hommes; 13 chevaux; 650 boîtes à balles.

(3) *Rapport* du lieutenant-colonel Fourgous et *Historiques* des batteries de la division Montaudon.

(4) Voir page 231.

(5) Pertes de $\frac{5}{17}$: 48 hommes; 78 chevaux; 719 obus; de $\frac{6}{17}$: 11 hommes; 5 chevaux; 1036 obus.

eût affaibli jusque-là dans une large mesure les effets d'un tir d'ailleurs mal réglé (1), le renforcement de l'artillerie de la *18ᵉ* division par les trois batteries à cheval dont il a été question plus haut, — joint à un tir d'écharpe qu'exécutaient un peu plus tard les batteries du cimetière de Vernéville, — menaça d'une destruction presque complète le personnel et les chevaux du capitaine Cahous ; un peu avant 4 h. 30, 30 hommes et un grand nombre de chevaux étaient déjà hors de combat. Le commandant Poilleux, qui se tenait de sa personne auprès de la batterie, reçut alors l'ordre du général Lafaille d'amener les avant-trains, ce qui ne put être exécuté que successivement, par demi-batterie, et en ayant recours aux hommes et aux chevaux de la réserve. La seconde batterie du commandant Poilleux (6ᵉ), séparée de la première depuis le commencement de la lutte, avait beaucoup moins souffert ; soigneusement défilée par la crête au Sud de Montigny, et d'ailleurs partiellement masquée aux vues de l'adversaire, — ainsi que sa voisine de droite (10ᵉ du 1ᵉʳ), — par la rangée de peupliers bordant le chemin de la Folie, elle avait soutenu, sans grandes pertes, la lutte avec l'artillerie allemande placée à 1000 mètres en avant d'elle. Mais lorsqu'à la suite du renforcement des batteries adverses, c'est-à-dire à partir de 3 h. 30, l'artillerie du 3ᵉ corps évacua le mamelon 343, la batterie Albenque resta seule, au Sud de Montigny, à supporter le feu de l'adversaire. En quelques instants, les pertes s'accusèrent plus fréquentes ; un affût et plusieurs voitures furent brisés (2). D'ailleurs, les munitions commençaient à manquer ; après avoir tiré près de 1000 coups, la batterie ne disposait plus que de 50

---

(1) Les projectiles prussiens tombaient en arrière de la batterie dans une zone de 600 mètres de profondeur.

(2) Quatre roues brisées furent immédiatement remplacées sous le feu.

ou 60 charges. C'est sur ces entrefaites que la batterie Margot (10ᵉ du 4ᵉ) réapparut un peu plus à gauche. Profitant de l'appui qui lui arrivait bien opportunément, le capitaine Albenque « fit ralentir progressivement le feu » et se retira ensuite derrière le château de Montigny, où il se refit très rapidement (1).

On se rappelle qu'à la droite de la batterie Albenque, la 10ᵉ batterie du 1ᵉʳ régiment s'était installée très près et en avant du château de Montigny; de là, elle ne parvenait à découvrir qu'avec une certaine difficulté, au travers du masque formé par les peupliers dont il a été plusieurs fois question déjà, l'objectif sur lequel elle tirait « au jugé ». Elle dépensa cependant un grand nombre de projectiles dans un tir qui ne dut avoir qu'une efficacité excessivement médiocre, car, vers 4 heures, et bien qu'elle n'eût encore éprouvé que des pertes assez faibles, elle dut se retirer pour recompléter ses munitions (2).

A ce moment même arrivait auprès d'elle la 9ᵉ batterie du 8ᵉ régiment (Masson) qui, après avoir appuyé une première fois vers le Sud entre Amanvillers et Montigny (3), se rapprochait des batteries ennemies qu'elle avait vues déboucher au Nord-Ouest du bois des Génivaux, et avec lesquelles elle avait tout d'abord engagé la lutte à 2,500 mètres (4). Quand les munitions lui manquèrent, — vers 4 h. 30, — la batterie Masson se replia près de la gare d'Amanvillers pour faire rechercher son parc.

---

(1) La batterie put se procurer quatre caissons de munitions et rentra alors en ligne, — *probablement* aux environs de 5 heures, — car les heures données par l'*Historique* sont évidemment erronées.

(2) Pertes de $\dfrac{10}{1}$: 6 hommes et 20 chevaux ; 769 obus.

(3) Voir page 230.

(4) $\dfrac{3,\ 4,\ III,\ IV}{3}$.

Les deux batteries de 12 du commandant Ladrange n'avaient pas un instant cessé la lutte depuis midi (11ᵉ et 12ᵉ du 1ᵉʳ). Bien qu'elles eussent éprouvé vers 2 heures, — c'est-à-dire au moment où les batteries prussiennes étaient encore toutes en action sur la croupe de Champenois, — des pertes importantes (1), elles avaient continué à contre-battre vigoureusement les pièces adverses. Quand celles-ci eurent partiellement disparu du champ de bataille, la 11ᵉ batterie (Florentin) put, de sa position à mi-distance entre Amanvillers et Montigny, diriger son tir sur les rassemblements d'infanterie qu'elle découvrait dans les clairières des bois de la Cusse. Elle tirait encore sur cet objectif quand, à 3 h. 30, apparurent, au Sud-Est de Vernéville de nouvelles batteries prussiennes appartenant au IIIᵉ corps et « placées à la limite extrême de portée des pièces (2) ».

Le capitaine Florentin fit alors tirer « à toute volée » contre ces nouvelles batteries ; mais, dans l'impossibilité où il était de se rendre compte des résultats obtenus, il dut faire cesser le feu au bout d'un quart d'heure, sous peine de consommer toutes ses munitions. Un peu avant 4 h. 30, le général Lafaille, sans doute désireux de réserver pour une circonstance pressante le tir de celles de ses batteries qui pouvaient encore se maintenir en position, fit prescrire au commandant Ladrange de rester sur place, mais d'interrompre le tir jusqu'à nouvel ordre.

En résumé, il ne restait plus, à partir de 4 h. 30, que

---

(1) Pertes pour la journée : $\frac{11}{1}$: 22 hommes ; 19 chevaux ; 446 obus ; $\frac{12}{1}$: 18 hommes ; 8 chevaux ; 548 obus tirés.

(2) En réalité, 2,800 mètres environ.

(3) $\frac{8}{4}$, $\frac{10}{4}$, $\frac{11,12}{1}$.

quatre batteries en ligne (3) sur le plateau de Montigny ; sur douze batteries qui y avaient lutté pendant les premières heures de l'après-midi, huit s'étaient retirées.

Plus au Nord, en avant d'Amanvillers, la situation n'était pas moins désastreuse.

Les six batteries engagées sur ce point cédaient, à partir de 4 heures, devant les feux de l'artillerie hessoise qui, après avoir contraint à la retraite l'artillerie de la division de Cissey, avait dirigé le tir de quelques-unes de ses batteries sur les pièces françaises déployées sur la crête 326, 331, 327.

La 6ᵉ batterie du 8ᵉ régiment était encore au combat vers 4 h. 30, près du coude de la route de Vernéville. Mais ayant presque complètement épuisé ses munitions et ayant d'ailleurs subi des pertes importantes, — 16 hommes et 17 chevaux, — elle abandonnait la lutte quelques minutes plus tard.

La 8ᵉ batterie du 1ᵉʳ (mitrailleuses Guérin), placée à la droite de la précédente, n'avait pas peu contribué, comme on se le rappelle, à désorganiser l'aile droite de l'artillerie du IXᵉ corps. A partir de 2 h. 30, et alors que cette dernière eut évacué la place, la batterie Guérin dirigea son feu sur l'infanterie des bois de la Cusse, « qui se rejetait dans les fourrés après chaque décharge de canons à balles ». Vers 3 h. 30, quand les batteries du IIIᵉ corps apparurent au Sud-Est de Vernéville, le capitaine Guérin fit diriger sur elles le feu de ses pièces, qui, malheureusement, restèrent impuissantes à une telle distance (environ 2,500 mètres).

Vers 4 heures, le général Lafaille lui fit donner l'ordre de ménager ses munitions pour un cas plus pressant, et la batterie se retira en arrière de la crête, au Sud d'Amanvillers (1).

---

(1) Ultérieurement, la batterie se retira sur le plateau au Sud-Est

Quant à la 9ᵉ batterie du 1ᵉʳ (Baritot), placée comme on sait, à l'extrême droite de la division Grenier, elle eut beaucoup à souffrir du tir de l'artillerie hessoise qui, vers 4 heures, dirigea sur elle un tir très vif; en une demi-heure, elle fut hors d'état de combattre; les pertes s'élevaient alors à 24 hommes et 18 chevaux; un caisson avait fait explosion et presque toutes les voitures étaient endommagées. A 4 h. 30, elle se retira derrière Amanvillers, puis elle rejoignit ensuite la batterie Guérin.

Depuis que les trois batteries de la division Grenier étaient réunies à l'Ouest d'Amanvillers, elles avaient tenté de concentrer leurs feux sur l'artillerie hessoise, mais celle-ci, abritée par le remblai du chemin de fer et par quelques parcelles du bois de la Cusse, ne paraît pas avoir beaucoup souffert du tir des batteries françaises, tandis que ces dernières, au contraire, ne tardaient pas à éprouver des pertes assez sensibles.

La 7ᵉ batterie du 1ᵉʳ (Prunot), venue, comme on sait, rejoindre les deux autres, abandonna la lutte la première. Laissant sur le terrain 16 hommes et 9 chevaux, elle se replia vers 4 heures derrière Amanvillers pour compléter ses munitions, puis le capitaine en second Mathieu prenant le commandement à la place du capitaine Prunot, blessé pendant la retraite, fit aussitôt former une section à l'aide du personnel encore valide et se tint prêt à recommencer le combat.

La 5ᵉ batterie (Saint-Germain) perdait 17 hommes et 25 chevaux. Elle dut également se retirer un peu plus tard, pour se réapprovisionner (1).

---

d'Amanvillers, après avoir franchi la tranchée du chemin rendue praticable par les servants.
Pertes : 2 hommes; 2 chevaux ; 344 boîtes à balles.

(1) Munitions consommées : batterie Saint-Germain $\left(\dfrac{5}{1}\right)$: 1020 boîtes

Quant à la section de droite de la 6ᵉ batterie (Erb), elle fut prise d'enfilade dans le chemin où elle était installée puis accablée, vers 4 h. 30, par un feu d'autant plus violent que les batteries voisines avaient déjà disparu ; elle se replia donc près d'Amanvillers ; les deux autres sections, bien protégées sur leur flanc droit par la forme même du terrain, ne subirent que des pertes insignifiantes (1) ; mais les munitions devenant rares, il leur fallut également se retirer pour tenter de se réapprovisionner (2).

Dès avant 5 heures, l'infanterie engagée le long du chemin conduisant de la Folie à Sainte-Marie était donc entièrement abandonnée à ses seules forces, car les six batteries qui la soutenaient jusque-là s'étaient retirées successivement à partir de 4 heures de l'après-midi. Or, c'est précisément vers cette même heure (4 heures) que l'infanterie allemande fut amenée, par les considérations qu'on va voir, à suspendre le mouvement offensif qu'elle venait d'esquisser d'après les ordres du prince Louis de Hesse.

Le combat en avant des bois de la Cusse (de 2 heures à 5 heures). — On se rappelle que vers 2 heures de l'après-midi, les bataillons allemands parvenus jusqu'à la lisière orientale des bois de la Cusse restaient à peu près impuissants, avec leur arme à faible portée, devant l'infanterie et l'artillerie françaises des hauteurs d'Amanvillers.

Les tentatives qu'ils avaient faites jusque-là pour

à balles ; batterie Erb $\left(\frac{6}{1}\right)$: 647 obus ; batterie Prunot $\left(\frac{7}{1}\right)$: 727 obus.

(1) La batterie Erb ne perdit que 6 hommes et 15 chevaux (dont 7 tués, probablement appartenant presque tous à la section de droite).

(2) Les trois batteries du commandant Vigier furent réunies sur le plateau à l'Est d'Amanvillers.

déboucher du bois avaient échoué devant la supériorité de nos feux; et c'est sans doute là qu'il faut rechercher la véritable raison pour laquelle le général de Manstein estima qu'il convenait « de maintenir la 25e division dans une attitude expectante » jusqu'au moment où la Garde pourrait dessiner son attaque sur Saint-Privat, ainsi qu'il venait d'en donner le conseil au prince de Wurtemberg, à la suite de la proposition que ce dernier lui avait faite lui-même de le soutenir directement avec toutes ses forces disponibles (1).

L'artillerie hessoise, seule, continua donc très vivement la lutte contre l'artillerie française, et l'on sait déjà comment, vers 3 heures de l'après-midi, elle parvint à forcer à la retraite les batteries de la division de Cissey.

Vers 3 h. 30, le commandant de la 25e division, constatant, des abords de la Cusse, que l'infanterie de la Garde marchait sur Sainte-Marie, crut voir dans ce fait les préliminaires de l'attaque de Saint-Privat et estima que le moment était venu d'appuyer cette opération. Il prescrivit donc à trois de ses bataillons de réserve de prendre l'offensive vers Saint-Privat (2).

Le général de Wittich, en personne, prit la direction du mouvement. Le IIe bataillon du 2e régiment hessois lança d'abord sa compagnie de tête dans la tranchée du chemin de fer, où elle essuya un feu d'enfilade de la part des mitrailleuses (batterie Saint-Germain) postées à l'Ouest d'Amanvillers, pendant qu'elle procédait à la destruction des clôtures en fil de fer bordant la voie ferrée (3). Pour éviter le plus possible les pertes

---

(1) Le général de Manstein demandait cependant qu'une brigade de la Garde fut laissée à Anoux-la-Grange pour le soutenir le cas échéant.

(2) $\frac{I, II}{1 \text{ Hess}}, \frac{II}{2 \text{ Hess}}$.

(3) L'*Historique du Grand État-Major prussien* fait traverser la voie

qu'on ne pouvait manquer d'essuyer pendant cette traversée, le général de Wittich lança les compagnies suivantes au pas de course et par section. Les quatre compagnies du II⁰ bataillon conversèrent ensuite à droite, longèrent la voie ferrée et furent bientôt renforcées par deux compagnies du *1ᵉʳ* hessois, puis par une compagnie du *2ᵉ* bataillon de chasseurs qui, déjà déployée sur la lisière de la parcelle Nord du bois de la Cusse, s'était jointe au mouvement. Ces sept compagnies parvinrent ainsi jusqu'au vallon 295 qui descend du bois vers le Nord-Ouest. Là, toute la ligne s'arrêta, couvrant ainsi l'artillerie hessoise contre une attaque éventuelle sur son front; mais elle était alors beaucoup trop éloignée de l'infanterie de la division de Cissey pour qu'elle pût engager la fusillade avec elle.

« Sur ces entrefaites, dit l'*Historique du Grand État-Major prussien*, le mouvement observé à Sainte-Marie avait cessé; il n'était donc pas à supposer que l'attaque sur Saint-Privat dût commencer encore, et, dès lors, la continuation de l'action offensive de la part des Hessois n'aurait plus été qu'une tentative isolée, en contradiction avec les intentions des chefs de l'armée. »

Le commandant de la 25ᵉ division donna donc l'ordre de suspendre le mouvement offensif, et les six compagnies du *1ᵉʳ* hessois (1) qui n'avaient pas encore traversé la voie ferrée, restèrent dans la position qu'elles occupaient précédemment à la droite des batteries. Enfin, les 2ᵉ et 3ᵉ compagnies du *36ᵉ* et le bataillon de fusiliers du *84ᵉ*, qui occupaient la parcelle Nord du bois,

---

ferrée aux bataillons hessois sur un *remblai* haut de 5 mètres, où les Français auraient *accumulé des voitures et un réseau de fils métalliques*..... Le récit du général de Wittich paraît plus conforme sur ce point à l'exacte vérité. (*Journal de guerre du général de Wittich.*) On s'y conforme ici.

(1) $\dfrac{2,\ 3,\ 5,\ 6,\ 7,\ 8}{1\ \text{Hess}}$.

furent rappelés en réserve au centre de la grande clairière ; là, ils se joignirent au Ier bataillon du *84e*, qui venait lui-même d'abandonner la lisière faisant face à Amanvillers.

A partir de 4 heures, la division hessoise restait donc seule dans la région avoisinant la voie ferrée et conservait une attitude purement expectante à la suite de la tentative prématurée qu'elle venait de faire.

Sur la lisière orientale du bois, le Ier bataillon du *84e*, déployé à la droite du IIe bataillon du *2e* hessois, essuyait une fusillade des plus intenses depuis l'arrivée en ligne des chasseurs à pied de la division Lorencez (2e B. Ch.) venus, comme on se le rappelle, renforcer les deux compagnies du 5e bataillon de chasseurs sur le chemin qui conduit à la maison du garde-barrière.

Vers 3 heures, le colonel du *84e* rappelait son Ier bataillon et le rassemblait plus en arrière dans la grande clairière. Dès lors, le IIe bataillon du *2e* hessois restait seul en ligne sur ce point ; le commandant du *1er* bataillon de chasseurs, laissé jusqu'ici en réserve, tenta de renforcer la ligne de feu abandonnée par le *84e* ; mais reçu par les décharges des mitrailleuses et par une fusillade des plus vives, il dut reprendre presque aussitôt sa position première à l'intérieur des bois.

C'est alors que le *1er* bataillon de chasseurs à pied reçut l'ordre du commandant de corps d'armée « de déboucher du bois pour couvrir l'artillerie ». Il était 3 h. 30, et depuis longtemps déjà les batteries de l'artillerie de corps avaient dégarni presque complètement la croupe de Champenois. Le centre de la ligne de combat du IXe corps était donc, en cet instant, largement ouverte à une attaque française qu'il ne vint malheureusement à l'idée de personne de tenter sur ce point, mais à laquelle l'adversaire était en droit de s'attendre. Il était donc logiquement urgent pour ce dernier de tenter un effort énergique entre la Cusse et Champenois pour parer à une offensive probable qui eût peut-être été le coup de grâce donné au corps d'armée prussien dont l'artillerie errait déjà désemparée sur le champ de bataille. Mais, chose curieuse, le général de Manstein ignorait encore le grave échec que venait de subir son artillerie (1), de sorte que le mouvement prescrit au 1ᵉʳ bataillon de chasseurs n'avait d'autre but que de protéger des batteries, en réalité absentes.

Quoi qu'il en soit, le bataillon de chasseurs déboucha du bois et se dirigea sur la partie de la croupe naguère occupée par l'artillerie de corps. Dès leur arrivée sur la crête 326-330, les pelotons de tirailleurs furent reçus par un feu très vif du 64ᵉ, dont six compagnies occupaient encore la croupe 332 (2). Mais, la fusillade était à peine engagée dans cette direction, que le bataillon prussien fut assailli par un feu de flanc des plus intenses venant du sommet de la croupe occupée par le 13ᵉ et par le 43ᵉ de ligne. Attirés par le danger le plus menaçant, les chasseurs de la 25ᵉ division conversèrent aussitôt à gauche et s'avancèrent sur Amanvillers après s'être rejetés sur le revers septentrional de la croupe de Champenois.

Progressant bravement sous le feu, mais très durement éprouvé (3), il dut bientôt se coucher à terre ; déployé tout entier en tirailleurs sans aucune réserve, il s'arrêta ainsi à quelques centaines de mètres d'une ligne d'infanterie qui se renforçait de plus en plus, comme on va le voir, mais qui se contenta malheureusement de combattre de pied ferme.

---

(1) D'après l'*Historique du Grand État-Major prussien*.

(2) L'*Historique du Grand État-Major prussien* prête aux Français, gratuitement, semble-t-il, le mérite de l'offensive « d'un gros d'infanterie » sur les trois batteries de la *18ᵉ* division.

(3) Le *1ᵉʳ* bataillon de chasseurs perdit dans la journée : 10 officiers et 285 hommes.

On se rappelle (1) que déjà le général Grenier avait réclamé l'appui de deux bataillons de la brigade Berger, dont l'un (le Ier du 54e) s'était intercalé vers 3 h. 30 entre les deux compagnies du 5e bataillon de chasseurs et les tirailleurs du IIIe bataillon du 73e, et dont l'autre (le IIIe) avait renforcé l'aile gauche du 13e.

Vers 4 heures, l'attaque du *1er* bataillon de chasseurs allemand, aussi bien que la supériorité marquée que commençait à prendre l'artillerie adverse (2), provoqua un nouveau renforcement important des troupes déjà engagées à l'Ouest d'Amanvillers. Le général Grenier faisait tout d'abord appeler de Montigny le IIIe bataillon du 64e derrière le 43e.

Puis il avait recours au général de Lorencez qui faisait avancer les deux premiers bataillons du 15e derrière le 13e (3).

Pendant que ces mouvements étaient en voie d'exécution, les quatre compagnies du 5e bataillon de chasseurs, devenues disponibles à la suite de la retraite des batteries dont elles formaient le soutien, avaient rejoint les deux autres dans le chemin creux dont il a été plusieurs fois parlé. Deux de ces nouvelles compagnies (1re et 5e) se déployèrent en tirailleurs aux côtés des deux premières (2e et 3e), tandis que les deux compagnies restantes (4e et 6e) se formaient en soutien.

C'est sur ces entrefaites que les deux premiers bataillons du 15e apparurent derrière le 13e de ligne.

A peu près en même temps, le 2e bataillon de chasseurs, qui s'était avancé en terrain découvert pour faire

---

(1) Voir page 236.

(2) Les batteries $\frac{6, 7, 8}{1}$ se retiraient, comme on sait, entre 4 heures et 4 h. 15.

(3) *Journal de marche* de la division Lorencez et *Rapport* du général Pajol.

face au bois de la Cusse et se trouvait ainsi très exposé au tir de l'artillerie, dut rétrograder quelque peu pour profiter du léger abri procuré par le chemin. Mais comme en cet instant le 1ᵉʳ bataillon de chasseurs hessois prononçait son attaque, le 2ᵉ bataillon de chasseurs français, dont les vues étaient imparfaites depuis la nouvelle position qu'il venait de prendre, se reporta sur sa ligne de combat précédente et ne contribua pas peu à mettre un terme au mouvement offensif du bataillon ennemi.

Malheureusement, le 43ᵉ de ligne commençait à manquer de munitions et il fallait prévoir le moment où il resterait impuissant devant une attaque sérieuse. Profitant de l'accalmie relative qui se manifestait alors sur le front de combat de sa division, le général Grenier se décida à relever de suite le 43ᵉ. Le IIIᵉ bataillon du 64ᵉ arrivait en cet instant sur le lieu de l'action. Il fut bientôt successivement rejoint par deux bataillons du 65ᵉ (les Iᵉʳ et IIᵉ) que le général de Lorencez faisait mettre à la disposition du commandant de la 2ᵉ division sur la demande de ce dernier.

Le 43ᵉ se retirait alors du combat et se trouvait ainsi remplacé par trois bataillons frais.

Un peu avant 5 heures, une masse totale de douze bataillons était donc déployée à l'Ouest d'Amanvillers sur deux ou plusieurs lignes très rapprochées les unes des autres et sur un front de combat ne dépassant pas 1200 mètres ; à l'Est de la crête, le IIᵉ bataillon du 54ᵉ et le IIIᵉ bataillon du 65ᵉ formaient la seule réserve disponible. Enfin, toutes les batteries autrefois installées sur cette position avaient disparu, et c'est à peine si, derrière les 64ᵉ et 65ᵉ, c'est-à-dire au centre de la ligne de combat, les batteries de 12 du commandant Ladrange se maintenaient bravement en position, consommant leurs dernières munitions.

Combat devant Champenois et l'Envie (jusqu'à 5 heures). — Depuis le début de l'engagement jusqu'à 4 heures, toute la zone marquée par les fermes de Champenois et de l'Envie, c'est-à-dire cette partie du champ de bataille que la croupe de Champenois et celle qui descend directement du mamelon 343 sur Chantrenne isolent complètement des zones voisines (bois de la Cusse au Nord et bois des Génivaux au Sud), n'avait été le théâtre d'aucun fait important. Depuis 12 h. 30, deux compagnies prussiennes du *36ᵉ* étaient blotties dans la ferme de l'Envie, au fond d'une sorte de cuvette d'où elles échangèrent à peine quelques coups de fusil avec les tirailleurs du 98ᵉ, déployés à 800 mètres de là (1). A 500 mètres plus au Nord la 3ᵉ compagnie du IIᵉ bataillon du 13ᵉ, surprise dans sa position de grand'garde par le canon de Verneville, s'était également blottie dans la ferme Champenois, à quelques centaines de mètres à peine de la grande batterie allemande qu'elle ne voyait d'ailleurs qu'assez mal et contre laquelle elle ne fit aucune tentative sérieuse. La fusillade qu'elle dirigeait par instants sur elle n'était cependant pas sans gêner quelque peu le personnel des pièces de l'adversaire (2). Aussi se résolut-on, d'ailleurs fort tardivement, du côté allemand, à s'emparer d'un point d'appui qui, par sa situation même en avant du front de l'artillerie, aurait pu attirer, depuis longtemps déjà, l'attention du commandement.

Vers 3 h. 30, le général de Puttkammer, commandant l'artillerie du IXᵉ corps, fit donc converger sur la ferme Champenois le feu des trois batteries de la *18ᵉ* division, encore en position de combat, ainsi que celui de la batterie à cheval hessoise qui, sur ces entrefaites, avait reçu l'ordre de s'établir au Sud-Ouest de la ferme (3).

---

(1) Lettre du lieutenant-colonel Lecat. (*Loc. cit.*)
(2) *Historique du Grand État-Major prussien.*
(3) Voir page 238.

A peu près en même temps, le Ier bataillon du 2e régiment hessois arrivait, sur l'ordre du général de Manstein, dans le vallon situé à 700 ou 800 mètres à l'Est de Verneville. Progressant alors par le vallon de la ferme de l'Envie, — déjà occupée par les deux compagnies du *36*^{e}, — il se rabattit ensuite vers Champenois en flammes et déboucha en vue de la ferme au moment même où la grand'garde du 13e évacuait un point d'appui devenu intenable pour elle.

A 4 h. 30, deux compagnies hessoises occupaient Champenois, tandis que les deux autres restaient en réserve un peu plus en arrière.

Combat dans la partie Nord du bois des Génivaux (jusqu'à 5 heures). — Aux environs de la ferme Chantrenne, les bataillons du général de Blumenthal (1) n'avaient pu progresser vers les bois, et à 2 heures de l'après-midi, ils étaient encore, ainsi qu'il a été dit, déployés sur la petite croupe située à quelques centaines de mètres à l'Est de la ferme. Tenues en échec par les six compagnies du IIIe bataillon du 95e de ligne; battues d'écharpe par les feux des compagnies du IIe bataillon du 81e déployées sur la lisière du bois de la Charmoise; enfin, prises d'enfilade par l'artillerie du mamelon 343 (2), les compagnies prussiennes avaient subi de lourdes pertes. « Les principaux chefs, dit l'*Historique du Grand État-Major prussien*, ne cessaient de parcourir la ligne de bataille, afin de diriger l'action et d'encourager les combattants par leur exemple. Il ne fallait pas moins de toute leur énergie,

---

(1) $\dfrac{\text{II, III}}{36}$ et *9* B. Ch.

(2) $\dfrac{6, 8}{4}$.

secondée par le dévouement absolu des troupes, pour continuer à se maintenir dans la position primitive. »

C'est sur ces entrefaites que le général commandant la *18e* division, inquiet de la tournure défavorable que prenait le combat sur ce point, prescrivit au Ier bataillon du *85e*, resté en réserve à Vernéville, de se porter sur Chantrenne; il devait du reste le renforcer un peu plus tard par le IIe bataillon du même régiment. Et c'est ainsi, — par l'envoi d'un simple bataillon qui allait prendre résolument l'offensive, — que les nombreuses troupes françaises accumulées dans la partie Nord des taillis, et qui eussent sans doute pu déboucher dans une action d'ensemble sur le flanc droit du IXe corps, s'attardèrent à une lutte sous bois qui resta sans décision, lutte absolument localisée où la liaison n'exista ni avec les troupes du plateau de la Folie-Montigny ni avec celles qui combattaient dans la partie méridionale de ces mêmes bois contre des fractions de la Ire armée.

Vers 2 heures, le général Clinchant, dont la brigade occupait le bois de la Charmoise et la partie Nord-Ouest des Génivaux (rive gauche) avait fait appuyer vers la gauche les compagnies du IIe bataillon du 81e déployées sur la lisière de la Charmoise, de manière à mieux battre les compagnies prussiennes engagées avec le IIIe bataillon du 95e; puis il avait fait appeler sur la partie du front ainsi organisé deux compagnies (5e et 6e) du Ier bataillon du 84e resté en réserve à l'Est du bois.

C'est alors que le général Montaudon, — peut-être sur la demande du général Clinchant, — mit à la disposition de ce dernier un bataillon de la 1re brigade (1),

---

(1) $\frac{III}{62}$. Deux compagnies du IIe bataillon du 62e furent dirigées à peu près à la même heure vers Montigny pour y construire des tranchées-abris. Il ne restait donc plus que dix compagnies du 62e au Nord de Leipzig. (*Rapport* du commandant Louis.) (*Loc. cit.*)

qui vint se placer en colonne par division à l'angle Nord-Est du bois de la Charmoise et qui détacha presque aussitôt deux compagnies (1re et 2e) sur la crête située entre le bois et le IIIe bataillon du 51e, c'est-à-dire sur l'emplacement laissé libre par suite de la conversion à gauche des trois compagnies de tirailleurs du Ier bataillon du 95e.

Bien que la situation des compagnies prussiennes engagées devant le bois fût très précaire, le Ier bataillon du *85e* reçut seulement l'ordre, lors de son arrivée à Chantrenne, d'occuper la ferme où se trouvait déjà la 4e compagnie du *9e* bataillon de chasseurs. Mais, comme à la suite de la tentative infructueuse des deux compagnies de droite de la ligne prussienne sur le saillant du bois qui s'avance vers la ferme, la 1re compagnie du 95e avait occupé elle-même ce saillant d'où elle fusillait d'écharpe son adversaire, le général de Blumenthal prescrivait (2 h. 45) au bataillon nouvellement arrivé de se porter sur ce point.

Le Ier bataillon du *85e* déploya deux compagnies en tirailleurs et se porta sur le saillant du bois, où il pénétra sans grande difficulté, prenant en flanc et à revers la compagnie du 95e, qui dut reculer en combattant, suivie lentement par les deux compagnies de première ligne de l'assaillant; les deux autres compagnies du *85e* obliquaient vers la gauche, longeaient la lisière dans l'intérieur du fourré et tombaient bientôt sur le flanc des deux autres compagnies du 95e (1), qui faisaient toujours face au *36e* prussien. Ce mouvement enveloppant provoqua la retraite du bataillon du colonel Davout qui se retira peu à peu, par l'intérieur du bois, sur les deux bataillons de réserve réunis dans la coupe récente

---

(1) 2, 3 $\frac{\text{III}}{95}$.

qui séparait le bois de la Charmoise de celui des Génivaux (1).

Bien que le III⁰ bataillon du 95ᵉ continuât à tirailler avec les deux premières compagnies prussiennes, celles-ci étaient parvenues jusqu'à la pointe Nord-Est du bois des Génivaux, vis-à-vis des compagnies que le IIᵉ bataillon du 81ᵉ avait déployées sur la lisière opposée. D'après l'*Historique du Grand État-Major prussien*, ce furent les deux commandants de ces compagnies (1ʳᵉ et 4ᵉ) qui résolurent de leur propre initiative de pousser jusqu'au bois de la Charmoise, « dans lequel la défense trouvait son point d'appui le plus solide ».

La 1ʳᵉ compagnie s'élança la première, bientôt suivie, — à sa droite, — par la 4ᵉ. Mais à peine ces deux faibles compagnies arrivaient-elles en terrain découvert, que les deux capitaines prussiens étaient mortellement frappés et que la troupe subissait de grosses pertes (2).

Devant l'attaque qui se préparait sous bois et qui menaçait son flanc gauche, le général Clinchant avait déjà prescrit aux quatre compagnies du Iᵉʳ bataillon du 81ᵉ, restées en réserve à l'Est de la Charmoise, de se déployer sur la lisière (probablement à la gauche du IIᵉ bataillon) (3).

Le commandant du IIIᵉ bataillon du 62ᵉ avait également reçu l'ordre du commandant de la 2ᵉ brigade d'envoyer deux compagnies au secours des 81ᵉ et 95ᵉ. Les 3ᵉ et 4ᵉ compagnies s'étaient donc portées dans le

---

(1) $\frac{III}{69}$ et $\frac{III}{81}$.

(2) Pertes pour la journée $\left(\frac{I}{85}\right)$: 10 officiers et 285 hommes. (*Die ersten fünf Jahre des Infanterie-Regiments Nr. 85.*)

(3) *Rapport* du colonel d'Albici, commandant le 81ᵉ régiment.

bois de la Charmoise où elles restèrent jusqu'à la fin de la journée, non sans subir quelques pertes (1).

Les deux compagnies prussiennes du *85°* débouchaient donc dans la nouvelle coupe devant des forces écrasantes. Battues de front par les compagnies des deux premiers bataillons du 81°, — et probablement de flanc par les tirailleurs des deux bataillons des 69° et 81°, placés en réserve entre les deux bois, — les deux audacieuses compagnies ennemies durent regagner précipitamment leur couvert. La 3° compagnie prussienne, engagée face à l'Est contre le 95°, avait bien tenté d'appuyer vers sa gauche pour soutenir l'attaque dont il vient d'être question, mais quand celle-ci eut échoué, cette compagnie dut rétrograder également, entraînant avec elle la 2° ; de sorte qu'en peu d'instants, les quatre compagnies du bataillon prussien furent acculées à l'extrémité Nord du bois, ayant à courte distance en avant d'elles, les compagnies du colonel Davout, revenues à la charge, mais qui se contentaient dès lors de combattre de pied ferme.

Pendant que l'attaque du bataillon allemand échouait, ainsi qu'on vient de le voir, apparaissait à son tour, au Sud de Chantrenne, un nouveau bataillon qui ne put rétablir les affaires. Le général de Wrangel s'était en effet décidé, — mais trop tardivement, — à renforcer encore les troupes du général de Blumenthal. Le II° bataillon du *85°* avait donc été dirigé, de Vernéville, vers Chantrenne et avait tout d'abord gagné les bois des Génivaux (rive droite). Il débouchait bientôt dans les prairies qui bordent la Mance, franchissait le ruisseau et s'enfonçait dans les taillis de la rive gauche, à la droite du Ier bataillon.

---

(1) Les 5° et 6° compagnies du III° bataillon restaient ainsi seules en réserve au Nord-Est de la Charmoise.

« Le commandant du régiment, alors présent sur les lieux, tentait à plusieurs reprises de gagner du terrain sous bois, dans la direction du Sud ; mais *la supériorité numérique de l'adversaire* le contraignait bientôt à renoncer à cette entreprise. »

Il est à remarquer cependant que le bataillon nouvellement arrivé sur le lieu du combat, ne se heurtait en réalité qu'aux compagnies du IIIe bataillon du 95e déjà partiellement engagées contre le Ier bataillon prussien. La supériorité numérique écrasante sous laquelle avait bravement succombé ce dernier, n'existait donc plus en faveur des troupes françaises dans le combat qui s'engagea avec les quatre compagnies amenées par le colonel du *85e*, et il est assez curieux de noter la différence d'attitude des deux bataillons ennemis arrivant successivement et à peu d'intervalle sur le même terrain.

Quoi qu'il en soit, le colonel de Falkenhausen renonçait à l'attaque projetée et « se contentait de faire occuper le saillant Nord, laissant au pouvoir de l'ennemi le bois proprement dit (1). »

Pendant ce temps, les compagnies du *36e* avaient continué la lutte, de la croupe qu'elles occupaient à l'Est de Chantrenne. Mais les munitions commençaient à manquer (2) et les pertes étaient lourdes (3). Profitant sans doute du répit que leur donnait l'occupation du bois par les deux bataillons du *85e*, les compagnies du IIIe bataillon du *36e* quittèrent successivement la ligne de combat et se replièrent sur la ferme, de sorte que vers 4 heures, le IIe bataillon du *36e* restait seul au

---

(1) *Historique du Grand État-Major prussien.*
(2) *Das Magdeburgische Fusilier-Regiment Nr. 36.*
(3) Pertes pour la journée : IIe bataillon : 11 officiers et 193 hommes. IIIe bataillon : 10 officiers et 180 hommes.

combat avec la 1ʳᵉ compagnie du 9ᵉ bataillon de chasseurs déployée à sa gauche.

A partir de ce moment, les troupes prussiennes conservèrent une attitude purement passive, entretenant simplement une fusillade peu intense avec les troupes de la brigade Clinchant.

De leur côté, toutes les troupes françaises engagées dans la partie Nord des bois des Génivaux et de la Charmoise se contentaient de garder les positions que l'adversaire n'avait pu enlever (1).

Aucun mouvement offensif ne se produisit sur cette partie du champ de bataille, et les seules dispositions prises par le commandement français consistèrent à faire avancer les quelques troupes de réserve qu'on possédait encore aux environs de la Folie.

Vers 4 heures, en effet, c'est-à-dire au moment même où l'offensive prussienne était nettement suspendue aux environs de Chantrenne, l'artillerie que le 3ᵉ corps avait déployée sur le mamelon 343 commençait à faiblir, et déjà trois batteries sur quatre se retiraient du combat (2).

Le général Montaudon, alors présent sur le mamelon 343, fit immédiatement appeler les trois dernières compagnies du 51ᵉ (IIᵉ bataillon) encore disponibles au Sud-Est de la Folie et leur fit prolonger le front de combat du Iᵉʳ bataillon du même régiment, de manière à se relier au 33ᵉ régiment (de la division Lorencez), toujours stationné auprès du château de Montigny.

A peu près à la même heure, c'est-à-dire vers 4 heures,

---

(1) Sauf, comme on l'a vu, la lisière de la pointe des Génivaux (rive gauche).

(2) $\frac{6}{4}$, $\frac{7,10}{4}$; $\frac{10}{4}$ rentra en action peu après, mais plus au Nord; $\frac{8}{4}$ se retira vers 5 heures.

le II⁰ bataillon du 62ᵉ (1) fut dirigé sur la ferme de Leipzig et occupa le petit bois voisin, concurremment avec les fractions du 69ᵉ qui s'y trouvaient déjà.

Le 18ᵉ bataillon de chasseurs, auquel on joignit trois compagnies du dernier bataillon disponible du 62ᵉ (le Iᵉʳ), fut déployé dans des tranchées-abris construites sur la crête même, de manière à « surveiller le débouché des bois et à protéger par ses feux la 2ᵉ brigade (Clinchant) si celle-ci avait été obligée de quitter sa position (2). »

Enfin, les trois compagnies restantes du Iᵉʳ bataillon du 62ᵉ furent directement mises à la disposition du général Clinchant qui les fit réunir aux deux compagnies du IIIᵉ bataillon restées seules en réserve à la pointe Nord-Est du bois de la Charmoise.

Situation générale vers 5 heures du soir. — Vers 5 heures du soir, la division Montaudon, déployée sur un front d'un peu plus de 2 kilomètres, entre la vallée de la Mance et la crête au Sud de Montigny, était complètement morcelée. Toute la zone comprise entre le chemin de Leipzig à l'Envie et le ruisseau de Chantrenne, c'est-à-dire la portion de terrain presque entièrement couverte par les bois de la Charmoise et des Génivaux (rive gauche), et dont la défense était confiée au général Clinchant, était occupée par sept bataillons environ (3), dont le plus grand nombre avait déployé ses compagnies sur la lisière.

Quelques réserves partielles étaient formées : par un

---

(1) Cinq compagnies étaient disponibles, car une seule des deux compagnies, envoyées près de Montigny pour creuser des tranchées-abris, rejoignit le bataillon.

(2) *Rapports* du général Montaudon et du commandant Louis.

(3) $\frac{I, II, III}{95}$; $\frac{I, II, III}{84}$; 3, 4, 5, 6 $\frac{III}{62}$, 1/2 $\frac{I}{62}$.

bataillon du 81ᵉ au Sud de la Charmoise (1); par deux compagnies du 62ᵉ (2), dans l'intérieur du bois de la Charmoise, et par un groupe de cinq compagnies du même régiment réunies à la pointe Nord-Est du même bois (3).

Entre la Charmoise et Montigny, c'est-à-dire sur la partie du front de combat que l'artillerie venait d'abandonner (4), mais qui n'avait encore été l'objet d'aucune attaque directe et qui se trouvait d'ailleurs couverte en grande partie par le 98ᵉ, trois bataillons occupaient la crête partiellement jalonnée de tranchées-abris (5).

Enfin, en arrière de la ligne de combat de la division, de très faibles réserves avaient été maintenues sur la crête, savoir : trois compagnies du IIᵉ bataillon du 51ᵉ dans la ferme de la Folie ; cinq compagnies du IIᵉ bataillon du 62ᵉ dans le bois attenant à la ferme de Leipzig (6); un bataillon et demi dans des tranchées-abris construites entre ces deux derniers points d'appui (7).

Pendant les cinq premières heures du combat, l'extrême gauche seule des troupes de cette division avait été en butte aux tentatives de l'infanterie prussienne qui depuis 4 heures de l'après-midi avait provisoirement renoncé à toute action offensive de ce côté et n'avait laissé

---

(1) Le IIIᵉ bataillon du 69ᵉ se tenait auprès de lui, mais il appartenait à la division Nayral.

(2) 3, 4 $\frac{III}{62}$.

(3) 5, 6 $\frac{III}{62}$ et 3 c $\frac{I}{62}$.

(4) Sauf la batterie $\frac{10}{4}$ à l'extrême droite de la division.

(5) 1/2 $\frac{III}{51}$, $\frac{I}{51}$, $\frac{III}{51}$ et 1, 2 $\frac{III}{62}$.

(6) Avec d'autres fractions importantes de la 2ᵉ division, ainsi qu'on le verra plus tard.

(7) 18ᵉ B. Ch., 3 c $\frac{I}{62}$.

sur la ligne de combat que trois de ses bataillons (1), puisque les sept compagnies restantes dont disposait le général de Blumenthal s'étaient repliées autour de la ferme Chantrenne (2).

En fait, le général Montaudon s'était borné à défendre de pied ferme les positions qu'il avait reçu l'ordre d'occuper dans la matinée, sans que des instructions, qui eussent dû venir de l'autorité supérieure, lui aient indiqué le rôle décisif qu'il eût pu jouer sur le flanc du IXe corps prussien. Il y a lieu de remarquer, d'autre part, que l'extrême gauche seule de la division française fut, à deux reprises différentes, l'objet des attaques de l'infanterie prussienne, — attaques complètement localisées, d'ailleurs et nullement préparées par l'artillerie, mais dont la première (entre midi et 1 heure) n'était en réalité qu'une prise de contact de l'avant-garde du général de Blumenthal.

Cette simple démonstration aux abords de Chantrenne avait cependant suffi pour que de notables fractions de la division Montaudon eussent été appelées de ce côté, soit pour renforcer la ligne de combat, soit pour constituer des réserves partielles (3). Puis, quand vers 4 heures l'artillerie qui occupait la crête entre la Folie et Montigny commença à faiblir, on crut devoir faire encore appel aux réserves de la division, qui se trouvèrent dès lors réduites à deux bataillons et demi, d'ailleurs déployés sur la crête entre Leipzig et la Folie (4).

---

(1) $\frac{I, II}{85}$; 3 c $\frac{II}{36}$, $\frac{1}{9 \text{ B. Ch}}$.

(2) $\frac{III}{36}$, $\frac{2, 3, 4}{9 \text{ B. Ch}}$.

(3) $\frac{I}{81}$, $\frac{III}{62}$, 3 c $\frac{I}{62}$.

(4) 18 B. Ch., 3 c $\frac{I}{62}$ et $\frac{II}{62}$.

Vers cinq heures du soir, le général Montaudon se trouvait donc avoir toutes ses troupes à peu près uniformément disséminées sur toute la zone de combat qui lui était affectée, bien qu'il n'ait eu à s'engager réellement avec l'infanterie adverse que sur l'étroit espace qui confine à la pointe Nord du bois des Génivaux (rive gauche).

Aux environs de Montigny, la situation de la brigade Pradier (64e-98e), — très faiblement engagée jusque-là, — n'avait pour ainsi dire pas varié depuis le début du combat(1); mais désormais, la ferme Champenois était tombée aux mains des Allemands, et constituait pour eux un point d'appui important placé en avant de leur artillerie qui était restée si longtemps à découvert (jusqu'à 4 h. 30 du soir).

Plus au Nord, le 43e régiment d'infanterie venait d'être relevé par les Ier et IIe bataillons du 65e, arrivés successivement en ligne à la suite du IIIe du 64e. La ligne de combat, primitivement occupée par la brigade Bellecourt (13e et 43e), avait donc été en partie relevée par des bataillons de la division Lorencez (2). Partout, l'infanterie française, d'ailleurs très supérieure en nombre à celle que l'adversaire avait montrée en avant de la lisière des bois de la Cusse, avait conservé ses positions; mais à aucun moment, malheureusement, on ne crut devoir la faire profiter de l'avantage incontestable qu'elle avait su prendre, de concert avec l'artillerie, sur neuf batteries allemandes à peine soutenues à grande distance et sur leurs flancs (3) par de très faibles fractions d'infan-

---

(1) Quatre bataillons au lieu de cinq étaient encore déployés en avant du chemin bordé d'arbres $\left(\dfrac{I}{64}, \dfrac{I, II, III}{98}\right)$.

(2) 2 B. Ch., $\dfrac{I}{54}$, $\dfrac{I, II}{15}$, $\dfrac{III}{54}$ et $\dfrac{I, II}{65}$.

(3) Pointe orientale des bois de la Cusse et ferme de l'Envie.

terie ; — avantage qui resta dès lors absolument stérile et n'empêcha pas les batteries prussiennes, renforcées vers 3 h. 30 par l'artillerie de corps du général Alvensleben, de rentrer en action avec une supériorité écrasante contre des positions que la plupart des batteries françaises étaient bientôt obligées d'abandonner.

Vers 5 heures, en effet, deux batteries du 4ᵉ corps et une du 3ᵉ (1) tenaient encore la crête de part et d'autre de Montigny ; mais presque à bout de munitions, elles n'allaient pas tarder à se replier comme toutes les autres.

Du côté des Allemands, au contraire, neuf batteries (2), désormais couvertes, — au moins dans une certaine mesure, — par deux bataillons et demi (3), formaient le centre du IXᵉ corps ; à leur droite, quatre batteries du IIIᵉ corps étaient installées, à plus grande distance, entre Vernéville et les Génivaux (4).

Enfin, à la gauche du corps Manstein, la 25ᵉ division, soutenue par six batteries, occupait solidement les bois de la Cusse, dont elle n'avait pu, il est vrai, déboucher jusque-là, mais d'où elle avait pris, depuis longtemps déjà, la supériorité du feu sur l'artillerie de la division de Cissey, division dont l'infanterie, toujours déployée sur les crêtes au Nord de la voie ferrée, était encore, à 5 heures, dans la situation qu'elle avait prise lors de son déploiement.

Près d'Amanvillers, un seul bataillon était disponible comme réserve : le IIᵉ du 54ᵉ régiment. Plus au Sud, —

---

(1) De la droite à la gauche : $\frac{11}{4}, \frac{12}{4}, \frac{10}{4}$.

(2) $\frac{Ch}{H}, \frac{4, 1, 2, 1, 2c}{9} ; \frac{3c, 1c}{3} ; \frac{5}{G}$.

(3) $\frac{1, 4}{36} ; \frac{I}{2\,H}, 1$ B. Ch.

(4) $\frac{4, 3, IV, III}{3}$.

de part et d'autre de Montigny, — le 33ᵉ régiment avec un bataillon du 64ᵉ (le IIᵉ), formaient une réserve plus importante. Enfin, de l'autre côté de la voie ferrée, la division de cavalerie, réduite à une brigade, se tenait au Nord-Est d'Amanvillers (1).

III. — Déploiement du 6ᵉ corps et combat de Sainte-Marie-aux-Chênes.

On se rappelle que vers 11 heures du matin, — c'est-à-dire au moment où le 2ᵉ régiment de chasseurs rentrait de sa reconnaissance vers Moineville, — le commandant du 6ᵉ corps possédait déjà des renseignements assez complets pour qu'il pût conclure à l'imminence d'une attaque (2). Il ne crut cependant pas devoir modifier tout d'abord les dispositions qu'il avait prises dans la matinée, considérant sans doute qu'il suffisait à son corps d'armée d'avoir « refusé son aile droite » pour qu'il évitât « d'être tourné par l'ennemi (3) ».

Dès les premiers coups de canon, le maréchal Canrobert s'était donc porté sur la route, au Sud de Saint-Privat, et avait simplement prescrit à la division Levassor-Sorval de prendre les armes (4).

Les deux batteries de cette division (5), campées au Sud de la route, firent atteler aussitôt et furent installées par le commandant du 6ᵉ corps lui-même un peu en

---

(1) On verra plus loin que la brigade de dragons fut mise, vers 4 heures, à la disposition du maréchal Canrobert.
(2) Voir page 173.
(3) *Journal de marche du 6ᵉ corps*.
(4) Ceci résulte implicitement du *Rapport* du commandant Kesner, commandant l'artillerie de la division Levassor-Sorval, et de l'*Historique* du 70ᵉ régiment d'infanterie. (Man. de 1871.)
(5) $\frac{7,\,8}{18}$.

avant de leur bivouac, c'est-à-dire sur la croupe 333-326 qui descend directement de Saint-Privat vers le Sud-Ouest. Il était alors midi et demi et aucun objectif ne s'offrait par conséquent encore aux coups des deux batteries, qui, les premières prêtes, se virent bientôt dépassées par l'infanterie de la division.

La 1re brigade s'était portée, pendant ce temps, en avant de ses bivouacs : le 25e de ligne dépassa le chemin bordé de haies qui suit la croupe dont il vient d'être question et gagna 300 mètres de manière à découvrir les pentes descendant vers Saint-Ail. Mais bientôt (à midi 45), les quatre batteries de la 1re division de la Garde prussienne s'établissaient successivement au Sud d'Habonville, puis, presque aussitôt, franchissaient la voie ferrée et ouvraient le feu contre les troupes du maréchal Canrobert depuis la croupe 293 située au Nord-Ouest du hameau. A peu près au même instant (vers 1 heure), les deux batteries hessoises dont il a été déjà question, prenaient position entre Habonville et les bois de la Cusse, et l'infanterie prussienne (1) se montrait le long de la voie ferrée.

Ces mouvements de l'ennemi, observés depuis Saint-Privat, provoquèrent sur-le-champ quelques modifications au déploiement de la division Levassor-Sorval, alors en cours d'exécution. Les batteries du commandant Kesner, mal placées pour battre l'objectif qui se présentait à elles, appuyèrent vers la gauche, tandis que le 25e s'avança encore de 400 mètres, tous ses bataillons déployés (de la droite à la gauche : IIe, IIIe, Ier).

L'autre régiment de la brigade Marguenat (le 26e) s'était formé à la gauche du précédent, se reliant lui-même par sa gauche à la droite du 4e corps (batteries de la division de Cissey et 20e bataillon de chasseurs).

---

(1) $\frac{F}{84}$.

En seconde ligne, la 2ᵉ brigade s'était avancée de quelques centaines de mètres au delà de son bivouac et s'étendait entre la grande route et la division de Cissey (28ᵉ); le Iᵉʳ bataillon du 70ᵉ, « appuyant sa droite à la route de Sainte-Marie, reçut l'ordre du maréchal Canrobert, de défendre la batterie de position, qui se trouvait derrière lui, et dans le cas où il ne pourrait tenir, de se retirer dans le village pour aider à la défense (1) »..... Les deux autres bataillons du 70ᵉ étaient restés en arrière de la crête marquée par le chemin bordé de haies.

La *batterie de position* dont il est question venait d'être constituée par le Maréchal qui avait appelé trois des batteries du lieutenant-colonel de Montluisant (2) pour renforcer les deux batteries du commandant Kesner. Conduites par le commandant Vignotti, ces trois batteries (3) s'étaient installées sur le mamelon 333 : la 8ᵉ batterie au Nord de la route et les deux autres à peu près sur l'emplacement que venait d'abandonner le commandant Kesner pour appuyer vers sa gauche.

De son côté, le lieutenant-colonel de Montluisant s'était porté plus au Sud avec les trois batteries qui lui restaient (4) et les établissait sur la crête, à peu près à mi-distance entre Saint-Privat et la voie ferrée. Il faisait alors ouvrir le feu sur l'artillerie hessoise voisine des bois de la Cusse, joignant ainsi son tir à celui de l'artillerie de la division de Cissey. Mais les projectiles des 5ᵉ et 12ᵉ batteries du 8ᵉ paraissant absolument inefficaces à une distance aussi grande (environ 3,000 mètres), le lieute-

---

(1) *Historique* du 70ᵉ régiment. (Man. de 1871.)
(2) *Rapport* du lieutenant-colonel de Montluisant, daté du 20 août.
(3) $\frac{7, 8}{8}, \frac{9}{13}$.
(4) $\frac{5, 12}{8}, \frac{10}{13}$.

nant-colonel de Montluisant leur prescrivit de suspendre leur feu et se contenta de faire tirer lentement les pièces de 12 placées à leur gauche (1). De son poste, le commandant de l'artillerie de la division Tixier put d'ailleurs observer, par le travers, le tir des batteries qu'il avait laissées près de Saint-Privat et fit prévenir le maréchal Canrobert que leurs obus tombaient « bien loin en avant » de la position occupée par l'artillerie de la Garde prussienne (2).

Vers 1 heure, cependant, le commandant du 6ᵉ corps, — sans doute préoccupé de l'attaque qu'il voyait se dessiner sur sa gauche dans la région d'Habonville et des bois de la Cusse, et ayant d'ailleurs acquis, par des reconnaissances de cavalerie, « la certitude que les Prussiens ne se trouvaient point dans les environs de Montois et de Marange », avait donné l'ordre à la division Tixier d'appuyer la division Levassor-Sorval en la reliant à la droite du 4ᵉ corps.

La 1ʳᵉ brigade fut donc déployée, dans l'ordre de bataille (9ᵉ chasseurs, 4ᵉ et 10ᵉ), à 300 mètres en avant du chemin conduisant d'Amanvillers à Saint-Privat, la droite appuyée au hameau de Jérusalem ; la 2ᵉ brigade vint se former par régiment en colonne de bataillons (3) à l'Est de ce même chemin.

Dès le début de la canonnade, la division La Font de

---

(1) $\frac{10}{13}$. Les évents de 4 et de 12 étaient cependant, à très peu de chose près, les mêmes.

(2) Il faut sans doute entendre par là que le tir des batteries françaises était beaucoup trop court.

(3) Sur l'ordre du Maréchal, le 1ᵉʳ bataillon du 12ᵉ se rendit directement à Saint-Privat comme soutien du quartier général du corps d'armée.

Villers avait pris les armes. Pendant que les batteries attelaient leurs pièces, l'infanterie se porta derrière les faisceaux et attendit sur place des ordres supérieurs. Comme la 1re brigade occupait à peu près tout l'espace compris entre Roncourt et Saint-Privat, et que les abords Ouest de ce dernier village étaient complètement dégarnis de troupes (1), le général de division crut devoir porter sa 2e brigade sur ce point. Vers midi et demi, la brigade Colin se déployait donc au Nord de la grande route et à 300 mètres à l'Ouest des premières maisons du village.

Cependant, vers 1 heure, c'est-à-dire à peu près au moment où, en raison de l'apparition de nombreuses batteries prussiennes aux environs d'Habonville le maréchal Canrobert appelait la division Tixier au Sud de Saint-Privat, le commandant du 6e corps prit la détermination de prolonger sa droite jusqu'à Sainte-Marie pour faire face à l'adversaire qu'il voyait se déployer maintenant dans la région d'Habonville.

La brigade Colin, à peine formée en avant de Saint-Privat, reçut donc l'ordre d'occuper Sainte-Marie avec un régiment et de déployer l'autre le long de la grande route, entre ce dernier village et les troupes du général Levassor-Sorval ; en même temps, la 1re brigade, continuant à s'appuyer à Roncourt par son aile droite, devait prendre une formation en échelons, — l'aile gauche en avant et près de la grande route, — de manière, sans doute, à continuer à faire face à la direction d'Auboué

---

(1) Dès les premiers coups de canon, les deux régiments de la division du Barail s'étaient retirés sur le plateau entre Roncourt et Saint-Privat. La 5e batterie du 19e reçut l'ordre de se mettre à la disposition du général Levassor-Sorval et ouvrit le feu sur l'artillerie prussienne d'une position située à 150 mètres au Sud de la route et la droite des batteries déjà installées sur la croupe. La 6e batterie du 19e resta provisoirement auprès des chasseurs d'Afrique.

tout en se tenant prête à appuyer éventuellement la 2ᵉ brigade.

Le 94ᵉ régiment, désigné pour l'occupation de Sainte-Marie, allait se mettre en mouvement quand le colonel de Geslin reçut l'ordre de laisser trois compagnies à la disposition du chef d'état-major du 6ᵉ corps pour l'occupation de Saint-Privat (1).

Le reste du régiment se mit en marche par le Nord de la chaussée. Le IIIᵉ bataillon formé en colonne double, sous le commandement supérieur du lieutenant-colonel Hochstetter, prit pour point de direction l'extrémité Nord du village de Sainte-Marie; le IIᵉ bataillon, en tête duquel se tenaient le général Colin et le colonel de Geslin, marchait dans la même formation et en échelon refusé, le long de la grande route; les trois premières compagnies du Iᵉʳ bataillon, enfin, suivaient en réserve.

Arrivé à Sainte-Marie, le lieutenant-colonel Hochstetter contourna le village par le Nord, puis se rabattit vers la gauche; il embusqua alors ses compagnies dans les parties en tranchée de la route d'Auboué et fit déployer ses tirailleurs un peu au delà. De son côté, le colonel de Geslin « évitant le village, avec la même consigne qu'il venait de donner à son lieutenant-colonel » avait franchi la route en obliquant vers le Sud-Ouest et arrêtait bientôt ses neuf compagnies, face au Sud, un peu en avant de la lisière méridionale de Sainte-Marie, — en colonnes par division couvertes par des tirailleurs.

---

(1) Ces trois compagnies $\left(4, 5, 6 \dfrac{1}{94}\right)$, placées sous le commandement supérieur du capitaine Damiens se déployèrent en tirailleurs le long des haies et des murs de clôture des jardins du village avec la consigne d'assurer la défense immédiate des abords de Saint-Privat. (*Rapport* du capitaine Canonier, commandant la 4ᵉ compagnie du Iᵉʳ bataillon du 94ᵉ.)

Il était alors 1 h. 30, et déjà les premiers bataillons de la Garde prussienne approchaient de Saint-Ail par le ravin qui descend d'Habonville vers Auboué. Bien que cette circonstance paraisse être restée inconnue du colonel de Geslin, qui entendait seulement une vive canonnade dans la direction du Sud (neuf batteries de la Garde), le commandant du 94e, constatant qu'il avait à 500 mètres en avant de son demi-régiment une crête qui lui masquait complètement Saint-Ail et ne lui en laissait apercevoir que le clocher, ordonna à l'une de ses compagnies de gagner vivement cette crête pour surveiller les abords du village. « Pendant que mes ordres s'exécutaient, dit le colonel de Geslin, le capitaine Gœdorp, — aide de camp du général La Font de Villiers, — vint me prévenir que d'après les ordres reçus : *« Je ne devais pas dépasser Sainte-Marie.* »... Le général de brigade Colin avait cependant approuvé mon mouvement en avant; mais je ne pouvais qu'obéir! Mes tirailleurs se retirèrent lentement. La crête fut occupée peu de temps après par l'ennemi qui tira sur ma compagnie (1). »

Pendant que le combat s'engageait ainsi avec le 94e, le 93e « faisait un changement de front à gauche, l'aile droite en avant, pour venir s'établir parallèlement à la route de Verdun, sa gauche appuyée à Saint-Privat, et sa droite à environ 400 mètres en avant du village de Sainte-Marie (2) », — c'est-à-dire sur la croupe 295-312. Le Ier bataillon toutefois, avait été chargé d'occuper, — concurremment avec les trois compagnies du 94e dont il a été question plus haut, — la lisière occidentale de Saint-Privat (3), de sorte que deux bataillons seulement

---

(1) *Souvenirs* du général de Geslin.
(2) *Rapport* du colonel Ganzin, commandant provisoirement la 2e brigade.
(3) Ce bataillon détachait ses deux premières compagnies pour cou-

exécutèrent le changement de direction dont parle le colonel Ganzin : le IIe bataillon déploya trois compagnies en tirailleurs sur la croupe 295 en les faisant déboîter de 300 mètres vers Sainte-Marie, de manière à se rapprocher du 94e ; les trois autres compagnies du bataillon formèrent soutien ; enfin, le IIIe bataillon « restait en entier sur la ligne de bataille (1) », c'est-à-dire probablement à proximité de la grande route.

Quant à l'artillerie de la 3e division, elle fut dès l'abord répartie sur tout le front de combat éventuel de l'infanterie : la 5e batterie du 14e « appuya le mouvement du 94e » en venant se mettre en batterie « sur la crête entre Saint-Privat et Sainte-Marie ». Les 6e et 7e restèrent sur sur le plateau Saint-Privat — Roncourt et sur les ailes de la 1re brigade qui s'était déployée sur ces entrefaites entre ce dernier village et la grande route ; la 6e batterie ouvrit tout d'abord un feu très lent, — et probablement très inefficace étant donnée la distance — sur l'artillerie ennemie.

Quand la 2e brigade s'était portée en avant vers Sainte-Marie, la brigade de Sonnay s'était elle-même avancée « en échelons par bataillons, l'aile gauche en avant, pour appuyer le mouvement et pour rester liée avec le bataillon du 75e qui occupait les crêtes près de Roncourt et devait tenir tête à l'ennemi pouvant déboucher par les bois situés en avant et dans la direction d'Auboué (2) ». Les six bataillons de la brigade étaient donc déployés sur un front de deux kilomètres : le Ier bataillon du 75e, posté sur la croupe 321 à l'Ouest de Roncourt, avait déployé

---

vrir une batterie de la division $\left(\frac{5}{14}\right)$ qui se mettait en batterie à l'Ouest du village.

(1) *Rapport* du colonel Ganzin, commandant le 93e et *Historique* du régiment. (Man. de 1871.)

(2) *Rapport* du général de Sonnay, daté du 20 août.

une compagnie en tirailleurs; à sa gauche, les IIe et IIIe bataillons, en échelons avancés, avaient détaché cinq compagnies (trois du IIe et deux du IIIe) sur les pentes qui descendent vers l'Ouest; enfin, le 94e prolongeait la ligne échelonnée, jusqu'à la route de Sainte-Marie, — à laquelle le IIIe bataillon appuyait sa gauche, — chaque bataillon s'étant couvert par une compagnie de tirailleurs.

Quant au 9e régiment (2e division), il avait reçu l'ordre de se former sur la crête du plateau entre Roncourt et Saint-Privat. Le général Bisson lui prescrivit donc un changement de direction en arrière sur l'aile droite, ce qui l'amena face à l'Ouest en bataille. Puis, presque aussitôt, le IIIe bataillon fut appelé à Saint-Privat pour assurer l'occupation du village; il s'établit derrière les murs de clôture de la partie Nord de la localité.

Au moment où la fusillade s'engageait avec une partie du 94e entre Sainte-Marie et Saint-Ail, — c'est-à-dire aux environs de 1 h. 30, — la plus grande partie des troupes d'infanterie du 6e corps était donc déployée en demi-cercle autour de Saint-Privat entre l'extrême droite de la division de Cissey et le village de Roncourt, tandis que quatre bataillons et demi de la division La Font de Villers formaient, parallèlement à la route d'Auboué et jusqu'au delà du village de Sainte-Marie, une nouvelle « *ligne de bataille* » qui prolongeait, en l'infléchissant vers le Sud, celle de la division Levassor-Sorval; dispositions quelque peu étranges, paraissant répondre, — d'ailleurs fort médiocrement, — à deux fins, et où apparaît la double préoccupation du commandant du 6e corps, de se tenir prêt à faire face à une attaque débordante qu'il prévoyait par Sainte-Marie et les bois d'Auboué, tout en cherchant à enrayer dès le principe un déploiement de l'adversaire « sur la droite en bataille », déploiement dont il découvrait l'origine aux environs d'Habonville. Peut-être faut-il chercher dans cette double préoccupation la raison de l'espèce de compromis adopté par le Maréchal et qui consistait, — non point à faire occuper un poste avancé devant le front de combat de son corps d'armée, comme on l'a dit souvent, — mais bien à constituer, suivant l'expression d'alors, une nouvelle « ligne de bataille » faisant face à Habonville ; — ligne de bataille très solidement constituée au Sud de Saint-Privat par deux divisions d'infanterie (1re et 4e) et par dix batteries, mais qui n'était prolongée, sur une étendue de deux kilomètres, que par quatre bataillons.

Le village de Sainte-Marie formait donc ainsi le véritable point d'appui de l'aile avancée du 6e corps ; point d'appui très exposé à des attaques concentriques et débordantes, et très faiblement défendu par deux bataillons et demi seulement (1) ; d'ailleurs, cette aile restait absolument en l'air par suite de l'absence complète de réserves qui, toutes, étaient accumulées au Sud de Saint-Privat.

Un peu après midi, c'est-à-dire quelques minutes après le commencement de la canonnade de Vernéville, mais bien avant que l'artillerie allemande se montrât aux abords d'Habonville, le commandant du 6e corps avait fait porter au grand quartier général par le lieutenant de Bellegarde (du 6e chasseurs), une note par laquelle il avisait le commandant en chef qu'une « attaque sérieuse » se dessinait et dans laquelle il lui demandait des munitions d'artillerie (2).

---

(1) Il est d'ailleurs intéressant de remarquer que le colonel du 94e, ici comme à Flavigny a évité, de parti pris, d'occuper les lisières des jardins et a fait déployer ses troupes en dehors du village dans lequel il considérait comme dangereux de pénétrer. (*Souvenirs* du général de Geslin.)

(2). Le lieutenant de Bellegarde revint à Saint-Privat entre 1 h. 30

Plus tard, — vers 1 h. 30, — il reçut la lettre écrite par le commandant en chef vers 10 heures du matin (1), lettre lui transmettant les renseignements recueillis par le maréchal Lebœuf, et lui prescrivant de « tenir à Saint-Privat assez longtemps pour permettre à toute l'aile droite de l'armée de faire un changement de front pour occuper les positions qu'on était en train de reconnaître plus en arrière ».....

Mais à ce moment, « la bataille battait son plein » et l'artillerie du 6ᵉ corps, forcément très ménagère de ses munitions, allait bientôt faiblir devant les nombreuses batteries que le prince de Wurtemberg venait d'amener au Sud de Saint-Ail.....

Entrée en ligne de la Garde prussienne. — On se rappelle qu'au moment où la batterie d'avant-garde du général de Manstein ouvrait le feu, — c'est-à-dire à 11 h. 45, — l'avant-garde de la 1re division de la Garde, parvenue à Jouaville, continuait sa marche vers Habonville et qu'un peu plus tard, le gros de la colonne s'arrêtait au Sud de la première de ces deux localités.

Il était midi 45 quand le commandant de la division (général de Pape) arriva au Sud d'Habonville avec la tête de son avant-garde. En cet instant, les neuf batteries du IXᵉ corps étaient déjà déployées sur la croupe de Champenois et la canonnade faisait rage au delà des bois de la Cusse. En outre, de nombreuses troupes françaises, d'ailleurs antérieurement signalées, se montraient sur les crêtes de Saint-Privat-la-Montagne. « Devant la position maintenant connue de l'adversaire, un mouvement sur Amanvillers devenait impossible, tandis qu'en appuyant

---

et 2 heures et annonça que le maréchal Bazaine allait envoyer une division de la Garde et une batterie au secours du 6ᵉ corps.

(1) Voir page 180.

plus au Nord, on pouvait espérer que l'on trouverait un meilleur point d'attaque (1). »

Le général de Pape se décida donc à engager immédiatement son artillerie, pendant que, sous sa protection, l'infanterie s'étendrait vers Sainte-Marie.

La 1re batterie, qui marchait en tête, s'établit sur la croupe au Sud-Ouest d'Habonville et ouvrit le feu à 1 heure (2), c'est-à-dire au moment même où les deux batteries d'avant-garde de la 25e division (3) s'installaient à leur droite. Quelques instants plus tard, les trois autres batteries de la Garde (4) arrivaient à leur tour et prolongeaient la ligne d'artillerie jusqu'au remblai du chemin de fer. En quelques minutes, six batteries se démasquaient donc au Nord des bois de la Cusse et ouvraient le feu contre l'artillerie française de la division de Cissey et du 6e corps.

« Cependant, dit l'*Historique du Grand État-Major prussien*, on ne tardait pas à constater que l'emplacement était mal choisi, et l'Abtheilung, rompant par batterie par la gauche, remontait vers le Nord pour y chercher une position plus avantageuse. »

Les quatre batteries franchirent donc, — non sans difficulté, — la profonde tranchée du chemin de fer et s'établirent sur la croupe 284-293 au Sud de Saint-Ail.

Sur ces entrefaites, le prince Auguste de Wurtemberg

---

(1) *Historique du Grand État-Major prussien*.

(2) A 1 heure également, les fusiliers du *84e* occupaient, de concert avec une compagnie et demie du *36e*, la parcelle Nord du bois de la Cusse le long de la voie ferrée.

(3) $\frac{1, 1}{\text{Hes}}$.

(4) 2e, I^e et IIe.

était arrivé lui-même — vers 1 heure — au Sud d'Habonville et avait estimé qu'il était urgent, — pour secourir le IXe corps, — d'entrer en ligne avec tout son corps d'armée au Nord des bois de la Cusse. Il avait donc tout d'abord fait appeler l'artillerie de corps, en recommandant toutefois au colonel de Scherbening qui la commandait de ne pas traverser la voie ferrée avant que Saint-Ail ne fût occupé par l'infanterie. Cependant, comme le colonel avait déjà fait avancer ses batteries et arrivait avec sa tête de colonne en arrière des batteries divisionnaires à peu près au moment où celles-ci franchissaient la coupure du chemin de fer, il résolut d'en faire autant sans plus attendre (1). Les cinq batteries qu'il amenait (2) suivirent donc le mouvement des batteries du général de Pape et prolongèrent successivement leur gauche jusqu'au delà la cote 284 au Sud de Saint-Ail (3).

Il était alors 1 h. 30 (4) et, à ce moment, l'avant-garde de la *1*re division, — après avoir fait occuper Habonville par le Ier bataillon des fusiliers de la Garde, — arrivait dans le petit ravin qui descend de Saint-Ail vers l'Ouest. C'est à peu près en cet instant aussi, — comme on s'en souvient, — que le colonel de Geslin faisait porter l'une de ses compagnies sur la crête 283 située à mi-distance entre Saint-Ail et Sainte-Marie.

Quand le IIIe bataillon des fusiliers de la Garde arriva près du village, il découvrit, — au Nord, — la compa-

---

(1) Déjà, les deux batteries de tête s'étaient déployées un peu en deçà de la voie ferrée $\left(\dfrac{3,\ 4}{G}\right)$.

(2) $\dfrac{3,\ 4,\ \text{III},\ \text{IV},\ 2\ c}{G}$.

(3) Voir : *Die Königlich-Preussische Garde-Artillerie.* — *1. Garde-Feldartillerie-Regiments.*

(4) *Kriegsgeschichtliche Beispiele*..... *Heft 10* — Kunz.

génie du 94ᵉ et se précipita derrière les clôtures d'où il ouvrit le feu sur l'adversaire, alors que celui-ci recevait précisément l'ordre de rejoindre son bataillon auprès de Sainte-Marie.

Cependant, — et d'après l'*Historique du Grand État-Major prussien*, — le général de Pape avait reconnu la nécessité de se rendre maître de Sainte-Marie avant d'attaquer les positions principales du 6ᵉ corps. Il avait donc prescrit aux trois bataillons de l'avant-garde de se déployer devant le village « sans toutefois prononcer une attaque sérieuse ». D'ailleurs, le prince de Wurtemberg lui faisait connaître, quelques instants plus tard, son intention formelle « de surseoir à l'attaque de Sainte-Marie jusqu'à l'entrée en ligne du XIIᵉ corps ».

Par suite, le IIIᵉ bataillon des fusiliers de la Garde restait sur la lisière de Saint-Ail où il venait de déployer deux de ses compagnies ; le IIᵉ bataillon du même régiment restait dans le vallon, à l'Ouest du village, mais portait deux de ses compagnies sur la crête 268 ; le bataillon de chasseurs, enfin, pénétrait dans le petit bois situé au coude du petit ravin et déployait un peu au delà de la lisière trois compagnies « formant une ligne de feux en face de Sainte-Marie-aux-Chênes (1) », — ligne de feux placée à environ un kilomètre des tirailleurs du colonel de Geslin, mais complètement masquée à leurs vues par la large croupe 260 (2).

Quant au régiment de hussards de la Garde, qui jusque-là avait couvert la gauche de la division, il se ralliait près du petit bois au Nord-Est de Batilly, tout en

---

(1) *Historique du Grand État-Major prussien.*
(2) Les tirailleurs du IIᵉ bataillon du 94ᵉ (lieutenant-colonel Hochstetter) pouvaient, seuls, être découverts, à grande distance, par l'infanterie prussienne.

continuant à faire observer par des patrouilles les directions de Sainte-Marie et d'Auboué.

Pendant que l'avant-garde se déployait ainsi, le gros de la division, arrêté un instant à l'Est de Jouaville, avait été remis en marche vers Habonville avec ordre de s'engager ensuite dans le ravin suivi précédemment par l'avant-garde elle-même.

Arrivée du quartier général de la IIe armée sur le champ de bataille. — On a dit précédemment que le prince Frédéric-Charles était arrivé à 1 h. 45 à l'Ouest de Vernéville. C'est seulement un peu avant ce moment qu'il reçut le compte rendu du prince de Wurtemberg lui annonçant la présence de troupes nombreuses aux environs de Saint-Privat. Or, comme la vue se trouvait être assez bornée, vers le Nord, par les bois de la Cusse, et que d'ailleurs la canonnade s'entendait déjà très vive dans la même direction, le commandant de la IIe armée se rendit, à 2 heures, à Habonville où il dut sans doute arriver entre 2 h. 15 et 2 h. 30, après avoir expédié au IIIe corps l'ordre de renforcer avec son artillerie de corps les troupes du général de Manstein, et au commandant de la 2e division de la Garde de soutenir le IXe corps avec l'une de ses brigades.

Première tentative de la Garde sur Sainte-Marie. — Cependant, les compagnies prussiennes qui formaient la ligne de combat à l'Ouest de Saint-Ail commençaient peu à peu à progresser vers le Nord. Le IIe bataillon des fusiliers de la Garde fit avancer ses tirailleurs jusqu'à la longue haie qui coupe par le travers la croupe largement ondulée s'étendant entre Saint-Ail et Sainte-Marie ; puis, les deux compagnies de soutien s'avancèrent jusqu'au chemin qui mène de Saint-Ail vers Moineville, à hauteur d'une maison isolée. Plus à gauche, les compagnies des chasseurs à pied gagnaient également quelque peu de terrain en avant, — poussées sans doute par le désir instinctif de répondre au feu très vif qu'elles subissaient de la part du II⁰ bataillon du 94⁰. D'ailleurs, ce mouvement vers Sainte-Marie des deux bataillons de gauche, entraînait également celui du bataillon de droite, dont deux compagnies débouchaient bientôt de la lisière. C'est ainsi que, malgré les ordres supérieurs de surseoir à toute attaque, les trois bataillons de l'avant-garde prussienne, se trouvèrent engagés dans un combat que, contrairement à ses intentions premières, le commandement se vit dans l'obligation d'alimenter.

Le I⁰ʳ bataillon des fusiliers de la Garde, resté jusque-là à Habonville recevait donc l'ordre de se rendre à Saint-Ail; puis, sur l'avis que la gauche (bataillon de chasseurs) était menacée de flanc, les fusiliers du 4⁰ régiment, — qui marchaient en tête du gros de la division et venaient d'arriver au Sud du petit bois de de Saint-Ail, — reçurent l'ordre de se porter en ligne à la gauche des chasseurs. Pendant ce temps, le reste de la colonne se massait dans le ravin.

L'attaque de Sainte-Marie se trouva ainsi entreprise par l'infanterie, et force fut au général de Pape de la soutenir par de l'artillerie.

Les batteries de la division se trouvant très éloignées et hors d'état par leur situation même de coopérer à l'attaque, on eut recours à l'artillerie de corps, plus rapprochée. Mais en cet instant, les batteries du colonel de Scherbening étaient engagées dans une lutte fort vive avec l'artillerie française et souffraient même sensiblement des feux à grande distance des tirailleurs du 93⁰ et du 25⁰. D'ailleurs, la plupart d'entre elles étaient placées (au Sud de la cote 284) sur le revers méridional de la croupe. Dix pièces de gauche (1) faisant un « à gauche »

---

(1) $\frac{4}{G}$ et deux sections de $\frac{2\,c}{G}$.

prirent donc seules pour objectif le village de Sainte-Marie.....

« Mais le général constatait bientôt la nécessité d'une action plus puissante de l'artillerie et il s'abouchait alors avec les batteries de la 24e division, qui arrivaient précisément à l'Ouest de Sainte-Marie ».

L'attaque avortée de Saint-Marie ne devait être reprise que plus tard avec le concours du XIIe corps dont il convient maintenant de suivre les opérations depuis le moment où on l'a laissé en marche, vers 1 heure de l'après-midi (1).

Opérations du XIIe corps. — On se rappelle qu'en exécution des ordres donnés par le prince royal de Saxe, la 24e division, suivie de l'artillerie de corps, s'acheminait sur Sainte-Marie par Jouaville.

A 2 heures de l'après-midi, la tête de cette colonne atteignait Batilly; à peu près à la même heure, la 23e division était formée aux environs de Fleury: la 45e brigade avait déjà fait occuper la lisière orientale du bois de Ponty par un bataillon; la 46e brigade était rassemblée derrière la pointe Nord-Ouest du bois; enfin l'avant-garde qui suivait les deux rives de l'Orne (2), avait réuni ses deux colonnes un peu au delà de Serry et atteignait Coinville (3).

Le prince Albert de Saxe s'était lui-même rendu avec tout son état-major sur le mamelon 273 situé entre Jouaville et Batilly. Bien qu'il fût impossible de découvrir, de ce point, le théâtre de l'action, on apercevait cependant à l'horizon des nuages de fumée indiquant que les

---

(1) Voir page 144.

(2) 108e et $\frac{2}{12}$.

(3) *Geschichte der Konig. Sachs. Jager-Brigade und des Schutzen-Regiment Nr. 108.*

positions françaises s'étendaient jusqu'à Saint-Privat et peut-être même au delà (1). Les patrouilles des deux régiments de la brigade saxonne, ainsi que celles des hussards de la Garde annonçaient, d'ailleurs, que Roncourt était occupé (2). Enfin, un rapport très important vint bientôt provoquer, de la part du prince royal de Saxe, un acte de haute initiative qui, ainsi qu'on le verra plus loin, amena la décision de la bataille en faveur des armées allemandes.

Le capitaine de Planitz, parti à midi 30 de Sainte-Marie-aux-Chênes encore inoccupé par le 6e corps, avait reconnu que le plateau de Saint-Privat était fortement occupé jusqu'à Roncourt et qu'à cause du long glacis découvert qui s'étendait en avant des positions françaises, il serait presque impossible de les attaquer de front. Le prince Albert, auquel le capitaine de Planitz soumettait son appréciation, se serait alors écrié : « Puisqu'il en est ainsi, nous ne les attaquerons pas de front, mais nous les tournerons (3) ». Cette inspiration eut les conséquences les plus heureuses pour les armées allemandes, mais elle était incomplète en soi parce qu'elle négligeait l'un des facteurs importants de la question, savoir : l'attaque de front destinée à maintenir l'adversaire dont on voulait envelopper l'aile extrême.

A la vérité, une telle conception ne relevait pas du prince royal de Saxe, mais bien du prince Frédéric-Charles, parce qu'elle exigeait une action combinée des Saxons et de la Garde. Or, en cet instant, le commandant de la IIe armée allait arriver à Habonville où l'action engagée par la Garde contre un faible régiment français n'allait pas tarder à l'absorber tout entier.

---

(1) *Historique du Grand État-Major prussien.*
(2) *Das XII. corps im Kriege 1870-1871*, von Schimpf.
(3) *Das XII. corps im Kriege 1870-1871*, loc. cit.

Dès que le prince Albert eût pris l'importante décision qu'on vient de relater, des rapports de la 23ᵉ division confirmèrent qu'entre Roncourt et Saint-Privat il y avait des forces importantes (au moins une division) et qu'en outre, la vallée de l'Orne était libre jusqu'à Auboué.

Dès lors, le commandant du XIIᵉ corps donna, à 2 heures, l'ordre suivant :

« La 23ᵉ division, qui reprend la libre disposition de la 46ᵉ brigade, marchera, par Coinville et les petits bois à l'Est d'Auboué, contre la position de Roncourt. La 24ᵉ division, passant à l'Ouest de Batilly, suivra le ravin situé en arrière du bouquet de bois et cherchera à en déboucher directement sur Sainte-Marie-aux-Chênes. La 48ᵉ brigade restera à la disposition du commandant du corps, derrière le petit bois de Batilly (1) ».

A la réception de l'ordre daté de 2 heures, c'est-à-dire probablement avant 2 h. 30, — le prince Georges avait pris les dispositions nécessaires pour continuer son mouvement vers la vallée de l'Orne, bien qu'à la suite des renseignements qui lui étaient parvenus sur la présence

---

(1) A 2 h. 30, le commandant du XIIᵉ corps rendait compte de la situation dans les termes suivants au commandant de l'armée :
« La 24ᵉ division d'infanterie du corps d'armée saxon marche sur Sainte-Marie ; la 23ᵉ division, dépassant Coinville et les petits bois situés entre ce point et Roncourt, tournera l'aile droite française. »
Cette communication ne parvint au commandant de l'armée qu'à 3 heures, c'est-à-dire au moment même où les ordres d'une attaque concentrique sur Sainte-Marie étaient donnés par suite d'une entente entre les généraux de la 1ʳᵉ division de la Garde et de la 24ᵉ division saxonne. Elle n'inspira d'ailleurs au prince Frédéric-Charles d'autre prescription que celle, — expédiée au XIIᵉ corps à 3 h. 15, — « d'occuper immédiatement la Moselle inférieure de manière à couper autant que possible, et de suite, toutes les communications de l'adversaire avec l'intérieur du pays ». (*Historique du Grand État-Major prussien.*)

de forces importantes entre Saint-Privat et Roncourt, il eût déjà mis en marche sur Sainte-Marie les premières troupes de sa division (1). Toutes les troupes de la 23ᵉ division se dirigèrent donc vers Auboué indiqué comme point de ralliement (2).

L'ordre du prince Albert de marcher sur Sainte-Marie parvint à la 24ᵉ division au moment où la tête de la 47ᵉ brigade arrivait à l'Est de Batilly. Il était alors 2 h. 15. Cette brigade, continuant sa marche, descendit donc dans le ravin aboutissant à Auboué, dépassa la division de la Garde qui s'y rassemblait et vint se former à l'Ouest de Sainte-Marie et à cheval sur le chemin conduisant de ce village à la pointe Nord du bois de Ponty. En même temps, les deux batteries lourdes de la 24ᵉ division venaient s'établir au Sud-Ouest de Sainte-Marie et à la gauche des bataillons d'avant-garde de la 1ʳᵉ division (3) de la Garde; la 4ᵉ batterie légère prenait ensuite place à leur droite, tandis que la 3ᵉ était provisoirement maintenue dans le ravin.

Quant à la 48ᵉ brigade, elle restait à Batilly à la disposition du commandant du XIIᵉ corps (4).

---

(1) A la même heure, le général Craushaar se rabattait de Coinville sur Sainte-Marie, avec les trois bataillons et la batterie d'avant-garde. (*Gesch. der Konig. Sachs. Jager-Brigade und des Schutzen-Regiment Nr. 108.*)

(2) La 45ᵉ brigade gagna Batilly et remonta directement vers le Nord sur Coinville. Elle passait un peu avant 3 h. 30 à hauteur de Sainte-Marie. La 46ᵉ brigade se dirigea sur Moineville, où elle n'arriva qu'à 4 h. 30 et où elle s'arrêta par suite d'une erreur de transmission dans les ordres. Elle ne fut remise en marche sur Coinville que sur un nouvel ordre du prince Albert (*von Schimpff*, d'après des communications des généraux von Lœben et von Montbé).

(3) $\dfrac{\text{III, IV}}{12}$.

(4) La brigade lourde de la division de cavalerie saxonne arrivait à 2 h. 45 à l'Ouest du bois de Ponty (voir page 143). Le 17ᵉ hulans,

Pendant que les trois batteries saxonnes faisaient converger leurs feux, avec les dix pièces du général de Pape, sur les défenseurs de Sainte-Marie, l'artillerie de corps du prince Albert débouchait à son tour sur la crête au Nord du bois de Batilly et y installait ses sept batteries (1).

Enfin, trois batteries de la 23ᵉ division vinrent également prendre part à la lutte : la 1ʳᵉ batterie légère, qui marchait avec la 45ᵉ brigade, avait d'abord cherché un emplacement sur la crête même à l'abri de laquelle elle défilait vers le Nord, c'est-à-dire sur celle où l'artillerie de corps allait se déployer à son tour ; quand celle-ci arriva sur la position, la batterie divisionnaire dut évacuer la place et gagner, de l'autre côté du ravin, la gauche des batteries lourdes de la 24ᵉ division ; enfin, la IIᵉ batterie lourde, qui accompagnait également la 45ᵉ brigade, continua vers Coinville ; mais arrivée à 1 kilomètre au Sud de cette localité, elle se mit en batterie sur la croupe 254 aux côtés de la 2ᵉ batterie légère, qui, revenue de Coinville qu'elle avait atteint avec l'avant-garde, avait trouvé une position d'où elle put prendre part à la lutte, d'ailleurs fort vive, qui s'engageait autour de Sainte-Marie.

Pendant que les faibles défenseurs de Sainte-Marie se trouvaient ainsi accablés sous les feux convergents de quinze batteries, les généraux de Pape et de Nerhoff (2) s'étaient concertés en vue d'une attaque commune et simultanée sur Sainte-Marie, la 1ʳᵉ division de la Garde opérant du Sud et du Sud-Ouest, les Saxons du Nord et du Nord-Ouest.

---

resté à Puxe, surveillait la direction de Verdun ; le 18ᵉ hulans explorait vers Briey.

(1) De la droite à la gauche : $\dfrac{\text{VI, V, 5, 6, VIII, VII, 2 c}}{12}$.

(2) Commandant la 24ᵉ division.

Attaque de Sainte-Marie. — La 47ᵉ brigade s'était formée, comme on l'a dit plus haut, dans le vallon, à environ 1000 mètres à l'Ouest du village objectif de l'attaque. Le *12*ᵉ bataillon de chasseurs, déployé en ligne de colonnes de compagnie et couvert par une épaisse ligne de tirailleurs, formait une sorte d'avant-ligne qui couvrait tout le front de la brigade ; en arrière, les deux régiments accolés, — le *104*ᵉ à droite et le *105*ᵉ à gauche, — étaient formés sur trois lignes respectivement placées à la même hauteur : dans chacun d'eux, le Iᵉʳ bataillon en ligne de colonnes de compagnie, constituait la première ligne ; le IIᵉ bataillon en seconde ligne, avait conservé les deux compagnies du centre réunies en demi-bataillon, tandis que les compagnies des ailes avaient pris leurs intervalles ; enfin, le IIIᵉ bataillon formait la troisième ligne en colonne double (1).

Plus au Nord, l'avant-garde du XIIᵉ corps avait déjà dirigé, comme on sait, la batterie légère qui l'accompagnait vers la hauteur située au Sud de Coinville ; des trois bataillons qui avaient dépassé Coinville, le IIIᵉ du *108*ᵉ s'était avancé en première ligne dans la direction du village de Sainte-Marie par le Sud de la grande route et engageait bientôt la fusillade avec les tirailleurs du IIᵉ bataillon du 94ᵉ, toujours embusqués à l'entrée de la localité (2).

Enfin, les deux régiments de cavalerie divisionnaire se rassemblaient en arrière du bois de Ponty : le *1*ᵉʳ régiment derrière la gauche des batteries ; le *2*ᵉ régiment dans le voisinage des hussards de la Garde.

---

(1) *Zur Geschichte des Infanterie-Régiments Nr. 105.*

(2) C'est sur ces entrefaites que parvint à l'avant-garde l'ordre de continuer sa marche sur Auboué. Les deux premiers bataillons du *108*ᵉ, — non encore engagés, — poursuivirent donc seuls leur marche sur ce point. (*Geschichte der Konig. Sachs. Jager-Brigade.*)

Au Sud de Sainte-Marie, les quatre bataillons de l'avant-garde de la Garde étaient restés sur les positions indiquées plus haut, c'est-à-dire un peu en avant de la ligne marquée par le village de Saint-Ail et le petit bois; ils se contentaient, — à cause de la distance trop considérable, — d'entretenir à l'occasion une fusillade peu nourrie avec quelques groupes de tirailleurs avancés du 94ᵉ régiment.

Le Iᵉʳ bataillon des fusiliers de la Garde, venu d'Habonville, soutenait l'aile droite de la ligne en occupant Saint-Ail.

A 3 heures, les généraux de Pape et de Nehrhoff « jugeant que le tir convergent de l'artillerie avait produit un effet suffisant », donnèrent l'ordre d'attaquer. Les quatre bataillons d'avant-garde de la Garde s'ébranlèrent alors à peu près en même temps : le IIᵉ bataillon des fusiliers marcha contre la lisière Sud du village ; le IIIᵉ bataillon contre la pointe Sud-Est avec deux compagnies et contre la pointe Sud-Ouest avec les deux autres ; ces dernières venaient, par conséquent, se joindre aux deux bataillons de gauche (1). Dès le début de l'attaque, les cinq bataillons disponibles de la 2ᵉ brigade de la Garde s'étaient portés en hâte derrière la première ligne : les deux premiers bataillons du 4ᵉ régiment entre Saint-Ail et le petit bois (2) ; le 2ᵉ régiment tout entier au Nord de ce même bois (3).

De son côté, la 47ᵉ brigade saxonne avait directement marché sur le village par l'Ouest, tandis que l'attaque prononcée un peu plus au Nord par le IIIᵉ bataillon du 108ᵉ, avait déjà forcé le IIᵉ bataillon du 94ᵉ à quitter la

---

(1) $\frac{B\ Ch}{G}$ et $\frac{F}{4\ G}$.
(2) *Gesch. des 4. Garde-Regiments zu Fuss.*
(3) *Kurze Darstellung der Geschichte des 2. Garde-Regiment zu Fuss.*

tranchée de la grande route, pour se replier derrière les clôtures du village (1). Le *12ᵉ* bataillon de chasseurs déboucha le premier du fond du ravin où la brigade avait pris la formation préparatoire qu'on connaît. Dès qu'il parut en vue du village, il fut assailli par un feu très vif, mais qui n'eut qu'une très courte durée (2).

Déjà, en effet, le colonel de Geslin, qui se tenait auprès du IIIᵉ bataillon, avait pu constater que les fractions du régiment laissées sur la lisière Sud, accablées par un feu d'artillerie très supérieur et menacées d'un enveloppement par l'Est du village, se retiraient peu à peu dans la direction du Nord-Est (3). D'ailleurs, certaines fractions de la ligne de combat de la Garde étaient déjà sur le point d'atteindre les clôtures du village, tandis que l'attaque saxonne continuait à progresser vers la lisière occidentale. Dans ces conditions, le colonel de Geslin dut, sous peine d'être complètement cerné, donner l'ordre de la retraite aux compagnies restées près de lui.

Malheureusement, le ralliement du bataillon ne put se faire que très incomplètement dans l'intérieur du village, de sorte que bon nombre d'hommes continuèrent à battre en retraite vers le Nord-Est à la suite du IIIᵉ bataillon, et que le colonel de Geslin ne put rallier autour de lui que 250 hommes environ qu'il embusqua dans le vallon au Nord de Sainte-Marie, en déployant les meilleurs tireurs face au village avec ordre de faire feu dès que l'ennemi se montrerait sur la lisière.

Quelques isolés restèrent cependant sur la partie méridionale de cette lisière et continuèrent à tirer jus-

---

(1) Ceci résulte à la fois des *Souvenirs* du général de Geslin et du *Rapport* du commandant du 94ᵉ, daté du 20 août.

(2) Le *12ᵉ* bataillon de chasseurs ne perdit que 91 hommes pendant toute la journée.

(3) Sur l'ordre du général Colin qui fut blessé en cet instant.

qu'au dernier moment (1). Mais le village était presque entièrement évacué par les troupes françaises quand les bataillons de la Garde par le Sud, et ceux de la brigade saxonne par l'Ouest, s'élancèrent à l'assaut à grands renforts de hourras (2) !

Vers 3 h. 30, les Allemands pénétraient dans le village sans avoir subi de pertes importantes. Les huit bataillons saxons et les sept bataillons de la Garde qui avaient pris part à l'attaque, se pressèrent alors dans les rues et ce fut à grand'peine qu'on put les rallier et les reformer pour occuper les lisières Est et Nord de la localité.

Peu à peu cependant l'ordre se rétablit et les chasseurs de la Garde occupèrent la lisière du village qui fait face à Saint-Privat, ayant derrière eux les IIe et IIIe bataillons des fusiliers ; le *4e* régiment fut massé dans les rues ; sur la lisière méridionale se trouvait le Ier bataillon des fusiliers avec la 5e compagnie du *104e* ; le *2e* régiment était réuni sur la face Ouest, ayant auprès de lui le Ier bataillon et la 6e compagnie du *104e*. Enfin, dès que Sainte-Marie fut tombé au pouvoir de l'assaillant, la *1re* brigade de la Garde vint se masser à 500 mètres au Sud-Ouest du village.

Quant à la *47e* brigade, elle avait dépassé Sainte-Marie, au moins en partie, pour tenter de poursuivre le 94e en retraite vers Roncourt.

On verra plus loin comment cette tentative échoua et comment la brigade saxonne dut rétrograder par la suite jusque derrière Sainte-Marie, car il est maintenant nécessaire de faire un retour en arrière et d'examiner quelle était la situation respective des deux artilleries en présence.

---

(1) *Rapport* du capitaine Gardeur, alors sergent fourrier au 94e.
(2) *Rapport* et *Souvenirs* du colonel de Geslin.

La lutte d'artillerie entre 1 h. 30 et 4 heures. — Vers 1 h. 30, alors que les neuf batteries de la Garde prussienne eurent pris position entre Saint-Ail et Habonville, les batteries du 6ᵉ corps qui n'avaient point encore pris part à la lutte, ouvrirent toutes le feu sur le nouvel objectif qui se présentait à elles.

Bien qu'un tir très lent eût été ordonné à l'artillerie de la division La Font de Villiers dans le but de ménager les munitions qui n'avaient pu être entièrement recomplétées depuis la bataille du 16, la 5ᵉ batterie du 14ᵉ (Grimard) qui s'était avancée comme on sait, jusque sur la croupe 295-312 entre Saint-Privat et Sainte-Marie, « ne put résister au désir de démonter les pièces ennemies » qu'elle prenait d'écharpe et tenait à bonne distance sous son feu (1).

La 5ᵉ batterie à cheval du 19ᵉ, puis, derrière elle, la 6ᵉ batterie du 14ᵉ prirent également pour objectif les batteries de la Garde prussienne et furent rejointes peu de temps après par la 6ᵉ batterie du 19ᵉ qui, malheureusement placée à trop grande distance au Nord de la route, ne dut produire que des effets insignifiants.

Enfin, les cinq batteries (2) établies par le maréchal Canrobert en personne sur le mamelon 333 continuaient la lutte avec des chances diverses : à peine la 8ᵉ batterie du 8ᵉ (Flottes), installée près de la route, avait-elle tiré une dizaine de coups par pièce sur l'infanterie ennemie, que le Maréchal, la voyant sans doute soumise aux effets d'un tir réglé, lui prescrivit de se retirer ; mais il la rappela bientôt pour la placer au Sud de la grande route, la droite appuyée aux premières maisons de Saint-Privat ; les deux batteries placées sur

---

(1) *Rapport* du général La Font de Villiers.

(2) $\frac{8}{8}, \frac{7}{8}, \frac{9}{13}, \frac{7,8}{18}$.

le sommet même du mamelon 333 (1) tirèrent d'abord sur l'infanterie qui se montrait entre Habonville et la Cusse, puis, un peu plus tard, sur l'artillerie hessoise qui n'avait pas tardé à s'avancer jusqu'auprès de la parcelle Nord de ce bois ; quant aux deux batteries du commandant Kesner (2), placées sur le revers oriental de la croupe et par suite hors des vues de l'artillerie de la Garde, elles concentrèrent leur tir sur l'artillerie hessoise.

Enfin, des trois batteries que le lieutenant-colonel de Montluisant avait amenées un peu plus au Sud (3), une seule, la 10ᵉ du 13ᵉ continuait un tir lent contre les batteries du bois de la Cusse et, ultérieurement, sur l'infanterie hessoise qui tentait de franchir la voie ferrée ; les deux autres reculaient de quelques mètres pour s'abriter derrière la crête.

On voit que les cinq batteries du 6ᵉ corps placées au Nord et à l'Ouest du mamelon 333 (4) ouvrirent seules le feu, — à 1 h. 30, — contre les neuf batteries prussiennes de la Garde ; les sept autres (5), déjà engagées contre l'adversaire déployé entre Habonville et les bois de la Cusse, et n'ayant d'ailleurs que des vues imparfaites sur l'artillerie du prince de Hohenlohe, conservaient leurs premiers objectifs sur lesquels elles concentrèrent leurs feux avec les batteries de la division

---

(1) $\frac{7}{8}$, $\frac{9}{13}$.

(2) $\frac{7,8}{18}$.

(3) $\frac{5}{8}$, $\frac{12}{8}$, $\frac{10}{13}$.

(4) $\frac{5}{14}$, $\frac{6}{14}$, $\frac{5}{19}$, $\frac{6}{19}$, $\frac{8}{8}$.

(5) $\frac{7}{8}$, $\frac{9}{13}$, $\frac{7,8}{18}$, $\frac{5,12}{8}$, $\frac{10}{13}$.

de Cissey. Il n'est donc pas surprenant que malgré la vivacité d'un tir dont l'intensité diminua d'ailleurs très rapidement par suite de la pénurie de munitions, les batteries de la Garde prussienne ne souffrirent que fort peu de l'effet des projectiles français (1).

En revanche, l'artillerie ennemie voisine de Saint-Ail était assaillie par les feux, très gênants, des tirailleurs des trois compagnies du IIe bataillon du 93e et de la 5e compagnie du IIe bataillon du 26e. « Cependant, dit l'*Historique* allemand, si gênants que fussent ces essaims de tirailleurs, nos artilleurs se bornaient à leur envoyer de temps à autre quelques projectiles et les batteries ennemies ne cessaient pas pour cela d'être le principal objectif de leurs coups. »

Aussi, les batteries françaises les plus avancées entre Saint-Privat et Sainte-Marie, ne tardaient-elles pas à cesser leur feu : la 5e batterie à cheval du 19e avait tiré environ 200 coups, quand les projectiles de l'adversaire, arrivant plus fréquents dans la batterie, l'obligèrent à se retirer au Nord de la route et à se mettre à l'abri du léger remblai que forme la chaussée en cet endroit ; mais après avoir tiré quelques coups de canon dans cette position, le capitaine commandant cherchait un nouvel emplacement pour ses quatre pièces de droite encore trop exposées, lorsque le maréchal Canrobert lui prescrivit de se retirer à hauteur du village. Les deux pièces de la section de gauche restèrent seules sur le point qu'elles occupaient, tandis que le reste de la batterie allait se placer sur la route même, derrière les clôtures basses d'un jardin situé à l'entrée de Saint-Privat.

D'autre part, la 5e batterie du 14e (Grimard), très isolée sur la croupe 312, crut devoir ménager ses munitions et se reporta vers le Nord où elle se plaça pro-

---

(1) *Historique du Grand État-Major prussien.*

visoirement en réserve avec la 6ᵉ batterie de la 3ᵉ division (1).

Les deux batteries du commandant Kesner (2) souffraient beaucoup (surtout en chevaux) du tir des batteries hessoises ; en quelques instants, la 7ᵉ batterie perdit 10 hommes et 18 chevaux ; elle dut se retirer en emmenant deux de ses pièces avec un seul cheval chacune ; la 8ᵉ batterie la suivit, et toutes deux traversant Saint-Privat, s'embusquèrent au Nord du village, de manière à pouvoir battre, le cas échéant, les abords de la route de Sainte-Marie (3).

Vers 3 heures de l'après-midi, au moment où l'attaque de Sainte-Marie se préparait et où l'artillerie saxonne faisait son apparition sur le champ de bataille et portait à vingt-deux le nombre des batteries allemandes en action au Nord d'Habonville, la situation de l'artillerie du maréchal Canrobert était donc la suivante :

A l'aile gauche du corps d'armée, sur la crête qui, du mamelon 333 se détache vers Amanvillers, les trois batteries (4) restées sous les ordres directs du lieutenant-colonel de Montluisant, avaient presque complètement cessé le feu devant les batteries hessoises ; afin de conserver un approvisionnement de 10 à 15 coups par pièce qui leur permît de parer à un cas imprévu, elles ne tirèrent plus

---

(1) Le *Rapport* du lieutenant-colonel Jamet ne fixe pas d'heure pour cette retraite, mais il est probable qu'elle se fit de bonne heure et à peu près en même temps que le mouvement de la 5ᵉ batterie du 19ᵉ. D'ailleurs, l'*Historique du Grand État-Major prussien* dit que les *batteries avancées* rétrogradèrent bientôt vers la crête. Cette assertion paraît très vraisemblable.

(2) $\dfrac{7,\ 8}{18}$.

(3) *Rapports* du commandant Kesner : l'un non daté, — l'autre daté du 1ᵉʳ septembre.

(4) $\dfrac{5}{8},\ \dfrac{12}{8},\ \dfrac{10}{13}$.

qu'un coup tous les quarts d'heure (1). Sur le revers méridional du mamelon 333, la 9ᵉ batterie du 13ᵉ continuait seule à tirer, lentement, dans la direction d'Habonville, et comme, à ce moment, l'artillerie du général de Cissey abandonnait elle-même la lutte, la batterie de 12 dont il s'agit était réellement la seule qui persistât à lutter contre l'attaque hessoise sur tout le front qui s'étend de Saint-Privat à la voie ferrée.

Au Nord du mamelon 333, l'artillerie restée en position avait pris pour objectif les troupes de la Garde et du XIIᵉ corps qui se montraient autour de Saint-Ail et de Sainte-Marie, mais elle se réduisait, dans la réalité, à six batteries, savoir : la 7ᵉ batterie du 8ᵉ sur le mamelon 333 ; la 8ᵉ du 8ᵉ et la 5ᵉ du 19ᵉ sur la route de Briey ; la 6ᵉ du 19ᵉ au Nord-Ouest de Saint-Privat et enfin les 7ᵉ et 8ᵉ batteries du 18ᵉ au Nord du village ; toutes batteries qui d'ores et déjà ne tiraient que très lentement faute de munitions (2).

Le maréchal Canrobert s'était cependant inquiété dès le début de l'action de pourvoir son artillerie de munitions. Mais quand le lieutenant de Bellegarde eut rapporté la réponse du maréchal Bazaine, le commandant du 6ᵉ corps se heurta à l'impossibilité évidente d'exécuter pendant le combat un ravitaillement vers l'arrière comme le lui prescrivait le commandant en chef. Il envoya donc à ce dernier une nouvelle demande (3) pour

---

(1) *Notes cursives* du lieutenant-colonel de Montluisant, page 20.

(2) Les batteries $\frac{5, 6}{14}$ ne rentrèrent que plus tard en action. La batterie $\frac{7}{14}$ n'ouvrit le feu qu'après 3 h. 30 sur la *47ᵉ* brigade débouchant de Sainte-Marie vers le Nord.

(3) Portée par le capitaine de Chalus vers 2 heures. (Instruction du procès Bazaine. Déposition nᵒ 327.)

Le capitaine de Chalus arriva auprès du maréchal Bazaine à 3 h. 15.

le prier instamment de diriger vers Saint-Privat une colonne de munitions ; il lui adressait en même temps un avis de réception de la lettre datée de 10 heures du matin, et lui demandait de hâter l'envoi d'une division d'infanterie, ajoutant qu'il tiendrait à Saint-Privat « tant qu'il aurait des munitions (1) ». Malheureusement, le petit nombre de caissons que le maréchal Bazaine fit partir tardivement, devaient arriver trop tard sur le champ de bataille, ainsi qu'on le verra plus loin...

Dès 3 heures de l'après-midi, l'artillerie allemande était donc bien réellement maîtresse du champ de bataille et les quelques batteries françaises qui soutenaient encore faiblement la lutte, des abords de Saint-Privat, se trouvaient dans l'impossibilité presque absolue de jouer un rôle efficace dans la défense du village de Sainte-Marie ; défense dont les péripéties se déroulèrent en une action complètement isolée et à laquelle tout le reste du 6e corps resta étranger, à l'exception de quelques fractions du 93e de ligne.

Le maréchal Canrobert préoccupé des progrès constants que l'adversaire faisait vers le Nord, apporta cependant quelques modifications dans l' « ordonnance » de ses troupes. La première apparition de l'ennemi dans

---

A ce moment même, le maréchal Bazaine recevait un compte rendu (dont l'auteur reste inconnu.....) lui annonçant que « tout allait bien au 6e corps ». Aussi la division promise et non encore expédiée ne fut-elle pas mise en route immédiatement et le capitaine de Chalus ne parvint-il à emmener à Saint-Privat que quatre caissons de 4. Cependant, ainsi qu'on le verra plus loin, le général Soleille avait déjà reçu l'ordre d'envoyer deux batteries de 12 et des caissons au 6e corps. En outre, le général Bourbaki prenait sur lui de mettre en marche sa division de grenadiers pour la rapprocher du champ de bataille.

(1) *Procès Bazaine :* déposition du capitaine de Chalus. — *Instruction du procès Bazaine* : déposition du maréchal Canrobert et du capitaine de Chalus.

la direction du bois de la Cusse et d'Habonville, l'avait porté à accumuler ses forces, ainsi qu'on l'a vu, au Sud de Saint-Privat (appel de la division Tixier au Sud de la grande route), en même temps qu'elle l'avait déterminé à étendre sa droite jusqu'à Sainte-Marie, comme pour opposer, — avec des forces très insuffisantes il est vrai, — une sorte de muraille à l'attaque qu'il voyait se dessiner par Habonville. Mais le déploiement des nombreuses batteries prussiennes de la Garde au Nord de cette localité, et l'apparition de l'infanterie ennemie devant Sainte-Marie, le firent renoncer à son premier projet, d'ailleurs à peine esquissé, pour concentrer tous ses moyens de défense autour du village même de Saint-Privat dont l'attaque ne lui paraissait plus douteuse maintenant, bien que l'adversaire fût encore tenu en échec par le régiment du colonel de Geslin.

Renonçant de parti pris à la défense de postes avancés dont le village de Sainte-Marie, encore occupé, pouvait devenir l'un des principaux, le Maréchal paraît donc s'être borné à assurer la défense immédiate du plateau sur lequel il avait bivouaqué. Seulement, la marche ultérieure des événements le ramena bientôt à la prévision d'une attaque par le Nord de Sainte-Marie-aux-Chênes, et il reporta alors une partie de la division Tixier dans cette direction pour soutenir la première ligne (1).

Vers 2 h. 30, le général commandant la 1re division reçut donc l'ordre de ramener deux de ses régiments à Saint-Privat même afin de parer à une attaque du village « que le développement du feu de l'ennemi vers la droite faisait pressentir (2) ». Les 10e et 12e de ligne

---

(1) Constituée, comme on s'en souvient, par la brigade de Sonnay (75e et 91e).

(2) *Rapport* du général Tixier, daté du 21 août.

furent désignés à cet effet, bien qu'ils n'appartinssent pas à la même brigade, et furent réunis provisoirement sous le commandement du général Leroy de Days.

Ces cinq bataillons (1) passèrent derrière le village et vinrent occuper la position qui leur était indiquée, tandis que la compagnie divisionnaire du génie procédait à la mise en état de défense des murs de clôture de Saint-Privat. Les IIe et IIIe bataillons du 12e se placèrent à la lisière des jardins, derrière les haies et les murs en pierres sèches qui les clôturent, venant ainsi renforcer les sept compagnies des 93e et 94e régiments (2) qui les occupaient déjà. Le 10e régiment se déploya au pas gymnastique, et dans le plus grand ordre, bien que les effets du feu de l'artillerie prussienne se fissent déjà sentir en ce point ; le Ier bataillon se forma à l'extrémité Nord de la lisière, abrité, partie par les murs bas des jardins, partie par des tas de pierres de démolition ; trois compagnies du IIIe bataillon prolongèrent la droite du Ier bataillon, derrière le même abri ; enfin, le IIe bataillon, puis les trois dernières compagnies du IIIe se déployèrent successivement à la droite des fractions précédentes, prolongeant en terrain découvert la ligne du régiment dans la direction de Roncourt, c'est-à-dire en avant des deux batteries du commandant Kesner et jusqu'à hauteur du bataillon de gauche du 75e de ligne toujours déployé sur les pentes occidentales du plateau.

Les sept autres bataillons de la division Tixier restèrent, jusqu'à nouvel ordre au Sud de Jérusalem sur leurs emplacements précédents.

Vers 3 heures de l'après-midi, alors que l'infan-

---

(1) On se rappelle que le Ier bataillon du 12e occupait déjà Saint-Privat.

(2) 3, 4, 5, 6 $\frac{1}{93}$ et 4, 5, 6 $\frac{1}{94}$.

terie allemande affluait plus nombreuse au Sud et à l'Ouest de Sainte-Marie, le général Colin fit savoir « qu'il pouvait tenir au village, mais qu'il était urgent de le soutenir à droite (1) ».

Déjà, les tirailleurs du IIe bataillon du 93e avaient fait face à l'Ouest et prenaient en flanc les bataillons de la Garde prussienne qui marchaient sur Sainte-Marie par le Sud ; les deux premières compagnies du Ier bataillon s'avançaient en même temps au delà la croupe 312 et se déployaient bientôt à la gauche des tirailleurs du IIe bataillon. Malheureusement, ce fut là le seul secours efficace que reçut le 94e régiment.

Sur la demande du général La Font de Villiers, — qui cependant disposait encore de nombreux bataillons mais qui craignait en même temps « de quitter la position dominante de Saint-Privat pour en prendre une mauvaise dans la plaine (2) », — ce fut le général Tixier qui fut chargé de soutenir les troupes encore intactes de la 3e division (brigade de Sonnay) « pour dégager le 94e aux prises avec l'ennemi dans le village de Sainte-Marie (3) ».

Mais, cette opération se borna à faire avancer le 10e régiment et le IIe bataillon du 12e de quelques centaines de mètres en avant de Saint-Privat, c'est-à-dire à les rapprocher des bataillons du 91e, qui restèrent sur place tant que le village de Sainte-Marie fut au pouvoir du colonel de Geslin. Le seul appui que reçut le 94e de la part des troupes déployées sur le plateau se réduisit donc à celui qui lui fut donné par le IIe bataillon du 93e, puis par les deux compagnies du même régiment (1re et 2e du Ier bataillon du 93e) accou-

---

(1) *Rapports* du colonel Ganzin sur les opérations de la 2e brigade de la 3e division et *Rapport* du général Tixier.
(2) *Rapport* du général La Font de Villiers.
(3) *Rapport* du général Tixier.

rues à un millier de mètres au Sud-Est du village. Le reste des troupes de la division La Font de Villiers n'intervint qu'à partir du moment où le 94ᵉ évacua son point d'appui et où la *47ᵉ* brigade saxonne déboucha de la lisière Nord de Sainte-Marie.

Vers 3 h. 30, la situation générale du 6ᵉ corps était donc la suivante :

Au Nord de la grande route, onze bataillons, n'ayant pas encore tiré un coup de fusil étaient échelonnés sur deux lignes jusqu'à hauteur de Roncourt, c'est-à-dire sur le long glacis qui descend vers Sainte-Marie et les bois d'Auboué (1) ;

Derrière eux, quelques batteries (2) étaient encore sur leurs positions de combat ;

Au Sud de la grande route les douze bataillons de la division Levassor-Sorval étaient également déployés sur deux lignes, faisant face aux deux masses d'artillerie ennemie en position au Sud de Saint-Ail et près des bois de la Cusse. Mais, située à deux kilomètres environ de l'adversaire dont l'infanterie avait à peine dépassé, sur quelques points seulement, la ligne des pièces, la 1ʳᵉ brigade, qui formait la première ligne, n'avait pas encore été engagée sérieusement. Seuls, quelques groupes de tirailleurs, et en particulier la compagnie du capitaine Doré (3), avaient trouvé l'occasion de tirer quelques salves sur les batteries de la Garde ;

Sept batteries (4) étaient encore sur leurs emplacements

---

(1) $\dfrac{I, II, III}{75}$, $\dfrac{I, II, III}{91}$, $\dfrac{III, II, I}{10}$, $\dfrac{II}{12}$, $\dfrac{III}{93}$.

(2) $\dfrac{6}{19}$, $\dfrac{7, 8}{18}$, $\dfrac{7}{14}$.

(3) $\dfrac{II}{26}$.

(4) $\dfrac{5}{19}$, $\dfrac{8}{8}$, $\dfrac{7}{8}$, $\dfrac{9}{13}$, $\dfrac{5}{8}$, $\dfrac{12}{8}$, $\dfrac{10}{13}$.

de combat, mais la plupart d'entre elles étaient presque à bout de munitions et ne tiraient plus ;

Le village même de Saint-Privat était occupé par vingt-cinq compagnies d'infanterie appartenant à quatre régiments différents et tirés eux-mêmes des divisions Bisson, La Font de Villiers et Tixier (1) ;

Au Sud de Jérusalem, sept bataillons de la division Tixier constituaient une réserve assez importante derrière l'aile gauche (2), mais les deux premiers bataillons du 9e seulement restaient encore immédiatement disponibles en arrière de l'aile droite, près de Roncourt ;

Enfin, le général du Barail se tenait derrière la crête entre Roncourt et Saint-Privat avec trois régiments de cavalerie (3).

Jusqu'ici, le 94e régiment et quelques compagnies du 93e avaient, seuls, parmi toutes les troupes d'infanterie du corps d'armée, soutenu un combat dont les résultats heureux furent d'ailleurs hors de proportion avec la

---

(1) $\frac{III}{9}$, $\frac{I, III}{12}$, 3, 4, 5, 6 $\frac{I}{93}$, 4, 5, 6 $\frac{I}{94}$.

(2) 9e B. Ch., 4e, 100e.

(3) Dès le début de l'action, quelques pelotons de chasseurs d'Afrique avaient été détachés dans les directions de Montoy, Pierrevillers et Marange. A 1 heure, le 2e chasseurs détacha à son tour une reconnaissance d'officier vers Marange et une patrouille au delà de Roncourt.

Dans la matinée du 18 août, le maréchal Lebœuf avait été invité à compléter la cavalerie du 6e corps en mettant à la disposition du maréchal Canrobert les deux autres régiments de la brigade Bruchard (3e et 10e chasseurs), mais les escadrons du 10e chasseurs se trouvant affectés aux divisions d'infanterie et fournissant en même temps l'escorte du maréchal Lebœuf, le général Bruchard partit, vers midi, pour Saint-Privat avec le 3e régiment de chasseurs seulement. Il ne rejoignit le 2e chasseurs et le 2e chasseurs d'Afrique entre Saint-Privat et Roncourt que vers 2 heures. (*Rapport* du général du Barail, — *Historiques* des 2e et 3e régiments de chasseurs.)

faiblesse de l'effectif engagé, puisque l'occupation de Sainte-Marie provoqua le déploiement, et par conséquent l'arrêt, de deux divisions d'infanterie ennemies.

En revanche, les deux artilleries adverses avaient engagé depuis 1 heure après-midi une lutte inégale à laquelle l'infanterie des deux partis resta presque absolument étrangère, et qui se termina peu après 2 heures par l'annihilement des batteries françaises, — annihilement qui, il faut bien le remarquer, — provint plus encore de la nécessité de ménager les munitions que de la supériorité réelle du feu de l'ennemi.

Quoi qu'il en soit, la prise de Sainte-Marie par les Allemands donna à l'assaillant un point d'appui important qui, joint à ceux de Saint-Ail et du bois de la Cusse, constitua un solide front de combat sur lequel l'artillerie pouvait dès lors jouir en toute sécurité de la suprématie qui lui était échue.

D'ailleurs, les batteries de la Garde n'avaient pas attendu que Sainte-Marie fut tombé aux mains de l'infanterie pour gagner une position un peu meilleure que celle qu'elle avait prise au Sud de Saint-Ail. Dès que la division de la Garde fut assez avancée dans son attaque, le prince de Hohenlohe prescrivit un mouvement en avant par échelons, et ses neuf batteries gagnèrent successivement 400 mètres environ dans la direction de Saint-Privat. Les huit batteries de droite s'établirent au Sud-Est de Saint-Ail (1), tandis que la 4° légère alla se poster un peu plus en avant, au Nord-Est du village.

---

(1) Pour protéger cette artillerie contre les tirailleurs du 26° et du 93° régiments français, qui devenaient d'autant plus gênants pour elle qu'elle s'en était rapprochée, le Ier bataillon du 4° grenadiers fut déployé devant son front et sur les ailes. (*Geschichte des Königin Augusta Garde-Grenadiers-Regiments Nr. 4.*)

Quant à l'artillerie saxonne, elle s'était, en partie, avancée aussitôt après la prise de Sainte-Marie. Tandis que la 4ᵉ Abtheilung (1) restait provisoirement en batterie sur les emplacements d'où elle avait appuyé l'attaque du village, la 3ᵉ Abtheilung (2) franchissait le ravin d'Auboué et se portait vers le Nord-Est. La VIᵉ batterie lourde s'arrêta en deçà de la route de Briey, mais les deux autres la dépassèrent et se postèrent sur le revers de la longue croupe qui se détache de Sainte-Marie vers le Nord (3).

Quelques minutes après 4 heures, deux batteries de la 24ᵉ division (les 3ᵉ et IVᵉ) rejoignirent la VIᵉ lourde au Sud de la chaussée ; la IIIᵉ en fit autant un peu plus tard. La 4ᵉ batterie légère, enfin, gagna, tout d'abord, au Sud-Est de Sainte-Marie, un emplacement d'où elle ouvrit le feu sur l'infanterie française qui s'avançait en cet instant, ainsi qu'on va le voir, sur les glacis au Nord de la grande route de Saint-Privat.

Quant aux trois batteries de la 23ᵉ division qui avaient pris part à l'attaque de Sainte-Marie (4), elles furent acheminées vers Auboué pour rejoindre leur division.

Ce déploiement d'artillerie s'exécutait en même temps que la 47ᵉ brigade dépassait Sainte-Marie et cherchait à poursuivre le régiment du colonel de Geslin qui se retirait vers Roncourt sous la protection de l'infanterie déployée au Nord de la grande route. Mais à ce moment même, la brigade de Sonnay prononça une

---

(1) $\frac{2c, 6, VII, VIII}{12}$.

(2) $\frac{5, V, VI}{12}$.

(3) *Das XII. corps im Kriege 1870-1871* et *Geschichte des Sachsischen Feld-Artillerie Nr. 12.*

(4) $\frac{1, 2, II}{12}$

contre-attaque qui eut bientôt raison de la tentative des Saxons.

Contre-attaque de la brigade de Sonnay. — Une partie de la 47ᵉ brigade avait pénétré dans le village de Sainte-Marie concurremment avec les troupes du général de Pape. Le Iᵉʳ bataillon du *105ᵉ* et le *12ᵉ* bataillon de chasseurs (trois compagnies) avaient occupé la lisière Nord-Est, ayant à leur droite les IIᵉ et IIIᵉ bataillons des fusiliers de la Garde. Le Iᵉʳ bataillon du *104ᵉ* était resté dans les rues du village avec le *4ᵉ* régiment de grenadiers; le IIᵉ bataillon du *104ᵉ*, très disloqué, occupait à la fois la lisière Sud et la lisière Nord.

Les chasseurs de la Garde s'étaient déployés au delà de l'entrée Est de Sainte-Marie et engageaient le combat avec les compagnies du IIᵉ bataillon du 93ᵉ; la 4ᵉ batterie saxonne s'était, comme on sait, postée à la droite des chasseurs, mais bientôt, le feu du 93ᵉ l'obligea à la retraite, de sorte qu'elle rejoignit les autres batteries saxonnes au Nord-Ouest de la localité.

Le IIᵉ bataillon du *105ᵉ* avait traversé Sainte-Marie, mais il avait presque aussitôt dépassé la lisière opposée pour suivre les traces du 94ᵉ. Le commandant de la 47ᵉ brigade, « jugeant nécessaire de marcher à la rencontre de l'adversaire, — dont les bataillons se montraient sur les pentes entre la route et Roncourt, — pour assurer la possession du village », appelait à la rescousse les troisièmes bataillons de ses deux régiments. L'apparition des troupes prussiennes sur la lisière orientale du village, puis le mouvement de l'infanterie saxonne vers le Nord-Est à la suite des bataillons du 94ᵉ qui se repliaient successivement vers Roncourt (1), avait pro-

---

(1) Le général La Font de Villiers fit prévenir le général Colin d'avoir à se retirer dans la direction de Roncourt par le vallon de Sainte-Marie

voqué, de la part du général La Font de Villers, l'ordre à la 1ʳᵉ brigade de se porter en avant en se rabattant à gauche pour gagner une position plus rapprochée d'où son tir fut plus efficace (1).

Seul, le Iᵉʳ bataillon du 75ᵉ resta sur place à l'Ouest de Roncourt pour surveiller le débouché du bois d'Auboué; les cinq autres bataillons de la brigade de Sonnay s'avancèrent sur le glacis où ils stationnaient déjà depuis près de trois heures sans avoir encore tiré un coup de fusil. Précédés de leurs tirailleurs, les IIᵉ et IIIᵉ bataillons du 91ᵉ, que le général La Font de Villiers fit appuyer en seconde ligne par le IIᵉ bataillon du 12ᵉ, s'ébranlèrent les premiers; ils arrivèrent ainsi jusqu'à bonne portée de Sainte-Marie, pendant qu'à leur gauche, c'est-à-dire au Sud de la route, les compagnies du IIᵉ bataillon du 93ᵉ, protégées des feux de l'artillerie de la Garde par la croupe 295, continuaient à faire tête aux tirailleurs des chasseurs du général de Pape.

Mais déjà, le IIᵉ bataillon du *105ᵉ*, soutenu à sa droite par la 4ᵉ compagnie du Iᵉʳ bataillon et par la 4ᵉ du *12ᵉ* chasseurs, puis à sa gauche par les 7ᵉ et 8ᵉ compagnies du *104ᵉ*, avait forcé le colonel de Geslin à se replier peu à peu, avec les 250 hommes qu'il avait réunis autour de lui, dans la direction de Roncourt. Un peu plus tard

---

à Auboué pour ne pas masquer les feux de la brigade de Sonnay. (*Rapport* du général La Font de Villiers.)

Le général Colin fut blessé dès le début de la retraite qu'il orienta toutefois vers Roncourt.

Le colonel de Geslin n'eut cependant pas connaissance de l'ordre du général de division, car il se tenait, au moment de la prise de Sainte-Marie, sur la lisière Nord, auprès du IIIᵉ bataillon et l'officier envoyé par le général Colin pour lui donner l'ordre de la retraite fut tué avant d'arriver jusqu'à lui. Il se replia vers Roncourt à la suite des fractions qui l'avaient précédé.

(1) *Rapports* du général Becquet de Sonnay et du lieutenant-colonel Champion du 91ᵉ de ligne.

les IIIes bataillons des *104e* et *105e* régiments prolongeaient encore, à droite et à gauche, la ligne de combat prussienne qui s'étendait maintenant, sous un feu des plus vifs, jusque dans les prairies qui marquent le fond du vallon 243. Un peu plus tard encore, la gauche de la ligne prussienne était prolongée par les 9e, 10e et 12e compagnies du *108e*, qui s'avançaient vers l'extrémité orientale des bois d'Auboué.

Mais pendant ce temps, les IIe et IIIe bataillons du 91e dirigeaient un feu des plus vifs sur les compagnies de l'adversaire voisines de Sainte-Marie. Le IIIe bataillon, en particulier, exécutait des feux au commandement du plus meurtrier effet (1).

D'autre part, et devant l'extension successive de l'infanterie ennemie vers le Nord, le commandant de Hay-Duraud (du Ier bataillon), laissa une compagnie déployée face à Sainte-Marie (la 3e), et fit faire un demi-à-droite aux cinq autres; puis il porta aussitôt en avant deux compagnies de tirailleurs (4e et 6e) pour battre plus efficacement le fond du vallon par lequel progressait l'adversaire (2). Enfin, les deux bataillons de gauche du 75e (IIIe et IIe) se rapprochèrent également du bois d'Auboué et forcèrent bientôt par leurs feux, les 5e et V^e batteries saxonnes à rétrograder jusqu'au Sud de la route d'Auboué.

D'ailleurs, l'une des batteries à cheval du général du Barail (6e du 19e) appuyait de très près le mouvement en avant de l'infanterie française et prenait successivement trois positions dont la dernière n'était pas distante des tirailleurs ennemis de plus de 700 mètres.

Dès lors, la situation devint intenable pour les com-

---

(1) *Rapport* du lieutenant-colonel Champion.
(2) *Rapport* du lieutenant-colonel Champion et *Historique* du 75e de ligne. (Man. de 1871.)

pagnies saxonnes déployées à l'Est du vallon de Sainte-Marie, car la distance qui séparait les deux adversaires était très efficace pour le fusil Chassepot, mais dépassait la portée du fusil allemand.

Près de Sainte-Marie, le III⁰ bataillon du *104ᵉ* ne parvenait à maintenir sa position qu'au prix de lourds sacrifices, et plus au Nord, la situation était plus grave encore pour le III⁰ bataillon du *105ᵉ*, bien que les trois compagnies de l'extrême gauche (9ᵉ, 10ᵉ, 12ᵉ du *108ᵉ*) continuassent à gagner quelque terrain vers les bois d'Auboué (1).

Il était alors 4 h. 15, et comme le général de Nehrhoff estimait que « cette affaire, qui prenait des proportions de plus en plus considérables, l'écartait des vues du commandant de corps d'armée », il prescrivit au commandant de la *47ᵉ* brigade de rompre le combat et de rallier ses troupes auprès de Sainte-Marie. En fait, les bataillons saxons, lancés inconsidérément à découvert devant une infanterie absolument intacte encore, et avant même qu'on eût mis la main sur l'important point d'appui constitué par les bois d'Auboué, subit un complet échec par le seul effet des feux de l'infanterie française. En même temps, les deux batteries saxonnes de gauche (2), vigoureusement prises à partie par les tirailleurs du 75ᵉ, abandonnaient leur position pour se replier au Sud de la route d'Auboué.

La rupture du combat ne fut d'ailleurs pas des plus aisées, bien que la brigade de Sonnay conservât désormais une attitude purement passive. A l'exception du III⁰ bataillon du *108ᵉ*, qui parvint à se jeter dans le bois

---

(1) Sans doute par le revers des pentes orientales du vallon 243, lesquelles échappaient complètement aux vues des tirailleurs français.

(2) $\frac{5, V}{12}$

d'Auboué où il rallia bientôt les deux autres bataillons de son régiment, tous les bataillons de la 47ᵉ brigade déployés dans le vallon se replièrent successivement en arrière de la crête d'artillerie et se trouvèrent ainsi rassemblés vers 5 heures du soir au Nord-Ouest de Sainte-Marie.

Issue de la lutte d'artillerie. — Pendant que ces événements se déroulaient au Nord de Sainte-Marie, l'artillerie de la Garde, déployée au Sud-Est de Saint-Ail, affirmait définitivement son succès sur les batteries du 6ᵉ corps qui lui faisaient encore face. Quelques batteries, parmi celles qui étaient encore en position, entamèrent un feu de très courte durée au moment où l'artillerie adverse fit son mouvement en avant (vers 3 h. 30), mais cette dépense de munitions ne fit que hâter encore le moment où il fallut disparaître derrière la crête. La 5ᵉ batterie du 19ᵉ cependant, établie sur la route à l'entrée de Saint-Privat, avait pu se procurer quelques projectiles qu'un officier de la batterie était allé, sur l'ordre du maréchal Canrobert, demander au 4ᵉ corps. L'une des pièces de la section laissée à quelques centaines de mètres plus en avant et près de la route, ayant eu son affût brisé, les cinq pièces de la batterie furent réunies sur l'emplacement des deux autres sections et installées sur la chaussée même avec des intervalles de deux mètres. Jusqu'à ce moment, et grâce à la possibilité d'abriter les caissons et les avant-trains derrière les maisons du village, les pertes avaient été peu sensibles. Mais quand l'artillerie saxonne apparut au Nord de Sainte-Marie, enfilant la route, la batterie souffrit beaucoup en quelques instants ; un seul projectile mit deux pièces hors de combat ; un second enleva tous les armements d'une autre pièce ; le capitaine et les deux lieutenants de la batterie furent blessés ou contusionnés.

Sous peine de subir une destruction complète, la

batterie dut s'abriter derrière les maisons du village où elle remit un peu d'ordre dans ses rangs (1).

Quant aux six batteries du lieutenant-colonel de Montluisant, toutes restèrent bravement sur place jusque vers 5 heures du soir, quelques-unes sur la crête même, les autres immédiatement en arrière où elles se tenaient prêtes à tirer leurs derniers projectiles.

Mais dès que l'artillerie saxonne vint couronner la crête au Nord de Sainte-Marie, les batteries du mamelon 333 (2) souffrirent beaucoup d'un tir auquel elles ne pouvaient répondre.

Comme d'ailleurs le lieutenant-colonel de Montluisant constatait, un peu avant 5 heures, que l'infanterie qui s'était avancée vers Sainte-Marie se repliait progressivement vers le sommet du plateau de Saint-Privat, ainsi qu'il sera dit plus tard, il prit immédiatement ses dispositions de retraite et amena successivement ses trois batteries de gauche (3) sur la croupe des carrières de la Croix où il leur fit prendre des positions étagées, de manière à prêter appui, avec les quelques projectiles qui lui restaient, aux troupes d'infanterie qui pourraient être obligées d'abandonner Saint-Privat. D'ailleurs, les trois autres batteries ne tardèrent pas à quitter également le mamelon 333 ; les 7ᵉ et 8ᵉ du 8ᵉ furent placées près des trois premières, tandis que la 9ᵉ batterie du 13ᵉ contournait le village de Saint-Privat et venait chercher une nouvelle position, au Sud de Roncourt, près des deux bataillons du 9ᵉ régiment.

Les deux batteries du commandant Kesner (4) avaient

---

(1) *Rapport* du capitaine commandant la 5ᵉ batterie du 19ᵉ.

(2) $\frac{7}{8}, \frac{8}{8}, \frac{9}{13}$.

(3) $\frac{5}{8}, \frac{12}{8}, \frac{10}{13}$.

(4) $\frac{7, 8}{18}$.

ouvert le feu à 2,000 mètres sur l'infanterie saxonne déployée dans le vallon de Sainte-Marie. Mais à 4 h. 30 elles ne possédaient plus un seul projectile et se retiraient (1).

On se rappelle que les 5ᵉ et 6ᵉ batteries du 14ᵉ (division La Font de Villiers) s'étaient repliées en arrière de la crête jusqu'auprès de la cavalerie du général du Barail ; elles profitèrent de cette circonstance pour se réapprovisionner, et rentrèrent en action au moment où les Saxons tentaient leur mouvement par le Nord de Sainte-Marie ; puis elles joignirent leurs feux à ceux de la 7ᵉ batterie qui jusque-là n'avait point encore trouvé l'occasion de tirer.

Ces trois batteries, placées dans les terres labourées où les projectiles de l'adversaire s'enfonçaient sans éclater, souffrirent fort peu des effets d'un tir d'ailleurs très mal réglé (2).

Quant à la 6ᵉ batterie à cheval du 19ᵉ, elle n'avait pas peu contribué, comme on sait, à infliger l'échec que subit la brigade saxonne. Après s'être avancée jusqu'à courte distance de l'infanterie ennemie (3), elle poursuivit celle-ci de ses feux jusqu'à ce qu'elle disparut derrière la crête. Elle se replia alors derrière Saint-Privat, en s'arrêtant plusieurs fois pour répondre aux batteries saxonnes qui ne parvinrent pas, grâce à sa mobilité, à régler le tir sur elle (4).

---

(1) Le maréchal Canrobert leur prescrivit d'aller se réapprovisionner au grand parc à Plappeville ; le commandant Kesner conduisit effectivement ses batteries en ce point, mais ne put se procurer de munitions. (*Rapport* du commandant Kesner.)

(2) Pertes des batteries pour la journée : 5ᵉ batterie : 1 cheval ; 6ᵉ batterie : 4 chevaux ; 7ᵉ batterie : 1 homme, 4 chevaux. (*Rapport* du lieutenant-colonel Jamet.)

(3) Mais, il est vrai, hors de portée du fusil allemand.

(4) Et peut-être aussi grâce à la faible consistance du terrain. — La batterie ne perdit qu'un homme et un cheval.

Déploiement de l'artillerie saxonne au Nord de Sainte-Marie (4 h. 30 à 5 h.). — Pendant que l'infanterie saxonne rétrogradait derrière Sainte-Marie et que d'autre part le plus grand nombre des batteries françaises abandonnaient successivement leurs positions près de Saint-Privat, l'artillerie saxonne se reportait, sur l'ordre du prince Albert, jusque sur la crête qui s'étend de Sainte-Marie vers les bois d'Auboué.

A partir de 4 h. 30, la 4ᵉ Abtheilung (1), puis les batteries de la 3ᵉ (2) qui avaient dû abandonner la lutte un instant auparavant, couronnaient, toutes, la crête à la gauche de l'artillerie de la *24ᵉ* division dont les quatre batteries venaient de s'installer au plus près du village. Bientôt, la IIᵉ batterie lourde (de la *23ᵉ* division) prolongeait encore vers le Nord cette longue ligne d'artillerie, de sorte que douze batteries se trouvaient désormais en position entre Sainte-Marie et les bois d'Auboué.

Dès leur première apparition sur la crête, les batteries saxonnes avaient entamé la lutte avec les batteries du 6ᵉ corps encore présentes. Mais au fur et à mesure que celles-ci se voyaient contraintes d'abandonner la lutte, les premières concentraient pour la plupart leurs feux sur la masse des bataillons des divisions La Font de Villiers et Tixier. Comme la *47ᵉ* brigade s'était retirée derrière Sainte-Marie, l'infanterie française resta sans objectif sous le feu d'une artillerie dont les effets meurtriers s'accentuaient de plus en plus, tant à cause de l'arrivée en ligne de nouvelles batteries, que par suite de la supériorité qu'elles prenaient rapidement et définitivement sur l'artillerie du 6ᵉ corps.

D'ailleurs, quelques bataillons saxons avaient fait pen-

---

(1) $\frac{2c, 6, VII, VIII}{12}$.

(2) $\frac{5, V}{12}$.

dant ce temps, de nouveaux progrès vers le Nord et s'étendaient maintenant dans les bois d'Auboué, menaçant ainsi le flanc droit de la longue ligne d'infanterie française déployée sans le moindre abri sur le long glacis de Saint-Privat.

Marche des Saxons vers le Nord. — Après la prise de Sainte-Marie, en effet, le prince de Saxe avait cru distinguer de l'artillerie française au Nord de Roncourt. « Cela semblait indiquer, dit l'*Historique* allemand, que la position ennemie s'étendait encore au delà de ce point, et, par suite, on en venait à se demander si l'ordre donné à la *23ᵉ* division de se porter directement d'Auboué, à travers les bois, sur Roncourt, ne l'amènerait pas encore devant le front de l'adversaire. »

Le prince Albert avait donc prescrit un peu avant 4 heures au commandant de la *23ᵉ* division de s'élever plus au Nord encore et mettait en outre à sa disposition la *48ᵉ* brigade.

D'un autre côté, la division de cavalerie saxonne avait gagné, depuis les bois de Ponty, les environs de Coinville, où l'ordre lui parvenait de se joindre également au mouvement tournant contre l'extrême droite française.

Mais entre temps, les deux premiers régiments (*100ᵉ* et *101ᵉ*) de la *45ᵉ* brigade, avaient atteint Auboué où étaient déjà parvenus les deux premiers bataillons du *108ᵉ* (1) sous le commandement du général Craushaar. Sur l'ordre du Prince royal qui avait remarqué le mouvement offensif du 75ᵉ de ligne vers le bois d'Auboué, les deux bataillons de l'avant-garde saxonne avaient été dirigés sur le même objectif.

---

(1) Le IIIᵉ bataillon ayant pris part à l'attaque de Sainte-Marie ne rejoignit que plus tard les deux autres.

Tandis que le gros de la *45e* brigade se réunissait à Auboué, les deux bataillons du *108e* se jetaient donc dans les taillis où ils progressaient lentement, mais sans éprouver aucune résistance. Bientôt, d'ailleurs, le IIIe bataillon, venu de Sainte-Marie, les rejoignit et le *108e* tout entier déboucha sur la lisière orientale du bois; de là, il se dirigea vers l'Est en passant par le Nord du vallon 265.

Il était alors 4 h. 30. Pendant ce temps, le général de Craushaar avait suivi le *108e* avec ses deux autres régiments. Laissant le *101e* en réserve sur la lisière occidentale, il poussait le *100e* sous bois, à la droite du *108e*.

D'autre part, le commandant du XIIe corps avait aperçu sur la crête opposée quelques escadrons français (1); il prescrivit donc au *2e* régiment de cavalerie saxonne de contourner le bois d'Auboué par le Nord « pour refouler la cavalerie ennemie qui pourrait se trouver dans le voisinage de Montois (2) ».

Dépassant la ligne d'artillerie, à laquelle il laissa un escadron de soutien, le régiment saxon eut la malheureuse idée de passer par le Sud-Est des bois d'Auboué. Aussitôt fusillés par les tirailleurs du 75e et d'ailleurs découverts par le lieutenant-colonel Jamet (3), qui dirigea sur eux le tir de ses batteries, les escadrons saxons durent rétrograder immédiatement jusqu'au delà des bois d'Auboué. Là, ils se joignirent au mouvement de la *48e* brigade sur Montois.

Retraite de la brigade de Sonnay. — Mais pour les

---

(1) La cavalerie du général du Barail « changeait fréquemment de position pour se soustraire au feu de l'artillerie. (*Historique* de la 2e brigade de la 1re divison de cavalerie.)

(2) *Historique du Grand État-Major prussien.*

(3) *Rapport* du lieutenant-colonel Jamet, commandant l'artillerie de a division La Font de Villiers.

raisons indiquées précédemment (1), — raisons parmi lesquelles la menace d'une attaque de flanc n'était peut-être pas la moindre, — les compagnies de tirailleurs des II⁰ et III⁰ bataillons du 75⁰ commençaient à rétrograder vers l'Est. Aussitôt, le général La Font de Villiers prescrivit au chef de bataillon Morin, commandant le II⁰ bataillon du 10⁰, de se porter au secours du 75⁰ (2). Le mouvement s'exécuta au pas de course et le nouveau bataillon se déploya en avant du 75⁰, qui se repliait en bon ordre « derrière la crête qu'il occupait (3) », c'est-à-dire très probablement un peu au delà de la crête militaire, et par conséquent un peu à l'Est du chemin de Roncourt à Saint-Privat. Le I⁰ʳ bataillon du 75⁰ toutefois restait toujours sur la croupe de Roncourt, à l'Ouest du village.

Plus près de la route de Saint-Privat, les II⁰ et III⁰ bataillons du 91⁰ rétrogradèrent également vers Saint-Privat jusque sur le rebord de l'espèce de terrasse que forme le terrain à l'Ouest du village (4) ; le III⁰ bataillon du 12⁰ reprit sa position sur la lisière des jardins, auprès du II⁰ ; le I⁰ʳ bataillon du 91⁰ resta sur la position avancée d'où il avait si puissamment contribué à repousser la brigade saxonne.

Au Sud de la route, les trois compagnies de tirailleurs du II⁰ bataillon du 93⁰, engagées depuis le début de la lutte et ayant épuisé leurs munitions, rentrèrent à Saint-Privat, mais les trois dernières compagnies du même

---

(1) Voir page 311.
(2) *Historique* du 10⁰ régiment. L'heure donnée par cet *Historique* est évidemment très erronée.
(3) *Rapport* du lieutenant-colonel de Brem, du 75⁰ de ligne.
(4) Le *Rapport* du général La Font de Villiers dit que les troupes de première ligne se répartirent « sur leurs positions premières », c'est-à-dire sur celles où elles s'étaient déployées au commencement de la bataille, à 600 mètres à l'Ouest des maisons de Saint-Privat.

bataillon restèrent sur place auprès des deux compagnies du Ier bataillon, qui étaient venues les rejoindre pour faire face à la garnison de Sainte-Marie (1).

Mais devant le mouvement enveloppant qui se manifestait très nettement par le Nord des bois d'Auboué, le maréchal Canrobert avait fait appel aux dernières troupes dont il disposait encore.

Le 9e bataillon de chasseurs fut appelé (avec le Ier bataillon du 12e) et installé par le Maréchal en personne sur la lisière Ouest du village, sa gauche à cheval sur la route de Sainte-Marie.

Le 4e régiment et le IIIe bataillon du 100e furent portés, auprès du général commandant la 1re division, au delà de la lisière Nord de Saint-Privat (2).

Les deux autres bataillons du 100e (Ier et IIe) furent rapprochés de Jérusalem et restèrent en réserve derrière le village.

Enfin, le 9e régiment occupa Roncourt avec son Ier bataillon et rapprocha le IIe de cette localité pour former un soutien.

Situation du 6e corps à 5 heures du soir. — Vers

---

(1) Aucun des *Rapports* des généraux et colonels de la division La Font de Villiers ne donnent de détails précis sur cette retraite. Mais on trouve dans ceux du général de Sonnay et des colonels des 75e et 91e, la trace d'un premier mouvement rétrograde, suivi d'un bond en avant au moment de l'attaque de la Garde prussienne et des Saxons. Il est donc très probable que le mouvement dont il est question ici conduisit la partie de la ligne d'infanterie constituée par le 75e jusque sur l'alignement Roncourt—Saint-Privat, puisque cette infanterie se reporta en avant par la suite, sans doute pour mieux découvrir le glacis sur lequel l'infanterie ennemie de la Garde se présenta à partir de 5 h. 15, ainsi qu'on le verra plus tard.

(2) Registre de marche de la compagnie du génie de la 1re division et *Journal de marche* de la 1re division.

5 heures du soir, la situation du 6ᵉ corps était donc la suivante :

A l'extrême droite, le 1ᵉʳ bataillon du 75ᵉ tenait toujours le sommet de la croupe qui descend de Roncourt vers les bois d'Auboué, ayant une compagnie en tirailleurs et une autre en réserve sur la lisière.

Le général Bisson avait fait occuper Roncourt par le 1ᵉʳ bataillon du 9ᵉ ; le IIᵉ bataillon du même régiment restait en soutien au Sud du village.

Au Sud de Roncourt, les deux derniers bataillons du 75ᵉ s'étaient reformés, un peu en arrière de la crête militaire, sur l'emplacement qu'ils occupaient au début de la bataille immédiatement après avoir pris les armes ; les deux bataillons de gauche du 91ᵉ (IIᵉ et IIIᵉ) s'étaient retirés sur la terrasse de Saint-Privat, à 600 mètres des maisons du village, c'est-à-dire à hauteur du IIIᵉ bataillon du 93ᵉ. Les 1ᵉʳ et IIIᵉ bataillons du 10ᵉ restaient sur leurs emplacements précédents, c'est-à-dire à mi-distance entre la partie Nord de Saint-Privat et la ligne occupée par les deux derniers bataillons du 91ᵉ.

Plus au Nord, sur la croupe 304, le bataillon du commandant Morin (IIᵉ du 10ᵉ) continuait à tirer sur les tirailleurs saxons qui apparaissaient sur la lisière des bois d'Auboué.

Enfin, près de la grande route de Sainte-Marie, cinq compagnies du 93ᵉ (1) restaient engagées dans un combat de mousqueterie avec la garnison de Sainte-Marie.

Le village de Saint-Privat lui-même était alors occupé par six bataillons environ, presque tous déployés sur la lisière occidentale (2).

---

(1) 1, 2 $\frac{I}{93}$ et 4, 5, 6 $\frac{II}{93}$.

(2) $\frac{III}{9}$, $\frac{II, III}{12}$, 3, 4, 5, 6 $\frac{I}{93}$, 4, 5, 6 $\frac{I}{91}$, $\frac{I}{12}$, 9 B. Ch.

Les deux derniers bataillons du 12ᵉ occupaient, à la gauche du IIIᵉ bataillon du 9ᵉ, la partie Nord de la lisière des jardins; les sept compagnies des 93ᵉ et 94ᵉ étaient embusquées plus au Sud; à leur gauche, le Iᵉʳ bataillon du 12ᵉ et le 9ᵉ bataillon de chasseurs s'étendaient jusqu'à la route.

Quant à la division Levassor-Sorval, devant laquelle le combat s'était très ralenti depuis 4 heures de l'après-midi et se réduisait maintenant à une lente canonnade de la part de l'artillerie de la Garde prussienne (1), sa situation n'avait pas changé. Toujours déployée sur deux lignes et se reliant par sa gauche avec la division de Cissey, la 1ʳᵉ brigade (25ᵉ et 26ᵉ) était restée à découvert, depuis plusieurs heures, sans avoir occasion de faire usage de ses armes contre un adversaire trop éloigné. Elle n'avait toutefois pas eu beaucoup à souffrir du tir d'une artillerie qui s'était surtout employée à démonter les batteries du 6ᵉ corps et qui, au reste, ne la découvrait qu'assez difficilement de la position en contre-bas qu'elle occupait auprès de Saint-Ail.

A la suite des événements qu'on a relatés précédemment, les réserves du 6ᵉ corps, tout d'abord entassées au Sud de Jérusalem, se trouvaient désormais réparties plus au Nord, mais elles étaient déjà fort réduites et assez éparpillées. Deux bataillons du 100ᵉ (Iᵉʳ et IIᵉ) étaient postés à l'Est du hameau de Jérusalem; quatre autres bataillons (4ᵉ et IIIᵉ du 100ᵉ) avaient été réunis à la pointe Nord-Est de Saint-Privat. Un bataillon (IIᵉ du 9ᵉ) se tenait entre Roncourt et Saint-Privat (le Iᵉʳ bataillon occupant déjà la localité ainsi qu'il a été dit); enfin, le 94ᵉ régiment se ralliait derrière la crête, auprès des trois régiments du général du Barail.

Quant à l'artillerie du 6ᵉ corps, elle se trouvait défini-

---

(1) *Historique du Grand État-Major prussien.*

tivement, ou à peu près, hors de cause. Les trois batteries de la division La Font de Villiers venaient d'être obligées, devant le déploiement de l'artillerie saxonne, de reculer jusque sur la crête qui s'étend de Saint-Privat à Roncourt; là elles se joignaient à la 9e du 13e et à la 6e du 19e appelées de ce côté. Au Sud de la grande route et jusqu'à la voie ferrée, aucune pièce n'était plus en batterie (1). La presque totalité de l'artillerie du maréchal Canrobert était alors repliée aux abords de la route de Woippy où le lieutenant-colonel de Montluisant s'occupait à garnir de batteries le mamelon que couronnent les carrières de la Croix afin de couvrir, le cas échéant, la retraite de l'infanterie (2).

Enfin, la brigade de dragons du 4e corps (3e et 11e dragons), que le maréchal Canrobert avait fait demander au général de Ladmirault pour soutenir son aile gauche dès lors dégarnie de réserves, était arrivée vers 4 heures à proximité et au Sud-Est du hameau de Jérusalem.

Situation de l'aile gauche allemande vers 5 heures du soir. — Pendant que la *45*e brigade se jetait successivement, comme on l'a vu précédemment, dans les bois d'Auboué, le prince George avait reçu (à 4 h. 30) l'ordre du prince Albert qui lui prescrivait de prolonger son mouvement par le Nord et de disposer, à cet effet, de la *48*e brigade.

En conséquence, le commandant de la *23*e division ordonna à la *48*e brigade, à laquelle il adjoignit le *1*er régiment de cavalerie saxonne et trois batteries (3)

---

(1) Car l'artillerie de Cissey avait disparu dès 3 heures.

(2) Les batteries de la division de Cissey se trouvaient sur le même emplacement, mais elles allaient bientôt se reporter en ligne à hauteur d'Amanvillers.

(3) $\frac{1, 2, \text{II}}{12}$.

« de continuer par la vallée de l'Orne jusqu'à hauteur de Jœuf et de Montois et de se porter ensuite de ce dernier point sur Roncourt ». En même temps, il prescrivit au général de Craushaar (45e brigade) de se porter des bois d'Auboué sur Roncourt « dès que la 48e brigade s'engagerait au Nord ». Enfin, le prince George garda à sa disposition la 46e brigade comme réserve.

Par suite de ces dispositions la situation du XII° corps vers 5 heures, était la suivante :

La 47e brigade, complètement rassemblée malgré l'échec qu'elle venait de subir, se tenait au Nord-Ouest et près de Sainte-Marie ; la 45e brigade occupait les bois d'Auboué dans toute leur profondeur et déjà, les tirailleurs du 100e régiment étaient engagés avec ceux du II° bataillon du 10e au delà de la lisière orientale ; la 46e brigade, avec la Ire batterie lourde, était près d'atteindre Coinville ; la 48e brigade, avec deux batteries légères et les 1er et 2e régiments de cavalerie (1), marchait d'Auboué sur Jœuf ; les deux derniers régiments de la division de cavalerie saxonne (3e régiment et régiment de la Garde) suivaient la 48e brigade sur Jœuf et avaient déjà détaché chacun un escadron vers Uckange et Richemont dans la vallée de la Moselle (2).

Enfin, une ligne continue de douze batteries s'étendait au Nord de Sainte-Marie jusqu'aux bois d'Auboué, écrasant sous ses feux les positions de la défense entre Saint-Privat et Roncourt.

On se rappelle que vers 2 h. 30, la 2e division de

---

(1) Le II° bataillon du 106e, laissé à Pont-à-Mousson comme escorte du grand quartier général ne parvenait que jusqu'à Vernéville dans la journée. Le 2e régiment de cavalerie marchait sur Moutois par ordre du prince Albert ; la II° batterie, déjà engagée avec l'artillerie de corps ne rejoignait la 48e brigade qu'un peu plus tard.

(2) En exécution de la prescription du prince Frédéric-Charles.

la Garde avait atteint les environs d'Anoux-la-Grange où elle avait pris, provisoirement, une position de rassemblement, et que vers 3 h. 15 le Ier bataillon du 4e grenadiers avait été appelé entre Habonville et Saint-Ail pour protéger la grande batterie de la Garde qui faisait, en cet instant, un bond en avant. Enfin, vers 4 heures, la 3e brigade s'était portée à Habonville pour se mettre à la disposition du général de Manstein, ainsi que le lui avait prescrit le prince Frédéric-Charles. Dès son arrivée le Ier bataillon du *1*^{er} régiment de grenadiers avait occupé la lisière d'Habonville, tandis que les six autres bataillons s'étaient massés à l'Ouest du village (1). Enfin, la 5e batterie légère avait gagné la gauche des batteries du IXe corps sur la croupe de Champenois.

Peu de temps après le départ de la *3*^e brigade, la *4*^e brigade, précédée du *2*^e régiment de hulans de la Garde, rompait vers Saint-Ail « d'où, aux termes d'instructions complémentaires (?), on devait fixer la direction ultérieure de la ligne d'attaque (2) ».

A son arrivée à Saint-Ail, la *4*^e brigade se formait au Nord du village, tandis que les trois batteries qui l'accompagnaient se déployaient au Sud de Sainte-Marie, ayant à leur droite la 4e batterie de l'artillerie de corps.

Vers 5 heures, la situation de la Garde était donc la suivante :

Dix bataillons (*2*^e brigade et bataillon de chasseurs) occupaient Sainte-Marie ou ses abords immédiats ;

La *1*^{re} brigade était rassemblée au Sud-Ouest et à 1500 mètres environ du village ;

---

(1) Le bataillon de tirailleurs de la Garde marchait avec la 3e brigade.

(2) *Historique du Grand État-Major prussien.*

La *4ᵉ* brigade, dont un bataillon (1) couvrait l'artillerie, se tenait au Nord de Saint-Ail ;

La *3ᵉ* brigade était réunie près d'Habonville ;

Le *2ᵉ* régiment de hulans et les hussards de la Garde restaient en arrière des positions de combat, à l'Ouest et au Sud-Ouest de Sainte-Marie ;

Les *1ʳᵉ* et *3ᵉ* brigades de la division de cavalerie avec deux batteries à cheval (2), stationnaient plus en arrière encore, c'est-à-dire auprès du Xe corps à Batilly.

Douze batteries étaient en position entre Habonville et Sainte-Marie, et portaient à trente le nombre de celles qui pouvaient faire converger leurs feux sur les positions du 6ᵉ corps alors presque entièrement dégarnies d'artillerie.

Sur les derrières du champ de bataille, le Xe corps qui avait atteint Batilly vers 2 h. 30 se rassemblait en ce point et était rejoint, vers 5 heures, par la *5ᵉ* division de cavalerie qu'on s'était décidé à rappeler de son bivouac de Mars-la-Tour où elle avait continué à observer la direction de Verdun, jusque vers 1 heure de l'après-midi (3).

Enfin, le IIIe corps et la *6ᵉ* division de cavalerie qui n'avaient quitté leurs bivouacs qu'à partir de 1 heure de l'après-midi, se formaient en réserve auprès de Vernéville, c'est-à-dire en soutien du IXe corps auquel il avait déjà prêté le concours de plusieurs batteries.

---

(1) $\frac{I}{4\ G}$.

(2) $\frac{1\ c,\ 3\ c}{G}$

(3) *Bergische Lanziers Westfalische Huzaren Nr. 11* ; *Aufzeichnungen aus der Geschichte des Ulanen-Regiments Nr. 16.*

IV. — Combat de Gravelotte (jusqu'à 5 heures).

Situation du 2ᵉ et du 3ᵉ corps vers midi. — Vers midi, c'est-à-dire à peu près au moment où la canonnade éclatait aux environs de Vernéville, la situation des troupes françaises déployées entre la ferme de Leipzig, et Sainte-Ruffine était sensiblement la même que celle qu'on a décrite précédemment (1). On avait seulement continué le travail d'organisation défensive commencé dans la matinée, de sorte que la plus grande partie des troupes de la ligne de combat se trouvaient désormais couvertes, soit par des tranchées-abris, soit par les fossés de la grande route au Sud du Point-du-Jour. La plupart des batteries étaient également protégées par des épaulements rapides, mais bon nombre de ces dernières, et plus particulièrement celles des 3ᵉ et 4ᵉ divisions du 3ᵉ corps, avaient dû s'avancer à 400 ou 500 mètres en avant de la crête et se trouvaient, malgré l'abri partiel que leur fournissaient les ouvrages de fortification passagère, dans des conditions de défilement peu avantageuses.

A l'extrême gauche de la position de combat, le 84ᵉ régiment s'était déployé sur la hauteur qui domine Rozérieulles et sur laquelle il ne restait plus, du 97ᵉ, que neuf compagnies, les autres ayant été successivement envoyées à Sainte-Ruffine. La 2ᵉ compagnie du 14ᵉ bataillon de chasseurs avait été déployée en tirailleurs sur les pentes qui font face aux bois de Vaux pour soutenir la 7ᵉ batterie du 2ᵉ.

En avant des positions de combat de la division Vergé, les compagnies de grand'garde du 32ᵉ, occupaient toujours la bande boisée de la vallée de la Mance, au Sud de la route, mais à leur gauche, les grand'gardes du 76ᵉ

---

(1) Voir page 148 et suivantes.

avaient cru devoir se replier un peu vers l'arrière, — sans doute à hauteur du chemin de Saint-Hubert à Ars et dans le voisinage des sablières, où se trouvait une compagnie du 55ᵉ; — puis le colonel du 76ᵉ avait détaché « quelques compagnies sur sa droite pour soutenir ces grand'gardes (1) ».

Aucune autre disposition que celle qu'on connaît ne paraît avoir été prise sur les positions de combat du 2ᵉ corps.

Entre la grande route et la pointe Sud du bois des Génivaux, la ligne des avant-postes (2) tenait toujours la vallée de la Mance, mais n'avait pu, à cause de sa situation même au fond du ravin, interdire aux patrouilles du 7ᵉ hussards prussien l'accès des hauteurs de la rive droite.

Sur la lisière du bois des Génivaux, les trois compagnies du 71ᵉ, commandées par le capitaine Schmedter (3), tenaient le pont sur lequel le chemin de Saint-Hubert à Vernéville franchit le ruisseau de la Mance Sur la partie de la lisière qui fait face à la Malmaison, la 6ᵉ compagnie du Iᵉʳ bataillon du 7ᵉ de ligne et la 6ᵉ du 7ᵉ bataillon de chasseurs avaient tiraillé dans la matinée avec des patrouilles d'infanterie prussienne (du 28ᵉ régiment) (4); mais elles n'apercevaient plus maintenant sur la crête que quelques reconnaissances de cavalerie (du 7ᵉ hussards prussien). Quant aux lisières méridionale et occidentale de l'espèce d'avancée que projette le bois des Génivaux jusqu'au chemin conduisant de Vernéville à la Malmaison, elles restèrent malheureusement sans surveillance. La 1ʳᵉ compagnie du 7ᵉ ba-

---

(1) *Journal de marche* de la 2ᵉ brigade (Jolivet).

(2) $6\frac{III}{80}$ et $\frac{III}{60}$.

(3) $1, 3, 5 \frac{II}{71}$.

(4) Voir page 123.

taillon de chasseurs paraît cependant avoir été dirigée sur cette portion de la lisière où elle devait relier la 6ᵉ compagnie avec une compagnie du 90ᵉ. Mais ne trouvant pas cette dernière à la place qu'elle devait occuper (1), la compagnie de chasseurs à pied se replia..... Malheureusement encore, la difficulté des communications à travers les taillis se traduisit par une absence presque complète d'unité dans le commandement et de coordination dans les dispositions adoptées (2). Alors que le commandant du 7ᵉ bataillon de chasseurs fut obligé de « s'entendre » avec le colonel commandant le 90ᵉ (régiment d'une autre division), — et que d'ailleurs les clauses de cette entente ne furent que partiellement observées ainsi qu'on vient de le voir, — le lieutenant-colonel Isnard du 29ᵉ de ligne prenait le commandement supérieur du 7ᵉ bataillon de chasseurs, de la compagnie de grand'garde du 7ᵉ régiment et du IIᵉ bataillon du 29ᵉ resté en réserve dans le bois; mais les trois compagnies du 71ᵉ, postées auprès du pont de la Mance, restaient en dehors de cette tentative d'organisation de commandement local.

Situation de la Iʳᵉ armée vers midi. — Pendant les dernières heures de la matinée, le général Steinmetz était resté près de Gravelotte, surveillant en personne les mouvements des corps français déployés entre la ferme de Leipzig et les carrières du Point-du-Jour.

C'est là que le général Sperling lui communiqua, à 11 h. 30, l'ordre du grand quartier général, daté de 10 h. 30, en même temps qu'il lui transmit la prescription du maréchal de Moltke de ne pas attaquer avant que la

---

(1) On sait, en effet, que les 3ᵉ et 4ᵉ compagnies du Iᵉʳ bataillon du 90ᵉ ne dépassèrent pas le ruisseau.

(2) Voir le *Rapport* du commandant Rigaud du 7ᵉ bataillon de chasseurs.

IIᵉ armée fût en mesure de s'engager elle-même. A ce moment, le commandant de la Iʳᵉ armée disposait immédiatement de la *14ᵉ* division d'infanterie et de la *25ᵉ* brigade (sauf les trois bataillons (1) détachés sur la lisière Nord des bois de Vaux), toutes deux massées dans le pli de terrain situé au Sud-Ouest de Gravelotte. La *26ᵉ* brigade était restée à Ars, et l'artillerie de corps du général de Gœben était encore en marche d'Ars vers Gravelotte où elle ne devait arriver qu'à 2 heures.

Quant au VIIIᵉ corps, il était désormais rassemblé en deux groupes : l'un formé de la *15ᵉ* division près de Villers-aux-Bois (2) ; l'autre comprenant la *16ᵉ* division, l'artillerie de corps et la *1ʳᵉ* division de cavalerie, au Sud et à l'Est de Rezonville (3).

Engagement de la Iʳᵉ armée. — Lorsque vers midi, on entendit le canon du IXᵉ corps, le général de Gœben prit « conformément au plan offensif général (4) » la décision de porter la *15ᵉ* division dans la direction de Gravelotte. Cette division se mit donc en marche à midi 15 et se dirigea vers le vallon qui longe la grande route au Nord de la Maison de Poste.

De son côté, le général Steinmetz, qui n'avait pas encore reçu l'ordre du grand quartier général daté de midi (5) et qui estimait que le moment était venu d'en-

---

(1) 7 Ch., $\frac{\text{I, II}}{53}$.

(2) Entre 10 et 11 heures, la *15ᵉ* division avait rappelé les fractions (*28ᵉ* régiment, *8ᵉ* bataillon de chasseurs, deux escadrons du *7ᵉ* hussards) jetées dans la matinée vers Bagneux et la Malmaison.

(3) La *1ʳᵉ* division de cavalerie avait franchi la Moselle à Corny et arrivait un peu avant midi à Rezonville.

(4) D'après les *Opérations de la Iʳᵉ armée*, par v. Schell, le général de Gœben avait reçu directement l'ordre de s'avancer vers Gravelotte dès que le IXᵉ corps s'engagerait.

(5) Voir page 140.

gager à son tour l'action avec son artillerie, prescrivit à midi 30 aux batteries du VII⁰ corps, présentes aux environs de Gravelotte, de prendre position à hauteur du village.

Le général de Zastrow faisait tout d'abord entrer en ligne les quatre batteries de la *14ᵉ* division (1) le long du chemin qui descend de Gravelotte vers le Sud. En même temps, les quatre batteries de la *15ᵉ* division se déployaient, sur l'ordre du commandant de la Iʳᵉ armée, au Nord de la route de Rezonville et à 500 mètres à l'Ouest de la route de la Malmaison (2).

Il était alors midi 45, et déjà la *15ᵉ* division était arrêtée dans le vallon au Nord de la route de Mars-la-Tour avec le *7ᵉ* régiment de hussards. La *29ᵉ* brigade faisait bientôt occuper Gravelotte par le *33ᵉ* régiment de fusiliers ; le IIIᵉ bataillon s'établissait dans la partie Sud et le IIᵉ bataillon au saillant Nord-Est du village, le Iᵉʳ restant en réserve sur la lisière occidentale.

Pendant ce temps, ordre était donné à l'artillerie de corps du général de Gœben de se rendre à Gravelotte, et à la *16ᵉ* division de venir prendre une position de rassemblement au Sud-Ouest du bourg.

Bien que l'artillerie de la *14ᵉ* division eût peu à souffrir du tir très vif mais très inefficace des batteries françaises du 2ᵉ corps, on fit avancer bientôt les trois batteries de la *13ᵉ* division (3) qui se répartirent au centre et aux ailes de la ligne des pièces déjà installées, et ouvrirent le feu à 1 h. 15.

---

(1) $\frac{1, 2, I, II}{7}$.

(2) $\frac{1, 2, I, II}{8}$.

(3) $\frac{6, V, VI}{7}$.

Pour couvrir cette ligne d'artillerie, le Ier bataillon du 77e, qui occupait le saillant Nord du bois des Ognons, avait détaché quelques fractions dans le village de Gravelotte; le Ier bataillon du *13*[e] occupait le fond du ravin de la Mance au Nord du moulin, et avait déjà mis en marche deux compagnies (1re et 4e) à travers bois dans la direction des carrières du Point-du-Jour; le IIe bataillon du *73*[e] occupait le moulin de la Mance; à l'aile droite des batteries du VIIe corps, se tenaient trois bataillons (1); devant le front des pièces, le Ier bataillon du *73*[e] était déployé sur les pentes qui descendent vers le ravin. Enfin tout le reste de la *14*[e] division et la *27*[e] brigade restaient massées avec les *8*[e] et *15*[e] hussards dans la dépression de terrain située au Sud-Ouest de Gravelotte.

Les trois bataillons d'avant-postes du VIIe corps (2) occupaient toujours la lisière Nord du bois de Vaux (au Sud-Est des carrières du Point-du-Jour) et avaient été renforcés, sur l'ordre du général de Zastrow, par les deux derniers bataillons du *13*[e], qui se trouvaient en réserve à l'intérieur du bois.

Sur ces entrefaites, le général Steinmetz avait reçu (vers 1 heure) les instructions du grand quartier général d'après lesquelles la Ire armée ne devait pas engager de grandes masses de troupes, mais seulement employer — s'il y avait lieu, — son artillerie à préparer une attaque qui serait donnée ultérieurement. L'*Historique du Grand État-Major prussien* fait remarquer à ce sujet que « les dispositions adoptées jusqu'alors par le commandant de la Ire armée répondaient aux intentions du grand

---

(1) $\frac{F}{53}$, $\frac{II}{77}$, $\frac{III}{73}$.

(2) 7 Ch. $\frac{I, II}{53}$.

quartier général, car l'infanterie du VIIe corps avait été invitée à se maintenir sur la défensive jusqu'à nouvel ordre ». Il passe toutefois sous silence le déploiement de l'infanterie du VIIIe corps que le général de Gœben avait déjà ordonné et que le général Steinmetz approuva.

Vers 1 heure, en effet, l'artillerie de corps du VIIIe corps avait rejoint les batteries de la *15e* division au Nord-Ouest de Gravelotte et se déployait sur le même alignement qu'elles; les trois batteries à cheval se formaient à l'aile droite, près du village; trois batteries montées prolongeaient la gauche jusqu'auprès de la Malmaison (1); enfin, la quatrième batterie montée (2) s'intercalait entre les Ire et IIe batteries lourdes de l'artillerie divisionnaire.

Ces onze batteries étaient réunies sous le commandement du général de Kameke, commandant l'artillerie du VIIIe corps. Elles étaient déjà très solidement protégées sur leur droite par le *33e* régiment qui occupait Gravelotte; le IIe bataillon du *67e* et trois escadrons du *7e* hussards (3) furent envoyés sur leur gauche, à la Malmaison, tandis que le IIe bataillon du *60e* dépassait le front des pièces et venait s'établir au Nord de Gravelotte.

D'autre part, et au moment même où les batteries à cheval du VIIIe corps arrivaient en position, le général commandant la *29e* brigade, ignorant encore, — d'après l'*Historique du Grand État-Major prussien*, — que le commandant du corps d'armée venait précisément d'ordonner des dispositions analogues, prescrivait au *33e* régi-

---

(1) $\frac{3,\ 4,\ IV}{8}$.

(2) $\frac{III}{8}$.

(3) Le 3e escadron était resté avec la *30e* brigade.

ment de se porter en avant de Gravelotte. « Mais avant même que cet ordre parvînt au *33ᵉ*, dit encore l'*Historique* allemand qui paraît fort préoccupé de montrer à quel point l'esprit d'initiative était développé dans l'armée prussienne, les compagnies de première ligne du IIIᵉ bataillon s'élançaient déjà, de leur propre mouvement, contre la lisière du bois occupée par l'ennemi. »

Ces deux compagnies, bientôt suivies par les deux autres, progressaient dans l'axe du chemin, qui, du centre du village descend vers le fond du ravin au point où celui-ci est traversé par la grande route. La 9ᵉ compagnie prenant le pas de course, arriva la première sur la partie de la lisière voisine de la chaussée et fut reçue par une vive fusillade de la compagnie de grand'garde du 80ᵉ postée par le capitaine Lacombe dans les carrières situées à l'Est de Saint-Hubert et au Nord de la grande route. La compagnie prussienne poursuivit cependant son chemin à travers les taillis assez clairsemés en cet endroit ; mais quand elle déboucha sur la lisière opposée, elle fut reçue à nouveau par un feu si meurtrier, qu'elle fut bientôt obligée de se rejeter au fond du ravin. Cependant, les trois autres compagnies du bataillon arrivaient à leur tour et parvenaient à se blottir dans les carrières qui bordent la grande route au Sud et à se maintenir ainsi à courte distance de la grand'garde du capitaine Lacombe.

Pendant que le IIIᵉ bataillon du *33ᵉ* gagnait du terrain vers la ferme Saint-Hubert en franchissant du premier coup un étroit défilé que les avant-postes français n'avaient su tenir efficacement, les deux autres bataillons du *33ᵉ* régiment prussien, avaient également débouché de Gravelotte comme le leur avait prescrit le commandant de la *29ᵉ* brigade et étaient remplacés dans la localité par les Iᵉʳ et IIIᵉ bataillons du *60ᵉ*.

Le IIᵉ bataillon du *33ᵉ*, partant de l'angle Nord-Est du

village, se portait en demi-à-droite dans la direction générale des carrières du Point-du-Jour. Le Ier bataillon du même régiment, contournant les maisons par le Nord et par le Sud, venait bientôt prolonger, à droite et à gauche, le front de combat du IIe bataillon; mais les deux compagnies de gauche (1) obliquaient bientôt vers la grande route c'est-à-dire vers le IIIe bataillon avec lequel elles s'engagèrent par la suite. L'extrême droite du *33e* marchait ainsi directement sur les petits postes que la grand'garde du 55e régiment (2) avait jetés dans le ravin. Devant un adversaire supérieur en nombre, ces petits postes ne purent faire qu'un simulacre de résistance, et furent bientôt obligés de rétrograder sur les hauteurs de la rive gauche, en laissant quelques prisonniers entre les mains de l'assaillant.

A partir de cet instant, les deux compagnies du Ier bataillon du 32e embusquées dans le bois au Sud de la grande route, se trouvèrent complètement enveloppées sur les deux flancs par les bataillons du *33e* régiment prussien. Force fut pour elles, sous peine de se faire enlever, de rétrograder également sur le plateau du Point-du-Jour.

Dès lors, les huit compagnies prussiennes, après s'être ralliées au fond du ravin, gravirent « sans être inquiétées (3) » la berge opposée et parvinrent (vers 2 heures) sur la partie de la lisière qui fait face au Point-du-Jour.

La lutte d'artillerie jusqu'à 1 h. 30. — Les batteries du 2e corps, postées aux environs de la ferme du Point-

---

(1) $\frac{3, 4}{33}$.

(2) $3 \frac{I}{55}$.

(3) *Historique du Grand État-Major prussien.*

du-Jour, découvraient bien le terrain qui s'étend autour de Gravelotte en raison de la différence d'altitude qui existe entre ces deux régions (environ 30 mètres). Malheureusement, les épaulements qu'on avait préparés pour ces batteries étaient partiellement inachevés, et la compagnie du génie de la 2ᵉ division du 2ᵉ corps y travaillait encore au moment où le canon se fit entendre (midi 45).

En quelques instants, les batteries furent cependant prêtes à répondre à l'artillerie adverse avec laquelle elles engagèrent une lutte très vive (1). Mais, « au moment où les Prussiens attaquèrent, dit le général Gagneur, ils firent feu avec une quarantaine de pièces (en réalité huit batteries) placées en amphithéâtre, sur deux lignes bien distinctes, sur la pente faisant face aux positions que nous occupions. »

Aussi, dès les premiers coups de canon, la 5ᵉ batterie du 5ᵉ (Maréchal), placée au Nord de la ferme du Point-du-Jour, fut si vivement prise à partie, qu'elle dut passer derrière les bâtiments pour se procurer un abri contre le tir de l'artillerie de la *15ᵉ* division. Là, elle put concourir avec les 6ᵉ et 11ᵉ batteries du même régiment, à une action vigoureuse contre l'artillerie postée au Sud de Gravelotte (2).

Plus au Nord, les trois batteries de la division Aymard (3), prenaient également part à la lutte. Toutes étaient plus ou moins protégées par des épaulements rapides, mais la 10ᵉ batterie du 11ᵉ était placée près du coude de la grande route, sur un terrain descendant en pente douce vers l'ennemi et ne jouissait par suite

---

(1) *Rapport* du général Gagneur, commandant l'artillerie du 2ᵉ corps.
(2) *Rapport* du général Gagneur (*loc. cit.*).
(3) $\frac{8, 9, 10}{11}$.

que d'une protection très précaire ; la 8ᵉ batterie (mitrailleuses), postée au centre du front de combat de la division, était dans les mêmes conditions, et, par surcroît, ses épaulements étaient inachevés ; seule, la batterie de droite (9ᵒ batterie) se trouvait dans une situation avantageuse, car des épaulements en terre protégeaient bien le personnel des pièces, et les attelages avaient été abrités derrière les bâtiments de la ferme de Moscou (1).

Enfin, au Nord de Moscou, les deux batteries de 4 de la division Metman (2) prenaient également part à la lutte à grande distance (environ 3,000 mètres) qui s'engageait sur ce point (3), et étaient bientôt rejointes par les deux batteries de 12 de la réserve (4) qui prenaient place derrière les épaulements préparés pour elles un peu en avant de la ferme.

Les batteries de la division Nayral (5) et celles de la réserve d'artillerie du 3ᵉ corps, trop éloignées pour pouvoir agir à ce moment, se tenaient tout attelées, en arrière de la crête dans l'intervalle compris entre l'Arbre mort et la ferme de Leipzig.

De toutes les batteries alors engagées, les plus exposées étaient celles qui avoisinaient le Point-du-Jour et le coude de la grande route, tant à cause de la nature

---

(1) Aussi, cette batterie soutint-elle la lutte jusqu'au soir sans quitter sa position, tandis que les autres furent très vite réduites au silence comme on le verra plus loin.

(2) $\frac{6, 7}{11}$.

(3) La batterie de mitrailleuses $\left(\frac{5}{11}\right)$ était provisoirement maintenue en réserve.

(4) $\frac{11, 12}{11}$.

(5) $\frac{9, 11, 12}{4}$.

défectueuse de leurs emplacements qu'à cause de la moindre distance de tir. Peut-être cependant fût-on parvenu, au moins pendant la première période de la lutte, à contre-battre sans trop de désavantage l'artillerie ennemie, si les batteries du 2ᵉ corps eussent toutes été appelées en ligne.

Malheureusement, quelques batteries seulement prirent part à la canonnade du début ; un grand nombre d'autres furent maintenues en réserve ou immobilisées pour surveiller la lisière des bois de Vaux, c'est-à-dire précisément la partie du champ de bataille où l'ennemi ne manifestait plus aucune activité depuis les premières heures de la matinée.

Les trois batteries de la 2ᵉ division (1), en effet, furent maintenues derrière le talus de la voie romaine sur l'emplacement qu'elles occupaient depuis plusieurs heures (2), « pour surveiller les débouchés du bois de Vaux (3) ».

Une batterie de 12 de la réserve (4) restait également « au-dessus du ravin de Rozérieulles » (entre la brigade Lapasset et la division Vergé) « pour observer le terrain compris entre la partie descendante de la route de Verdun et le bois de Vaux (5) ».

Au moment où le canon s'était fait entendre, le colonel Baudouin, commandant la réserve d'artillerie du 2ᵉ corps, avait fait porter les batteries restées au bivouac (6), en

---

(1) $\frac{7,\,8,\,9}{5}$.

(2) Deux batteries $\left(\frac{8,\,9}{5}\right)$ étaient déjà en position. La troisième $\left(\frac{7}{5}\right)$ les rejoignit dès le commencement de la bataille.

(3) *Historique* des batteries du 5ᵉ régiment.

(4) $\frac{10}{5}$.

(5) *Rapport* du général Gagneur (*loc. cit.*).

(6) $\frac{6,\,10}{15}$, $\frac{7,\,8}{17}$.

avant du front de bandière de manière à les rapprocher de la crête que suit le chemin du Point-du-Jour à l'Arbre mort, mais aucune de ces batteries ne fut utilisée pour l'instant.

D'ailleurs, la 6ᵉ batterie du 5ᵉ (mitrailleuses Besançon) n'avait pu, « sous peine d'être compromise (1) » tirer que quelques coups. Le général Frossard lui-même lui avait donné l'ordre de se porter en arrière, de sorte que pendant la première heure du combat, alors que tous les efforts de l'adversaire tendaient à renforcer par tous les moyens possibles la grande batterie installée aux abords de Gravelotte, le 2ᵉ corps, qui disposait de 13 batteries, se contentait d'opposer à l'ennemi le feu de trois, puis de deux batteries (2), soutenues, il est vrai, par sept batteries du 3ᵉ corps (3); soit un total de neuf batteries, dont trois de 12 et une de mitrailleuses (4). Dans de telles conditions, l'issue de la lutte d'artillerie ne pouvait être douteuse.....

En ce qui concerne les troupes d'infanterie déployées sur le plateau, leur répartition sur les positions de combat avait été réglée à l'avance avec tant de soins, que l'engagement de la bataille n'y apporta que quelques

---

(1) *Rapport* du général Gagneur. Il faut cependant noter que cette batterie ne perdit que trois hommes et trois chevaux.

(2) $\frac{5}{5}$ et $\frac{11}{5}$.

(3) $\frac{9, 8, 10}{11}$, $\frac{6, 7}{11}$ et $\frac{11, 12}{11}$.

(4) La 12ᵉ batterie du 5ᵉ, présente aux environs du Point-du-Jour, ne fut mise en batterie que plus tard, quand les 5ᵉ et 11ᵉ du 5ᵉ eurent épuisé leurs munitions. (*Rapport* Gagneur.)

La 10ᵉ batterie du 5ᵉ, en position sur les hauteurs qui dominent les lacets de la grande route, ne fut également appelée au Point-du-Jour que quand les batteries de 4 de la 1ʳᵉ division eurent épuisé leur approvisionnement (80 coups par pièce). (*Rapport* Gagneur.)

modifications peu importantes (1). Chacun ayant reçu une mission défensive nettement définie par le seul fait du déploiement sur une position de combat précise, se contenta d'attendre que le moment fut venu de la défendre. Il en résulta que les faibles avant-postes du 2ᵉ corps, réduits aux quelques compagnies isolées qui occupaient la bande boisée de la Mance, furent laissés sans soutien devant l'attaque des trois bataillons du *33ᵉ* régiment prussien.

Situation d'ensemble à 1 h. 30. — Vers 1 h. 30, la situation d'ensemble était donc la suivante :

Les deux grand'gardes du 32ᵉ avaient rétrogradé sur les pentes du ravin de la Mance devant l'attaque numériquement très supérieure du *33ᵉ* régiment prussien, mais la compagnie du 80ᵉ continuait à tenir en échec le IIIᵉ bataillon du *33ᵉ* alors blotti dans la partie des carrières la plus voisine du fond du ravin. Plus au Nord, toutes les troupes d'infanterie qui occupaient les bois de la Mance et la lisière du bois des Génivaux n'avaient pas encore eu l'occasion de tirer un coup de fusil et conservaient leurs positions.

Sur le plateau, aucune modification importante n'avait été apportée dans la disposition des troupes d'infanterie. Celles du 2ᵉ corps, en particulier, assistaient impassibles à l'attaque qui débouchait de Gravelotte et abandon-

---

(1) Les deux bataillons du 32ᵉ, placés en soutien à l'Est du coude de la route $\left(\frac{\text{II, III}}{32}\right)$, reculèrent de quelques pas pour se mettre à l'abri des projectiles en arrière de la crête.

La 1ʳᵉ brigade de la 2ᵉ division (8ᵉ et 23ᵉ) se formait sur deux lignes distantes de 100 mètres « pour donner moins de prise au tir de l'artillerie ». La compagnie du génie de la 2ᵉ division creusait une tranchée-abri sur la crête en arrière de la ferme du Point-du-Jour, tranchée qui fut occupée par le 12ᵉ bataillon de chasseurs.

naient à leur malheureux sort les grand'gardes sur lesquelles cette attaque était dirigée.

Enfin, neuf batteries appartenant aux 2ᵉ et 3ᵉ corps étaient en position sur la ligne Moscou, le Point-du-Jour, c'est-à-dire sur la ligne même de combat de l'infanterie. Ces neuf batteries, qui ne représentaient qu'une faible fraction des ressources dont disposaient les deux corps d'armée (1), soutenaient avec peine une lutte, — fort vive au début, mais décroissant rapidement d'intensité du côté français, — contre une ligne de bouches à feu ennemies qui, dans l'espace d'une demi-heure, passait du chiffre de 48 pièces à celui de 108.

Attaque de la 30ᵉ brigade prussienne. — Le déploiement d'une grande masse d'artillerie sur le plateau de Gravelotte avait imposé au commandement allemand l'obligation de prendre pied dans la bande boisée de la Mance pour assurer d'une manière efficace la sécurité des pièces. Cette mesure était d'ailleurs d'autant plus nécessaire que les batteries du VIIIᵉ corps se trouvaient à une très grande distance de leur objectif, et qu'à ce point de vue, il était désirable qu'on pût les rapprocher de la route de la Malmaison. Déjà, ainsi qu'on vient de le voir, le *33ᵉ* régiment s'était porté vers le ravin au Sud de la route, et se reliait, dans une certaine mesure, aux bataillons du VIIᵉ corps, établis en avant, et sur la droite des batteries des *13ᵉ* et *14ᵉ* divisions (2). Mais vers 1 h. 30, toute la partie du ravin qui s'étend au Nord de la route, — partie qu'on savait occupée par de l'infanterie française, — n'avait encore été l'objet d'aucune tentative de la part des Allemands. Seuls, deux bataillons remplissant

---

(1) A l'ouverture du feu, 30 batteries françaises étaient immédiatement disponibles sur le pont Leipzig-Rozérieulles.

(2) $\frac{I}{73}$, puis $\frac{I}{13}$ et $\frac{II}{73}$.

le rôle de soutiens de l'artillerie, avaient été placés en observation : le II⁰ bataillon du *60ᵉ* devant le front des batteries et près de Gravelotte ; le II⁰ bataillon du *67ᵉ* sur le flanc gauche de la ligne de bouches à feu, à la ferme de la Malmaison.

Il était donc urgent, en dépit des prescriptions du grand quartier général arrivées à Gravelotte vers 1 heure, de pousser de l'avant une force d'infanterie suffisante pour protéger la gauche allemande contre une tentative qu'aurait pu faire l'adversaire par les Génivaux et les bois de la Mance.

En conséquence, la *30ᵉ* brigade reçut l'ordre de gagner Gravelotte par la grande route, — pour ne point interrompre le feu des pièces, — et de se porter à l'attaque. Vers 1 h. 30, la tête de colonne déboucha du village (1).

Les fusiliers du *67ᵉ* prirent la formation de combat au sortir de la localité et s'avancèrent directement vers le défilé que forme la chaussée en franchissant le ravin. Mais à peine furent-ils à découvert, que l'artillerie française, et particulièrement les deux batteries de 12, postées devant la ferme de Moscou (2) et les deux batteries de la division Aymard, les plus voisines de la grande route (3) (batteries qui, à cause de la distance trop grande ne pouvaient que très difficilement lutter contre l'artillerie du VIII⁰ corps) dirigèrent sur les compagnies prussiennes un feu très vif et très meurtrier (4).

---

(1) Dans l'ordre suivant : $\frac{F}{67}$, $\frac{I}{67}$, *8* B. Ch., $\frac{F}{28}$, $\frac{II}{28}$, $\frac{I}{28}$.

(2) $\frac{11, 12}{11}$.

(3) $\frac{8, 10}{11}$.

(4) *Rapport* du lieutenant-colonel Maucourant, commandant l'artillerie de la division Aymard. — *Historique* du 11ᵉ régiment d'artillerie. — *Historique du Grand État-Major prussien.*

Dès que les fusiliers du *67e* eurent gagné quelque terrain sur les pentes, ils tombèrent en outre sous les feux d'écharpe des tirailleurs du IIIe bataillon du 60e, qui garnissaient la lisière de la bande boisée à quelques centaines de mètres plus au Nord.

Mais sur ces entrefaites, les deux premières compagnies du Ier bataillon du *67e*, avaient cherché une issue par le Nord du village et s'étaient rabattues vers la gauche des fusiliers. Les cinq compagnies allemandes (1) descendant alors vivement par le petit vallon voisin de la route, y trouvèrent bientôt un abri contre le feu du bataillon du 60e, et atteignirent la partie de la lisière du bois la plus proche de la chaussée, — partie qui se trouvait dépourvue de défenseurs.

Le reste de la colonne de la *30e* brigade, arrêtée un instant dans le village par suite d'un encombrement, s'était disposée en échelons pour l'attaque. A la gauche du *67e* (2) se trouvaient les quatre compagnies du *8e* chasseurs, rangées sur le même alignement; le *28e*, ayant les fusiliers à droite et son Ier bataillon à gauche, avait formé deux lignes puis déployé ses pelotons de tirailleurs. A l'extrême gauche était venue se rattacher la 12e compagnie du *67e*.

Il était alors 2 heures. A ce moment, trois nouvelles batteries françaises venaient d'entrer en ligne au Nord de la ferme de Moscou, ainsi qu'on le verra plus loin; c'étaient les trois batteries de la division Nayral (3), dont l'une (la 12e) remplaçait la 11e du 11e, obligée de se retirer sous le feu écrasant de l'artillerie du VIIIe corps. Ces bat-

---

(1) La 12e compagnie du *67e* avait appuyé vers la ferme Mogador, sans doute dans le but de protéger le front des batteries sur ce point.

(2) Probablement les 3e et 4e compagnies qui restaient seules alors auprès de Gravelotte.

(3) $\frac{9, 11, 12}{4}$.

teries joignant leurs efforts à ceux des trois batteries dont il a été question précédemment (1), concentrèrent leurs feux sur la masse de la *30ᵉ* brigade prussienne (2).

Le général de Strubberg cependant, enleva les bataillons de sa brigade et les lança sur la partie de la lisière occcupée par le IIIᵉ bataillon du 60ᵉ.

Au « feu terrible (3) » de l'artillerie française, vint s'ajouter celui des tirailleurs du 60ᵉ, lorsque la longue ligne d'attaque déboucha en vue de la lisière du bois. Mais à ce moment, l'ennemi était déjà à 100 ou 150 mètres du bataillon français, qui, devant un assaillant si supérieur en nombre et qui menaçait d'ailleurs de le déborder, ne put que se rejeter en arrière pour se rallier sur l'autre versant du ravin (4).

L'épaisseur des taillis avait ralenti la marche des compagnies prussiennes dont les liens tactiques étaient assez distendus, mais qui se trouvaient désormais entièrement à l'abri des feux d'infanterie et d'artillerie. Les officiers remettaient un peu d'ordre dans les rangs, et à 2 h. 15 la *30ᵉ* brigade occupait solidement le fond du ravin de la Mance : à droite, le Iᵉʳ bataillon du *67ᵉ* s'était joint aux fusiliers du même régiment, le long du remblai de la grande route ; venaient ensuite, en remontant vers le Nord, le *8ᵉ* bataillon de chasseurs, le bataillon de fusiliers du *28ᵉ*, le Iᵉʳ bataillon du même régiment et enfin, à l'extrême gauche le IIᵉ bataillon du *28ᵉ* qui

---

(1) $\frac{12}{11}$, $\frac{6, 7}{11}$.

(2) Voir le *Rapport* du lieutenant-colonel Maucourant et l'*Historique* du 11ᵉ régiment d'artillerie.

(3) *Historique du Grand État-Major prussien.*

(4) L'*Historique allemand* reste muet sur les détails de la marche de la *30ᵉ* brigade, mais il paraît résulter de son récit que la masse échelonnée formée près de Gravelotte se déploya en éventail et se présenta sur les berges du ravin en une longue ligne de bataillons accolés.

avait appuyé, avec la 12ᵉ compagnie du *67ᵉ* jusqu'auprès du confluent de la Mance et du ruisseau qui descend de la ferme de la Folie.

Engagement sur la lisière Sud-Ouest du bois des Génivaux. — Pendant que se produisait cette attaque de la *30ᵉ* brigade, l'artillerie du VIIIᵉ corps avait fait, comme il sera dit bientôt, un bond en avant qui l'avait portée à quelques centaines de mètres à l'Est de la route de Gravelotte à la Malmaison. De la lisière Sud-Ouest du bois des Génivaux les compagnies d'avant-postes du 7ᵉ de ligne et du 7ᵉ bataillon de chasseurs (1) prenaient d'enfilade la gauche de la ligne des pièces allemandes; en outre, les trois compagnies du 71ᵉ (2) fusillaient de front la 1ʳᵉ batterie à cheval du VIIIᵉ corps qui s'était avancée sur la croupe 322 au delà de l'alignement général des batteries voisines.

Une compagnie du *60ᵉ* régiment prussien (la 5ᵉ) avait été placée devant cette batterie à cheval. Elle s'avança aussitôt vers la partie de la lisière occupée par les tirailleurs du 71ᵉ; en même temps (3), le IIᵉ bataillon du *28ᵉ* appuyait vers le confluent de la Mance, c'est-à-dire vers la gauche des trois compagnies du capitaine Schmedter du 71ᵉ.

Mais depuis une demi-heure déjà, la 8ᵉ compagnie du IIᵉ bataillon du *67ᵉ* (4), s'était avancée, — sur l'avis donné par les patrouilles du 7ᵉ hussards que la lisière du bois des Génivaux était occupée par de l'infanterie française, — vers la partie du bois située à l'Est

---

(1) $6\frac{I}{7}$ et $\frac{6}{7\,Ch}$.

(2) $1, 3, 5\frac{II}{71}$.

(3) C'est-à-dire un peu après 2 heures, alors que l'artillerie du VIIIᵉ corps venait de prendre sa nouvelle position.

(4) Installée à la Malmaison.

de la Malmaison; elle s'engagea sans doute dans le petit vallon qui descend vers le confluent de la Mance, et se trouva ainsi, au moins dans une certaine mesure, à l'abri des vues de la grand'garde du 7ᵉ régiment. Un peloton de cette compagnie pénétrait même dans le taillis et gagnait par la suite les bords du ruisseau.

En même temps que l'artillerie s'avançait sur la crête à l'Est de la ferme Mogador, les 5ᵉ et 6ᵉ compagnies du *67ᵉ* (1), dépassaient la Malmaison et atteignaient également le bois ; l'une, la 6ᵉ obliquait vers le Nord dans la direction générale de Chantrenne ; l'autre, la 5ᵉ, suivait la 8ᵉ vers l'Est. Il en résulta que bientôt, les trois compagnies du capitaine Schmedter, se virent attaquées sur les deux ailes, d'une part, par deux compagnies du *67ᵉ*, d'autre part, par cinq compagnies des *67ᵉ* et *28ᵉ* (2).

Menacées d'être enveloppées, les trois compagnies françaises rétrogradèrent peu à peu en combattant jusqu'au ruisseau de la Folie où elles tiraillèrent alors de pied ferme avec les compagnies d'extrême gauche de la *30ᵉ* brigade (3).

Sur ces entrefaites, la 6ᵉ compagnie du *67ᵉ* avait gagné l'extrême droite des grand'gardes du 7ᵉ bataillon de chasseurs.

On a fait remarquer précédemment combien la surveillance du bois des Génivaux avait été organisée d'une manière défectueuse, et comment les dispositions concertées entre le commandant du 7ᵉ bataillon de chasseurs et le commandant du 90ᵉ, n'avaient reçu qu'une exé-

---

(1) La 7ᵉ compagnie était laissée dans la ferme.

(2) $\frac{12}{67}, \frac{II}{28}$.

(3) $\frac{5}{28}, \frac{12}{67}$.

cution incomplète. D'ailleurs, le commandant Rigaud du 7ᵉ bataillon de chasseurs, fait observer que personne, au milieu de ces épais taillis, ne connaissait la place de ses voisins. « Il devait s'ensuivre, dit-il dans son rapport, une confusion qui ne tarda pas à se traduire par une vraie panique. » La 6ᵉ compagnie puis la 5ᵉ, restées sous bois, se crurent complètement tournées par leur droite lorsqu'elles aperçurent la 6ᵉ compagnie du 67ᵉ — dont la marche d'approche leur avait échappé jusque-là à cause de la forme du terrain, — parvenir sur une portion de la lisière qu'elles croyaient occupée par le 90ᵉ.

Ces deux compagnies se replièrent donc vivement sur les autres du 7ᵉ bataillon de chasseurs laissées dans la clairière avec les deux du 90ᵉ (1), de sorte que la 6ᵉ compagnie du 67ᵉ, continuant à progresser à travers bois, put parvenir jusqu'aux abords de la ferme de Chantrenne où elle entra en liaison avec les fractions de la 18ᵉ division engagées sur ce point.

La 30ᵉ brigade atteint la lisière orientale du bois de la Mance. — Pendant que les cinq compagnies d'aile gauche de la 30ᵉ brigade (2) combattaient sous bois avec les trois compagnies du capitaine Schmedter, les deux autres bataillons du 28ᵉ avaient repris leur marche en avant et gravissaient les pentes orientales du ravin sans éprouver de résistance. Comme le IIIᵉ bataillon du 60ᵉ, en effet, ne se voyait renforcé par aucune fraction venue de l'arrière, et avait beaucoup souffert dans la courte lutte qu'il venait de soutenir contre des forces très supérieures en nombre, il s'était replié partie dans les tranchées-abris de Moscou, partie plus en arrière auprès du Iᵉʳ bataillon

---

(1) $3, 4 \frac{\mathrm{I}}{90}$.

(2) $\frac{12}{67}$ et $\frac{\mathrm{II}}{28}$.

de son régiment, c'est-à-dire au delà de la crête. La lisière orientale de la bande boisée était donc complètement dégarnie au moment où les deux bataillons du 28e prussien l'atteignirent; mais alors, ces deux bataillons furent assaillis par une grêle de balles dirigée sur eux par le 59e régiment déployé à 700 ou 800 mètres de là dans les tranchées-abris échelonnées à l'Ouest et au Nord de la ferme de Moscou. Vers 2 h. 45, l'offensive du 28e se trouvait donc momentanément arrêtée sur ce point (1).

Il n'en était pas de même cependant à l'aile droite de la 30e brigade dont les trois bataillons (2) avaient fait converger leurs efforts, — avec ceux de six compagnies du 33e régiment (3), — contre le poste avancé de Saint-Hubert.

Le Ier bataillon du 67e gagnait peu à peu du terrain, de part et d'autre de la route, au milieu des carrières qui la bordent. Plus au Nord, le 8e bataillon de chasseurs avait gagné la lisière orientale du bois qui forme en cet endroit, un saillant vers la ferme Saint-Hubert.

Devant des forces aussi imposantes, la compagnie Lacombe du 80e, qui avait résisté jusque-là aux abords de la route, dut se replier sur le bataillon du commandant Molière embusqué dans la ferme.

Dès lors, rien ne s'opposait plus à la progression des compagnies prussiennes dans les carrières qui leur procuraient un abri efficace contre les défenseurs de Saint-Hubert. Une partie (environ deux compagnies) du

---

(1) D'après Fritz Hœnig, ces deux bataillons auraient tenté une charge en colonnes de compagnie contre la ferme de Moscou et auraient été refoulés sous bois par le feu de leur adversaire. (*Vingt-quatre heures de stratégie.*)

(2) 8 B. Ch. $\frac{I, F}{67}$.

(3) $\frac{III}{33}$ et $\frac{3, 4}{33}$.

Ier bataillon du *67*^{e} gagnait donc par pelotons successifs, le bord le plus élevé des carrières où elle engageait, à 200 mètres, une vive fusillade avec les défenseurs de la ferme. Plus à gauche, le *8*^{e} bataillon de chasseurs avait débouché du bois et s'était avancé jusqu'à hauteur des pelotons les plus avancés du *67*^{e}, prononçant déjà un mouvement débordant sur la ferme, tandis que les fusiliers du *67*^{e} restaient plus en arrière sur le revers des pentes. Une très vive fusillade s'engageait au Nord de la route avec les tirailleurs du commandant Molière et les deux compagnies du *85*^{e} qui s'étaient portées en avant sur la croupe au Nord-Est de la ferme (1).

Au Sud de la chaussée, les dernières fractions du Ier bataillon du *67*^{e} avaient été plus ou moins soutenues par les six compagnies du *33*^{e} régiment, — parvenues les premières, ainsi qu'on se le rappelle, dans le défilé de la Mance. Trois de ces compagnies (2) s'étaient avancées par les carrières; les trois autres compagnies (3) se formaient au Nord et sur le bord de la route.

A ce moment, c'est-à-dire un peu avant 2 h. 45, quatorze compagnies prussiennes, dont six soutenaient une vive fusillade, étaient donc réunies à quelques centaines de mètres de la ferme Saint-Hubert dans la dépression que suit la grande route et sur l'extrémité occidentale de la croupe qui domine cette dernière, au Nord.

Les six compagnies de l'aile droite du *33*^{e} régiment prussien (4), avaient, pendant que ces événements se

---

(1) $1, 2 \frac{\text{I}}{85}$.

(2) $\frac{3, 4, 11}{33}$.

(3) $\frac{9, 10, 12}{33}$.

(4) $\frac{1, 2}{33}$ et $\frac{\text{II}}{33}$.

déroulaient sur la chaussée, gagné la lisière orientale du bois, déjà abandonnée par les grand'gardes du 32ᵉ. Ces six compagnies débouchaient ainsi vis-à-vis des deux sablières servant de poste avancé au défenseur et, occupées par la grand'garde du 55ᵉ. Précédées d'une ligne de tirailleurs, les six compagnies prussiennes s'avancèrent vers l'Est.

Les 6ᵉ et 7ᵉ compagnies dépassèrent les sablières et poussèrent jusqu'à quelques centaines de mètres du Point-du-Jour, de sorte que la compagnie du 55ᵉ, menacée d'être tournée, évacua la place ; mais alors, les deux compagnies prussiennes essuyèrent un feu de mousqueterie intense qui les força à rétrograder jusqu'au bois. Les 5ᵉ et 8ᵉ compagnies du *33ᵉ* se jetèrent ensuite, avec deux pelotons de la 1ʳᵉ, dans les sablières désormais inoccupées ; enfin, la 2ᵉ compagnie et un peloton de la 1ʳᵉ parvenaient presque en même temps à gagner la partie méridionale des grandes carrières du Point-du-Jour où elle se terrèrent aussitôt. Il était alors 2 h. 30 (1).

« Par suite de cet engagement du *33ᵉ*, dit l'*Historique du Grand État-Major prussien*, il s'était produit entre ses

---

(1) Le récit de ces derniers événements est emprunté à Fritz Hœnig (*Der Kampf un die Steinbrucke von Rozerieulles in Schlacht von Gravelotte am 18 August, 1870*). Il diffère sensiblement de celui que donne l'*Historique du Grand État-Major prussien*, qui se borne à faire occuper par les six compagnies du *33ᵉ* les sablières et la pointe du bois qui se trouve au Sud de celles-ci. Or, on verra plus loin qu'au moment où la division Vergé prononça — vers 3 h. 45 — une contre-attaque par les carrières du Point-du-Jour, elle trouva les carrières occupées par des fractions d'infanterie ennemie. En outre, l'*Historique du Grand État-Major prussien* place, après la prise de Saint-Hubert, c'est-à-dire après 3 heures, l'offensive du *33ᵉ* vers le Point-du-Jour. D'après Fr. Hœnig, cette attaque aurait eu lieu entre 2 h. 30 et 2 h. 45, et aurait été exécutée par deux compagnies seulement. La Relation, très étudiée, de Fr. Hœnig concorde mieux que celle du Grand État-Major avec les *Rapports* français sur le combat ;

deux ailes, une large trouée, que le *60ᵉ* venait fermer vers 2 h. 45. »

Ce régiment, en effet, avait reçu dès 2 heures l'ordre de renforcer les troupes dirigées vers la ferme Saint-Hubert. Le Iᵉʳ bataillon et le bataillon de fusiliers étaient donc venus se former à proximité de la lisière du bois, de part et d'autre du chemin qui descend, du centre de Gravelotte, vers le défilé. Bientôt, le IIᵉ bataillon, laissant une compagnie (la 5ᵉ) devant l'artillerie au Nord-Est de Mogador, venait se former entre les deux autres bataillons. Vers 2 h. 30, les fusiliers du *60ᵉ* franchissaient le ravin, puis, laissant une compagnie sur la lisière orientale de la bande boisée, poussaient les 9ᵉ, 10ᵉ et 11ᵉ compagnies vers la droite des mousquetaires du *33ᵉ* alors embusqués dans les carrières. Enfin, quelques instants plus tard, c'est-à-dire un peu avant 3 heures, le reste du régiment descendait dans le ravin pour servir de soutien aux compagnies déjà déployées dans les conditions qu'on vient de relater.

Pendant toute cette période du combat, c'est-à-dire jusqu'à 3 heures du soir, l'infanterie du VIIᵉ corps « se conformant aux recommandations du général en chef, se maintenait sur l'expectative et conservait, en général, ses positions antérieures (1). »

Cependant, comme vers 2 heures, l'artillerie de corps du général de Zastrow était arrivée sur le champ de bataille avec le bataillon de fusiliers du 77ᵉ, celui-ci avait été établi en soutien des batteries lourdes, c'est-à-dire à proximité du village de Gravelotte.

---

c'est donc elle qu'on a adoptée ici en attendant que l'état-major allemand ait élucidé la question pour la publication de documents authentiques. Kunz se rallie d'ailleurs à la version de Fr. Hœnig. (*Kriegsgeschichtliche Beispiele.* — *Heft 1.*)

(1) *Historique du Grand État-Major prussien.*

Sur la lisière septentrionale des bois de Vaux, vis-à-vis des positions occupées sur la route par les Ier et IIe bataillons du 77e, quelques fractions des Ier et IIe bataillons du *53e* régiment débouchaient du bois, et tentaient de s'avancer vers le coude que forme la chaussée en cet endroit. Dissimulés aux vues du 77e pendant une partie de leur marche par un ressaut du terrain situé entre le bois et la route, les tirailleurs ennemis parvenaient à 300 ou 400 mètres des positions françaises, mais étaient arrêtés net par les feux de la grand'garde du capitaine Girons (1), laissée dans les carrières du Point-du-Jour et par ceux du IIe bataillon du 77e. La fusillade devenant très vive de part et d'autre, les fusiliers du *13e* régiment furent appelés de l'intérieur du bois sur la lisière, tandis que le général Jolivet, prolongeait la gauche du IIe bataillon du 77e par quatre compagnies du IIIe bataillon laissé jusque-là en réserve dans le vallon que suit la voie romaine.

Sur cette partie du champ de bataille, cependant, les choses n'allèrent pas plus loin pour l'instant et l'action se réduisit à une fusillade de pied ferme.

L'artillerie allemande entre 1 h. 30 et 3 heures. — Vers 2 heures, c'est-à-dire dès le moment où les bataillons de la *30e* brigade prenaient pied dans les bois qui bordent la Mance, l'artillerie du VIIIe corps, désormais assurée sur son front avait exécuté, par échelons successifs, un bond en avant qui l'amena à quelques centaines de mètres au delà de la ferme Mogador.

Cinq batteries venaient ainsi s'établir sur le mamelon 322 au Nord-Est de la ferme Mogador « dans une

---

(1) 2 $\frac{\text{III}}{77}$.

situation particulièrement avantageuse (1) ». A leur droite, s'installaient un peu plus tard la IIIe, la IVe et 1re batterie, tandis que les trois batteries à cheval du VIIIe corps traversaient Gravelotte et venaient prendre position un peu en avant de la lisière orientale du village. Enfin, la batterie à cheval de la *1*^{re} division de cavalerie (2) gagnait le mamelon 322 avec un escadron du *3*^{e} cuirassiers comme soutien et s'installait sur les pentes descendant vers la Mance, c'est-à-dire un peu au delà de la ligne des bouches à feu du VIIIe corps.

Au Sud de Gravelotte, l'artillerie de corps du général de Zastrow avait également débouché sur le plateau (vers 2 heures), mais « l'insuffisance d'espace ne lui avait pas permis tout d'abord de se déployer sur l'alignement des pièces en action sur ce point (3) » ; la IIIe batterie du 7e parvint seule à trouver place entre les deux batteries de l'aile gauche (4).

Mais sur ces entrefaites, le feu de l'artillerie du 2e corps s'était très ralenti, de sorte que la ligne des batteries prussiennes put s'avancer au delà du chemin d'Ars et s'étendre vers la grande route ; deux nouvelles batteries de l'artillerie de corps (5) purent ainsi prendre position en avant du village et à hauteur des batteries à cheval du VIIe corps. Les trois autres batteries de l'artillerie de corps restèrent en réserve (6).

---

(1) *Historique du Grand Etat-Major prussien.* $\frac{\text{II. 2, 1, 4, 3}}{8}$.

(2) $\frac{1\text{ c}}{1}$.

(3) *Historique du Grand Etat-Major prussien.*

(4) $\frac{\text{II, V}}{7}$.

(5) $\frac{2\text{ c, IV}}{7}$.

(6) $\frac{3, 4, 3\text{ c}}{7}$.

Un peu après 2 h. 30, l'artillerie de la Ire armée développait donc sur une ligne presque ininterrompue de 2,500 mètres d'étendue une immense batterie de 132 pièces, devant laquelle quelques batteries françaises seules restaient encore en position.

L'artillerie des 2e et 3e corps entre 1 h. 30 et 3 heures. — On se rappelle qu'avant 1 h. 30, l'une des dix batteries engagées par les 2e et 3e corps s'était déjà retirée du combat sur l'ordre du général Frossard (1).

Peu de temps après, les deux batteries qui restaient en action au Point-du-Jour avaient épuisé leurs munitions de la ligne de combat dans la lutte fort vive qu'elles soutenaient depuis une heure (2). On les fit aussitôt remplacer, d'abord par la 12e batterie du 5e, qui, maintenue à proximité depuis l'ouverture du feu, n'avait cependant pas encore été engagée, puis par la 10e batterie du même régiment qu'on appela de la croupe située au-dessus de la voie romaine et d'où elle surveillait les bois de Vaux.

« Le tir des batteries de 4 de la 1re division, dit le général Gagneur dans son rapport, ne dut pas avoir un grand effet sur les batteries ennemies, *dont la plupart étaient abritées derrière des épaulements*..... L'effet des batteries de 12 (3) fut beaucoup plus sérieux. Cependant, la 10e batterie du 5e qui entra la seconde en ligne, prise en rouage par une artillerie supérieure, ne put occuper exactement la position qu'avait la 11e et dut s'abriter d'abord derrière une dépression de terrain, ce qui lui

---

(1) $\frac{6}{5}$.

(2) $\frac{5,11}{5}$.

(3) $\frac{11}{5}$ puis $\frac{10}{5}$.

permit, peu de temps après sa mise en batterie, de tirer avec avantage sur une colonne prussienne qui quittait Gravelotte (1) ; cette batterie alla ensuite se placer à la gauche des batteries de la réserve du 2ᵉ corps, et enfin se retira en arrière, ne voulant pas épuiser toutes ses munitions dans une lutte d'artillerie contre artillerie, qui semblait ne devoir amener aucun résultat décisif. »

Sur ces entrefaites, la 12ᵉ batterie du 5ᵉ, installée au Sud de la ferme du Point-du-Jour, n'avait pas été plus heureuse et reconnaissait bien vite qu'il était impossible de soutenir une lutte sans issue. Elle se retirait donc à la suite de la 10ᵉ (2).

On chercha cependant à remplacer la 12ᵉ batterie du 5ᵉ qui venait de se replier par les 7ᵉ et 8ᵉ batteries à cheval du 17ᵉ (de la réserve).

Toutes deux s'avancèrent vers la crête pendant que le lieutenant-colonel de Franchessin, chef d'état-major de l'artillerie du 2ᵉ corps, partait en reconnaissance avec le capitaine Saget, commandant la 7ᵉ batterie. Deux

---

(1) Probablement la *30ᵉ* brigade prussienne.
(2) Les batteries engagées jusque-là autour du Point-du-Jour n'avaient subi que de faibles pertes. Il faut donc chercher le motif de leur retraite dans le sentiment d'impuissance auquel fait allusion le général Gagneur.

Pertes totales pour la journée :

Batteries.	Tués.	Blessés.	Chevaux.
$\frac{5}{5}$	»	2	2
$\frac{6}{5}$	1	2	3
$\frac{10}{5}$	1	5	7
$\frac{11}{5}$	3	8	7
$\frac{12}{5}$	1	2	7

pièces de cette batterie furent bientôt appelées et mises en batterie « sur la grande route (1) » ; mais « elles attirèrent aussitôt sur elles le feu d'un grand nombre de pièces prussiennes » et durent faire demi-tour. Pendant ce temps, la 8ᵉ batterie à cheval s'était mise également en batterie et allait ouvrir le feu quand elle reçut l'ordre de se porter en arrière et de regagner la place qu'elle occupait à la gauche des autres batteries de la réserve (2). Le lieutenant-colonel de Franchessin, en effet, s'était convaincu au cours de sa reconnaissance, « que la batterie du capitaine Saget serait bientôt écrasée par les batteries prussiennes très supérieures en nombre, et l'on renonça à soutenir sur la droite du 2ᵉ corps (3), une lutte d'artillerie contre artillerie (4) ».

En l'état actuel des choses, c'est-à-dire dans la situation où se trouvait le 2ᵉ corps ayant devant lui une ligne de vingt-deux batteries ennemies, dont treize au moins (celles du Sud de la route) le prenaient pour objectif, l'opinion exprimée par le général Gagneur est aisément compréhensible. Mais on ne peut s'empêcher d'observer que cette situation critique s'était présentée d'autant plus rapidement qu'on avait conservé de parti pris et dès le début de la lutte, la plupart des treize batteries du 2ᵉ corps en réserve et qu'on n'avait encore engagé aux environs du Point-du-Jour, que deux ou trois batteries à la fois.

Il paraît difficile de retenir l'allégation de l'*Historique* du 5ᵉ régiment d'artillerie d'après laquelle « le général Frossard aurait fait cesser le feu des batteries de la 1ʳᵉ division de peur que le bruit d'une canonnade trop vive

---

(1) *Historique* de la 7ᵉ batterie du 17ᵉ.

(2) $\frac{6, 10}{13}$.

(3) C'est-à-dire sur le front faisant face au plateau de Gravelotte.

(4) *Rapport* du général Gagneur (*loc. cit.*).

n'induise en erreur le Maréchal commandant en chef sur le véritable point d'attaque de l'ennemi »; mais il ne semble pas moins certain que le commandement du 2ᵉ corps avait résolu, dès l'ouverture du feu, de ne pas accepter la lutte avec l'artillerie ennemie du plateau de Gravelotte. Sans doute, le sentiment de l'infériorité des moyens dont on disposait dut naître très vite de notre côté devant la rapide extension du front des batteries ennemies; mais ce sentiment n'était certes pas le seul qui fît persister le commandement dans la détermination qu'il avait prise, car les dispositions adoptées par le général Frossard sur le flanc gauche du 2ᵉ corps dénotent clairement la préoccupation qui le hantait au sujet d'une attaque débouchant des bois de Vaux. Il est d'ailleurs assez remarquable que si le général Steinmetz se fût conformé aux instructions du grand quartier général, indications d'après lesquelles la Iʳᵉ armée devait attaquer simultanément par Gravelotte et par les bois de Vaux (1), les prévisions du général Frossard se fussent précisément réalisées.

Mais on doit remarquer en même temps que de ce côté, le terrain ne se prête nullement au déploiement d'une longue ligne d'artillerie et qu'il eût été presque impossible à de nombreuses batteries de déboucher des bois sous le feu de l'infanterie déployée sur la grande route. Il ne semble donc pas que l'éventualité d'une attaque par les bois de Vaux eût suffi pour légitimer le maintien en réserve d'une portion importante des batteries du 2ᵉ corps, batteries qui, au reste, eussent toujours pu être rappelées sur le flanc gauche si cela fût devenu nécessaire.

On continua toutefois, au 2ᵉ corps, à persister dans la première manière de voir, et peut-être la tentative, cepen-

---

(1) Ordre du grand quartier général, daté de 10 h. 30.

dant insignifiante, des quelques fractions du *53*ᵉ postées sur la lisière des bois de Vaux, n'y fut-elle pas étrangère.

« La gauche de notre position, dit le général Gagneur (1), était, dès le principe, défendue par deux batteries de la 2ᵉ division (8ᵉ et 9ᵉ du 5ᵉ) et une batterie de 12 (10ᵉ du 5ᵉ) (2). La batterie de 12 ayant été appelée sur la droite fut remplacée derrière son épaulement par la batterie Bobet (7ᵉ du 5ᵉ), et deux autres batteries furent placées sur la même ligne qu'elle, entre la voie romaine et l'ancienne route de Rozérieulles. L'une de ces batteries (10ᵉ du 15ᵉ), placée à gauche de la batterie Bobet, voyait le ravin de Rozérieulles et le débouché des bois ; l'autre (7ᵉ du 2ᵉ), placée tout à fait à la gauche du plateau, voyait les villages de Sainte-Ruffine, de Jussy et la vallée de la Moselle. »

Les deux autres batteries de la 2ᵉ division restaient derrière la levée de terre de la voie romaine. Enfin, trois batteries de la réserve (3) étaient de nouveau rassemblées en arrière de la crête du Point-du-Jour « prêtes à défendre le plateau de Châtel, dans le cas où il viendrait à être assailli par les colonnes prussiennes (4) ».

Un peu avant 3 heures, le 2ᵉ corps n'avait donc plus une seule batterie engagée.

A ce moment, cependant, le général Vergé fit demander la 9ᵉ batterie du 5ᵉ (mitrailleuses Dupré) et lui prescrivit de se mettre en batterie entre les deux maisons

---

(1) *Rapport* du général commandant l'artillerie du 2ᵉ corps.

(2) On a déjà dit page 333 (note 2) que la troisième batterie de la 2ᵉ division $\left(\frac{7}{5}\right)$ avait rejoint les deux premières dès le début de la canonnade.

(3) $\frac{6}{15}, \frac{7,8}{17}$.

(4) *Historique* de la 7ᵉ batterie du 17ᵉ d'artillerie.

du Point-du-Jour « pour tenir l'ennemi en échec et l'empêcher de gravir le plateau..... (1) ». Le commandant Collangettes, commandant l'artillerie de la 2ᵉ division, amena lui-même la batterie Dupré et lui fit prendre position à l'emplacement indiqué ; mais elle fut presque immédiatement obligée, comme on le verra plus loin, de faire demi-tour.

L'artillerie du 3ᵉ corps avait pu soutenir la lutte dans des conditions un peu moins désastreuses que celle du 2ᵉ.

Les 8ᵉ et 10ᵉ batteries du 11ᵉ, cependant, avaient été entraînées vers l'arrière par la retraite des batteries du 2ᵉ corps voisines du Point-du-Jour. Très exposées, ainsi qu'on l'a fait ressortir précédemment, ces batteries avaient perdu beaucoup de chevaux. La 10ᵉ batterie avait contre-battu l'artillerie du VIIᵉ corps placée au Sud de Gravelotte, mais quand l'artillerie du Point-du-Jour eut évacué la place, force lui fut de rétrograder de 200 mètres, — sans doute un peu en arrière de la crête, — en un point d'où elle eut cependant encore à essuyer un feu violent qui lui fit subir des pertes sensibles. La 8ᵉ batterie du 11ᵉ (mitrailleuses) dirigea particulièrement son tir contre les colonnes d'infanterie qui débouchaient de Gravelotte et qui gagnaient le ravin par le Nord de la route (*30ᵉ* brigade). Mais vers 2 h. 45 c'est-à-dire quand l'artillerie ennemie concentra ses feux sur elle, elle dut quitter la place.

Enfin, la 9ᵉ batterie du 11ᵉ, bien abritée auprès de la ferme de Moscou, avait tiré, comme les mitrailleuses, sur les colonnes d'infanterie de la *30ᵉ* brigade, puis elle avait tenté de tourner ses efforts contre les batteries du VIIIᵉ corps. « Mais elle dut y renoncer à

---

(1) *Rapport* du commandant Collangettes, commandant l'artillerie de la 2ᵉ division.

cause de la supériorité du calibre de ces dernières et se réserver pour le cas d'une attaque de l'ennemi contre la ferme (1). »

Les deux batteries de 12 de la réserve du 3ᵉ corps (2), établies un peu en avant de la ferme de Moscou, avaient d'abord contre-battu l'artillerie ennemie, puis l'infanterie qui cherchait à gagner les bois. Bien qu'elles n'eussent pas souffert d'une manière sensible (3), elles se crurent obligées de chercher une autre position. « Ce changement de position, tenté sous un feu trop vif, dit le général de Rochebouet dans son rapport, eut les plus fâcheux résultats : l'une des batteries ne put arriver à la position ; l'autre, ne pouvant réussir à se ravitailler, dut se retirer..... » Après un tir de plus d'une heure, les deux batteries de 12 repassaient derrière la crête, — vers 2 heures par conséquent, — et étaient presque aussitôt remplacées par les trois batteries de la 2ᵉ division appelées vers la ferme de Moscou (4). Les 11ᵉ et 12ᵉ batteries du 4ᵉ prenaient place derrière les épaulements abandonnés par les batteries de 12, mais la 9ᵉ batterie restait à découvert. Cependant, cette dernière n'éprouvait que des pertes insignifiantes (1 homme et 5 chevaux), car elle avait pris de larges intervalles entre les pièces et qu'en outre « les projectiles ennemis tombaient sur des terres légères et friables, s'enfonçaient dans le sol et n'éclataient pas (5) ».

Des deux batteries de la 3ᵉ division postées au Nord

---

(1) *Rapport* du lieutenant-colonel Maucourant.

(2) $\frac{11, 12}{11}$.

(3) Pertes totales des deux batteries : 8 hommes blessés.

(4) $\frac{9, 11, 12}{4}$.

(5) *Historique* de la 9ᵉ batterie du 4ᵉ régiment.

de Moscou (1), la 7ᵉ avait été obligée de se retirer dès 2 heures. La 6ᵉ continuait son tir jusqu'à 4 heures. La 5ᵉ batterie (mitrailleuses) de la même division, enfin, était maintenue en réserve.

Vers 2 heures, les deux premières batteries à cheval du 17ᵉ (réserve), recevaient l'ordre de se porter sur leur gauche et de se mettre à la disposition du général Aymard. Les deux batteries, longeant les bois de Châtel, s'arrêtaient à hauteur de Moscou; la 1ʳᵉ batterie s'établit un peu en avant de la crête, tandis que la 2ᵉ restait en réserve sur la lisière du bois.

En résumé, vers 3 heures de l'après-midi, six batteries seulement du 3ᵉ corps étaient en action à proximité de la ferme de Moscou, de sorte que les deux corps d'armée déployés devant le plateau de Gravelotte et la partie méridionale du bois des Génivaux, n'opposaient plus que sept batteries aux vingt-deux batteries ennemies (2).

Il est vrai qu'un certain nombre des batteries françaises avaient déjà été engagées, puis s'étaient retirées du combat (3). Mais la plupart de ces dernières avaient reçu l'ordre d'abandonner la lutte, beaucoup plus parce qu'on désespérait de triompher de la longue ligne de bouches à feu ennemies, que parce qu'elles avaient subi des pertes les mettant dans l'impossibilité de combattre.

Si l'on tient compte de l'obligation où se trouvait le 3ᵉ corps de prendre part, des crêtes de la Folie, au combat d'Amanvillers, combat où il engagea réellement sept batteries (4), on constate qu'il disposait encore de

---

(1) $\frac{6, 7}{11}$.

(2) Encore la batterie de mitrailleuses du Point-du-Jour $\left(\frac{9}{5}\right)$ ne restait-elle en position que 10 minutes à peu près.

(3) Cinq au 3ᵉ corps et six au 2ᵉ.

(4) $\frac{5, 6, 8}{4}$, $\frac{7, 10}{4}$, $\frac{3, 4}{17}$.

treize batteries pour agir contre l'attaque de la Ire armée. Or, sur ces treize batteries, sept seulement furent engagées jusqu'à 1 h. 30. Entre 1 h. 30 et 3 heures, quatre autres entrèrent en ligne, mais sur le total de ces onze batteries, cinq refusèrent la lutte. Enfin, à 3 heures, deux batteries (1) étaient encore en réserve sans avoir vu le feu.

A la même heure, le 2e corps avait engagé un total de sept batteries seulement sur treize. Sur ces sept batteries six s'étaient déjà retirées du combat avec des pertes insignifiantes et six batteries absolument intactes étaient encore en réserve.

Il résulte de tout ce qui précède, que les 2e et 3e corps, qui auraient pu mettre en ligne dès 1 heure de l'après-midi, les trente batteries (2) dont ils disposaient effectivement pour tenter d'écraser les batteries allemandes dont le nombre n'atteignit le chiffre de vingt-deux qu'après un laps de temps de près d'une heure et demie, n'opposèrent en réalité, à l'adversaire, jamais plus de dix batteries à la fois et qu'à 3 heures de l'après-midi, huit batteries n'avaient pas encore tiré un seul coup de canon.

Là, est peut-être la cause, si non unique au moins principale, de la rapidité avec laquelle l'artillerie allemande prit la supériorité sur l'artillerie française.

L'infanterie des 2e et 3e corps jusqu'à 3 heures. — On a déjà vu, qu'après 1 h. 30, les avant-postes du 2e corps avaient abandonné la bande boisée du ravin de la Mance au Sud de la route et qu'ils s'étaient repliés sur la ligne

---

(1) $\frac{5}{11}, \frac{2}{17}$.

(2) Cinq batteries de mitrailleuses; vingt-et-une batteries de 4; quatre batteries de 12. (Batteries disponibles au Sud de Leipzig.)

de combat, c'est-à-dire sur la grande route du Point-du-Jour.

Vers 3 heures, les grandes carrières du Point-du-Jour étaient encore occupées par quelques compagnies des 76ᵉ et 77ᵉ; mais ces compagnies ne s'étendaient pas, cependant, jusqu'au voisinage du chemin coupant la partie méridionale des carrières.

Au Nord de la route, le IIIᵉ bataillon du 60ᵉ, s'était également retiré, un peu après 2 heures, devant les bataillons de la *30ᵉ* brigade prussienne, de sorte qu'à partir de cet instant, il ne restait plus, en avant de la ligne de résistance française (Moscou, le Point-du-Jour, grande route), que deux postes avancés : celui des grandes carrières et celui de la ferme Saint-Hubert défendue par le IIᵉ bataillon du 80ᵉ et par les 1ʳᵉ et 2ᵉ compagnies du Iᵉʳ bataillon du 85ᵉ.

Dans les bois des Génivaux, les avant-postes chargés de la défense de la lisière Sud-Ouest, s'étaient repliés dans le taillis, avant qu'ils eussent été sérieusement attaqués. Huit compagnies prussiennes (1) se présentant successivement devant le front des avant-postes de la division Metman (2), provoquèrent le recul de toute la ligne de surveillance jusque sur le ruisseau de la Mance, c'est-à-dire jusque sur les réserves d'avant-postes (3) (4).

Là, un combat sous bois qui dura jusqu'à la nuit demeura sans décision; mais il n'en résulta pas moins

---

(1) $\frac{12}{67}$, $\frac{II}{28}$, $\frac{5, 6, 8}{67}$.

(2) 1, 3, 5 $\frac{II}{71}$, 6 $\frac{I}{7}$ et $\frac{5, 6}{7 \text{ Ch}}$.

(3) $\frac{1, 2, 3, 4}{7 \text{ Ch}}$, $\frac{II}{29}$ et 3, 4 $\frac{I}{90}$.

(4) Un peu plus en arrière de ces réserves, les seize autres compagnies du 90ᵉ occupaient l'intérieur du bois des Génivaux (rive gauche).

que les forces importantes qu'on avait accumulées dans les taillis des Génivaux restèrent sans aucune influence effective sur le combat qui se déroula plus au Sud, alors qu'une occupation mieux conçue et mieux organisée de cet important point d'appui eût permis d'apporter un trouble considérable dans le déploiement du VIIIe corps sur le plateau de Gravelotte. Si l'on rapproche cette observation de celle qu'on a faite au sujet de la lutte que soutinrent des fractions importantes des divisions Nayral et Montaudon sur la lisière septentrionale des bois, on arrive à cette conclusion qu'une masse de seize bataillons du 3e corps fut immobilisée pendant toute la journée dans le massif des Génivaux, sans qu'on en tirât d'autre profit que d'interdire à l'ennemi l'accès d'une partie du champ de bataille où la défense eût pu se prolonger jusqu'au soir avec des forces relativement minimes.

Tant que l'infanterie prussienne ne dépassa pas le ruisseau de la Mance, les troupes qui occupaient la ligne principale de résistance sur le plateau Moscou-Leipzig, restèrent absolument passives.

Quand vers 1 h. 30, les défenseurs de la route aux environs du Point-du-Jour virent les compagnies du *33e* régiment prussien déboucher de Gravelotte et descendre vers le ravin, le Ier bataillon du 32e se porta en avant pour mieux découvrir les pentes qu'il avait devant lui. Mais il fut bientôt assailli par un feu d'artillerie contre lequel il restait sans abri, tandis que les troupes embusquées dans les fossés de la route en souffraient réellement fort peu (1).

Au moment où les grand'gardes du 32e se repliaient sur leur bataillon devant l'attaque du *33e* régiment prus-

---

(1) *Saint-Hubert et le Point-du-Jour*, par M. le général de Tissonière, alors capitaine commandant la 4e compagnie du Ier bataillon du 80e (articles parus dans la *Revue du Cercle militaire*; n^{os} du 18 et du 25 janvier 1902).

sien, le Ier bataillon se reporta sur la grande route où le IIe bataillon vint aussitôt le renforcer en se déployant avec lui dans les fossés, non sans avoir essuyé, pendant sa courte marche à découvert entre la crête et la chaussée, un violent feu d'artillerie.

Bientôt cependant la fusillade éclata sur la ligne de combat, au Sud du Point-du-Jour, contre l'aile droite du *33ᵉ* régiment prussien qui cherchait à gagner les sablières; quelques compagnies tirées des réserves des 32ᵉ et 55ᵉ de ligne vinrent alors renforcer le 3ᵉ bataillon de chasseurs embusqué dans la tranchée comprise entre les deux bâtiments de la ferme.

Un peu plus tard, lorsque la gauche du *33ᵉ* régiment et les bataillons de la *30ᵉ* brigade apparurent devant Saint-Hubert, sur la lisière des bois de la Mance, le feu se propagea jusqu'au plateau de Moscou, en même temps que la lutte devenait très vive autour de Saint-Hubert.

Les bataillons de première ligne appartenant aux 4ᵉ et 3ᵉ divisions du 3ᵉ corps (1) ouvrirent donc le feu sur les troupes prussiennes apparaissant au bas des pentes, mais aucune modification ne fut apportée dans les dispositions adoptées pour les bataillons de seconde ligne de ces divisions car les feux de la ligne de combat suffirent à arrêter l'assaillant.

Plus au Sud cependant, le général Frossard s'était préoccupé de renforcer sa première ligne en prescrivant (à 2 heures) au général Fauvart-Bastoul, de faire avancer l'un de ses régiments. En exécution de cet ordre, le 23ᵉ porta ses Ier et IIe bataillons jusqu'à la crête 349 un peu au Nord de la vieille route, tandis qu'un peu plus tard le IIIe bataillon venait s'établir sur la grande route

---

(1) $\dfrac{\text{I}}{80}$, $\dfrac{\text{I}}{85}$, $\dfrac{\text{I}}{44}$, $\dfrac{\text{I, II, III}}{39}$.

à proximité du Point-du-Jour (1). Un peu avant 3 heures, le 12ᵉ bataillon de chasseurs fut également appelé près du Point-du-Jour pour porter secours à la 9ᵉ batterie du 5ᵉ (mitrailleuses Dupré) qui venait de se mettre en batterie près de la ferme et se trouvait déjà très compromise.

A 2 h. 30, en effet, et sur les instances du général Vergé, cette batterie avait été dirigée sur la ligne de combat « pour y battre des colonnes ennemies en retraite, disait-on..... (2) ». « A peine les mitrailleuses avaient-elles pris la position qui leur avait été indiquée si mal-malheureusement, dit le commandant Collangettes qui accompagnait la batterie, et à peine avaient-elles commencé leur feu sur les colonnes d'infanterie à demi cachées par la poussière et la fumée, et qui, disait-on, lâchaient pied, qu'elles furent accueillies par un épouvantable feu croisé d'infanterie et de plusieurs batteries prussiennes retranchées au pied du ravin. En moins de dix minutes, vingt-trois chevaux, dont deux d'officiers, furent tués ; le capitaine en second de la batterie (M. Cornet) tombait, frappé d'une balle à la tête ; le capitaine Dupré avait son képi enlevé par un éclat de projectile (3) ; deux caissons, atteints par les projectiles ennemis, sautèrent en l'air, et enfin le personnel et le matériel de la batterie

---

(1) Sans doute entre la ferme et les deux bataillons du 32ᵉ, à l'emplacement des épaulements construits pour la 5ᵉ batterie du 5ᵉ, ainsi que le laisse supposer le *Rapport* du général Mangin.

(2) *Journal de marche* de la 2ᵉ division du 2ᵉ corps. Le commandant Collangettes rapporte cependant que la batterie fut installée entre les deux maisons du Point-du-Jour « pour empêcher l'ennemi de gravir le plateau », mais il fait aussi mention du bruit qui circulait parmi les combattants.

(3) D'après l'*Historique* du 5ᵉ régiment d'artillerie, six hommes auraient été blessés. La grande disproportion existant entre les pertes en hommes et en chevaux provient sans doute de ce fait que le personnel trouva à s'abriter derrière les épaulements.

étaient menacés d'une destruction complète. Le commandant Collangettes, qui avait accompagné la batterie sur le lieu du combat au milieu des projectiles qui tombaient de tous côtés, donna l'ordre de se retirer, d'après l'avis d'un général qui n'avait pas tardé à s'apercevoir que l'arrivée des mitrailleuses avaient attiré un feu des plus meurtriers sur les troupes voisines. »

On dut cependant aller chercher des attelages pour emmener les pièces que quelques hommes du IIIe bataillon du 23e aidèrent à dégager.

Au moment où la dernière pièce se retirait, le 12e bataillon de chasseurs faisait son apparition sur le lieu du combat. Le commandant de ce bataillon fit aussitôt placer ses hommes à la gauche de la ferme, dans les fossés de la route, au milieu des tirailleurs du 55e.

Enfin, le général Fauvart-Bastoul prescrivait au 67e de ligne d'avancer jusqu'à la crête pour remplacer, en seconde ligne, les deux bataillons de la 2e division qui venaient d'être déployés sur la ligne de combat (1). Le colonel Thibaudin se portait donc en bataille dans la direction de la ferme du Point-du-Jour, arrêtait son régiment derrière la crête et faisait occuper la tranchée-abri que le 12e bataillon de chasseurs venait de quitter.

Vers 3 heures du soir, c'est-à-dire au moment où la ferme Saint-Hubert allait tomber aux mains de l'adversaire, les deux premières divisions du 2e corps sur la route du Point-du-Jour, et la 4e division du 3e entre la route et la ferme de Moscou, se bornaient à entretenir un combat de feux. Entre les deux fermes de Moscou et du Point-du-Jour, sept bataillons étaient déployés sur la ligne de combat (2) et avaient des vues directes

---

(1) $\frac{\text{III}}{23}$ et 12 B. Ch.

(2) 3 B. Ch., $\frac{\text{III}}{23}$, $\frac{\text{I, II}}{32}$, $\frac{\text{I}}{80}$, $\frac{\text{I}}{85}$, $\frac{\text{I}}{44}$.

sur le vallon au fond duquel le bataillon du commandant Molière allait être obligé de céder sous les efforts de vingt-sept compagnies prussiennes. A quelques centaines de mètres plus en arrière et à l'abri de la crête, on avait accumulé une masse de douze bataillons (1) avec la préoccupation évidente de parer à l'attaque des troupes ennemies qu'on avait vues descendre du plateau de Gravelotte dans la vallée de la Mance. Malheureusement, le feu écrasant de l'artillerie allemande et sans doute aussi des habitudes de défensive passive qui n'étaient que trop de mise à cette époque dans le commandement français, empêchèrent d'utiliser ces masses de troupes importantes dans une action offensive qui eût peut-être réussi à rejeter l'assaillant dans le ravin et à enrayer ses tentatives de ce côté pour le reste de la journée.

Prise de la ferme Saint-Hubert (3 heures). — En quittant Gravelotte pour se diriger vers le Nord-Est, la route de Metz descend vers le ravin de la Mance, par une pente d'abord assez douce, puis plus rapide quand on s'approche du ruisseau. La plus grande partie de ce trajet s'effectue en tranchée; la chaussée franchit ensuite le ruisseau sur un remblai dont les parois très raides, atteignent 5 à 6 mètres de hauteur. Elle décrit alors une courbe vers la droite et remonte jusqu'à la ferme Saint-Hubert en suivant le fond d'un étroit vallon dominé, à droite et à gauche, par les croupes 320 et 316 qui descendent des fermes du Point-du-Jour et de Moscou. Grâce à cette particularité, et grâce aussi au changement de pente qui se manifeste précisément à

---

(1) $\frac{\text{I, II, III}}{67}$, $\frac{\text{III}}{85}$, $\frac{\text{III}}{32}$, $\frac{\text{I, II}}{23}$, $\frac{\text{I, II, III}}{8}$, $\frac{\text{III}}{80}$, $\frac{\text{II}}{85}$ non compris les voltigeurs.

hauteur de Saint-Hubert, toute la partie de ce vallon comprise entre le ravin de la Mance et la ferme, se trouvait en dehors des vues de la ligne principale de résistance établie entre le Point-du-Jour et Moscou. Depuis le coude de la grande route situé au Nord du Point-du-Jour, on ne découvrait même que très imparfaitement le pied des murs des jardins de Saint-Hubert. En revanche, ce même point d'appui était parfaitement visible de la croupe de Moscou.

Après avoir franchi le ruisseau sur le remblai dont il a été question plus haut, la route s'engage dans une tranchée de 200 ou 300 mètres de longueur; au delà, elle est bordée, de chaque côté, par des carrières assez accidentées qui s'étendent jusqu'à moins de 200 mètres des murs de la ferme.

Entre Gravelotte et Saint-Hubert, c'est-à-dire sur un parcours de 1300 mètres, la grande route de Metz constituait donc un véritable défilé, large de 15 mètres, et d'où l'infanterie seule pouvait sortir latéralement pour tomber, — à l'Est du ruisseau, — dans un terrain coupé de taillis ou de carrières. Cependant, près de ces carrières et avant d'arriver à la ferme de Saint-Hubert, un chemin de terre permettait à la cavalerie et à l'artillerie de déboucher, de la route, sur les pentes découvertes qui s'étendent à l'Ouest du Point-du-Jour. D'ailleurs, au Sud de la chaussée, le terrain n'était pas tellement impraticable que des cavaliers isolés, ayant quitté la route avant d'arriver sur le remblai, ne pussent parvenir à franchir le ravin (1).

Quant à la ferme de Saint-Hubert elle-même, elle comprenait une maison d'habitation à deux étages, construite sur le bord septentrional de la route; au Nord de

---

(1) La division de cavalerie de Forton avait suivi cet itinéraire le 17 août, au prix d'une grande perte de temps, il est vrai.

cette maison était une cour entourée de murs et à laquelle on accédait, de la chaussée, par une large porte cochère, barricadée pour la circonstance (1); enfin, à l'Est de la ferme proprement dite, un jardin triangulaire s'étendait entre la route et le chemin d'exploitation conduisant au confluent de la Mance avec le ruisseau de la Folie; le long de la grande route, ce jardin était fermé par un mur d'environ 2 mètres d'élévation, tandis que la clôture bordant le chemin de terre n'était formée que par un petit mur d'environ 1 mètre. Grâce à cette circonstance, les défenseurs de la ferme de Moscou avaient des vues plongeantes dans le jardin de Saint-Hubert, mais en revanche, ce mur bas, n'ayant des vues que sur les derrières de la position, n'était pas utilisable pour la défense.

Sur le front occidental — d'un développement de moins de 150 mètres, — le champ de tir était très restreint et ne s'étendait, dans le voisinage de la route, que jusqu'aux carrières qui la bordent; la route elle-même était cependant battue, mais plus au Nord, les vues des défenseurs étaient masquées par la crête 316 de la longue croupe qui descend obliquement de Moscou vers le fond du ravin. Enfin, le mur qui longe la chaussée sur un parcours de près de 300 mètres, n'avait que des vues excessivement obliques vers les carrières méridionales et se trouvait à la fois masqué et dominé par la croupe 320 qui descend du Point-du-Jour.

Les murs de la ferme avaient été crénelés; mais bien qu'on eût tiré parti du premier étage de la maison d'habitation pour y établir une ligne de défenseurs, on ne parvint à mettre en ligne que deux compagnies environ. Les quatre autres compagnies restèrent groupées dans la cour de la ferme et dans le jardin, quelques-unes fort mal

---

(1) *Rapport* du général Sauglé-Ferrières, 19 août.

abritées contre le tir d'artillerie partant des hauteurs de Gravelotte. Deux brèches assez étroites avaient été pratiquées dans le mur du jardin faisant face à Moscou, pour se ménager une issue, autre que la porte cochère, en cas de retraite. Enfin, le commandant du IIe bataillon du 80e, qui avait reçu l'ordre « d'occuper la ferme Saint-Hubert », paraît s'être strictement borné à la défense des clôtures du point d'appui, sans chercher s'il n'aurait pas été plus avantageux d'organiser dès la veille sa ligne de combat en dehors de la ferme, de manière à pouvoir, pour le moins, battre la lisière des bois de la Mance de part et d'autre de la route.

On se rappelle qu'un peu avant 3 heures, les fusiliers du *60e* régiment lançaient trois compagnies jusqu'à hauteur des compagnies du *33e* qui occupaient déjà les carrières au Sud de la chaussée (1). Au même moment, les six autres compagnies du *60e* (2) débouchaient du ravin par le Sud de la route, après avoir franchi la lisière du bois sur laquelle la 12e compagnie avait été laissée en position de repli. Trois compagnies du *33e* étaient déjà réunies près et au Nord de la chaussée (3). Un peu plus en avant, les deux premières compagnies du *67e* et celles du *8e* bataillon de chasseurs étaient engagées dans une fusillade fort vive avec les défenseurs de Saint-Hubert. Enfin, en arrière des troupes prussiennes, cinq autres compagnies du *67e* embusquées au Nord de la route, sur les berges du ravin, formaient réserve (4).

---

(1) $\dfrac{9, 10, 11}{60}$ et $\dfrac{3, 4, 11}{33}$. Croquis n° 5 *bis*.

(2) $\dfrac{6, 8}{60}$ et $\dfrac{1}{60}$.

(3) $\dfrac{9, 10, 12}{33}$.

(4) $\dfrac{3, 4, 9, 10, 11}{67}$.

Le 8e bataillon de chasseurs, qui constituait la gauche de la ligne de combat de ce groupe hétérogène, formé au hasard des circonstances devant la ferme Saint-Hubert, avait déjà prononcé un mouvement enveloppant par le Nord-Ouest et dominait, de la crête qu'il occupait, les jardins où stationnaient les compagnies du commandant Molière restées sans emploi. En outre, l'artillerie allemande avait pris Saint-Hubert pour objectif, et bien que son tir sur ce point n'ait pas acquis une grande violence, les projectiles qui atteignirent leur but suffirent à éloigner des deux faces latérales (Sud et Nord-Ouest) les défenseurs qui les occupaient (1).

Devant la face Ouest cependant « la situation était éminemment difficile et périlleuse pour les troupes prussiennes qui, venues de diverses directions entretenaient à découvert, une fusillade à très courte portée (2). »

Sur ces entrefaites, des fractions des trois compagnies de fusiliers du *67e* et des deux dernières compagnies du 1er bataillon du même régiment avaient poussé par le Nord de la route vers la ligne de combat des chasseurs à pied. En même temps, les 6e et 8e compagnies du *60e* s'étaient jetées sur la route auprès des compagnies du *33e*, et le 1er bataillon du *60e* gagnait, au Sud de la ferme, la crête 320, laissant une compagnie face à l'Est contre les tirailleurs embusqués dans les fossés de la route près du Point-du-Jour.

Dès lors, la ferme de Saint-Hubert était successivement, mais rapidement enveloppée par un flot humain qui augmentait sans cesse. En raison de leurs positions dominantes sur les ailes de la ligne de combat « les tirailleurs ennemis avaient pris à revers les défenses latérales de la ferme et criblaient leurs défenseurs de feux

---

(1) *Rapport* du général Sanglé-Ferrières (*loc. cit.*).
(2) *Historique du Grand État-Major prussien.*

dans le dos sans qu'ils pussent y répondre. La retraite devenait d'autant plus difficile que les portes avaient été fortement barricadées. Le bataillon du commandant Molière déjà épuisé par un feu violent et à petite distance quitta la position par deux brèches très étroites que le génie avait préparées à l'avance (1) ».

« Pressé de tous côtés, dit l'*Historique* du 80e, ayant perdu plus du tiers de son monde, presque cerné, le commandant Molière se décide à ordonner la retraite..... ». Quelques hommes « prévenus trop tard » restèrent seuls derrière les créneaux avec le capitaine Lamarle déjà blessé et tombèrent au pouvoir de l'ennemi.

Celui-ci, en effet, s'était précipité sur Saint-Hubert au moment où le feu des défenseurs cessait presque complètement. Les fractions les plus avancées du Ier bataillon et des fusiliers du *67*e, ainsi que les tirailleurs du *8*e bataillon de chasseurs pénétraient les premiers dans la ferme à la fois par le Sud et par le Nord (2) ; toutes les fractions de seconde ligne, se rapprochaient en même temps, et d'un mouvement continu, de l'objectif de l'attaque, puis s'engouffraient en partie dans les cours et les jardins.

« Un peu après 3 heures, dit l'*Historique du Grand État-Major prussien*, nos troupes se trouvaient maîtresses de la ferme et s'occupaient aussitôt d'en régulariser l'occupation et de la disposer en vue de se maintenir à tout prix dans un poste d'une telle importance. »

Dix-sept compagnies avaient poussé jusqu'à la ferme et furent bientôt rejointes par la 1re compagnie du *28*e. Les murs du jardin furent garnis de tirailleurs ; quelques fractions se blottirent dans les fossés de la route pour s'abriter des feux partant du Point-du-Jour et de Moscou ; la maison d'habitation fut occupée ; enfin, les

---

(1) *Rapport* du général Sanglé-Ferrières (*loc. cit.*).
(2) La face Ouest ne présentait aucune issue.

carrières et les pentes avoisinantes abritèrent les fractions qui n'avaient pas atteint la ferme (1).

D'après Kunz et Fr. Hœnig (2), cependant, les tentatives pour « régulariser l'occupation » de la ferme n'auraient pas abouti aussi vite que le laisse supposer l'Historique allemand.

« On se ferait une idée tout à fait fausse, dit Kunz, si l'on se figurait que les dix-huit compagnies qui avaient atteint Saint-Hubert firent une occupation en règle de la ferme et de son jardin, puis qu'on forma ensuite des réserves en arrière.....

« Les deux murs du jardin et de la ferme étaient fortement occupés, mais pas d'une manière absolument régulière. La perte regrettable de la plupart des officiers l'empêcha. Celui qui avait épuisé ses munitions quittait le jardin et cherchait derrière la ferme ou dans la carrière un abri et de nouvelles cartouches. Des détachements frais, venant de ces endroits, couraient aux places laissées libres par les hommes qui s'en retournaient. Les blessés refluaient également en arrière, de sorte qu'il se produisit une agitation continuelle..... Peu après 3 heures, il n'y avait plus une seule compagnie serrée auprès de Saint-Hubert ; — au plus quelques sections. Tout fut bientôt pêle-mêle, et des quantités de morts et de blessés augmentaient encore le désordre (3)..... »

---

(1) Dans la ferme ou aux abords immédiats : 8 Ch., $\frac{1, 9, 10, 11}{67}$, $\frac{3, 6, 8}{60}$, $\frac{3, 4, 11}{33}$, puis $\frac{1}{28}$; dans les carrières et à leurs abords : $\frac{9, 10, 11}{33}$, $\frac{F}{60}$, $\frac{1, 2, 4}{60}$.

(2) *Kriegsgeschichtliche Beispiele.* — *Heft 1* et *Vingt-quatre heures de stratégie*.

(3) *Kriegsgeschichtliche Beispiele.* — *Heft 1*.

Bien que blessé, le commandant Molière avait pu conduire les restes de son bataillon au delà de la crête en traversant les tranchées occupées par les premiers bataillons du 80ᵉ et du 85ᵉ de ligne.

Dès que la ferme Saint-Hubert fut tombée au pouvoir de l'ennemi, la fusillade reprit très vive entre le Point-du-Jour et la ferme de Moscou. De ce dernier point, le Iᵉʳ bataillon du 44ᵉ, sur lequel s'étaient repliées les deux premières compagnies du 85ᵉ qui avaient pris part pendant un instant à la défense extérieure de Saint-Hubert, fusillait l'infanterie prussienne entassée dans le jardin du point d'appui qu'elle venait de conquérir. Plus au Sud, la ligne de combat constituée par des fractions du 85ᵉ, du 80ᵉ, du 32ᵉ et du 23ᵉ (1) criblait de feux les groupes de l'adversaire qui se montraient en avant de Saint-Hubert. La compagnie Raynal de Tissonière, embusquée dans les fossés près du coude de la route et dans l'épaulement abandonné par la 10ᵉ batterie du 11ᵉ était particulièrement engagée dans une lutte très vive avec les contingents qui s'étaient aventurés sur la chaussée. A l'extrême gauche, près du Point-du-Jour, les tirailleurs d'une compagnie du IIIᵉ bataillon du 23ᵉ s'étaient avancés au delà de la route pour mieux découvrir les pentes descendant vers la Mance.

Malheureusement l'action de l'infanterie française sur ce point, se borna à une défensive presque absolument passive et les nombreux bataillons tenus en réserve à quelques centaines de mètres en arrière de la ligne de combat ne furent pas utilisés pour une contre-attaque, qui, vigoureusement conduite, eût sans doute eu raison de la cohue sans consistance qui occupait alors Saint-Hubert.

---

(1) $\dfrac{\text{I}}{85}$. 3, 4, 5, 6 $\dfrac{\text{I}}{80}$, $\dfrac{\text{I, II}}{32}$, $\dfrac{\text{III}}{23}$.

Il est d'ailleurs juste d'ajouter qu'à ce moment, l'artillerie allemande était d'ores et déjà en possession d'une suprématie que ne lui disputaient plus que bien faiblement les cinq batteries en position auprès de Moscou, et que, même, les batteries ennemies du VII⁰ corps, n'avaient plus devant elles une seule pièce française pour les contre-battre. Les obus de l'adversaire, s'ils ne parvenaient pas à infliger des pertes sérieuses aux troupes abritées dans les tranchées-abri et dans les fossés de la route, n'en balayaient pas moins les pentes découvertes descendant vers la Mance. Déjà, ainsi qu'on l'a vu précédemment, le Ier bataillon du 32⁰ n'avait pu rester sur la position qu'il avait prise en avant de la grande route, et le II⁰ bataillon de ce régiment avait eu à subir des pertes sensibles lorsqu'il était venu renforcer la ligne de combat. Au moment même où les tirailleurs de la compagnie du III⁰ bataillon du 23⁰ se portaient en avant, ils étaient pris à partie par plusieurs batteries ennemies et furent bientôt obligés de se replier derrière l'épaulement de batterie qu'ils venaient de quitter.

Cette efficacité presque instantanée de l'artillerie allemande sur les troupes sortant de leur couvert, paraît avoir exercé une très réelle influence sur l'attitude que prit le commandement local. Il est toutefois permis d'observer que les effets de concentration du feu des batteries prussiennes étaient d'autant plus efficaces que les tentatives de sortie des troupes françaises étaient plus isolées, et qu'au reste les pertes subies par les bataillons appelés successivement sur la ligne de combat (1), si elles étaient importantes, n'avaient pas, en définitive, mis ces bataillons hors d'état de combattre pendant de

---

(1) $\frac{II}{32}$, $\frac{III}{23}$, 12 B. Ch.

longues heures encore. Quoi qu'il en soit, les seules préoccupations du commandement paraissent avoir été de « défendre la position jusqu'à la dernière extrémité (1) » en prêtant à cette expression le sens le plus étroit qu'il soit possible de lui donner.

C'est dans ce but que le général Sanglé-Ferrières se porta de sa personne au Point-du-Jour, lorsqu'il vit le bataillon du commandant Molière évacuer la ferme Saint-Hubert. Craignant que l'offensive allemande ne dépassât ce dernier point, il fit établir les deux premières compagnies du Ier bataillon du 80e, entre les deux maisons du Point-du-Jour, dans la tranchée qu'occupait déjà le 3e bataillon de chasseurs, puis il appela sur le même point le IIIe bataillon du même régiment qu'il répartit, dès son arrivée, dans les épaulements de batterie alors inoccupés : trois compagnies à droite de la maison la plus au Nord; trois compagnies à gauche (2).

La puissante ligne de tir organisée entre le Point-du-Jour et Moscou, venait donc d'être encore renforcée et ne comprenait pas moins, maintenant, de huit bataillons et demi (3), qui tous faisaient converger leurs feux dans le vallon de la ferme Saint-Hubert (4).

Combat dans la partie Sud du bois des Génivaux. — Dans la partie du champ de bataille qui avoisine le confluent de la Mance avec le ruisseau de la Folie, le IIe bataillon du 28e régiment, avec lequel combattait la 12e compagnie du 67e, avait tenté de pousser deux com-

---

(1) *Rapport* du général Sanglé-Ferrières.

(2) *Ibid.*

(3) De la droite à la gauche : $\frac{I}{44}$, $\frac{I}{85}$, $\frac{I}{80}$, $\frac{I, II}{32}$, $\frac{III}{23}$, 3 B. Ch., 1, 2 $\frac{I}{80}$, $\frac{III}{80}$.

(4) L'infanterie, disposée au Sud du Point-du-Jour, avait ses vues sur Saint-Hubert complètement masquées par la croupe 320.

pagnies (6ᵉ et 8ᵉ) vers la ferme de Moscou par le chemin qui conduit sous bois, au plateau de la rive gauche. Mais à peine arrivées en vue des tranchées-abris du 59ᵉ, ces compagnies avaient été arrêtées par un feu violent de mousqueterie qui leur interdit tout mouvement en avant (1).

Un peu plus au Sud, les efforts des Iᵉʳ et IIIᵉ bataillons du 28ᵉ échouaient également, sous les feux des tirailleurs du 59ᵉ et du 44ᵉ (2).

Au moment de la prise de Saint-Hubert, la 1ʳᵉ compagnie du 28ᵉ s'était avancée pour soutenir le 8ᵉ bataillon de chasseurs et combattait avec lui. Quant aux autres compagnies des deux bataillons du 28ᵉ elles ne se maintenaient que difficilement sur la lisière orientale de la bande boisée de la Mance. Nombre d'hommes refluaient dans le fond du ravin pour y chercher un abri, « et ce ne fut qu'avec peine que l'on parvint à rassembler de nouveau les hommes par petits groupes et à les retenir à la lisière Est du bois (3) ». Des « détachements (4) » du IIᵉ bataillon, qui avaient rétrogradé quelque peu vers le Sud dans le ravin, tentaient à leur tour de déboucher sur le plateau de Moscou ; mais ils rentraient sous bois devant « les feux de flanc de la défense (5) ».

---

(1) L'*Historique* allemand place à cette occasion « une série de retours offensifs » opposés par les troupes françaises à chaque « audacieuse tentative » des deux compagnies du 28ᵉ. Aucun rapport français ne signale de pareils faits. Il semble, jusqu'à plus ample informé, que ces compagnies aient été simplement arrêtées par le feu de mousqueterie.

(2) D'après l'*Historique* allemand ; il est à remarquer que l'*Historique* du 44ᵉ dit simplement que l'ennemi fut vigoureusement repoussé, ce qui laisse supposer que ce fut par le feu seulement. Le *Rapport* du général Brauer ne fait allusion à aucune contre-attaque.

(3) *Vingt-quatre heures de stratégie*, par Fr. Hœnig.

(4) *Historique du Grand État-Major prussien.*

(5) *Ibid.*

« Convaincus, dit encore l'*Historique du Grand État-Major prussien*, de l'impossibilité momentanée de pousser plus loin dans la direction de l'Est, les corps de la 15ᵉ division se bornaient, à partir de 3 h. 30, à maintenir opiniâtrement le terrain conquis. »

A l'extrême droite de la division Metman, le 7ᵉ bataillon de chasseurs à pied et le IIᵉ bataillon du 29ᵉ conservaient toujours leurs positions dans le voisinage du ruisseau, et le commandant Rigaud (7ᵉ bataillon de chasseurs) parvenait même, avec l'aide de une ou deux compagnies du 29ᵉ, à refouler au delà de la lisière quelques fractions de l'infanterie ennemie (1) (sans doute des 5ᵉ et 8ᵉ compagnies du 67ᵉ régiment).

Ordres du général de Gœben à la 31ᵉ brigade. — Vers 3 heures, les troupes de la *15ᵉ* division, très éprouvées et engagées dans une lutte très meurtrière, restaient à peu près sans réserves. Des abords de Gravelotte, le général de Gœben estima qu'il était nécessaire de « renforcer les troupes engagées (2) » en faisant entrer en ligne l'artillerie et une brigade de la *16ᵉ* division qui était arrivée vers 2 heures sur le plateau de la Maison de Poste (3). « Cela voulait dire, écrit Fr. Hœnig, que de Gœben pensait que sans ce renforcement la *15ᵉ* division ne serait plus capable de résister à une contre-attaque de l'ennemi; en effet, il ne pouvait guère supposer que l'adversaire ne disposait d'aucune réserve pour une pareille opération. »

Cette dernière supposition eût d'ailleurs été absolument erronée, comme on a pu le voir précédemment, car entre 3 heures et 3 h. 30 de l'après-midi, les 2ᵉ et

---

(1) *Rapport* du commandant Rigaud, du 7ᵉ bataillon de chasseurs.
(2) *Historique du Grand État-Major prussien.*
(3) La *32ᵉ* brigade s'était rassemblée à l'Ouest de Gravelotte et avait été rejointe vers 2 heures par la *31ᵉ* brigade venue d'Arry.

3e corps disposaient encore de trente bataillons frais, sans compter la 2e brigade de voltigeurs de la Garde arrivée depuis longtemps sur la croupe 313 au Nord de Châtel (1).

Quant à l'appréciation que Fr. Hœnig prête au commandant du VIIIe corps au sujet de la puissance de résistance de la *15e* division, elle paraît légitimée par les faits et par l'état d'épuisement réel dans lequel se trouvaient ces troupes d'infanterie, à la suite des tentatives jusqu'ici infructueuses qu'elles avaient faites pour déboucher sur le plateau de Moscou. Il faut toutefois observer que ce déploiement successif de la plus grande partie de l'infanterie du VIIIe corps, dès les premières heures du combat, était en opposition formelle avec les prescriptions du grand quartier général, et peut-être faut-il rechercher la cause de ce fait, non point dans une erreur d'appréciation des nécessités d'ordre tactique, mais bien dans l'exagération des moyens mis en jeu de prime abord. On a déjà fait remarquer, en effet, que le déploiement d'une nombreuse artillerie sur le plateau de Gravelotte impliquait la prise de possession du ravin de la Mance. Or, il est à remarquer que dès le début de l'engagement, trois régiments, puis quatre, furent lancés en avant contre une ligne d'avant-postes en réalité très faible. La résistance de cette dernière fut presque nulle et le but que se proposait le général de Gœben fut atteint d'emblée; mais en revanche, et en raison du gros effectif mis en ligne, le combat s'engagea très vif avec la position principale de résistance de l'adversaire, sans qu'on pût l'enrayer. La moitié de l'infanterie du VIIIe corps, déployée sur une ligne très étendue, se

---

(1) Dans son ouvrage : *Vingt-quatre heures de stratégie*, Fr. Hœnig admet qu'à 3 h. 30 le 3e corps avait absolument épuisé toutes ses ressources en infanterie et que le 2e corps n'avait plus qu'un régiment de troupes fraîches. On voit combien cette opinion est erronée.

trouva alors dans une situation assez critique devant un adversaire très supérieur en nombre et qui aurait pu — bien qu'il n'en fît rien en réalité, — lui infliger un échec important. Après 3 heures, c'est-à-dire deux heures seulement après le premier coup de canon, les trois quarts de l'infanterie du VIII⁰ corps se trouvaient en ligne, et à cette heure, cependant, il ne s'était pas encore agi, dans l'esprit du commandant de corps d'armée, d'une attaque de la position ennemie, mais seulement de la prise de possession de postes avancés et de la conservation de ceux qu'on avait conquis (1).

Vers 3 heures, les batteries de la *16ᵉ* division d'infanterie prusienne (2) recevaient donc l'ordre d'entrer en action et s'établissaient au Nord de la grande route entre l'abtheilung à cheval et les batteries montées.

Quant à la *31ᵉ* brigade, qui s'était déjà rapprochée à hauteur de Mogador, elle s'ébranlait également à 3 heures vers l'Est. Le *29ᵉ* régiment, en colonne, suivait la chaussée de Metz, tandis que le *69ᵉ* déployé en ligne de colonnes de compagnie au Nord de la route, s'avançait vers le ravin de la Mance. Toutefois, comme on avait appris, au moment de la rupture de la *31ᵉ* brigade, que les bataillons engagés auprès du confluent de la Mance (3), avaient besoin d'un prompt secours, le bataillon de fusiliers et les 7ᵉ et 8ᵉ compagnies du IIᵉ bataillon du *69ᵉ* furent acheminés sur ce point, pendant que le reste du régiment prenait Moscou comme point de direction.

---

(1) On verra plus loin que le commandant de la Iʳᵉ armée avait une manière de voir toute différente.

(2) $\frac{5, V, 6, VI}{8}$.

(3) $\frac{I, II}{28}$.

Mais « tandis que la brigade, amenée, par suite des circonstances, à se fractionner ainsi, se disposait à entrer en ligne à l'Est du ravin de la Mance, d'autres troupes s'y acheminaient pareillement, sur l'ordre du commandant de la Ire armée (1). »

Ordres du commandant de la Ire armée et du commandant du VIIe corps. — Le général Steinmetz, en effet, s'était porté vers 2 h. 30 aux environs de Gravelotte d'où il avait suivi les péripéties de la lutte. Quelques minutes plus tôt, il avait reçu un compte rendu du général de Gœben, lui annonçant « que le combat était en bonne voie (2) », puis un rapport du général de Wedell (commandant la *29e* brigade) « exprimant l'avis que, dans l'état actuel de la lutte, un mouvement qui déborderait la gauche française aurait pour conséquence de rendre les Allemands maîtres des hauteurs opposées (3) ».

« Les observations que le commandant de la Ire armée, dit l'*Historique* allemand, était en mesure de faire lui-même, de son point d'observation, semblaient confirmer cette appréciation. Le feu de l'artillerie ennemie était, en effet, sensiblement moins vif (4) ; ses batteries avaient déjà commencé à dessiner un mouvement rétrograde ; les fermes du Point-du-Jour et de Moscou étaient en flammes. Sur toute la ligne on voyait l'infanterie prussienne se porter impétueusement en avant, et les troupes françaises s'égrener devant elles et regagner la crête par groupes épars, surtout au moment de la prise de Saint-Hubert. »

---

(1) *Historique du Grand État-Major prussien.*
(2) *Ibid.*
(3) *Ibid.*
(4) Il était en réalité complètement éteint sur le front de combat du 2e corps ; cinq batteries du 3e corps continuaient à tirer par intermittence.

Si, comme il n'est pas permis d'en douter, le commandant de la Ire armée se fit une telle opinion de la situation des troupes françaises, on voit combien ses observations, — sauf en ce qui concerne l'artillerie, — furent incomplètes ou erronées.

L'élan « impétueux » des troupes prussiennes ne leur donnait l'avantage que sur un seul point de la ligne de combat, — à la ferme Saint-Hubert. Partout ailleurs, les tentatives isolées, faites pour dépasser la lisière des bois de la Mance ou les sablières avaient complètement échoué devant le feu de la ligne de combat française, et des renseignements plus complets eussent pu faire savoir au général Steinmetz que sur plusieurs points du ravin, ses troupes en désordre refluaient vers l'arrière pour y chercher un abri. Enfin, les seules troupes françaises qui se fussent « égrenées » devant l'infanterie prussienne, étaient celles qui constituaient la faible ligne d'avant-poste marquée par le ravin au début du combat. Une observation plus complète et plus attentive des mouvements des 2e et 3e corps, eut pu, en outre, montrer au commandant de la Ire armée, qu'aucune unité faisant partie de la ligne principale de défense, ne s'était encore repliée derrière la crête et qu'au contraire plusieurs bataillons de la réserve étaient venus renforcer les troupes de première ligne.

Quoi qu'il en soit, le général Steinmetz se décida à « prononcer un vigoureux effort *contre le front et le flanc* du défenseur » pour chercher à amener « un prompt dénouement » sur cette partie du champ de bataille (1).

En conséquence, le commandant de la Ire armée donna, à 3 heures, l'ordre suivant à la *1re* division de cavalerie,

---

(1) *Historique du Grand État-Major prussien.*

alors établie en position de rassemblement à l'Ouest de la Malmaison :

« La 1re division de cavalerie franchira immédiatement le défilé de Gravelotte ; son régiment d'avant-garde, protégé par le feu des batteries du VIIe corps qui accompagneront la division, passera en arrière de Saint-Hubert, obliquera vers la gauche dans la direction de Moscou, pour se jeter sur l'ennemi qui est entrain de battre en retraite ; il ne dépassera pas les glacis de Metz. Toute la division suivra ce régiment (1). »

En même temps, la 26e brigade, restée jusque-là à Ars-sur-Moselle, « était invitée à se mettre en mouvement sur Vaux avec mission d'opérer contre l'extrême gauche ennemie ».

De son côté, le général Zastrow prescrivait « à toute l'artillerie du VIIe corps de prendre position sur l'autre versant, au Sud de la grande route de Metz (2) », et à la 27e brigade « de s'avancer jusqu'à la lisière du bois pour couvrir cette artillerie (3) ».

Au moment même où le commandant du VIIIe corps, revenant sur l'appréciation qu'il avait émise une demi-heure plus tôt sur l'allure générale du combat (4), renforçait ses troupes de première ligne qu'il jugeait être dans une situation critique, le commandant de la Ire armée donnait donc à sa cavalerie l'ordre de *poursuivre* un ennemi qu'il supposait en retraite et ne négligeait pas, dans la crainte que cette poursuite ne le conduisît trop loin, de faire au général de Hartmann cette recommandation, peut-être superflue, « de ne pas dépasser les glacis de la forteresse ».

---

(1) *Die I. Kavallerie-Division im Kriege 1870-1871*, von Junck, Berlin, 1902 ; *Vingt-quatre heures de stratégie*, Fr. Hœnig.
(2) Fr. Hœnig. *Vingt-quatre heures de stratégie*.
(3) *Historique du Grand Etat-Major prussien*.
(4) Compte rendu de 2 h. 30 au général Steinmetz.

Si le texte cité par le major Junck et par Fr. Hœnig est exact de tout point, l'ordre du commandant de la Ire armée restera, — selon le mot de ce dernier auteur, — « célèbre dans les fastes de l'histoire militaire ».

« De Gœben déduisait des événements, fait très justement remarquer Fr. Hœnig, qu'il était nécessaire d'envoyer des renforts; et de ces mêmes événements, les généraux de Steinmetz et de Zastrow, qui se tenaient bien près du premier, déduisaient la nécessité de la poursuite (1). »

Il est d'ailleurs intéressant de remarquer que l'*attaque de flanc* prescrite par Vaux et Jussy et à laquelle fait allusion l'*Historique du Grand État-Major*, n'était en réalité qu'une diversion tentée sur un point très excentrique, à l'extrême aile droite de la Ire armée, diversion qui ne pouvait produire un effet immédiat et qui, pour ces deux raisons, ne devait avoir aucune liaison avec l'attaque d'une division de cavalerie lancée par un étroit défilé sur les positions encore intactes des défenseurs du plateau de Moscou.

Le commandant de la Ire armée paraît donc n'avoir tenu aucun compte de la recommandation du grand quartier général qui lui prescrivait de prononcer son attaque à la fois par l'Ouest et par le Sud; mais, il est à remarquer qu'il eût été sans doute fort difficile de déboucher immédiatement des bois de Vaux, pour prononcer une attaque sérieuse contre le flanc gauche du 2e corps. Bien que toutes les parties de la lisière ne fussent pas battues par le feu de mousqueterie des troupes françaises et bien qu'il eût été possible, à la rigueur, de prendre des dispositions pour l'attaque au delà du couvert formé par les taillis, on ne pouvait

---

(1) *Vingt-quatre heures de stratégie.* Kunz admet la manière de voir de Fr. Hœnig sur ce point (*Kriegsgeschichtliche Beispiele*. — *Heft 1*).

songer à prendre l'offensive sur ce point avant d'y avoir amené une artillerie suffisante (1), ce qui eut demandé du temps et eut sans doute présenté de sérieuses difficultés à cause de la faible viabilité des chemins qui sillonnent les bois.

A ce moment de la journée, la brigade Jolivet (76e, 77e) était intacte, et de nombreuses pièces françaises étaient encore disponibles, soit en batterie face au bois (2), soit un peu en arrière de la crête (3). De plus, l'artillerie allemande de Gravelotte était absolument impuissante, non seulement contre l'infanterie voisine du coude de la grande route, mais aussi contre l'artillerie que le général Frossard aurait pu mettre en action, — ainsi qu'il paraît en avoir prévu l'éventualité, — sur la longue croupe que suit la voie romaine. Dans les conditions réelles où se trouvait l'infanterie prussienne qui garnissait les bois de Vaux, il paraît donc hors de doute qu'une offensive immédiate de sa part vers le Nord eût été vouée d'avance à l'insuccès et que la réalisation, — d'ailleurs assez aléatoire, — du plan tracé par de Moltke impliquait une longue et minutieuse préparation.

Dès lors, l'attaque insensée que les Allemands allaient tenter par Gravelotte ne pouvait aboutir qu'à un désastre, désastre qui fut porté à son comble par l'exécution même d'ordres donnés sans entente préalable et dans des buts différents, par le commandant de l'armée d'une part et par les généraux de Zastrow et de Gœben d'autre part.

---

(1) Par exemple sur la croupe 353 au Sud des carrières.

(2) $\frac{8}{5}$, $\frac{7}{5}$, $\frac{10}{15}$, $\frac{7}{2}$.

(3) $\frac{6}{15}$, $\frac{7,8}{17}$, $\frac{10,11}{5}$. Les batteries de la 1re division $\left(\frac{5, 6, 12}{5}\right)$ avaient reculé jusque sur la lisière du bois de Châtel.

Echec de l'attaque allemande. — Vers 3 h. 30, la situation générale était à peu près la suivante :

La *32ᵉ* brigade était réunie en formation de rassemblement à l'Ouest de Gravelotte ;

En avant de l'artillerie du VIIIᵉ corps, le *69ᵉ* régiment d'infanterie s'avançait, partie dans la direction de Moscou, partie vers le confluent de la Mance ;

Sur la route de Saint-Hubert, le *29ᵉ* régiment d'infanterie en colonne descendait vers le ravin ;

Au moment où ce régiment pénétrait dans le défilé, plusieurs batteries du VIIᵉ corps s'engageaient à ses côtés sur la chaussée ;

Derrière les batteries, arrivait au trot la *1ʳᵉ* division de cavalerie qui se proposait, elle aussi, de franchir le ravin ;

Enfin, au Sud de la grande route, la *27ᵉ* brigade se formait sur la lisière occidentale du bois et, déjà, deux bataillons du *39ᵉ* régiment descendaient dans le ravin pour gagner ensuite le plateau du Point-du-Jour.

Offensive du 29ᵉ. — La tête du *29ᵉ* régiment d'infanterie était déjà arrivée à hauteur des carrières de Saint-Hubert, quand les batteries du VIIᵉ corps et la cavalerie du général de Hartmann « s'ouvrirent un passage au travers des rangs de l'infanterie (1) ». Les 1ʳᵉ et 4ᵉ compagnies du *29ᵉ* purent, seules, continuer tout d'abord leur marche en avant par le Sud de la route et vinrent aboutir, l'une (la 1ʳᵉ) à la ferme Saint-Hubert, l'autre (la 4ᵉ) vers les fractions très mélangées établies en rase campagne vis-à-vis du Point-du-Jour. Quelques instants plus tard, alors que les batteries eurent dégagé la route, comme on va le voir dans un instant, la 3ᵉ compagnie gagnait également Saint-Hubert, tandis que la 2ᵉ restait

---

(1) *Historique du Grand Etat-Major prussien.*

en réserve dans les carrières. Les deux autres bataillons du régiment se formaient alors au Nord de la chaussée et détachaient cinq pelotons des 9ᵉ, 10ᵉ et 11ᵉ compagnies vers Saint-Hubert et vers Moscou (1).

Mouvements de l'artillerie. — Sur ces entrefaites, l'artillerie du VIIᵉ corps s'était ébranlée, conformément aux ordres du général de Zastrow, pour franchir le ravin.

Si l'on s'en rapporte à Fr. Hœnig, l'exécution des prescriptions du commandant de corps d'armée n'avait pas été sans rencontrer quelque opposition de la part du général commandant l'artillerie qui ne partageait pas l'avis de son chef sur la possibilité de faire déboucher une masse imposante de batteries sous le feu d'une ligne de défense qu'il estimait sans doute être encore occupée en force. D'après l'auteur des *Vingt-quatre heures de stratégie*, ordre aurait même été donné subrepticement aux officiers supérieurs d'artillerie « de trouver moyen de faire n'importe quoi, les empêchant, sur le moment, d'amener les avant-trains, pour gagner quelques minutes. Ces quelques minutes pourraient peut-être sauver la situation. Cela ne dépendait que d'une hésitation d'un moment (2) ».

Le général commandant l'artillerie du VIIᵉ corps dut cependant se résigner à exécuter l'ordre formel qui lui avait été donné.

Les trois batteries laissées en réserve à l'Ouest de Gravelotte (3) prirent la tête, et furent bientôt suivies par la IVᵉ batterie lourde.

---

(1) Ceux qui s'engagèrent dans cette dernière direction furent bientôt rejetés vers le bois dans le voisinage du confluent de la Mance.

(2) Ce passage est entre guillemets dans le texte allemand, mais Fr. Hœnig n'indique pas la source de cette citation.

(3) $\frac{3, 4, 3\,c}{7}$.

L'artillerie de la *14ᵉ* division amenait à son tour les avant-trains et s'apprêtait à exécuter le même mouvement.

Cependant, les quatre batteries de tête parvenaient seules à s'engager sur la route, car « derrière elles, la *1*ʳᵉ division de cavalerie s'engageait dans le défilé qu'elle obstruait pendant longtemps (1) ».

Les autres batteries du VIIᵉ restaient donc sur le plateau de Gravelotte ; les unes (2) se remettaient en batterie à la droite des batteries à cheval du VIIᵉ corps; les autres (3) se plaçaient en réserve derrière le village.

1ʳᵉ division de cavalerie. — Cependant, la *1*ʳᵉ division de cavalerie s'était avancée au trot sur la grande route. Formée en colonne de pelotons (la batterie à cheval entre les deux brigades), elle débouchait de Gravelotte à la suite des quatre batteries de tête du VIIᵉ corps. Le 4ᵉ régiment de hulans avait reçu l'ordre de franchir le défilé au plus vite « pour venir charger, sur le terrain découvert situé au Sud de Saint-Hubert, l'adversaire qu'on supposait en retraite (4) ».

Alors se produisit sur la chaussée une cohue indescriptible, grandement augmentée par le flot des blessés qui regagnaient l'arrière et où chacun, venu avec une mission différente de celle de ses voisins et ignorant qu'il devait se rencontrer dans le défilé avec d'autres troupes, cherchait à se frayer un passage coûte que coûte.

« On n'avait qu'une seule route qui, par-dessus le

---

(1) *Historique du Grand État-Major prussien.*

(2) $\dfrac{\text{II, III, 2 c}}{7}$.

(3) $\dfrac{1, 2, 1}{7}$.

(4) *Historique du Grand État-Major prussien.*

marché, était battue par le feu ennemi, dit Fritz Hœnig ; cinq commandements différents jetèrent au même moment sur cette route unique un régiment d'infanterie, le *29e*, encadré par deux autres, le *39e* et le *60e*, puis une division de cavalerie avec sa batterie, et quatre autres batteries, enfin, les *9e* et *15e* régiments de hussards, qui ne dépendaient pas du même commandement, l'un étant du VIIe corps et l'autre du VIIIe ; entre ces corps, il n'y avait pas la moindre entente préalable ; on n'avait pas déterminé l'ordre dans lequel ils devaient marcher et l'on avait laissé aux masses le soin de se débrouiller pour franchir le défilé de la route ! La *31e* brigade devait *renforcer* ; la *1re* division de cavalerie devait *poursuivre* ; la *27e* brigade *servir de soutien* au mouvement ; l'artillerie devait *protéger !* En tout et pour tout, c'était le chaos et la confusion, dans la direction, dans la destination propre et le mode d'emploi des différentes armes, dans les conceptions tactiques, dans la manière d'apprécier les événements antérieurs (1) ».

Les batteries prennent position au Sud de Saint-Hubert. — Les quatre batteries du VIIe corps engagées sur la route parvenaient toutefois à dépasser le *29e* régiment qui, déjà, avait poussé quelques compagnies vers Saint-Hubert, ainsi qu'on l'a vu précédemment.

La 4e batterie arrivait la première et s'établissait en terrain découvert au Sud de la chaussée, sur l'alignement des tirailleurs du Ier bataillon du *60e*.

La 3e batterie à cheval survenait ensuite et s'installait à la gauche de la précédente.

La 3e batterie légère s'avançait jusqu'à Saint-Hubert, et prenait position sur la route même ; là, le mur du jardin la protégeait dans une certaine mesure contre le tir

---

(1) *Vingt-quatre heures de stratégie* (loc. cit.).

des batteries du 3ᵉ corps, les seules qui fussent alors en action du côté français.

Mais à peine ces trois premières batteries étaient-elles en position, que le feu de leur adversaire, très sensiblement ralenti à la suite de la prise de Saint-Hubert, reprenait sur toute la ligne avec une grande énergie.

Les bataillons d'infanterie appartenant au 2ᵉ et au 3ᵉ corps et déployés de part et d'autre du coude de la grande route faisaient pleuvoir sur les nouveaux arrivants une grêle de balles, puis les 5ᵉ et 8ᵉ batteries du 11ᵉ (mitrailleuses des divisions Metman et Aymard), dirigeaient sur eux un feu des plus meurtriers.

La IVᵉ batterie lourde parvenait cependant jusqu'auprès de la 4ᵉ légère. Mais il lui était impossible de se déployer, et elle rétrogradait bientôt jusqu'au fond du ravin. La 4ᵉ batterie avait déjà tiré quelques coups de canon; mais elle était alors prise d'enfilade par un feu d'infanterie tellement violent qu'elle dut laisser plusieurs pièces sur le terrain et disparaître également vers l'arrière.

Les deux autres batteries seules (1), restèrent en position malgré des pertes énormes et continuèrent la lutte avec l'artillerie du 3ᵉ corps.

Pendant que ces batteries s'installaient au Sud de Saint-Hubert, le 4ᵉ régiment de hulans, « après s'être péniblement glissé au milieu des obstacles sans nombre de ce défilé encombré de troupes (2) » appuyait vers le Sud, puis se déployait à la droite de la 4ᵉ batterie légère, face au Point-du-Jour, tandis que le reste de la cavalerie du général de Hartmann s'arrêtait au fond du ravin, ainsi que les 9ᵉ et 15ᵉ hussards arrivés sur ces entrefaites.

---

(1) $\dfrac{3,\ 3\,c}{7}$.

(2) *Historique du Grand État-Major prussien.*

« Dans cette masse terriblement enchevêtrée, dit le major Kunz (1), s'avancent des avant-trains venant du plateau, attelés de chevaux devenus sauvages et, en partie, blessés ; le *29e* régiment d'infanterie s'efforçait de se tirer du désordre, mais il fut mis dans la plus mauvaise posture..... Ajoutez à cela, un nuage de poussière incroyable, si épais, qu'on pouvait à peine voir ses mains, puis le feu meurtrier des Français qui tiraient sur cet amas fortement pressé d'hommes et de chevaux. On commença alors à se heurter, à s'entre-croiser, à crier, à jurer et à gémir ; on peut à peine se faire une idée de cela. Alors retentit le signal de : « *en retraite* », venant de la contrée de Gravelotte, et toute cette masse de cavaliers disparut de nouveau se dirigeant vers le point d'où ils étaient venus... ».

Le *4e* hulans cependant, qui achevait son déploiement au moment même où retentissait la sonnerie de la retraite, paraît être resté en position au Sud du Point-du-Jour pendant un certain temps encore (une demi-heure) (2).

« Comme après ce laps de temps, il n'y avait pas encore d'ennemi à charger, que les 4e et IVe batteries s'étaient retirées, et que les pertes devenaient plus considérables, le colonel résolut aussi de faire demi-tour (3). »

Le régiment de hulans se replia par échelons, deux escadrons par les abords de la grande route, deux autres par le moulin de la Mance (4).

---

(1) *Kriegsgeschichtliche Beispiele.* — *Heft 1.*
(2) D'après Fr. Hœnig. *Vingt-quatre heures de stratégie.*
(3) *Vingt-quatre heures de stratégie.*
(4) A 4 h. 30, la *1re* division de cavalerie était réunie à nouveau au Sud-Ouest de la Malmaison après avoir perdu 7 officiers, 88 hommes et 117 chevaux, dont 3 officiers ; 49 hommes et 101 chevaux pour le compte du *4e* hulans seul. Les *9e* et *15e* hussards regagnaient également leurs précédents emplacements près de Gravelotte.

Vers 3 h. 45, il ne restait plus de cavalerie sur la rive gauche de la Mance.

Pendant que cette catastrophe se produisait aux abords de la chaussée, le *39ᵉ* régiment arrivait en ligne un peu plus au Sud.

Les Iᵉʳ et IIᵉ bataillons avaient franchi le ravin les premiers et atteignaient la lisière orientale du bois au moment où la IVᵉ batterie lourde était rejetée vers l'arrière. Ces deux bataillons s'établissaient, dès leur arrivée, sur la lisière du bois, l'aile gauche à une centaine de mètres au Sud des carrières de Saint-Hubert, l'aile droite vis-à-vis des sablières occupées par des fractions du *33ᵉ* (1); puis vers 3 h. 30, les 2ᵉ et 3ᵉ compagnies furent portées jusque dans les sablières (2), tandis que le colonel prescrivait au IIIᵉ bataillon de franchir également le ravin.

Dès lors, les sablières se trouvèrent être fortement occupées par des détachements des *33ᵉ* et *39ᵉ* régiments. Aussi, quelques fractions des 1ʳᵉ et 8ᵉ compagnies du *33ᵉ*, sous le commandement du capitaine Wobeser, tentèrent-elles de gagner les grandes carrières du Point-du-Jour où se trouvaient déjà la 2ᵉ compagnie et une fraction de la 1ʳᵉ (3). En même temps, la 2ᵉ compagnie du *39ᵉ* et deux pelotons de la 3ᵉ gagnaient, sous le commandement du lieutenant Eltester, la pointe du bois qui fait saillie vers les carrières. Mais après avoir parcouru 200 ou 300 mètres au pas de course, la petite colonne

---

(1) $\frac{5, 8, \text{fr. } 1}{33}$.

(2) Kunz. — *Kriegsgeschichtliche Beispiele.* — *Heft 1.*

(3) D'après Fr. Hœnig, le capitaine Wobeser ignorait *probablement* que les grandes carrières fussent déjà occupées par le *33ᵉ*. *Der Kampf um die Steinbrucke von Rozerieulles*.....

du capitaine Wobeser se couchait à terre, hors d'haleine (1).

Il était alors 3 h. 45 et en cet instant même une nuée de tirailleurs français s'élançait dans les grandes carrières, chassant devant eux les hommes du *33°* qui les occupaient déjà et qui fuyaient, éperdus, en criant : « Nous sommes tournés ! nous sommes tournés ! (2)..... »

Contre-attaque de fractions de la division Vergé. — De la route sur laquelle il se tenait, en effet, le général Jolivet (2° brigade de la 1ʳᵉ division), avait pu remarquer l'arrivée des bataillons du *39°* régiment prussien qui lui parurent s'arrêter à 150 mètres en avant de la lisière du bois et un peu en deçà du changement de pente qui les mettait presque complètement à l'abri des feux de la ligne de combat abritée dans les fossés de la route (3).

Craignant cependant d'être vivement attaqué, le général Jolivet prescrivit aussitôt aux II° et III° bataillons du 76°, laissés en réserve, de se déployer sur la route à la gauche du 3° bataillon de chasseurs (4).

Quelques instants plus tard, on observa également le mouvement, vers la partie méridionale des grandes carrières, des fractions du *33°* régiment prussien conduites par le capitaine Wobeser (5).

---

(1) *Kriegsgeschichtliche Beispiele.* — *Heft 1.*
(2) *Der Kampf um die Steinbrucke von Rozerieulles.....*
(3) *Journal de marche* de la brigade Jolivet. — Ce journal de marche est la reproduction d'un rapport du général Jolivet.
(4) Le *Journal de marche* de la brigade Jolivet est formel à cet égard. Les deux bataillons du 76° devaient donc doubler les deux bataillons du 55° déjà déployés sur le même emplacement. Cependant, il semble, d'après l'*Historique* du 55° régiment, que le II° bataillon fut seul porté en ligne.
(5) Voir l'*Historique* du 76° régiment.

C'est alors que le général Jolivet prescrivit au commandant de Brauneck, du Ier bataillon du 76e, « de se lancer en avant et de tâcher de séparer le bataillon qui se trouvait dans les carrières du reste de la colonne qui se trouvait vis-à-vis le bois (1) ».

Quoique ce texte ne soit pas très explicite, il est probable que le commandant de la 2e brigade se proposait de séparer les contingents du *33e* régiment prussien qui occupaient déjà la partie méridionale de la grande carrière et ceux qui se portaient vers le même point (capitaine Wobeser), des masses d'infanterie ennemie, appartenant aux *33e* et *39e* régiments et stationnées dans le voisinage du bois et des sablières.

Le Ier bataillon du 76e était déployé dans les fossés de la grande route vis-à-vis de la partie septentrionale des grandes carrières. Le commandant de Brauneck, se mettant en tête d' « une partie » du bataillon, s'élança droit devant lui dans la direction des sablières, tandis que deux ou trois compagnies du IIe bataillon du 55e, entraînées par l'exemple, l'appuyaient sur sa droite.

Mais en même temps que ce vigoureux mouvement offensif se prononçait dans la direction des sablières, le capitaine Girons qui commandait la 2e compagnie du IIIe bataillon du 77e, et qui était toujours embusqué avec ses hommes dans la partie des grandes carrières voisine du coude de la grande route, faisait mettre la baïonnette au canon et sonner la charge; puis il dirigeait sa compagnie, à travers la carrière, dans la direction où lui était apparue l'infanterie prussienne, c'est-à-dire vers le détachement du capitaine Wobeser. A la sonnerie de la charge, les 1re et 2e compagnies du Ier bataillon du 77e s'étaient élancées à la suite du capitaine Girons. C'est devant ces trois compagnies que les fractions du

---

(1) *Journal de marche* de la brigade Jolivet.

33ᵉ régiment prussien (1) qui occupaient déjà les carrières se replièrent précipitamment, laissant cependant un certain nombre de prisonniers entre les mains des trois compagnies françaises (2). D'après Fr. Hœnig, le détachement du capitaine Wobeser n'aurait pas lâché pied, se contentant de se coucher sur les pentes qui le dissimulaient aux vues des tirailleurs arrêtés sur le bord Sud-Ouest des carrières (3).

Dans le voisinage des sablières une panique s'empara des troupes de première ligne devant la rapide attaque du commandant de Brauneck.

« Sortant brusquement des tranchées du Point-du-Jour, dit le major Kunz (4), les détachements d'infanterie française s'avancèrent très rapidement, chassant devant eux tous les détachements prussiens qui se trouvaient en plein champ au Nord de la sablière ; ils s'approchèrent avec une rapidité peu rassurante de la lisière des bois de Vaux (5), repoussant les très petits détachements qui pour la plupart étaient sans chefs et avaient pu, jusque-là, rester à découvert..... Les sablières furent évacuées par les hommes du *33ᵉ*. Les détachements qui occupaient les grandes carrières (6) s'enfuirent au grand pas de course vers le bois ; quatre officiers furent blessés. Pour comble de malheur, des détachements du *60ᵉ* régiment qui se trouvaient à la lisière du bois tiraient sur les Français qui s'avançaient en même temps que sur les

---

(1) $\frac{2}{33}$, fr. $\frac{1}{33}$.
(2) Le chiffre de 300 prisonniers, donné par l'*Historique* du 76ᵉ, paraît très exagéré......
(3) *Der Kampf um die Steinbrucke von Rozerieulles*.....
(4) *Kriegsgeschichtliche Beispiele.* — *Heft 1.*
(5) Lire : bois de la Mance.
(6) $\frac{2}{33}$ et fr. $\frac{1}{33}$.

Prussiens qui refluaient vers eux; de sorte que les débris de nos troupes en retraite perdirent complètement la tête et descendirent dans le ravin de la Mance..... Ce ne fut que le *39e* régiment qui força les Français à s'arrêter. Le colonel d'Eskens leur opposa la 8e compagnie du *39e* et une section de la 5e du même régiment; des détachements du *29e* et du *69e* se joignirent à elles; à gauche et en arrière s'avançait la 7e compagnie du *39e*. Alors, trois sections de la 3e compagnie du *39e* occupèrent à nouveau les sablières dans lesquelles les Français ne pénétrèrent d'ailleurs pas. Partout les Français furent obligés de s'arrêter et bientôt de reculer. »

Les compagnies du 55e et du 76e, en effet, croyant avoir « déterminé la retraite de la colonne prussienne dans le bois » alors qu'elles n'avaient en réalité chassé de leurs positions que les tirailleurs de l'adversaire, se replièrent sur la grande route. Toutefois, les trois compagnies du 77e qui avaient atteint le bord méridional des grandes carrières, conservèrent les positions qu'elles venaient d'enlever à l'ennemi.

Bien que l'offensive de la brigade Jolivet se réduisît, en réalité, à une simple mais vigoureuse contre-attaque, elle mit un terme aux tentatives des troupes prussiennes qui abandonnèrent pour longtemps l'espoir de prendre pied sur le plateau du Point-du-Jour.

Tentatives de la 31e brigade au Nord de la grande route. — Pendant que ces événements se déroulaient vis-à-vis du Point-du-Jour, la *31e* brigade ne parvenait pas, de son côté, à déboucher du ravin sur le plateau de Moscou.

Au Nord de la route, le Ier bataillon et les 5e et 6e compagnies du *69e*, avaient pénétré dans le ravin, « mais une partie de leur monde avait fait fausse route au milieu de l'épaisseur du bois, de sorte que la plupart des compagnies, à mesure qu'elles attaquaient la première ligne, s'engageaient isolément dans l'action, toujours indécise, sur le plateau de Moscou et de Saint-Hubert (1) ».

La 1re compagnie du *69e* cherchait à déboucher vers Moscou mais était repoussée sur Saint-Hubert; les autres compagnies du Ier bataillon échouaient également dans la même tentative, de sorte que les six compagnies présentes sur ce point (2) se blotissaient successivement, partie dans la ferme, partie dans les carrières.

L'aile gauche du *69e* (3) avait rejoint les compagnies engagées près du confluent de la Mance (4). Les 7e et 8e avaient cependant obliqué plus à gauche, mais s'étaient heurtées au IIe bataillon du 29e qui les avait forcées à rétrograder vers la bifurcation du ravin, où elles restaient dès lors en réserve.

Autour de la ferme Saint-Hubert, la situation du *29e* n'avait pas sensiblement changé. Une pointe des fusiliers dans la direction de Moscou, échouait dès le principe comme celles du *69e* et quelques pelotons venaient encore s'entasser dans la ferme Saint-Hubert, tandis que le reste du bataillon se maintenait à la lisière du bois.

Deux compagnies du IIe bataillon dépassaient la ferme (6e et 7e) et l'une d'elles (6e) poussait une pointe infructueuse dans la direction du Point-du-Jour. La 8e compagnie était attachée comme soutien aux deux batteries en position au Sud de la ferme (5).

---

(1) *Historique du Grand État-Major prussien.*
(2) $\frac{1, 5, 6}{69}$.
(3) $\frac{F. 7, 8}{69}$.
(4) $\frac{11}{28}$, $\frac{12}{67}$.
(5) $\frac{3, 3c}{7}$.

Mais bientôt, la batterie à cheval, plus découverte, se trouvait à bout de forces, et devait se replier dans le ravin, laissant la 3ᵉ batterie légère, seule en action derrière les murs du jardin de Saint-Hubert.

L'artillerie des 2ᵉ et 3ᵉ corps jusqu'à 5 heures. — D'une manière générale le feu de l'artillerie française n'avait plus été qu'insignifiant à partir de 3 heures de l'après-midi.

Au 2ᵉ corps, en particulier, aucune batterie n'était rentrée en action depuis l'échec de la 9ᵉ batterie de mitrailleuses du 5ᵉ (capitaine Dupré) auprès de la ferme du Point-du-Jour.

Les trois batteries de la 1ʳᵉ division (1), après avoir vidé presque complètement leurs coffres, s'étaient repliées jusque sur la lisière du bois de Châtel et avaient dirigé leurs réserves vers Plappeville, pour se réapprovisionner en munitions. Malheureusement, ces réserves ne rentrèrent qu'à la nuit, de sorte que les trois batteries furent inutilisables pour le reste de la journée.

Les deux batteries de 4 de la 2ᵉ division (2), bien que possédant encore des projectiles, furent maintenues sur les positions qu'elles avaient prises face aux bois de Vaux, dans la crainte d'une attaque sur le flanc gauche du corps d'armée. La 9ᵉ batterie de mitrailleuses du 5ᵉ était hors de combat pour le reste de la journée. Elle rejoignit sa réserve sur la route de Moulins et ne reparut pas sur le champ de bataille.

Quant aux six batteries de la réserve, toutes restaient sur le plateau où elles avaient bivouaqué, mais ne

---

(1) $\frac{5,\ 6,\ 12}{5}$.

(2) $\frac{7,\ 8}{5}$.

tiraient plus un seul coup de canon dans la direction de Gravelotte ; les deux batteries de 12 rentraient purement et simplement au camp (1) ; les deux batteries à cheval n'étaient plus utilisées (2) ; des deux batteries de 4, enfin, l'une (6ᵉ du 15ᵉ), restait inactive derrière la crête, où elle avait pris position depuis longtemps déjà, et l'autre (10ᵉ du 15ᵉ) attendait toujours à côté de la 7ᵉ batterie du 5ᵉ, que l'attaque prévue par le commandant du 2ᵉ corps voulut bien se manifester par la lisière du bois de Vaux.....

L'artillerie du 3ᵉ corps avait cependant joué un rôle un peu moins passif que celle du général Frossard.

On se rappelle qu'au moment de l'attaque de Saint-Hubert, cinq batteries étaient seules en action autour de la ferme de Moscou (3) et que la 1ʳᵉ batterie à cheval du 17ᵉ tirait sur l'artillerie allemande du haut de la crête 342.

Quand on vit se produire l'attaque de la 1ʳᵉ division de cavalerie, les deux batteries de mitrailleuses (5ᵉ et 8ᵉ du 11ᵉ) des divisions Metman et Aymard, franchirent la crête au trot et ouvrirent le feu sur les masses de cavalerie et d'artillerie qui apparaissaient dans le vallon de Saint-Hubert. La 8ᵉ batterie dut venir reprendre place derrière l'épaulement qu'elle avait occupé précédemment à mi-distance entre Moscou et le coude de la grande route, puis elle engagea la lutte avec les batteries prussiennes installées à hauteur de la ferme Saint-Hubert. Quant à la 5ᵉ batterie du 11ᵉ (Mignot), elle dépassa la crête de l'Arbre mort, au trot, et, s'arrêtant à

---

(1) $\frac{10,\ 11}{5}$.

(2) $\frac{7,\ 8}{17}$.

(3) $\frac{6}{11},\ \frac{11}{4},\ \frac{12}{4},\ \frac{9}{4},\ \frac{9}{11}$.

1800 mètres de Saint-Hubert, elle exécuta un tir progressif sur les batteries en action près de cette ferme.

Aux environs de Moscou, la 9ᵉ batterie du 11ᵉ et la 9ᵉ batterie du 4ᵉ continuaient la lutte avec avantage, mais des deux autres batteries de la 2ᵉ division, l'une (11ᵉ du 4ᵉ) interrompait son feu parce qu'elle le jugeait inefficace, l'autre (12ᵉ du 4ᵉ) se retirait jusqu'à son bivouac. Cette dernière revenait cependant un peu plus tard sur la crête et reprenait la lutte à de rares intervalles.

Les deux batteries de 12 de la réserve (11ᵉ et 12ᵉ du 11ᵉ) tentaient également de rentrer en action, mais sous le feu supérieur de l'artillerie allemande, elles étaient bientôt obligées de se retirer du combat.

Enfin, la 1ʳᵉ batterie à cheval du 17ᵉ, obligée à la retraite une première fois, réapparaissait sur la crête, mais se retirait bientôt à quelques mètres plus en arrière et suspendait son tir, en attendant l'occasion d'intervenir si une attaque sérieuse se produisait.

La 2ᵉ batterie à cheval du 17ᵉ restait en réserve sur la lisière du bois.

La 7ᵉ batterie du 11ᵉ (3ᵉ division) s'était déjà retirée une première fois. Elle reprenait cependant position auprès de l'autre batterie de 4 de sa division.

Parmi les batteries de la 4ᵉ division, la 10ᵉ du 11ᵉ ne reparaissait pas au combat et la 8ᵉ du 11ᵉ (mitrailleuses) amenait les avant-trains et passait en réserve.

En résumé, la situation de l'artillerie du 3ᵉ corps était la suivante, vers 5 heures du soir :

Sur la croupe avancée de la ferme de Moscou, cinq batteries (1) étaient en position et tiraient de temps à autre quelques coups de canon quand l'occasion s'en

---

(1) $\frac{7}{11}, \frac{6}{11}, \frac{11}{4}, \frac{9}{4}, \frac{9}{11}$.

présentait et que le tir de l'artillerie ennemie permettait aux servants de sortir de leurs abris.

Plus en arrière, sur la crête de Leipzig et de l'Arbre mort, trois autres batteries (1) étaient à peu près dans la même situation.

Toutes les autres étaient en réserve (2).

V. — Le grand quartier général et les réserves.

Le grand quartier général au début de la bataille. — « Lorsque nous entendîmes le canon, dit le général Jarras dans ses *Souvenirs*, je donnai l'ordre de seller et de se préparer à monter à cheval, et je me rendis auprès du Maréchal, convaincu que je le trouverais prêt à partir. Il me renvoya en m'invitant à prendre patience et en me recommandant de pousser avec la plus grande activité un travail d'avancement qui était impatiemment attendu dans toute l'armée et que les événements des jours précédents avaient forcé d'interrompre. Il répétait aussi à tout instant que cette affaire ne pouvait pas être sérieuse..... », exprimant ainsi, dès le début d'une bataille qui allait être décisive, une opinion à laquelle il s'attacha obstinément pendant tout le reste de la journée, sans doute pour se dispenser, aux yeux de son entourage, d'avoir à faire acte de commandant en chef, et peut-être aussi parce qu'il s'était rendu compte qu'un insuccès ne pourrait que légitimer une retraite qu'il était d'ores et déjà décidé à entreprendre.

On sait que le maréchal Bazaine avait fait envoyer sur le mont Saint-Quentin quelques plantons d'artillerie

---

(1) $\frac{1}{17}, \frac{12}{4}, \frac{5}{11}$.

(2) $\frac{8}{11}, \frac{10}{11}, \frac{11}{11}, \frac{12}{11}, \frac{2}{17}$.

pour observer la vallée de la Moselle (1), unique sujet de ses préoccupations. Dès 1 heure de l'après-midi, l'un des sous-officiers, placés en vedettes par le colonel Melchior en personne, fit rendre compte au Maréchal que « des masses considérables passaient la Moselle et montaient par la vallée de Gorze (2) ».

Or, c'est un peu après l'arrivée de ce compte rendu, que le lieutenant de Bellegarde dut se présenter au grand quartier général en demandant, de la part du maréchal Canrobert, que des secours en hommes et en munitions fussent dirigés vers Saint-Privat où une attaque de l'ennemi paraissait imminente.

« Vous direz au maréchal Canrobert, répondit le commandant en chef, que je donne l'ordre au général Bourbaki de lui envoyer une division de la Garde pour le cas où l'attaque dont il est l'objet deviendrait plus sérieuse ; que j'envoie aussi l'ordre au général Soleille de lui envoyer une batterie de 12. Vous direz également au Maréchal d'envoyer remplir ses caissons au parc d'artillerie qui se trouve ici (3). »

Le maréchal Bazaine paraît avoir effectivement donné l'ordre au général Soleille de diriger vers Saint-Privat, non pas une seule, mais bien deux batteries de 12 de la réserve générale. Toutefois, il semble que cet ordre ne fut donné qu'assez tardivement, car les deux batteries désignées (6ᵉ et 7ᵉ du 13ᵉ), ne partirent du mont Saint-Quentin qu'entre 3 et 4 heures de l'après-midi, sous les ordres du commandant de Contamine (4).

---

(1) Voir page 185.
(2) *Note* du colonel Melchior, chef d'état-major de l'artillerie de la Garde. (*Épisode de la guerre de 1870*, page 104.)
(3) *Instruction* du procès Bazaine. Déposition du lieutenant de Bellegarde. Nº 118.
(4) *Rapport* du commandant de Contamine, daté du 19 août.

En prescrivant au maréchal Canrobert d'envoyer ses caissons se réapprovisionner à Plappeville, le commandant en chef entendait tirer parti d'un parc mobile venu de Metz et établi en avant du fort de Plappeville, sous le commandement du chef d'escadron Maignien (1). Mais, soit qu'il se fût aperçu par la suite combien il était illogique d'envoyer les unités combattantes se réapprovisionner, à aussi grande distance, auprès d'une réserve de l'armée, soit que le commandant de l'artillerie de l'armée, prévenu de la pénurie de munitions au 6ᵉ corps, eût agi de sa propre initiative (2), le commandant Abraham reçut, vers 3 heures (3) de l'après-midi, l'ordre de conduire à Saint-Privat une colonne de munitions comprenant 20 caissons (8 pour canons de 4 ; — 4 pour canons de 12 ; — 8 de cartouches) (4).

Malheureusement, le commandant Abraham dut d'abord se rendre sur le plateau du Saint-Quentin pour y chercher les attelages nécessaires ; puis il dut attendre que les chevaux fussent revenus de l'abreuvoir où on venait de les conduire ; finalement, le convoi de munitions ne quitta Plappeville que vers 5 heures du soir, et

---

(1) Ainsi qu'on le verra plus tard dans le chapitre spécial consacré au ravitaillement en munitions d'artillerie.

(2) D'après le *Journal* du général Soleille, il semblerait que cette hypothèse fût la vraie. Mais le général n'indique pas comment il fut conduit à envoyer des munitions au 6ᵉ corps, de sorte qu'on pourrait admettre une intervention du commandant en chef.

(3) Ce fut le commandant Abraham qui fut en même temps chargé de transmettre l'ordre d'expédier à Saint-Privat deux batteries de 12. Les batteries du commandant de Contamine ne purent donc se mettre en route qu'entre 3 heures et 4 heures, et peut-être même un peu plus tard encore, car elles n'arrivèrent à Saint-Privat qu'au moment où les 25ᵉ et 26ᵉ se repliaient sur Jérusalem, c'est-à-dire vers 6 heures du soir.

(4) *Note* du commandant Maignien, datée du 19 août.

n'arriva entre Amanvillers et les carrières de la Croix, qu'après 6 heures (1).

En ce qui concerne l'envoi d'une division de la Garde au secours du 6ᵉ corps, on va voir ce qu'il en advint.

Mouvements de la Garde. — On se rappelle que dans le courant de la matinée, et en prévision d'une attaque qui paraissait imminente, le commandant en chef avait prescrit au commandant de la Garde de porter une brigade sur l'éperon 313, au Nord-Ouest de Châtel. Bien que l'opportunité de l'exécution de cet ordre fût, un peu plus tard, laissée à l'appréciation du général Bourbaki, le général Brincourt avait quitté ses bivouacs vers midi avec les 1ᵉʳ et 2ᵉ voltigeurs et la compagnie du génie divisionnaire.

La brigade avait atteint le point qui lui était désigné vers 1 heure de l'après-midi. Immédiatement, la compagnie du génie établissait, avec l'aide du 1ᵉʳ voltigeurs, 200 mètres de tranchées-abris et de murs en pierres sèches consolidés par des terrassements, pour fermer à la gorge le long et étroit éperon 313. Le Iᵉʳ bataillon du 1ᵉʳ voltigeurs, porté en avant de la position, déployait trois compagnies en tirailleurs sur la lisière occidentale des bois, face au plateau de l'Arbre mort, et disposait les trois autres compagnies dans la carrière voisine du chemin conduisant à la ferme de Leipzig. Les IIᵉ et IIIᵉ bataillons du même régiment se déployaient le long de la crête dominant l'étroit ravin que gravit le chemin dont il vient d'être question, puis s'abritaient derrière des buissons et de vieux pans de murs en ruine. Le 2ᵉ voltigeurs était, probablement (2), déployé à la gauche du 1ᵉʳ.

---

(1) *Instruction* du procès Bazaine et *Conseil d'enquête*. Nº 110.
(2) On ne trouve aucun renseignement précis à ce sujet.

Toute la brigade conserva ces positions jusqu'à la nuit et n'intervint pas dans la lutte qui se déroula sur le plateau de Moscou.

De son quartier général de Plappeville, le commandant de la Garde n'avait, paraît-il, rien entendu de la bataille qui s'engageait aux environs d'Amanvillers et du Point-du-Jour. Ayant été cependant prévenu par le maréchal Bazaine que le maréchal Canrobert était attaqué à Saint-Privat, le général Bourbaki consigna toutes ses troupes dans leurs camps (1), puis il monta à cheval avec son chef d'état-major (général d'Auvergne), son aide de camp (colonel Leperche), un officier de l'état-major général (capitaine Perrier) et un peloton de dragons, pour se rendre compte par lui-même de ce qui se passait (2). En passant à côté du camp de la 2ᵉ division de la Garde, le général Bourbaki prescrivit au général Picard de se tenir prêt à prendre les armes, puis il se porta vers le plateau de la ferme Saint-Vincent.

Arrivé près du lieu dit « le Gros-Chêne », il découvrit, au delà des bois de Châtel, de grands nuages de fumée, qui ne purent lui laisser de doutes sur l'importance de la lutte engagée.

Resté sans aucune indication sur le rôle qui lui était réservé (3), le général Bourbaki pensa que, sans rien

---

(1) *Ordre* daté de 1 h. 15. Cet ordre porte en *post-scriptum* : « Le Maréchal commandant en chef fait connaître que le maréchal Canrobert est attaqué sur sa droite. » A cette heure, ce renseignement était inexact ; il paraît probable qu'il provenait d'une fausse interprétation du rapport que fit le lieutenant de Bellegarde, car, au moment où cet officier quittait Saint-Privat, le canon du IXᵉ corps était encore seul en action auprès de Vernéville.

(2) D'après la « *Note* du général Bourbaki » et une *Lettre* du colonel Leperche du 6 avril 1872 (AH. N. 13), le général serait monté à cheval à 2 h. 30.

(3) Dans sa déposition à l'*Instruction du procès Bazaine*, le général

préjuger de ce rôle futur, il convenait de rapprocher du champ de bataille la seule division qui restât réellement à sa disposition (1). En conséquence, il prescrivit; — à 3 h. 20, — à la division Picard de se mettre en marche et de venir s'établir au Gros-Chêne, à cheval sur la route de Plappeville à Saint-Privat (2), (3). Il rendait compte au maréchal Bazaine des « dispositions qu'il croyait devoir prendre et des inquiétudes qu'il était permis de concevoir du côté des routes de Briey et de Thionville (4) ». En même temps, il envoyait un officier (le commandant de Beaumont) au fort de Saint-Quentin « pour voir si l'ennemi ne faisait pas de progrès le long des rives de la Moselle, dans la direction des villages de Vaux et Sainte-Ruffine (5). »

La division de grenadiers laissa les tentes dressées et se mit aussitôt en marche, sans sacs. Vers 4 heures (6),

---

Jarras déclare avoir engagé le général d'Auvergne, venu au grand quartier général pour prendre des ordres, à se présenter au maréchal Bazaine ; il ajoute, sans dire formellement que le chef d'état-major de la Garde soit allé trouver le commandant en chef, qu'il ignore quels furent les ordres reçus par le général d'Auvergne.

D'autre part, le général Bourbaki (*Instruction du procès Bazaine*) déclare ne pas se souvenir d'avoir envoyé son chef d'état-major auprès du commandant en chef. Il ajoute que c'est de sa propre initiative qu'il porta les grenadiers vers Amanvillers.

(1) La 2ᵉ brigade de voltigeurs avait été, comme on sait, chargée de surveiller la route de Moulins.

(2) Cette ordre fut donné par le capitaine Perrier. *Lettre* du colonel Leperche (*loc. cit.*).

(3) *Note* du général Bourbaki et dépositions de cet officier général au *Conseil d'enquête* et à l'*Instruction du procès Bazaine*.

(4) D'après la déposition du commandant de la Garde à l'*Instruction du procès Bazaine*, ce compte rendu fut adressé au commandant en chef « dès le début »…..

(5) *Conseil d'enquête sur les capitulations*. Déposition du commandant de Beaumont.

(6) L'heure donnée par le *Rapport* du général Jeanningros est

la tête de la division arrivait un peu au delà du Gros-Chêne sur le plateau de la ferme Saint-Vincent et se déployait aussitôt en deux lignes : en première ligne, la 1re brigade appuyait sa droite à la ferme Saint-Maurice (1er grenadiers en bataille, à droite ; les zouaves, à gauche, par bataillons en colonne à demi-distance) ; en seconde ligne et à 300 mètres de la première, la 2e brigade par bataillons à demi-distance ; le régiment des guides derrière la seconde ligne ; l'artillerie divisionnaire entre les deux brigades. Le 2e grenadiers faisait occuper par une compagnie la ferme Saint-Maurice (1), « point important qui gardait, sur la droite, le chemin conduisant à Saulny par les bois (2) ».

C'est alors que, du plateau de Saint-Vincent, le commandant de la Garde aperçut de gros nuages de poussière qui s'élevaient au-dessus de la route de Woippy à Saint-Privat (3).

Il prescrivit donc à la division de grenadiers de s'avancer un peu plus dans la direction d'Amanvillers, « afin de la rapprocher des troupes qu'elle pourrait être appelée à soutenir (4) », et il envoya en même temps son aide de camp, accompagné de quelques dragons,

---

4 h. 30. mais celle qu'indique le général Bourbaki lui-même est 4 heures. Le commandant de la Garde affirme l'exactitude des heures qu'il fournit. (*Lettre* du 3 mars 1872 du général Bourbaki au Maréchal président du *Conseil d'enquête* sur les capitulations. AH. N. 13.) Le lieutenant-colonel Leperche confirme cette affirmation. (*Lettre* du lieutenant-colonel Leperche au commandant de Beaumont, 6 avril 1872. AH. N. 13.)

(1) 6 $\frac{\text{II}}{2 \text{ Gr}}$.

(2) *Journal de marche* de la 2e division de la Garde.

(3) Ces nuages de poussière étaient sans doute soulevés par des voitures appartenant aux trains régimentaires et aux réserves des batteries du 6e corps.

(4) *Note* du général Bourbaki.

vers Saulny, « afin de s'assurer si des forces ennemies menaçaient de tourner notre extrême droite par les routes de Briey et de Thionville (1) (2). »

La division Picard s'avança donc vers Amanvillers dans la formation où elle se trouvait (3). Le commandant de la Garde lui fit faire halte avant d'arriver au défilé que forme la route d'Amanvillers en traversant le taillis qui relie le bois de Saulny à celui des Rappes et fit prendre « les dispositions nécessaires à la défense de cette position essentielle sur les derrières des corps engagés (4) ». Le Ier bataillon du 2e grenadiers fut jeté dans le bois à droite de la route et se déploya sur la lisière Nord-Ouest. Un bataillon du 1er grenadiers fouilla et occupa la partie du bois comprise entre la même route et la voie ferrée. Le reste de la division s'arrêta plus en arrière ; les batteries divisionnaires furent placées à cheval sur la route, « de manière à battre au besoin l'issue du défilé et la lisière des bois (5) ». Il devait être alors à peu près 5 heures (6).

A ce moment, les positions du 6e corps n'avaient pas

---

(1) *Note* du général Bourbaki.

(2) Plus tard, et comme l'absence du colonel Leperche se prolongeait, le commandant de la Garde fit envoyer un peloton du régiment des guides sur Saulny et Woippy. Le lieutenant Boyé (1er peloton du 1er escadron des guides), qui commandait cette reconnaissance, ne rencontra l'ennemi sur aucun point et ne rejoignit la division qu'à la nuit, à Lorry. (*Rapport* du colonel commandant les guides.)

(3) La 6e compagnie du IIe bataillon du 2e grenadiers resta à la ferme Saint-Maurice.

(4) *Journal de marche* de la 2e division de la Garde.

A ce moment, les deux batteries à cheval du lieutenant-colonel Delatte étaient déjà en position de combat près de la ferme Saint-Vincent $\left(\frac{3,\ 4}{17}\right)$.

(5) *Journal de marche* de la 2e division.

(6) Dans sa *Note*, le général Bourbaki dit qu'il porta la division en

encore été attaquées par la Garde prussienne, et il est intéressant de constater qu'une division d'infanterie entière, avec son artillerie, se trouvait d'ores et déjà à moins de 4 kilomètres de Saint-Privat. Mais on verra plus tard par suite de quelles circonstances on ne tira, pour ainsi dire, aucun parti de l'acte d'heureuse initiative du commandant de la Garde.....

Lorsqu'un peu après 1 heure, le général Bourbaki avait consigné les troupes dans leurs camps, il avait, en même temps, prescrit au général Deligny de donner des ordres « pour que la brigade dirigée sur Châtel-Saint-Germain fût remise en possession de ses sacs..... dont elle n'aurait pas dû être séparée (1) ».

Par suite de retards inexpliqués dans la transmission des ordres, le 3ᵉ voltigeurs ne quitta le mont Saint-Quentin qu'à 3 h. 45 pour aller relever la 1ʳᵉ brigade à Châtel-Saint-Germain. Quelques instants plus tard, le général Garnier se préparait à rejoindre le 3ᵉ voltigeurs avec le second régiment de sa brigade, quand il lui fut prescrit coup sur coup de se porter à Saint Privat, puis de rester dans sa position du mont Saint-Quentin et de rappeler le 3ᵉ voltigeurs (2). Quand ce dernier régiment fut prévenu d'avoir à faire demi-tour, il avait déjà dépassé Châtel-Saint-Germain. Mais à ce moment, le général Brincourt, s'appuyant sur la demande de secours qui lui avait été adressée par le maréchal Lebœuf, prit sur lui de retenir le régiment du colonel Liau et lui prescrivit même de continuer sa marche pour aller soutenir la division Aymard (3).

---

avant vers 4 h. 30. On peut donc admettre que la seconde position fut occupée vers 5 heures à peu près.
(1) *Lettre* du général Bourbaki au général Deligny.
(2) *Journal de marche* de la 2ᵉ brigade de la division de voltigeurs.
(3) *Rapport* du général Garnier, daté du 21 août.

Le 3ᵉ voltigeurs gagna donc le plateau de l'Arbre mort, puis redescendit vers le Sud et se forma en bataille, en arrière des troupes de la division Aymard, le dos appuyé au bois (1).

Quant au 4ᵉ voltigeurs, il resta, avec le bataillon de chasseurs de la Garde, l'artillerie de la 1ʳᵉ division et celle de la réserve, sur le plateau du Saint-Quentin.

Le grand quartier général jusqu'à 7 heures. — Bien que le commandant en chef ait eu connaissance de la bataille qui s'engageait, il ne crut pas devoir quitter aussitôt son quartier général de Plappeville et ne monta à cheval qu'entre 3 h. 30 et 4 heures (2).

Jusqu'à cette heure, on ne trouve trace d'aucune disposition prise par le commandant en chef, qui semble

---

(1) *Historique* du 3ᵉ voltigeurs. Il devait être alors près de 5 heures. On verra qu'à 6 heures le régiment fut définitivement rappelé au mont Saint-Quentin.

(2) Dans ses *Souvenirs*, il est vrai, le général Jarras, qui d'ailleurs n'accompagnait pas le Maréchal, dit que ce dernier quitta Plappeville vers 2 heures. Le capitaine Jung, dans sa déposition à l'*Instruction du procès de Trianon* « estime » également qu'il était 2 heures. Le colonel Melchior, cité par le Maréchal dans son ouvrage *Épisodes de la guerre de 1870*, dit que le commandant en chef arriva au Saint-Quentin à 2 heures..... Il semble cependant que ces appréciations soient entachées d'erreur, pour les raisons suivantes : Il paraît établi que le capitaine de Chalus (envoyé par le commandant du 6ᵉ corps), partit de Saint-Privat au plus tôt à 2 heures (puisque le lieutenant de Bellegarde était déjà de retour). Il ne put donc arriver à Plappeville que peu de temps avant 3 heures (10 kilomètres). Or, cet officier trouva le Maréchal à Plappeville (*Instruction du procès Bazaine*, capitaine de Chalus). Le commandant en chef monta sur le mont Saint-Quentin sans prévenir les cinq officiers désignés par le général Jarras pour l'accompagner, — officiers qui attendaient depuis longtemps à la tête de leurs chevaux et parmi lesquels se trouvait le colonel d'Andlau. Quand ils furent avisés du départ du Maréchal, — ce qui ne dut vraisemblablement pas tarder, — ils rejoignirent celui-ci au galop et le trouvèrent sur le plateau du Saint-Quentin occupé à pointer des pièces dans la direction de Vaux

s'être contenté d'attendre purement et simplement les événements.

Il dut sans doute recevoir vers 3 heures, la dépêche dans laquelle le maréchal Lebœuf l'informait « qu'il était attaqué sur toute la ligne (1) ». C'est probablement à la même heure que le capitaine de Chalus se présenta de la part du maréchal Canrobert au commandant en chef « pour presser l'envoi d'une colonne de munitions et d'une division d'infanterie déjà demandées l'une et l'autre (2) ». « Je fus introduit auprès du Maréchal, dit encore le capitaine de Chalus ; je lui exposai la demande du maréchal Canrobert et lui expliquai moi-même sur une carte d'état-major comment s'était produite l'attaque contre le 6ᵉ corps. Je lui dis que quand je l'avais quitté, sa situation commençait à donner de graves inquiétudes. Le maréchal Bazaine me répondit que la colonne de munitions demandée était déjà partie et qu'il allait presser le départ de la division d'infanterie qu'il avait déjà

(colonel d'Andlau, *Conseil d'enquête*) (*), c'est-à-dire sur les troupes de la 26ᵉ brigade prussienne. Il était donc plus de 4 heures.

M. Viansson, maire de Plappeville, déclare formellement « que pendant la bataille de Saint-Privat, il a vu, à deux reprises différentes, le maréchal Bazaine dans la maison de M. Bouteiller, à Plappeville, et qu'il n'est monté à cheval qu'à 4 heures. (Attestation de M. Viansson, non datée, AH. N. 13.)

Enfin, les officiers d'ordonnance du général Bourbaki rencontrèrent le maréchal Bazaine « un peu avant 4 heures » près de Plappeville. (*Lettre* du général Bourbaki du 3 mars 1872, AH. N. 13.) Ce renseignement précis est confirmé par ce fait qu'en quittant le Maréchal, ces officiers trouvèrent la division de grenadiers encore en marche sur le plateau du Gros-Chêne. (*Procès Bazaine*, déposition de Lacale.)

(1) Dépêche datée de 1 h. 45 et expédiée à 2 h. 20.

(2) *Instruction du procès Bazaine*, déposition du capitaine de Chalus, n° 327.

(*) Ce détail précis infirme donc l'indication d'heure donnée par le colonel d'Andlau dans son ouvrage et à l'instruction du procès Bazaine.

désignée (1). Le Maréchal reçut alors un petit mot d'un général de division... dans lequel il était dit que tout allait bien à la droite du 6ᵉ corps (2). La division ne fut pas envoyée. Le Maréchal finit par me donner ou me faire donner un mot afin qu'on me délivrât quatre caissons de munitions de 4 au fort de Plappeville..... »

Enfin, le commandant en chef reçut encore à son quartier général, plusieurs communications successives du colonel Melchior, annonçant que du plateau du mont Saint-Quentin on continuait à voir défiler des colonnes prussiennes paraissant se diriger vers Gorze (3).

Le Maréchal se décidait enfin à monter à cheval. Mais, chose curieuse, étant données les communications qu'il avait reçues du maréchal Canrobert, et, sans doute aussi du maréchal Lebœuf (4), le commandant en chef dirigea ses pas vers le mont Saint-Quentin, comme s'il fut encore sous l'influence de la préoccupation qui l'avait déjà obsédé pendant tout le cours de la journée du 16 août.

En arrivant sur le plateau du Saint-Quentin, le Maréchal rencontra le général Soleille et le général Canu. Ce dernier, sur le rapport qui venait de lui être fait que l'ennemi s'avançait par la route d'Ars (5), avait

---

(1) On sait que la colonne de munitions, commandée par le commandant Abraham, ne quitta effectivement le plateau de Plappeville que vers 5 heures du soir.

(2) Le capitaine de Chalus n'a pu se souvenir du nom de cet officier général. Il ne peut évidemment s'agir ici du compte rendu par lequel le général Bourbaki annonçait sa détermination de faire avancer les grenadiers vers le Gros-Chêne en même temps qu'il exprimait ses craintes pour les directions de Briey et de Thionville.

(3) *Note* du colonel Melchior, *Épisodes*.

(4) On ne sait pas d'une manière positive à quelle heure fut reçue la dépêche de 1 h. 45. On sait seulement qu'elle a été expédiée à 2 h. 20.

(5) *26ᵉ* brigade prussienne. Il était donc plus de 4 heures ainsi qu'on le verra ultérieurement.

prescrit au capitaine commandant la 8ᵉ batterie du 13ᵉ régiment, de faire avancer une section sur la crête. Cette section ouvrit le feu à 2,800 mètres et fut bientôt rejointe par le Maréchal commandant en chef, qui s'occupa « pendant un temps relativement considérable » à surveiller le pointage des pièces et à diriger lui-même le feu (1).

C'est sur ces entrefaites, que le commandant Guioth rejoignit le Maréchal.

A la suite de sa mission auprès des commandants des 2ᵉ et 3ᵉ corps, le commandant Guioth avait été chargé par le commandant en chef de s'entendre avec le chef d'état-major général au sujet de la demande formulée par le général Frossard de faire évacuer le ravin de Châtel par la cavalerie qui y campait (vers 11 heures). Mais au moment de donner des ordres à ce sujet, le général Jarras voulut savoir si le commandant du 2ᵉ corps entendait cependant garder à sa disposition la division de cavalerie Valabrègue. Le commandant Guioth retourna donc auprès du général Frossard qu'il rejoignit vers 2 heures. A ce moment, la bataille était engagée, mais le commandant du 2ᵉ corps dit à l'officier du grand quartier général « que l'ennemi ne faisait devant lui qu'une démonstration ; que vers sa gauche, il dessinait un mouvement tournant, mais que la brigade Lapasset était à Sainte-Ruffine, qu'il comptait sur elle, et qu'il n'avait pas d'inquiétude (2) ». Le commandant Guioth ne voulut cependant pas quitter le champ de bataille avant de prendre des nouvelles du 3ᵉ corps. Il se rendit donc auprès du maréchal Lebœuf.

---

(1) *Instruction du procès Bazaine.* Dépositions du colonel d'Andlau et du capitaine Jung, nᵒˢ 121 et 123.

(2) *Procès Bazaine.* Déposition du commandant Guioth.

« Celui-ci, dit le commandant Guioth, me chargea de dire au Maréchal qu'il venait de repousser une attaque tardive sur son front et qu'il s'attendait à être attaqué de nouveau vers 5 heures, suivant l'usage des Prussiens. Il me chargea, s'il y avait encore des réserves, de demander au Maréchal commandant en chef de lui en envoyer. Je lui répondis qu'il devait y avoir une division de la Garde, celle des grenadiers, que je croyais encore au col de Lessy. Le maréchal Lebœuf me dit que le Maréchal lui avait envoyé déjà une brigade de voltigeurs, que s'il pouvait lui envoyer la division de grenadiers, il lui ferait plaisir, mais qu'il ne la lui demandait pas d'une manière formelle et qu'il tiendrait. »

Lorsque le commandant Guioth rejoignit le commandant en chef, celui-ci était déjà sur le plateau du Saint-Quentin. L'officier rendit compte de sa mission, mais le maréchal Bazaine ne donna heureusement aucune suite à la demande formulée par le commandant du 3ᵉ corps au sujet des grenadiers de la Garde. Cependant, comme le commandant Guioth signalait la présence d'un régiment de voltigeurs (le 3ᵉ), rencontré par lui entre Lessy et Châtel, le Maréchal fit prescrire à ce régiment « de monter dans les bois jusqu'auprès du plateau ».

« Enfin, dit encore le commandant Guioth, il me chargea de donner l'ordre à la division de Forton de quitter sa position et de se retirer au Ban-Saint-Martin, mais après avoir envoyé un ou plusieurs escadrons faire une reconnaissance dans la vallée de la Moselle, vers Ars. »

On sait déjà que le 3ᵉ voltigeurs, malgré le premier ordre de retraite qui lui était parvenu, avait été poussé par le général Brincourt jusque sur la lisière occidentale du bois de Châtel. L'ordre que lui expédiait le commandant en chef ne faisait donc que consacrer un fait accompli. Cependant, les troupes ennemies (26ᵉ brigade prussienne) apparues dans la direction de Vaux, continuant à progresser vers Jussy et Sainte-Ruffine, le maréchal Bazaine ne tarda pas à revenir sur sa décision et à rappeler le 3ᵉ voltigeurs auprès de l'autre régiment de la brigade Garnier sur le mont Saint-Quentin (1).

Quant à la division Forton, elle quitta son bivouac de la Maison-Neuve vers 5 heures avec ses deux batteries à cheval, mais aucun document ne permet de savoir dans quelle mesure l'ordre de faire des reconnaissances dans la vallée de la Moselle fut exécuté. La division s'engagea sur la grande route, la brigade de cuirassiers en tête ; elle débouchait au trot du village de Moulins, quand elle reçut quelques obus lancés par la batterie (5ᵉ du 7ᵉ) de la *26ᵉ* brigade prussienne postée à 2,000 mètres de là dans la plaine basse de la Moselle. Elle continua cependant sa marche et se rendit au Ban-Saint-Martin.

Cependant, le commandant en chef avait reçu, au mont Saint-Quentin, le compte rendu par lequel le général Bourbaki lui faisait connaître à la fois, le mouvement de la division de grenadiers vers le Gros-Chêne, et les inquiétudes qu'il concevait au sujet des routes de Briey et de Thionville (2). Le maréchal Bazaine ne fit pas tout d'abord grande attention à la communication qu'il venait de recevoir, mais une demi-heure plus tard, il aurait quitté le plateau du Saint-Quentin, en disant : « Allons voir un peu ce qui se passe du côté de la route de Thionville. » Puis, un officier de de son état-major ayant proposé de faire appeler dans cette direction les batteries de la réserve générale de l'armée, le Maréchal aurait répondu : « Oui, j'y ai

---

(1) *Journal de marche* de la 2ᵉ brigade de voltigeurs.
(2) *Lettre* du lieutenant-colonel Leperche au commandant de Beaumont, du 6 août 1872. (AH. N. 13.)

pensé ; on pourrait bien envoyer quelques batteries, mais nous verrons cela plus tard (1). »

Arrivé sur la hauteur située à 200 ou 300 mètres au Nord-Ouest du fort de Plappeville, le Maréchal crut apercevoir au loin (2) quelque désordre sur les derrières du 6ᵉ corps. Il envoya alors le colonel d'Andlau chercher deux batteries de la réserve générale « pour battre le défilé de Saulny si cela devenait nécessaire (3) ».

Puis, comme au bout de quelque temps, ces batteries tardaient à arriver, le commandant en chef impatient se porta à leur rencontre et redescendit jusqu'auprès du col de Lessy. C'est là qu'il rencontra le commandant de Beaumont, de l'escorte du général Bourbaki, au moment même où cet officier revenait du fort Saint-Quentin.

Il paraît difficile de trancher d'une manière définitive la question de savoir quelle fut la nature exacte de l'ordre que le Maréchal fit transmettre par cet officier au commandant de la Garde.

Le maréchal Bazaine, dont le témoignage est corroboré par celui du capitaine Mornay-Soult, affirme qu'il fit prescrire au général Bourbaki « de se mettre en communication avec le maréchal Canrobert, mais d'éviter de s'engager à la légère (4) ».

D'autre part, le commandant de Beaumont maintient très formellement que le commandant en chef l'interpella en ces termes (5) :

« Allez dire au général Bourbaki qu'il prévienne le

---

(1) *Lettre* du lieutenant-colonel Leperche au commandant de Beaumont, du 6 août 1872. (AH. N. 13.)
(2) A une distance d'environ 7 kilomètres.
(3) *Instruction du procès Bazaine.* Déposition du colonel d'Andlau.
(4) *Conseil d'enquête.* Dépositions du maréchal Bazaine et du commandant Mornay-Soult.
(5) *Conseil d'enquête.* Déposition du commandant de Beaumont.

maréchal Canrobert, qu'il rentre avec toute la Garde. »
Puis le commandant de Beaumont, craignant d'avoir
mal compris et demandant « si c'était le maréchal
Canrobert qui devait se retirer après avoir reçu l'avis
du général Bourbaki, ou bien si c'était le commandant de la Garde qui devait faire rentrer ses troupes
après avoir prévenu le maréchal Canrobert », un officier (1) du grand état-major lui répondit : « C'est le
général Bourbaki qui doit prévenir le maréchal Canrobert qu'il ne l'appuie plus et rentrer ensuite dans ses
cantonnements. » Puis, le commandant en chef aurait
ajouté : « Mais certainement ! Les Prussiens ont voulu
nous tâter et la journée est finie. Maintenant, je vais
rentrer. »

Quoi qu'il en soit, ce fut l'ordre de retourner au
bivouac que le commandant de Beaumont communiqua
au chef d'état-major de la Garde lorsqu'il rejoignit cet
officier général sur la croupe 343 au Sud des carrières de
la Croix. Mais on verra plus loin que le général Dauvergne n'en tint aucun compte, car il s'agissait à ce
moment d'enrayer le mouvement de retraite des nombreux isolés du 6e corps qui se repliaient vers Metz.

Le maréchal Bazaine se rendit ensuite sur le plateau
de Plappeville, sans doute pour surveiller les deux
batteries de la réserve générale (11e et 12e du 13e) qui,
sur ces entrefaites, s'étaient installées sur la hauteur
située à quelques centaines de mètres au Nord-Ouest du
fort, de manière à pouvoir battre, le cas échéant, à la
fois : la route de Woippy, les hauteurs des bois de
Vigneulles et le chemin conduisant à Amanvillers.

---

(1) Le commandant de Beaumont prétend que cet officier était un
colonel. Le capitaine Mornay-Soult prétend que c'était lui-même, et
qu'il aurait tenu un tout autre langage.

Enfin, vers 7 heures du soir, le commandant en chef, ignorant réellement ou feignant d'ignorer la terrible partie qui se jouait à ce moment même à Saint-Privat, rentrait à Plappeville, sans qu'aucun des officiers qui l'accompagnaient, ou de ceux qui étaient restés sous les ordres directs du général Jarras, eussent été envoyés aux nouvelles (1).

VI. — Combat de Saint-Privat (jusqu'à 7 heures).

Ordre d'attaquer Saint-Privat. — Vers 5 heures du soir, le combat s'était considérablement ralenti sur le front du 6ᵉ corps (2).

A la suite de la retraite de la brigade de Sonnay (3) jusque sur le rebord du plateau Roncourt—Saint-Privat, la fusillade s'était presque éteinte au Nord de la grande route; toutefois, l'artillerie saxonne continuait à canonner les positions françaises. Plus au Sud, c'est-à-dire devant les troupes de la Garde prussienne, le combat avait presque entièrement cessé; les deux infanteries opposées se trouvaient, en effet, fort éloignées l'une de l'autre, et en outre, le prince de Hohenloe, pensant se conformer à la prescription du commandant de la IIᵉ armée d'avoir à ménager ses munitions, avait fait presque complètement cesser le tir de ses pièces. Cette manière d'agir paraissait d'ailleurs avoir reçu l'approbation du commandant de la Garde, puisqu'un peu avant 5 heures, celui-ci avait fait savoir au prince de Hohenloe

---

(1) *Instruction du procès Bazaine.* Dépositions du général Jarras et du colonel d'Andlau.

(2) Voir page 316 et suivantes, la situation des troupes françaises et allemandes vers 5 heures du soir.

(3) Voir page 313.

qu'on le préviendrait, au moins une demi-heure à l'avance, du moment où commencerait l'attaque de l'infanterie (1).

Quelques instants plus tard, pourtant, un revirement subit se produisit dans l'attitude du haut commandement. L'*Historique* officiel allemand l'explique en disant que « du point où se tenait le commandant de la Garde (au Nord d'Habonville), on remarquait des troupes françaises en mouvement de Roncourt à Saint-Privat ». « Comme d'autre part, ajoute-t-il, une ligne de batteries allemandes se voyait au même moment au delà de Sainte-Marie (artillerie saxonne), le rapprochement de ces divers indices amenait à supposer que les troupes saxonnes chargées du mouvement tournant devaient être sur le point d'arriver en ligne, et le prince de Wurtemberg jugeait à propos de ne pas différer plus longtemps son offensive, eu égard d'abord à la situation du combat au IXe corps, puis à l'heure déjà avancée, qui laissait à peine assez de temps pour arriver à un résultat décisif. »

Peut-être le Grand État-Major allemand aura-t-il à rectifier et à compléter, — ainsi qu'il l'a déjà fait avec beaucoup d'impartialité pour la bataille du 16 août, — le récit de celle de Saint-Privat, que donne l'*Historique* officiel de 1874 (*Heft 6*) (2).

En attendant qu'un jour plus complet ait été fait sur les diverses péripéties de la lutte et en particulier sur les actes du commandement allemand, on ne peut s'en rapporter qu'au texte primitif du Grand État-Major prussien, en tenant compte toutefois des publications récentes, dont les auteurs, malheureusement peu nom-

---

(1) D'après Kunz : *Kriegsgeschichtliche Beispiele*. — *Heft 10*.
(2) Un fascicule des *Einzelschriften* est annoncé depuis plusieurs années, mais il n'est pas encore paru (octobre 1904).

breux (1), ont pu consulter les archives de la guerre, à Berlin, et paraissent être parvenus à rectifier, sur certains points importants, la relation officielle de la bataille.

En ce qui concerne la partie du texte qu'on vient de citer, il est à remarquer que du point où se tenait le commandant de la Garde, on ne pouvait découvrir que très imparfaitement le plateau qui s'étend entre Roncourt et Saint-Privat. Il est donc à présumer que si l'état-major de la Garde observa des mouvements de troupes dans cette direction, ce furent simplement ceux de quelques fractions attardées de la brigade de Sonnay, — et peut-être du 94e, — qui se repliaient, non point de Roncourt vers Saint-Privat, mais bien de l'Ouest vers l'Est, en remontant les pentes du glacis (2).

Quant aux observations relatives au mouvement tournant des Saxons et à la situation du combat du IXe corps, elles feraient ressortir, si elles étaient rigoureusement exactes, combien le commandement de la Garde était ignorant de ce qui se passait en réalité chez les corps d'armée voisins.

Il faut d'ailleurs ajouter que le prince Frédéric-Charles lui-même ne paraît pas avoir été complètement renseigné sur la situation réelle du XIIe corps. Il avait bien reçu à 3 heures de l'après-midi le compte rendu du prince Albert, lui faisant savoir que la 23e division était dirigée par Coinville et les bois d'Auboué vers Roncourt, mais il n'apparaît pas qu'il eût connaissance de la nouvelle et importante prescription que le commandant du du XIIe corps adressa à 4 heures au prince George et d'après laquelle la 48e brigade devait prolonger son

---

(1) En particulier, Kunz, Fritz Hœnig et von Schimpff.

(2) Au reste, on ne relève, à ce moment, chez les Français aucun mouvement de troupes se dirigeant de Roncourt vers Saint-Privat. Le Ier bataillon du 9e, au contraire, venait de se porter à Roncourt.

mouvement vers le Nord par Montois-la-Montagne. D'ailleurs, cet ordre ne parvint au commandant de la 23ᵉ division qu'à 4 h. 30, ainsi qu'on l'a vu précédemment, et vers 5 heures, au moment où le commandant de la Garde se préparait à agir de concert avec « l'attaque tournante », la brigade chargée de la prononcer n'était pas arrivée à hauteur de Homécourt et se trouvait encore, par conséquent, à plus de cinq kilomètres de son objectif.

On ne peut passer sous silence, à propos de la grave décision que prit à ce moment le commandement allemand, les allusions que fait le major Kunz (1) à l'impatience du commandant de la IIᵉ armée, qui aurait pressé assez vivement le commandant de la Garde de pousser le combat « moins mollement » qu'il ne l'avait fait jusqu'ici, sous peine de n'arriver à rien de décisif..... (2).

Peut-être est-ce là qu'il faut chercher la principale raison du brusque changement d'attitude du prince de Wurtemberg, qui, — sans se préoccuper autrement des risques qu'il courait en lançant, de prime abord, son infanterie à l'attaque d'un adversaire que l'artillerie laissait en repos depuis près d'une heure, — prescrivit à la première brigade qui lui tomba sous la main d'attaquer la hauteur de Jérusalem.....

En de telles conjonctures, on doit reconnaître que le prince Frédéric-Charles, « en donnant son approbation », — suivant l'expression de l'*Historique* officiel allemand, — à l'ordre d'attaque du commandant de la Garde, ne peut être rendu responsable du procédé que mit en

---

(1) *Kriegsgeschichtliche Beispiele.* — *Heft 10.*

(2) Le major Kunz, il est vrai, n'indique pas la source de cette information dont il ne se porte pas garant, mais il la considère comme très vraisemblable.

œuvre le prince de Wurtemberg pour l'exécuter, mais on ne peut s'empêcher de remarquer aussi que dès le milieu de l'après-midi, le commandement et la direction effective de l'aile gauche allemande échappaient presque entièrement au commandant de l'armée, puisque la manœuvre décisive des Saxons par Montois était inconnue de lui, au moins dans la forme où elle se présenta.

Quoi qu'il en soit, le prince de Wurtemberg donnait, peu après 5 heures, à la 4ᵉ brigade, massée au Nord de Saint-Ail, l'ordre *d'attaquer dans la direction de Jérusalem*. A 5 h. 15, le général de Budritzki, commandant la 2ᵉ division, déployait sur une seule ligne les cinq bataillons dont il disposait (1), et à 5 h. 30, la marche d'approche commençait vers l'objectif indiqué.....

Le commandant de la Garde s'était ensuite rendu auprès du général de Pape, qui, de Sainte-Marie, avait pu se rendre un compte plus exact de ce qui se passait autour de Saint-Privat et de Roncourt. Aussi, quand le commandant de la 1ʳᵉ division reçut l'ordre *de se porter à l'assaut de Saint-Privat*, crut-il devoir faire observer que la position ennemie se présentait comme une vraie forteresse, qu'elle était encore très fortement occupée, qu'elle n'avait été nullement canonnée par l'artillerie et qu'enfin les Saxons se trouvaient toujours au Nord-Ouest de Saint-Privat, sans faire le moindre mouvement (2). Mais le prince Auguste fit remarquer que la 4ᵉ brigade était déjà en marche et qu'on ne pouvait la

---

(1) Le Iᵉʳ bataillon du 4ᵉ grenadiers servait de soutien à l'artillerie de la Garde. Il marcha cependant, par la suite, avec sa brigade.

(2) Le général de Pape faisait donc allusion aux 45ᵉ et 47ᵉ brigades et paraît avoir ignoré, lui aussi, le mouvement tournant à grande envergure de la 48ᵉ brigade.

laisser attaquer isolément. Puis, pour couper court aux sages observations de son subordonné, et peut-être aussi pour se décharger sur un sous-ordre du poids de la remarque désagréable qu'il venait lui-même d'essuyer de la part de son chef, il aurait ajouté : « D'ailleurs, avec vous, tout dure toujours si longtemps !..... (1) »

Un peu après 5 h. 30, le général de Pape ordonnait donc à la *1re* brigade, rassemblée au Sud-Ouest de Sainte-Marie et face au village (2), de se porter à l'assaut de Saint-Privat par le Nord de la grande route. A 5 h. 45, la brigade se mettait en marche.....

Il eût été du plus haut intérêt de connaître la genèse exacte de l'importante décision que venait de prendre le commandement allemand. Les quelques lignes que lui consacre l'*Historique* officiel sont tout à fait insuffisantes pour qu'il soit possible, non seulement de déterminer d'une manière précise quelle était la manière de voir de chacun des chefs qui formaient les divers échelons de la hiérarchie entre les divisions et l'armée, mais même de fixer la teneur des ordres d'exécution émanés de ces mêmes chefs.

L'ouvrage du Grand État-Major prussien dit simplement (3), qu'après s'être muni de l'autorisation du commandant de l'armée, le prince de Wurtemberg donna *à ses deux divisions* l'ordre *d'aborder les positions ennemies*..... Mais la question reste ignorée de savoir comment il entendait engager le combat qui devait aboutir, — plus tard, — à une attaque de vive force.

Il semblerait, d'après les réticences mêmes de l'*Historique* allemand, que le commandant de la Garde se soit

---

(1) Kunz. (*Heft 10*.) D'après un récit du général de Pape.
(2) *Das 3. Garde-Regiment zu Fuss. Karte Nr. 9.*
(3) Outre le passage précédemment cité.

contenté d'indiquer à ses subordonnés, — avec la hâte, et peut-être avec la mauvaise humeur, d'un homme dont l'activité venait d'être mise en doute, — l'objectif que chacun d'eux devait finalement atteindre, sans s'inquiéter autrement de la forme qu'il convenait de donner à l'attaque contre un adversaire dont on n'avait pas encore pris le contact par les balles.

On ne peut évidemment faire ici, à ce sujet, que des conjectures, mais si les ordres donnés aux deux brigades furent tels que l'indique le major Kunz (1), on peut s'expliquer, dans une certaine mesure, comment le général de Berger (commandant la 4ᵉ brigade), pressé par son chef, put croire qu'il s'agissait tout simplement d'engager la lutte, rapidement et vigoureusement, il est vrai, mais sans qu'il soit nécessaire d'adopter d'autres dispositions que celles qu'on prenait normalement pour un combat qui ne pourrait éventuellement devenir décisif que plus tard.

En ce qui concerne la 1ʳᵉ brigade, il est possible que la prescription de *prendre d'assaut* les fermes de Saint-Privat, ait incité le général de Kessel à laisser, au début, ses régiments dans une formation très dense, mais on verra bientôt que ce ne fut là qu'une disposition très éphémère, et que bientôt, rien ne distingua plus — *dans sa forme générale* — l'attaque de l'infanterie de la Garde, de celle qui aurait pu avoir pour objet un simple investissement des positions de la défense.

Si d'ailleurs cette attaque ne répondait en rien au

---

(1) D'après Kunz (*Heft 10*), le commandant de la 4ᵉ brigade reçut l'ordre *de se porter à l'attaque dans la direction de Jérusalem* et le commandant de la 1ʳᵉ brigade *de se porter à l'assaut des fermes de Saint-Privat les plus haut placées*. (Cette dernière indication est extraite de la *Relation* rédigée par le général de Kessel, commandant la 1ʳᵉ brigade et parue dans l'*Historique du 1ᵉʳ régiment à pied de la Garde prussienne*.)

but décisif que le haut commandement paraît avoir désiré atteindre beaucoup trop tôt, elle n'était pas organisée non plus, — dans ses dispositions de détail, — pour pouvoir s'approcher de l'infanterie française sans subir des pertes écrasantes.

Enfin, la hâte avec laquelle on procéda, et qui résulta peut-être de l'impatience du prince Frédéric-Charles, répercutée de proche en proche par les échelons inférieurs du commandement, fit négliger toute reconnaissance d'un terrain, qui, malgré son aspect très découvert, présentait néanmoins d'importants cheminements dont certaines portions étaient entièrement défilées des vues de la défense et dont les autres limitaient très étroitement le front de l'infanterie du 6e corps qui aurait pu les battre. (1).

---

(1) Les pentes qui descendent des hauteurs de Saint-Privat vers les bois d'Auboué, vers Sainte-Marie et vers Saint-Ail sont, en effet, très découvertes en ce sens qu'elles n'offrent aucun abri utilisable comme position de tir. Mais il est très important de remarquer qu'elles ne se présentent nullement sous la forme d'un glacis dont toutes les parties seraient à la fois battues par tous les points de la longue ligne de combat du 6e corps.

Tout d'abord, les arbres de la grande route partageaient, à ce point de vue, le champ de tir des défenseurs en deux grandes zones bien distinctes :

Au Sud de la chaussée, c'est-à-dire sur le terrain qu'allait parcourir la 4e brigade prussienne, la crête de l'importante croupe 295-312 formait la limite méridionale d'un premier compartiment, admirablement battu dans toute sa profondeur (c'est-à-dire jusqu'à Sainte-Marie), mais uniquement par les troupes comprises entre la chaussée et la croisée des chemins 312. Au delà, le 25e de ligne avait bien des vues étendues sur la zone comprise entre la crête précédente et la croupe 301-307-320-326, mais sur cette zone seulement ; encore faut-il ajouter que les fonds gazonnés des deux vallons 274-299 et 280-294 offraient, au moins à leur naissance, un cheminement complètement défilé, et que même en approchant du chemin conduisant de Sainte-Marie à la maison du garde-barrière, on ne s'y trouvait encore en vue que d'une portion assez étroite du front de combat du 25e. Plus au Sud encore,

Attaque de la 4ᵉ brigade de la Garde (1). — La 4ᵉ brigade fut déployée par régiments accolés, sur une longue ligne d'environ 1,000 mètres de développement,

le large et profond ravin 271-295 constituait, non seulement un remarquable couloir d'approche, mais même, — dans le voisinage d'Habonville, — une véritable place de rassemblement d'où l'on pouvait s'avancer, en restant presque toujours à couvert, jusqu'auprès du même chemin dont il vient d'être question. Le petit ravin secondaire situé immédiatement au Sud de la crête 301-320, permettait, en particulier, de cheminer dans la direction du chemin de terre conduisant à Saint-Privat (chemin bordé de haies dans sa partie supérieure) sans qu'on fût battu par les troupes de la division de Cissey et sans même qu'on fût aperçu par l'infanterie de la brigade du colonel Gibon (à cause du brusque changement de pente qui s'accuse à la cote 320).

Au Nord de la grande route de Metz, la partie supérieure des pentes forme, dans le voisinage de Saint-Privat, une sorte de terrasse qui s'avance jusqu'à une ligne assez sinueuse distante de 300 ou 400 mètres au maximum de la lisière du village ou du chemin Roncourt—Saint-Privat. C'est sur le bord de cette terrasse que se trouvaient, dès 5 heures, des fractions des 91ᵉ et 93ᵉ de ligne et c'est sur lui aussi que se portèrent vivement des fractions importantes du 10ᵉ au moment de l'attaque de la brigade de Kessel (voir le croquis n° 8). De leur position de tir, les troupes françaises avaient des vues très différentes, suivant la portion de la ligne de combat qu'elles occupaient. Toutes les compagnies placées à l'Ouest de Saint-Privat découvraient admirablement la zone qui borde la grande route jusqu'à peu de distance du ravin 263-296. Mais les fossés qui longent la chaussée, aussi bien que les nombreux tas de pierres qui garnissaient les bas-côtés à cette époque, constituaient un abri efficace pour l'assaillant. D'autre part, le ravin dont il vient d'être question formait un cheminement parfaitement défilé jusqu'auprès de la cote 263 ; à partir de là, on était aperçu par les défenseurs, mais seulement par ceux qui, sur un front très restreint, se trouvaient dans l'axe même du ravin. La même observation s'applique au ravin 243-259-278, dont les parties basses échappaient absolument aux vues de la défense (jusqu'au coude 259), et dont les parties hautes n'étaient enfilées que par les quelques compagnies françaises embusquées sur le sommet de la croupe 293 (IIᵉ bataillon du 91ᵉ). Plus au Nord, un troisième ravin très important (246-270-295)

---

(1) Croquis n° 7 *bis*.

entre Sainte-Marie et la droite de la grande batterie de la Garde (au Sud-Est de Saint-Ail).

Le 2ᵉ grenadiers occupait la gauche, sur les pentes de la large croupe 295 : le IIᵉ bataillon avait porté en avant deux compagnies en colonne formant la première ligne ; à très courte distance en arrière et sur les ailes, les deux autres bataillons étaient déployés en colonnes de demi-bataillon.

Plus au Sud, le 4ᵉ grenadiers avait formé ses trois bataillons côte à côte ; celui des fusiliers était dans le vallon 299 où il se trouva tout d'abord complètement

---

forme un couloir bien abrité jusqu'au delà de la cote 270 ; plus loin vers l'Est, on s'y trouvait sous le feu des compagnies placées au Nord de la cote 322, mais, ni celles qui garnissaient, à peu de distance du chemin de Saint-Privat, le sommet même de la croupe 322, ni celles qu'on avait déployées à l'Ouest de Roncourt, ne pouvaient intervenir par leurs feux contre un assaillant qui eût suivi ce cheminement. On doit d'ailleurs remarquer que, si les profils en long des diverses croupes dont on vient de parler présentaient une forme convexe qui limitait à 300, 400 ou 500 mètres le champ de tir de l'infanterie française embusquée à leur partie supérieure, l'assaillant qui s'y aventurait était battu d'écharpe par les autres portions de la ligne de défense.

On voit que les diverses parties de ce qu'on est convenu d'appeler le *glacis* de Saint-Privat étaient loin d'être également dangereuses pour l'infanterie prussienne. C'est, comme on le verra plus loin, sous la menace des deux brigades de la Garde qu'une partie des bataillons du 6ᵉ corps garnirent en hâte le bord de la terrasse et se portèrent instinctivement à hauteur des quelques compagnies qui s'y trouvaient déjà. La ligne de tir n'avait donc nullement été organisée et n'avait pas même été déterminée à l'avance de manière à assurer convenablement la surveillance des couloirs qui y donnaient accès.

Sans la précipitation dont fit preuve le commandement allemand, il lui eût donc été loisible de gagner à couvert le ravin d'Auboué (au besoin par les larges voies de Sainte-Marie, ainsi que l'avait fait précédemment la 47ᵉ brigade), puis d'utiliser les parties basses des ravins 263, 259 et 270, pour, de là, chercher à investir les positions de la défense, en liaison avec la 45ᵉ brigade. Mais c'était là un tout autre ordre d'idées que celui où se plaça notre adversaire d'alors.....

hors des vues de la brigade du colonel Gibon; deux compagnies, portées en avant, fournirent chacune un peloton de tirailleurs; le IIe bataillon, formé de la même manière, occupait l'intervalle compris entre les vallons 299 et 294; les 1re et 2e compagnies, venues du Sud de Saint-Ail où elles soutenaient précédemment l'artillerie sur sa gauche, s'engageaient dans le vallon 294 lui-même; enfin, les 3e et 4e compagnies s'installaient beaucoup plus à droite encore, devant le front des batteries de la Garde (1).

Dès les premiers instants de ce déploiement les portions visibles de la brigade prussienne, c'est-à-dire celles qui se montraient sur les croupes dont il vient d'être question, furent assaillies par une grêle de balles qui leur fit subir des pertes énormes, alors que les cheminements marqués par les vallons 274 et 280 eussent permis, autant qu'on en peut juger aujourd'hui sur le terrain, d'échapper en grande partie aux vues des tirailleurs de la défense (2).

Le 25e régiment de la division Levassor-Sorval déploya aussitôt trois compagnies du IIe bataillon sur la croupe 312, tandis que les cinq compagnies du 93e laissées à mi-distance entre Saint-Privat et Sainte-Marie (3), se rejetèrent dans les fossés de la route et ouvrirent, de là, un feu des plus vifs sur les colonnes qui se présentaient « en avant d'elles et sur leur flanc droit (4) ». Enfin, les tirailleurs, qui couvraient le front des Ier et IIIe bataillons

---

(1) *Das 3. Garde-Regiment zu Fuss, 1860-1890. Karte Nr. 9.*

(2) Par le vallon 274-299, on pouvait s'avancer à couvert jusqu'auprès du chemin de Sainte-Marie (299-307). Encore n'était-on vu, à partir de cet instant, que par quelques compagnies du 25e.

(3) 1, 2 $\dfrac{\text{I}}{93}$ et 4, 5, 6 $\dfrac{\text{II}}{93}$.

(4) *Rapport* du colonel Ganzin, du 93e de ligne. C'est-à-dire évidemment sur les deux bataillons de gauche du 2e grenadiers qui, seuls, étaient visibles depuis la route.

du 25ᵉ, purent tous ouvrir un feu à grande distance contre les colonnes prussiennes qui se montraient en avant de Saint-Ail, c'est-à-dire plus particulièrement contre le IIᵉ bataillon du 4ᵉ grenadiers seul visible tout d'abord.

Malheureusement, la résistance des troupes françaises, aux abords de la grande route ne fut pas de longue durée. Déjà les compagnies du 93ᵉ avaient consommé la plus grande partie des cartouches qui leur restaient (1). Le feu rapide qu'elles dirigèrent sur les grenadiers prussiens durent vider presque complètement les cartouchières en quelques instants et il fallut se replier. Les trois compagnies du IIᵉ bataillon battirent en retraite les premières vers Saint-Privat et furent bientôt suivies par les deux compagnies du Iᵉʳ.

Toutefois, les fractions de droite du 25ᵉ régiment auxquelles s'étaient joints, près de la route, les tirailleurs du 9ᵉ bataillon de chasseurs à pied (2), continuaient à couvrir d'un feu excessivement meurtrier le 2ᵉ grenadiers prussien dont les compagnies apparaissaient successivement sur la crête de la croupe 295. Le commandant Bergebier du 70ᵉ, qui se trouvait avec son bataillon (Iᵉʳ) un peu au Nord du mamelon 333 depuis le début de la lutte, entraîna ses compagnies en avant et leur fit ouvrir un feu rapide sur l'assaillant, au moment même où quelques fractions du 25ᵉ placées près de lui, commençaient déjà à plier.

Cependant le 2ᵉ grenadiers prussien, exposé en terrain absolument découvert, à un feu de mousqueterie des plus intenses, obliqua instinctivement vers la gauche pour gagner le seul couvert qui fut à proximité, c'est-à-dire les fossés de la route et le très léger remblai qu'elle forme en cet endroit. D'après l'*Historique* allemand, le

---

(1) *Rapport* du colonel Ganzin, commandant le 93ᵉ.
(2) D'après l'*Historique* du 25ᵉ de ligne.

mouvement se fit par « bonds successifs ». Le II⁰ bataillon, qui marchait en tête, avait bientôt toutes ses compagnies déployées en tirailleurs. Quant aux demi-bataillons de seconde ligne qui se trouvaient « laissés à l'inspiration de leurs officiers depuis la disparition de leurs commandants », ils paraissent simplement s'être jetés en désordre dans les fossés de la route où les débris des diverses compagnies s'entassèrent pêle-mêle, tout en continuant cependant à gagner quelque peu de terrain vers Saint-Privat (1).

Les deux compagnies de droite du régiment (9⁰ et 12⁰), sans doute partiellement protégées par la croupe 295, continuèrent droit devant elles vers la croupe 312, et se joignirent ainsi au 4⁰ grenadiers.

Ce dernier régiment n'avait pas tardé, comme on sait, à tomber sous le feu des tirailleurs du 25⁰ de ligne que le colonel Gibon, investi depuis la veille du commandement de la 1ʳᵉ brigade, dirigeait cependant en personne. Là, comme au 2⁰ grenadiers, les pertes s'accusèrent énormes dès les premiers moments, et la direction du combat paraît avoir échappé très tôt des mains des chefs supérieurs. Le mouvement en avant, toutefois, ne fut point interrompu, mais en quelques minutes, la plupart des compagnies ne formèrent plus qu'une longue ligne mince dont les diverses fractions n'obéirent plus qu'à la seule impulsion des chefs inférieurs. Le bataillon de fusiliers, soutenu sur sa gauche par les deux compagnies du 2⁰ grenadiers, dont il vient d'être question, semble avoir suivi le vallon 299 pour venir déboucher devant la droite du 25⁰. Un peu plus au Sud, trois compagnies du II⁰ bataillon, puis les deux premières du Iᵉʳ bataillon, marchèrent également droit devant elles et se dirigèrent vers l'extrémité de la haie qui borde le chemin venant

---

(1) D'après Kunz. *Kriegsgesch. Beispiele.* — *Heft 10.*

de Saint-Privat. Quant à la 5ᵉ compagnie de grenadiers, elle avait, dès le début du mouvement, déboîté vers la droite — sans doute pour chercher un abri dans le vallon 294 — et s'était jointe aux 3ᵉ et 4ᵉ compagnies, qui, comme on sait, étaient parties d'une position fort excentrique, — en avant des batteries de la Garde, — et s'étaient portées à l'attaque vers l'extrémité de la mince croupe 326-320.

D'autre part, les 2ᵉ et 4ᵉ compagnies du *1*ᵉʳ régiment de grenadiers (que le commandant de la *3*ᵉ brigade avait détachées d'Habonville sur la droite de l'artillerie du prince de Hohenloe), s'étaient jointes au mouvement du *4*ᵉ grenadiers, et prolongeaient encore la droite de la longue ligne d'attaque prussienne.

Il arriva donc fortuitement que cinq compagnies ennemies réunirent leurs efforts dans la direction même du chemin bordé de haies pour venir s'attaquer à la gauche du 25ᵉ.

Retraite du 25ᵉ et déploiement des IIᵉ et IIIᵉ bataillons du 70ᵉ. — C'est alors que le régiment du colonel Gibon, dont beaucoup d'hommes manquaient de cartouches (1) « perdit pied (2) » et qu'un « mouvement de retraite précipité (3) » conduisit la plus grande partie du 25ᵉ jusqu'à Saint-Privat.

Le Iᵉʳ bataillon, placé à la gauche du régiment, près de la croisée des chemins 326, paraît avoir cédé le premier, probablement devant la menace de flanc des compagnies de droite du 4ᵉ grenadiers. En peu d'instants le mouvement de recul se propagea jusqu'au IIᵉ bataillon qui avait déjà déployé une compagnie en tirailleurs dès

---

(1) *Rapport* du lieutenant-colonel Morin, commandant le 25ᵉ.
(2) *Historique* du 25ᵉ.
(3) *Rapports* du général Levassor-Sorval et du lieutenant-colonel Morin, du 25ᵉ.

le moment où les masses prussiennes s'étaient approchées de Sainte-Marie (1). Les feux de ces tirailleurs, soutenus par ceux du 9ᵉ bataillon de chasseurs embusqués près de la chaussée, avaient pris très rapidement une grande intensité. Mais devant la marche continue du 2ᵉ grenadiers, la faible ligne de combat française avait reculé en combattant, bien qu'elle eût été renforcée par deux nouvelles compagnies envoyées par le commandant du IIᵉ bataillon du 25ᵉ. Les compagnies prussiennes s'étaient cependant blotties dans les fossés de la grande route et avaient suspendu leur mouvement, lorsque la débandade des bataillons de gauche fit sentir son action déprimante sur le IIᵉ bataillon. Celui-ci se replia avec ordre, s'arrêtant de temps à autre pour exécuter quelques feux de salve. En même temps que lui, les tirailleurs du 9ᵉ bataillon de chasseurs, puis le Iᵉʳ bataillon du 70ᵉ, dont le commandant venait d'être tué, se retiraient en combattant vers Saint-Privat, de sorte qu'à partir de ce moment, les abords de la grande route se trouvèrent complètement dégarnis de troupes françaises jusqu'à hauteur du village.

Au centre du 25ᵉ de ligne, 300 ou 400 hommes du IIIᵉ bataillon, vigoureusement ramenés au feu par leurs officiers, s'étaient groupés autour du drapeau et avaient continué la résistance. Mais, comme au bout de quelques minutes, les tirailleurs des IIᵉ et IIIᵉ bataillons du 70ᵉ apparaissaient à leurs côtés, les dernières fractions du 25ᵉ se retirèrent sur Saint-Privat, après avoir vidé leurs cartouchières (2).

Les deux derniers bataillons du 70ᵉ, restés jusqu'ici

---

(1) *Historique* du 25ᵉ.
(2) Un détachement d'une centaine d'hommes, ravitaillé par un caisson à munitions, fut rallié par le commandant Philebert et

en réserve sur le revers oriental de la croupe 333, venaient, en effet, d'entrer en ligne à leur tour. Le II⁰ bataillon se déploya derrière la haie en bordure du chemin et ouvrit un feu à volonté sur la longue ligne mince que formait alors le 4⁰ grenadiers prussien. La 1ʳᵉ compagnie du III⁰ bataillon se déploya plus à gauche, tandis que les cinq autres compagnies de ce dernier bataillon étaient maintenues en soutien (1).

C'est seulement à ce moment, qu'apparurent sur la crête trois batteries françaises.

La batterie du capitaine Flottes (8⁰ du 8⁰) avait pu, depuis le moment où elle avait quitté la lutte, recompléter sur place ses munitions (2). Elle rentra alors en action sur l'emplacement qu'elle occupait précédemment à hauteur des premières maisons de Jérusalem (3), où le groupe, réuni sous les ordres du commandant Philebert du 25⁰, lui servit de soutien.

Quelques instants plus tard, arrivaient à la gauche de la 8⁰ batterie, — et à 300 ou 400 mètres de la route, c'est-à-dire sur le sommet du mamelon 333, — les deux batteries de 12 de la réserve générale (4) que le maréchal Bazaine avait expédiées à Saint-Privat sous le commandement du chef d'escadron de Contamine.

Malheureusement, ces trois batteries paraissent s'être trouvées, dès leur arrivée, dans des conditions qui ne

---

embusqué près de la grande route, aux premières maisons de Jérusalem, c'est-à-dire derrière le 9⁰ bataillon de chasseurs à pied.

(1) *Historique* du 70⁰ régiment.

(2) Les quelques caissons envoyés par le maréchal Bazaine venaient d'arriver à Saint-Privat. Le lieutenant-colonel Jamet, qui remplissait ce jour-là les fonctions de directeur du parc au 6⁰ corps, mit trois caissons à la disposition du capitaine Flottes. (*Lettre* du capitaine Flottes, du 24 septembre 1872. AH. N. 13.)

(3) *Historique* de la 8⁰ batterie du 8⁰ régiment.

(4) 6⁰ et 7⁰ du 13⁰.

leur permirent pas de tirer contre l'infanterie de l'assaillant.

Celle-ci, en effet, déjà très rapprochée des pentes de la croupe occupée par le 70ᵉ était dérobée, en grande partie, aux vues des batteries du commandant de Contamine, placées à une cinquantaine de mètres en arrière du chemin bordé de haies (1). Aussi, le feu paraît-il avoir été ouvert exclusivement contre l'artillerie ennemie, c'est-à-dire, sans doute, contre les batteries de la Garde postées au Sud-Est de Sainte-Marie (2). D'ailleurs, cette lutte désespérée contre une artillerie très supérieure en nombre, s'engageait dans des conditions d'autant plus déplorables, qu'en raison de l'obliquité très prononcée des rayons du soleil qu'on recevait ainsi dans les yeux, il était presque impossible d'observer les coups, ni même de pointer (3). Il est cependant intéressant de noter que malgré la supériorité écrasante de l'artillerie adverse, les trois batteries françaises ne subirent que des pertes relativement faibles (4), et ne furent obligées d'abandonner leurs positions de combat que par suite de la retraite de l'infanterie, ainsi qu'on le verra bientôt.

Retraite du 26ᵉ et déploiement du 28ᵉ de ligne. — A l'aile gauche de la division Levassor-Sorval, le 26ᵉ régiment n'avait pris jusque-là aucune part au combat contre la *4ᵉ* brigade prussienne. Placé depuis le début de la bataille sur le revers oriental de la croupe 326, ses tirailleurs n'avaient eu à soutenir qu'une lutte à grande

---

(1) *Rapport* du capitaine Marcout, commandant le IIᵉ bataillon du 70ᵉ.
(2) *Historique* de la 6ᵉ batterie du 13ᵉ.
(3) *Rapport* du commandant de Contamine.
(4) Pertes totales de la journée : 8ᵉ batterie du 8ᵉ : 18 hommes ; 6ᵉ batterie du 13ᵉ : 5 hommes, 4 chevaux ; 7ᵉ du 13ᵉ : 9 hommes, 13 chevaux.

distance contre quelques fractions de l'infanterie hessoise (1) ; quand la Garde prussienne prononça son attaque sur une partie du champ de bataille qui échappait complètement à ses vues, le 26ᵉ ne put engager que quelques tirailleurs de son aile droite, — sur la croupe 326, — contre les grenadiers prussiens (2). Puis, quand le 25ᵉ commença son mouvement de recul, le 26ᵉ, menacé d'une attaque sur son flanc droit, se trouva entraîné avec lui et reflua vers Saint-Privat. Mais presque aussitôt, le colonel Lamothe, du 28ᵉ régiment, prévenu par le colonel Gibon de l'attaque dont celui-ci était l'objet, fit avancer successivement ses deux bataillons de droite (IIᵉ et IIIᵉ) pour relever les tirailleurs du 26ᵉ qui battaient en retraite et garda le Iᵉʳ bataillon en réserve sur la crête occupée naguère par les batteries du lieutenant-colonel de Montluisant. Le bataillon du commandant Séjourné (IIᵉ) s'avança ainsi de 500 ou 600 mètres, c'est-à-dire jusque sur la croupe 326 d'où il dominait l'infanterie ennemie, en prolongeant la gauche des deux bataillons du 70ᵉ, à peu près au même moment où ceux-ci s'établissaient sur le chemin bordé de haies.

Mais il semble, sans qu'il soit possible de l'affirmer, que le IIIᵉ bataillon ait été porté plus au Nord, aux abords de la grande route, c'est-à-dire à la droite des deux bataillons du 70ᵉ.

En ce qui concerne la panique qui s'empara de la 1ʳᵉ brigade, il est difficile d'en préciser les causes d'une manière certaine. On doit observer cependant que les six bataillons du 25ᵉ et du 26ᵉ étaient déployés

---

(1) Compagnies des *1ᵉʳ* et *2ᵉ* régiments hessois déployées devant le front des batteries de la *25ᵉ* division.

(2) *Rapport* du lieutenant-colonel de la Monneraye, commandant le 26ᵉ.

depuis le début de la lutte sur un terrain absolument découvert et que si, avant 5 heures du soir, le feu de l'artillerie prussienne ne paraît pas leur avoir fait subir de dommages très importants, une longue station sous le feu, jointe à une inaction presque complète, avaient peut-être produit une lassitude et un énervement dont l'influence ne devait pas tarder à se faire sentir. Les rapports de la division (1), ne laissent d'ailleurs pas de doute sur la violence du feu d'artillerie qui s'abattit sur les deux régiments, surtout, sans doute, à partir du moment où les pièces de la Garde reprirent leur tir. Les pertes assez élevées qui en résultèrent s'accusèrent sans doute pour la plupart pendant le court espace de temps qui s'écoula entre 5 h. 15 et 5 h. 45, achevant ainsi d'ébranler une troupe déjà atteinte dans son énergie morale (2). Il faut encore remarquer que si l'on doit, en principe, n'accueillir qu'avec prudence, le motif du manque de munitions qu'on trouve souvent invoqué dans les *Rapports* ou *Historiques*, il n'en est pas ainsi pour le 6e corps en général, et pour le 25e en particulier, où les cartouches n'avaient certainement pas été recomplétées après la bataille du 16 (3). Enfin, *l'écrasante supériorité numérique* de l'adversaire, dont parle le Journal de marche de la 4e division et le *nombre considérable de tirailleurs ennemis* auxquels fait allusion le lieutenant-colonel de la Monneraye, laissent supposer que la marche de la brigade de Berger, qui s'avançait à peu près continuement

---

(1) *Journal de marche* de la 4e division. *Rapport* du général Levassor-Sorval. *Rapport* du lieutenant-colonel Morin, commandant le 25e. *Rapport* du lieutenant-colonel de la Monneraye, commandant le 26e.

(2) Pertes du 25e : 10 officiers, 247 hommes ; du 26e : 8 officiers, 230 hommes.

(3) *Historique* du 25e.

et malgré le feu de mousqueterie dont on la criblait, produisit sur le défenseur l'impression démoralisante d'un danger dont on ne parviendrait pas à éviter l'atteinte.....

Quoi qu'il en soit, la résistance était désormais rétablie pour un temps devant l'attaque de la 4ᵉ brigade prussienne, mais on ne saurait trop insister sur ce fait que déjà une brigade entière venait de perdre brusquement pied sur le front de combat de la division Levassor-Sorval et que sa retraite précipitée avait dû fâcheusement impressionner les bataillons que le général de Chanaleilles venait d'amener au combat.

Développement de l'attaque de la 4ᵉ brigade et retraite de la brigade Chanaleilles. — Les cinq compagnies de droite de la ligne prussienne (1), avaient, malgré de grosses pertes, continué leur mouvement vers Saint-Privat en suivant la croupe 320-326 dans l'axe de sa ligne de faîte. C'est de ce côté, ainsi qu'on l'a vu, qu'avait tout d'abord plié le 25ᵉ, puis le 26ᵉ, lesquels furent aussitôt remplacés par trois bataillons des 28ᵉ et 70ᵉ. Mais sous le feu écrasant d'une artillerie très supérieure en nombre et devant un adversaire qu'elle trouvait déjà embusqué, à portée de fusil, derrière les faibles accidents du sol, l'infanterie française subit en peu d'instants des pertes considérables, et sa résistance fut, en somme, d'assez courte durée (2). D'ailleurs, les cartouchières des deux nouveaux régiments n'étaient

---

(1) $\dfrac{3, 4, 5}{4 \text{ Gr.}}$ et $\dfrac{2, 4}{1 \text{ Gr.}}$.

(2) Il est à remarquer que dans son court engagement, la deuxième ligne (28ᵉ et 70ᵉ) perdit beaucoup plus de monde que la première, qui resta cependant exposée bien plus longtemps en terrain découvert.

Pertes totales : 28ᵉ, 652 hommes ; 70ᵉ, 351 hommes.

pas beaucoup mieux garnies que celles des régiments qui les avaient précédés. Les fractions qui avaient épuisé leurs munitions se retiraient successivement du combat, et bientôt, le mouvement de retraite de toute la ligne s'accentua, sans qu'il fût toujours possible aux officiers de maintenir l'ordre (1). Jusqu'au dernier moment cependant, le IIIe bataillon du 28e garda sa position, bien qu'il fût déjà presque à bout de cartouches, puis il se replia en bon ordre vers Saint-Privat sous le commandement du capitaine Astier. Le IIe bataillon du même régiment, qui formait l'extrême gauche de la ligne française, paraît avoir cédé avec moins d'ordre que le précédent ; les officiers maintinrent cependant des groupes résolus autour du drapeau, pendant qu'on se retirait sur Saint-Privat. D'ailleurs, le Ier bataillon, resté en réserve, avait prononcé, au moment de la retraite, un mouvement offensif qui eut pour effet de mettre un terme aux progrès de l'assaillant, lequel garnissait déjà la crête 310 et arrivait ainsi en présence des troupes de la division de Cissey dont il va être question dans un instant. Quant aux deux bataillons du 70e, ils quittèrent le chemin bordé de haies à peu près en même temps que le 28e et vinrent se rallier autour du drapeau à l'Est de Saint-Privat.

Enfin, les deux batteries de 12 de la réserve générale (6e et 7e du 13e), prévenues par le colonel du régiment qui était devant elles, « qu'elles allaient être enlevées si elles ne se retiraient pas (2) », amenaient les avant-trains et venaient prendre une nouvelle position de combat à 800 mètres plus en arrière. Bien que les pertes de ces batteries eussent été assez faibles (3), elles ne se

---

(1) *Rapport* du général Levassor-Sorval.
(2) *Rapport* du commandant de Contamine (*loc. cit.*) Il s'agit sans doute du colonel commandant le 70e de ligne.
(3) Pertes de la journée : 6e batterie du 13e : 5 hommes, 4 che-

replièrent pas cependant sans quelques difficultés : une pièce de la 6ᵉ batterie, dont l'attelage de derrière était hors de combat, resta un instant en arrière et fut emmenée à la prolonge en laissant son avant-train sur place (1); une autre pièce, n'ayant plus que deux servants disponibles, ne put être remise sur son avant-train qu'avec l'aide du capitaine Marcout du 70ᵉ et de quelques hommes qu'il amena avec lui, sur la prière du chef de section d'artillerie (2).

Quant à la batterie du capitaine Flottes (8ᵉ du 8ᵉ), il est impossible de déterminer l'instant précis auquel elle se retira. En admettant qu'elle fût restée en position auprès de la grande route avec les hommes du 9ᵉ bataillon de chasseurs, il n'en est pas moins vrai que la longue croupe, marquée par le chemin bordé de haies, était dès lors dépourvue de défenseurs. Aussi, au moment où les dernières fractions du 70ᵉ se retiraient, plusieurs compagnies du centre du 4ᵉ grenadiers poussèrent-elles de l'avant et gagnèrent-elles le chemin en question, dans le voisinage de la cote 326. Il était alors 6 h. 30 du soir.

Plus au Sud, les cinq compagnies dont il a été déjà plusieurs fois question, avaient reçu successivement l'appui, très opportun pour elles, de quelques batteries. C'était d'abord la IIᵉ batterie lourde que le capitaine de Prittwitz avait pris l'initiative de faire avancer au trot jusque sur la croupe 310, à la droite de l'infanterie de la Garde, lorsqu'il vit apparaître sur la crête voisine de la voie

---

vaux ; 7ᵉ batterie du 13ᵉ : 9 hommes, 13 chevaux ; nombre de coups tirés par les deux batteries : 816. La 7ᵉ ne tira qu'une vingtaine de coups. (*Rapport* du capitaine Bellorget, commandant la 7ᵉ batterie du 13ᵉ).

(1) *Rapport* du commandant de Contamine.
(2) *Rapport* du capitaine Marcout, commandant le IIᵉ bataillon du 70ᵉ, sur un acte de courage du soldat Bolmont (AH. C. 11).

ferrée d'importantes masses d'infanterie (1) qui paraissaient vouloir se porter sur l'aile droite de la *4e* brigade de la Garde (2). Dix minutes plus tard, les IIIe et IVe batteries s'établissaient plus au Nord et tiraient sur Saint-Privat. Enfin, la 3e batterie légère arrivait à son tour; mais à peine était-elle parvenue à hauteur des deux précédentes que, sur l'invitation du général de Berger, elle gagnait la croupe 326, d'où elle criblait de mitraille les tirailleurs français qui couvraient la retraite de la division Levassor-Sorval, c'est-à-dire probablement ceux du Ier bataillon du 28e.

A la suite de la batterie du capitaine de Prittwitz s'étaient avancées les deux dernières compagnies du Ier bataillon du *1er* grenadiers. Sept compagnies prussiennes, encadrées par plusieurs batteries, se trouvaient, dès lors, maîtresses de la crête 326-310; mais il leur fallut bientôt faire face à la division de Cissey.

Contre-attaque de la division de Cissey. — Dès que l'artillerie allemande fut rentrée en action pour soutenir l'attaque de la brigade de Berger, — c'est-à-dire un peu après 5 heures, — le général de Cissey avait prescrit au lieutenant-colonel de Narp de se reporter en ligne avec ses trois batteries (5e, 9e et 12e du 15e) pour « porter secours à l'infanterie qui souffrait cruellement (3) ». Bien que la 2e brigade de la division (57e et 73e) n'eût encore engagé sérieusement qu'un seul bataillon (IIIe du 73e), elle se trouvait soumise, sur la partie de la crête qui avoisine les mares, au feu de l'artillerie hessoise, qui, des abords de la Cusse, n'était pas

---

(1) De la division de Cissey.
(2) Trois pièces seulement arrivèrent jusqu'à la position de batterie. Les trois autres ne rejoignirent qu'ultérieurement.
(3) *Rapport* du lieutenant-colonel de Narp, et *Rapport* du général de Cissey.

sans lui faire éprouver des pertes sensibles. Le 6ᵉ régiment lui-même, bien qu'il fût resté en arrière de la crête n'en recevait pas moins quelques coups longs destinés aux tirailleurs placés devant lui (1).

Jusque-là, — c'est-à-dire jusqu'à 5 heures, — le général de Cissey s'était attendu à recevoir l'ordre de se porter en avant, car il avait antérieurement observé le mouvement offensif de la brigade de Sonnay et pensait être appelé à la soutenir. « Chacun croyait la victoire assurée, dit-il dans son *Rapport* sur la bataille du 18 août, car la gauche du 6ᵉ corps tenait encore les abords avancés de Saint-Privat et semblait en train de gagner du terrain. Tout à coup, le feu de l'artillerie ennemie, qui avait paru s'éloigner et s'éteindre, reprit avec la plus vive intensité sur toute la ligne; l'infanterie de la division souffrait cruellement de ces feux; trois batteries de notre artillerie furent alors ramenés sur la ligne et ouvrirent le feu sous une masse de projectiles de toutes sortes. »

Cette « masse de projectiles » à laquelle les rapports du général de Cissey et du lieutenant-colonel de Narp font allusion, ne produisit cependant pas des effets très meurtriers et les batteries de la 1ʳᵉ division purent se maintenir en position sans être trop éprouvées (2) (3) et contre-battre l'artillerie de la division hessoise.

Il était à peu près 5 h. 30 quand le général de Cissey constata que des colonnes prussiennes (*4ᵉ* brigade de la Garde) s'avançaient par les pentes du glacis de Saint-

---

(1) Voir : *La guerre telle qu'elle est*, par le lieutenant-colonel Patry, alors lieutenant au Iᵉʳ bataillon du 6ᵉ régiment.

(2) Pertes totales pour la journée : 5ᵉ batterie : 2 officiers, 12 hommes ; 7 chevaux ; 9ᵉ batterie : 10 hommes ; 4 chevaux ; 12ᵉ batterie : 11 hommes ; 25 chevaux.

(3) Dans l'ordre suivant, de la droite à la gauche : $\frac{5}{15}$, $\frac{12}{15}$, $\frac{9}{15}$.

Privat. « La gauche du 6ᵉ corps allait être débordée et tournée lorsque le général commandant la 1ʳᵉ division du 4ᵉ corps ordonna à sa 2ᵉ brigade (57ᵉ et 73ᵉ), de faire rapidement un changement de front sur son aile droite ; ce mouvement, exécuté avec le sang-froid d'une manœuvre d'exercice, permit de ralentir immédiatement les progrès de la colonne ennemie (1). »

C'est donc sans doute vers 5 h. 45, que trois bataillons des 57ᵉ et 73ᵉ poussèrent leurs tirailleurs en avant sur les pentes descendant dans le vallon 308 ; eux-mêmes suivirent en formation serrée, tandis que les deux autres bataillons s'arrêtaient sur la crête à hauteur des mares. C'est en voyant ces colonnes s'avancer contre le flanc droit de la brigade de Berger, que la IIᵉ batterie de la Garde (capitaine de Prittwitz) se porta, comme on sait, sur la croupe 310 pour porter secours aux cinq compagnies qui venaient d'y prendre pied (2). Au moment où cette batterie parvenait à ouvrir le feu avec trois de ses pièces, elle fut prise à partie par la batterie de mitrailleuses Boniface (5ᵉ du 15ᵉ), qui dirigea sur elle un tir très efficace à la distance de 900 mètres, tandis que les deux autres batteries de la division (9ᵉ et 12ᵉ) continuaient à tirer contre l'artillerie hessoise (3).

Dès l'apparition de l'infanterie française, en terrain découvert, quelques compagnies allemandes avaient ouvert un feu rapide ; mais elles se trouvaient alors sans soutien et crurent qu'elles allaient être obligées de battre en retraite et d'abandonner la position conquise.

« Le dénouement paraissait approcher, dit l'*Historique* du *1ᵉʳ* grenadiers. Sur la hauteur, trois batteries

---

(1) *Rapport* du général de Cissey.

(2) $\dfrac{2, 4}{1 \text{ Gr}}$ et $\dfrac{3, 4, 5}{4 \text{ Gr}}$.

(3) *Historiques* des 5ᵉ, 9ᵉ, 12ᵉ batteries du 15ᵉ.

de canons et une de mitrailleuses tiraient d'une manière ininterrompue par-dessus les assaillants. Arrivée à 500 ou 600 pas, toute la ligne de tirailleurs ennemis se couche à terre, mais pour peu de temps, à ce qu'il semble, car, derrière elle, les colonnes continuent à s'avancer..... (1). »

La longue ligne de tirailleurs de la brigade de Goldberg fit encore un bond, sans doute jusqu'à peu de distance du fond du vallon 308; mais, surprise par le feu rapide de la batterie Prittwitz dont la marche d'approche lui avait échappé, elle se coucha à terre et les bataillons en colonne qui marchaient en seconde ligne s'arrêtèrent à leur tour, non sans souffrir beaucoup d'un feu très intense auquel ils répondirent par-dessus les lignes de tirailleurs qui les précédaient (2).

Dès lors, le mouvement offensif ne fut pas poussé plus loin et les trois bataillons de la 2ᵉ brigade se contentèrent d'entretenir une fusillade très vive avec les tirailleurs de la croupe 310, tandis qu'à leur gauche, les trois premières compagnies du Iᵉ bataillon du 6ᵉ régiment venaient prendre part à la fusillade.

Malgré sa supériorité numérique écrasante, en effet, le commandant de la 1ʳᵉ division du 4ᵉ corps, avait suspendu sa contre-attaque, estimant sans doute qu'il lui suffisait « d'avoir ralenti les progrès de la colonne ennennemie », et qu'il était inutile de mettre à contribution « l'héroïsme des malheureuses troupes qui demandaient, malgré leurs pertes terribles, à être portées en avant pour aborder l'ennemi à la baïonnette (1) ».

Vers 6 h. 30, la situation générale de la 4ᵉ brigade de la Garde prussienne était la suivante :

---

(1) *Geschichte des Kaiser Alexander Garde-Grenadier-Regiments Nr. 1*.

(2) Voir les *Souvenirs* du général de Cissey.

(3) *Rapport* du général de Cissey.

A la gauche, près de la route, les débris du 2ᵉ grenadiers (moins deux compagnies), étaient couchés dans le voisinage de la route, à 600 ou 700 mètres de la crête ; au centre, quelques compagnies du 4ᵉ grenadiers avaient pris pied sur le chemin bordé de haies près de la cote 326 ; les autres étaient couchées sur le revers occidental de la croupe dans une situation qui les mettait à l'abri du feu ; à l'exception de ces dernières, qui présentaient encore quelque cohésion, toutes étaient décimées et mélangées et avaient perdu presque tous leurs officiers ; à la droite enfin, sept compagnies (1), très éprouvées déjà, s'étaient heurtées aux troupes de la division de Cissey et s'étaient couchées à terre, laissant la parole aux batteries qui les encadraient et qui ne tardèrent pas elles-mêmes à souffrir beaucoup du tir des batteries du colonel de Narp (2).

Attaque de la 1ʳᵉ brigade de la Garde (3). — Au moment où la 1ʳᵉ brigade reçut l'ordre du général de Pape, de se porter à l'attaque de Saint-Privat par le Nord de la route, elle était formée sur trois lignes face au village et

---

(1) Dont quatre du 1ᵉʳ grenadiers.

(2) Bientôt, les 1ʳᵉ, 2ᵉ et Iʳᵉ batteries de la Garde arrivèrent en ligne à la droite de la IIᵉ.

(3) La relation qu'on donne ici de cette attaque diffère beaucoup de celle de l'*Historique du Grand État-Major prussien*, qui, d'après Kunz, contient bon nombre d'inexactitudes. On s'en est donc rapporté, autant qu'il était possible de le faire, aux *Historiques* des 1ᵉʳ et 3ᵉ régiments à pied et au fascicule n° 10 des *Kriegsgeschichtliche Beispiele*. On doit toutefois observer que s'il paraît à peu près avéré que les grandes lignes de l'attaque prussienne furent telles qu'on va les indiquer, il est difficile de garantir l'exactitude absolue des détails, car d'une part, la *Relation* si intéressante du major Kunz ne précise pas tous les points et, d'autre part, les *Historiques* des régiments ne s'accordent pas d'une manière parfaite avec ce que l'on sait sur l'ensemble de l'opération. Il y aura évidemment à faire ici une mise au point qui ne peut être exécutée que par l'état-major allemand lui-même.

à 500 mètres environ au Sud-Ouest de la localité, — le *3*ᵉ régiment à droite, le *1*ᵉʳ à gauche — (1).

Les fusiliers de chaque régiment formaient la première ligne et avaient déjà porté en avant les compagnies des ailes. Les lignes suivantes étaient constituées par les deuxièmes, puis par les premiers bataillons, formés chacun de colonnes de demi-bataillon. Bien que tous les hommes fussent couchés à terre, le feu des tirailleurs du 93ᵉ avait déjà fait sentir son action en causant quelques pertes (2).

Dès que le général de Kessel, commandant la 1re brigade, eut reçu l'ordre d'attaquer, il fit appeler auprès de lui les commandants des régiments, leur répéta l'ordre du général de division et ajouta « qu'aussitôt la mise en marche de la brigade on ferait un huitième de conversion (3) à droite sur la colonne de droite de la première ligne, qu'ensuite on s'occuperait de placer des tirailleurs et que le second huitième de conversion serait commandé par le général de brigade *de l'autre côté de la route* (4) ».

A 5 h. 45, le général donna le signal du départ et fit exécuter immédiatement le premier demi à droite prévu, sans doute pour éviter les enclos du village de Sainte-Marie auquel on faisait primitivement face ; pendant que la brigade marchait dans la nouvelle direction, c'est-à-dire sensiblement vers le Nord-Est, les compagnies des ailes des bataillons de première ligne, détachèrent, au pas de course, des tirailleurs en avant de leur front, puis le commandant de la brigade « laissa quelque peu avancer les colonnes pour augmenter les distances, car on sait

---

(1) Voir : *Das 3. Garde-Regiment zu Fuss. Karte Nr. 9.*
(2) Kunz. *Kriegsgeschichtliche Beispiele.* — *Heft 10.*
(3) C'est-à-dire un changement de direction de 45°.
(4) *Relation* du général de Kessel, extraite de : *Geschichte des Koniglich Preussischen Ersten Garde-Regiments zu Fuss.*

que dans les conversions les différentes lignes se rapprochent l'une de l'autre (1) ».

La *1re* brigade s'avança ainsi en passant par le Sud-Est de Sainte-Marie, et se présenta très obliquement sur la grande route qu'elle traversa.

L'intention du général de Kessel avait été, comme on vient de le voir, de faire exécuter à la brigade un second huitième de conversion pour la placer face à son objectif. Mais dès qu'on fut arrivé, au delà de la chaussée, sur le terrain admirablement battu par les troisièmes bataillons du 91e et du 93e, les colonnes furent soumises à un feu si intense de mousqueterie et d'artillerie que l'exécution du second changement de direction fut rendu presque impossible. « Ce feu, dit encore le général de Kessel, nous fit subir de lourdes pertes. Je remarquai que toutes mes colonnes indifféremment, quelque fût la distance entre les lignes, se trouvaient soumises au même feu intense des chassepots ; ensuite, que tout près de la chaussée, sur le terrain ferme et complètement uni, où chaque balle ricochait, le feu était absolument destructeur ; enfin, que les colonnes progressant plus à gauche, trouvaient quelque protection dans le terrain (2). »

Soit que l'intensité du feu eût poussé les troupes à gagner instinctivement les vallons qui se présentaient en avant d'elles, soit que le général de Kessel leur en eût donné l'ordre, les compagnies de première ligne continuèrent à marcher droit devant elles et toutes les autres les suivirent. La tête de la brigade avait déjà dépassé la route d'environ 300 mètres, lorsque le général de Kessel put redresser les fusiliers du *3e* régiment

---

(1) *Relation* du général de Kessel (*loc. cit.*).
(2) Sans doute dans le petit vallon situé à 100 ou 200 mètres au Nord de la route. *Relation* du général de Kessel, *loc. cit.*

qui avaient sans doute alors atteint le petit vallon aboutissant à la côte 294 (1). Tout le reste de la brigade continua à cheminer vers Roncourt et ce ne fut que plus tard, comme on le verra bientôt, que le IIe bataillon du *3e* régiment fut à son tour ramené sur Saint-Privat.

« Je dirigeai droit sur Saint-Privat, dit le général, les bataillons de fusiliers qui, les premiers, avaient franchi la route, puis *je fis continuer aux autres colonnes leur mouvement vers la gauche, parce que je voulais les voir atteindre le terrain où elles seraient à l'abri* (2); du reste, je pouvais m'en remettre complètement à l'action des commandants de régiments. De ma personne, je restai vers l'aile droite, au centre de celle-ci, parce que j'avais la conviction que ma présence de ce côté, à hauteur du premier échelon, était tout à fait nécessaire, par suite des pertes nombreuses en officiers, pour conserver au mouvement en avant une énergique impulsion. Depuis ce moment, je n'ai rien fait autre chose que de pousser sans arrêt les colonnes en avant; j'employai pour cela tous les moyens que j'avais à ma disposition; je ne désirais qu'une seule chose : atteindre le point d'où notre fusil pourrait être employé avec efficacité. »

Mais, sous le feu terrible que les fractions du 91e et du 93e de ligne (renforcées par une partie du 10e) dirigeaient sur l'assaillant depuis la crête militaire située à

---

(1) Ceci paraît résulter de la *Relation* de Kunz, qui sur ce point, n'est pas très explicite. Il semble, en tous cas, que la carte n° 9 de l'*Historique* du *3e* grenadiers, soit erronée en ce qui concerne ce même point particulier, car elle fait progresser les fusiliers sur le bord même de la grande route. Or, on verra plus tard, qu'il se produisit là un vide de plusieurs centaines de pas où vint se déployer par la suite le 2e régiment tout entier.

(2) Peut-être le général de Kessel fit-il prescrire aux fusiliers du 1er régiment de converser à droite, mais il semble, d'après Kunz, qu'ils continuèrent leur marche beaucoup plus loin.

400 mètres à l'Ouest des maisons du village, « tirailleurs et colonnes devaient se coucher à chaque instant (1) ».

« Les pertes de la ligne de tirailleurs amenaient derrière elles de nouveaux déploiements de tirailleurs, dit encore le général de Kessel; les colonnes s'amoindrissaient d'autant; des vides se créaient partout. Les pertes en officiers étaient très sensibles. Les hommes isolés s'en allaient pour la plupart penchés en avant en détournant la tête comme s'ils voulaient chercher un abri contre l'orage qui les frappait. L'impression du visage chez les hommes était souvent altérée; ce feu terrible qui durait sans rémission et sans répit produisait ainsi, sans qu'on pût le nier, son horrible effet sur l'état moral. J'ordonnai alors à tous les clairons de sonner, aux tambours de battre sans arrêt; moi-même, je criais sans relâche, aussi fort que je pouvais, ce seul mot : « En avant ! »

Les fusiliers du régiment de droite ne tardèrent pas à être entièrement déployés en tirailleurs et parvinrent ainsi, jusqu'à 300 mètres environ de la ligne occupée, sur la hauteur, par l'infanterie française (2). En arrière et à gauche, les fusiliers du 1er régiment s'étaient jetés dans le vallon 263, laissant ainsi entre eux et le IIIe bataillon du 3e régiment un vide de quelques centaines de mètres.

Quant aux quatre autres bataillons de la brigade, la

---

(1) *Relation* du général du général de Kessel (*loc. cit.*).

On verra plus loin, en étudiant le combat des troupes françaises, que le Ier bataillon du 94° et le IIe du 10° quittèrent leurs positions avancées dès l'apparition de la 1re brigade à l'Est de Sainte-Marie.

(2) D'après Kunz, ce bataillon ne comptait plus que 3 officiers et 200 hommes. On verra plus loin que c'est à peu près à ce moment que l'infanterie française commença à se replier sur le village de Saint-Privat.

continuation de leur marche vers Roncourt, les avait successivement échelonnés en arrière et vers la gauche des fusiliers du 3e régiment.

Les deuxièmes bataillons s'étaient tout d'abord jetés dans le vallon 263-295, mais ils le dépassaient bientôt ; le IIe bataillon du 3e régiment, faisait alors face à Saint-Privat et s'intercalait entre les deux bataillons de fusiliers ; le IIe bataillon du 1er régiment dépassait la gauche des fusiliers et marchait ensuite vers la hauteur située à mi-distance entre Saint-Privat et Roncourt.

Enfin, les deux bataillons de troisième ligne, que leur marche directe vers Roncourt eut pour effet d'échelonner de plus en plus vers la gauche de la brigade, se séparèrent pour ainsi dire complètement des autres bataillons et vinrent s'arrêter dans le vallon 259-278, face à Roncourt. Au cours de la marche, cependant, deux compagnies du Ier bataillon du 1er régiment avaient été appelées par le général de Kessel pour suivre les fusiliers du même régiment dont toutes les compagnies se trouvaient déjà déployées en tirailleurs ; ces deux compagnies se formèrent bientôt elles-mêmes à la gauche des fusiliers. La gauche de la 1re brigade (1) vint ainsi, contrairement aux prévisions du commandement, joindre ses efforts à ceux des Saxons, qu'on verra bientôt intervenir de ce côté. Quant aux quinze autres compagnies, elles avaient atteint, au prix des pertes les plus sanglantes, le rebord de la terrasse, c'est-à-dire précisément la ligne qu'occupaient les tirailleurs du 6e corps pendant la première partie de la marche de l'assaillant, ligne qui se trouvait désormais évacuée par le défenseur, ainsi qu'il sera dit plus loin. Là, la longue ligne d'infanterie qui ne comprenait plus,

---

(1) Neuf compagnies : $\frac{6, 5, 8}{1\ G}$, $\frac{I}{3\ G}$, $\frac{4, 3}{1\ G}$.

à proprement parler, que des débris de compagnies, s'arrêta à bout de forces et se terra derrière le léger abri que lui procurait la faible accentuation de la pente du terrain.

« Il était environ 6 h. 45, lorsque cette position fut prise, dit le général de Kessel. On enveloppait *complètement la lisière Nord-Ouest de Saint-Privat et même une partie de la lisière Ouest* (1) ; on avait ainsi atteint un emplacement d'où l'on pouvait, avec succès, s'élancer à l'assaut du village. Je fis rendre compte au commandant du corps d'armée, que j'étais arrivé devant Saint-Privat et que j'avais donné l'ordre de s'arrêter parce que, étant données les pertes que j'avais subies, j'étais trop faible pour donner l'assaut sans être renforcé. »

Déploiement du 2e régiment à pied de la Garde. — Un peu après 5 h. 45, c'est-à-dire dès le moment où la 1re brigade, ayant traversé la grande route, continuait sa marche directe vers Roncourt au lieu de se redresser immédiatement dans la direction de Saint-Privat, le général de Pape avait prescrit au colonel de Kanitz de porter son régiment (le 2e régiment à pied) dans l'intervalle qui s'ouvrait ainsi entre les deux brigades de la Garde.

Contournant le village de Sainte-Marie par le Sud, le régiment se déploya sur deux lignes, dès qu'il eut traversé le chemin de Saint-Ail (2). Le Ier bataillon traversa alors obliquement la grande route, à 400 mètres à l'Est de Sainte-Marie et se redressa vers son objectif,

---

(1) La *Relation* allemande dit 6 h. 15, mais il semble qu'il faille adopter celle du général de Kessel, comme le fait d'ailleurs le major Kunz à la suite d'une discussion qui paraît probante.

(2) En première ligne : le 1er bataillon ; en seconde ligne, échelonnés vers la droite, le IIe bataillon, puis les fusiliers. (D'après Kunz. *Heft 10.*)

suivi par les deux autres. Mais il tomba alors sous un feu terrible qui, en peu de temps, mit tous ses officiers hors de combat. On continua, cependant, à avancer par bonds. Le II⁰ bataillon ne tarda pas à se déployer à la droite du I⁰ʳ, moins une de ses compagnies, la 5⁰, qui se jeta vers la chaussée ; quand les trois autres arrivèrent en première ligne et ouvrirent le feu, à la droite du I⁰ʳ bataillon, elles avaient perdu 8 officiers et 276 hommes. Dès maintenant, les deux bataillons ne formaient plus qu'une épaisse nuée de tirailleurs (1). Le bataillon de fusiliers s'arrêta d'abord au Sud de la grande route, puis il la franchit par compagnies successives, qui, longeant la chaussée, vinrent se mélanger aux compagnies du II⁰ bataillon déjà déployées. Il est à remarquer que les fusiliers souffrirent beaucoup moins que les deux premiers bataillons, sans doute, comme le fait remarquer le major Kunz, parce que, vers la fin du mouvement, les défenseurs de Saint-Privat s'étaient déjà repliés sur la lisière même du village.

Quoi qu'il en soit, le 2⁰ régiment, très diminué par les effets du feu, s'arrêtait à hauteur de la *1ʳᵉ* brigade, dans l'intervalle qui séparait celle-ci de la *4⁰*, et se jetait à terre sans pouvoir faire un pas de plus. Il était alors un peu plus de 6 h. 45 ; le nouveau régiment arrivait donc en ligne à peu près au moment où la gauche de la *1ʳᵉ* brigade s'arrêtait au bas des pentes devant Roncourt.

Intervention du 4⁰ régiment de la Garde. — D'après l'*Historique* allemand, « on s'était déjà préoccupé à plusieurs reprises de renforcer la ligne d'attaque ». Le 2⁰ régiment, il est vrai, avait été poussé vers Saint-Privat, comme on vient de le voir, mais il est à remarquer que, dès le principe, ses trois bataillons étaient

---

(1) D'après Kunz, *Heft 10.*

destinés à « boucher la trouée » qui s'était produite entre les deux brigades, de sorte que le renforcement dont parle l'*Historique* officiel ne pouvait consister et ne consista, en effet, qu'à assurer la continuité de la longue ligne de feu qui se développait sur le rebord du plateau de Saint-Privat. En fait, cette ligne de combat, formée des débris de 62 compagnies déployées sur un front de 2,900 mètres, demeurait sans le moindre soutien. Cette situation ne pouvait qu'inspirer les plus vives inquiétudes au commandement prussien. Aussi, dès 6 h. 30 (1), c'est-à-dire avant même que les dernières fractions de la ligne de combat ne fussent arrêtées, le général de Pape prescrivait-il au 4e régiment, massé dans les rues de Sainte-Marie, « de rompre immédiatement pour appuyer la 1re brigade (2) ».

A ce moment, le prince de Wurtemberg serait intervenu personnellement auprès du colonel commandant le 4e régiment pour lui indiquer un cheminement moins directement exposé au feu de l'adversaire que celui qu'on avait suivi jusque-là. En conséquence, les trois nouveaux bataillons débouchèrent de Sainte-Marie par le Nord, suivirent pendant 500 ou 600 mètres le ravin d'Auboué jusqu'à hauteur du vallon 259, conversèrent alors à droite en suivant ce dernier et s'avancèrent ainsi derrière la gauche de la 1re brigade. Les quatre compagnies du Ier bataillon déployèrent leurs tirailleurs et fractionnèrent aussitôt les soutiens par demi-pelotons. Le IIe bataillon restait formé par demi-bataillons, mais prenait, dès le commencement de la marche d'approche, une distance de 300 mètres, très supérieure par consé-

---

(1) Heure donnée par le major Kunz et qui paraît plus vraisemblable que celle de l'*Historique du Grand État-Major prussien* (6 h. 15). C'est d'ailleurs celle que donne le général de Pape lui-même.

(2) *Rapport* officiel du général de Pape. (Citation faite par Kunz. *Heft 10.*)

quent, à la distance réglementaire. Enfin, le IIIe bataillon, marchant en troisième ligne, se fractionna lui-même en colonnes de compagnies dès qu'il abandonna le ravin d'Auboué.

Le 4e régiment n'avait pas tardé, comme on le voit, à profiter de la terrible leçon que venaient de subir les régiments qui l'avaient précédé au combat, et il n'est pas sans intérêt de constater avec quelle instantanéité l'expérience brutale et implacable rappelait à l'ordre le commandement dans le choix d'un cheminement approprié et de formations moins vulnérables.

Le 4e régiment gagna ainsi, « sans avoir trop à souffrir », la gauche de la 1re brigade, en arrière de laquelle il s'arrêta, non sans faire ouvrir le feu aux compagnies du Ier bataillon.

Un peu avant que le 4e régiment n'arrivât au point qu'on vient d'indiquer, c'est-à-dire un peu avant 7 heures, apparurent sur la crête, entre Saint-Privat et Roncourt, les chasseurs du général du Barail (2e et 3e régiments), dont deux escadrons entamèrent une charge en fourrageurs dans les conditions qu'on relatera plus loin.

Dès l'apparition de cette cavalerie, un des régiments de hulans de la Garde s'ébranlait de Sainte-Marie vers Roncourt. Mais déjà les tirailleurs du IIe bataillon du 1er régiment, puis successivement ceux de toute la 1re brigade, ouvrirent un feu rapide qui força les cavaliers français à faire demi-tour. Quant à l'autre régiment de hulans, arrivé trop tard pour profiter d'une occasion qui s'était déjà évanouie, il rétrograda sur Sainte-Marie, non sans subir des pertes sensibles (1).

---

(1) Il n'est pas sans intérêt de citer les réflexions inspirées au général de Kessel par l'apparition de la cavalerie française devant les débris de sa brigade :

« De l'infanterie qui a subi de fortes pertes, dit le général, n'est

Bond en avant de l'artillerie de la Garde. — D'après l'*Historique* allemand, « le général de Budritzki, qui assistait, au Sud de la grande route, aux engagements de la 4ᵉ brigade, partageait l'opinion précédemment émise par le général de Pape sur la nécessité de faire préparer par le canon l'attaque projetée contre Saint-Privat ». Malheureusement pour notre adversaire, l'attaque n'était déjà plus à l'état de projet quand l'artillerie de la Garde reçut les instructions des deux généraux de division, de sorte qu'elle ne put commencer la préparation de cette attaque que lorsque celle-ci était déjà assez avancée. A partir de cet instant cependant, elle redoubla d'activité et assura autant qu'il était en son pouvoir un appui des plus puissants à son infanterie.

Trois des quatre batteries installées entre Sainte-Marie et Saint-Ail, en effet, faisaient d'abord un premier bond en avant de quelques centaines de mètres, puis s'avançaient bientôt jusqu'à mi-distance entre Sainte-Marie et Saint-Privat (entre la route et la croupe 312) et canonnaient vigoureusement le village (1).

---

jamais, en terrain découvert, et d'après ma propre expérience, agréablement surprise quand elle voit de la cavalerie ennemie disposée à charger; on ne sait jamais, avant, comment la chose se passera. Moi-même, je regardais notre situation comme très périlleuse; je ne croyais pas que l'attaque, attendue par moi depuis si longtemps, serait exécutée si mollement..... L'apparition de la cavalerie ne manqua pas de produire son effet sur toute la ligne des tirailleurs, mais le résultat fut très différent suivant les endroits. A l'aile droite, des groupes isolés se mirent à tirer; d'autres se réunirent en tas; au centre, on tira des positions où l'on se trouvait, en se couchant. Du reste, la cavalerie n'avait pas montré un grand entrain dans l'exécution de sa charge; elle était irrésolue, pesante et lourde; des deux régiments de cavalerie qui se trouvaient là, deux escadrons seulement tentèrent une sorte d'attaque en fourrageurs, à laquelle ils renoncèrent bientôt. »

(1) $\dfrac{6, V, VI}{G}$. La 4ᵉ restait au Sud de Sainte-Marie.

Plus au Sud, les trois batteries à cheval de l'artillerie de corps (1) étaient venues s'installer à la gauche de la III⁰ lourde, déjà postée, comme on sait, à environ 1500 mètres à l'Est de Saint-Ail.

Enfin, deux batteries à cheval du X⁰ corps (2) ne tardaient pas à s'intercaler entre les deux groupes précédents, de sorte que dix batteries faisaient bientôt converger leurs feux sur Saint-Privat et sur Jérusalem déjà en feu (3).

Déploiement des Saxons devant Roncourt. — On se rappelle qu'un peu après 5 heures, le *100*⁰ régiment de la *45*⁰ brigade avait atteint la parte orientale des bois d'Auboué. Poursuivant sa marche au delà des taillis, il avait ouvert le feu contre les tirailleurs du II⁰ bataillon du *10*⁰ (commandant Morin), alors déployés sur la croupe 270-304. Plus au Nord, le *108*⁰ se déployait en même temps au delà du ravin boisé 265 (4).

Sur l'ordre du général de Craushaar, le Iᵉʳ bataillon du *101*⁰ se porta dans la direction de Montois « pour occuper l'attention des groupes ennemis signalés sur ce point (5) ». Mais bientôt, ce bataillon recevait l'ordre de

---

(1) Les deux batteries à cheval (1 c, 3 c), attachées à la division de cavalerie, venaient de rejoindre la 2⁰ près de Saint-Ail.

(2) $\frac{1\ c,\ 3\ c}{10}$.

(3) Les trois batteries de la 1ʳᵉ division (1, 2, 1) venaient se joindre à la II⁰ batterie lourde sur la croupe 310. Ces quatre batteries, avec la 3⁰ et bientôt la IV⁰, dirigèrent leur tir contre les troupes de la division de Cissey.

(4) L'*Historique* officiel allemand paraît commettre une erreur en faisant ouvrir le feu en cet instant au *108*⁰ contre le petit bois situé entre Roncourt et Montois (306). Au moins doit-on remarquer que les tirailleurs prussiens étaient alors à 1500 mètres de ce bois et avaient entre les mains une arme dont la hausse n'atteignait pas 600 mètres.

(5) D'après les documents qu'on possède, il ne semble pas que

s'arrêter et « d'attendre l'entrée en ligne de la colonne tournante (1) ». D'ailleurs, les deux autres régiments de la brigade (*100ᵉ* et *108ᵉ*) étaient bientôt invités, pour le même motif, à suspendre leur marche en avant et « à se borner, jusqu'à nouvel ordre à entretenir le combat (1) ».

On voit donc qu'au moment même où le commandement de la Garde prussienne se décidait à attaquer Saint-Privat, croyant, au dire de l'*Historique du Grand État-Major prussien*, apercevoir des signes manifestes du mouvement des Saxons, la *45ᵉ* brigade, ainsi que l'avait fait observer très justement le général de Pape, suspendait son mouvement offensif pour attendre que la véritable colonne tournante, — dont le commandant de l'armée ignorait l'existence, — eût fait sentir son action par Montois.

De son côté, la *47ᵉ* brigade avait quitté, vers 5 h. 30, les abords de Sainte-Marie et s'était portée, à l'abri de la crête occupée par les batteries saxonnes, vers la lisière Sud du bois d'Auboué. Quand elle arriva sur ce point, cinq batteries de l'artillerie saxonne (5ᵉ, 2ᵉ c., 6ᵉ, IIIᵉ, 3ᵉ) venaient de franchir le ravin de Sainte-Marie à Auboué et s'étaient établies à 900 mètres plus à l'Est, c'est-à-dire à hauteur des parcelles de bois de la croupe 275 (2). Une demi-heure plus tard, les batteries restées au Nord de Sainte-Marie, franchissaient à leur tour le ravin et dépassaient les précédentes qui, à l'exception des 3ᵉ et IIIᵉ, venaient elles-mêmes s'établir à leur hauteur le long du chemin de Sainte-Marie à Montois. A partir de ce moment, neuf batteries, couvertes par les tirailleurs des *100ᵉ* et *108ᵉ* régiments, tenaient sous

---

l'infanterie française ait poussé jusqu'à Montois. Peut-être s'agit-il d'une patrouille de cavalerie ?

(1) *Historique du Grand Etat-Major prussien.*
(2) *Geschichte der Kurfurstlich und Koniglich Sachsischen Feld-Artillerie.*

leur feu le village de Roncourt et les quelques batteries françaises qui se montraient encore sur ce point (1).

Mais sur ces entrefaites, la *46ᵉ* brigade dépassait Auboué, puis venait se masser entre cette localité et les bois près desquels se trouvait déjà la *47ᵉ* brigade.

Quant à la *48ᵉ* brigade, elle avait continué sa marche vers Jœuf, mais elle avait conversé à droite avant d'atteindre cette localité. Sa tête débouchait sur le plateau au Nord-Ouest de Montois, un peu après 6 heures. Sur la foi de renseignements erronés, transmis par la cavalerie, on avait cru Montois occupé par l'infanterie française ; la *48ᵉ* brigade, dont l'avant-garde, peut-être trop rapprochée du gros de la colonne, ne paraît pas avoir éclairci à temps la situation, se déploya donc au Nord-Ouest de la localité, comme s'il se fût agi de procéder à l'attaque du village. On ne tarda pas cependant à s'apercevoir de l'erreur commise, et toute la brigade reprit sa marche vers Roncourt.

Le IIIᵉ bataillon du *107ᵉ* traversa Montois et gagna la la lisière Sud du petit bois 306 situé à 1,000 mètres de Roncourt.

Les deux autres bataillons du régiment, avec les deux batteries légères de la *24ᵉ* division (1ʳᵉ et 2ᵉ du *12ᵉ*) contournèrent Montois et vinrent s'établir sur la crête à l'Ouest du bois précité.

Le *106ᵉ* régiment avait déboîté vers la gauche en passant par le Nord de Montois. Le Iᵉʳ bataillon et la 12ᵉ compagnie du IIIᵉ furent laissés sur la lisière Est du village. Les trois dernières compagnies de ce dernier bataillon s'avancèrent vers Malancourt d'où l'on croyait avoir reçu des coups de feu (2). Le *13ᵉ* bataillon de

---

(1) $\frac{5, 6, 7}{14}$ et $\frac{9}{13}$.

(2) Il est possible, en effet, que des vedettes de la cavalerie du Barail aient tiré de ce point quelques coups de carabine. Mais Malancourt

chasseurs restait en réserve derrière le *106*ᵉ. La IIᵉ batterie lourde, qui s'était, comme on s'en souvient, jointe à l'artillerie de corps, au Sud des bois d'Auboué, rejoignit la *48*ᵉ brigade, et se porta à l'extrême gauche, c'est-à-dire à l'Est du petit bois occupé par le IIIᵉ bataillon du *107*ᵉ. Enfin, les quatre régiments de cavalerie, qui accompagnaient la colonne tournante, s'arrêtèrent à proximité et en arrière des ailes de la brigade : les deux régiments de cavalerie divisionnaire (*1*ᵉʳ et *2*ᵉ) à l'Ouest de Montois ; les deux régiments de la *12*ᵉ division de cavalerie (*3*ᵉ régiment et régiment de la Garde saxonne) à l'Est, avec la 1ʳᵉ batterie à cheval. Cette dernière ouvrit aussitôt le feu contre l'infanterie française qu'on apercevait dans la direction de Roncourt.

Il était alors 6 h. 30. L'attaque du village de Roncourt allait commencer, et à ce moment même, les dernières fractions des deux brigades de la Garde, presque anéanties, allaient atteindre le bord de la terrasse de Saint-Privat dans un dernier effort qui marquait la fin de leur puissance offensive.

A 6 heures passées, le prince Albert avait quitté son poste d'observation près de Sainte-Marie et s'était rapproché de l'aile gauche de son corps d'armée. Quand la *48*ᵉ brigade déboucha quelques instants plus tard sur le plateau de Montois, le prince Georges prescrivit au général de Craushaar (*45*ᵉ brigade) de reprendre son mouvement vers Roncourt (1).

En conséquence, les deux régiments de première ligne (*100*ᵉ et *108*ᵉ) s'avancèrent sur la large croupe qui remonte vers Roncourt, refoulant devant eux les tirailleurs français ; à gauche, le *108*ᵉ avait deux

---

n'était pas occupé par l'infanterie française, au moins autant qu'on en peut juger par les documents qu'on possède.

(1) V. Schimpff. *Das XII. Korps im Kriege, 1870-1871.*

bataillons en première ligne ; le IIIe bataillon formait la seconde ; à droite, un bataillon et demi du *100e* (1re, 2e, 3e, 4e, 5e, 6e compagnies) était en première ligne ; le reste du régiment suivait en seconde ligne. Les tirailleurs de la *45e* brigade s'avancèrent ainsi jusqu'à 900 ou 1,000 mètres de Roncourt et se trouvèrent bientôt appuyés sur leur droite par les neuf compagnies de la *1re* brigade de la Garde qui s'étaient déployées, comme on l'a vu précédemment, face à Roncourt.

D'autre part, le Ier bataillon du *101e* abandonnant la direction de Montois, gagnait la gauche de sa brigade et établissait ainsi la liaison avec la *48e* dont le déploiement s'effectuait alors à hauteur du petit bois de Roncourt. Les deux derniers bataillons du *101e* restaient provisoirement en réserve sur la lisière orientale du bois d'Auboué.

Vers 6 h. 45 (1), Roncourt se trouvait donc entouré au Nord et à l'Ouest par deux brigades saxonnes, — auxquelles s'étaient joints deux bataillons de la Garde, — et qui étaient appuyées par les feux concentriques de douze batteries.

Mais avant de pousser plus loin l'étude de l'attaque allemande au Nord de la grande route, il est indispensable de faire un retour en arrière et de voir ce qui s'était passé du côté français.

Défense du plateau Saint-Privat — Roncourt (jusqu'à 6 h. 45). — On a vu précédemment que devant l'attaque de la *4e* brigade prussienne, les cinq compagnies du 93e (2), déployées devant Sainte-Marie, avaient dû se jeter dans les fossés de la route, puis se replier vers Saint-Privat. Les trois dernières compagnies du

---

(1) Croquis n° 9.
(2) 1, 2 $\frac{I}{93}$ et 4, 5, 6 $\frac{II}{93}$.

II⁰ bataillon, rétrogradèrent peu à peu et en bon ordre jusqu'au village, en épuisant leurs dernières cartouches. Les deux autres, engagées depuis moins de temps, se replièrent les dernières en combattant, puis vinrent se reformer à la droite du III⁰ bataillon, alors déployé à cheval sur la grande route pour protéger la retraite des compagnies venant de l'Ouest, et « pour contenir les colonnes ennemies qui s'avançaient de Saint-Ail sous la protection d'une artillerie formidable dont les feux convergents étaient dirigés sur la route et le village de Saint-Privat (1) (2) ». Dès cet instant, les dix autres compagnies du 93⁰ étaient réunies sur la lisière occidentale du village.

D'ailleurs, la résistance des huit compagnies restées en avant de Saint-Privat, ne paraît pas avoir été de longue durée ; la 1ʳᵉ brigade prussienne, en effet, franchissait bientôt la route dans le voisinage de Sainte-Marie et progressait à son tour vers Saint-Privat, sous l'énergique impulsion du général de Kessel ; or, il semble que ce soit là la seconde attaque à laquelle fait allusion le colonel Ganzin dans son rapport, lorsqu'il dit, qu'à la suite du feu nourri que dirigea le III⁰ bataillon sur une forte colonne d'infanterie lancée contre Saint-Privat (sans doute le 2⁰ grenadiers), l'ennemi « revint en force » (1ʳᵉ brigade) et « fit replier le III⁰ bataillon dans le village (3) ».

Quoi qu'il en soit la brigade du général de Kessel

---

(1) *Rapport* du colonel Ganzin, commandant la 2⁰ brigade.

(2) Il résulte implicitement des *Rapports* du colonel commandant provisoirement la 2⁰ brigade et du commandant du 93⁰, que les compagnies dont il est question étaient arrêtées à l'Ouest de Saint-Privat, c'est-à-dire très probablement sur le bord de la terrasse située à 400 mètres en avant des maisons du village.

(3) Le colonel Ganzin ajoute que la première attaque « fut repoussée ». Sans doute fut-ce là l'impression produite par la déban-

paraît avoir été assaillie dans les premiers instants de son apparition au Nord de la route, par les feux rapides des compagnies précitées du 93ᵉ, et de celles du IIIᵉ bataillon du 91ᵉ, déployées à quelques centaines de mètres plus au Nord, soit à environ 400 mètres à l'Ouest de Saint-Privat. Mais les premières ne tardèrent sans doute pas à se replier sur le village où tout le 93ᵉ était réuni « vers 6 heures du soir (1) ».

On se rappelle qu'au moment de la retraite de la brigade de Sonnay, c'est-à-dire après l'échec de la 47ᵉ brigade saxonne, le Iᵉʳ bataillon du 91ᵉ était resté sur la position qu'il occupait, et qu'à la droite de ce dernier, le IIᵉ bataillon du 10ᵉ était venu, sur l'ordre du général La Font de Villiers, occuper la croupe qu'abandonnait le IIIᵉ bataillon du 75ᵉ. Ces deux bataillons avancés ne tardaient pas à engager la fusillade avec les tirailleurs du *100ᵉ* régiment saxon qui apparaissaient alors près des bois d'Auboué. Mais bientôt, le feu de l'infanterie ennemie augmenta d'intensité par l'arrivée en ligne des soutiens, tandis que l'artillerie saxonne couvrait le terrain d'obus et de mitraille (2). Les deux compagnies du Iᵉʳ bataillon du 91ᵉ (4ᵉ et 6ᵉ), placées par le commandant de Hay-Durand face au bois d'Auboué, avaient déployé chacune une section en tirailleurs, pendant que la 3ᵉ compagnie surveillait le flanc gauche du bataillon dans la direction de Sainte-Marie. Dès que l'infanterie saxonne apparut au Sud du bois, le soutien de la 6ᵉ compagnie renforça la ligne des tirailleurs qui ouvrit, à bonne portée,

---

dade *vers l'avant* qui conduisit les dix compagnies du 2ᵉ grenadiers dans les fossés où elles se blottirent, en continuant, il est vrai, à progresser lentement.

(1) D'après le *Rapport* du colonel Ganzin ; il semble d'ailleurs que cette heure doive être un peu retardée.

(2) Voir l'*Historique* du 10ᵉ régiment.

un feu très vif, et arrêta tout d'abord l'adversaire. Malheureusement, le bataillon tout entier se trouvait, — comme son voisin de droite (II⁰ du 10ᵉ), — exposé en terrain découvert à un feu très meurtrier d'artillerie. Quand l'infanterie ennemie reprit sa marche en avant, les deux bataillons durent reculer pas à pas devant un adversaire supérieur en nombre qui les débordait sur leur droite et menaçait de les envelopper. Malgré cette dernière circonstance, ce fut le bataillon du 91ᵉ, engagé depuis plus longtemps que celui du 10ᵉ, qui se replia le premier; d'ailleurs, le commandant Morin (IIᵉ du 10ᵉ) arrêtait ses compagnies en même temps que le *100ᵉ* saxon suspendait lui-même son mouvement offensif. Il devait être alors à peu près 6 heures, et comme, à ce moment, la *1ʳᵉ* brigade de la Garde apparaissait à l'Est de Sainte-Marie, il est possible que ce fait ait provoqué la retraite définitive du Iᵉʳ bataillon du 91ᵉ déjà ébranlé par un feu d'artillerie très intense.

Par suite, le IIᵉ bataillon du 10ᵉ se trouvait découvert sur son flanc gauche, de sorte que, lorsque les Saxons reprirent leur marche en avant, le commandant Morin se vit débordé sur sa droite par des forces très supérieures, tandis que la *1ʳᵉ* brigade de la Garde, dont la masse paraissait marcher directement sur Roncourt, menaçait maintenant de l'envelopper par sa gauche (1).

La situation devenait évidemment intenable, et le bataillon rétrograda jusque sur la crête militaire où les deux derniers bataillons du 75ᵉ « reportés de nouveau en avant (2) » étaient venus, sur ces entrefaites, se déployer eux-mêmes.

Pendant que se déroulaient ces événements devant la brigade saxonne, les Iᵉʳ et IIIᵉ bataillons du 10ᵉ de ligne,

---

(1) Voir l'*Historique* du 10ᵉ régiment.
(2) *Rapport* du lieutenant-colonel de Brem, du 75ᵉ.

toujours réunis en avant de Saint-Privat, étaient intervenus à leur tour. Le Ier bataillon et les trois compagnies du IIIe qui l'accompagnaient, n'avaient pu jusqu'ici tirer un coup de fusil, bien qu'ils fussent exposés à un feu très meurtrier d'artillerie. Quand la brigade de Kessel eut franchi la grande route et eut commencé sa marche vers Saint-Privat, les neuf compagnies voisines de Saint-Privat (1) furent portées en avant « pour faciliter la retraite du IIe bataillon, qui paraissait être compromis (2) ». Ces neuf compagnies s'avancèrent à la rencontre des colonnes prussiennes ; un premier bond leur fit découvrir les tirailleurs de la Garde, qui s'arrêtèrent pour se coucher à terre sous cette recrudescence de la fusillade. Puis au moment où la première ligne allemande, renforcée par l'arrivée de soutiens, se leva pour poursuivre sa marche, les neuf compagnies du 10e « se portèrent de nouveau à leur rencontre, s'arrêtèrent, et exécutèrent un feu terrible à petite distance, qui coupa court à la marche de l'adversaire et le tint encore pendant quelque temps en échec (3) ».

Sans doute, les compagnies du 10e arrivèrent alors sur le bord de la terrasse où les deux derniers bataillons du 91e étaient déjà déployés ; mais selon toute vraisemblance, ces derniers commençaient dès ce moment à abandonner leur position par petites fractions pour se replier vers Saint-Privat (4).

Mais sur ces entrefaites, les trois autres compagnies

---

(1) $\frac{I}{10}$ et 3 c $\frac{III}{10}$.

(2) *Historique* du 10e régiment.

(3) *Ibid.*

(4) Il paraît avéré, en effet, que les troupes garnissant le bord de la terrasse de Saint-Privat commencèrent leur retraite au moment où les fusiliers de la 1re brigade prussienne arrivèrent à 300 mètres de distance. Il était alors entre 6 h. 15 et 6 h. 30. D'après le récit de l'*His-*

du IIIe bataillon du 10e s'étaient elles-mêmes portées en avant et s'étaient déployées vers la droite pour couvrir, de ce côté, la position que la 45e brigade saxonne paraissait devoir déborder (1). Grâce à cette intervention, et à celle du 75e, le bataillon du commandant Morin put effectuer sa retraite en se défendant pied à pied et remonter jusque vers la crête du plateau (2), où il fut recueilli par les deux derniers bataillons du 75e (3).

Au Nord-Ouest de Saint-Privat, les trois bataillons du 91e, puis bientôt les neuf compagnies du 10e, continuaient à se replier peu à peu jusqu'aux murs de clôture des jardins où se trouvaient déjà déployées de nombreuses troupes (12e, 4e, 5e, 6e du Ier bataillon du 94e, 9e B. Ch., plus quelques fractions de la 4e division) (4). De là,

---

torique du 10e, on voit que les neuf compagnies de ce régiment durent arriver sur leur deuxième position de tir à peu près en cet instant et que, par suite, elles n'y séjournèrent que peu de temps.

(1) *Historique* du 10e régiment.
(2) *Ibid.*
(3) Il paraît probable que le IIe bataillon du 10e se replia à la droite des deux bataillons du 75e.
(4) Il paraît difficile de déterminer nettement la cause de ce mouvement rétrograde. Dans son *Rapport*, le général de Sonnay dit que sa brigade « était à bout de force ». D'autre part, le lieutenant-colonel Champion (*Rapport* du 91e) écrit que le Ier bataillon dut rejoindre les deux autres par suite de l'effet meurtrier des feux de l'artillerie adverse ; puis, que les IIe et IIIe bataillons, ayant épuisé leurs munitions et ne voyant arriver aucun renfort, se trouvèrent dans une situation « assez difficile » et battirent en retraite jusque derrière la crête de Saint-Privat... Le 10e régiment (*Historique*) invoque également le manque de munitions, bien qu'il n'ait été que peu engagé, et fait en outre ressortir la supériorité numérique de l'adversaire, ainsi que la violence du feu de son artillerie.
Quoi qu'il en soit, il n'apparaît pas que l'abandon du bord de la terrasse de Saint-Privat ait été le résultat d'un ordre du commandement supérieur, ni de la conséquence d'une panique analogue à celle qui se produisit au Sud de la route. Comme d'ailleurs les pertes du 91e ne

les troupes du 91ᵉ et du 10ᵉ ne tardèrent pas à se rassembler en arrière de la crête de Saint-Privat—Roncourt, laissant la garnison de la première de ces deux localités tenir tête à la brigade du général de Kessel, dont les débris venaient successivement, comme on l'a déjà vu, se blottir au pied même du léger ressaut de terrain qu'occupaient encore quelques instants auparavant notre première ligne d'infanterie.

Pendant ce temps, les défenseurs du plateau de Roncourt étaient eux-mêmes vivement pressés du côté de l'Ouest par la *45ᵉ* brigade, qui avait repris, vers 6 h. 15, son mouvement offensif; on apercevait en outre, du côté de Montois, de nouvelles forces menaçant le flanc droit du *6ᵉ* corps. C'était, comme on sait, la *48ᵉ* brigade, qui, dépassant le village, marchait directement sur Roncourt, alors défendu par deux bataillons seulement (1).

Déjà, le général Bisson, laissant la 6ᵉ compagnie du Iᵉʳ bataillon du 9ᵉ de ligne sur la lisière Nord du village pour en compléter l'organisation défensive, avait fait avancer les cinq autres compagnies vers Montois, de manière à bien découvrir le vallon qui sépare ce village de celui de Roncourt. Ces cinq compagnies refusèrent quelque peu leur gauche, de manière à se relier au Iᵉʳ bataillon du 75ᵉ, qui occupait toujours la croupe à l'Ouest de la localité (2). Quant au IIᵉ bataillon du 9ᵉ, il

---

furent que de 11 officiers et 114 hommes, peut-être faut-il ajouter aux raisons exposées plus haut le découragement qui s'empara de tous en constatant que malgré un feu des plus vifs, il n'était pas possible d'enrayer la marche de l'assaillant. Ceci à titre d'hypothèse qui reste à vérifier par des témoignages authentiques.

(1) $\frac{1}{9}$ et $\frac{1}{75}$.

(2) *Historique* du 9ᵉ régiment et *Rapport* du général Bisson, du 19 août.

était resté au Sud de Roncourt (1), sur l'emplacement qu'il occupait depuis plusieurs heures déjà.

La défense du village était donc confiée à deux faibles bataillons, qui virent bientôt déboucher à la fois de l'Ouest et du Nord deux brigades saxonnes, dont l'une, la *45ᵉ*, avait déjà fait reculer les troupes avancées qui occupaient la longue croupe 304 (IIᵉ bataillon du 10ᵉ).

A partir de 6 h. 15, les deux bataillons du 75ᵉ (IIᵉ et IIIᵉ) et le IIᵉ bataillon du 10ᵉ qui les avait ralliés, commençaient à plier. Un grand nombre d'hommes ayant épuisé leurs cartouches, quittaient successivement la ligne de combat (2) pour se soustraire au feu de la « formidable ligne d'artillerie » (batteries saxonnes) qui venait de s'avancer jusque sur le chemin de Sainte-Marie à Montois (3). Il est d'ailleurs probable que la retraite du 91ᵉ, qui se trouvait à leur gauche, découvrait le flanc des deux bataillons du 75ᵉ et les laissait sous la menace immédiate de la *1*ʳᵉ brigade de la Garde, dont les bataillons de deuxième et de troisième ligne continuaient, comme on sait, à progresser vers Roncourt.

Peu à peu, les bataillons déployés sur la croupe 304, reculèrent en combattant jusqu'à la crête 328-335, puis disparurent derrière elle pour se rallier « dans le pli de terrain entre Saint-Privat et un grand bois (bois de Fèves), *qui longe la route de Metz à Briey* (4) »,

---

(1) Ceci résulte implicitement du *Rapport* du général Bissou, daté du 19 août.
(2) *Rapport* du lieutenant-colonel de Brem, du 75ᵉ.
(3) *Rapport* du général de Sonnay.
(4) *Ibid.*
Il s'agit par conséquent du large vallon 319 situé à l'Est de Saint-Privat et descendant vers Marengo. D'ailleurs, le *Rapport* du lieutenant-colonel de Brem dit que le 75ᵉ se réunit « au fond du ravin et

pli de terrain où ils se réunirent aux bataillons du 91e (1).

D'ailleurs, le Ier bataillon du 75e avait également quitté sa position près de Roncourt. Déployé sur un grand front pour se soustraire le plus possible aux feux meurtriers de l'artillerie saxonne, il se repliait en bon ordre et gagnait bientôt la forêt de Jaumont.

Dès lors, le Ier bataillon du 9e régiment se trouvait être absolument isolé au Nord de Roncourt. Sa situation était évidemment intenable et devenait d'autant plus critique que les Saxons, débouchant de Montois, s'étendaient maintenant de plus en plus vers leur gauche et menaçaient ainsi d'envelopper le bataillon isolé. Celui-ci abandonna donc Roncourt en se jetant dans la forêt de Jaumont, tandis que le IIe bataillon du 9e exécutait une conversion à droite, pour faire face au village qui, complètement évacué par nos troupes, n'allait pas tarder, comme on le verra bientôt, à tomber aux mains des Saxons.

Pendant que l'infanterie française se repliait ainsi vers Saint-Privat, les quatre batteries qui garnissaient encore la crête au Sud de Roncourt avaient amené successivement les avant-trains (2). Bien que ces batteries n'eussent subi que des pertes insignifiantes (3),

---

derrière les broussailles *dominant la route* ». Il ne peut donc être question du vallon situé à 1000 mètres au Nord-Est de Saint-Privat et sur la lisière même des bois.

(1) La 6e compagnie du IIIe bataillon du 75e se joignit au 91e et se replia sur Saint-Privat avec ce dernier, puis de là vers l'Est.

(2) $\frac{5, 6, 7}{14}$, $\frac{9}{13}$.

(3) Pertes pour la journée : $\frac{9}{13}$: 9 hommes ; 1 cheval ; $\frac{5}{14}$: 1 cheval ; $\frac{6}{14}$: 6 chevaux ; $\frac{7}{14}$: 1 homme, 4 chevaux.

elles se trouvèrent, pour des causes diverses, dans l'impossibilité de continuer la lutte : la 9ᵉ batterie du 13ᵉ, qui paraît s'être retirée la première, était presque à bout de munitions dès 6 heures du soir ; elle reçut l'ordre de rallier, sur la croupe des carrières de la Croix, les batteries dont disposait en ce point le lieutenant-colonel de Montluisant pour protéger, le cas échéant, la retraite de l'infanterie vers les bois de Saulny (1) ; quant aux batteries de la 3ᵉ division, elles conservèrent leur position de combat jusqu'au dernier moment ; mais quand l'infanterie qui les protégeait, — c'est-à-dire le 75ᵉ et le 91ᵉ de ligne, — dut se replier derrière Saint-Privat, les trois batteries du lieutenant-colonel Jamet, complètement découvertes, furent obligées de suivre le mouvement de retraite ; elles vinrent alors se placer en arrière de Saint-Privat, sur la croupe des carrières (2), où se trouvèrent ainsi entassées presque toutes les batteries du 6ᵉ corps.

Dès que la *48ᵉ* brigade saxonne apparut dans la direction de Montois, — vers 6 h. 15, — menaçant par le Nord les faibles défenseurs de Roncourt, déjà vivement pressés par la *45ᵉ* brigade, le commandant du 6ᵉ corps considéra, dès ce moment, la retraite sur les bois de Saulny comme inévitable. Vers 6 h. 30, le maréchal Canrobert avisait donc le général de Ladmirault « qu'il allait être forcé d'évacuer Saint-Privat où il ne pouvait plus tenir, et qu'il allait battre en retraite par Saulny (3) ». Il envoyait en même temps au général

---

(1) *Historique* de la 9ᵉ batterie du 13ᵉ.
(2) *Rapport* du lieutenant-colonel Jamet et *Historiques* des batteries de la 3ᵉ division.
(3) Le maréchal Canrobert déclara, devant le *Conseil d'enquête* sur les capitulations, avoir prévenu le commandant du 4ᵉ corps vers 6 heures, mais il eut soin de faire remarquer que ce n'était là qu'une

Bourbaki un officier de son état-major pour le prévenir de la situation dans laquelle il se trouvait et pour lui demander de protéger sa retraite si cela lui était possible (1).

Le commandant du 6ᵉ corps estima sans doute qu'il était dès lors trop tard pour assurer d'une manière efficace et sérieuse la défense du point d'appui de son aile droite et considéra qu'il ne s'agissait plus maintenant que de localiser la défense autour de Saint-Privat, — sur lequel refluaient les troupes déployées plus à l'Ouest, — et qu'il importait d'assurer immédiatement la protection d'un mouvement de retraite vers Metz qui ne pouvait tarder à s'imposer.

En conséquence, le général Tixier reçut l'ordre de jeter dans le village de Saint-Privat le 4ᵉ régiment d'infanterie avec le IIIᵉ bataillon du 100ᵉ, tandis que les deux premiers bataillons de ce régiment, laissés jusqu'ici près de Jérusalem, viendraient s'établir face à Roncourt sur la croupe située au Nord-Est de Saint-Privat (2).

Le 4ᵉ régiment pénétra donc dans les rues de Saint-Privat, guidé par le général Péchot en personne, et se répartit sur toute la lisière du village, garnissant les clôtures d'un nouveau rang de défenseurs (3). A sa suite, le IIIᵉ bataillon du 100ᵉ (commandant Poilloue de Saint-Mars) se déployait sur la partie de la lisière qui

---

heure approximative. D'après une *Note* du Maréchal sur la journée du 18 août, cette communication fut faite « vers 6 h. 30 ». L'heure indiquée par le général de Ladmirault au conseil d'enquête (5 h. 30) est évidemment très erronée, car à ce moment, l'attaque de la 4ᵉ brigade était à peine esquissée et la 1ʳᵉ brigade n'avait pas encore bougé.

(1) L'officier, porteur de cette communication, ne put trouver le commandant de la Garde. (*Conseil d'enquête* sur les capitulations ; déposition du maréchal Canrobert ; *Instruction du procès Bazaine* : déposition du général Bourbaki.)

(2) *Rapport* du général Tixier.

(3) *Rapport* du général Tixier et *Historique* du 4ᵉ régiment.

fait face à Roncourt (1). Enfin, les deux autres bataillons du 100ᵉ se déployaient également face à Roncourt (2), mais entre Saint-Privat et la forêt de Jaumont ; le Iᵉʳ bataillon tenait l'extrême droite de la ligne ; le IIᵉ bataillon « placé un peu en avant du village, sur une élévation qui donnait du commandement sur le terrain en avant » reliait le Iᵉʳ bataillon au IIIᵉ.

Pendant que ces divers mouvements étaient en cours d'exécution, l'infanterie primitivement déployée à l'Ouest de la ligne Roncourt—Saint-Privat, achevait de se replier, partie sur Saint-Privat même, partie sur le revers méridional de la croupe 335 où le maréchal Canrobert faisait former les débris des 75ᵉ et 91ᵉ de ligne en carrés échelonnés pour parer à une attaque de cavalerie qui lui paraissait devoir déboucher de Roncourt.

En même temps qu'il faisait prendre ces dispositions, le commandant du 6ᵉ corps prescrivait au général du Barail « de tenter une charge pour lui permettre de respirer un peu, de protéger la retraite et d'exécuter son changement de front en arrière sur son aile gauche (3) ». Dans ses *Souvenirs*, le général du Barail émet l'opinion que cette charge était inutile et impraticable parce qu'il lui aurait fallu parcourir 600 mètres pour atteindre l'infanterie et deux kilomètres pour atteindre l'artillerie. Il n'est pas sans intérêt de rapprocher cette appréciation de l'impression que ressentit quelques minutes plus tard le général commandant la 1ʳᵉ brigade de la Garde prussienne lorsqu'il vit apparaître quelques escadrons français sur la crête, devant

---

(1) Ceci paraît résulter implicitement du récit de l'*Historique* du 100ᵉ régiment.
(2) *Rapport* Tixier.
(3) *Souvenirs* du général du Barail.

les débris de son infanterie qui venaient de s'arrêter complètement désunis et à bout de forces (1).

Malheureusement, sans doute, le commandant de la cavalerie du 6ᵉ corps ne se rendit pas compte de l'état d'épuisement auquel était parvenue l'infanterie de la brigade de Kessel, alors entièrement déployée à la droite de la longue ligne saxonne. En revanche, le général du Barail dut parfaitement apercevoir, du haut de la crête où il se tenait (2), la grande batterie saxonne déployée en deçà du chemin Sainte-Marie—Montois, ainsi que la masse d'infanterie formée par le 4ᵉ régiment de la Garde et constituant, à n'en pas douter, un soutien efficace de la ligne de combat prussienne.

Si donc, on est en droit de se demander aujourd'hui, — sans peut-être d'ailleurs pouvoir trancher la question avec certitude, — si l'irruption d'une masse de cavalerie sur les lignes prussiennes eût eu quelque chance de rompre l'attaque et de dégager pour un temps le 6ᵉ corps, il semble que le commandant de la 1ʳᵉ division de cavalerie ne pouvait avoir, dans l'état de ses connaissances sur la situation, qu'une médiocre confiance dans l'intervention de ses escadrons. Il y a d'ailleurs lieu d'ajouter qu'à l'instant même où le général du Barail donna le signal d'exécution d'une charge destinée à permettre à l'infanterie française « de respirer un peu et d'effectuer sa retraite..... » l'infanterie prussienne n'était rien moins que menaçante et venait précisément de suspendre tout mouvement offensif.

Quoi qu'il en soit, le général de Bruchard reçut l'ordre « d'exécuter une charge en fourrageurs, par escadron, sur l'infanterie ennemie qui serrait de près l'infanterie du 6ᵉ corps devant Saint-Privat (3) ».

---

(1) Voir page 449. Note 1.
(2) Entre Roncourt et Saint-Privat.
(3) *Rapport* du général de Bruchard. On a déjà fait remarquer qu'en

Les cinq escadrons du 3ᵉ chasseurs, formés en colonne serrée et suivis du 2ᵉ chasseurs, remontèrent vivement vers la crête derrière laquelle ils se tenaient depuis le commencement de la bataille et apparurent à l'adversaire à peu près à mi-distance entre Roncourt et Saint-Privat. Les deux premiers escadrons du 3ᵉ chasseurs, placés sous le commandement direct du colonel, furent successivement lancés en fourrageurs contre l'infanterie prussienne, tandis que le lieutenant-colonel restait sur la crête avec les trois autres escadrons (3ᵉ, 5ᵉ et 6ᵉ). Mais dès que les fourrageurs eurent pris le galop, un feu intense, quoique relativement peu meurtrier (1), partit de la région occupée par le IIᵉ bataillon du 1ᵉʳ régiment prussien et s'étendit rapidement sur toute la ligne. Aussi, les deux lignes minces formées par les cavaliers ne tardèrent-elles pas à flotter quelque peu, puis à s'arrêter et à faire demi-tour avant d'avoir atteint l'ennemi. Le général Bruchard paraît avoir attribué, — faussement comme on le sait, — l'arrêt de l'infanterie prussienne à la démonstration des deux escadrons du 3ᵉ chasseurs, car dans son rapport au général du Barail (2), le commandant de la 1ʳᵉ brigade de cavalerie dit que cette charge « a obtenu le résultat désiré ». L'*Historique* du 3ᵉ chasseurs exprime la même opinion en relatant qu'on « arrêta l'ennemi et qu'on permit à l'infanterie de se rallier ». Quel que soit le véritable résultat de la timide tentative des escadrons français, l'infanterie ennemie n'en avait pas moins très

---

fait la ligne de combat prussienne était arrêtée sur tout le front et avait suspendu toute offensive ; le 4ᵉ régiment de la Garde, seul, continuait à progresser en seconde ligne.

(1). Pertes de la 1ʳᵉ division de cavalerie : 3ᵉ chasseurs : 4 officiers, 28 hommes ; 2ᵉ chasseurs : 3 hommes ; 2ᵉ chasseurs d'Afrique : 3 hommes.

(2) *Rapport* daté du 20 août.

réellement suspendu son offensive, et le général de Bruchard — ou peut-être le général du Barail lui-même, — estima sans doute qu'il était dès lors inutile de lancer à l'attaque de nouveaux escadrons. Les deux régiments de chasseurs furent donc ramenés en arrière et formés à l'Est de Saint-Privat (1), face à Roncourt qui, sur ces entrefaites, était tombé au pouvoir des Saxons. Quant au 2ᵉ régiment de chasseurs d'Afrique, qui se tenait, à ce qu'il semble, à quelque distance de la brigade Bruchard, au moment où la charge fut décidée, il fut mis en mouvement par le maréchal Canrobert lui-même; mais quand il arriva sur la crête, « l'occasion de charger était déjà perdue (2) ». Il se retira en même temps que les deux régiments de chasseurs, et, comme à ce moment l'infanterie prussienne se montrait déjà à hauteur de Roncourt, le 2ᵉ chasseurs d'Afrique fut porté vers la forêt de Jaumont et formé en échelons à la droite des tirailleurs du 1ᵉʳ bataillon du 100ᵉ de ligne; l'escadron de gauche, formant échelon avancé, fut déployé sur un rang et ouvrit un feu à volonté sur l'infanterie saxonne.

Pendant que ces événements se déroulaient entre Roncourt et Saint-Privat, la brigade de Sonnay achevait de former, dans le large vallon de Marengo, deux carrés échelonnés permettant, probablement, de battre à la fois les directions de Roncourt et de Saint-Privat. En même temps, le 94ᵉ, qui s'était rassemblé, comme on le sait, derrière la crête 327, avait rétrogradé vers le Sud et venait s'arrêter à l'Est de Saint-Privat, c'est-à-dire sans doute sur la crête qui, du mamelon 335, descend vers la forêt de Jaumont.

---

(1) Le 2ᵉ chasseurs se formait en bataille « sur la droite, à 200 mètres et à hauteur de Saint-Privat ». (*Historique* du 2ᵉ chasseurs.)
(2) *Historique* de la 2ᵉ brigade (de La Jaille), de la 1ʳᵉ division de cavalerie.

Situation du 6ᵉ corps vers 7 heures du soir. — Un peu avant 7 heures du soir, la situation du 6ᵉ corps était donc la suivante :

Dans le village même de Saint-Privat, douze bataillons et demi (1) occupaient les lisières Ouest et Nord (2). En outre, un détachement du 25ᵉ, rallié par le commandant Philebert, était embusqué dans les maisons de Jérusalem.

Dans la direction de Roncourt, le IIᵉ bataillon du 9ᵉ faisait face au village, depuis la croupe située à quelques centaines de mètres plus au Sud et arrêtait un peu plus tard par ses feux les premiers tirailleurs saxons qui atteignaient la localité. Le Iᵉʳ bataillon du 9ᵉ allait abandonner Roncourt et se replier vers la forêt de Jaumont.

Entre Saint-Privat et cette même forêt, les Iᵉʳ et IIᵉ bataillons du 100ᵉ étaient déployés face à Roncourt et un peu au Nord du chemin qui mène de Saint-Privat aux carrières de Jaumont. A leur droite, c'est-à-dire à proximité de la lisière boisée, le 2ᵉ régiment de chasseurs d'Afrique, formé en échelons, avait déployé un escadron qui n'allait pas tarder à faire le coup de feu à hauteur

---

(1) 9 B. Ch., $\frac{\text{I, II, III}}{4}$, $\frac{\text{I, II, III}}{12}$, $\frac{\text{III}}{9}$, $\frac{\text{I, II, III}}{93}$, $\frac{\text{III}}{100}$, 4, 5, 6 $\frac{\text{I}}{94}$.

(2) Tous les bataillons étaient trop mélangés pour qu'il soit possible de fixer leurs places relatives. Il semble cependant qu'on puisse donner les indications suivantes : sur la lisière Ouest : 9 B. Ch., 4, 5, 6 $\frac{1}{94}$, 12ᵉ et fractions du 4ᵉ régiment ; sur la lisière Nord : $\frac{\text{III}}{9}$, $\frac{\text{III}}{100}$ et fr. du 4ᵉ. Le 93ᵉ paraît avoir occupé, au moins pendant un certain temps, la lisière Ouest. A 7 heures, ou peut-être un peu plus tard, il évacuait Saint-Privat et ralliait peu après la brigade de Sonnay dans le vallon 319.

des tirailleurs du Ier bataillon du 100e régiment de ligne.

Derrière cette première ligne de combat, la brigade Bruchard (2e et 3e chasseurs) et le 94e formaient un important soutien placé sur la croupe à l'Est de Saint-Privat.

Entre cette croupe et la route, deux carrés échelonnés, constitués par les deux régiments de la brigade de Sonnay, auxquels allait bientôt se joindre le 93e, formaient réserve (1).

Plus au Sud encore, les quatre régiments de la division Levassor-Sorval s'étaient ralliés aux abords de la grande route : les 25e, 26e et 28e à quelques centaines de mètres à l'Est de Jérusalem ; le 70e près de la ferme de Marengo.

Enfin, presque toute l'artillerie du 6e corps, renforcée de deux batteries de la réserve générale (6e et 7e du 13e) et de quelques batteries du 4e, était en batterie sur la croupe des carrières de la Croix.

Certes, la situation des troupes du 6e corps n'était pas désespérée, en ce sens que leur existence n'était pas compromise, puisque leur retraite vers Metz restait toujours assurée par la large coupure de la route de Woippy et qu'il était encore possible d'arrêter, d'ici la nuit, un adversaire d'ailleurs exténué, devant la lisière des bois de Jaumont et de Saulny.

On ne saurait nier, cependant, que dès cet instant, la bataille fut perdue à l'aile droite française, car le commandement et la troupe étaient tous deux convaincus que la lutte ne pouvait plus avoir d'autre objet que de protéger la retraite.

---

(1) Avec le IIe bataillon du 10e, qui avait suivi le 75e régiment dans sa retraite.

Au reste, celle-ci était commencée depuis longtemps déjà et l'on verra plus tard qu'une foule d'isolés (blessés ou non) se jetaient sous bois ou refluaient vers Metz en se heurtant aux voitures de toute sorte qui encombraient la route de Woippy. Bien qu'il ne se fût point encore produit, sur les derrières du champ de bataille, de panique aussi importante que celles dont on rencontrera quelques exemples à la tombée de la nuit, il n'en est pas moins vrai que des vides notables s'étaient déjà manifestés dans les rangs des troupes alors massées pour la plupart à l'Est de Saint-Privat.

Le vent de la défaite avait soufflé parmi les bataillons du 6ᵉ corps et continuait lentement son œuvre de désagrégation, pendant qu'une poignée de héros combattait encore à Saint-Privat, sous le commandement de leur vaillant maréchal, — pour sauver l'honneur des armes.

VII. — Suite du combat d'Amanvillers (de 5 heures à 7 heures).

Le 4ᵉ corps entre 5 heures et 5 h. 30. — On se rappelle que depuis 4 heures du soir, l'infanterie du IXᵉ corps gardait une attitude strictement défensive sur tout son front de combat, c'est-à-dire depuis la lisière septentrionale du bois des Génivaux jusqu'aux environs de la voie ferrée.

Plus au Nord, l'infanterie de la Garde prussienne en faisait autant, entre Habonville et Sainte-Marie. La 47ᵉ brigade saxonne, enfin, s'était retirée de la lutte dès 4 h. 30 du soir, après l'échec que venait de lui infliger la brigade de Sonnay.

Un peu avant 5 heures, une accalmie générale s'était donc manifestée devant les corps d'armée du général de Ladmirault et du maréchal Canrobert.

A ce moment, 17 bataillons français (1) étaient déployés, en première ligne, à l'Ouest d'Amanvillers et de Montigny, soit sur le chemin conduisant de la Folie à Sainte-Marie, soit un peu au delà de ce chemin. Leur droite était appuyée à la voie ferrée et leur gauche s'avançait sur les croupes 332 et 336 d'où l'on découvrait le vallon de la ferme de l'Envie alors très faiblement occupée par deux compagnies prussiennes.

Enfin, le commandant du 4ᵉ corps disposait encore, comme réserve générale, de six bataillons frais échelonnés entre Amanvillers et Montigny-la-Grange (2).

La situation du général de Ladmirault était donc loin d'être inquiétante, puisque la ligne de combat de son infanterie était encore intacte et qu'une réserve importante était disponible à proximité. Ajoutons enfin qu'une division de la Garde était réunie, à ce moment, sur le plateau de la ferme Saint-Vincent, c'est-à-dire à 2,000 mètres environ à vol d'oiseau de Montigny-la-Grange.

Malheureusement, l'artillerie du 4ᵉ corps, était presque réduite à rien. Sur les quinze batteries du corps d'armée, les deux batteries de 12 du commandant Ladrange (3) étaient seules en position de combat à l'Ouest de Montigny et n'étaient plus soutenues que par une seule batterie du 3ᵉ corps (la 10ᵉ du 4ᵉ) (4).

---

(1) $\frac{III}{73}, \frac{I}{54}$, 5 B. Ch., 2 B. Ch., $\frac{I, II, III}{13}, \frac{I, II}{15}, \frac{III}{54}, \frac{I, II}{65}, \frac{III, I}{64}, \frac{II, I, III}{98}$.

(2) $\frac{II}{54}, \frac{III}{65}, \frac{I}{33}, \frac{II}{64}, \frac{II, III}{33}$. Le bataillon $\frac{II}{64}$ n'avait été que peu engagé jusqu'ici.

Errata, page 266. Ligne 2, ajoutez : et un bataillon du 65ᵉ (le IIIᵉ).

(3) $\frac{11, 12}{1}$.

(4) La 6ᵉ batterie du 1ᵉʳ, puis la 9ᵉ du même régiment, allaient un

Encore ces deux batteries (Florentin et Gastine) n'avaient-elles plus dans leurs coffres qu'un approvisionnement si faible qu'il ne fallait plus compter sur une résistance sérieuse de leur part.

Il était près de 5 heures du soir, lorsque le commandant du 4ᵉ corps reçut, à Amanvillers, l'avis du général Bourbaki annonçant que la division de grenadiers de la Garde venait d'arriver au Gros-Chêne, et qu'elle allait continuer sa route pour se rapprocher d'Amanvillers (1).

Le général de Ladmirault se rendit alors sur les positions de combat de son corps d'armée situées au Sud-Ouest du village et fit part aux généraux de Lorencez et Berger de la bonne nouvelle qu'il venait de recevoir.

Depuis les hauteurs d'Amanvillers, le général Berger avait cru observer, vers 4 heures, un mouvement de retraite assez prononcé d'une partie des troupes du 6ᵉ corps et de la division de Cissey (2). Peu de temps après, il avait aperçu un mouvement offensif reportant ces mêmes troupes sur les positions qu'elles venaient d'abandonner. Il rendit compte de ces faits au commandant du 4ᵉ corps, et celui-ci, estimant sans doute que l'accalmie qui régnait à la fois sur le front de son corps d'armée et sur celui du maréchal Canrobert dénotait

---

peu plus tard se remettre en batterie près et au Sud d'Amanvillers. Mais de là, leurs vues étaient complètement masquées par la crête au delà de laquelle se trouvait l'infanterie du 4ᵒ corps.

(1) *Rapport* du général Berger, commandant la 2ᵉ brigade de la 3ᵉ division, et *Déposition* du capitaine de la Tour-du-Pin. *Procès Bazaine.*

(2) Il est impossible de trouver à quel mouvement le général fait allusion. Un peu avant 4 heures, le 94ᵉ avait reflué, il est vrai, sur Roncourt, mais sans pouvoir être vu depuis Amanvilliers. A 4 heures, au contraire, la brigade de Sonnay se portait en avant. C'est peut-être de ce mouvement qu'il est question dans la phrase suivante.

une grande fatigue chez l'adversaire, parut satisfait de la situation (1).

C'est sur ces entrefaites que le 13ᵉ de ligne, qui avait subi des pertes importantes pendant une lutte de plusieurs heures (2), et qui ne possédait plus, d'ailleurs, que quelques cartouches, reçut l'ordre de rallier l'autre régiment de sa brigade (le 43ᵉ) en arrière de la crête.

Pour boucher la trouée ainsi produite sur la ligne de combat, les deux premiers bataillons du 15ᵉ, puis bientôt le IIIᵉ bataillon du 54ᵉ, furent entièrement déployés sur l'emplacement que venait de quitter le 13ᵉ. Enfin, le IIIᵉ bataillon du 65ᵉ vint renforcer le centre du 98ᵉ qui, cependant, n'avait encore été l'objet d'aucune tentative d'attaque. Il était alors 5 h. 30.

Désormais, c'est-à-dire au moment où la *3ᵉ* brigade de la Garde prussienne allait précisément déboucher des bois de la Cusse pour attaquer dans la direction d'Amanvillers, les 2ᵉ et 3ᵉ divisions du 4ᵉ corps avaient déployé entre le chemin creux d'Habonville et la croupe 336, — soit sur un front de plus de 2,000 mètres, — quatorze des dix-neuf bataillons dont elles disposaient encore (3). Les réserves se réduisaient donc à cinq bataillons (4), et les troupes de première ligne placées à l'Ouest d'Amanvillers, ne formaient plus qu'une mince ligne continue de bataillons accolés.

---

(1) *Rapport* du général Berger.

(2) Pertes du 13ᵉ régiment : tués : 5 officiers, 33 hommes ; blessés : 13 officiers, 230 hommes ; disparus : 110 hommes.

(3) Les six bataillons de la brigade Bellecourt (13ᵉ-43ᵉ) venaient de se retirer sans munitions. Le IIIᵉ bataillon du 15ᵉ était toujours dans les carrières de la Croix.

(4) $\frac{II}{54}, \frac{II}{64}, \frac{I, II, III}{33}$.

Enfin, au même moment, la batterie de 12 postée à mi-distance entre Amanvillers et Montigny disparaissait derrière la crête après avoir tiré ses derniers projectiles (11ᵉ du 12ᵉ).

La *3ᵉ* brigade de la Garde allait donc se présenter, en marchant sur Amanvillers, devant une ligne de feu très puissante, mais qui n'avait plus derrière elle que de faibles réserves, — d'ailleurs massées pour la plupart autour de Montigny, — et qui n'était plus soutenue que par une seule batterie de 12 (la 12ᵉ du 1ᵉʳ), placée dans une situation très excentrique (également près de Montigny).

Au Sud-Ouest d'Amanvillers, les bataillons étaient déployés sur le chemin 327-331, mais leurs tirailleurs avaient été poussés à 150 ou 200 mètres plus loin. En avant de Montigny, les bataillons du 64ᵉ et du 98ᵉ avaient franchement dépassé le chemin bordé de peupliers, et les tirailleurs s'étaient avancés sur la croupe 332 jusqu'au sommet des pentes d'où l'on domine les fermes de Champenois et de l'Envie (1).

Attaque de la 3ᵉ brigade de la Garde prussienne. — Après 5 h. 15, le commandant de la Iʳᵉ armée avait pu observer, depuis les positions de l'artillerie hessoise, au Nord des bois de la Cusse, le déploiement de la *4ᵉ* brigade de la Garde entre Saint-Ail et Sainte-Marie. Ce ne pouvait être pour lui que le signal d'une reprise du combat et le général de Manstein ordonna aussitôt à la *3ᵉ* brigade de la Garde, qu'on avait mise à sa disposition, de se diriger, des environs d'Habonville, sur Amanvillers. Il prescrivit en même temps au général de Wittich (commandant la *49ᵉ* brigade) d'appuyer le

---

(1) D'après M. le général Saget, alors sous-chef d'état-major du 4ᵉ corps.

mouvement vers la gauche, en progressant de part et d'autre de la voie ferrée avec trois de ses bataillons (*1er* régiment hessois et IIe bataillon du *2e*).

A 5 h. 30, les six bataillons de la *3e* brigade de la Garde (1) quittaient Habonville et franchissaient la voie ferrée. Dès cet instant, ils commencèrent à recevoir quelques-uns des projectiles que les batteries du général de Cissey, revenues sur la croupe des Mares, destinaient aux batteries hessoises.

Tandis que le bataillon de Tirailleurs obliquait à gauche en longeant la voie ferrée à une distance de 300 mètres, le reste de la brigade continuait sa marche vers le Sud et s'engageait entre les parcelles des bois de la Cusse. Arrivés sur la lisière méridionale du bois, les fusiliers du *1er* grenadiers, qui marchaient en tête, exécutèrent une conversion à gauche et prirent Amanvillers comme point de direction, tandis que les autres bataillons s'arrêtaient provisoirement derrière les taillis.

A peine le bataillon de fusiliers eut-il pris sa formation de combat qu'il fut assailli par un feu très intense des bataillons français (2) qui dominaient, de la crête militaire, le vallon 316-319, c'est-à-dire le long couloir qui s'étend entre les bois de la Cusse et la croupe 326.

Le 5e bataillon de chasseurs à pied, que son caisson de bataillon venait de ravitailler sur sa position de combat, fit, en particulier, un tir des plus rapides.

---

(1) Le Ier bataillon du *1er* grenadiers restait tout d'abord à Habonville comme garnison du point d'appui; mais il prenait bientôt part à l'attaque de la 4e brigade sur Jérusalem. La colonne d'attaque comprenait donc : $\frac{\text{II, F}}{1\text{ G}}$, $\frac{2, 3, \text{II, F}}{3\text{ Gr}}$, bataillon de Tirailleurs, 2e et 3e compagnies de pionniers. (Les compagnies $\frac{1, 4}{3\text{ Gr}}$ accompagnaient la brigade de hulans de la Garde et se trouvaient par conséquent à Saint-Mihiel.)

(2) 5 B. Ch., 2 B. Ch.

Le bataillon prussien put cependant progresser encore un peu, bien qu'il lui fût impossible de répondre, — de si loin, — à la fusillade des troupes françaises. Il parvint ainsi jusqu'à hauteur du bataillon de Tirailleurs qui, sur ces entrefaites, avait gagné du terrain par le Nord des bois. Tous deux se trouvaient alors à 150 mètres environ en avant des taillis de la Cusse (1).

A partir du moment où le bataillon de Tirailleurs avait débouché de la Cusse, en effet, il avait été assailli par un feu intense des tirailleurs du 73e et probablement aussi du Ier bataillon du 54e. En quelques minutes, le commandant du bataillon prussien et tous les officiers étaient frappés, de sorte que le commandement restait aux mains d'un simple enseigne. Les restes de cette brave troupe continuèrent cependant à s'avancer encore un peu ; mais alors, force leur fut de se jeter à terre.

C'est sur ces entrefaites, que les fusiliers du 1er grenadiers étaient arrivés à leur hauteur. Les deux bataillons ouvrirent le feu, puis, entraînés par leurs officiers, ils firent encore un bond de 150 à 200 mètres et arrivèrent ainsi à 400 mètres de la ligne française (2).

---

(1) *Geschichte des Kaiser Alexander Garde-Grenadier-Regiments Nr. 1.* Plan 8. (Berlin 1904.)
  Voir le croquis intercalé dans le texte et intitulé : *Fin du combat d'Amanvillers* (au 1/15000e).
 (2) Du chemin creux 331, on découvre la lisière du bois de la Cusse et le fond du vallon 319, qui s'étend le long de la lisière Sud de ce dernier. Mais la croupe 321-329 masque absolument vers la gauche tout le reste du champ de bataille. Pour les défenseurs du chemin creux, l'attaque des Tirailleurs de la Garde et des fusiliers du 1er grenadiers fut donc très visible entre le moment où ils dépassèrent la Cusse et celui où ils arrivèrent à 300 ou 400 mètres de la ligne française. Mais les bataillons prussiens, qui s'avancèrent plus au Sud, ainsi qu'on va le voir, restèrent complètement ignorés du 5e bataillon de chasseurs et du Ier bataillon du 54e. En revanche le 2e chasseurs et les bataillons placés à sa gauche les découvrirent au moins pendant une partie de leur parcours.

Peu de temps après le départ des fusiliers, c'est-à-dire à 5 h. 45, le II⁰ bataillon du 1ᵉʳ grenadiers avait reçu l'ordre de s'avancer à la droite de celui qui le précédait, de manière à couvrir l'artillerie du IX⁰ corps, jusque-là bien imparfaitement protégée par le 1ᵉʳ bataillon de chasseurs hessois (1). Le II⁰ bataillon s'était donc dirigé vers la croupe occupée par les batteries, c'est-à-dire vers le Sud-Est, et avait fait une première halte sur la croupe 321 (2), où il essuyait, à partir de cet instant, le feu terrrible des tirailleurs du 2⁰ bataillon de chasseurs et du 15⁰ de ligne.

Il était alors un peu plus de 6 heures. A ce moment, le 1ᵉʳ bataillon de chasseurs hessois fit prévenir le bataillon de grenadiers que les munitions lui manquaient et qu'il allait être obligé de battre en retraite.

Le II⁰ bataillon reprit donc sa marche et dépassa même les chasseurs (3). Mais il tomba alors sous le feu de la partie de la ligne de combat française qui s'étendait depuis les coudes du chemin de Vernéville jusqu'à la croupe 332 (4), et aux effets desquels il avait échappé jusqu'ici, grâce à la protection que lui avait procurée la croupe 326-330. Arrivé à 300 ou 400 mètres des bataillons de la division de Lorencez, le bataillon prussien, très éprouvé, se jeta à terre et refusa immédiatement sa droite pour faire face aux bataillons du 64⁰ qui le prenaient d'écharpe.

Il était alors 6 h. 15.

---

(1) *Geschichte des Kaiser Alexander Garde-Grenadier-Regiments Nr. 1* (loc. cit.).
(2) *Geschichte des Kaiser Alexander Garde-Grenadier-Regiments Nr. 1*. Plan 8.
(3) Ceux-ci, à bout de forces et de munitions se retirèrent alors dans les bois de la Cusse.
(4) $\frac{III}{54}, \frac{I, II}{65}, \frac{III}{64}$.

Mais, de la lisière des bois de la Cusse, le commandant de la *3e* brigade avait pu se rendre compte de la détresse dans laquelle se trouvaient désormais ses bataillons de première ligne. Il avait donc prescrit à (6 h. 15), au *3e* grenadiers de faire avancer six de ses compagnies, tant pour combler les pertes considérables que la ligne de combat avait déjà subies, que pour garnir la large trouée qui s'était produite entre les deux ailes de la brigade (1).

Laissant provisoirement le IIe bataillon en réserve (2), le colonel du *3e* grenadiers fit déboucher du bois les 2e, 3e, 9e, 10e, 11e et 12e compagnies, et les porta dans la direction indiquée (3). Mais, avant qu'elles fussent arrivées sur la ligne de combat, deux contre-attaques françaises se produisaient, d'une part contre les fusiliers du 1er grenadiers, de l'autre contre le IIe bataillon placé à l'extrême droite.

Les bataillons ennemis de première ligne, — et surtout celui des Tirailleurs, — avaient subi des pertes considérables. Bien que les six compagnies qui s'avançaient à leur suite fussent dérobées aux vues de la défense pendant une portion de leur parcours, elles éprouvèrent également des pertes très sensibles (4).

---

(1) *Geschichte des Kaiser Alexander Garde-Grenadier-Regiments Nr. 1.*

(2) Avec les deux compagnies du génie.

(3) C'est-à-dire vers la portion du terrain comprise entre les cotes 329 et 330. Les fusiliers tenaient la droite, les 2e et 3e compagnies la gauche.

(4) Depuis les positions qu'occupaient les deux premiers bataillons du 15e, c'est-à-dire à 200 mètres à peu près au delà du chemin 327-331, les vues ne s'étendent que jusqu'au buisson voisin de la cote 330. On découvre bien, il est vrai, la lisière de la Cusse et la croupe 321, mais tout le terrain qui s'étend au Sud-Est de celle-ci reste invisible, y compris la partie de la croupe 326, occupée par l'artillerie du

Mais, jusqu'à 6 h. 30, les troupes du 4ᵉ corps s'étaient contentées d'opposer à l'assaillant une fusillade des plus vives.

A ce moment, le général de Wittich faisait avancer, comme on le verra plus loin, ses trois bataillons hessois par les abords de la voie ferrée. L'attaque de la *3ᵉ* brigade se trouvait donc ainsi prolongée par sa gauche, en même temps qu'elle allait être renforcée sur son front par les nouvelles compagnies qui avaient déjà débouché des bois de la Cusse. Dans ces conditions, le général Pajol craignit « que les positions du 15ᵉ ne fussent compromises (1) », et appela à lui le Iᵉʳ bataillon du 33ᵉ (2) (3).

Mais avant que ce bataillon fît son apparition aux côtés du 15ᵉ, les deux contre-attaques auxquelles on a fait allusion plus haut étaient simultanément exécutées vers 6 h. 45 par le 2ᵉ bataillon de chasseurs d'une part, et, autant qu'il est permis de le supposer, par le IIᵉ bataillon du 64ᵉ d'autre part.

De leur position sur la croupe 331, les hommes du

IXᵉ corps. Cette dernière ne pouvait être battue que de front par l'infanterie du 64ᵉ et du 65ᵉ déployée entre la route de Vernéville et la croupe 332. Inversement, cette artillerie ne pouvait avoir aucune action sur les défenseurs du mamelon 331.

(1) *Rapport* du général Pajol.

(2) Le *Rapport* du général Pajol dit que le commandant de la 1ʳᵉ brigade appela un bataillon et demi....., mais l'*Historique* du 33ᵉ prouve que le Iᵉʳ bataillon fut seul acheminé de Montigny vers les positions du 15ᵉ, c'est-à-dire dans le voisinage de la route de Vernéville. Au reste, les deux autres bataillons du 33ᵉ avaient déjà été portés dès 6 heures derrière le 98ᵉ. (*Rapport* du général Pradier.)

(3) Le commandant de la 1ʳᵉ brigade se disposait à rapprocher un autre bataillon du 33ᵉ jusqu'à mi-distance entre Amanvillers et Montigny, mais le général de Ladmirault lui fit remarquer que c'était inutile parce que la Garde impériale allait arriver pour finir la victoire... » (*Rapport* du général Pajol.)

2ᵉ bataillon de chasseurs avaient ouvert « un feu des plus nourris (1) » sur les fusiliers du 1ᵉʳ grenadiers. Malheureusement, les batteries de la Garde prussienne qui venaient de se montrer au delà de la voie ferrée sur la croupe 310, dirigeaient maintenant un tir très vif sur les défenseurs du plateau d'Amanvillers en les prenant d'enfilade. Bientôt « la position n'est plus tenable, dit l'*Historique* du 2ᵉ bataillon de chasseurs, en raison du tir de l'artillerie ennemie qui redouble d'efforts et dont tous les coups frappent avec une effrayante précision ». Sous cette pluie de fer et sans doute aussi sous l'effet de la violente fusillade de l'infanterie ennemie, alors distante de 400 mètres, le bataillon plia. Mais à peine avait-il reculé de 75 mètres, — c'est-à-dire probablement jusqu'au chemin 331, — que le commandant Le Tanneur, aidé de tous ses officiers, rallia vivement ses hommes et les reporta en avant la baïonnette basse. Menacés d'être débordés par leur gauche les fusiliers prussiens firent aussitôt face de ce côté avec leurs deux compagnies d'aile, mais il n'apparaît pas que les troupes françaises eussent poussé leur charge jusqu'au contact. D'après l'*Historique* du 2ᵉ bataillon de chasseurs, l'ennemi aurait plié et reculé. Peut-être le mouvement qu'on vient d'indiquer des deux compagnies de l'aile gauche des grenadiers fut-il pris par les Français pour un mouvement rétrograde. Quoi qu'il en soit, il semble que les chasseurs se trouvèrent alors en prise aux feux de flancs des Tirailleurs de la Garde et, par surcroît, complètement découverts sur leur droite, puisque le 5ᵉ bataillon de chasseurs ne les avait pas accompagnés dans leur mouvement offensif. « Le 2ᵉ bataillon, qui est considérablement affaibli par suite des pertes sensibles éprouvées pendant la journée, ne peut poursuivre son

---

(1) *Historique* du 2ᵉ bataillon de chasseurs.

avantage sans s'exposer à se voir couper de sa ligne de retraite ; son flanc droit étant complètement découvert, il s'arrête à l'endroit où il a tenu toute la journée et y brûle ses dernières cartouches (1) ; l'ennemi ne recule plus, mais il n'avance pas (2) ».

Au même instant, un autre bataillon français (3) surgissait du léger col situé au Nord-Ouest de Montigny et se portait vivement contre l'extrême droite du 1er grenadiers, en renforçant la ligne de combat formée par les bataillons du 64e et du 65e (4). Il est malheureusement impossible de désigner avec certitude ce bataillon.

On peut seulement faire l'hypothèse qu'il s'agit du IIe bataillon du 64e, lequel fut effectivement porté en avant « pour boucher une trouée qui existait entre la droite de la 2e division (5) et la division voisine (6) (7) ». Au moins, le récit de l'*Historique* du 1er grenadiers prussien paraît-il se rapporter à lui, puisque le bataillon en question quitta la région au Nord de Montigny pour gagner la croupe 332 (8).

---

(1) Il faut probablement entendre par là qu'il rétrograda jusque sur son ancienne position de combat, — à moins qu'il ne l'ait pas dépassée dans son retour offensif..... ?

(2) *Historique* du 2e bataillon de chasseurs.

(3) L'*Historique* du 1er grenadiers dit *plusieurs* bataillons... ?

(4) $\frac{I, II}{65}$ et $\frac{III}{64}$.

(5) Alors réduite à la brigade Pradier (64e et 98e).

(6) C'est-à-dire les bataillons de la division Lorencez (15e, 54e et 65e).

(7) *Rapport* du général Pradier.

(8) Il est cependant important de remarquer que cette hypothèse est assez fragile, car il était alors 6 h. 45, ce qui suppose que le bataillon du 64e aurait quitté Montigny vers 6 h. 30. Or, d'après le *Rapport* Pradier, l'ordre au IIe bataillon du 64e aurait été donné à 5 heures. Il faudrait donc admettre une grossière erreur d'heure, — dont cet exemple ne serait d'ailleurs pas unique, — ou bien un retard considérable dans l'exécution. Il faut enfin ajouter, en faveur de la thèse

En voyant approcher les troupes françaises de seconde ligne, les officiers du IIe bataillon du 1er grenadiers auraient commandé « Cessez le feu ! » afin d'économiser les cartouches qui se faisaient rares et de réserver le peu qui en restait pour les distances décisives (1).

« Survinrent alors des minutes d'une attente inquiétante, dit l'*Historique* du régiment prussien. On voyait des colonnes se rapprocher de plus en plus de la tranchée ennemie la plus voisine. En avant, d'épaisses chaînes de tirailleurs ; elles les dépassent et se jettent avec des hourras, des batteries de tambours, des sonneries de clairons, sur la ligne prussienne dont trois cents pas à peine les séparent. Alors, la fusillade crépite de toute part ; l'ennemi hésite ; une partie, entraînée par les officiers, progresse encore ; d'autres se rassemblent en pelotons pour ne tomber que plus sûrement sous les balles prussiennes. Enfin, toute la ligne française fait demi-tour et se retire avec de grandes pertes (2). »

A peine les deux contre-attaques françaises venaient-elles d'être repoussées, que les six compagnies du 3e grenadiers arrivaient en ligne entre les deux bataillons du 1er grenadiers, c'est-à-dire en vue des deux premiers bataillons du 15e.

Or, c'est probablement un peu avant cet instant que

---

admise ici à défaut d'autre, que l'envoi du bataillon du 64e sur la ligne de combat s'expliquerait mieux vers 6 h. 30 qu'à 5 heures, puisqu'à ce dernier moment la lutte était presque complètement suspendue sur le front du 4e corps.

(1) *Geschichte des Kaiser Alexander Garde-Grenadier-Regiments Nr. 1.*

(2) Il est cependant à noter que le IIe bataillon du 64e, — s'il s'agit bien de lui, — ne rétrograda que jusqu'à la ligne de combat de la brigade Pradier.

ceux-ci avaient subi une légère débandade, suivie du retour offensif dont parle le général Pajol dans son *Rapport*. Sans doute assaillis par la même canonnade qui avait fortement incommodé le 2ᵉ bataillon de chasseurs, les deux bataillons du 15ᵉ venaient de perdre le lieutenant-colonel et les deux chefs de bataillon ; peut-être aussi avaient-ils été fâcheusement impressionnés par le mouvement de recul des chasseurs..... Quoi qu'il en soit, les deux bataillons se désunirent à leur tour et reculèrent avec plus ou moins de désordre. Mais à ce moment, arrivait à la gauche du 15ᵉ, le Iᵉʳ bataillon du 33ᵉ dont il a été question plus haut. Au 15ᵉ, le capitaine adjudant-major Bonnet prit le commandement, fit sonner le ralliement, déploya le drapeau et rassembla la plus grande partie de ses hommes ; tous furent alors vigoureusement ramenés sur les positions qu'ils n'avaient quittées que pour un instant, tandis que ceux du 33ᵉ se déployaient à leur hauteur, et ne contribuaient pas peu à rétablir la confiance et le bon ordre (1).

C'est vraisemblablement à ces incidents que l'*Historique* du *1*ᵉʳ grenadiers fait allusion, lorsqu'il dit qu'avec l'aide des six compagnies du *3*ᵉ grenadiers qui rejoignaient la ligne de combat « deux nouvelles attaques de l'ennemi furent repoussées..... »

Pendant que la série de contre-attaques dont on vient de parler se produisait sur la droite et sur le centre de

---

(1) Il paraît probable que c'est à ce moment, — c'est-à-dire vers 7 heures, — que le IIIᵉ bataillon du 64ᵉ fut également appelé devant Amanvillers pour soutenir la division Lorencez. Le *Rapport* Pradier dit que ce mouvement eut lieu *vers 4 heures*, mais il ne peut y avoir là qu'une grossière erreur d'heure, car à ce moment, la 3ᵉ division était encore en seconde ligne. Il faut au moins attendre, pour placer le fait que relate le *Rapport* en question, que la division Lorencez eût été déployée, et même qu'elle eût eu besoin d'être appuyée..... On doit

la brigade allemande, les deux bataillons de gauche avaient à peine pu gagner un peu de terrain en avant, de sorte que vers 7 heures du soir, quatorze compagnies ennemies se trouvaient déployées à 500 mètres du chemin 327-331, c'est-à-dire à des distances variant de 300 à 400 mètres de la ligne de combat du 4° corps (1).

Chacun conserva alors ses positions, mais la fusillade continua intense de la part des troupes françaises, tandis que les compagnies prussiennes exténuées se couchaient à terre en cherchant un abri sur le rebord de l'espèce de terrasse que forme la partie supérieure du large mamelon 331 (2).

L'attaque allemande était donc arrêtée pour un temps. Mais à ce moment, le général de Ladmirault ne possédait pour ainsi dire plus aucune réserve. Entre la voie ferrée et la croupe 336, 19 bataillons (3) étaient

---

cependant noter expressément que l'intervention du III° bataillon du 64° *à ce moment de la lutte*, n'est qu'une simple hypothèse basée seulement sur une vraisemblance.

(1) L'*Historique du Grand État-Major prussien* place, à cette même heure, la ligne de combat allemande sur le chemin lui-même, admettant ainsi que les bataillons du général de Ladmirault avaient déjà reflué sur Amanvillers. Il y a là une erreur importante qui a déjà été rectifiée par l'*Historique* du *1er* grenadiers ainsi que par Kunz (*Heft 2*), et qui le sera sans doute plus tard par le Grand État-Major allemand lui-même.

(2) L'*Historique* du *1er* grenadiers raconte qu'à ce moment on ne possédait plus qu'une moyenne de quatre à cinq cartouches par homme et qu'on envoya les sous-officiers vers l'arrière pour ramasser celles des tués et des blessés. Les chiffres précédents ne s'appliquent vraisemblablement qu'aux troupes du *1er* grenadiers, car celles du *3e* n'étaient en ligne que depuis quelques instants.

Pertes totales : *1er* grenadiers, 847 hommes ; *3e* grenadiers, 454 hommes.

(3) Y compris $\frac{III}{73}$.

déployés en première ligne sur un front d'environ 2,500 mètres de développement, et, chose curieuse, la densité des troupes était particulièrement considérable au Sud-Ouest de Montigny, c'est-à-dire dans une zone où le combat n'avait pris aucune extension. Un seul bataillon, le IIe du 54e, constituait une réserve insignifiante sous les murs d'Amanvillers.....

Attaque de la 49e brigade hessoise. — Pendant que se déroulait l'attaque de la *3e* brigade de la Garde, le général de Wittich avait, — conformément aux ordres du général de Manstein, — porté en avant les trois bataillons de la *49e* brigade, désignés pour appuyer le mouvement offensif sur Amanvillers (1).

Le IIe bataillon du *1er* hessois s'avança par le Sud de la voie ferrée, entraînant avec lui la 3e compagnie du 4e régiment. Les 2e et 3e compagnies du *1er* hessois franchirent la voie ferrée et rejoignirent bientôt les 1re et 4e compagnies déjà déployées en avant des batteries divisionnaires, c'est-à-dire à la gauche du IIe bataillon du *2e* hessois. Mais déjà, les deux compagnies de l'aile gauche (1re et 4e du *1er* hessois) avaient dépassé le ravin où elles s'abritaient jusque-là. Les 2e et 3e compagnies s'engagèrent peu après dans la même direction ; mais quand elles se montrèrent sur la croupe située au Sud du vallon 295, le feu intense que le 26e de ligne dirigea sur elles les força à rétrograder dans la dépression de terrain qu'elles venaient de quitter. Les deux bataillons de droite, cependant, purent continuer à s'avancer dans l'axe de la voie ferrée, sans doute parce qu'ils étaient protégés des feux de flanc par le prolongement vers l'Ouest de la croupe 315.

---

(1) $\frac{\text{I, II}}{1 \text{ Hess}}$, $\frac{\text{II}}{2 \text{ Hess}}$.

Ils marchèrent ainsi vers la maison du garde-barrière située sur le chemin d'Amanvillers à Habonville. Malgré le feu intense que le III® bataillon du 73® (et peut-être des tirailleurs du 6® régiment) ne cessait de diriger sur eux, ces deux bataillons parvinrent à atteindre la maison en question; quelques compagnies l'organisèrent défensivement, tandis qu'une compagnie (la 5® du 1er hessois) poursuivait sa marche en suivant la tranchée du chemin de fer et que deux autres compagnies (5® et 8® du 2® hessois), tentaient, par le Nord de la voie ferrée « une diversion en faveur de la 3® brigade de la Garde sur le flanc droit de l'adversaire ».

Pendant ce temps, plusieurs compagnies du 3® régiment hessois (dont le gros restait embusqué dans la parcelle orientale du bois de la Cusse), franchissaient la voie ferrée et appuyaient vers la gauche les troupes du général de Wittich.

D'après le *Journal de guerre* du commandant de la 49® brigade, quelques compagnies du 1er hessois s'avancèrent alors au Sud de la voie ferrée, jusqu'au chemin qui conduit à Amanvillers, et arrivèrent ainsi à hauteur des Tirailleurs de la Garde. « Comme des pertes énormes, dit le général de Wittich, avaient arrêté l'attaque de la Garde, les compagnies qui avaient pénétré dans le chemin creux se virent obligées de rétrograder sur les bataillons en arrière, auprès de la maison du garde-barrière. Le major Hoffmann (commandant du II® bataillon du 2® hessois) rassembla vivement un demi-bataillon du 2® régiment pour produire la diversion dont il a été parlé précédemment; moi-même, je formai une colonne de 150 hommes, avec des tirailleurs provenant des deux régiments, afin de tenter avec lui une nouvelle attaque contre Amanvillers; mais, ces forces étaient insuffisantes, trop isolées, et je n'avais pas de troupes fraîches à ma disposition, de sorte que je dus me contenter d'organiser la défense de la position favorable, près de la maison du garde-barrière. *Pendant le ralliement des hommes débandés et leur marche en avant, pas un seul d'entre eux ne fut blessé.* »

Les deux bataillons hessois (1) se rassemblèrent donc bientôt autour de la maison du garde-barrière et les compagnies du 3e hessois qui avaient franchi la voie ferrée regagnaient le bois de la Cusse.

Pendant que les attaques de la 3e brigade prussienne et des trois bataillons hessois se développaient à la fois par le Sud-Ouest d'Amanvillers et par les abords de la voie ferrée, quelques fractions de la 35e brigade, laissées en réserve dans les bois de la Cusse, tentaient de les soutenir. Les fusiliers du 84e, en effet, avaient cherché à appuyer les Tirailleurs de la Garde en débouchant du bois à leur suite ; mais comme ils subirent les effets du feu intense que les tirailleurs français dirigeaient sur eux depuis le chemin creux, ils se rejetèrent presque immédiatement sous bois. Un peu plus tard, et sur l'ordre du général de Manstein, le Ier bataillon du 84e s'avança à son tour par le Sud du chemin de fer, tandis que les 2e et 3e compagnies du 36e s'établissaient en soutien sur la lisière orientale des bois. « Mais c'est en vain, dit l'*Historique* allemand, que ces troupes, déjà très réduites par les engagements antérieurs, essayaient de gagner du terrain ; elles échouaient à leur tour et se repliaient, en général, sur leurs emplacements précédents, dans la parcelle orientale du bois. Quelques groupes seulement tenaient bon sur la ligne de bataille de la 3e brigade de la Garde. »

Malgré l'échec, ou mieux, malgré le demi-insuccès des bataillons du général de Wittich, les batteries hessoises déployées à l'Est d'Habonville se trouvaient

---

(1) $\frac{\text{II}}{1 \text{ Hess}}$ et $\frac{\text{II}}{2 \text{ Hess}}$.

désormais parfaitement protégées par une ligne d'infanterie, qui, si elle n'était pas parvenue jusqu'à l'objectif qu'on lui avait assigné, n'en avait pas moins complètement dégagé le terrain au Nord-Est des bois de la Cusse. Aussi, deux des batteries hessoises (2e et IIe) profitèrent-elles de cette circonstance pour s'avancer jusque sur la croupe 315, au Nord de la maison du garde-barrière, venant ainsi renforcer les quatre batteries de la *1re* division de la Garde qui s'étaient elles-mêmes avancées jusque sur la large croupe 310 et qui n'avaient pas peu contribué à rendre presque intenables les positions de combat de l'infanterie française à l'Ouest d'Amanvillers.

Au centre du IXe corps, les batteries engagées sur ce point entretenaient un feu lent, mais continu, principalement dirigé sur l'infanterie française voisine de Montigny (1). La grande batterie déployée sur la croupe de Champenois était d'ailleurs mise à l'abri de toute entreprise du 4e corps par la *3e* brigade de grenadiers et surtout par les batteries de la Garde de la croupe 310 devant lesquelles la défense était, en fait, désormais maintenue à peu près impuissante sur ses positions de combat.

Il faut cependant observer que cette impuissance du 4e corps provenait surtout du manque presque absolu de réserves, car, de son côté, l'infanterie prussienne, et plus particulièrement celle de la *3e* brigade de la Garde, était, à ce qu'il semble, à peu près à bout de sa puissance offensive. Les pertes avaient été importantes, les munitions manquaient sur bien des points, et la ligne de combat n'avait plus assez d'énergie morale pour s'em-

---

(1) Les batteries de la croupe 326 ne pouvaient agir que sur les troupes placées au Sud de la route de Vernéville. Elles ne furent donc d'aucun secours immédiat pour la 3e brigade de la Garde dont l'objectif était invisible pour elles.

parer, de haute lutte, du plateau sur lequel se maintenaient encore les bataillons des généraux Grenier et Lorencez. Les Hessois, dans le voisinage de la voie ferrée, la *3ᵉ* brigade de la Garde devant Amanvillers, et plus particulièrement les batteries de la croupe 310 avaient cependant obtenu un résultat des plus importants en provoquant le déploiement de tous les bataillons du 4ᵉ corps et en les maintenant, à courte distance, sous leurs feux combinés d'infanterie et d'artillerie. Malheureusement pour les Allemands, le général de Manstein ne disposait pas non plus, à ce moment, de réserves fraîches suffisantes pour prononcer une action de vive force contre le corps du général de Ladmirault (1), et si, à la nuit tombante, les grenadiers parvinrent à s'avancer, comme on le verra plus tard, jusqu'au chemin 327-331, ce résultat ne fut que la conséquence de la victoire que l'aile gauche allemande remporta à Saint-Privat.

Le combat au Sud-Ouest de Montigny-la-Grange. — Aux environs de la ferme Chantrenne, la situation était restée à peu près stationnaire. Le bois de la Charmoise, vaillamment défendu par la brigade Clinchant, demeurait inaccessible aux bataillons du général de Blumenthal. Même, la 1ʳᵉ compagnie du *9ᵉ* bataillon de chasseurs avait dû se retirer sur Chantrenne après avoir subi des pertes importantes. La 2ᵉ compagnie du même bataillon l'avait remplacée sur la ligne de combat, toujours jalonnée par la crête de l'étroite croupe 321.

Quelques renforts étaient cependant arrivés de Vernéville. Le IIᵉ bataillon du *84ᵉ*, primitivement laissé

---

(1) De nombreux bataillons stationnaient cependant au milieu des bois de la Cusse, mais presque tous avaient été fort éprouvés déjà et étaient en réalité incapables de reprendre l'offensive, comme venaient de le montrer les vaines tentatives du *84ᵉ*.

comme garnison du village avait été en partie rapproché du bois des Génivaux ; la 8ᵉ compagnie renforçait le IIᵉ bataillon du *85ᵉ* dans la pointe du bois au Sud-Est de Chantrenne ; une autre (la 5ᵉ) venait soutenir le IIᵉ bataillon du *36ᵉ* sur la crête 321 et tentait même, — sans succès, — un mouvement offensif que le IIᵉ bataillon du *81ᵉ* enraya par un feu violent, depuis la lisière du bois de la Charmoise.

Il était alors à peu près 6 heures.

La 3ᵉ compagnie du *9ᵉ* bataillon de chasseurs venait d'être dirigée de Chantrenne sur le saillant du bois des Génivaux (rive gauche) pour relever le Iᵉʳ bataillon du *85ᵉ*, qui, une fois rassemblé à l'Est de Chantrenne, fut lancé à l'attaque du bois de la Charmoise. Mais cette nouvelle tentative échouait comme toutes les autres, et le bataillon prussien était obligé de rétrograder sur la crête qu'occupaient déjà le IIᵉ bataillon du *36ᵉ* et les deux compagnies du *9ᵉ* chasseurs et du *84ᵉ* (1).

Comme le IIIᵉ corps venait d'être chargé d'occuper le village de Vernéville, les deux bataillons et demi du IXᵉ, qui s'y trouvaient encore (2), reçurent l'ordre du général de Wrangel « d'appuyer vers le Sud-Est, afin d'être en mesure de s'opposer à une contre-attaque que, *selon toute apparence*, les Français se disposaient à tenter de Leipzig contre le bois des Génivaux (3) ».

Les deux bataillons et demi s'avancèrent donc sur le chemin de la Malmaison jusqu'à proximité du bois et restèrent en réserve pour être utilisés, le cas échéant,

---

(1) $\frac{2}{9\text{ Ch}}$ et $\frac{5}{84}$.

(2) $\frac{6,\ 7}{84}$ et $\frac{\text{II, F}}{11}$.

(3) *Historique du Grand État-Major prussien.*

contre une offensive française qui, — il est à peine besoin de l'ajouter, — ne se produisit pas.

Il était alors à peu près 7 heures du soir, et le combat d'infanterie cessa presque complètement aux abords de la ferme de Chantrenne, tandis que l'artillerie du IIIe corps se préparait, conformément aux ordres du général Alvensleben, à concentrer ses feux sur les défenseurs du bois de la Charmoise.

Par suite, les quatre batteries montées de l'artillerie de corps (3e, 4e, IIIe, IVe) exécutèrent une demi-conversion à droite et furent bientôt rejointes par une batterie lourde de la *6e* division (V^e). D'autre part, les deux batteries lourdes de la *5e* division (Ire, IIe) et une batterie lourde de la *6e* (VIe) vinrent renforcer, au Nord de l'Envie, les deux batteries qui s'y trouvaient déjà (1).

Vers 7 heures du soir, toutes ces batteries ouvraient un feu violent sur les troupes françaises qui occupaient toujours le mamelon 343 (2).

Bien que les cinq bataillons de la brigade Pradier (3), renforcés vers 5 heures, comme on l'a vu plus haut, par

---

(1) $\dfrac{\text{Ch}}{\text{Hess}}$, $\dfrac{5}{G}$.

(2) Depuis le chemin bordé de peupliers, près duquel était déployé le 98e, on avait les vues complètement bornées, à droite, par la croupe 313-332 et à gauche, par la croupe 331-336. A 700 mètres en avant de la ligne des tirailleurs français, deux compagnies prussiennes étaient blotties dans la ferme de l'Envie. Le 98e était donc là sur une position de laquelle il n'eut connaissance des combats de Chantrenne et de la Cusse que par le bruit de la fusillade. Lorsque les batteries prussiennes, dont il vient d'être question, s'installèrent sur la croupe 313-332, elles se placèrent dans une légère dépression (que la carte n'indique pas) et d'où elles découvraient les troupes du 3e corps du mamelon 343 sans être, pour cela, aperçues par le 98e.

(3) $\dfrac{\text{II, I}}{64}$ et $\dfrac{\text{II, I, III}}{98}$.

le IIIᵉ bataillon du 65ᵉ, n'eussent encore été, à ce moment, l'objet d'aucune attaque de la part de l'infanterie prussienne, ils s'étaient trouvés exposés, en terrain découvert, à un feu d'artillerie qui leur avait infligé des pertes sensibles (1). Vers 6 heures du soir, les IIᵉ et IIIᵉ bataillons du 33ᵉ, réunis au Sud de Montigny, furent donc dirigés vers le 98ᵉ avec ordre de relever ce dernier régiment. Au moment où les bataillons frais arrivaient à proximité de la ligne de combat, le général Pradier fit sonner la retraite, suivie du refrain de sa brigade. Malheureusement, le 33ᵉ, comprenant mal la sonnerie, fit également demi-tour..... Le colonel du 98ᵉ, voyant que la ligne serait complètement dégarnie s'il se retirait, fit faire à nouveau face en tête à ses troupes et les réinstalla sur les emplacements qu'elles venaient de quitter. Mais, comme en cet instant le 33ᵉ, reconnaissant son erreur, faisait lui-même demi-tour, les six bataillons se trouvèrent tous face à l'ennemi, et restèrent sur place, bien que les faibles fractions d'infanterie prussienne (2), embusquées dans les fermes de l'Envie et de Chantrenne ne manifestassent nullement l'intention de sortir d'un couvert qu'elles étaient sans nul doute fort satisfaites de pouvoir occuper à si courte distance d'un adversaire très supérieur en nombre.

Vers 7 heures du soir, l'attaque de la *3*ᵉ brigade de la Garde prussienne était complètement enrayée, mais l'artillerie allemande était devenue très menaçante, par suite de l'apparition des batteries appartenant à la Garde et à la division hessoise sur le flanc droit du 4ᵉ corps. On a déjà dit qu'à ce moment, le général

---

(1) Pertes totales du 98ᵉ : 19 officiers, 284 hommes.

(2) $\frac{1.4}{36}$, $\frac{I}{2 \text{ Hess}}$.

de Ladmirault ne disposait pour ainsi dire plus d'aucune réserve, car le II⁰ bataillon du 54ᵉ restait seul en arrière des positions de combat auprès d'Amanvillers. Mais on peut se demander si le commandant du 4ᵉ corps n'avait pas compté sur l'arrivée prochaine des grenadiers de la Garde, et s'il ne s'était pas ainsi laissé aller à dépenser avec trop de libéralité les ressources assez importantes dont il disposait encore à 5 heures du soir. On va voir par suite de quelles circonstances le général de Ladmirault fut trompé dans son attente. Mais on ne saurait cependant manquer de faire observer que sur les cinq bataillons qui constituaient antérieurement la réserve autour de Montigny, un seul (le Iᵉʳ du 33ᵉ) fut appelé sur la partie du front de combat que menaçait l'attaque allemande, tandis que les quatre autres (1) servirent à renforcer les positions du 98ᵉ, devant le couloir de l'Envie, alors que de ce côté les quelques sections prussiennes qui s'y trouvaient, conservaient, — et pour cause, — une passivité complète.

Le corps de la Garde entre 5 heures et 7 heures. — Quand le général de Ladmirault eut été prévenu, vers 5 heures, de l'approche d'une division de la Garde, il envoya auprès du général Bourbaki l'un de ses aides de camp, — le capitaine de La Tour du Pin (2), — sans doute pour presser l'arrivée du renfort qui lui était annoncé et pour le guider vers Amanvillers. Il semble toutefois, si l'heure qu'on vient d'indiquer est réellement exacte, que cet officier ne fut pas dirigé sur le plateau du Gros-Chêne, immédiatement après la réception de la lettre du commandant de la Garde, car il paraît à peu près avéré que le capitaine de la Tour du Pin ne rejoignit le

---

(1) $\frac{II}{64}$, $\frac{III}{65}$ et $\frac{II, III}{33}$.
(2) Premier aide de camp du général de Ladmirault.

général Bourbaki qu'à 6 h. 15 (1). Il est d'ailleurs difficile de préciser la nature de la mission donnée à cet officier.

Lors de sa déposition au procès Bazaine, l'aide de camp du général de Ladmirault déclara que dans la lettre « qu'il n'a pas lue », le commandant de la Garde « annonçait sa présence au plateau du Gros-Chêne », mais il ne parle nullement de l'envoi d'une division à Amanvillers.

D'autre part, le général Berger dit formellement dans son *Rapport* que le commandant du 4ᵉ corps lui fit part, un peu avant 5 heures (2) « d'un petit billet qu'il venait de recevoir du général Bourbaki, lui annonçant l'envoi du général Picard avec sa division de grenadiers ». Bien que la question reste en suspens de savoir si cette division devait s'arrêter sur le plateau Saint-Vincent, comme elle le fit en réalité, ou bien si elle devait s'avancer jusqu'à proximité d'Amanvillers, il semble qu'à ce moment le commandant du 4ᵉ corps s'attendit bien réellement à voir déboucher sur le champ de bataille même, l'important renfort qu'on lui signalait, et qu'il n'envoya son aide de camp sur le plateau du Gros-Chêne que pour guider le général Picard et exposer au général Bourbaki que le feu s'étant ralenti de part et d'autre et que l'ennemi paraissant très fatigué, « des troupes fraîches rompraient victorieusement l'équilibre (3) ».

A 6 h. 15, l'aide de camp du général de Ladmirault rejoignit donc le commandant de la Garde et lui exposa ce qu'il « croyait être la pensée de son chef, qui ne lui avait pas donné de grands détails ».

---

(1) *Note* du général Bourbaki.
(2) C'était, dans tous les cas, avant l'attaque de la *3ᵉ* brigade de la Garde, c'est-à-dire avant 5 h. 30.
(3) *Procès Bazaine.*

Mais à ce moment, le général Bourbaki avait déjà constaté le mouvement rétrograde d'un assez grand nombre d'isolés du 6e corps (1), et, en fait, le capitaine de La Tour du Pin le trouva très peu disposé à porter les grenadiers jusqu'à Amanvillers ; on est donc obligé d'admettre, ou bien que le commandant de la Garde avait changé d'avis depuis l'expédition de sa lettre au commandant du 4e corps, ou bien que ce dernier avait mal interprété le sens d'un texte rédigé à la hâte et peut-être fort peu explicite.

Cependant, à 6 h. 20, le commandant Pesme arrivait à son tour auprès du commandant de la Garde et insistait, au nom du général de Ladmirault, pour que les grenadiers fussent acheminés sur Amanvillers.

« Je fis remarquer à ces deux officiers, dit le général Bourbaki, que je n'avais sous la main que la division de Grenadiers et qu'il me semblait imprudent ne ne pas me tenir en garde contre un mouvement tournant susceptible de jeter le désordre et de compromettre les résultats de la journée. Ils insistèrent tellement que je compris que le succès avait besoin d'être complété, si tant est qu'il fut réel. A 6 h. 25, je me mettais en route avec la division de grenadiers, guidé par le commandant Pesme qui m'assurait que l'ennemi était encore fort loin et j'envoyai en toute hâte chercher les batteries d'artillerie de réserve de la Garde (2). »

Le capitaine de La Tour du Pin repartit aussitôt pour Amanvillers où il annonça au commandant du 4e corps que la Garde, si impatiemment attendue, arrivait enfin à la rescousse. Puis il revint sur ses pas pour se porter au-devant du général Bourbaki.....

Mais sur ces entrefaites, c'est-à-dire entre 6 h. 30 et

---

(1) *Note* du général Bourbaki.
(2) *Ibid.*

6 h. 45, le commandant de la Garde, suivi de la brigade Jeanningros (1) et des batteries de la 2ᵉ division, avait débouché du taillis qui relie le bois des Rappes à ceux de Saulny. Arrivé, sans aucun doute, sur la croupe 331-343, il put constater le trouble qui se manifestait à ce moment au Sud de Saint-Privat, ainsi que l'encombrement qui régnait sur les derrières du 4ᵉ corps (2). Il en conclut que « l'extrême droite de l'armée pliait complètement (3) » et qu'il ne s'agissait plus, par suite, d'aider le 4ᵉ corps à parachever une victoire, mais seulement de protéger un mouvement de retraite déjà entamée.

Aussi, lorsque, quelques instants plus tard, le capitaine de La Tour du Pin se présenta de nouveau devant lui, le général s'écria-t-il : « Ce n'est pas bien, capitaine, ce que vous avez fait là ! Vous m'aviez promis une victoire et vous m'amenez pour assister à une déroute. Vous n'en n'aviez pas le droit. Il ne fallait pas me faire quitter pour cela des positions magnifiques. »

Ces paroles ne peuvent évidemment s'expliquer autrement que par la déception et par l'accès de mauvaise humeur qui s'emparèrent du commandant de la Garde lorsque celui-ci constata qu'au lieu des lauriers qu'il

---

(1) Et non de la division toute entière, comme le laisse croire la *Note* du général Bourbaki.

(2) *Note* du général Bourbaki.

(3) Il est probable qu'en outre des nombreux isolés du 6ᵉ corps, qui refluaient vers l'Est, le général Bourbaki put apercevoir le mouvement de retraite de la brigade Gibon (25ᵉ et 26ᵉ).

A l'Est d'Amanvillers, le terrain était encombré par les trains régimentaires et des réserves de batteries au milieu desquels refluaient de nombreux blessés et les bataillons de la brigade Bellecourt. Le capitaine de La Tour du Pin rapporte d'ailleurs qu'en remontant au-devant du général Bourbaki, il s'occupa à faire *déblayer la route* pour livrer passage aux grenadiers. (*Procès Bazaine*.)

comptait n'avoir plus qu'à cueillir, son rôle ne devait consister qu'à sauver l'armée d'une situation qu'il jugeait très compromise. On ne saurait donc discuter sérieusement — c'est-à-dire en se basant sur des considérations d'ordre tactique, — l'excellence de la *magnifique position* du plateau Saint-Vincent, alors que le 6ᵉ corps se débattait à 4 kilomètres de là, sous l'étreinte des Saxons et de la Garde prussienne..... Tout au plus pourrait-on faire observer, que l'exclamation du général Bourbaki trahissait naïvement un état d'esprit et une conception des choses de la guerre qui ne lui étaient malheureusement pas personnels.....

Quoi qu'il en soit, le capitaine de La Tour du Pin, aussi vivement interpellé, ne put rester assez maître de lui-même pour insister à nouveau en faveur de l'intervention immédiate de la Garde (1). Devant le regret si vivement exprimé par le général d'avoir quitté d'aussi *magnifiques positions*, l'aide de camp eût lui-même un mouvement d'impatience : « J'ai eu le tort, je l'avoue, dit-il, de répondre : « Mais, mon Général, vous pouvez les reprendre. » — « C'est ce que je vais faire, me répondit-il. » Et en même temps, il cria à ses troupes : « Halte ! Demi-tour ! » (2).

Le commandement se transmit rapidement de proche en proche, et il n'en fallut pas plus pour que la 1ʳᵉ brigade, qui venait de quitter le chemin sous bois encombré de blessés et qui s'avançait maintenant en colonnes de divisions par bataillon un peu au delà du taillis, entreprit

---

(1) On ne sait trop, d'ailleurs, s'il faut aujourd'hui le regretter ou s'en féliciter, car il est probable que si la Garde eut cédé aux instances de l'aide de camp, elle fut venue sur le plateau d'Amanvillers, où le 4ᵉ corps suffit effectivement à sa tâche, tandis que c'est beaucoup plus au Nord, vers Saint-Privat, qu'il eût été désirable de la voir intervenir.

(2) *Procès Bazaine*. Déposition du capitaine de La Tour du Pin.

immédiatement une marche rétrograde. Malheureusement, le mouvement impressionna fâcheusement un groupe d'une centaine de débandés du 4ᵉ corps qui garnissaient la lisière du bois. Se figurant que la Garde refluait sous la pression de l'ennemi, tous se sauvèrent dans le fourré en poussant des cris de terreur (1). L'encombrement qui régnait déjà sur les derrières du corps de Ladmirault en fut augmenté ; une panique s'empara d'une partie des voitures appartenant aux trains ou aux convois, puis des hommes isolés, blessés ou non, défilèrent à toute vitesse dans la direction de Lorry (2). Les grenadiers eux-mêmes, vivement impressionnés par tout ce désordre, commencèrent à manifester une certaine inquiétude (1). C'est en voyant sortir du bois la masse affolée des isolés, que le lieutenant-colonel Delatte prescrivit aux deux batteries du 17ᵉ, qu'il avait postées près de la ferme Saint-Vincent (3) de se placer à cheval sur la route à 600 mètres du débouché par lequel se montraient les fuyards (4). Ce mouvement fut rapidement exécuté, et l'obstacle matériel que présentèrent les batteries, aussi bien que la confiance qu'elles inspirèrent à tous, eurent bientôt raison du désordre et de l'affolement (5).

Dès les premiers instants de cette retraite précipitée, le général Bourbaki avait cherché à enrayer le mouvement qu'il venait de prescrire si malencontreusement et,

---

(1) *Journal* du lieutenant de La Forest-Divonne, du IIᵉ bataillon du 1ᵉʳ grenadiers.
(2) *Rapport* du lieutenant-colonel Delatte, commandant les quatre batteries du 17ᵉ (réserve du 3ᵉ corps) et *Historiques* des 3ᵉ et 4ᵉ batteries du 17ᵉ.
(3) 3ᵉ et 4ᵉ batteries du 17ᵉ (de la réserve du 3ᵉ corps).
(4) *Rapport* du lieutenant-colonel Delatte.
(5) Il est d'ailleurs probable que la présence des 2ᵉ et 3ᵉ grenadiers, restés sur le plateau, y contribua également.

surtout, avec une si fâcheuse précipitation. Peut-être parvint-il à arrêter quelques fractions du régiment de zouaves (1). Mais, ni les batteries, ni le 1er grenadiers, n'écoutèrent la voix de leurs chefs, de sorte que la majeure partie de la colonne vint se reformer sur les emplacements qu'elle avait quittés une demi-heure auparavant.

Il devait être alors à peu près 7 heures et, en ce qui concerne la situation des réserves générales du champ de bataille, rien n'était changé depuis 5 heures du soir (2), malgré l'agitation qui s'était manifestée dans les rangs de la division Picard, et surtout, — il faut bien le dire, — dans l'esprit du commandant de la Garde.

Quand le capitaine de La Tour du Pin vit le renfort qu'il espérait amener à son chef lui échapper définitivement, il retourna auprès du commandant du 4e corps et lui rendit compte de ce qui venait d'arriver. Comme à ce moment le commandant Lonclas accourait lui-même pour faire savoir que le maréchal Canrobert était en pleine retraite, le général de Ladmirault se tourna vers son aide de camp et lui dit : « Allez vers le général Bourbaki et dites-lui que peut-être je vais être obligé d'en faire autant pour éviter d'être enveloppé (3) ».

C'est à peu près en cet instant que Roncourt tombait aux mains des Allemands. Déjà, le maréchal Canrobert

---

(1) Car l'*Historique* des zouaves ne fait pas allusion à cette retraite. Il faut cependant observer que des zouaves remontèrent sous bois aux côtés du 1er grenadiers. (*Journal* du lieutenant de La Forest-Divonne.)

(2) Si ce n'est toutefois que quatre batteries à cheval de la Garde quittaient, à ce moment même, le plateau de Saint-Quentin et se dirigeaient à grande allure vers la ferme Saint-Vincent, où elles arrivèrent à 7 h. 40, ainsi qu'on le verra plus tard.

(3) *Procès Bazaine*. Déposition de La Tour du Pin.

avait fait refluer toutes ses troupes disponibles entre Saint-Privat et la forêt de Jaumont pour s'opposer au mouvement enveloppant que les Saxons tentaient par le Nord. La garnison de Saint-Privat tenait encore le village qu'elle défendait avec héroïsme, mais le moment n'était pas éloigné où la résistance devait prendre fin.

Au Sud de la grande route, la division Levassor-Sorval s'était complètement retirée en arrière de ses positions de combat, et l'artillerie de la division de Cissey commençait déjà à plier sur la hauteur des mares.

Au Sud de la voie ferrée, cependant, la division Lorencez avait arrêté le mouvement offensif de la *3e* brigade de la Garde et, de ce côté, on pouvait concevoir l'espoir de maintenir jusqu'à la nuit les positions qu'on occupait depuis le commencement de la bataille.

VIII. — Prise de Saint-Privat. — Fin du combat à l'aile droite française (depuis 7 heures).

On a déjà dit que le désordre s'était manifesté dans les rangs du 6e corps dès le moment de l'attaque des 1re et 4e brigades de la Garde prussienne. Au Sud de la grande route, la retraite précipitée de la brigade Gibon avait cependant pu être enrayée à peu de distance en arrière de Jérusalem, mais de nombreux isolés échappèrent certainement à la surveillance des officiers (1) et allèrent sans doute grossir dans les bois le chiffre des fuyards que le colonel de Geslin en vit sortir à la nuit (2), ou bien descendirent directement sur Metz, aug-

---

(1) Ces nombreux isolés, refluant vers l'arrière, furent observés par le général Bourbaki depuis le plateau de la ferme Saint-Vincent. Le commandant de la Garde dit avoir constaté le fait dès 5 h. 45. (*Note* du général Bourbaki.)

(2) *Lettre* du général de Geslin au Ministre de la guerre. *Loc. cit.*

mentant, au milieu des voitures entassées sur la route, la confusion qui y régnait déjà.

D'ailleurs, si les troupes qui combattaient au Nord de la chaussée ne furent pas le jouet d'une panique analogue à celle dont on vient de parler, elles s'étaient rapidement désagrégées entre 6 h. 15 et 6 h. 45, c'est-à-dire pendant le cours même de l'attaque des Saxons et de la brigade de Kessel. A l'extrême droite, le Ier bataillon du 75e et le Ier du 9e s'étaient repliés sur la forêt de Jaumont. Le IIe bataillon du 10e et les deux derniers bataillons du 75e avaient reflué derrière Saint-Privat, où ils ne tardèrent pas à être rejoints par ceux du 91e (1). Si quelques fractions des neuf compagnies du 10e, qui combattaient sur la terrasse à l'Ouest du village, paraissent s'être arrêtées sur l'enceinte extérieure de celui-ci, tout le reste rétrograda jusque sur la lisière opposée, puis à Marengo. Seules, les compagnies du 93e qui luttaient dans le voisinage de la grande route, s'arrêtèrent derrière les murs bas des jardins, et vinrent ainsi, — mais pour peu de temps, — renforcer la garnison déjà si considérable de Saint-Privat.

Vers 6 h. 45, également, ce fut la brigade Chanaleilles qui reflua, avec plus ou moins de désordre, vers Marengo.

Enfin, peu après 7 heures du soir, tous les bataillons du 93e étaient ralliés en arrière de Jérusalem.

On sait que la plus grande portion de la brigade de Sonnay fut rassemblée à l'Est de Saint-Privat et qu'elle fut, un peu plus tard, rejointe par le 93e, puis, plus tard encore, par le 94e. Mais, bien que des détails absolu-

---

(1) Pendant que le 94e réuni, après son retour de Sainte-Marie, entre Roncourt et Saint-Privat, recevait des cartouches, une débandade d'hommes, fuyant dans un pêle-mêle indescriptible, passa à proximité. (*Historique* du 94e.) Il semble qu'il ne puisse s'agir que des bataillons du 75e et peut-être du IIe bataillon du 10e.

ment circonstanciés manquent sur la nature exacte et sur l'importance du désordre qui se manifesta en arrière des positions de combat du 6ᵉ corps, on ne saurait nier que bon nombre d'isolés, appartenant, le plus vraisemblablement, aux régiments qui avaient combattu sur le bord de la terrasse (1), s'éparpillèrent dans la plaine, soit pour gagner les bois où ils se blottirent, soit pour se replier immédiatement par la grande route sur laquelle ils vinrent augmenter un encombrement déjà considérable.

D'ailleurs, le mouvement général de reflux vers l'Est, — qu'il s'agisse de fractions encore en ordre ou de bandes de fuyards, — était si caractérisé à partir de 6 h. 30, que le général de Ladmirault eut cette impression que la droite de son corps d'armée était « tout à coup dégarnie (2) », et que, de la lisière du bois de Saulny, le général Bourbaki en conclut que « l'extrême droite de l'armée pliait complètement (3).

Ce serait trop demander aux rapports rédigés en hâte après la bataille, et sous l'empire de sentiments, en somme explicables, de confesser d'une manière absolument impartiale et complète des défaillances, qui, il faut bien le dire, provenaient souvent des fautes premières du commandement. Une fidèle peinture de scènes de désordre telles qu'on en rencontre dans certains moments de crise sur le champ de bataille, serait cependant une source précieuse de réflexions et d'enseignements pour ceux qui sont appelés à l'honneur de

---

(1) C'est-à-dire à ceux des divisions La Font de Villiers et Levassor-Sorval.

(2) *Rapport* du général de Ladmirault.

Il est juste d'ajouter que, des environs d'Amanvillers, le commandant du 4ᵉ corps observa surtout les effets de la panique de la brigade Gibon.

(3) *Note* du général Bourbaki.

commander. On verra plus loin avec quelle impartialité quelques auteurs allemands se sont attachés à compléter le récit de l'*Historique officiel* du Grand État-Major, en décrivant les terribles paniques qui sévirent pendant tout le cours de la soirée dans les rangs prussiens aux alentours de Gravelotte. Il serait donc à désirer que du côté français, la lumière fut entièrement faite sur ce sujet, — comme sur bien d'autres, — et l'on ne peut que souhaiter que les témoins oculaires, auxquels on a déjà plusieurs fois fait appel ici-même, permettent, par la communication de leurs souvenirs, de compléter plus tard cette première relation de la bataille.

Malgré l'insuffisance des renseignements qu'on possède, à l'heure actuelle, sur ce qui se passa autour de Saint-Privat, il n'apparaît pas, toutefois, que la crise dont souffrit le 6e corps atteignit l'acuité de celle dont fut victime la Ire armée allemande. Cette différence, s'il se vérifie qu'elle existe bien réellement, serait d'ailleurs parfaitement explicable.

A Gravelotte, les longues colonnes prussiennes, lancées à la tombée de la nuit par l'étroit défilé de la Mance, débouchèrent au milieu de la masse désorganisée qui encombrait depuis plusieurs heures les alentours de Saint-Hubert; elles furent, les unes après les autres, reçues à coups de fusil par leurs frères d'armes, et tombèrent, par surcroît, sous les feux intenses de mousqueterie et même d'artillerie du défenseur. Aussi, une série ininterrompue de sanglantes paniques, rendues plus effroyables encore par l'appréhension d'avoir à franchir en sens inverse le profond ravin qu'on venait de traverser, furent-elle la rançon immédiate de la faute commise par le haut commandement allemand (1).

---

(1) La relation du combat qui se déroula devant Gravelotte, à partir de 5 heures du soir, fera l'objet d'un des chapitres suivants.

A Saint-Privat, il est certain que les troupes du 6ᵉ corps qui garnissaient, au Sud de la route, la croupe 333, et au Nord, le bord de la terrasse, abandonnèrent successivement et en moins d'une heure leurs positions de combat. Plusieurs d'entre elles furent manifestement prises de panique ; d'autres se rejetèrent en désordre dans Saint-Privat ; d'autres, enfin, se désagrégèrent rapidement par fractions successives, et ainsi fut payée d'une défaite, l'imprévoyance du commandement français, qui, à défaut d'autres dispositions, n'avait pas même su organiser une position de tir convenable sur un terrain qui s'y prêtait cependant admirablement (1).

Toutefois, dès que ces troupes eurent franchi le revers de la crête, elles se trouvèrent sur un terrain largement ouvert, très praticable, et d'ailleurs complètement à l'abri des vues de l'ennemi, sinon des coups longs de l'artillerie prussienne. Elles ne durent donc point éprouver ce sentiment d'angoisse que ne peut manquer de ressentir l'homme qui ne croit même plus trouver le salut dans une fuite qui lui paraît impossible, ainsi que cela fut précisément le cas pour le corps du général de Fransecky. Qu'au milieu du désordre et de la confusion, bon nombre d'isolés du 6ᵉ corps n'aient pas retrouvé leur régiment ou se soient enfuis de propos délibéré vers les bois, ceci paraît indéniable ; mais il n'en est pas moins avéré dès maintenant que la plupart des bataillons du maréchal Canrobert furent ralliés à l'Ouest de Marengo, et qu'ils se tinrent prêts à soutenir les derniers et héroïques combattants qui continuaient à défendre pied à pied la lisière extérieure de Saint-Privat.

---

(1) La courte résistance des troupes qui garnissaient, à découvert, le bord de la terrasse de Saint-Privat est à rapprocher de la ténacité dont firent preuve, entre Moscou et le Point-du-Jour, celles des généraux Frossard et Aymard dans leurs abris naturels ou artificiels.

La bataille n'en était pas moins perdue dès maintenant, car tous, depuis le commandant du 6ᵉ corps jusqu'aux hommes de troupe, étaient pénétrés du sentiment de leur impuissance devant un adversaire supérieur en nombre, dont les troupes, il faut le reconnaître à leur honneur, avaient racheté les fautes initiales du haut commandement par une audace remarquable et par une volonté inflexible.

C'est dans la triste situation qu'on vient d'indiquer que se trouvait le 6ᵉ corps lorsque Roncourt tomba aux mains des Saxons.....

Occupation de Roncourt par les Saxons. — Tandis que le Iᵉʳ bataillon du 9ᵉ de ligne se retirait sur la forêt de Jaumont, par ordre du général Bisson qui considérait avec juste raison la défense de Roncourt comme impossible avec d'aussi faibles forces (1), les Saxons continuaient leur marche en avant; la *48ᵉ* brigade par le Nord du village et la *45*ᵉ par l'Ouest.

Le IIIᵉ bataillon du *107*ᵉ régiment atteignait le premier Roncourt, puis débouchait immédiatement de la lisière orientale, et poursuivait de ses feux le bataillon du général Bisson (Iᵉʳ du 9ᵉ) qui couvrait lui-même sa retraite par une ligne de tirailleurs. Il était alors à peu près 7 heures (2).

Presque en même temps, le Iᵉʳ bataillon du *101*ᵉ, suivi par les trois bataillons du *108*ᵉ, atteignait Ron-

---

(1) Voir page 463.

(2) Il résulte du plan 6 B du Grand État-Major prussien que les Saxons n'atteignirent Roncourt qu'après 7 heures. Mais il est important de faire observer que cette indication d'heure est assez sujette à caution. Kunz (*Heft 10*) admet que le IIIᵉ bataillon du *107*ᵉ arriva sur la lisière du village dès 6 h. 45. En attendant que la question ait été définitivement élucidée par les Allemands, on adopte, sur ce point, la thèse du Grand État-Major prussien.

court par l'Ouest, non sans recevoir des obus de ses propres batteries qui continuaient à tirer sur le village (1).

A l'aile gauche, cinq compagnies du *106*ᵉ (2) arrivaient sur le chemin de Roncourt à Pierrevillers et se joignaient au IIIᵉ bataillon du *107*ᵉ dans le combat que ce dernier avait engagé avec le Iᵉʳ bataillon du 9ᵉ de ligne et avec les tirailleurs du 2ᵉ régiment de chasseurs d'Afrique. Le *13*ᵉ bataillon de chasseurs suivait en seconde ligne.

A l'aile droite de la *45*ᵉ brigade, quelques compagnies de la Garde s'étaient jointes au mouvement offensif sur Roncourt; les 2ᵉ et 3ᵉ compagnies du *3*ᵉ régiment à pied atteignaient la partie Sud-Est de la localité, dans l'intérieur de laquelle s'établissait bientôt la 1ʳᵉ compagnie du génie, ainsi que deux pelotons des 3ᵉ et 4ᵉ compagnies du *1*ᵉʳ régiment (3).

Quant aux deux régiments de cavalerie lourde rassemblés à l'Est de Montois (régiment de cavalerie de la Garde saxonne et *3*ᵉ régiment de cavalerie saxonne), ils avaient reçu l'ordre de se rabattre vers le Sud « dans la direction de la grande route à l'Est de Saint-Privat, pour prendre en flanc les troupes ennemies qu'on voyait se retirer (4) ». Mais, arrivés en présence des défenseurs de la forêt de Jaumont, c'est-à-dire du Iᵉʳ bataillon du 9ᵉ et des chasseurs d'Afrique, ils durent suspendre leur mouvement et « se mettre à l'abri derrière une colline (5) », c'est-à-dire sans doute dans le vallon situé au Nord de la route Roncourt—Pierrevillers.

---

(1) Kunz. (*Heft 10.*)

(2) $\frac{1}{106}$, $\frac{12}{106}$.

(3) Kunz. (*Heft 10.*)

(4) *Das XII. Korps im Kriege 1870-1871*, von Schimpff.

(5) *Ibid.*

Marche des Saxons sur Saint-Privat. — Sur ces entrefaites, les autres bataillons du XIIe corps avaient reçu un point de direction différent.

Pendant leur marche vers Roncourt, en effet, les commandants des *45e* et *48e* brigades saxonnes avaient été renseignés par un officier d'ordonnance du général de Pape sur la situation du combat autour de Saint-Privat, où la Garde, à bout de souffle, était toujours maintenue en échec.

Le commandant du *107e* dirigea immédiatement ses Ier et IIe bataillons sur ce point en longeant à l'Ouest, le chemin venant de Roncourt. Pressé également de renforcer la Garde, le général de Craushaar (*45e* brigade) ordonna à ses régiments de grenadiers de se porter vers le Sud. Les IIe et IIIe bataillons du *101e* prirent donc comme point de direction le saillant Nord-Ouest de Saint-Privat, puis, au moment même d'arriver à Roncourt, le *100e* régiment fit un à-droite et se fractionna en deux groupes; l'un, de sept compagnies, obliqua vers le Sud et prit la droite des deux bataillons du *107e*; l'autre, de cinq compagnies, marcha vers le Sud-Est, c'est-à-dire vers le IIe bataillon du 9e de ligne. Enfin, quelques compagnies de la Garde, qui suivaient jusque-là les Saxons sur Roncourt, conversèrent également à droite et prirent part à la marche vers le nouvel objectif (1).

Dès que l'infanterie ennemie était apparue à hauteur de Roncourt, le capitaine Plumejaud, qui commandait le IIe bataillon du 9e de ligne, avait fait face au Nord pour empêcher l'assaillant de déboucher de la face méri-

---

(1) $\frac{1;\ 4}{3\ G}$ et fr. $\frac{3,\ 4}{1\ G}$. On sait que $\frac{2,\ 3}{3\ G}$ et deux pelotons $\frac{3,\ 4}{1\ G}$ avaient déjà poussé jusqu'à Roncourt.

dionale du village (1). Bientôt, menacé sur son flanc droit par les fractions ennemies qui dépassaient la localité par l'Est (2), il avait fait également face de ce côté avec deux de ses compagnies, et avait accueilli l'adversaire par un feu rapide.

Malheureusement, le faible bataillon français vit bientôt déboucher devant lui les cinq compagnies du *100*ᵉ dont il vient d'être question, et sur sa gauche la masse d'attaque formée par les deux brigades saxonnes qui marchaient déjà sur Saint-Privat. Menacé d'être enveloppé et pris, il se replia peu à peu sur la position occupée par le IIIᵉ bataillon, c'est-à-dire sur la lisière Nord de Saint-Privat, où le général Plombin (commandant la 2ᵉ brigade de la 2ᵉ division) le rallia (3).

Cependant, la fusillade échangée, en avant de la partie de la lisière de la forêt de Jaumont qui avoisine les carrières, entre le Iᵉʳ bataillon du 9ᵉ régiment d'une part, et les cinq compagnies du *106*ᵉ, d'autre part (4), avait provoqué un renforcement de l'aile gauche saxonne. Le Iᵉʳ bataillon du *101*ᵉ avait, en effet, quitté Roncourt et s'était porté à l'Est du village auprès du *13*ᵉ bataillon de chasseurs qui formait déjà soutien de la ligne de combat. En outre, la 1ʳᵉ compagnie du *3*ᵉ régiment de la Garde ralliait, à Roncourt, les deux pelotons des 3ᵉ et 4ᵉ compagnies déjà installés dans la localité.

Désormais, tout le terrain situé à l'Ouest de la crête

---

(1) *Historique* du 9ᵉ régiment. — Le IIᵉ bataillon ne comptait que cinq compagnies; la 6ᵉ escortait un convoi de prisonniers à Metz.

(2) $\dfrac{\text{III}}{107}$ et $\dfrac{\text{I, 12}}{106}$, soutenus par le *13*ᵉ B. Ch.

(3) *Rapport* du général Bisson.

(4) $\dfrac{1}{106}$ et $\dfrac{12}{106}$.

328 était complètement libre pour les bataillons saxons qui s'avançaient vers le Sud dans le but de joindre leurs efforts à ceux de la Garde prussienne, lesquels étaient toujours tenus en échec sur le bord de la terrasse par la garnison de Saint-Privat. Solidement appuyée à Roncourt, l'aile gauche saxonne tenait maintenant sous ses feux la partie de la lisière de la forêt de Jaumont la plus voisine des carrières et menaçait de déboucher sur le flanc d'une contre-attaque française qui eût, par hypothèse, pris pour objectif les colonnes que l'assaillant dirigeait sur Saint-Privat par le Nord. Au reste, il n'apparaît pas que le maréchal Canrobert eût envisagé la possibilité d'une telle contre-attaque, car on a déjà vu qu'il se borna à tenir rassemblées le plus de troupes possible à l'Est même de Saint-Privat, de manière à contenir l'aile enveloppante de l'adversaire et à assurer la retraite des derniers défenseurs du village, dès que celle-ci s'imposerait.

Deuxième attaque du village de Saint-Privat. — Depuis que l'aile droite du 6º corps s'était repliée sur la ligne générale marquée par les carrières de Jaumont et le mamelon 335, les défenseurs de Saint-Privat se trouvaient abandonnés à leurs propres forces contre les efforts concentriques des Saxons par le Nord et des Prussiens par l'Ouest.

Une partie de la garnison du village occupait les murs bas en pierres sèches qui entouraient les jardins ainsi que les quelques tranchées-abris que le génie avait construites pendant le cours de l'après-midi. En avant de Jérusalem, des créneaux avaient été pratiqués dans les murs d'un hangar et d'un jardin qui bordent la grande route. Une tranchée-abri d'une centaine de mètres servit à relier cette extrémité de la ligne de défense avec les murs bas qui formaient une sorte d'avancée du village du côté de l'attaque. Outre les aménagements qui avaient peut-être été exécutés par les troupes d'infanterie elles-mêmes (1), les compagnies du génie avaient pratiqué des brèches dans les murs latéraux pour qu'on pût communiquer à couvert en arrière de la ligne de feu. Enfin, une seconde tranchée d'une centaine de mètres avait été creusée « dans le prolongement des derniers murs longitudinaux des jardins, pour empêcher le village d'être tourné brusquement vers la droite (2) ».

Bien qu'on puisse affirmer que l'organisation défensive de la localité resta incomplète faute d'avoir été commencée à temps, on voit cependant que la défense disposait sur ce point d'une position de tir convenable et d'abris assez efficaces, au moins contre le feu de l'infanterie ennemie.

On a déjà dit qu'après la prise de Roncourt, une partie des bataillons saxons s'était portée contre l'extrémité septentrionale de Saint-Privat (3).

Quant aux compagnies décimées qui bordaient la terrasse, à l'Ouest du village, elles étaient presque absolument incapables de faire un pas de plus, et ce n'est qu'au prix des plus grands efforts qu'on parvint à enrayer, en partie seulement, la fuite vers l'arrière.

« La dernière position occupée par la brigade devant Saint-Privat, dit, en effet, le général de Kessel, formait une ligne continue ; à la droite, il n'y avait plus de soutien par suite de l'importance des pertes subies ; à la

---

(1) Aménagements sur lesquels on ne possède pas de renseignements.

(2) *Journal de marche* de la compagnie du génie de la 3ᵉ division (7ᵉ du 3ᵉ régiment).

(3) $\dfrac{I, II}{107}$, sept compagnies du 100e, $\dfrac{II, III}{101}$ et l'équivalent de quatre compagnies de la Garde (des 1er et 3e régiments).

gauche, au contraire, il y avait encore des colonnes massées derrière les tirailleurs. Aussitôt que je fus monté sur le cheval du lieutenant de Schlegell, je m'efforçai d'arrêter et de reporter en avant les hommes isolés qui se trouvaient sans officiers et qui cherchaient à s'enfuir en arrière (1).....»

C'est sur ces entrefaites que l'artillerie saxonne accourut à son tour (2).

De Roncourt, en effet, le prince royal de Saxe et le prince Georges suivaient la marche générale de cette attaque « issue de l'initiative de leurs sous-ordres (3) ».

Le commandant du XIIe corps s'était tout ou moins préoccupé de soutenir son infanterie et avait ordonné à l'artillerie saxonne de s'avancer par échelons successifs de manière à faire face au Sud-Est. Les batteries du XIIe corps s'étaient donc portées en avant, en poussant leur gauche jusqu'au delà du village de Roncourt et en s'établissant sur une ligne convexe tournée vers Saint-Privat (4).

Cette puissante ligne de bouches à feu ne tardait pas à être renforcée par les Ire et IIe batteries lourdes, par les 1re et 2e batteries légères, puis par la 1re batterie à cheval, devenues toutes disponibles à la suite de l'occupation de Roncourt.

Seize batteries saxonnes se trouvaient donc, vers 7 h. 15, en action entre Roncourt et un point situé à 400 ou 500 mètres au Nord de la route de Briey, tenant sous leurs feux le village de Saint-Privat, ou, — pour les

---

(1) *Rapport* du général de Kessel (*loc. cit.*).
(2) Croquis n° 10.
(3) *Historique du Grand État-Major prussien.*
(4) $\dfrac{\text{III, 3, 4, VI, 2 c, 6, 5, V, VII, VIII, IV}}{12}$.

deux batteries de l'extrême gauche, — les troupes voisines de la forêt de Jaumont.

C'était là un précieux appui pour l'infanterie saxonne qui, seule avec le 4ᵉ grenadiers de la Garde, était encore en état de prononcer une attaque de vive force (1).

« Les deux bataillons du *107ᵉ*, qui formaient en même temps la gauche et la tête de la ligne d'attaque saxonne, étaient parvenus jusqu'à un millier de pas (700 ou 800 mètres) de Saint-Privat avant de se trouver entièrement sous les vues de la défense (2) ; mais alors ils furent aussitôt assaillis par une fusillade des plus meurtrières (3). »

Cette fusillade d'un adversaire qui restait invisible derrière les murs des jardins (4) ne parvint cependant pas à arrêter les deux bataillons saxons. Ceux-ci s'élancèrent au pas gymnastique et atteignirent la lisière de l'avancée que forment les enclos situés le long et à l'Est du chemin de Roncourt, avancée que les compagnies du IIIᵉ bataillon du 9ᵉ de ligne évacuèrent peu à peu pour se reporter derrière les murs suivants.

Un combat très vif s'engagea alors entre défenseurs et assaillants, et ceux-ci purent encore, au prix de pertes sanglantes, il est vrai, s'avancer jusqu'à une clôture distante de 300 mètres seulement des maisons de la localité.

---

(1) Il semble d'ailleurs, en parcourant sur le terrain la ligne occupée par les batteries saxonnes, que l'aile gauche seule fut en mesure de battre efficacement les murs bas qui constituaient la ligne de feu de leur adversaire. L'aile droite était dans une situation trop défectueuse pour observer son tir sur un objectif aussi peu élevé qui était masqué par la forme du terrain ; elle canonna probablement de préférence les maisons de la localité.

(2) C'est-à-dire sur la croupe 322.

(3) *Historique du Grand État-Major prussien.*

(4) *Das XII. Korps im Kriege 1870-1871* (loc. cit.).

Mais pendant que les Saxons prononçaient l'attaque qu'on vient de relater, le *4ᵉ* régiment de la Garde, qui s'était avancé par le vallon 278 jusqu'à 600 mètres du cimetière de Saint-Privat, dirigeait ses deux premiers bataillons sur la pointe Nord-Ouest du village, tandis que le bataillon de fusiliers gagnait du terrain vers la gauche et venait se joindre aux bataillons de la *45ᵉ* brigade. Ceux-ci, en effet, arrivaient à leur tour en ligne par les abords du chemin de Roncourt, à la suite des deux bataillons du *107ᵉ*.

A l'Ouest de ce chemin, les IIᵉ et IIIᵉ bataillons du *101ᵉ*, conduits par le général de Craushaar en personne, opéraient leur jonction avec le *4ᵉ* régiment de la Garde. A leur gauche, les sept compagnies du *100ᵉ* arrivaient également en ligne (1).

L'infanterie saxonne continuait donc à gagner du terrain vers Saint-Privat, et à rejoindre peu à peu les deux bataillons du *107ᵉ* qui seuls, jusqu'ici, avaient atteint les jardins les plus avancés de la lisière Nord.

D'ailleurs, d'importantes réserves s'acheminaient vers le théâtre de la lutte.

Le *108ᵉ* quittait Roncourt pour marcher sur Saint-Privat. Derrière lui, la *46ᵉ* brigade arrivait des bois d'Auboué.

Les fusiliers de la Garde s'ébranlaient, de Sainte-Marie, pour marcher vers le même objectif.

La *20ᵉ* division qui venait d'atteindre Saint-Ail, rece-

---

(1) $\frac{\text{III}}{100}$, $\frac{4, 7, 8}{100}$. Les cinq autres compagnies du *100ᵉ* ayant appuyé jusqu'auprès de Roncourt, se dirigèrent ensuite vers le Sud-Est et allèrent tomber, vers la crête 327, sous les feux des chasseurs d'Afrique et des deux premiers bataillons du 100ᵉ de ligne. Forcés de suspendre leur marche, ils s'abritèrent derrière quelques clôtures en pierres sèches qui se trouvaient à proximité.

vait du commandant du X⁰ corps l'ordre de marcher également sur Saint-Privat. Son artillerie (1) l'avait devancée et s'installait, au dernier moment, à 600 mètres à l'Ouest du village ; les 1ʳᵉ et 3ᵉ batteries à cheval du X⁰ corps venaient prendre place à ses côtés.

Enfin, huit batteries de la Garde, qui s'étaient avancées assez tardivement au Sud de la grande route jusqu'à mi-distance entre Sainte-Marie et Saint-Privat, dirigeaient également leur tir sur le dernier retranchement du 6ᵉ corps (2).

Dès lors, les défenseurs de Saint-Privat se virent entourés par une trentaine de batteries, dont les plus rapprochées n'étaient distantes que de 600 mètres à peine.

Il est vrai que quelques-unes d'entre elles ne purent pas tirer, et que bon nombre d'autres n'avaient pas de vues directes sur les murs bas des jardins situés à l'Ouest de Saint-Privat ; mais, sous ce rapport, toute l'aile gauche des pièces saxonnes était en excellente situation pour s'attaquer, depuis la longue croupe 304-322, à la ligne de défense extérieure du village. D'ailleurs, la plupart des autres batteries allemandes pouvaient bombarder la localité même dont les maisons, — visibles pour elles, — devinrent bientôt la proie de nouveaux incendies, éclatant sur plusieurs points à la fois (3).

---

(1) $\frac{3, 4, III, IV}{10}$. Voir le croquis n⁰ 10.

(2) $\frac{IV, III, 2\,c, 3\,c, 1\,c, 6, V, VI}{G}$.

(3) Kunz paraît avoir établi que 25 batteries purent préparer l'assaut (soit en canonnant le village, soit en tirant sur la ligne de défense extérieure). Sur ces 25 batteries, 14 appartenaient aux Saxons, 9 à la Garde et 2 au X⁰ corps.

A ce moment, les débris de la brigade de Kessel et du 2ᵉ régiment étaient peu menaçants, mais, en revanche, l'extrémité Nord-Ouest du village était soumise aux efforts convergents de plus de neuf bataillons, que trois autres, arrivant de Roncourt, pouvaient rejoindre en un instant (1).

Du côté français, il est malheureusement impossible d'indiquer la répartition exacte des bataillons que le Maréchal avait chargés de la défense du village. Il semble que par le rapprochement des quelques indications, — d'ailleurs assez vagues, — qu'on possède sur les diverses péripéties de la lutte, on puisse seulement conclure aux probabilités suivantes : A la pointe Sud de Saint-Privat, c'est-à-dire en avant du hameau de Jérusalem, le 9ᵉ bataillon de chasseurs (renforcé par des fractions du 25ᵉ amenées par le colonel Gibon) devait tenir le hangar et la tranchée-abri aménagés par la compagnie du génie de la 3ᵉ division (2). Un peu plus au Nord, les trois dernières compagnies du Iᵉʳ bataillon du 94ᵉ occupaient certainement encore une partie des murs bas des jardins. Tout le reste de la lisière extérieure faisant face à l'Ouest, était vraisemblablement occupé par des tirailleurs du 12ᵉ de ligne, dont les compagnies devaient avoir été maintenues plus en arrière, soit dans les rues du village, soit aux fenêtres ou aux créneaux des maisons. Sur la lisière Nord, les IIᵉ et IIIᵉ bataillons du 9ᵉ continuaient certai-

---

(1) $\frac{I, II}{107}$, $\frac{4, 7, 8, 9, 10, 11, 12}{100}$, $\frac{II, III}{101}$, $\frac{I, II\ F}{4\ G}$, fr. $\frac{1, 4}{3\ G}$, fr. $\frac{1, 4}{1\ G}$. En seconde ligne : $\frac{I, II, III}{108}$ venant de Roncourt.

(2) Quand le colonel Gibon du 25ᵉ, eut rallié son régiment en arrière de Jérusalem, il se porta dans le village avec un détachement composé de tous les hommes que les officiers purent réunir. A ce moment, le détachement du commandant Philebert s'était déjà retiré par ordre.

nement à lutter contre les fractions les plus avancées des troupes saxonnes et en particulier contre les compagnies du *107ᵉ* qui avaient déjà pris pied dans les jardins, placés en bordure du chemin conduisant à Roncourt. Le IIIᵉ bataillon du 100ᵉ était embusqué plus à droite. Quant au 4ᵉ régiment d'infanterie, qui ne pénétra dans le village que tardivement, ainsi qu'il a été dit plus haut, il avait été réparti sur toute l'étendue de la ligne de défense et avait ainsi doublé les clôtures extérieures d'un nouveau rang de tireurs (1).

Cette simple énumération serait d'ailleurs incomplète si l'on ne tenait compte des isolés qui, en quittant la terrasse, s'arrêtèrent bravement dans leur mouvement rétrograde pour faire encore une fois le coup de feu avec l'assaillant depuis les clôtures des jardins (2).

---

(1) On sait que le 93ᵉ, en quittant la terrasse, s'était replié sur la lisière extérieure du village, mais qu'il n'y resta que peu de temps, puisqu'à 7 heures, il se retira après avoir épuisé ses munitions. (*Rapport du colonel Ganzin.*) En admettant que l'heure indiquée par le colonel Ganzin doive être retardée, il n'en est pas moins évident que le régiment abandonna le village avant l'assaut des Allemands. Les termes mêmes du *Rapport* et de l'*Historique* du 93ᵉ l'indiquent implicitement.

(2) D'ailleurs, des débandés de presque tous les régiments du 6ᵉ corps se trouvaient à ce moment dans l'intérieur du village, car d'après les *Rapports* de la Garde prussienne consultés par Kunz, les prisonniers appartenaient à tous les corps de troupe, sauf au 9ᵉ et au 100ᵉ. Ceci n'a rien d'impossible, et il y a lieu de faire à ce sujet cette remarque générale que bon nombre d'hommes s'étaient rendus dans la matinée, soit isolément, soit par petites corvées, dans les villages avoisinants pour y chercher des vivres. Surpris par la canonnade, plusieurs d'entre eux restèrent dans la localité où ils se trouvaient, et c'est ainsi que des hommes appartenant à des régiments quelconques tombèrent aux mains des Allemands, en particulier à Sainte-Marie, Montois, Malancourt et Roncourt. Il n'en faudrait donc pas conclure, comme le fait quelquefois Kunz, que ces localités furent défendues par des détachements organisés appartenant aux régiments dont on releva les numéros de cette manière.

Sans tenir compte de cette dernière catégorie de défenseurs, — dont le nombre était d'ailleurs sans doute largement compensé par les pertes de toute nature qui avaient déjà affecté les unités citées plus haut, — on voit que le village était encore occupé, un peu après 7 heures, par dix bataillons et demi. Comme le développement total de la lisière extérieure (sur les faces Nord et Ouest) atteignait à peine 1000 mètres, on doit conclure que, même dans le cas où cette lisière eût été garnie sur toute son étendue d'un double rang de défenseurs, il devait encore rester dans les rues mêmes du village des réserves très importantes.

On ne saurait oublier toutefois qu'au moment où l'assaut général fut donné par les troupes prussiennes, — c'est-à-dire vers 7 h. 30, — la canonnade à courte portée que l'artillerie ennemie dirigeait sur le village et sur la lisière extérieure des jardins, durait déjà depuis vingt minutes environ. Aux ravages que le canon ennemi avait déjà produits pendant la première attaque de la Garde, succédait une dévastation générale de tous les abris dont les troupes françaises eussent pu profiter, et en particulier des maisons du village où les incendies s'allumaient de plus en plus nombreux, où les toits s'effondraient et où les murs croulaient. Il est donc à peu près certain, — sans qu'on puisse apporter à l'appui de cette assertion le témoignage précis d'un texte français, — que pendant le quart d'heure qui précéda l'assaut dont il va être maintenant question, un grand nombre des défenseurs de Saint-Privat et surtout de la lisière extérieure des jardins, quittèrent une position de combat que les projectiles ennemis rendaient presque intenable (1).

---

(1) On trouve d'ailleurs la preuve, dans le récit, donné par Kunz, de quelques incidents de cet assaut, qu'au moment où les Allemands

Assaut de Saint-Privat (1). — On a déjà dit qu'après que les deux premiers bataillons du *107ᵉ* eurent refoulé le IIIᵉ bataillon du 9ᵉ de ligne jusque sur les maisons de la lisière Nord du village, sept autres bataillons appartenant au XIIᵉ corps et à la Garde avaient tous convergé, à l'Ouest du chemin de Roncourt, vers la partie Nord-Ouest de la localité.

Les deux premiers bataillons du *4ᵉ* régiment à pied de la Garde, marchaient directement vers le cimetière; le bataillon de fusiliers qui avait appuyé vers la gauche vint se heurter aux bataillons de la *45ᵉ* brigade que le général de Craushaar amenait en cet instant même, de sorte qu'il ne put se déployer et qu'il se mélangea avec les compagnies saxonnes.

A la gauche des deux premiers bataillons du *4ᵉ*, arrivaient les IIᵉ et IIIᵉ bataillons du *101ᵉ*. Plus à gauche encore, c'est-à-dire dans le voisinage du chemin de Roncourt, s'avançaient six compagnies du *100ᵉ* (2).

---

pénétrèrent dans les jardins, ils n'y trouvèrent plus, au moins sur certains points, qu'un nombre très restreint de défenseurs. On y voit également que, peu de temps après l'entrée des Saxons dans le village, — ou cependant la résistance se prolongea encore longtemps, — des masses importantes de troupes françaises quittaient la place par les issues de la lisière orientale.

(1) D'après Kunz (*Kriegsgeschichtliche Beispiele.* — *Heft 10*), qui, seul, a donné jusqu'ici des détails assez précis sur cet assaut.

(2) $\frac{4, 7, 9, 10, 11, 12}{100}$. On sait que les cinq compagnies du *100ᵉ* (1ʳᵉ, 2ᵉ, 3ᵉ, 5ᵉ, 6ᵉ) s'étaient arrêtées sur le plateau 327, dans l'intérieur d'un enclos, devant la fusillade intense que dirigeaient sur elles les bataillons du 100ᵉ de ligne déployés entre le mamelon 335 et la forêt de Jaumont. Les pelotons des 3ᵉ et 4ᵉ compagnies du *1ᵉʳ* régiment, qui avait d'abord marché sur Roncourt, les 1ʳᵉ et 4ᵉ compagnies du *3ᵉ* régiment, puis la 8ᵉ du *100ᵉ*, qui avaient primitivement suivi la 45ᵉ brigade, vinrent également prendre part à cette lutte. Grâce à l'énergique intervention des deux compagnies du 3ᵉ régiment, les

A l'aile droite de la masse d'attaque allemande, quatre compagnies (1e, 2e, 3e et 4e) du *4e* régiment de la Garde, ne tardaient pas à appuyer vers la droite et à se porter contre la face Ouest du village. Trois autres compagnies continuaient à progresser vers le cimetière. Plusieurs fois, la 8e compagnie fut refoulée par le défenseur, mais elle parvint cependant à atteindre, dans un dernier effort, l'entrée même du village où s'engagea une lutte corps à corps. D'autres compagnies de la Garde pénétrèrent par une brèche dans un enclos voisin où se trouvaient encore vingt-cinq Français qui y trouvèrent presque tous la mort.

La 4e compagnie de la Garde se joignit au IIIe bataillon du *101e* et s'engagea avec lui dans la rue qui conduit à l'église.

Trois compagnies du *100e* (9e, 10e et 11e) qui n'avaient pu se déployer faute d'espace, s'arrêtèrent d'abord derrière un mur où se trouvaient encore des fractions du *107e*, ainsi que la 4e compagnie du *4e* régiment de la Garde. Les trois autres compagnies du *100e* (4e, 7e et 8e) paraissent avoir continué à marcher dans le voisinage du chemin de Roncourt, où parvenait bientôt le *101e* (1).

---

compagnies saxonnes purent quitter leur abri, en se rejetant, — à ce qu'il semble, — vers le village de Saint-Privat, c'est-à-dire en se défilant des feux des Ier et IIe bataillons du 100e de ligne. Mais elles vinrent alors tomber sous les feux du IIIe bataillon du 100e qui, de la lisière du village, les débandèrent en quelques instants. La 1re compagnie du 3e régiment les avait suivies, heureusement pour elles, et parvint à arrêter les fuyards. Il fallut néanmoins reprendre les positions occupées antérieurement et former un crochet défensif à gauche, sans doute pour se prémunir contre une attaque éventuelle des troupes françaises $\left(\frac{1}{100}\right.$ et 2e chasseurs d'Afrique$\left.\right)$ voisines de la forêt de Jaumont.

A partir de cet instant, les compagnies allemandes dont il s'agit restèrent étrangères à la lutte qui se déroula devant Saint-Privat.

(1) La 8e compagnie du *100e* avait donc rejoint, à ce moment, les

C'est à ce moment que le général de Craushaar « qui parcourait à cheval toute la ligne en encourageant ses troupes » fut mortellement frappé.

Cependant, les 9ᵉ, 10ᵉ et 11ᵉ compagnies paraissent avoir bientôt quitté leur abri et avoir rejoint la 9ᵉ compagnie du *4ᵉ* ; toutes reçurent des projectiles des batteries saxonnes, mais s'élancèrent cependant à l'assaut d'une ferme de la lisière Nord où elles firent une centaine de prisonniers (1).

Plus à gauche, les 7ᵉ et 8ᵉ compagnies du *100ᵉ* s'étaient avancées concurremment avec les précédentes. Des frac-

---

compagnies avec lesquelles elle avait antérieurement marché vers Saint-Privat.

(1) « La fumée de la poudre qui devenait de plus en plus épaisse à l'Ouest et au Nord-Ouest du village, ainsi que la tombée de la nuit, dit le major Hoffbauer, limitaient la vue de l'artillerie prussienne et saxonne, située au Nord de la chaussée et ne lui permettaient pas de voir l'entrée des premières colonnes d'attaque dans le village de Saint-Privat. Des batteries à cheval de la Garde prussienne, qui venaient de couronner les hauteurs qui s'étendent immédiatement au Sud du village (*), étaient considérées comme batteries ennemies, d'autant plus qu'une grande quantité d'obus français venant de cette direction, ne cessaient de tomber dans les batteries à l'Ouest de Saint-Privat et en avant d'elles. Ces obus semblaient provenir des batteries à cheval de la Garde, mais ils étaient lancés par l'artillerie ennemie, placée au Sud et près des carrières d'Amanvillers (**); ils passaient par-dessus le but et venaient tomber en avant des batteries prussiennes et saxonnes, au Nord-Ouest de Saint-Privat. Il n'était donc pas possible d'empêcher les obus allemands d'occasionner des pertes à leurs propres troupes. Le général von Pape envoya prévenir immédiatement les batteries placées en arrière, pour les engager à suspendre le feu; seulement, l'exécution de cet ordre fut d'autant plus difficile sur toute la ligne d'artillerie, qu'il arrivait constamment d'autres ordres prescrivant de continuer le feu. »

(*) On verra bientôt, en effet, que pendant l'assaut, des batteries de la Garde gagnèrent successivement la croupe 326-333.

(**) Carrières de la Croix.

tions du *101ᵉ* et du *4ᵉ* régiment de la Garde en firent autant ; elles atteignirent l'entrée du village et poussèrent jusqu'à la sortie Est où elles coupèrent la retraite à des masses françaises qui affluaient en cet endroit.

Pendant que les Saxons pénétraient dans Saint-Privat par le Nord, le général de Pape avait fait sonner sur la grande route de Sainte-Marie le « *Rasch avanciren* ».

Il était alors 7 h. 30 du soir. Le 2ᵉ grenadiers et une partie du *4ᵉ* se portèrent en avant.

Au Sud de la grande route, la croupe que suit le chemin bordé de haies était depuis longtemps évacuée par les Français. Les débris des compagnies prussiennes purent donc en prendre possession sans coup férir (1).

Plusieurs compagnies du 2ᵉ grenadiers et du 2ᵉ régiment à pied s'élancèrent par la grande route vers l'extrémité Sud du village, puis jusqu'à Jérusalem. D'après le major Kunz, elles ne rencontrèrent aucune résistance sérieuse, ce qui laisse supposer que les fractions du 9ᵉ bataillon de chasseurs qui s'y trouvaient n'avaient pas attendu l'assaut et s'étaient déjà repliées dans l'intérieur même du village où elles opposèrent d'ailleurs par la suite une résistance opiniâtre.

Quant aux débris de la 1ʳᵉ brigade, ils prirent également part à l'attaque. Mais si l'on s'en rapporte à la *Relation* du général de Kessel, il semble que leur puissance offensive était à peu près réduite à rien et qu'ils se

---

(1) C'est sans doute leur apparition qui provoqua, ainsi qu'on le verra plus loin, le mouvement de conversion à droite du 1ᵉʳ régiment d'infanterie, alors que le reste de la division de Cissey entamait déjà sa retraite vers le bois de Saulny.

bornèrent à une prise de possession de la lisière Ouest des jardins, que le défenseur avait probablement à peu près complètement évacuée pour faire tête aux colonnes ennemies qui se pressaient déjà dans les rues en affluant à la fois par le Nord et par le Sud.

On trouve d'ailleurs dans le *Rapport* du capitaine Canonier (du 94ᵉ) la preuve qu'une retraite générale se produisit au dernier moment chez les troupes françaises qui occupaient la face Ouest. « Le développement de l'incendie, dit ce *Rapport*, produisit un grand trouble parmi les troupes entassées dans le village et, au milieu de la confusion, les hommes du 12ᵉ de ligne tirèrent sur les compagnies du 94ᵉ (1) qui, sobres de leurs munitions, se tenaient prêtes à faire un feu rapproché d'un effet décisif. Ce fâcheux accident détermina une explosion de cris et de coups de fusil qui entraînèrent une retraite générale. »

« Il n'y eut aucun ordre donné pour un assaut général dit d'autre part le général de Kessel (2). Chacun agit de la place où il était, quand il eut l'impression que le moment décisif était arrivé. Il faut avoir vécu ces moments-là pour se faire une idée de leur grandeur imposante. Il était environ 7 h. 30 quand l'assaut se produisit. J'avais réuni à l'aile droite tout ce que j'avais pu rassembler et je me portai à cheval, en venant du Nord-Ouest, sur l'entrée de Saint-Privat qui se trouvait située entre la grande route et le chemin venant de Roncourt (3). Dans le village, amis et ennemis tiraient dans toutes les rues et de toutes les maisons,

---

(1) 3, 4, 5 $\frac{1}{94}$.

(2) La sonnerie prescrite par le général de Pape fut cependant, d'après Kunz, répétée par tous les clairons encore debout.

(3) C'est-à-dire sur la face Ouest.

au hasard, sans savoir qui pouvait être touché. Je m'efforçai à peu près inutilement d'arrêter cette tuerie inconsidérée..... »

On voit que le général de Kessel ne parle aucunement d'une résistance qu'il aurait rencontrée sur la lisière extérieure du village, et qu'il fit directement irruption dans les rues où la lutte se poursuivait en effet avec acharnement.

Au reste, le major Kunz ne signale que deux incidents de combat, qui se produisirent tous deux à l'extrême gauche de la brigade, chez les 5e et 6e compagnies, puis chez les fusiliers du 1er régiment.

Bien que le récit qu'on vient de lire soit certainement incomplet, on doit savoir gré au major Kunz d'être parvenu à reconstituer, au moins en partie, les derniers épisodes d'un combat aussi mouvementé que l'est un assaut. Il permet tout au moins de se faire une idée approchée de la confusion qui règne forcément à ce moment dans les rangs de l'assaillant et de l'importance prépondérante que prend alors une vigoureuse impulsion provenant de l'initiative des chefs des unités même les plus faibles. On y trouve également des motifs sérieux de croire qu'avant même l'irruption de l'assaillant, une bonne partie des défenseurs du village avaient quitté leurs positions de tir, soit pour chercher un abri derrière les maisons, soit même pour évacuer le village. Il se serait ainsi produit une sorte de sélection par suite de laquelle les plus braves et les plus énergiquement commandés auraient, seuls, reçu l'adversaire à la pointe de leurs baïonnettes. Au reste, l'état des pertes des divers régiments allemands ayant seulement pris part à l'assaut de Saint-Privat, montre, à n'en pas douter, par son rapprochement avec celui des corps de troupe de la Garde qui exécutèrent la première attaque, que le feu des défenseurs de la lisière du village était beaucoup moins violent, et surtout beaucoup moins efficace que celui des défenseurs de la terrasse (1).

Pendant que la lutte continuait dans les rues du village, les réserves dont il a déjà été question s'étaient rapprochées. Le *108e* venant de Roncourt, la *46e* brigade, des bois d'Auboué et les fusiliers de la Garde, de Sainte-Marie, affluaient autour de Saint-Privat. La *20e* division approchait également, mais elle ne se présenta que plus tard (2).

Toutes ces réserves paraissent d'ailleurs avoir été à peu près inutilisées, car le commandement allemand ne semble pas avoir envisagé l'éventualité d'une poursuite, alors qu'on ne s'était pas encore entièrement rendu maître de Saint-Privat, et que d'ailleurs tout le terrain avoisinant était balayé par les feux des nombreuses batteries françaises dont on apercevait l'éclair des pièces sur la lisière des bois.

---

(1) Chiffres des pertes données par Kunz. *Heft 10* :

	EFFECTIFS.	PERTES.	
		Officiers.	Hommes.
1er régiment à pied	2,700	36	1,056
2e régiment à pied	2,690	39	1,076
3e régiment à pied	2,760	36	1,060
4e régiment à pied	2,800	29	524
Régiment de fusiliers	2,800	6	343
1er grenadiers (1er bataillon)	945	5	143
2e grenadiers	2,760	38	1,020
4e grenadiers	2,780	27	902
100e régiment saxon	2,625	15	282
101e régiment saxon	2,625	13	321
108e régiment saxon	2,625	6	164
107e régiment saxon	2,700	24	429

(2) Deux compagnies du *17e* poussèrent cependant jusqu'à Saint-Privat et prirent part à la lutte.

Le 6ᵉ corps après l'assaut. — Aussitôt que le maréchal Canrobert se fut rendu compte de l'impossibilité où il était d'enrayer l'assaut des Saxons, dont les premiers bataillons atteignaient déjà Saint-Privat par le Nord, il expédia le commandant Caffarel à Plappeville pour prévenir le commandant en chef de la nécessité où il se trouvait de battre en retraite sur Woippy.

Il était à peu près 7 h. 30 lorsque l'officier d'état-major du 6ᵉ corps quitta Saint-Privat (1).

Aussitôt après son départ, le maréchal Canrobert fit commencer le mouvement de retraite par les unités encore constituées qui formaient la garnison du village.

Il paraît hors de doute — pour les raisons indiquées précédemment — que de nombreux isolés quittèrent la place en désordre, mais il n'en fut pas de même pour certains bataillons et particulièrement pour ceux qui garnissaient la lisière septentrionale, sur laquelle la défense paraît s'être prolongée le plus longtemps. Là, des fractions du 4ᵉ de ligne luttèrent aux côtés des IIᵉ et

---

(1) « Le maréchal Canrobert, dit le commandant Caffarel, me dit d'annoncer au maréchal Bazaine que le 6ᵉ corps ayant épuisé ses munitions, il avait été contraint d'évacuer Saint-Privat et qu'il avait donné l'ordre de se retirer par la route de Saulny à Woippy. Il me priait d'informer en même temps le maréchal Bazaine, qu'il avait pris toutes ses précautions pour défendre jusqu'à la dernière extrémité l'entrée de la gorge de Saulny. » (*Instruction du procès Bazaine*, séance du 28 août 1872.)

Le commandant Caffarel arriva à Plappeville, et fut introduit chez le commandant en chef.

« Le maréchal Bazaine, ne parut pas affecté de l'échec que nous venions d'éprouver. Après m'avoir demandé quelques détails sur les différentes phases de la bataille, il me dit : « Vous n'avez pas à vous attrister de cette retraite; le mouvement qui s'opère en ce moment-ci devait être exécuté demain matin; nous le faisons donc douze heures plus tôt et les Prussiens n'auront pas trop à se vanter de nous avoir fait reculer. Dites au maréchal Canrobert de prendre demain les emplace-

III⁰ bataillons du 9⁰ et opposèrent aux Saxons une résistance héroïque, disputant le terrain pied à pied et ne cédant que très tard sous la pression des troupes de la Garde prussienne qui avaient envahi le village par l'Ouest et par le Sud et arrivaient sur leurs derrières. Le III⁰ bataillon du 9⁰ resta l'un des derniers en position dans les rues, tandis que le II⁰ bataillon venait former, avec le plus grand ordre, un échelon défensif à quelques centaines de mètres à l'Est de la localité afin de protéger la retraite des derniers défenseurs.

La retraite des bataillons du 9⁰ provoqua aussitôt celle du III⁰ bataillon du 100⁰ qui occupait l'extrémité Nord-Est de la lisière. Le commandant Pouilloué de Saint-Mars, qui le commandait, se voyant menacé d'être enveloppé et pris, fut dans l'obligation de se replier. Il le fit en rejoignant le II⁰ bataillon de son régiment, afin de protéger également la retraite des dernières fractions de tous les corps de troupe qui soutenaient encore une série de luttes isolées mais sanglantes dans les rues de la localité.

C'est sur ces entrefaites que le général Péchot vint prendre le commandement des II⁰ et III⁰ bataillons

---

ments que le chef d'état-major général a dû faire connaître à chacun des sous-chefs d'état-major des corps d'armée. »

C'est alors, c'est-à-dire probablement vers 9 heures, que le capitaine de La Tour du Pin se présenta chez le commandant en chef pour demander des ordres.

En sortant du cabinet du Maréchal, les deux officiers d'état-major se rendirent auprès du général Jarras. Là, survint le commandant Lonclas envoyé par le commandant du 6⁰ corps « pour rendre compte des détails de la journée ». (*Note* du maréchal Canrobert.)

Après s'être présenté au maréchal Bazaine, le commandant Lonclas repartit avec le commandant Caffarel. Tous deux rejoignirent l'état-major du 6⁰ corps à Woippy vers 11 h. 45 du soir. Le capitaine de la Tour du Pin en fit autant et retrouva le général de Ladmirault à la ferme Saint-Vincent.

du 100ᵉ, du 2ᵉ régiment de chasseurs d'Afrique et du 94ᵉ régiment d'infanterie. Toutes ces troupes firent face à Saint-Privat.

Toutefois, le 2ᵉ régiment de chasseurs d'Afrique ne tarda pas à rétrograder peu à peu vers la ferme Marengo et à s'engager ensuite sur la route de Woippy. Les deux régiments de la brigade Bruchard (2ᵉ et 3ᵉ chasseurs) en firent autant ; puis, plus tard, les deux bataillons du 100ᵉ, fractionnés par demi-bataillons, se replièrent lentement en échelons et à la suite du 9ᵉ, sans être d'ailleurs inquiétés par l'ennemi.

Toutefois, il restait encore, entre Saint-Privat et les bois de Fèves, les quatre régiments de la division La Font de Villiers, dont trois (75ᵉ, 91ᵉ, 93ᵉ) avaient formé les carrés dont il a été plusieurs fois question, ainsi que trois régiments de la division Levassor-Sorval (25ᵉ, 26ᵉ, 28ᵉ) réunis aux abords de la grande route entre Jérusalem et Marengo (1).

Bond en avant de l'artillerie allemande (2). — Pendant que le 6ᵉ corps prenait les dispositions qu'on vient de voir, l'artillerie allemande s'était portée successivement en avant et était venue couronner les crêtes qui s'étendent au Sud-Ouest et au Nord-Est du village, constituant ainsi une longue ligne de bouches à feu, qui mitraillèrent l'infanterie en retraite vers les bois de Saulny.

Déjà, les trois premières batteries à cheval de la Garde avaient gagné la crête 326-333 (3). Un peu plus tard, c'est-à-dire après 7 h. 30, trois batteries de la

---

(1) Le 70ᵉ s'était rallié beaucoup plus en arrière près de Marengo.
(2) Croquis n° 10.
(3) $\frac{2\,c,\ 3\,c,\ 1\,c}{G}$; probablement au moment même de l'assaut.

2ᵉ division de la Garde, puis une batterie à cheval du Xᵉ corps (1) arrivaient successivement sur le mamelon 333 et étendaient leur gauche jusqu'à la grande route.

La 3ᵉ batterie à cheval du *10*ᵉ gagnait la gauche de la ligne de bouches à feu, près de Jérusalem.

La 1ʳᵉ batterie à cheval du Xᵉ corps, ne trouvant plus d'espace libre sur ce point, restait au Nord de la chaussée avec les batteries de la *20*ᵉ division (2).

Les quatre batteries montées de l'artillerie de corps du général Voigts-Rhetz (3), gagnaient la croupe 326. A la droite de celles-ci, cinq autres batteries venaient encore garnir les intervalles laissés libres par les batteries de la *1*ʳᵉ division de la Garde et les batteries hessoises, savoir : les deux batteries à cheval de la *5*ᵉ division de cavalerie et trois batteries de la *19*ᵉ division d'infanterie (4). Enfin, la 2ᵉ batterie légère du Xᵉ corps remontait plus au Nord à la recherche d'un emplacement et se mettait en batterie à la gauche de la 2ᵉ batterie à cheval de la Garde.

Dès lors, 29 batteries (5) allemandes couvraient de leurs obus tout le terrain compris entre Amanvillers et la grande route de Briey (6).

---

(1) $\dfrac{6,\ V,\ VI}{G}$ et $\dfrac{3\ c}{10}$.

(2) $\dfrac{3,\ 4,\ III,\ IV}{10}$ et $\dfrac{1\ c}{10}$.

(3) $\dfrac{5,\ V,\ 6,\ VI}{10}$.

(4) $\dfrac{1\ c}{4}$, $\dfrac{2\ c}{10}$ et $\dfrac{1,\ 1,\ II}{10}$.

(5) Y compris les batteries déployées au Nord et près de la voie ferrée : $\left(\dfrac{1,\ 2,\ 3,\ 1,\ II}{\text{Hess}},\ \dfrac{3}{9}\right)$.

(6) Parmi ces batteries, quelques-unes n'arrivèrent, il est vrai, en posi-

En même temps que cette puissante ligne de bouches à feu se formait au Sud de Saint-Privat, l'artillerie saxonne gagnait du terrain dans la direction de la ferme Marengo et cinq batteries (1), rejointes un peu plus tard par deux autres (2), se déployaient le long du chemin qui conduit de Saint-Privat aux carrières de Jaumont.

On se rappelle que dès 5 heures du soir, le lieutenant-colonel de Montluisant avait entrepris de réunir sur le mamelon des hauteurs de la Croix, les batteries du 6ᵉ corps qui abandonnaient successivement la lutte autour de Saint-Privat.

C'est ainsi qu'avant la prise du village, 12 batteries étaient déjà en position, étagées sur plusieurs lignes, et prêtes à ouvrir le feu dès que l'ennemi apparaîtrait sur la crête qui se développait à 2,000 mètres environ en avant d'elles (3).

Un peu plus au Sud, 11 batteries du 4ᵉ corps étaient également en position de combat à l'Ouest et au Sud des carrières de la Croix, mais presque toutes faisaient face à l'Ouest et surveillaient les hauteurs d'Amanvillers (4).

---

tion qu'après la tombée de la nuit. (*Historique du Grand État-Major prussien*, page 855.)

(1) $\dfrac{\text{V, VI, VII, VIII, 2 c}}{12}$.

(2) $\dfrac{5, 6}{12}$.

(3) $\dfrac{5, 8, 12}{8}$, $\dfrac{5, 6, 7}{14}$, $\dfrac{6, 7, 9, 10}{13}$, $\dfrac{6}{19}$, $\dfrac{6}{17}$. Après la retraite de la division de Cissey, les batteries du lieutenant-colonel de Narp, $\dfrac{5, 9, 12}{15}$, vinrent s'arrêter près de la route de Woippy ; mais presque à bout de munitions, elles ne paraissent pas avoir tiré.

(4) $\dfrac{11, 12}{1}$, $\dfrac{6, 9}{8}$, $\dfrac{5}{17}$, $\dfrac{5, 6, 7}{1}$, $\dfrac{8, 9, 10}{11}$.

Aussitôt que l'artillerie allemande avait fait son apparition à hauteur de Saint-Privat, le lieutenant-colonel de Montluisant avait fait ouvrir le feu sur elle.

Mais pendant que s'engageait cette dernière lutte d'artillerie, plusieurs batteries françaises accompagnées de quelques bataillons entraient à leur tour en action.

C'était, comme on va le voir, une fraction de la Garde impériale que le général Bourbaki se décidait enfin à faire sortir de l'espèce de tanière où il la maintenait depuis 5 heures du soir.

Déploiement de la Garde entre Amanvillers et les carrières de la Croix. — Il est à peu près impossible, d'après les documents qu'on possède, de se faire une idée exacte des motifs qui poussèrent le général Bourbaki à revenir sur la décision qu'il avait prise, — sous l'inspiration d'un sentiment de mauvaise humeur, — de ramener la brigade Jeanningros sur le plateau Saint-Vincent (1). On a déjà dit qu'aussitôt après avoir proféré le commandement de « Demi-tour », il avait tenté d'arrêter les bataillons de la 1re brigade, qu'il voyait se replier trop vivement au milieu d'un désordre qui menaçait de porter un trouble profond dans les rangs de la division tout entière. Il n'y parvint point cependant, et il semble même qu'une fois les bataillons reformés en arrière du bois, grâce à l'énergique intervention du lieutenant-colonel Delatte, il renonça à les reporter immédiatement en avant, puisque ce ne fut que trois quarts d'heure plus tard que commença le mouvement dont il va être question maintenant.

Sur l'ordre qu'elles avaient reçu du commandant de la Garde, les quatre batteries à cheval de la réserve (2)

---

(1) On se rappelle que ceci s'était passé un peu avant 7 heures.

(2) $\frac{3\,c,\ 4\,c,\ 5\,c,\ 6\,c}{G}$. Les 1re et 2e batteries à cheval étaient, comme

avaient quitté le mont Saint-Quentin vers 7 heures pour rejoindre les grenadiers. Il était près de 7 h. 45 quand elles débouchèrent sur le plateau de Saint-Vincent, et c'est à peu près à ce même moment que le général Bourbaki se décida à franchir à nouveau la bande boisée qu'il avait déjà traversée une première fois.

Est-ce le spectacle de la retraite du 6e corps qui le décida à porter au maréchal Canrobert un secours d'ailleurs bien tardif? Le dernier avis que lui fit transmettre le général de Ladmirault, vers 7 heures du soir (1), arriva-t-il à vaincre enfin la résistance qu'il avait opposée jusque-là au commandant du 4e corps; ou bien l'arrivée de quatre nouvelles batteries lui donna-t-elle un peu plus d'audace? Il n'est pas possible de trancher la question à l'heure actuelle.

Quoi qu'il en soit, le général Jeanningros reçut l'ordre de se mettre en marche avec les trois batteries de la division, et le général de Gondrecourt fut prié de fournir un régiment de cavalerie pour appuyer le mouvement (2). Les zouaves étaient déjà engagés sous bois lorsque deux des batteries à cheval de la réserve (3) rejoignirent au trot les batteries divisionnaires des grenadiers (4). Les cinq batteries doublèrent la colonne d'infanterie, traversèrent le taillis et débouchèrent sur la crête 331-343. Il semble que, d'après les ordres reçus, elles eussent dû ouvrir le feu depuis cette crête elle-

---

on sait, détachées auprès de la division de cavalerie du général Desvaux.

(1) Transmis par le capitaine de La Tour du Pin après que celui-ci eut rendu compte à son chef du demi-tour des grenadiers.

(2) Le 2e hussards fut désigné.

(3) $\dfrac{3\,c,\ 4\,c}{G}$.

(4) $\dfrac{3,\ 4,\ 6}{G}$.

même, car l'*Historique* des batteries de la 2ᵉ division fait remarquer qu'on ne fut pas peu surpris en constatant que, de cette position, les vues étaient masquées dans la direction de Saint-Privat. Bien que cette affirmation soit en grande partie inexacte, quatre batteries (1) continuèrent leur mouvement jusqu'à hauteur d'Amanvillers, se déployèrent sur la croupe qui, de la station, remonte vers les hauteurs de la Croix et ouvrirent le feu, concurremment avec les bouches à feu du 6ᵉ corps, sur les pièces prussiennes qui se montraient de plus en plus nombreuses aux abords de Saint-Privat.

Aussitôt après le passage de l'artillerie, le général Jeanningros avait reçu l'ordre d'achever son mouvement. Dès qu'on fut sorti du taillis, les zouaves furent déployés sur deux lignes. Le IIᵉ bataillon fut chargé de protéger les batteries; quatre compagnies se portèrent vers la droite des bouches à feu, et deux vers la gauche. Le Iᵉʳ bataillon fut maintenu en seconde ligne, tandis que le IIIᵉ bataillon du 1ᵉʳ grenadiers gagnait la gauche de la ligne des pièces. Le Iᵉʳ bataillon du même régiment fut maintenu en réserve (probablement sur la croupe 334), tandis que le IIᵉ bataillon était resté sur le plateau Saint-Vincent (2). Quant aux deux dernières batteries à cheval amenées par le colonel Clappier (5ᵉ et 6ᵉ), elles furent arrêtées en deçà de la bande boisée des Rappes et furent bientôt rejointes par les deux batteries du lieutenant-colonel Delatte (3ᵉ et 4ᵉ du 17ᵉ), qui avait amené les avant-trains pour se porter en avant, lorsque la réserve de la Garde apparut

---

(1) $\frac{3, 4}{6}$ et $\frac{3\,c, 4\,c}{6}$. La 6ᵉ batterie (mitrailleuses) fut maintenue sur place à peu de distance en avant du bois.

(2) Ainsi que les bataillons de la 2ᵉ brigade; le Iᵉʳ bataillon du 2ᵉ grenadiers paraît avoir été maintenu jusqu'à la nuit sur la lisière du bois de Saulny.

à sa hauteur. Les quatre batteries ouvrirent aussitôt le feu sur les pièces prussiennes qui se montraient au Sud de Jérusalem, mais sans produire, à ce qu'il semble, un effet efficace à cause de la distance (environ 3,500 mètres). Inversement d'ailleurs, les projectiles ennemis n'atteignirent pas les batteries françaises et ne dépassaient pas la bande boisée qui se trouvait en avant d'elles (1).

La dernière lutte d'artillerie. — Désormais, de nombreuses batteries françaises eussent donc été en mesure de contre-battre les pièces prussiennes qui se montraient de part et d'autre de Saint-Privat.

Malheureusement, les munitions étaient rares, surtout pour les batteries de la division Tixier (2). A la tombée de la nuit, toutefois, la 7e batterie du 8e qui s'était retirée jusque dans la coupée conduisant à Saulny, reçut à temps les caissons qu'elle avait envoyé chercher à

---

(1) Voir le *Rapport* du lieutenant-colonel Delatte.

(2) Bon nombre de batteries ne possédaient plus, en venant s'installer près des carrières, qu'un petit nombre de coups dans leurs coffres. Quelques caissons furent, il est vrai, fournis à ces batteries par le 4e corps (sur la demande du maréchal Canrobert) et par le faible convoi amené par le commandant Abraham. Ce convoi comprenait, comme on sait : huit caissons de 4, quatre caissons de 12 et huit caissons de cartouches (*). Il arriva à hauteur d'Amanvillers au moment où l'infanterie commençait à refluer en désordre vers l'arrière. Il était donc certainement plus de 6 heures. Laissant ses voitures sur place, le commandant Abraham se porta personnellement jusqu'à Saint-Privat, où il rencontra une batterie qui se repliait faute de munitions. Par suite d'une erreur, les huit caissons de 4 lui furent délivrés et le commandant Abraham n'ayant fait connaître à personne sa présence près d'Amanvillers, les munitions de 12 ne furent pas distribuées. Seules, des cartouches furent remises à quelques fractions d'infanterie (appartenant sans doute au 4e corps). (D'après la déposition du commandant Abraham devant le *Conseil d'enquête sur les capitulations*.)

(*) Voir page 399.

Plappeville. Elle rentra aussitôt en action auprès des autres (5ᵉ, 8ᵉ et 12ᵉ du 8ᵉ), pour protéger la retraite de l'infanterie (1).

Les deux batteries de la réserve générale (6ᵉ et 7ᵉ du 13ᵉ) tirèrent avec des hausses variant de 1700 mètres à 2,000 mètres sur les pièces allemandes et parvinrent à faire sauter plusieurs caissons.

Les 9ᵉ et 10ᵉ du 13ᵉ ouvrirent également le feu. La 9ᵉ épuisa ses munitions puis se retira. La 10ᵉ continua son tir jusqu'à la nuit, ainsi que la 6ᵉ du 19ᵉ.

Les batteries du lieutenant-colonel Jamet (5ᵉ, 6ᵉ et 7ᵉ du 14ᵉ) ouvrirent un feu violent, dont l'intensité alla croissant jusqu'à 8 heures du soir, c'est-à-dire jusqu'au moment où les batteries de la Garde entrèrent en ligne.

La 6ᵉ batterie du 17ᵉ (2), qui s'était retirée à l'entrée de la coupée des bois, se reporta en avant, mais seulement à une heure assez tardive, car, à l'instant où elle allait ouvrir le feu, le maréchal Canrobert survint et lui prescrivit de se retirer.

Quant aux batteries du 4ᵉ corps, elles se trouvaient, comme on le sait, placées au Sud des carrières et faisaient face, pour la plupart, aux crêtes sur lesquelles elles avaient combattu pendant le cours de l'après-midi. Tout permet de penser qu'elles ne prirent pas part à la lutte avec les pièces allemandes voisines de Saint-Privat. Au reste, les cinq batteries de la réserve (3) n'ouvrirent pas le feu, non plus que celles de la division Lorencez (8ᵉ, 9ᵉ et 10ᵉ du 11ᵉ). Les batteries du lieutenant-colonel de Narp (5ᵉ, 9ᵉ et 12ᵉ du 15ᵉ) ne paraissent pas non plus

---

(1) La 5ᵉ batterie ouvrit certainement le feu. On ne peut faire la même affirmation pour les 8ᵉ et 12ᵉ. Peut-être même, la 8ᵉ se retira-t-elle très tôt.

(2) De la réserve du 4ᵉ corps.

(3) $\frac{11,12}{1}$, $\frac{6,9}{8}$, $\frac{5}{17}$.

avoir tiré de la position qu'elles occupaient près de la route de Briey et où elles reçurent des projectiles ennemis. Restent les batteries de la 2ᵉ division (5ᵉ, 6ᵉ et 7ᵉ du 1ᵉʳ) sur lesquelles il n'a pas encore été possible d'obtenir de renseignements.

On voit donc que, sur les 30 batteries qui stationnaient vers 8 heures du soir entre Amanvillers et la forêt de Jaumont, 10 ou 12 seulement prirent part à la lutte avec l'artillerie allemande. Or, s'il ne faut pas oublier que la pénurie de munitions paralysa effectivement un certain nombre d'entre elles, on doit aussi remarquer que la plupart de celles du 4ᵉ corps restèrent inactives parce que le commandement ne sut pas les tirer du poste d'observation qu'elles avaient pris sur la lisière des bois de Saulny et où elles demeurèrent inutiles par suite de la vigoureuse résistance que le général de Lorencez opposa à la *3ᵉ* brigade de la Garde sur les hauteurs d'Amanvillers.

Il faut d'ailleurs ajouter que la lutte tardive qui s'engagea à l'entrée de la nuit entre l'artillerie du 6ᵉ corps et celle des Saxons et de la Garde, ne paraît pas avoir produit de résultats sensibles, — au moins chez les batteries françaises.

Le major Hoffbauer dit à ce sujet que les pertes de l'artillerie allemande furent loin d'être insignifiantes, mais que ce fut surtout les feux de mousqueterie qui inquiétèrent l'aile droite devant Amanvillers et l'aile gauche sur la lisière de la forêt de Jaumont. Il paraît possible, en effet, que de ce dernier point, des tirailleurs appartenant peut-être à plusieurs régiments du 6ᵉ corps, eussent fusillé les servants des pièces allemandes qui se pressaient au Nord-Est de Saint-Privat. A l'aile opposée, quelques fractions de la division de Cissey étaient restées dans la tranchée du chemin de fer d'où elles purent tirer sur les batteries ennemies postées sur la longue croupe 310-320. D'ailleurs, lorsque vers 8 heures du soir, les batteries du général Bourbaki apparurent au Nord-Est d'Amanvillers, l'aile droite de l'artillerie prussienne les prit comme objectif. Pour pouvoir les battre plus efficacement, deux batteries (les 5ᵉ et 6ᵉ du *10ᵉ*) reçurent l'ordre de se porter en avant. De la croupe 326, ces deux batteries s'avancèrent jusqu'à une distance de 1500 mètres environ de leur objectif, c'est-à-dire sans doute jusque sur la croupe des Mares. Mais à peine étaient-elles parvenues en ce point qu'elles furent prises en flanc par un feu de mousqueterie qui partit très probablement de la tranchée du chemin de fer. Après avoir conversé à droite, elles parvinrent à faire taire l'infanterie française qui, peut-être, suivit alors le mouvement de retraite général vers Amanvillers.

Les batteries allemandes placées au Sud de Saint-Privat étaient bien éclairées par l'incendie du village; aussi paraissent-elles être celles qui furent le plus atteintes par les projectiles français; mais le major Hoffbauer fait remarquer qu'en général nos shrapnels éclatèrent trop haut pour causer des dommages importants.

De même, le tir des batteries prussiennes, sans doute mal dirigé au milieu de l'obscurité naissante, ne paraît pas avoir infligé de pertes sensibles à l'artillerie des carrières de la Croix. Au moins les *Rapports* et les *Historiques* ne signalent-ils pas ce fait. Le commandant Contamine (1) rapporte même que le tir trop court de l'ennemi fit fort peu souffrir ses batteries.

Si donc le major Hoffbauer prétend que le feu des pièces prussiennes fut efficace, son erreur provient sans doute de ce fait qu'à partir de 8 heures du soir à peu près, les batteries françaises se retirèrent successivement, ainsi qu'elles en avaient reçu l'ordre, au fur et à mesure de l'épuisement de leurs munitions.

---

(1) Commandant les 6ᵉ et 7ᵉ batteries du 13ᵉ.

Retraite des dernières fractions du 6ᵉ corps. — Il est absolument impossible de relater les péripéties de la lutte héroïque qui se déroula jusqu'à la nuit dans les rues du village de Saint-Privat.

A la suite de l'irruption des Allemands dans l'intérieur de la localité, la confusion fut sans doute encore plus grande chez le défenseur que chez l'assaillant. Aucun lien n'existait plus entre les pelotons, compagnies ou bataillons, et seuls, des groupes de héros formés au hasard des circonstances, continuèrent à disputer pied à pied des décombres fumants, sous l'énergique impulsion que le vaillant maréchal Canrobert ne cessa de leur donner. Tout au plus pourrait-on retracer quelques faits isolés qu'il serait impossible de relier entre eux, de sorte que le récit anecdotique qui en résulterait, n'offrirait qu'un intérêt très médiocre au point de vue tactique. D'ailleurs, la bravoure et l'abnégation dont firent preuve les derniers défenseurs de Saint-Privat sont trop incontestés pour qu'il soit nécessaire d'établir ici les droits qu'ils ont conquis à l'admiration de tous.

L'heure à laquelle prit fin cette lutte homérique est elle-même fort indécise. Commencée vers 7 h. 30, elle se prolongea certainement pendant plus d'une heure et peut-être même la résistance sur certains points particuliers ne cessa-t-elle qu'à 9 heures du soir. Il semble cependant que les combattants qui parvinrent à s'échapper les derniers du village, — c'est-à-dire quelques instants avant le maréchal Canrobert lui-même, — durent en sortir entre 8 heures et 8 h. 30. Les autres furent sans doute faits prisonniers (1).

Il devait être à peu près 8 heures (2), quand les

---

(1) Kunz (*Heft 10*) indique le chiffre de 2,000 prisonniers environ.
(2) Car la Garde venait d'ouvrir le feu. (*Historique* du 25ᵉ.)

hommes du 25ᵉ, ralliés encore une fois par leurs officiers à l'Ouest de Marengo, tentèrent un retour offensif dans la direction de Saint-Privat. Réunis autour du drapeau, ils s'ébranlèrent sous les ordres du colonel Gibon et s'avancèrent, aux accents de la *Marseillaise*, jusqu'à peu de distance de Jérusalem. Mais, à ce moment, la nuit était tout à fait arrivée, et la défense était presque complètement réduite. Le maréchal Canrobert, qui était alors accompagné du général Levassor-Sorval, prescrivit au colonel Gibon de se retirer.....

Avant même que l'artillerie allemande fut entièrement parvenue sur les crêtes voisines de Saint-Privat, les régiments de la division La Font de Villiers avaient commencé à rétrograder vers la ferme Marengo.

« Le général de La Jaille descendit de Saint-Privat, dit le général de Geslin (1), et prévint le général de Sonnay que le maréchal Canrobert était encore dans ce village ; il ajoutait qu'une sorte de panique s'était produite dans le 6ᵉ corps, en grande partie en retraite sur Metz. Le général de Sonnay nous mit en route dans l'ordre des numéros ; le 94ᵉ était donc le dernier. Nous marchâmes vers la ferme de Marengo, située au bas de Saint-Privat, sur la route de Saulny à Metz. Ma stupéfaction fut grande quand je vis le général tourner à gauche, suivi par les 75ᵉ, 91ᵉ et 93ᵉ (2). Quand j'arrivai à la ferme, je dis au lieutenant-colonel Hochstetter : — Mon général est blessé (3), je prends le commandement. Traversons la route, et, par un « à-droite », faisons face à Saint-Privat où se trouve encore le brave maréchal Can-

---

(1) *Lettre* du général de Geslin (*loc. cit.*).
(2) D'après le *Rapport* du général de Sonnay, ces trois régiments auraient été arrêtés à l'entrée des bois, mais pour peu de temps, à ce qu'il semble.
(3) Le général Colin, commandant la 2ᵉ brigade de la 3ᵉ division.

robert. — Ce mouvement fut rapidement exécuté. Le capitaine Giovaninelli, du 9º bataillon de chasseurs à pied, s'approcha de moi. Il était avec une portion de son bataillon et se mit à ma disposition pour attendre notre brave maréchal. Je le plaçai avec sa troupe à la gauche de mon régiment..... »

Sur ces entrefaites, les régiments de la division Levassor-Sorval s'engagèrent également sur la chaussée, de sorte qu'à la nuit tombante, c'est-à-dire après 8 heures du soir, le 94º, soutenu par les quelques chasseurs du capitaine Giovaninelli, soutinrent seuls, avec les batteries des carrières, les faibles groupes qui combattaient encore dans les dernières maisons de Saint-Privat.

Quelques instants après que le 94º se fut ainsi formé en bataille à l'Est de Marengo, le maréchal Canrobert apparut, entouré de quelques officiers.

« Heureux de trouver une petite troupe en ordre, dit le général de Geslin, il m'adressa quelques paroles qui m'allèrent au cœur..... Puis : — Eh! bien, colonel, le maréchal Bazaine m'informe qu'il m'envoie enfin de l'artillerie. — Et regardant la direction de Saulny, il ajouta : — Ces batteries se placeront à droite, sur la lisière du bois, du côté d'Amanvillers (1). Quant au 94º, il se placera à gauche de la route, à hauteur de l'artillerie qui a ordre de tirer jusqu'à son dernier projectile, pour arrêter l'ennemi et l'empêcher de sortir de Saint-Privat. Vous ne vous remettrez en marche que derrière le dernier caisson. — J'obéis ponctuellement à cet ordre et montai la pente qui conduit au bois traversé par la route..... »

Mais pendant que l'on prenait ainsi les dispositions

---

(1) C'est-à-dire au Sud des carrières de la Croix.

indiquées par le commandant du 6ᵉ corps, un nouveau renfort arrivait au vainqueur.

La *20ᵉ* division avait été acheminée, comme on sait, de Saint-Ail vers Roncourt. Après qu'elle eut dépassé Sainte-Marie, les balles commencèrent à pleuvoir, car à ce moment Saint-Privat était encore au pouvoir des Français (1). Comme d'ailleurs, « l'artillerie française paraissait être en action au delà de Roncourt (2) » — ce qui était complètement erroné en fait — le bataillon de chasseurs fut porté dans cette direction, pendant que les batteries divisionnaires doublaient la colonne pour venir prolonger la droite des batteries saxonnes, ainsi qu'il a déjà été dit. La *40ᵉ* brigade qui marchait en tête franchit la chaussée un peu plus tard et fit face au village. Mais à ce moment, l'assaut avait été donné et le combat était déjà engagé dans les rues. Malheureusement pour les Allemands, les bataillons de tête de la division de Kraatz crurent reconnaître des troupes françaises dans les compagnies prussiennes qui n'avaient pas pénétré dans la localité, et ils ouvrirent aussitôt un feu violent contre elles (3). Le général de Pape, présent sur les lieux, parvint cependant à faire suspendre ce feu fratricide.

Comme sur ces entrefaites, l'artillerie de la Garde garnissait de ses batteries la croupe 333, deux compagnies du *17ᵉ* (5ᵉ et 6ᵉ) furent envoyées sur ce point comme soutien. Trois bataillons de la *40ᵉ* brigade (4)

---

(1) L'*Historique du Grand État-Major prussien* dit même qu'on reçut des obus. Peut-être étaient-ce les coups trop longs des batteries des carrières ?

(2) *Historique du Grand État-Major prussien.*

(3) Kunz. *Heft 10.*

(4) $\frac{F}{17}$ et $\frac{II. F}{92}$.

entourèrent ensuite Saint-Privat par le Sud, tandis que deux autres (1) le dépassèrent par le Nord et que deux compagnies (2) pénétraient dans le village. « Le bataillon de fusiliers du *17*ᵉ, dit l'*Historique* officiel allemand, occupe le côté oriental de Saint-Privat avec trois de ses compagnies, tandis que la 9ᵉ pousse au Sud de concert avec des fractions des 5ᵉ et 6ᵉ. Plusieurs compagnies du *92*ᵉ prennent la même direction ; les autres parviennent, à la suite de l'ennemi, de la lisière orientale, jusque dans le voisinage de la forêt de Jaumont. L'obscurité seule mettait un terme aux engagements de ces troupes, dont celles qui s'étaient avancées au Sud de Saint-Privat avaient pris principalement leur direction vers la grande ligne de batteries ennemies en position aux abords des carrières d'Amanvillers (3). »

Plus au Nord, c'est-à-dire dans la forêt de Jaumont, le Iᵉʳ bataillon du 9ᵉ de ligne avait été suivi dans sa retraite par les cinq compagnies saxonnes qui formaient l'aile gauche de la *48*ᵉ brigade (4). Le bataillon français disputait le terrain pied à pied, dans une lutte à courte distance que la nature du couvert permettait de soutenir sans de grosses pertes. Mais pendant ce temps, les compagnies saxonnes étaient rejointes par les trois compagnies du *106*ᵉ primitivement dirigées sur Malancourt (5) ; le IIIᵉ bataillon du *107*ᵉ venait également se joindre à

---

(1) $\frac{1}{17}$ et $\frac{1}{92}$.

(2) $\frac{7, 8}{17}$.

(3) *Lire* : de la Croix.

(4) $\frac{1, 2, 3, 4, 12}{106}$.

(5) $\frac{9, 10, 11}{106}$.

elles, tandis que le *13ᵉ* bataillon de chasseurs et le IIIᵉ bataillon du *103ᵉ* arrivaient jusqu'à la lisière du bois où ils formaient soutien.

Devant des forces aussi considérables, le Iᵉʳ bataillon du 9ᵉ dut quitter la région des carrières de Jaumont, puis gagner la vallée de Bronvaux, suivi à distance par quelques fractions d'infanterie ennemie.

Quant au *108ᵉ* régiment saxon, qui avait appuyé les troupes d'assaut, il ne trouva pas l'occasion de s'engager.

La *46ᵉ* brigade n'avait pas donné non plus, mais quand le village fut pris, elle se porta vers la forêt de Jaumont où elle établit, à la nuit, deux bataillons aux avant-postes, lesquels se relièrent à ceux que la *40ᵉ* brigade installa à l'Est de Saint-Privat. La *39ᵉ* brigade venait se former sur la lisière Nord du village, tandis que deux bataillons de la *24ᵉ* division allaient occuper Montois.

Pendant que ces mouvements étaient en voie d'exécution, la lutte d'artillerie tirait à sa fin, tant à cause de l'obscurité qui se faisait de plus en plus épaisse, qu'à cause de la disparition successive des batteries françaises.

D'ailleurs, l'infanterie prussienne complètement épuisée ne faisait aucune tentative sérieuse pour poursuivre l'arrière-garde du 6ᵉ corps, et lorsqu'à la nuit close, le dernier caisson eut disparu des hauteurs des carrières, le colonel de Geslin s'engagea à son tour sur la grande route où régnait malheureusement un grand désordre et une épouvantable confusion.

Le long couloir que suit la chaussée depuis Marengo jurqu'à Saulny avait été encombré de voitures de toutes sortes depuis le commencement de la bataille. Les caissons des réserves des batteries, les voitures d'ambulance, celles des trains régimentaires et même des chars des convois auxiliaires abandonnés par les convoyeurs civils s'y trouvaient plus ou moins entassés (1).

Dès 6 heures du soir, c'est-à-dire au moment où la 6ᵉ compagnie du 20ᵉ bataillon de chasseurs revenant de Metz, où elle était allée conduire des prisonniers, débouchait en vue de Marengo, une panique subite s'empara des conducteurs de voitures régimentaires. « Des chevaux de main, des attelages traînant leurs traits brisés, des bestiaux, des hommes isolés, des voitures de toute espèce refluèrent en un clin d'œil sur Metz à toute vitesse. Le lieutenant Crémadells, aidé du sous-lieutenant Theillier, chercha d'abord à barrer le passage aux fuyards ; il plaça quelques éclaireurs dans le bois à sa droite et fit reconduire à la lisière du bois les fuyards du 15ᵉ de ligne (2) (3). . . . . »

Ce fut là, autant qu'on en peut juger, un moment de panique d'assez courte durée et qu'on parvint à enrayer, au moins en partie. Mais on conçoit qu'après un tel début, le flot toujours grossissant des isolés qui se repliaient vers Metz, après une aussi rude journée de combat, ne put qu'augmenter encore la confusion qui régnait sur la seule voie de retraite du 6ᵉ corps. D'ailleurs, aux débandés se joignirent quelques batteries qui n'avaient plus de munitions et qui causèrent une recrudescence dans le désordre. Les deux batteries de la division Levassor-Sorval avaient quitté de bonne heure (vers 5 heures) le champ de bataille après avoir vidé leurs coffres. Elles traversaient Saulny, pour aller se ravitailler à Plappeville, lorsqu'une « panique

---

(1) Voir la *Lettre* du colonel de Geslin au Ministre de la guerre.

(2) Probablement du IIIᵉ bataillon resté pendant toute la journée dans les carrières de la Croix.

(3) *Historique* du 20ᵉ bataillon de chasseurs.

insensée (1) » se produisit sur la route ; « dans un mouvement désordonné des voitures de plusieurs convois (2) », la colonne d'artillerie perdit deux voitures (3). Il est possible que le désordre dont il est question ne soit que la répercussion de celui qui se manifesta vers 6 heures à Marengo, mais il n'en est pas moins vrai que dès les premiers moments de l'attaque de la Garde prussienne, un trouble profond, sinon de longue durée, se manifesta sur les derrières du 6ᵉ corps jusqu'à une grande distance du champ de bataille.

Les *Rapports* et les *Historiques* des régiments d'infanterie ne donnent que peu de détails sur leur retraite vers Metz et se bornent, en général, à faire une courte allusion aux difficultés et à la lenteur de la marche. Le *Journal* de marche de la 4ᵉ division se contente de signaler « le désordre inévitable produit par la confusion des différents régiments du corps d'armée ».

L'*Historique* du 75ᵉ relate cependant qu'au moment où il s'engagea dans la coupée du bois, c'est-à-dire lorsque Saint-Privat était déjà, en partie, tombé au pouvoir

---

(1) *Rapport* du commandant Kesner, commandant les 7ᵉ et 8ᵉ batteries du 18ᵉ.

(2) *Journal de marche* de la 8ᵉ batterie du 18ᵉ.

(3) Il est probable que ce convoi était celui qu'accompagnait l'officier d'administration Triballat à destination de Saint-Privat. Ce convoi comprenait 45 voitures et transportait 48,500 rations de vivres.

« Lorsque nous sommes arrivés avec le convoi au village de Saulny, près du bois, dit M. Triballat, nous avons rencontré un nombre assez considérable d'artilleurs revenant du combat avec une vitesse désordonnée et criant : « Sauve qui peut ! Voilà les Prussiens ! » A ce cri, les 200 hommes d'escorte se sont sauvés sans que le capitaine, chef d'escorte, ait eu le temps de se reconnaître et les convoyeurs civils ont dételé leurs chevaux, sont montés sur l'un d'eux et se sont sauvés, abandonnant leur voiture et leurs autres chevaux. »

(Lettre de l'officier d'administration Triballat au sous-intendant militaire Courtois, à Metz.)

de l'ennemi, l'encombrement de la route était à son comble. « Hommes, chevaux, voitures, dit-il, tout s'y précipite avec une grande confusion, à cause de la concentration énorme que l'ennemi imposait, et aussi, parce qu'en réalité, on ne connaissait pas la ligne de retraite. »

A ce moment, les derniers défenseurs de Saint-Privat refluaient peu à peu vers l'unique débouché du 6ᵉ corps, sortant du village dans toutes les directions (1). Il semble toutefois que la plupart des troupes appartenant à la division Tixier furent rassemblées tant bien que mal à l'entrée du défilé. « Les officiers du régiment, dit l'*Historique* du 4ᵉ de ligne, rallient autour d'eux les soldats qui se trouvent sur leur passage. Le colonel rassemble aux carrières voisines (sans doute celles de Marengo) une partie notable du régiment. D'autres fractions se concentrent dans le ravin qui précède la forêt de Jaumont, et ces diverses fractions se réunissent et prennent, sous le commandement du colonel, le chemin de Metz..... »

Si, d'ailleurs, on considère qu'à la nuit tombante tous les régiments du 6ᵉ corps, plus ou moins fractionnés et désorganisés déjà, s'engouffrèrent dans le couloir de Saulny où les obstacles matériels étaient déjà répandus à profusion, et où les nombreuses batteries du lieutenant-colonel de Montluisant et même bon nombre de celles du 4ᵉ corps, cherchaient successivement à se frayer un passage, on ne pourra que conclure à un encombrement et à un désordre tels que notre malheureuse armée n'en avait pas encore connu jusqu'ici. Au reste, et à défaut d'une description complète de la retraite du 6ᵉ corps, quelques témoignages précis peuvent en donner une idée.

---

(1) *Historique* du 4ᵉ de ligne.

Alors que les batteries du général de Cissey, — qui parvinrent cependant à se retirer « en bon ordre (1) » sur Metz, — se présentèrent devant la grande route, « les réserves des batteries, les voitures du train, de l'intendance, les voitures de vivres, de bagages, etc., saisies d'une violente panique, se livrèrent à une course échevelée vers Metz, se brisant, se renversant dans les tournants brusques et les descentes rapides ; le désordre est à son comble ; des conducteurs coupant les traits de leurs chevaux, laissent là leur voiture pour se sauver plus vite et l'on voit des cavaliers affolés et apparemment mieux montés, exécuter une charge furibonde au travers des voitures, au risque de tout renverser sur leur passage. L'officier qui a rédigé ce rapport a été, en se rendant à Metz, surpris par cette panique et témoin, en particulier, du dernier fait. On finit cependant par arrêter ce mouvement, grâce surtout à quelques voitures tombées au pont de Saulny et qui formèrent, en cet endroit très étroit, une sorte de barrage ; mais la route est encore trop encombrée par toutes ces voitures mêlées qui cherchent à se retrouver, pour que les batteries puissent quitter leur emplacement. Elles restent donc exposées sans défense aux coups de l'artillerie prussienne (2)..... »

« Sur la route, dit l'*Historique* de la 6ᵉ batterie du 17ᵉ, l'encombrement était énorme ; des colonnes d'artillerie débouchaient de tous côtés ; dans la journée, il devait y avoir eu quelque panique en cet endroit, car on ne rencontrait que des voitures d'artillerie, de bagages ou de l'administration renversées. »

L'*Historique* du 20ᵉ bataillon de chasseurs à pied

---

(1) *Historique* de la 9ᵉ batterie du 15ᵉ.
(2) *Historique* de la 5ᵉ batterie du 15ᵉ.

signale également que la route était couverte de voitures abandonnées ou renversées sur les bas côtés (1).

« La route est affreusement encombrée, dit le lieutenant Palle dans son *Journal de campagne*. Les officiers essayent de rallier les régiments partout où se trouvent des emplacements libres à côté de la route, mais ils ne réunissent que peu d'hommes, les autres se livrant au pillage des voitures de réquisition qui sont arrêtées, parfois empêtrées, à droite et à gauche. Le général de Ladmirault nous défend. Je vois le capitaine Flottes qui dit que sa batterie suit en arrière. Quelques coups de fusil partent dans les bois. On dit que ce sont des gens payés par les Prussiens pour augmenter la panique et le désordre (!), que les gendarmes en ont déjà arrêté..... »

Ces quelques descriptions précises, jointes à celles qu'on a précédemment citées, suffisent à donner une idée générale du désarroi qui régnait sur la route. Le désordre matériel y était considérable, et la nuit aidant, la confusion devint extrême.

Il serait cependant erroné de supposer que la masse plus ou moins désorganisée qui s'écoulait vers Metz fût la proie d'un affolement général et permanent. Assez nombreux sont les documents qui relatent le *bon ordre*, — très relatif évidemment, — de la retraite, pour qu'on soit en droit de ne considérer les paniques dont il vient d'être question que comme des accidents, d'assez courte durée, dus surtout à l'indiscipline des convois et à l'imprévoyance du commandement, et dont certains furent probablement assez localisés. La cohue que formait alors la longue colonne du 6ᵉ corps, était

---

(1) Il est important de remarquer dès maintenant que la 6ᵉ batterie du 17ᵉ et le 20ᵉ bataillon de chasseurs ne parlent que de désordre et d'encombrement. La panique ne régnait donc pas en permanence sur la route.

certainement, — après cette malheureuse journée de lutte, — dans un état d'impressionnabilité que le moindre incident fit, plusieurs fois, dégénérer en paniques. La nervosité, la lassitude physique et l'affaissement moral y régnaient en maîtres, tandis que les exigences de la faim provoquaient de déplorables scènes de pillage (1). Mais on n'était plus alors sous l'étreinte immédiate de l'ennemi et le sentiment général qui animait les troupes ne pouvait plus être comparé à la folle épouvante qui s'empare quelquefois de celles qui se sentent traquées sous le feu même de l'adversaire. Ce fait fut d'ailleurs nettement remarqué par un témoin oculaire de la lamentable retraite du 6ᵉ corps. Alors qu'au *Conseil d'enquête sur les capitulations* le général d'Aurelles de Paladines demanda « dans quel état se trouvaient les troupes qui se retiraient », le commandant Abraham, qui n'eut sans doute pas l'occasion d'assister à l'une des paniques dont on vient de parler, lui répondit : « C'était le plus complet désordre, mon général ; j'ajoute que les hommes ne fuyaient pas comme des gens pris d'une terreur panique ; ils s'en allaient *en désordre*, et ce désordre dégénéra en déroute une fois que cette masse d'hommes s'est trouvée entassée (2). »

Chez les Allemands, la fin du combat ne paraît pas avoir été marquée par des incidents aussi violents, — du moins sur cette partie du champ de bataille, car on verra plus tard quels terribles désastres ils éprouvèrent coup sur coup à leur aile droite. En revanche, le désordre, mais surtout l'abattement qui suit une période de tension nerveuse aussi intense, furent grands parmi les troupes qui avaient pris part aux deux attaques suc-

---

(1) Voir le *Journal de campagne* du lieutenant Palle et le *Procès-verbal* du sous-intendant Galles, du 4ᵉ corps d'armée.

(2) Séance du 1ᵉʳ mars 1872.

cessives du village. Celles de la Garde, en particulier, paraissent avoir subi, plus que les autres, les effets d'un épuisement qui était la conséquence toute naturelle de la lutte meurtrière qu'elles avaient conduite avec tant de courage, et l'on ne peut mieux en donner une idée, pour terminer, qu'en citant le passage suivant de la *Relation* du général de Kessel :

« Le village était maintenant entièrement en notre pouvoir, dit le général ; la nuit venait rapidement ; je priai le lieutenant de Bonin de m'aider à rassembler les hommes parce qu'après cette chaude lutte qui avait profondément mélangé, aux deux ailes, des troupes de toutes les unités, il fallait d'abord songer à remettre un peu d'ordre dans cette cohue. Il m'était très difficile, à cause de l'obscurité qui croissait rapidement, et de l'épuisement général, de réussir à retrouver les hommes de mes régiments ; je détachai les premiers hommes que j'avais pu rassembler tout d'abord, avec l'ordre de diriger sur la chaussée tout ce qu'ils rencontreraient appartenant à la brigade.

« Je réussis ainsi à peu près, au milieu de l'obscurité complète, à rassembler quelques hommes perdus ; je fus puissamment aidé dans cette tâche par le capitaine de Lobenthal, blessé à la tête, et par le lieutenant d'Obernitz, du *3e* régiment, qui s'y employèrent avec beaucoup de zèle. Je dirigeai les hommes qu'on put rassembler vers Sainte-Marie-aux-Chênes, et comme je n'avais pu encore réunir tous les drapeaux, j'envoyai des détachements à la recherche de ceux-ci. Moi-même je descendis de cheval, pris un sous-officier avec moi et retournai, dans l'obscurité, sur le champ de bataille pour chercher l'endroit où le lieutenant de Kessel, de mon état-major, était tombé ; pendant la bataille j'avais dû m'en éloigner sans pouvoir lui envoyer aucun secours. Mes recherches furent infructueuses ; je fis ainsi un chemin pénible et triste ; on doit à peine l'entreprendre quand on entend appeler de tous côtés au secours et qu'on a aussi peu de moyens à sa disposition que j'en avais présentement. Trempé de sueur, je rejoignis enfin mes hommes. Les restes de la brigade bivouaquèrent en partie à Sainte-Marie, en partie à Roncourt ; il ne manquait aucun drapeau.

« Je renonce à peindre l'épuisement des hommes. Le 18 août, à midi, nous avions vainement envoyé chercher de l'eau ; cette chaude journée s'était passée sans que nous eussions pu avoir une goutte d'eau pour nous rafraîchir. Les hommes bien portants purent supporter cela, mais les blessés qui gisaient dans les champs en ont souffert cruellement.

« Le désordre effroyable qui se produisit dans les villages avec l'arrivée de la nuit empêchait absolument d'obtenir quoi que ce soit. La chaussée débordait de voitures, de canons, d'hommes pêle-mêle. Tout se poussait vers Sainte-Marie où la confusion était à son comble. Beaucoup de blessés se trouvaient également dans cet entassement sans exemple ; tout effort pour leur porter secours ou pour remettre de l'ordre dans tout cela était illusoire ; il y avait trop peu d'officiers présents. Les profonds et larges fossés de la route furent fatals à beaucoup ; les cris et les jurons des conducteurs et charretiers dominaient l'appel des blessés, qui, en grand nombre, avaient cherché un abri dans ces fossés. Je n'atteignis Sainte-Marie qu'à grand'peine ; j'y trouvai la route encombrée de voitures et les places remplies d'une foule si confuse, que je perdis l'espoir de retrouver aucun de mes hommes. Je passai la nuit sur la paille au bivouac du 1er régiment de la Garde, près de Sainte-Marie, à côté du capitaine de Stülpnagel qui était blessé. A minuit, arriva à ma grande joie le lieutenant de Mitzlaff, mon adjudant, que j'avais cru perdu...... »

IX. — Fin du combat sur le plateau d'Amanvillers
(depuis 7 heures du soir).

Retraite de la division de Cissey. — On se rappelle que dès avant 7 heures, l'artillerie de la 1re division du 4e corps était à bout de munitions et ne pouvait déjà plus soutenir l'infanterie que le général de Cissey avait poussée jusqu'au fond du vallon 308.

D'ailleurs, le feu de l'artillerie prussienne redoublait d'intensité. « Ce fut le moment le plus terrible de la journée », dit l'*Historique* de la 12e batterie du 15e. Il était donc inutile de rester sous le feu et force fut, par conséquent, de se replier. A la 5e batterie, un obus brisa un avant-train, au moment même du départ, de sorte que la pièce resta sur le terrain. La 12e batterie abandonna trois caissons faute d'attelages pour les emmener. Enfin, l'artillerie de la 1re division se retira jusqu'aux carrières de la Croix où elle rejoignit les nombreuses batteries du 6e corps qui s'y trouvaient déjà.

Cependant les compagnies du 4e grenadiers prussien ne tardaient pas à se montrer sur le chemin bordé de haies de la croupe 326-333, et paraissaient ainsi vouloir déborder la droite de la division de Cissey en pénétrant dans la trouée qu'avait laissée la division Levassor-Sorval. C'est sans doute à ce moment que le 1er régiment se porta en avant en exécutant une conversion à droite de manière à faire face aux nouveaux assaillants.

Mais, restée sans artillerie, sous un feu écrasant, la situation de la 1re division devenait fort critique. « Il y avait près de cinq heures que nous étions sous le feu du canon, dit le général de Cissey dans ses *Souvenirs ;* le général de Goldberg fut frappé d'un obus à l'épaule ; le colonel Supervielle (du 73e) fut emporté du champ de bataille les jambes fracassées ; le colonel Frémont (du

1er de ligne) fut également blessé ; tout mon état-major était démonté, mon escorte brisée, dispersée ; le champ de bataille était jonché des plus effroyables débris ! »

Prévoyant qu'une retraite allait devenir inévitable, le commandant de la 1re division fit demander des ordres au général de Ladmirault. Or, à ce moment même, les troupes postées devant Amanvillers et accablées par le tir des batteries hessoises et de la Garde, commençaient à donner des signes manifestes de lassitude. Plusieurs bataillons (2e chasseurs et Ier et IIe du 15e) avaient déjà plié un instant, comme on l'a dit précédemment, et bien qu'ils eussent été vigoureusement ramenés au combat, ils se trouvaient dans une situation qui ne laissait pas que de devenir inquiétante.

D'ailleurs, la retraite de l'infanterie du 6e corps paraissait s'accentuer de plus en plus et le moment n'était pas éloigné où le 4e corps allait être, semblait-il, entièrement découvert sur sa droite. Le fait n'échappa point au général de Ladmirault qui avait reçu, à la fois, l'avis que le 6e corps était en pleine retraite et la nouvelle que les grenadiers du général Picard rétrogradaient vers la ferme Saint-Vincent (1). Dès lors, il devenait urgent de préparer une position de repli au Nord-Est d'Amanvillers, de manière à faire face au mouvement enveloppant que pourrait tenter l'ennemi après la retraite du 6e corps.

On a déjà vu, qu'à tout hasard, le commandant du 4e corps avait renvoyé, une troisième fois, le capitaine de La Tour du Pin auprès du général Bourbaki pour lui

---

(1) A ce moment, Saint-Privat tenait encore, mais le reflux vers l'Est de nombreux isolés d'une part et des bataillons qu'on ramenait vers Marengo (particulièrement ceux de la division Levassor-Sorval), d'autre part, ne put évidemment que produire sur les généraux placés dans la région d'Amanvillers l'impression qu'ils relatent d'ailleurs eux-mêmes.

faire connaître la retraite du 6ᵉ corps et l'éventualité imminente qu'il fallait prévoir pour la droite du 4ᵉ.

Mais avant d'avoir reçu une réponse, le général de Ladmirault résolut d'assurer lui-même, autant qu'il était en son pouvoir, les derrières de la position d'Amanvillers. Il prescrivit donc au général de Cissey de replier sa 2ᵉ brigade et tout ce qu'il pourrait réunir de la 1ʳᵉ, sur la lisière du bois de Saulny.

Le 57ᵉ de ligne et les deux premiers bataillons du 73ᵉ paraissent s'être retirés les premiers, probablement en même temps que les 3ᵉ, 4ᵉ et 5ᵉ compagnies du 20ᵉ bataillon de chasseurs. Il est d'ailleurs impossible d'indiquer les détails de cette retraite, si ce n'est qu'elle s'effectua « en bon ordre, sous un feu écrasant (1) » et qu'en arrivant derrière la crête les officiers « rallièrent » un groupe formé d'hommes « de tous les régiments (2) » et firent ouvrir, à nouveau, le feu sur l'adversaire (3).

---

(1) *Historique* du 57ᵉ.

(2) *Historique* du 73ᵉ. Ceci paraît d'ailleurs être en contradiction avec le *bon ordre* dont parle l'*Historique* du 57ᵉ.

(3) Il est à remarquer que, vers 7 heures, les bataillons du général de Wittich (1ᵉʳ et 2ᵉ hessois) avaient déjà atteint la croupe 315. Il est donc à peu près certain que les compagnies du général de Cissey, qui avaient prononcé antérieurement un mouvement offensif jusque dans le vallon 308, s'étaient déjà repliées sur la crête des Mares. C'est peut-être devant l'apparition des Hessois sur leur flanc gauche que les trois premières compagnies du Iᵉʳ bataillon du 6ᵉ de ligne se transformèrent brusquement en un « flot de fuyards (*) » au moment même où leurs officiers cherchaient à les entraîner en avant contre les troupes de la Garde qui apparaissaient sur la croupe 320. En un instant, toute la ligne se leva, et sous l'empire d'un sentiment d'épouvante qui n'épargne pas les meilleures troupes elles-mêmes dans certains moments de crise, tous s'enfuirent vers l'arrière et ne s'arrêtèrent qu'un kilomètre plus loin.

(*) Voir : *La guerre telle qu'elle est*, par le lieutenant-colonel Patry, alors lieutenant au 1ᵉʳ bataillon du 6ᵉ, page 109.

Complètement isolé désormais, le 1er régiment ne pouvait tenir dans une position où il était, d'ailleurs pris de flanc et à revers par les batteries ennemies (1). Sur l'ordre du général de Cissey, il fit demi-tour et rétrograda jusqu'à la tranchée du chemin de fer d'où il continua à surveiller, — face au Nord, — pendant une heure encore, les hauteurs qu'il venait de quitter.

En ce qui concerne les deux premières compagnies du 20ᵉ bataillon de chasseurs, il semble qu'elles se soient maintenues pendant quelque temps dans la tranchée du chemin de fer, mais qu'elles se soient retirées sur Amanvillers avant 8 heures du soir (2).

Quant à la retraite du gros de la division, elle s'effectua sous le feu de l'artillerie ennemie qui allongea son tir par-dessus la crête des Mares. C'est cette circonstance qui empêcha de reprendre, en passant, les sacs qu'on avait laissés au bivouac. En arrivant sur la lisière des bois et près des carrières de la Croix, le général de Cissey rallia les fractions de sa division qu'il avait ramenées, mais c'est sans doute en constatant « que beaucoup d'hommes harassés de fatigue et pressés par la faim, profitaient de l'obscurité pour aller isolément ou par petits groupes, à travers les bois, sur Metz (3) », qu'il renonça à faire reprendre les sacs au bivouac se réservant de le faire après que le feu de l'ennemi se serait éteint (4).

La fin de la lutte devant Amanvillers et Montigny-la-Grange. — Avant même que la division de Cissey eût

---

(1) Voir l'*Historique* du 1er.
(2) Car l'*Historique* du 20ᵉ bataillon de chasseurs signale l'arrivée de la Garde après la retraite de ces compagnies.
(3) *Journal de marche* de la 1re division.
(4) Le général remit ses troupes en marche entre 8 h. 30 et 9 heures pour Metz par Saulny.

commencé sa retraite, c'est-à-dire avant 7 heures, le commandant du 4e corps avait fait savoir au maréchal Lebœuf la fâcheuse situation qui lui était faite par la retraite des défenseurs du plateau de Saint-Privat ; il lui avait demandé en même temps de mettre à sa disposition quelques-uns des bataillons qui se trouvaient encore disponibles dans les environs de la Folie (1).

En attendant, il avait prescrit au général de Lorencez de résister jusqu'à la dernière extrémité sur le plateau d'Amanvillers, puis il s'était rendu près des carrières de la Croix, où la plupart de ses batteries étaient alors réunies et 'où la brigade de Goldberg (57e et 73e) commençait, sur ces entrefaites, à se reformer également.

Vers 7 heures du soir (2), c'est-à-dire avant que l'artillerie de la division de Cissey commençât à quitter ses positions, le prince Frédéric-Charles s'était rencontré auprès des bois de la Cusse avec le général de Manstein. Comme à ce moment les nombreux bataillons plus ou moins mélangés qui stationnaient au milieu des taillis, avaient été pour la plupart fort éprouvés pendant le courant de l'après-midi (3) ; comme, d'autre part, il était manifeste que les compagnies de la *3e* brigade de grenadiers engagées devant les positions de la défense étaient à peu près à bout de forces, le commandant de la IIe armée décida qu'une brigade du IIIe corps (4) serait appelée de

---

(1) *Conseil d'enquête sur les capitulations.* Déposition du général de Ladmirault. Le commandant du 4e corps avait pu observer, en effet, la retraite précipitée de la division Levassor-Sorval, qui laissait une large trouée au Sud de Saint-Privat.

Cette demande n'eut de résultat pour le 4e corps que vers 8 heures du soir, ainsi qu'il sera dit plus loin.

(2) *Historique du Grand État-Major prussien.*

(3) Il n'y avait plus comme bataillons frais que $\frac{\text{I et II}}{4 \text{ Hes}}$ et $\frac{\text{II}}{3 \text{ Gr}}$.

(4) Alors réuni auprès de Vernéville.

ce côté pour « appuyer le nouvel effort projeté contre Amanvillers (1) ».

« Dès le début de la journée, dit l'*Historique* officiel allemand, le général Alvensleben avait eu l'intention de se porter massé avec tout son corps contre le bois et la ferme de la Folie. *Il attendait de cette manœuvre des avantages décisifs; mais eu égard aux circonstances du moment, le commandant en chef n'avait pas cru devoir agréer ce projet.* A la réception de l'ordre ci-dessus mentionné, le général fit rompre sur-le-champ toute son infanterie. La 6ᵉ division, formée en première ligne, devait prendre entre Champenois et le bois de la Cusse ; la 5ᵉ avait ordre de suivre dans la même direction..... »

Mais à ce moment, le combat se rallumait très violent, comme on le verra plus loin, sur le plateau de Moscou et du Point-du-Jour, vis-à-vis des positions de la Iʳᵉ armée. De proche en proche, la fusillade gagna les environs de Leipzig et l'artillerie de corps du général de Bulow, alors en batterie auprès de Chantrenne, faisait savoir qu'elle était vivement battue (2).....

« Afin d'empêcher en temps utile l'adversaire de déboucher du bois des Génivaux, dit encore l'*Historique du Grand État-Major prussien*, les deux divisions du IIIᵉ corps sont acheminées dans cette direction, et la *12ᵉ* brigade reçoit l'ordre d'enlever à la baïonnette les bouquets qui précèdent le massif. Mais sur ces entrefaites, l'ennemi avait de nouveau suspendu son mouvement, de sorte que l'on n'en venait plus aux mains sur ce point. »

L'exposé de l'état-major allemand demanderait évi-

---

(1) *Historique du Grand État-Major prussien.*
(2) Peut-être par l'infanterie du bois de la Charmoise, car à ce moment, le 3ᵉ corps n'avait plus d'artillerie en position sur le plateau la Folie, Leipzig.

demment à être précisé sur bien des points, car il serait fort intéressant de connaître les considérations sur lesquelles se basait le général Alvensleben pour attendre un *résultat décisif* de l'intervention de son corps d'armée contre le bois et la ferme de la Folie, aussi bien qu'il serait curieux de savoir les motifs qui détournèrent le prince Frédéric-Charles de cette même entreprise. Il serait à souhaiter également qu'on expliquât comment le commandement allemand se laissa impressionner par une canonnade violente, il est vrai, mais fort lointaine, au point de faire faire brusquement demi-tour à un corps d'armée tout entier pour le porter contre un adversaire qui continuait, — malheureusement pour lui, — à se maintenir dans son couvert sur le pied d'une défensive absolument passive (1).

Quoi qu'il en soit, on peut dès maintenant constater ce fait important, qu'une simple reprise du combat à l'aile gauche française avait détourné l'attaque que le commandant de la IIe armée projetait de diriger contre Amanvillers ; et, qu'à partir de cet instant, la *3e brigade* de la Garde dut chercher dans le seul bataillon demeuré en seconde ligne, un soutien qui fût resté tout à fait insuffisant, si l'artillerie, postée beaucoup plus au Nord, n'était venue lui apporter à propos un secours très efficace.

On a fait remarquer précédemment que vers 7 heures les grenadiers prussiens, arrivés à 400 mètres environ de la ligne de combat française, étaient à peu près hors d'état de produire un nouvel effort (2).

D'après l'*Historique* du 5e bataillon de chasseurs, les

---

(1) L'*Historique* allemand n'indique pas non plus si le demi-tour du IIIe corps fut ordonné par le commandant de l'armée ou s'il est dû à l'initiative du général Alvensleben.

(2) Voir le croquis : *Fin du combat d'Amanvillers*, page 584.

mouvements de l'ennemi, que l'on pouvait observer au Nord de la voie ferrée, depuis la ligne de combat française, devinrent fort inquiétants à partir du coucher du soleil, — c'est-à-dire à partir de 7 h. 10. De nouvelles batteries apparaissaient successivement en ligne et même, l'infanterie ennemie paraissait déborder la droite des tirailleurs français. On sait déjà, en effet, que l'artillerie de la Garde surgissait peu à peu sur la longue crête 320-326 ; que deux batteries hessoises s'étaient avancées jusque sur la croupe 315 ; que les bataillons du général de Wittich avaient dépassé ces deux batteries, et qu'enfin la retraite de la division de Cissey découvrait complètement la droite du 5ᵉ bataillon de chasseurs. La situation devenait d'autant plus critique pour les défenseurs du mamelon 331, que de nouvelles troupes semblaient déboucher du bois de la Cusse (2) et que, sur la droite, se manifestait une tentative des tirailleurs de la Garde prussienne, — tentative qui fut toutefois victorieusement repoussée par la compagnie du capitaine Regnier (du 5ᵉ B. Ch.).

« Tout à coup, dit l'*Historique* du 5ᵉ bataillon de chasseurs, un obus éclate au milieu du chemin où les soldats sont serrés les uns contre les autres ; un second, puis un troisième, lui succèdent immédiatement. Ils viennent d'une batterie prussienne qui s'est placée dans la direction du chemin que nous occupons, pour le balayer. Cette batterie qui fait sur nous un feu à grande vitesse, rend la situation d'autant plus périlleuse que l'infanterie prussienne nous déborde de plus en plus sur les collines situées à notre droite (2). Elle paraît se rabattre vers

---

(1) *Historique* du 5ᵉ bataillon de chasseurs. Allusion probable au mouvement en avant du IIᵉ bataillon du *3ᵉ* grenadiers.
(2) Il s'agit par conséquent des compagnies de gauche du *1ᵉʳ* hessois.

Amanvillers dont plusieurs maisons sont en feu. Saint-Privat brûle également sur la hauteur; notre camp, placé près d'Amanvillers, a été labouré par les obus; plusieurs hommes de la garde de police ont été tués à leur poste. Une heure plus tôt, on aurait pu battre en retraite en bon ordre pour gagner par échelons les hauteurs boisées des carrières qui dominent Amanvillers. Maintenant, il est trop tard; les trois chefs de corps (le colonel du 54e et les commandants des 2e et 5e bataillons de chasseurs) reconnaissent qu'il n'y a plus qu'un parti à prendre, celui de se diriger, au pas de course, vers ces hauteurs afin d'y arriver avant l'ennemi. Aussitôt l'ordre donné, toute la ligne, battant en retraite au pas gymnastique, se dirige, sous une grêle d'obus, vers Amanvillers où plusieurs de nos ambulances viennent d'être la proie des flammes sans qu'on ait pu en retirer tous les blessés. »

Les trois bataillons qui formaient, — depuis la retraite de la division de Cissey, — l'aile droite du 4e corps venaient donc de céder brusquement devant l'ennemi, et ce fait était dû, non point à la pression des troupes — dès lors épuisées — qui avaient été chargées de l'attaque de front, mais uniquement à l'apparition de quelques compagnies prononçant un mouvement débordant et surtout à l'intervention très efficace de batteries du corps d'armée voisin qui prenaient le défenseur d'enfilade.

Il est d'ailleurs à noter que ce résultat important une une fois obtenu, l'infanterie de la *3e* brigade prussienne ne songea nullement, comme le suppose l'*Historique* du 5e bataillon de chasseurs, à poursuivre son adversaire en retraite. Si les trois bataillons français se retirèrent avec précipitation, au moins purent-ils le faire sans être poursuivis (1) et sans être autrement inquiétés que par les projectiles de l'artillerie adverse (2).

---

(1) *Historique* du 2e bataillon de chasseurs.
(2) *Historique* du 5e bataillon de chasseurs.

Les deux bataillons de chasseurs traversèrent Amanvillers en flammes, se rallièrent en arrière du village, puis le 5ᵉ gagna, sur l'ordre du général de Ladmirault, la lisière des bois de Saulny, où la Garde n'était pas encore arrivée (1). Quant au Iᵉʳ bataillon du 54ᵉ, il s'arrêta certainement en deçà d'Amanvillers, c'est-à-dire sur le revers du plateau 331 où il fut rejoint plus tard par le dernier bataillon de son régiment, ainsi qu'on le verra dans un instant.

Pendant que ces événements inquiétants se déroulaient à la droite du 4ᵉ corps, tout le reste de la ligne d'infanterie des généraux de Lorencez et Pradier (2) avait maintenu ses positions (3) mais, au dire de l'*Historique* du 1ᵉʳ grenadiers prussien, il se produisait en même temps, dans le voisinage de la route de Vernéville, un incident dont on ne peut malheureusement retrouver aucune trace dans les documents français.

En raison de la pénurie des munitions, les compagnies prussiennes avaient suspendu leur tir et continuaient à subir celui de leur adversaire, lequel n'avait pas diminué d'intensité en raison des renforts continuels qui affluaient sur la ligne de combat (4).

« C'est alors (5), dit l'*Historique* du 1ᵉʳ grenadiers,

---

(1) Il n'était donc pas encore 8 heures lorsque le mouvement fut terminé.

(2) C'est-à-dire $\frac{I, II}{15}$, $\frac{III}{64}$, $\frac{I}{33}$ ....., etc.

(3) IIᵉ Le bataillon du 65ᵉ fut cependant obligé de se retirer faute de munitions. Il fut remplacé par le IIIᵉ bataillon du 65ᵉ, qu'on appela de l'aile gauche.

(4) Peut-être l'*Historique* prussien, qui allègue ce motif, fait-il allusion à l'arrivée du IIIᵉ bataillon du 65ᵉ, qui était venu, en effet, relever le IIᵉ bataillon, complètement à bout de munitions.

(5) C'est-à-dire après 7 h. 15, d'après l'*Historique* lui-même.

qu'apparut dans le fond près du camp (1), de la cavalerie au grand trot (2). L'attaque fut dirigée sur le front du II⁰ bataillon.

« A 500 pas, cette masse étincelante prend le galop ; elle s'avance de plus en plus ; on entend le souffle des chevaux, mais les grenadiers restent toujours immobiles, le doigt sur la détente ; personne ne pense à former le carré. Soudain les salves éclatent, et lorsque la fumée se dissipe, on voit les cavaliers en désordre se hâter vers le camp. Alors le combat devient pour la première fois stationnaire. »

Si ce récit n'était pas corroboré par celui de l'historien consciencieux qu'est le major Kunz (3), on serait tenté de douter de sa véracité, car on ne trouve dans les *Rapports* ou *Historiques* français, aucun indice qui vienne le confirmer. Or il est constant que, sur le champ de bataille, les moindres charges de la cavalerie sont remarquées par tous, et qu'en réalité, elles donnent fréquemment lieu à des récits fort amplifiés. Contrairement à ce qui se passe pour l'infanterie et pour l'artillerie, cette arme n'agit que pendant un court espace de temps et le souvenir d'une charge, — ou même simplement d'une tentative de charge, — reste profondément gravé dans la mémoire des acteurs et des spectateurs. Il est donc tout à fait extraordinaire que ni le *Rapport* du général de Gondrecourt, ni les *Historiques* des régiments

---

(1) Sans doute dans le léger col situé au Nord-Ouest de Montigny, où les tentes du 43ᵉ étaient restées dressées.

(2) Deux ou trois escadrons de la division Legrand, dit l'*Historique* (?).

(3) *Kriegsgeschichtliche Beispiele*. — *Heft 2*. — Il est vrai que cette dernière *Relation* est manifestement tirée de l'*Historique* du *1ᵉʳ* grenadiers, mais si le major Kunz a admis la réalité du fait, cela ne peut provenir que de ce qu'il en a vérifié l'authenticité sur les rapports originaux des archives prussiennes.

de cavalerie du 4ᵉ corps ne signalent le fait (1). Il est vrai que si l'action dont on vient de parler eut réellement lieu, elle ne put être exécutée que par l'escadron affecté à la 3ᵉ division d'infanterie et peut-être aussi par les pelotons d'escorte des généraux de Lorencez et Grenier « qui suivirent les mouvements des troupes et des généraux auxquels ils étaient attachés (2) ». Il serait donc, à la rigueur, possible que les chefs de ces fractions détachées eussent négligé de rendre compte par écrit d'un fait qui n'aurait ainsi laissé aucune trace dans l'*Historique* du 7ᵉ hussards, dont le gros stationna pendant toute la journée au delà d'Amanvillers. Mais il n'en resterait pas moins surprenant que la charge si bien observée par les Allemands, eût été complètement oubliée, et par ceux qui l'avaient prescrite et par ceux qui, du côté français, en avaient été les témoins. Dans ces conditions, une hypothèse se présente à l'esprit et conduit à penser qu'un escadron, — par exemple celui de la 3ᵉ division, — apparut effectivement pendant un instant dans la légère dépression de terrain dont parle l'*Historique* allemand, sans doute avec la seule intention d'éviter une zone trop vivement battue par l'artillerie ennemie (3) ; l'infanterie prussienne, vivement impressionnée par une menace que la pénurie de cartouches rendait dangereuse (4), se serait alors exagéré l'importance d'une manœuvre

---

(1) Car il ne peut évidemment s'agir d'escadrons appartenant au 3ᵉ corps. Voir les *Rapports* et *Historiques* de la division de Clérembault.

(2) *Historique* du 7ᵉ hussards.

(3) De nombreux témoignages prouvent que c'était là une préoccupation constante pour les escadrons qu'on maintenait pendant de longues heures sous le feu à proximité de la ligne de combat.

(4) Rapprocher cette hypothèse du fait précis que rapporte le général de Kessel dans sa *Relation*, au sujet de l'apparition des deux escadrons du 2ᵉ chasseurs devant la 1ʳᵉ brigade de la Garde à Saint-Privat.

qu'elle observait peut-être assez mal au milieu de la fumée du chassepot, conservant ainsi un souvenir que la plume de l'historien du régiment aurait peut-être ensuite amplifié quelque peu en voulant en préciser certains détails.....?

On vient de voir qu'après la retraite de la cavalerie française, il se produisit une accalmie dans le combat, au moins aux abords de la route de Vernéville. Plus au Nord, les bataillons du 15ᵉ de ligne tenaient toujours leurs positions de combat avec les fractions du 33ᵉ et du 64ᵉ qui étaient venues les rejoindre (1), et, sur aucun point, l'infanterie prussienne n'avait pu progresser. Depuis quelques instants cependant, ordre avait été donné au IIᵉ bataillon du *3ᵉ* grenadiers de quitter les bois de la Cusse et d'entrer en action à son tour (2). Mais avant qu'il arrivât sur la ligne de combat, une nouvelle contre-attaque française était dirigée sur le IIᵉ bataillon du *1ᵉʳ* grenadiers (3).

---

(1) $\frac{I, II}{15}, \frac{III}{64}, \frac{I}{33}$.

(2) D'après Kunz (*Heft 2*), cet ordre avait été donné après 7 heures, indication assez vague qui ne permet pas de fixer l'heure à laquelle le bataillon quitta la Cusse.

(3) Il semblerait, d'après l'indication portée en marge de l'*Historique* du *1ᵉʳ* grenadiers, (*Seite 150, Zweite auflage,* 1904), que cette contre-attaque se fut produite un peu après 7 h. 15. Or, il est à remarquer que, déjà, la charge de cavalerie dont on vient de parler aurait été exécutée, — sur le même bataillon, — également un peu après 7 h. 15. Cependant ces deux actions sont séparées, toujours d'après le même ouvrage, par un arrêt dans la lutte. Il y a donc là une impossibilité et il apparaît qu'il faille reculer, — jusqu'à près de 8 heures, pour le moins, — la reprise du combat sur ce point du champ de bataille. D'ailleurs, la note 1 de la page 151 laisse planer un doute sur l'exactitude de l'heure indiquée en marge (7 h. 15), puisqu'elle fait, à propos de l'attaque française qu'elle signale, une remarque sur les intentions qu'aurait eues le général de Ladmirault, *von jetzt ab (nach 8 Uhr), nach*

Croyant sans doute que les grenadiers prussiens s'avançaient au delà de la crête 330, le Ier bataillon du 65e fit immédiatement un changement de front à droite et vint se jeter dans le fossé de la route qui conduit à Vernéville (1) « avec des sonneries de clairons et de bruyants hourras (2) ». Il ouvrit alors un feu violent, auquel répondit tant bien que mal le bataillon prussien (3). « Ce fut un instant critique, dit l'*Historique* du *1{er}* grenadiers. Presque toutes les cartouches avaient été tirées ; presque tous les officiers étaient tombés. Cependant, tout le monde garda son calme : « Ne pas tirer à plus de 100 mètres », entendit-on crier distinctement. Déjà, l'assaillant intrépide pouvait croire qu'il avait partie gagnée. C'est alors qu'il fut accueilli par une volée de projectiles qui le décima. Il s'arrête, fait demi-tour et se replie, entraînant

---

dem Falle von Saint-Privat. Au reste, l'*Historique* du 65e de ligne, qui relate la contre-attaque, exécutée par le Ier bataillon, — contre-attaque qui, en raison des détails donnés par cet *Historique*, fut prononcée contre le flanc droit de la ligne prussienne, c'est-à-dire contre le IIe bataillon du *1{er}* grenadiers, — parle à deux reprises différentes de *l'obscurité* qui était déjà répandue sur le champ de bataille. Comme le 18 août, le soleil se couche à 7 h. 10, il ne devait pas être loin de 8 heures.

(1) L'*Historique* du 65e de ligne dit « qu'une colonne de la Garde prussienne débouchant des bois de la Cusse se dirige sur Amanvillers ; favorisée par une légère ondulation de terrain (croupe 330), et *surtout par l'obscurité*, elle apparaît tout à coup *sur la droite* du Ier bataillon..... » Ainsi présentée en quelques lignes, l'attaque de la 3e brigade est évidemment complètement dénaturée, mais le texte précité montre bien que l'action du bataillon français se déroula à une heure déjà avancée et contre l'aile droite allemande.

(2) *Geschichte des Garde-Grenadier-Régiments Nr. 1*.

(3) L'*Historique* du 65e accuse les grenadiers d'avoir eu recours à la ruse classique qu'on connaît. Il est vrai que l'*Historique* prussien prend sa revanche en portant la même accusation, un peu plus loin, contre d'autres troupes françaises.

avec lui la deuxième ligne de tirailleurs (1). Le IIe bataillon le suit de près; les fusils sont inutiles, car depuis les derniers feux, il n'y a plus de cartouches. Le IIe bataillon du *3e* grenadiers qui s'était aussi avancé peu de temps auparavant, se lance avec une égale impétuosité. Les clairons sonnent, les tambours battent la charge. On avance en poussant des hourras, et la poursuite est si acharnée, que, en plusieurs endroits, surtout aux 6e et 7e compagnies, on en arrive à la mêlée. » C'est à celle-ci que fait allusion l'*Historique* du 65e de ligne lorsqu'il relate qu'une « mêlée épouvantable s'engage; les hommes luttent corps à corps, à coups de crosse, à coups de baïonnette; quoique écrasés par le nombre, nos soldats parviennent à se dégager, mais non sans laisser sur le terrain un nombre considérable de morts et de blessés ».

D'après Kunz (2), la sonnerie « *Das Ganze avanciren* » aurait été sonnée au moment même où les compagnies de tête du IIe bataillon du *3e* grenadiers atteignaient la ligne de combat et « les grenadiers de la Garde », — c'est-à-dire à ce qu'on pourrait croire, les quatre bataillons et demi alors déployés (3), — auraient dépassé les tranchées-abris les plus avancées des Fran-

---

(1) Le bataillon français paraît, en effet, s'être replié vers Amanvillers, entraînant probablement avec lui le IIIe bataillon du 54e (qui rallia le Ier bataillon à l'Ouest d'Amanvillers), puis bientôt les deux bataillons suivants : $\frac{I}{33}$, $\frac{III}{64}$. On verra par la suite que $\frac{I}{65}$ se trouva bientôt mélangé aux deux premiers bataillons du 15e, au Sud-Ouest du village et que $\frac{I}{33}$ et $\frac{III}{64}$ durent se replier plus en arrière, car ils ne paraissent plus avoir été engagés.

(2) *Heft 2.*

(3) $\frac{II}{1\ Gr}$, $\frac{F}{3\ Gr}$, $\frac{II}{3\ Gr}$, $\frac{2\ 3}{3\ Gr}$, $\frac{F}{1\ Gr}$.

çais et auraient poussé jusqu'à 800 pas environ des maisons d'Amanvillers. Or, il paraît résulter des *Historiques* du *1ᵉʳ* et du *3ᵉ* grenadiers (1) que ceci s'applique seulement à l'aide droite de la brigade qui atteignit effectivement à ce moment, — c'est-à-dire vers 8 heures du soir, — le chemin 331-327 (2), tandis que l'aile gauche (3) n'avançait que fort peu et s'arrêtait à 300 mètres environ de ce chemin. Grâce à l'obscurité déjà très grande, les deuxièmes bataillons des deux régiments de grenadiers purent donc s'avancer comme un coin dans la ligne de la défense sans être inquiétés par les bataillons français qui se trouvaient à leur droite.

Cependant, les deux premiers bataillons du 15ᵉ de ligne battirent en retraite presque en même temps que leurs voisins de gauche (4), car, pendant que le Iᵉʳ bataillon du 65ᵉ se dégageait de l'étreinte de son adversaire, il se mélangea aux compagnies du 15ᵉ, qui se ralliaient plus en arrière et dont le drapeau « faillit tomber au pouvoir de l'ennemi (5) ». Comme le IIIᵉ bataillon du 64ᵉ suivit jusque dans sa retraite sur Saint-Vincent les mouvements des troupes de la division Lorencez ; que le

---

(1) Par rapprochement du plan 8 (*Historique* du *1ᵉʳ* grenadiers) et du plan 9 (*Historique* du *3ᵉ* grenadiers), lesquels, toutefois, ne s'accordent qu'incomplètement sur la place relative du IIᵉ bataillon du 3ᵉ grenadiers.

(2) $\frac{II}{1\ Gr}$, $\frac{F}{3\ Gr}$. Il est cependant à noter que le IIᵉ bataillon du 1ᵉʳ grenadiers s'embusqua seul sur la route entre les deux coudes. L'autre bataillon s'arrêta en deçà des chemins conduisant à la cote 331. Le plan 8 et la suite du récit de l'*Historique* allemand le prouvent.

(3) $\frac{II}{3\ Gr}$, $\frac{2,\ 3}{3\ Gr}$, $\frac{I}{1\ Gr}$, $\frac{Tir}{G}$.

(4) $\frac{III}{64}$ et $\frac{I}{33}$.

(5) *Historique* du 65ᵉ de ligne.

Ier bataillon du 33e resta jusqu'à 1 heure du matin aux côtés du 41e qu'on va voir arriver en cet instant, et qu'enfin le Ier bataillon du 65e s'arrêta « à quelques centaines de mètres en arrière (1) » de sa précédente position de combat, il faut conclure que, vers 8 heures du soir (ou peut-être un peu après), les six bataillons qui luttaient quelque temps auparavant à 150 ou 200 mètres à l'Ouest du chemin 327-331, se reformèrent entre ce chemin et le village d'Amanvillers. Peut-être le Ier bataillon du 33e et le IIIe bataillon du 64e rétrogradèrent-ils jusqu'à hauteur des premières maisons d'Amanvillers (2), mais les deux bataillons du 15e et le Ier du 65e, qui se mélangèrent plus ou moins entre eux, s'arrêtèrent sûrement à l'Ouest de la localité et sans doute à hauteur de la position qu'occupaient, à leur droite, les deux bataillons du 54e (3).

Bien qu'un assez grand trouble se fut produit dans les rangs français, qui étaient alors criblés de projectiles par les nombreuses batteries postées au Sud de Saint-Privat (4), rien n'était désespéré cependant, puisque l'infanterie allemande, harassée et presque sans

---

(1) *Historique* du 65e de ligne.

(2) Le Ier bataillon du 33e ne s'éloigna certainement pas plus, car on le retrouvera plus tard à proximité du 41e, avec lequel il ramena les blessés après la cessation du feu.

(3) Le Ier bataillon du 54e, privé de son chef, se réunit, en effet, à 8 heures, au IIIe, sous le commandement du chef de ce dernier (*Historique* du 54e). Il est probable que le IIe bataillon était toujours près et au Nord d'Amanvillers. Il restait donc à l'Ouest de la localité : $\frac{I, III}{54}$, $\frac{I, II}{15}$, $\frac{I}{65}$, $\frac{III}{64}$, $\frac{I}{33}$.

(4) Voir à ce sujet l'ouvrage du major Hauffbauer, qui montre que ces batteries ne cessèrent de tirer dans la direction d'Amanvillers.

munitions (1), se contentait, pour longtemps encore, d'occuper simplement les positions qu'elle venait de conquérir, sans chercher à poursuivre son succès. Si la ligne de combat du général de Lorencez avait dû céder du terrain devant les grenadiers prussiens, au moins n'avait-elle reculé que de quelques centaines de mètres et couvrait-elle encore le village d'Amanvillers, devenu maintenant le point d'appui extrême de notre aile droite.

D'ailleurs, un renfort important débouchait à ce moment même des abords de Montigny et s'avançait, tambours battants et clairons sonnants, dans la direction du Nord-Ouest.

On se rappelle, en effet, que le général de Ladmirault avait fait appel, avant 7 heures du soir, aux réserves dont pouvait encore disposer le commandant du 3ᵉ corps. Cette requête n'était pas encore parvenue au maréchal Lebœuf lorsque celui-ci fut avisé par un de ses officiers envoyé aux nouvelles du côté de Saint-Privat, que le 6ᵉ corps « se retirait en bon ordre par le bois et la gorge de Saulny (2) ».

« A la droite, dit le maréchal Lebœuf dans son *Rapport*, la situation du général Montaudon, à la Folie et à Montigny-la-Grange, était maintenue énergiquement, en restant liée au 4ᵉ corps; mais, vers 7 heures, je fus informé qu'après une lutte des plus vives, le 4ᵉ corps, débordé par sa droite du côté de Saint-Privat et ne pou-

---

(1) Au moins pour les bataillons non engagés depuis le début de la lutte, car $\dfrac{\text{II}}{3\,\text{Gr}}$ venait seulement d'entrer en ligne.

(2) *Journal de marche* du 3ᵉ corps.

Il ne pouvait évidemment s'agir, à ce moment, que des premières fractions du 6ᵉ corps, qui commençaient à céder devant l'attaque de la Garde prussienne.

vant plus tenir en avant d'Amanvillers, battait en retraite sur Lorry (1). Je venais, quelques instants auparavant, de mettre à sa disposition et de faire diriger en toute hâte sur ma droite, pour soutenir le 4e corps, deux batteries de ma réserve d'artillerie, ainsi que les 41e et 71e de ligne, les seules troupes dont il fut possible de disposer en ce moment (2). »

Les Ier et IIIe bataillons du 71e régiment furent, en effet, acheminés vers le Nord et placés « sur la lisière du bois de Châtel, face à Amanvillers (3) ».

Les 1re et 2e batteries à cheval du 17e, revenues auprès de Leipzig après avoir combattu pendant les premières heures de l'après-midi dans les environs de Moscou, reçurent également l'ordre de gagner le plateau d'Amanvillers. Quelques instants plus tôt, le chef d'escadron qui commandait ces deux batteries venait précisément de partir avec le colonel de Lajaille pour voir s'il ne serait pas possible d'employer les batteries au delà de Montigny. C'est pendant cette reconnaissance, que les batteries se mirent en marche sur l'ordre du Maréchal. Sur ces entrefaites, leur commandant supérieur avait trouvé pour elles un emplacement convenable et venait les chercher lui-même. Mais lorsqu'il les rejoignit, elles venaient d'être arrêtées par le général de Berckeim qui « n'avait pas jugé à propos de leur laisser continuer leur chemin, parce qu'une batterie divisionnaire les pré-

---

(1) Ces nouvelles ne furent pas données au commandant du 3e corps par l'officier envoyé par le général de Ladmirault, puisque les renforts demandés par ce dernier venaient d'être expédiés comme le montre la suite.

(2) *Rapport* du maréchal Lebœuf, daté du 20 août.

(3) *Historique* du 71e.

Le IIe bataillon avait été envoyé dès 6 heures vers le bois de la Charmoise pour soutenir la brigade Clinchant.

cédait déjà et que d'ailleurs les Prussiens commençaient à reculer (?)..... » (1).

Quant au 41ᵉ régiment, il s'était porté au pas gymnastique vers la ferme de la Folie, sous le commandement du colonel Saussier, en exécution des instructions que le maréchal Lebœuf venait de donner personnellement.

Les 1ʳᵉ et 2ᵉ batteries à cheval du 17ᵉ avaient été mises par le Maréchal à la disposition du colonel du 41ᵉ qui devait les trouver à la ferme de la Folie. Mais, ainsi qu'on peut s'y attendre, le colonel Saussier ne trouva pas les batteries en question au point indiqué. Comme « il n'y avait pas de temps à perdre », dit le général Saussier dans sa *Note* sur la journée du 18 août, le 41ᵉ reprit aussitôt sa marche sur Montigny.....

Deux bataillons furent déployés en première ligne; le troisième suivit en soutien, et prit double intervalle entre les compagnies. « Puis, sur l'ordre du chef de corps, tous les hommes se mettent à crier : « Vive la France ! Vive l'Empereur ! » et ne cessent de pousser de formidables hourras.... (2) ».

Il est à remarquer que pendant cette marche en bataille de la Folie vers Montigny, le 41ᵉ eut à parcourir 1 kilomètre environ sur les derrières des positions de combat de la division Montaudon et qu'il se trouvait encore, par conséquent, fort éloigné du lieu où le général de Ladmirault désirait le voir intervenir...

« Il est 8 heures lorsque le régiment aborde Montigny-la-Grange, dit encore le général Saussier. L'horizon n'est plus éclairé, alors, que par les lueurs du vaste

---

(1) *Historique* des 1ʳᵉ et 2ᵉ batteries du 17ᵉ.
Il est impossible de retrouver quelle était cette batterie divisionnaire à laquelle il est fait allusion.
(2) *Note* du général Saussier.

incendie dans lequel se consument les villages de Vernéville, d'Amanvillers et les fermes environnantes. On distingue enfin le 15ᵉ d'infanterie français luttant avec acharnement autour de son drapeau. C'est le moment d'agir. Le colonel Saussier brusque l'attaque. Après avoir fait mettre pied à terre à tous ses officiers, lui seul devant rester à cheval, pour mieux diriger l'opération et parer aux événements, il donne le signal de la charge. Tambours battants, baïonnette au canon, le régiment s'élance à l'assaut... »

Ni l'*Historique* du 41ᵉ, ni la *Note* précédemment citée, ne donnent de détails précis sur le point où cet *assaut* fut donné, mais il paraît possible de conclure de la connaissance qu'on a déjà des événements antérieurs, qu'après avoir dépassé Montigny, le régiment obliqua vers sa gauche et marcha ainsi vers le Nord-Ouest, en défilant à grande distance en arrière des positions que la brigade Pradier continuait à occuper à l'Ouest du chemin bordé de peupliers. C'est, sans aucun doute, après avoir parcouru 700 mètres environ sur le revers oriental du plateau que le 41ᵉ arriva en vue, — ou, en raison même de l'obscurité, à proximité, — du point sur lequel se ralliaient autour de leur drapeau, les deux premiers bataillons du 15ᵉ (1). Le centre du régiment devait donc se trouver alors à 500 mètres environ au Sud-Ouest d'Amanvillers, et à une distance à peu près égale de l'aile droite des grenadiers prussiens, lesquels venaient, comme on sait, d'atteindre le chemin 327-331, dans la partie voisine des coudes de la route de Vernéville et se trouvaient, par conséquent, tout à fait en oblique, vers la gauche, par rapport au front du 41ᵉ.

Si, à ce moment, — comme cela est hors de doute, —

---

(1) Ainsi que $\frac{I}{65}$, $\frac{I}{33}$ et $\frac{III}{64}$, comme on l'a déjà dit.

le colonel Saussier fit sonner l'assaut, le régiment avait encore devant lui un champ suffisant pour que, grâce à l'obscurité, il put marcher un certain temps, sans voir l'ennemi et sans être aperçu de lui (1). En fait, le contact ne se produisit pas (2), et chose curieuse, l'*Historique du 1ᵉʳ grenadiers* qui relate cependant avec beaucoup d'impartialité les diverses attaques dont il fut l'objet pendant le cours de la soirée et en trace même les directions (3), ne fait aucune allusion à celle du 41ᵉ dont les Prussiens n'entendirent peut-être que les tambours et les clairons sur le revers du mamelon.

Au reste, les pertes infimes que subit le régiment français (4) écartent *a priori* l'hypothèse d'un combat de mousqueterie rapproché, et les quelques hommes qui furent atteints ne purent l'être que par une fusillade, qui, exécutée au hasard au milieu des ténèbres grandissantes, ne leur était peut-être pas destinée (5).

Quoi qu'il en soit, il semble que l'apparition d'un

---

(1) D'ailleurs, depuis les coudes de la route de Vernéville, les vues vers l'Ouest sont très limitées par la forme arrondie du terrain. De la cote 327, en particulier, c'est à peine si des tirailleurs debout pouvaient tirer à 150 ou 200 mètres.
(2) *Historique* du 41ᵉ et *Note* du général Saussier.
(3) Voir le plan 8 annexé à l'*Historique* allemand.
(4) Pertes du 41ᵉ : 9 hommes hors de combat.
(5) En ce qui concerne la supposition faite par l'*Historique* du 41ᵉ et par la *Note* de son ancien colonel, savoir : que « l'ennemi fut repoussé » et qu'il « lâcha pied et recula dans le bois de la Cusse », il est évident aujourd'hui qu'elle fut le résultat d'une illusion due à l'obscurité déjà très grande, car la 3ᵉ brigade allait, au contraire, s'avancer encore vers l'Est, pour ne se retirer qu'après la cessation complète du feu, c'est-à-dire au moins une heure plus tard (entre 9 heures et 9 h. 30).

Au milieu du mois d'août, et par un temps clair, on ne distingue plus, après 8 heures du soir, les mouvements d'une section ni même d'une compagnie à 200 ou 300 mètres de soi. A *fortiori*, des tirailleurs restent-ils invisibles à la même distance. Il faut enfin remarquer que, par contraste avec la vive clarté répandue aux abords mêmes d'Aman-

régiment frais surgissant en bon ordre et à fière allure aux côtés des bataillons déjà fort désunis du général de Lorencez, dut impressionner très favorablement ces derniers, faciliter grandement leur ralliement et leur donner un sérieux appui moral pour la lutte que le 54e allait avoir à soutenir à quelques centaines de mètres plus au Nord (1).

Le combat à l'Ouest d'Amanvillers, en effet, allait être encore marqué par de nouveaux épisodes.

Le général Pajol avait reçu, dès 7 heures du soir, l'ordre du général de Ladmirault de se retirer « sur les bois de Châtel (2) ». Mais il semble qu'en raison du fractionnement de sa troupe, le commandant de la 1re brigade ne parvint pas à faire exécuter immédiatement cet ordre. Les IIe et IIIe bataillons du 33e paraissent avoir quitté leur position en arrière de la brigade Pradier après 8 heures du soir (3), et s'être acheminés ensuite vers Amanvillers. Mais en arrivant à hauteur des fractions qui stationnaient au Sud-Ouest du village, le IIIe bataillon s'arrêta — sans doute auprès du Ier — et le IIe continua seul sa route, sous la conduite du colonel et du général de brigade.

Pendant ce temps, les deux premiers bataillons du 15e, ralliés autour de leur drapeau, se retiraient aussi du champ de bataille avec le IIIe bataillon du 64e, tandis que le 2e bataillon de chasseurs quittait lui-même Amanvillers.

---

villers par l'incendie du village, la direction opposée, c'est-à-dire celle de l'ennemi, paraissait certainement perdue dans la nuit, contrairement à l'allégation de l'*Historique* du 41e.

(1) Voir d'ailleurs à ce sujet la *Note* du général de Ladmirault. (*Documents annexes*, page 173.)

(2) *Sic. Rapport* du général Pajol.

(3) L'*Historique* du 33e dit : 10 heures. Cette heure est inadmissible si l'on tient compte des indications données par les *Rapports* Pajol et Pradier.

Vers 9 heures du soir, une portion de la brigade Pajol arrivait donc sur le plateau Saint-Vincent et rentrait à son ancien bivouac.

Vers 8 h. 30, c'est-à-dire lorsque la fusillade était déjà en grande partie éteinte, le IIIe bataillon du 65e, auquel on avait prescrit de regagner son campement du matin, quittait la droite de la brigade Pradier et se dirigeait, en même temps que le Ier bataillon, vers le plateau Saint-Vincent où tous deux arrivaient vers 9 h. 30 (1).

Quant au dernier régiment de la division Lorencez, le 54e, il était toujours arrêté auprès d'Amanvillers.

Un peu avant 9 heures du soir, il y avait donc encore treize bataillons présents sur les anciennes positions de combat du 4e corps. A l'extrême gauche, au Sud-Ouest de Montigny, cinq bataillons de la brigade Pradier restaient toujours postés en avant de l'allée de peupliers (2). Au centre, c'est-à-dire à 400 ou 500 mètres au Sud d'Amanvillers, deux bataillons du 33e s'étaient arrêtés auprès du régiment du colonel Saussier et constituaient, par conséquent, avec lui, une réserve importante de troupes fraîches (3). A droite, enfin, les Ier et IIIe bataillons du 54e étaient déployés à quelques centaines de mètres à l'Ouest d'Amanvillers, tandis que le IIe bataillon était encore en réserve sur la lisière Nord du village.

De ce côté, la fusillade était complètement éteinte,

---

(1) Il est probable que le IIe bataillon, qui avait épuisé ses munitions depuis longtemps et s'était déjà retiré du combat, ainsi qu'on l'a vu, retourna au camp avec les deux autres.

(2) $\frac{II}{64}$, $\frac{I}{64}$, $\frac{II, I, III}{98}$.

(3) $\frac{I, III}{33}$, $\frac{I, II, III}{41}$. Le 41e n'avait perdu que 9 hommes. Le 33e avait 6 officiers et 125 hommes hors de combat; mais ces chiffres s'appliquent surtout au Ier bataillon, qui seul avait été engagé jusque-là; le IIIe n'avait pas encore tiré un coup de fusil.

mais elle renaissait par instants, « incertaine et peu nourrie » au centre et sur la gauche (1).

Il était à peu près 9 heures du soir, quand soudain, toute la longue ligne de combat de la brigade allemande se leva et s'élança en avant à grand renfort de hourras (2). C'est alors seulement que la hauteur 331 fut atteinte par l'aile gauche des grenadiers, tandis que l'aile droite ne s'avançait que fort peu, si tant est qu'elle le fît (3).

L'*Historique* du *1er* grenadiers prétend que les tirailleurs français prirent la fuite, puis qu'ils s'arrêtèrent presque aussitôt pour se rendre. « Le feu cessa immédiatement, ajoute l'ouvrage en question. Lorsque les fusiliers se furent approchés à trois pas, et au moment de faire prisonnier l'ennemi, — fort en cet endroit de 400 hommes environ, — le feu recommença soudain par erreur; on n'a jamais su de quel côté..... »

L'*Historique* du 54e de ligne ne fait aucune allusion à la *fuite* de ses tirailleurs. « Vers 9 heures du soir, dit-il, alors que la fusillade s'arrête de temps en temps, pour reprendre un instant après avec plus d'intensité (4), une troupe, qu'à ses vêtements sombres on pouvait prendre pour des chasseurs à pied, s'avançait du côté de l'ennemi, irrésolue et sans tirer un coup de fusil. Le commandant,

---

(1) *Historique* du 54e.

Ce fait est aisément explicable, si l'on considère qu'à ce moment l'aile gauche de la *3e* brigade de grenadiers $\left(\dfrac{2,3}{3\ \text{Gr}},\ \dfrac{\text{F}}{1\ \text{Gr}},\ \dfrac{\text{Tir}}{\text{G}}\right)$ était à 300 mètres au moins au delà du point coté 331, c'est-à-dire complètement hors des vues des troupes françaises.

(2) Kunz. *Heft 10;*
Geschichte des Kaiser Alexander Garde-Grenadier-Regiments. Nr. 1.

(3) Le plan 8, rapproché du texte de l'*Historique* du *1er* grenadiers, permet d'en douter. Peut-être les fusiliers du *3e* grenadiers firent-ils quelques pas en avant pour atteindre le chemin.

(4) *Au centre et sur la gauche*, ainsi que vient de le dire l'*Historique* quelques lignes auparavant.

non sans peine, fit cesser le feu ; la masse noire s'arrêta au même instant ; aux sonneries françaises qui leur furent faites, aux interpellations, pas de réponse. Plus de doute, ce sont des Prussiens. Mais que veulent-ils ? Se rendre peut-être ? Le commandant demande aussitôt un militaire sachant parler l'allemand ; plusieurs se présentent ; M. le sous-lieutenant Zabern est choisi et, accompagné du jeune sergent-major Dumamm, il marche du côté de l'ennemi. Arrivé à porté de voix, il leur demande ce qu'ils veulent ; une décharge terrible est la seule réponse qu'il reçoit. Les Français recommencent inconsidérément le feu et les deux braves parlementaires qui, heureusement, ont eu la bonne idée de se coucher à terre, échappent d'une manière providentielle à ces décharges meurtrières. »

Ces faits ne présentent pas seulement l'intérêt de préciser un des nombreux incidents qui accompagnent toujours les combats de nuit, mais ils permettent encore de rétablir, au moins avec quelque vraisemblance, ce que fut la fin du combat devant Amanvillers.

D'après le texte de l'*Historique* allemand on serait tenté de croire, bien que cela ne fut pas dit expressément, que la ligne entière des grenadiers s'avança jusqu'au contact des deux bataillons du 54e. Or le plan 8 de l'ouvrage prussien indique formellement qu'elle ne dépassa pas, dans son ensemble, le chemin 327-331, tandis que d'autre part, il est certain, comme on va le voir, que les bataillons français ne reculèrent pas d'une semelle et ne quittèrent la place que beaucoup plus tard, alors que le combat avait complètement cessé. On ne peut donc expliquer et concilier les deux récits, qu'à la condition d'admettre qu'ils se rapportent à des faits distincts et successifs. Il serait possible que le 54e se fut effectivement couvert par des tirailleurs postés sur le sommet du mamelon 331, et qu'au moment de l'attaque allemande ces tirailleurs se fussent vivement repliés, poursuivis de très près — et même atteints — par quelques fractions seulement de l'assaillant (1). D'autre part, il serait également admissible, que l'une des fractions dont on vient de parler ait poussé ensuite jusqu'à proximité des bataillons français et ait ainsi provoqué l'incident que raconte l'*Historique* du 54ᵉ..... (2).

Quoi qu'il en soit, et pendant que les officiers prussiens rassemblaient déjà les restes de leurs bataillons fort mélangés, un feu rapide éclata soudain sur leur flanc gauche. Les grenadiers se jetèrent de nouveau à terre et les prisonniers français profitèrent de cet instant d'émoi pour recouvrer leur liberté. Il est impossible d'indiquer ici qu'elle est la troupe française qui intervint dans cette circonstance. Peut être le IIᵉ bataillon du 54ᵉ s'avança-t-il, au delà de la droite des deux autres ; peut-être aussi, s'agit-il tout simplement d'une fraction attardée de la division de Cissey qui serait restée embusquée jusqu'à ce moment dans la tranchée du chemin de fer.....

L'*Historique* du 1ᵉʳ grenadiers suppose que ce retour offensif avait pour but de couvrir *la retraite désordonnée* sur Amanvillers. C'est là une appréciation certainement très erronée, car après la fusillade de flanc dont on vient de parler et qui fut la dernière sur cette partie du champ de bataille, Français et Allemands restèrent face à face pendant une demi-heure encore.

« Vers 9 h. 30, dit, en effet, l'*Historique* du 54ᵉ, le feu

---

(1) Les prisonniers furent d'ailleurs faits par les fusiliers du 1ᵉʳ grenadiers. Le chiffre de 400, indiqué par l'*Historique* allemand, paraît être le résultat très exagéré d'une appréciation faite en pleine obscurité.

(2) Il est possible que ce détachement fut constitué par un peloton de la 7ᵉ compagnie du 3ᵉ grenadiers, peloton qui fut poussé en avant pour couvrir le ralliement du IIᵉ bataillon, alors très désuni. (Voir : *Geschichte des Konigin Elisabeth Garde-Grenadier-Regiments Nr 3.* — Berlin, 1897. Seiten 171 und 172.)

a cessé de toute part; la nuit est fort sombre; l'horizon est cependant éclairé par deux énormes torches : ce sont Amanvillers et Saint-Privat qui flambent. Le commandant (1) ne peut quitter sans ordre la position qu'il occupe; mais n'ayant plus de troupes françaises à sa droite, par laquelle il peut être tourné, il se décide à envoyer à Amanvillers le sous-lieutenant Vitalis pour demander des instructions. Ce jeune et intrépide officier franchit en dix minutes les 1500 mètres qui le séparent du village (2), n'y trouve que des blessés réfugiés dans des maisons en flammes, apprend par hasard que l'on doit rentrer au camp que l'on occupait le matin, et revient au pas de course rendre compte de sa mission. Rester plus longtemps sur le champ de bataille eût été une grave imprudence; on n'avait pas de vivres, pas d'eau et tout le monde était exténué par dix heures de combat et d'émotions. La retraite fut ordonnée; elle commença à 10 heures pour les deux bataillons du 54e et pour les divers groupes qui s'étaient ralliés à leur fortune. La rentrée au camp s'exécute par le flanc droit et sans encombres; à 11 heures du soir, les Ier et IIIe bataillons du 54e avaient repris leurs places de bataille à côté du IIe bataillon qui, sous les ordres du lieutenant-colonel Stroltz, était revenu aussi (3). »

(1) Le colonel Caillot avait été mortellement blessé; le colonel Strolz, contusionné, se tenait auprès du IIe bataillon. Le commandant du Ier bataillon avait été blessé. Il s'agit donc ici du commandant du IIIe bataillon, sous les ordres duquel le Ier s'était placé, comme on l'a vu déjà.

(2) Chiffre évidemment très exagéré, mais qui prouve, pour le moins, que le 15e n'était pas *très rapproché* des jardins d'Amanvillers.

(3) A partir de ce moment, la division Lorencez était réunie à son ancien bivouac, à l'exception des Ier et IIIe bataillons du 33e. Le IIIe bataillon du 15e avait enfin quitté les carrières de la Croix et était rentré au camp.

Désormais, Amanvillers était définitivement abandonné par les Français, mais la *3e* brigade prussienne était dans un tel état d'épuisement qu'elle se retirait sur la lisière des bois de la Cusse après avoir placé, sur la position qu'elle venait de conquérir, quelques grand'gardes fournies par le *3e* grenadiers (1).

Plus au Sud, le 41e « craignant un retour offensif de l'ennemi (2) » avait installé des avant-postes sur l'emplacement qu'il occupait et avait rétrogradé, dès 8 h. 45, à 800 mètres plus en arrière, c'est-à-dire jusqu'au château de Montigny, où il bivouaqua. Les Ier et IIIe bataillons du 33e restèrent auprès de lui jusqu'à 1 heure du matin et l'aidèrent à relever les blessés (3).

Quant au général Pradier, il avait été laissé sans aucun ordre au Sud-Ouest de Montigny. Après la cessation du feu (4), il envoya, en vain, l'un de ses officiers vers Amanvillers pour demander des instructions au général Grenier. Au moins apprit-il ainsi que l'aile droite du 4e corps battait en retraite. Mais comme de l'allée de peupliers où se trouvait le commandant de la 2e brigade, on apercevait toujours vers la gauche la division Montaudon, et que, de plus, on ignorait que le général Pajol eût quitté le château de Montigny, il fut décidé par le général Pradier que les cinq bataillons du 64e et du 98e conserveraient leurs positions.

Les tirailleurs furent donc relevés ; trois grand'gardes

---

(1) Kunz. *Heft 2*.
(2) *Historique* du 41e.
(3) Les deux bataillons du 33e rejoignirent ensuite le bivouac de la ferme Saint-Vincent, puis se mirent en route pour Lorry.
(4) Le *Rapport* du général place la cessation du feu à 7 h. 45. Il n'envisage sans doute que le combat de sa brigade, car on vient de voir que les derniers coups de fusil, — après une lutte très intermittente, il est vrai, — furent tirés après 9 heures devant Amanvillers.

furent installées dans les tranchées-abris voisines de l'allée d'arbres, puis les bataillons reprirent leurs anciens bivouacs autour de Montigny.

Pendant la première heure qui suivit la fin de la lutte, la ligne générale occupée par le gros des troupes françaises était donc marquée par le château de Montigny, le mamelon 343, le bois de la Charmoise et la lisière orientale du bois des Génivaux (1).

A l'extrême droite de cette ligne, cinq bataillons appartenant aux 33e et 41e régiments faisaient face à Amanvillers.

Des avant-postes, placés à 800 mètres plus en avant, les couvraient dans la direction du Nord-Ouest.

Près et au Sud-Ouest de Montigny, cinq autres bataillons avaient laissé leurs grand'gardes sur le chemin de la Folie à Sainte-Marie.

Sur le mamelon 343, le 51e continuait à occuper ses tranchées-abris.

Plus au Sud encore, le général Clinchant avait rassemblé six bataillons derrière le bois de la Charmoise, tandis que deux compagnies étaient laissées dans l'intérieur du taillis (2).

Enfin, trois bataillons bivouaquaient sur leurs dernières positions de combat, entre la Charmoise et les Génivaux (3).

Entre Amanvillers et la route de Briey, la première

---

(1) Voir le croquis n° 11.

(2) $\frac{I, II}{95}$, $\frac{I, II}{81}$, 3e $\frac{I}{62}$, 3e $\frac{III}{62}$, $\frac{II}{71}$. Ce dernier bataillon arrivait à la fin du combat et ne fut pas utilisé. Dans le bois de la Charmoise : 3, 4 $\frac{III}{62}$.

(3) $\frac{III}{81}$, $\frac{III}{69}$, $\frac{III}{95}$.

brigade des grenadiers du général Picard était encore en position avec les batteries qui l'avaient accompagnée. Mais de ce côté, comme devant Amanvillers, le feu s'était complètement éteint. Lorsque les dernières fractions du 6ᵉ corps se furent écoulées sur Woippy (1), l'infanterie que le général de Ladmirault avait fait placer sur la lisière des bois de Saulny, reçut l'ordre de rétrograder à son tour. Les bataillons que le général de Cissey était parvenu à maintenir au Sud des carrières paraissent s'être mis en marche les premiers sur Woippy. La brigade Bellecourt dut se remettre en marche ensuite (probablement après 9 heures) et gagna le plateau Saint-Vincent.

C'est alors seulement, que le général Bourbaki donna l'ordre de la retraite à la brigade et aux batteries qu'il avait amenées à hauteur d'Amanvillers. Le 7ᵉ hussards fut laissé sur la lisière du bois de Saulny, puis toute la division de grenadiers reprit le chemin de Plappeville (2).

Bien que toute l'aile droite française eût ainsi évacué ses positions de combat au Nord de Montigny, l'as-

---

(1) Avec quelques-unes du 4ᵉ corps, et en particulier la réserve d'artillerie, la brigade de dragons et une partie de la division de Cissey.

(2) D'après la *Note* du général Bourbaki, l'ordre de retraite aurait été donné à 10 h. 30. Mais les divers *Journaux de marche* indiquent des heures de départ variant de 9 heures à 10 heures; ils relatent cependant, d'accord avec la *Note* précitée, que la retraite ne fut ordonnée qu'après celle des fractions du 4ᵉ corps, qui se trouvaient encore à l'Ouest du bois. Si l'on tient compte de cette condition restrictive et si on la rapproche de ce que l'on sait sur le mouvement rétrograde du 15ᵉ, d'une part, et de la brigade Bellecourt, de l'autre, il semble que la 1ʳᵉ brigade de grenadiers dut commencer son mouvement rétrograde vers 10 heures du soir. La colonne de la 2ᵉ division paraît être arrivée à son camp près de Plappeville entre 11 h. 30 et 1 heure du matin.

saillant, épuisé par une lutte meurtrière ne possédait plus comme réserve que des corps d'armée fortement éprouvés par la bataille du 16 (1); il suspendait donc tout mouvement offensif et se ralliait peu à peu sur les positions qu'il avait conquises.

Dès 8 h. 30 du soir, en effet, le prince Frédéric-Charles avait expédié l'ordre suivant :

« Les corps d'armée bivouaqueront sur les emplacements qu'ils occupaient à l'issue de la lutte; ils établiront des avant-postes d'infanterie, qui auront à se relier avec les corps latéraux et se tiendront en garde contre les tentatives désespérées que l'ennemi pourrait prononcer dans la nuit, pour s'ouvrir un passage. Demain matin à 5 heures, les chefs d'état-major de tous les corps d'armée seront rendus à la ferme de Caulre, pour faire connaître l'emplacement de leurs corps respectifs et pour recevoir de nouveaux ordres. Le quartier général s'établit pour cette nuit à Doncourt. »

Les différentes fractions de la IIe armée occupèrent les emplacements suivants :

Le XIIe corps entre Montois, Roncourt et Saint-Privat (2);

La Garde, entre Roncourt, Saint-Privat, Sainte-Marie et Saint-Ail, sauf la division de cavalerie qui était restée à Batilly (3);

---

(1) IIIe et X^e corps.

(2) La 46e brigade entre Roncourt et Montois; la 47e brigade avec le 12e bataillon de chasseurs, près de Roncourt; le 108e près de Roncourt; le 105e avec le 13e bataillon de chasseurs, sur la lisière du bois de Jaumont, ayant derrière eux le IIIe bataillon du 107e; l'artillerie de tout le corps d'armée entre Roncourt et Saint-Privat avec la cavalerie; le 101e près de Saint-Privat; le IIe bataillon du 107e entre Saint-Privat et Sainte-Marie; le 100e et le Ier bataillon du 107e près de Sainte-Marie; le IIe bataillon du 106e près de Vernéville. (*Das XII. corps im Kriege 1870-1871*, von Schimpff.)

(3) Des fractions des 2e et 4e régiments à pied, le bataillon de chas-

Au X⁰ corps, la *20⁰* division était réunie près de Saint-Privat, et la *19⁰* à Saint-Ail ;

Le IX⁰ corps, assez morcelé, avait cependant réuni la *18⁰* division à Vernéville et à Chantrenne, tandis que les Hessois étaient plus ou moins mélangés entre eux et avec la *3⁰* brigade de la Garde près du bois de la Cusse (1) ;

Le III⁰ corps était groupé près du bois des Génivaux ;

La *5⁰* division de cavalerie s'était arrêtée entre Saint-Ail et Sainte-Marie, tandis que la *6⁰* bivouaquait à l'Ouest de Vernéville.

Enfin, une longue ligne d'avant-postes protégeait les bivouacs et s'étendait du bois des Génivaux à la forêt de Jaumont en passant par l'Envie, Champenois, le mamelon 331 situé à l'Ouest d'Amanvillers et les grand'gardes qu'on a déjà indiquées sur le plateau de Saint-Privat.

On voit par ce qui précède que, si l'attaque de la *3⁰* brigade de la Garde avait obtenu cet important résultat de rejeter l'aile droite du 4⁰ corps sous le village même d'Amanvillers, l'abandon de ce point d'appui par les troupes françaises ne fut, en réalité, que la conséquence de l'échec du 6⁰ corps, lequel avait aussitôt

---

seurs et les hussards à Saint-Privat ; le *1ᵉʳ* régiment à pied entre Saint-Privat et Roncourt ; le Iᵉʳ bataillon du *3⁰* régiment à pied à Roncourt ; le *2⁰* grenadiers entre Saint-Privat et Sainte-Marie ; les deux derniers bataillons du *3⁰* régiment à pied, des fractions des *2⁰* et *4⁰*, et le *4⁰* grenadiers à Sainte-Marie ; la *3⁰* brigade de grenadiers dans le bois de la Cusse ; la plus grande partie de l'artillerie près de Saint-Ail. (D'après les *Historiques* des régiments prussiens.)

(1) Près de Chantrenne : le *36⁰* et les Iᵉʳ et IIᵉ bataillons du *85⁰*. A Vernéville : le *84⁰* et le IIIᵉ bataillon du *85⁰*, et *probablement* le *11⁰*. A l'Ouest de Vernéville : le *6⁰* dragons. La division hessoise dans les bois de la Cusse ou sur leurs abords. (D'après les *Historiques* des régiments prussiens et hessois.)

entraîné la retraite de la division de Cissey. Il est donc permis de supposer, si l'on se rappelle ce qui a été dit de l'importance primordiale que joua l'artillerie de la Garde prussienne en canonnant, depuis la croupe 320-326, les défenseurs du plateau d'Amanvillers, que si le maréchal Canrobert fut parvenu à garder ses positions, au moins jusqu'à la nuit, le général de Ladmirault, de son côté, fût resté inébranlable sur les siennes.

C'est donc bien, en réalité, l'attaque prononcée par les Saxons sur l'extrême droite française qui décida du gain de la bataille, en enlevant de haute lutte au 6ᵉ corps toute idée de résistance et en provoquant ainsi une désagrégation successive, mais rapide, de toute la partie de la ligne de combat française, qui, sur un front de plus de 5 kilomètres, s'étendait de Roncourt à Montigny.

Une victoire incontestable restait ainsi à l'actif des Allemands pendant que leur chef d'état-major général, attaché aux pas d'un vieux souverain et retenu pendant toute la journée à l'autre extrémité du champ de bataille, avisait déjà aux moyens de reprendre la lutte dès le lendemain pour rétablir la fortune des armes, qu'il n'avait pas été loin, à un moment donné, de considérer comme très chancelante, ainsi qu'on va le voir.

X. — Fin du combat de Gravelotte (depuis 5 heures du soir).

La situation à 5 heures sur les plateaux de Gravelotte et du Point-du-Jour. — Après la désastreuse tentative de la *1ʳᵉ* division de cavalerie, et surtout après la contre-attaque du 2ᵉ corps et les infructueux efforts de la *31ᵉ* brigade au Nord de Saint-Hubert (1), la fusillade

---

(1) Voir : § 4. — *Combat de Gravelotte (jusqu'à 5 heures).*

FIN DU COMBAT D'AMANVILLERS

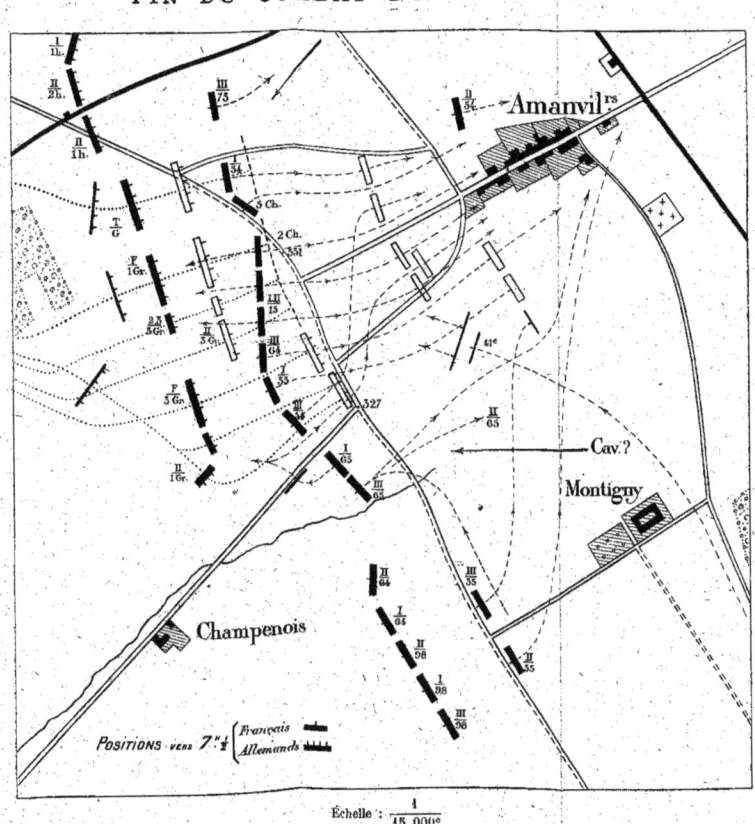

avait été sans cesse en s'affaiblissant sur tout le front qui s'étend de Leipzig aux carrières du Point-du-Jour. Vers 5 heures du soir, elle était presque complètement éteinte (1) et ne devait se rallumer que plus d'une heure après, c'est-à-dire entre 6 heures et 6 h. 30.

L'artillerie française se taisait presque complètement, car le 2ᵉ corps n'avait plus, à ce moment, une seule pièce ayant des vues sur le plateau de Gravelotte. Les batteries dont disposait le général Frossard étaient, encore nombreuses il est vrai, mais presque toutes étaient, soit en position de combat face à Jussy ou aux bois de Vaux, soit en réserve (2).

Au 3ᵉ corps, les cinq batteries restées derrière les épaulements voisins de Moscou (3) suspendaient leur tir ainsi que les trois autres qu'on avait postées plus en arrière sur la crête de l'Arbre-Mort (4). Cinq batteries restaient en réserve sur la lisière du bois de Châtel (5), parmi lesquelles une seule avait perdu 12 hommes, les

---

(1) *Kriegsgeschichtliche Beispiele*, Kunz. Sauf cependant, autant qu'il semble, entre Saint-Hubert et le coude de la grande route au Nord du Point-du-Jour.

(2) Cinq batteries $\left(\dfrac{8}{5}, \dfrac{6}{5}, \dfrac{7}{5}, \dfrac{10}{15}, \dfrac{7}{2}\right)$ étaient disposées face au Sud, sur la crête 346-334-332; quatre $\left(\dfrac{10}{5}, \dfrac{6}{15}, \dfrac{7,8}{17}\right)$ étaient maintenues en réserve, bien qu'elles n'eussent éprouvé que de faibles pertes et que trois d'entre elles n'eussent pas encore tiré un coup de canon; trois autres $\left(\dfrac{5}{5}, \dfrac{12}{5}, \dfrac{11}{5}\right)$ manquaient de munitions; une seule, enfin $\left(\dfrac{9}{5}\right)$, avait été mise hors de combat par le feu de l'adversaire.

(3) $\dfrac{6}{11}, \dfrac{11}{4}, \dfrac{7}{11}, \dfrac{9}{4}, \dfrac{9}{11}$.

(4) $\dfrac{1}{17}, \dfrac{5}{11}, \dfrac{12}{4}$.

(5) $\dfrac{8,10}{11}, \dfrac{11,12}{11}, \dfrac{2}{17}$.

autres n'ayant subi que des pertes insignifiantes ou nulles.

Bien que les défenseurs de la crête qui s'étend de Leipzig au Point-du-Jour eussent pu disposer effectivement et immédiatement de 22 batteries pour contrebattre les batteries allemandes de Gravelotte, — dont le nombre était précisément le même à ce moment, — les dispositions prises par le commandement français eurent donc pour résultat de ne laisser en position que huit batteries seulement, qui se trouvèrent dans l'obligation, pour éviter d'attirer sur elles un feu trop supérieur, d'interrompre leur tir et d'abriter leur personnel derrière des épaulements ou même en arrière de la crête.

Quant aux deux batteries prussiennes qui, seules, avaient pu, après la déroute de la 1re division de cavalerie, se maintenir auprès de Saint-Hubert (1), elles se trouvaient, vers 5 heures, dans une posture des plus pénibles; la 3e batterie légère, abritée par le mur bas du jardin de Saint-Hubert, ne subissait pas de pertes très importantes, il est vrai (2), mais elle ne pouvait quitter son abri sans s'exposer à un feu de mousqueterie qui eût été très meurtrier. La 3e batterie à cheval, restée depuis près de deux heures complètement à découvert, se trouvait alors à bout de forces (3). Malgré un ordre de retraite que lui adressa le commandant de l'artillerie de la Ire armée, le capitaine Hasse (commandant la batterie) voulut résister encore ; mais le personnel était si restreint qu'on ne pouvait plus servir alors qu'une seule pièce, et encore fallait-il utiliser pour cela les

---

(1) $\frac{3}{7}$, $\frac{3\,c}{7}$.

(2) 1 officier et 11 hommes pendant tout le cours de la journée. d'après Leclerc : *Tableaux statistiques des pertes des armées allemandes.*

(3) Pertes totales : 3 officiers, 35 hommes. D'après Leclerc (*loc. cit.*) et Kunz (*Kriegsgeschichtliche Beispiele, Heft 7*).

munitions d'un avant-train abandonné sur le terrain par une autre batterie. Un peu après 5 heures, les débris de la batterie Hasse furent ramenés vers l'arrière (1).

L'infanterie allemande qui avait franchi le ravin de la Mance était, au même moment, éparpillée en une longue ligne d'où les liens tactiques avaient disparu sur nombre de points. « A l'aile gauche du VIIIe corps notamment, dit l'*Historique* officiel allemand, des compagnies appartenant aux *30e* et *31e* brigades se trouvaient confondues pêle-mêle au milieu d'une région où les bois bornaient la vue de toute part. Dans la ferme de Saint-Hubert enlevée à la suite d'une affaire très chaude, et dans les carrières situées à l'Ouest, on rencontrait, indépendamment du bataillon de chasseurs, des détachements de six régiments d'infanterie du corps d'armée. Sur la portion du champ de bataille, au Sud de la grande route, la majeure partie de la *29e* brigade se tenait, fractionnée en plusieurs groupes, autour du *39e* (de la *27e* brigade du VIIe corps). Immédiatement en arrière, entre Gravelotte et la lisière des bois, le *74e* de cette dernière brigade était prêt à entrer en ligne. Les bataillons de la *25e* et de la *28e* brigade n'avaient pas cessé, en général, d'occuper leurs postes antérieurs dans le bois de Vaux et auprès des batteries du VIIe corps. Six de ces derniers étaient alors en position aux abords de Gravelotte, tandis que l'artillerie tout entière du VIIIe corps continuait toujours son feu, couverte sur son flanc gauche par les cinq compagnies chargées de ce soin, concurremment avec les hussards du Roi. En arrière de Gravelotte, se tenaient en réserve les trois autres régiments de hussards de la Ire armée, la *32e* brigade d'infanterie et trois batteries du VIIe corps ; la *1re* division de cavalerie était à la Malmaison. »

---

(1) *Historique du Grand État-Major prussien* et *Vingt-quatre heures de stratégie*, par Fr. Hœnig.

Il convient de compléter ce tableau d'ensemble en faisant remarquer qu'autour de Saint-Hubert et le long de la lisière orientale des bois de la Mance, les bataillons et compagnies étaient presque tous mélangés et disloqués. Rares étaient les compagnies où les liens tactiques subsistaient, la plupart d'entre elles étant fractionnées par sections (1). « A 5 heures, dit Fritz Hœnig, les cadavres d'hommes et de chevaux laissés par l'infanterie, l'artillerie et le 4ᵉ hulans avaient rendu beaucoup plus difficiles les mouvements au Sud de la grande route ; en ce point, le champ de bataille offrait un spectacle confus de pièces abandonnées, d'avant-trains démolis et renversés, gisant pêle-mêle les uns au milieu des autres. En tout cas, ces monceaux de cadavres d'hommes et de chevaux, de matériel démonté auraient pu offrir un certain couvert, mais on ne s'en servit pas..... A 5 heures, depuis la lisière Est du bois jusqu'à Saint-Hubert, il y avait environ deux bataillons et demi en colonne, les uns derrière les autres, serrés et mélangés entre eux, sans cohésion ni direction. Constamment exposées dans cette formation au feu du Point-du-Jour et de Moscou, ces masses servaient de cible aux Français (2) ; mais pendant deux heures, de 5 à 7 heures, il ne vint à l'idée de personne de faire revenir en arrière ces masses qui formaient un obstacle au déploiement et aux mouvements des autres troupes qui devaient entrer en ligne vers le Nord ou vers le Sud, en quittant la grande route ; personne n'eut l'idée de les

---

(1) *Kriegsgeschichtliche Beispiele, Heft 1.* Kunz.

(2) Il faut sans doute entendre par là les troupes voisines du coude de la grande route, qui seules pouvaient tirer, de leurs abris, sur les masses entassées autour de la ferme Saint-Hubert $\left(\frac{1}{85}, \frac{I}{80}, \frac{1, II}{32}, \frac{III}{23} \right)$.

rassembler à nouveau, ce qui eût été nécessaire, et de les tenir à la lisière Est du bois, prêtes à recevoir d'autres destinations. C'est ainsi qu'on en vint à perdre là, par sa faute propre, la force principale du combat et à gêner plus tard d'autres troupes dans leur déploiement..... Voilà pourquoi, pendant deux heures, la situation resta la même ; en d'autres termes, on allongeait le défilé, en y ajoutant des murailles vivantes d'hommes en masses compactes jusqu'aux abords mêmes de Saint-Hubert ; on se privait ainsi, pour plus tard, des derniers moyens d'effectuer un déploiement tactique, toujours par cette seule trouée ; les troupes qui, pendant deux heures, avaient formé cette muraille vivante opposée à Moscou et au Point-du-Jour, étaient tellement épuisées moralement, lors de la dernière contre-attaque des Français (7 heures) et de l'entrée en ligne du IIe corps, qu'elles ne pouvaient plus, pour la plupart, reconnaître l'avant de l'arrière, les amis des ennemis (1). »

Du côté français, la situation de l'infanterie n'avait pas sensiblement varié depuis la dernière tentative de l'adversaire, tentative qu'on avait réussi à briser comme toutes celles qui avaient été dirigées jusqu'ici contre la position principale de résistance. Il est d'ailleurs à remarquer que ce succès, — très réel mais non point décisif, — avait été obtenu par l'emploi presque exclusif des feux de mousqueterie, car si le nombre des batteries mises en jeu pendant les premières heures du combat depuis Leipzig jusqu'aux carrières du Point-du-Jour avait été assez faible comparativement aux ressources dont on disposait immédiatement, le nombre des batteries qu'on amena au Sud de Moscou et qui, seules,

---

(1) *Vingt-quatre heures de stratégie* (loc. cit.).

pouvaient s'attaquer à l'infanterie voisine de Saint-Hubert, était presque insignifiant. Grâce aux tranchées-abris qu'on avait creusées au Sud de Moscou et grâce, surtout, aux fossés de la grande route que les occupants avaient peu à peu aménagés, les troupes, — bien qu'elles fussent très denses sur certains point de la ligne de combat, — n'avaient cependant pas encore subi de pertes importantes.

Entre Moscou et le Point-du-Jour, en effet, huit bataillons (1) étaient déployés sur un front d'environ 900 mètres d'où ils avaient des vues directes sur la cuvette de la ferme Saint-Hubert (2) ; or, si l'on remarque que les pertes du 80ᵉ portent surtout sur le IIᵉ bataillon chargé de la défense de Saint-Hubert, on peut affirmer qu'aucun des bataillons dont il s'agit n'avait perdu le 1/10ᵉ de son effectif et que certains d'entre eux étaient moins éprouvés (3). Au Sud du Point-du-Jour, les neuf bataillons (4) déployés pour la plupart dans les fossés de la grande route sur un front de 1200 mètres, n'avaient pour ainsi dire pas été engagés avec l'infanterie ennemie, et n'avaient subi qu'un dommage matériel très faible. Au Nord de Moscou, aucun des dix bataillons du 3ᵉ corps (5) embusqués, soit dans des tranchées-abris

---

(1) $\frac{I}{44}$, $\frac{I}{85}$, $\frac{I}{80}$, $\frac{I, II}{32}$, $\frac{III}{23}$, 3 B. Ch. et $\frac{III}{80}$.

(2) C'étaient les seules troupes de la ligne de combat qui fussent en mesure de battre les troupes prussiennes entassées autour de la ferme. Les autres avaient leurs vues complètement masquées dans cette direction : d'une part par la crête Moscou, Saint-Hubert ; d'autre part par la crête se dirigeant directement du Point-du-Jour vers l'Ouest.

(3) Le 3ᵉ bataillon de chasseurs, par exemple, ne perdit, au total, que 32 hommes.

(4) 12 B. Ch , $\frac{I}{55}$, $\frac{II}{76}$, $\frac{II}{55}$, $\frac{III}{76}$, $\frac{I}{76}$, $\frac{I, II, III}{77}$.

(5) $\frac{II}{69}$, $\frac{I, II}{19}$, $\frac{I}{7}$, $\frac{I}{29}$, $\frac{I, II, III}{59}$, $\frac{II}{60}$, $\frac{III}{44}$.

échelonnées sur un front de 1700 mètres environ, soit derrière les murs de la ferme, n'avait certainement perdu le 1/10ᵉ de son effectif (1).

En arrière de la crête, enfin, des réserves très importantes étaient encore presque absolument intactes (2). En faisant abstraction de la brigade Lapasset qui avait une mission particulière à l'extrême gauche de l'armée, et qui se trouvait être attaquée précisément à ce moment, le 2ᵉ corps possédait encore, vers 5 heures, 13 bataillons frais (3). Entre Leipzig et le Point-du-Jour, 17 bataillons du 3ᵉ corps n'avaient pas encore été engagés (4). En outre, 9 bataillons de la Garde étaient stationnés : partie sur la lisière occidentale des bois de Châtel, partie sur l'éperon qui domine le village du même nom (5). C'était donc un total de 39 bataillons dont le commandement français de l'aile gauche aurait pu disposer immédiatement en vue d'une action contre les troupes ennemies débouchant du plateau de Gravelotte.

Il serait, par conséquent, tout à fait inexact d'admettre, comme le fait Fritz Hœnig, que le 2ᵉ corps

---

(1) Les pertes du 29ᵉ portent surtout sur les IIᵉ et IIIᵉ bataillons engagés dans les bois des Génivaux. Le régiment le plus éprouvé ensuite est le 59ᵉ, dont les pertes atteignent à peu près le 1/10ᵉ de l'effectif *pour toute la journée*. Les bataillons des 7ᵉ, 19ᵉ et 69ᵉ n'eurent que des pertes presque nulles.

(2) Quelques bataillons seulement avaient subi des pertes, d'ailleurs insignifiantes, provenant des coups longs de l'artillerie ennemie.

(3) $\frac{I, II, III}{8}, \frac{I, II}{23}, \frac{I, II, III}{66}, \frac{I, II, III}{67}, \frac{III}{32}, \frac{III}{55}.$

(4) $\frac{I, II}{69}$, 13ᵉ B. Ch., $\frac{III}{19}, \frac{I, II, III}{44}, \frac{II, III}{7}, \frac{I, II, III}{71}, \frac{III}{2}, \frac{I}{60}, \frac{II}{44}$, 11ᵉ B. Ch., $\frac{II}{85}.$

(5) $\frac{I}{1\,V}, \frac{I, II, III}{3\,V}$ sur la lisière des bois ; $\frac{II, III}{1\,V}, \frac{I, II, III}{2\,V}$ au-dessus de Châtel.

« avait, sans doute, mis en jeu et épuisé toutes ses forces (1) » pour arriver à briser les tentatives faites par les Allemands avant 5 heures. A ce moment, il est vrai, 30 bataillons des 2e et 3e corps (2) avaient déjà été déployés sur une ligne de combat d'environ 4 kilomètres de développement au Sud de Leipzig (3); mais sur ces 30 bataillons, ceux qui occupaient les tranchées-abris ou les postes avancés compris entre Moscou et le Point-du-Jour étaient les seuls qui eussent été sérieusement engagés contre l'infanterie prussienne cherchant à déboucher des bois de la Mance au Nord de la route ou contre celle qui s'était entassée autour de Saint-Hubert. C'est sur cette partie du front seulement que la lutte avait pris, par moments, une grande intensité, et les huit bataillons qui l'occupaient dès 10 heures du matin, n'avaient été renforcés jusqu'ici que par trois bataillons frais (4).

Le commandant de l'aile gauche française n'avait donc encore prélevé, pour alimenter le combat, que de faibles fractions sur ses puissantes réserves, et même, ces dernières avaient, en fait, encore augmenté par suite de l'arrivée de neuf bataillons de voltigeurs de la Garde. En outre, et sous les restrictions partielles qui ont été

---

(1) *Vingt-quatre heures de stratégie*, page 238.

(2) Non compris ceux qui occupèrent le bois des Génivaux.

(3) $\frac{I, II}{69}$, $\frac{I, II}{19}$, $\frac{I}{7}$, $\frac{I}{29}$, $\frac{I, II, III}{59}$, $\frac{II, III}{60}$, $\frac{III}{44}$, $\frac{I}{44}$, $\frac{I}{85}$, $\frac{I, II}{80}$, $\frac{I, II}{32}$, $\frac{III}{23}$, $\frac{III}{80}$, 3e B. Ch., 12e B. Ch., $\frac{I, II}{55}$, $\frac{I, II, III}{76}$, $\frac{I, II, III}{77}$.

(4) $\frac{II}{32}$, $\frac{III}{23}$, $\frac{III}{80}$. Au Sud du Point-du-Jour, où cependant la lutte fut beaucoup moins vive, les cinq bataillons déployés le long de la route dès 10 heures du matin, furent renforcés, jusqu'à 5 heures, par quatre bataillons tirés des réserves $\left(12^e \text{ B. Ch.}, \frac{II, III}{76}, \frac{III}{77}\right)$. Mais on a vu que ces neuf bataillons n'avaient encore été que très peu éprouvés.

faites plus haut, l'artillerie de l'aile gauche du 3ᵉ corps était disponible pour le combat, ainsi que la plupart des batteries du 2ᵉ corps, lesquelles n'avaient été retirées de leurs positions de combat, par le général Frossard, qu'afin d'éviter une dépense de munitions qui lui paraissait inutile pour l'instant (1).

Les attaques répétées de la Iʳᵉ armée n'avaient donc encore nullement compromis la situation de l'aile gauche française, où l'on avait peut-être commis la faute de procéder, avant même que la lutte ne fût engagée, au déploiement de forces trop considérables sur la ligne de combat éventuelle, mais où, au moins, on ne s'était pas encore laissé entraîner, jusqu'ici, à user prématurément des réserves.

On ne peut donc pas s'associer à cette affirmation de l'*Historique du Grand État-Major prussien* d'après laquelle l'armée du général Steinmetz aurait « accompli (à 5 heures) sa tâche primitive *d'attirer* sur elle les forces de l'adversaire ». Même en se plaçant à un point de vue plus élevé que celui qu'on vient d'envisager, on ne saurait admettre que l'attaque allemande ait eu effectivement pour résultat de faire affluer les réserves de l'armée sur les positions défendues par les généraux Frossard et Lebœuf, car l'envoi de la 1ʳᵉ brigade de voltigeurs à Châtel-Saint-Germain avait été prescrite dès le matin, et l'arrivée du 3ᵉ voltigeurs sur les derrières du 2ᵉ corps ne fut provoquée que par le désir initial de relever la 1ʳᵉ brigade pour lui faire reprendre ses sacs laissés au bivouac du mont Saint-Quentin.

Jusqu'ici, les défenseurs du plateau Moscou—le Point-du-Jour, avaient, au contraire, pleinement réussi à briser les attaques allemandes et avaient, par conséquent,

---

(1) Voir le *Rapport* du général Gagneur, commandant l'artillerie du 2ᵉ corps.

entièrement accompli la mission, — trop exclusivement défensive malheureusement, — qui leur avait été confiée par le haut commandement.

Mais avant que la lutte ne reprît, très vive, sur les hauteurs du Point-du-Jour, le combat s'engageait entre Vaux et Sainte-Ruffine à l'extrême gauche des positions françaises.

Engagement de la brigade Lapasset devant Jussy et Sainte-Ruffine. — On se rappelle que la fusillade qui avait éclaté dès le matin sur la lisière des bois de Vaux, avait attiré l'attention du général Lapasset vers son extrême gauche et l'avait conduit à faire occuper le village de Sainte-Ruffine par un nouveau bataillon du 97e (le IIIe). A partir de cet instant, la ligne des avant-postes de la brigade mixte s'étendait donc du bois du Peuplier (situé au Nord de Vaux) jusqu'à Sainte-Ruffine et comprenait : trois compagnies du 84e réparties entre Jussy et le bois du Peuplier et dont les sentinelles étaient postées sur la croupe plantée de vignes (236) située entre Vaux et Jussy ; trois compagnies du IIe bataillon du 97e entre ce dernier village et Sainte-Ruffine ; le IIIe bataillon du 97e, enfin, à Sainte-Ruffine même (1).

Dès 1 heure de l'après-midi, alors que la canonnade augmentait rapidement d'intensité sur le plateau de Gravelotte, la brigade mixte commença à renforcer ses avant-postes. Une seule compagnie du 84e (celle de droite) avait tenu jusqu'ici le bois du Peuplier. En prévision d'une attaque de ce côté, le capitaine Ermenge, qui commandait le IIe bataillon du 97e, fut chargé d'occuper le taillis avec deux de ses compagnies ; puis, un

---

(1) En outre, trois compagnies du 4e voltigeurs furent placées en grand'garde entre Sainte-Ruffine et Jussy, auprès de celles du IIe bataillon du 97e. (*Historique* du 4e régiment de voltigeurs.)

peu plus tard, les quatre autres compagnies du même bataillon vinrent, sous les ordres du capitaine Cambard, renforcer les deux premières. Il est impossible, de préciser d'une manière certaine, quel était le but exact que poursuivait ainsi le général Lapasset. Peut-être voulait-il se prémunir contre l'attaque éventuelle des troupes d'infanterie ennemie qui garnissaient la lisière des bois de Vaux (1); peut-être, au contraire, visait-il la défense de sa ligne d'avant-postes contre les troupes de la 26e brigade dont la présence n'avait sans doute pas manqué de lui être signalée sur la route de Metz au Nord-Est d'Ars-sur-Moselle (2).

Quoi qu'il en soit, il semble que vers 3 h. 30 de l'après-midi, c'est-à-dire avant que la brigade du général de Goltz ne se fût encore mise en marche vers Vaux et Jussy, en exécution de l'ordre du général Steinmetz dont il a été déjà question, la brigade Lapasset occupait les positions suivantes:

Le IIe bataillon du 97e tenait le bois du Peuplier au Nord de Vaux; les trois compagnies du 84e restaient échelonnées entre ce bois (occupé par une compagnie) et Jussy; les sentinelles du 84e et du 97e, étaient réparties, ainsi qu'il résulte du développement ultérieur du combat, dans les vignes de la croupe 236 et sur la lisière Sud du bois du Peuplier; entre Jussy et Sainte-Ruffine, la zone précédemment occupée par trois compagnies du IIe bataillon du 97e restait sous la surveillance des trois compagnies de voltigeurs; le IIIe bataillon du 97e, enfin, assurait la défense de Sainte-Ruffine et de ses abords immédiats. En arrière de la ligne des avant-postes, le

---

(1) 7 Ch, $\frac{II, F}{13}$, $\frac{I, II}{53}$, au Sud-Est des carrières du Point-du-Jour.

(2) Vers 1 heure, en effet, le fort Saint-Quentin tirait quelques coups de canon contre la tête de la 26e brigade, ainsi qu'on le verra plus loin.

3ᵉ lanciers avait quitté son bivouac de Rozérieulles pour rejoindre, dans le ravin de Châtel, les régiments de la division Valabrègue. Quant au gros de la brigade (1), il était toujours réuni sur l'éperon 332 ; la 7ᵉ batterie du 2ᵉ était installée en avant de la crête et surveillait la lisière des bois de Vaux (2).

La *26ᵉ* brigade (3), laissée à Ars pour observer la vallée de la Moselle du côté de Metz, avait pris, dans le courant de la matinée, une formation de halte gardée.

Le Iᵉʳ bataillon du *15ᵉ* (bataillon d'avant-garde) avait poussé ses compagnies de tête sur la route de Metz jusqu'à hauteur de Vaux. Le IIᵉ bataillon gardait le pont du chemin de fer sur la Moselle. Le bataillon de fusiliers occupait la gare. La 12ᵉ compagnie du *55ᵉ* avait été placée en flanc-garde dans les vignes qui dominent Ars au Nord, et était rejointe un peu plus tard par la batterie d'artillerie. Enfin, le gros de la brigade restait groupé sur la route (avec l'escadron de hussards) au sortir de la localité (4).

Lorsque, entre 3 heures et 4 heures, le général de Goltz reçut du commandant de l'armée l'ordre de se porter sur Vaux « pour opérer contre l'extrême gauche ennemie », il prescrivit : aux deux premiers bataillons du *15ᵉ* de marcher sur Jussy par les vignes qui garnissent les coteaux de la rive gauche de la Moselle ; aux fusiliers du *55ᵉ* de suivre les deux bataillons précédents,

---

(1) $\dfrac{\text{I, II, III}}{84}$, $\dfrac{1}{97}$, $\dfrac{2}{14 \text{ Ch}}$, $\dfrac{7}{2}$.

(2) Concurremment, comme on sait, avec la 7ᵉ batterie du 3ᵉ et la 10ᵉ du 15ᵉ.

(3) Elle comprenait, sous le commandement du général de Goltz, les *15ᵉ* et *55ᵉ* régiments d'infanterie (sauf la 6ᵉ compagnie du *55ᵉ*) ; le 4ᵉ escadron du *8ᵉ* hussards et la 5ᵉ batterie du *7ᵉ*.

(4) D'après l'*Historique du Grand Etat-Major prussien*.

et aux deux bataillons de mousquetaires du 55ᵉ, de se diriger, par les abords de la grande route, vers Jussy pour surveiller la direction de Moulins. Quant aux fusiliers du 15ᵉ, ils devaient suivre en réserve après avoir laissé deux compagnies à la gare d'Ars et au pont du chemin de fer.

Le départ n'eut lieu qu'à 4 heures (1). Pendant que l'infanterie s'ébranlait dans les directions qu'on vient d'indiquer, la batterie, redescendue de la position qu'on lui avait fait occuper à flanc de coteau pour mieux découvrir le fond de la vallée, s'établissait à proximité de la route afin d'être prête à se porter en avant au premier signal ; mais, chose curieuse, l'escadron de hussards restait en arrière de toute la brigade et « se formait au Nord-Est d'Ars (2) ».

L'approche des troupes prussiennes par la vallée de la Moselle n'avait pas échappé aux observateurs placés sur le mont Saint-Quentin. Dès 1 heure de l'après-midi, le commandant du fort avait signalé une grosse colonne sortant d'Ars et paraissant se diriger vers Moulins (3). Les pièces de gros calibre tirèrent aussitôt quelques coups sur le bataillon d'avant-garde du général de Goltz (4), mais sans qu'il en résultât, à ce qu'il semble, un grand dommage pour les troupes prussiennes.

---

(1) D'après l'*Historique du Grand État-Major prussien*. Une dépêche du commandant du fort Saint-Quentin, datée de 3 h. 38, signale « quelques escarmouches de tirailleurs au-dessous de Rozérieulles », mais on ne peut en déduire que la 26ᵉ brigade se fut déjà portée à l'attaque. Il s'agit peut-être d'escarmouches entre quelques patrouilles allemandes et les sentinelles du général Lapasset.
(2) *Historique du Grand État-Major prussien*.
(3) Dépêche du commandant du fort Saint-Quentin au général Coffinières, datée de 1 h. 2.
(4) La distance de tir était de 3,900 mètres et correspondait effectivement avec celle du Iᵉʳ bataillon du 15ᵉ.

Lorsqu'à 4 heures, celles-ci se furent ébranlées pour marcher sur Vaux, le fort resta tout d'abord silencieux, mais en revanche, les 5e et 8e batteries du 13e s'avancèrent, sur l'ordre du maréchal Bazaine, jusque sur le rebord méridional du plateau du Saint-Quentin et ouvrirent le feu sur l'infanterie ennemie. En même temps, la 2e batterie à cheval de la Garde était portée, par ordre du général Bourbaki, près du hameau de Chazelles (1), et une section de la 1re batterie à cheval s'avançait, sous l'escorte de deux escadrons des dragons du colonel Sautereau-Dupart, jusque sur la croupe Jussy, Sainte-Ruffine (2), où se trouvaient toujours les trois compagnies du 4e voltigeurs.

Au reçu de l'ordre d'attaque du commandant de la 26e brigade, le Ier bataillon du *15e* s'était immédiatement dirigé sur le clocher de Vaux. Certainement masqué tout d'abord par le contrefort qui se développe au Sud du village, il essuya ensuite, c'est-à-dire dès qu'il apparut sur la crête même de ce contrefort, le feu des tirailleurs français postés sur la croupe 236.

Il parvint cependant à s'avancer à travers les vignes, pénétra dans la localité restée inoccupée et poursuivit sa marche vers le Nord dans l'axe du chemin creux qui conduit à la croupe 305 en longeant le bois du Peuplier. Les détails manquent pour préciser exactement les péripéties de la lutte qui suivit, mais il semble résulter aussi bien des documents français que de l'*Historique* officiel allemand, que les tirailleurs de la brigade mixte postés dans les vignes, — et sans doute trop tardive-

---

(1) Cette batterie ne tira pas de la journée.
(2) C'est sans doute à ce moment que le chef d'état-major de l'artillerie de la Garde rendit compte au général Jarras de l'arrivée d'une forte colonne « au bas du coteau de Jussy » et « pouvant remonter par Vaux et Jussy, ou par Moulins, pour tourner la route de Rozérieulles ».

ment soutenus par leurs soutiens, cependant assez nombreux, — n'opposèrent à l'assaillant qu'une faible résistance et commencèrent très tôt à se replier vers l'arrière. Les 2ᵉ, 3ᵉ et 4ᵉ compagnies prussiennes paraissent ainsi avoir atteint assez rapidement la pointe méridionale du taillis, tandis que la 1ʳᵉ compagnie se dirigeait sur le village de Jussy.

Pendant ce temps, le IIᵉ bataillon du *15ᵉ* arrivait à son tour au Sud de Vaux ; mais comme en débouchant du village, il recevait, sur son flanc gauche une vive fusillade des tirailleurs du capitaine Cambard restés sur plusieurs points de la lisière Sud du bois du Peuplier, deux compagnies (5ᵉ et 8ᵉ) furent dirigées de ce côté, tandis que les deux autres (6ᵉ et 7ᵉ) poursuivaient sur Jussy à la suite de la 1ʳᵉ compagnie.

Dès lors, les tirailleurs du 97ᵉ commencèrent à se replier également vers l'arrière, et la ligne de combat du Iᵉʳ bataillon du *15ᵉ* paraît avoir profité de cette circonstance favorable qui dégageait son flanc gauche, pour pousser de l'avant vers la crête 305. La progression des compagnies prussiennes au milieu des vignes, ne fut pas cependant sans être inquiétée par les troupes françaises. car à deux reprises différentes, des fractions, — malheureusement trop faibles, autant qu'on en peut juger, — prononcèrent des contre-attaques qui les conduisirent jusqu'au combat corps à corps (1). Quoi qu'il en soit, le Iᵉʳ bataillon du *15ᵉ* continua à gagner du terrain vers le Nord, tandis que le capitaine Cambard repliait peu à peu les compagnies de son bataillon, ainsi que celles du 84ᵉ, vers la crête découverte située à l'Ouest de Jussy.

Pendant que ces événements se déroulaient aux abords du bois du Peuplier, les Iᵉʳ et IIᵉ bataillons du *55ᵉ*

---

(1) *Historique* du 84ᵉ et *Historique du Grand État-Major prussien.*

avaient hâté le pas en suivant la grande route. Arrivé à hauteur de Vaux, le Ier bataillon engagea ses deux premières compagnies sur le chemin conduisant à Jussy, tandis que les deux autres se jetaient dans les vignes vers Sainte-Ruffine. Les trois compagnies du IIe bataillon s'arrêtaient provisoirement dans le voisinage de la chaussée de Metz (1).

La 2e compagnie du 55e et la 1re du 15e, ayant en réserve la 1re du 55e et les 6e et 7e du 15e, s'approchèrent donc de Jussy, « mais sans avoir à lutter contre une défense en ordre compact (2) ».

Il semble, en effet, qu'une seule compagnie du 84e, — ou peut-être même une fraction seulement, — tint le village de Jussy à peine barricadé. D'autre part, les troupes de l'assaillant, blotties dans un ravin très encaissé et planté de vignes, se trouvaient absolument hors d'atteinte, non seulement de l'artillerie installée sur la croupe 332 auprès des réserves du général Lapasset, mais même des deux pièces de la Garde qu'on venait d'amener, avec deux escadrons de dragons, sur la ligne même des avant-postes au Nord de Jussy; aussi n'eurent-elles à essuyer que partiellement un feu de mousqueterie parti de la crête 292-305, où s'était repliée l'aile droite des grand'gardes françaises. Il était alors à peu près 5 heures et l'infanterie prussienne ne tarda pas à pénétrer dans les jardins, puis dans les rues du village de Jussy dont l'occupation régulière fut assurée par les trois compagnies du 15e et par les deux compagnies du 55e qui avaient prononcé l'attaque.

---

(1) Le bataillon de fusiliers du 55e marchait primitivement en tête. Mais sa marche ayant été ralentie par suite de la nécessité de pénétrer dans les vignes à la suite des mousquetaires du 15e, il fut dépassé par les deux autres bataillons de son régiment. Il n'arriva donc qu'un peu plus tard sur la croupe 236.

(2) *Historique du Grand État-Major prussien.*

Après la prise de la localité, les fusiliers du 55ᵉ, arrêtés un instant sur la croupe 236, obliquèrent vers l'Ouest pour soutenir le Iᵉʳ bataillon du 15ᵉ qui venait de se rendre complètement maître du bois du Peuplier et qui poussait maintenant deux compagnies (2ᵉ et 3ᵉ) jusque sur la crête découverte 305.

La prise de Jussy, en effet, paraît avoir fâcheusement influencé le commandant du IIᵉ bataillon du 97ᵉ, qui avait déjà été forcé de reculer jusque sur la crête 305, et qui craignit sans doute alors d'être complètement séparé du reste de son régiment réuni à Sainte-Ruffine (1). Le commandant du IIᵉ bataillon du 97ᵉ se replia donc vers l'Est en combattant, tandis que les trois compagnies du 84ᵉ rétrogradaient lentement vers Rozérieulles en faisant le coup de feu avec les 2ᵉ et 3ᵉ compagnies du 15ᵉ. Les trois compagnies du 4ᵉ voltigeurs, à bout de cartouches, en faisaient autant (2).

Mais à peine les deux compagnies ennemies étaient-elles parvenues sur la crête 305, qu'elles se trouvèrent en butte à un feu très vif des trois batteries françaises en observation sur la croupe de Rozérieulles (3), et même à la fusillade que la 2ᵉ compagnie du 14ᵉ bataillon de chasseurs dirigea sur elles à grande distance (environ 1000 mètres). Elles ne purent donc pousser plus loin, et même, lorsqu'un peu plus tard les fusiliers du 55ᵉ arrivèrent sur le théâtre de l'action, ils durent relever les deux compagnies du 15ᵉ et se borner eux-mêmes à

---

(1) Dès le début de l'attaque de la 26ᵉ brigade, le général Lapasset, « prévenu que de nouvelles forces appuyaient les premières », avait appelé le 1ᵉʳ bataillon du 97ᵉ auprès du IIIᵉ, à Sainte-Ruffine. (*Rapport du général Lapasset.*)

(2) Ces trois compagnies ne rejoignirent leur régiment sur le mont Saint-Quentin qu'à 10 heures du soir.

(3) $\frac{7}{2}$, $\frac{10}{15}$, $\frac{7}{5}$.

occuper la pointe du bois du Peuplier. De ce côté, la lutte était définitivement enrayée.

Quant aux compagnies qui avaient occupé Jussy, elles avaient débouché, en atteignant la lisière Nord du village, devant la section de la batterie à cheval de la Garde. Cette dernière venait d'ouvrir le feu pour fouiller les vignes situées au Sud de Sainte-Ruffine et où se faufilaient déjà les 3e et 4e compagnies du 55e. Quand les nouveaux occupants de Jussy apparurent sur la lisière septentrionale du village, les artilleurs de la Garde essuyèrent, à 200 mètres, un feu de mousqueterie qui, bien que peu meurtrier, les obligea à ramener leurs pièces vers l'arrière pour les empêcher de tomber entre les mains de l'adversaire (1).

A partir de cet instant, l'ancienne ligne des avant-postes de la brigade Lapasset se trouvait donc réduite au seul point d'appui de Sainte-Ruffine qui était, il est vrai, très fortement occupé par les trois bataillons du 97e. Quelques compagnies du 84e s'étaient bien réfugiées dans le village de Rozérieulles, mais en raison même de leur situation au fond d'un étroit ravin, les seules troupes qui fussent en mesure d'interdire à l'adversaire la possession de la longue crête qui descend de la cote 305 vers Sainte-Ruffine, étaient celles qui occupaient, — à grande distance, — la croupe de Rozérieulles. Les trois batteries postées sur ce point paraissent avoir suffi, concurremment avec les pièces de Saint-Quentin qui reprirent alors leur tir, pour arrêter l'adversaire d'ailleurs à peu près complètement dépourvu d'artillerie.

Ce n'est qu'au moment de l'occupation de Jussy, en effet, que la batterie attachée à la 26e brigade s'était portée sur la croupe 236, au Nord-Est de Vaux. De là, elle

---

(1) Il est probable qu'à ce moment les deux escadrons de dragons de la Garde rétrogradèrent également.

ouvrit le feu sur Sainte-Ruffine, puis sur des colonnes qu'elle vit défiler sur la route de Moulins (1); mais elle se trouva, de l'emplacement qu'elle avait pris et qu'elle conserva jusqu'à la nuit, dans l'impossibilité absolue de protéger, contre l'artillerie du 2ᵉ corps, l'infanterie qui aurait tenté de franchir la crête 305-292.

Du côté de Sainte-Ruffine, la 3ᵉ compagnie du 55ᵉ avait gagné quelque terrain puis s'établissait défensivement dans les vignes. La 4ᵉ restait au pied des pentes où elle était rejointe ensuite par la 7ᵉ. Les 5ᵉ et 8ᵉ s'avançaient vers Sainte-Ruffine par le fond de la vallée, puis se contentaient de combattre par leurs feux avec le 97ᵉ, qui se bornait lui-même, malgré sa grande supériorité numérique, « à se préparer » à repousser une attaque de vive force et à se garer de la double canonnade à laquelle il était en butte (2).

Sur la rive droite de la Moselle, en effet, une batterie ennemie était apparue dans le voisinage de la ferme Orly et tirait maintenant sur les défenseurs de Sainte-Ruffine.

Cette batterie appartenait à la 4ᵉ brigade prussienne que le commandant du Iᵉʳ corps avait fait avancer de Courcelles-sur-Nied vers Vaux, conformément aux ordres du général Steinmetz. Vers 4 h. 30, la colonne ennemie (3) débouchant d'Augny se portait aussitôt près de la ferme d'Orly d'où la 5ᵉ batterie légère ouvrait le feu sur Sainte-Ruffine, tandis que le IIᵉ bataillon du 5ᵉ occupait le château de Frescaty.

A ce moment, la 26ᵉ brigade s'engageait dans les

---

(1) Probablement la 3ᵉ division de cavalerie.
(2) *Rapport* du général Lapasset.
(3) Elle comprenait : la 4ᵉ brigade : 5ᵉ et 45ᵉ régiment ; le 3ᵉ escadron du 10ᵉ dragons ; les 5ᵉ et VIᵉ batteries du 1ᵉʳ.

environs de Vaux avec le IIe bataillon du 97e et les grand'gardes du 84e, de sorte que la nouvelle batterie prussienne ne coopéra pas plus que celle du général de Goltz au combat d'infanterie qui se déroulait dans les vignes de Jussy.

Bien que la tête de colonne de la 4e brigade fût à peu près complètement hors d'atteinte de l'artillerie du mont Saint-Quentin (distance d'environ 5,000 mètres) elle avait des vues trop imparfaites sur le théâtre de l'action de la 26e brigade pour pouvoir lui prêter un concours efficace; elle conserva donc pendant près de deux heures une attitude presque passive, se contentant de tirer sur les hauteurs de Sainte-Ruffine.

Ce ne fut que vers 6 h. 30, c'est-à-dire longtemps après la prise de Jussy et alors que le général de Goltz avait renoncé à pousser plus loin sa tentative contre l'extrême gauche française, que le commandant de la 4e brigade se décida à faire avancer les fusiliers du 5e vers le Nord, sans chercher toutefois à utiliser, à plus courte distance, les deux batteries dont il disposait.

Lorsque les fusiliers du 5e atteignirent les abords de Tournebride, les pièces de gros calibre du mont Saint-Quentin ouvrirent le feu sur eux en même temps qu'une section de la batterie de la brigade mixte (7e du 2e).

Un peu plus tard, cependant, ils poussèrent jusqu'auprès de la Maison-Rouge, d'où une compagnie aurait tenté, à la tombée de la nuit, de fusiller quelques colonnes françaises qui se retiraient vers Metz par la route de Moulins (1).

Quant à la 26e brigade, elle avait conservé, après la prise de Jussy, une attitude purement défensive. « Eu égard à sa faiblesse numérique, notamment en artillerie,

---

(1) D'après l'*Historique du Grand État-Major prussien*.

dit l'*Historique du Grand État-Major prussien*, la 26ᵉ brigade ne pouvait prétendre à un résultat décisif sur cette partie du champ de bataille. Le général von der Goltz, s'inspirant des instructions reçues du commandant en chef, tendait plutôt à faciliter aux troupes prussiennes le débouché du bois de Vaux et à assurer contre Metz les communications de la Iʳᵉ armée. Les positions enlevées semblaient satisfaire de tout point à cette double exigence, car de l'emplacement qu'on occupait sur l'arête du plateau, on se trouvait à la fois en mesure de prendre en flanc une démonstration de l'adversaire contre le bois de Vaux, et de faire face, dans une situation avantageuse, à une attaque se produisant par Moulins-les-Metz. Dans ces conditions, le général s'abstenait donc de pousser plus avant dans la direction de Rozérieulles et de Sainte-Ruffine, qui paraissait d'ailleurs fortement gardé. Estimant qu'il importait avant tout de conserver les avantages obtenus jusqu'alors, il plaçait son centre de défense vers Jussy où il appelait encore, vers 6 heures, le bataillon de fusiliers du *15*ᵉ. »

Pendant que la diversion tentée par les Allemands sur l'extrême gauche française prenait fin sans avoir produit de résultat appréciable, la lutte qui avait presque complètement cessé sur les bords de la Mance reprenait tout à coup avec une grande intensité.

Arrivée du grand quartier général à Gravelotte. — Un peu après midi, c'est-à-dire dès qu'il eut expédié au commandant de la Iʳᵉ armée l'ordre de ne pas engager de fortes masses de troupes et d'employer surtout son artillerie à préparer une attaque qui devait être donnée ultérieurement, le grand quartier général avait reçu, à Flavigny, l'avis que la IIᵉ armée exécutait un changement de front à droite et que l'aile gauche de cette armée marchait sur Amanvillers et Sainte-Marie-aux-

Chênes (1). Le prince Frédéric-Charles rendait compte en même temps au maréchal de Moltke de la présence de camps français à Saint-Privat (2). Mais cet important avis ne reçut pas tout d'abord, au grand quartier général, la considération qu'il méritait réellement : « Comme le général de Manstein s'engageait sur ces entrefaites à Vernéville, dit l'*Historique du Grand État-Major prussien*, on avait cru y voir la preuve que, de son côté aussi, il n'ajoutait pas foi à cette nouvelle..... Pendant longtemps encore, on continuait, au Grand État-Major allemand, à ignorer jusqu'où s'étendait réellement la position française et à croire qu'elle ne dépassait pas Amanvillers..... »

En fait, le maréchal de Moltke paraît être resté pendant plusieurs heures encore dans l'ignorance la plus complète sur ce qui se passait à son aile gauche, et c'est sans doute là qu'il faut rechercher la cause pour laquelle il s'abstint de compléter, auprès du général Steinmetz, l'ordre qu'il lui avait adressé à midi, ordre dont le caractère tout à fait transitoire ne pouvait que faire présager de nouvelles instructions générales.

On sait déjà comment le commandant de la Ire armée, prévenu trop tardivement, se trouva amené par la force des choses à agir, dès le début de la lutte, contrairement aux vues du grand quartier général, et comment la double attaque, — d'ailleurs difficilement réalisable, — que lui avait conseillée le général de Sperling dès 11 h. 30 (3), se réduisit à un simple combat de front dont on connaît les péripéties malheureuses.

---

(1) *Historique du Grand État-Major prussien.*

(2) Signalés par le lieutenant Scholl, de l'escadron hessois, arrivé à Batilly. Le *Rapport* de cet officier était, comme on sait, parvenu au commandant de la IIe armée un peu après 11 heures; il arriva au grand quartier général un peu après midi. (*Historique du Grand État-Major prussien.*)

(3) Voir page 129.

Quoi qu'il en soit, la violente canonnade qu'on entendit vers 1 heure dans les deux directions de Gravelotte et de Vernéville, ne dut pas permettre au maréchal de Moltke de persister dans l'idée qu'il avait exprimée une heure auparavant sur « *l'engagement partiel* » du IXe corps. Il se borna cependant à attendre la suite des événements, s'en rapportant au prince Frédéric-Charles du soin de « concilier ses instructions avec les conditions de la situation existante (1) » et usant, en réalité, du même procédé vis-à-vis du général Steinmetz.

Vers 1 heure de l'après-midi, le grand quartier général se porta à Rezonville où il reçut du général de Fransecky l'avis de la prochaine arrivée du IIe corps dont on apercevait d'ailleurs déjà la tête de colonne sur le chemin venant de Buxières (2). « Tout paraissant indiquer que l'action était en bonne voie, dit l'*Historique* officiel allemand, on invitait le commandant de ce corps d'armée à former provisoirement ses troupes à Rezonville et à y attendre de nouveaux ordres. »

« Le Roi, escorté d'une suite nombreuse, avait con-

---

(1) *Historique du Grand État-Major prussien.*

(2) On sait que, d'après l'ordre du 17 août, le IIe corps devait quitter Pont-à-Mousson, le 18, à 4 heures du matin, et venir se masser au Nord de Buxières. Le général de Fransecky sollicita l'autorisation de partir dès 2 heures du matin, ce qui obligea la 4e division à quitter ses cantonnements au Sud de Pont-à-Mousson dès minuit. A 11 heures, la 3e division atteignait Buxières et y faisait une grand'halte. C'est à 1 heure qu'on reçut l'ordre du prince Frédéric-Charles (daté de midi) de se porter à Rezonville pour servir de réserve à l'aile droite. Bien que le commandant de la IIe armée eût pris soin de faire observer « qu'il n'était pas nécessaire de se hâter d'entrer en ligne à Rezonville », et comme la canonnade devenait de plus en plus violente, le général de Fransecky remit la 3e division en marche à 2 heures. Il prescrivit à l'artillerie de corps arrêtée entre Buxières et Onville, et à la 4e division qui faisait halte en ce dernier point, de se porter également sur Rezonville par le chemin le plus direct.

tinué à s'avancer, et vers 4 h. 30, il arrivait aux abords du champ de bataille de la Ire armée, dont toutes les nouvelles étaient alors excellentes. Des rapports du général Steinmetz avaient annoncé l'avantage obtenu par l'artillerie prussienne sur les batteries du Point-du-Jour, les progrès des troupes dans la région boisée à l'Est de Gravelotte, l'enlèvement de Saint-Hubert et le mouvement de la cavalerie et de l'artillerie à l'Est du ravin de la Mance. Il semblait d'après cela que, contrairement à ce que l'on attendait, la solution cherchée par l'aile gauche se produisait ou était sur le point de se produire à l'aile droite..... »

Il serait curieux de savoir en quels termes le commandant de la Ire armée rendit compte de la désastreuse tentative de la *1re* division de cavalerie au delà du ravin de la Mance, pour que le grand quartier général ait pu concevoir de telles espérances. Peut-être, d'ailleurs, l'*Historique* officiel allemand altère-t-il involontairement l'ordre chronologique de l'arrivée des comptes rendus, et ne s'agit-il, jusqu'ici, que de la suprématie très réelle prise par l'artillerie prussienne et de l'enlèvement de Saint-Hubert, car il ajoute « qu'un nouveau rapport expédié par le général Steinmetz vers 4 h. 15, ne dissimulait pas que la lutte était toujours indécise sur les hauteurs situées au delà des bois de Vaux et des Génivaux et que, pour arriver à gagner du terrain vers le front de l'ennemi, il était nécessaire de prononcer un vigoureux effort contre sa droite ». Or, ce rapport paraît être le même que celui auquel Fritz Hœnig fait allusion et dans lequel le commandant de la Ire armée aurait annoncé « que la tentative *de poursuite* avait échoué (1) ».

---

(1) *Vingt-quatre heures de stratégie*, page 243. Ce rapport aurait été expédié à 4 h. 15 et aurait été reçu à 4 h. 30 par le grand quartier général.

Après avoir expédié ce compte rendu, le général Steinmetz fit directement appel au commandant du IIe corps alors formé auprès de Rezonville. Mais le général de Fransecky lui fit répondre que, formant la dernière réserve de l'armée, il ne pouvait se porter en avant que sur l'ordre exprès du Roi (1). C'est alors que le commandant de la Ire armée expédia le colonel de Wartensleben (2) auprès du souverain pour lui rendre compte de la situation des VIIe et VIIIe corps et pour réclamer de lui l'appui du IIe.

Mais sur ces entrefaites, le lieutenant-colonel de Brandenstein rentrait au grand quartier général ; il fournit les premières indications précises sur l'aile droite française (3), et annonça que « tout marchait bien » dans la IIe armée (4). Bien qu'il eût été intéressant de connaître d'une manière un peu plus précise les termes du rapport du colonel de Brandenstein, il semble que le grand quartier général ne fut point détourné de l'idée que « la solution cherchée à l'aile gauche » pourrait être obtenue à l'aile droite, puisque, cédant à la demande présentée par le général de Wartensleben, il envoya, à 5 h. 30 (5), l'ordre au général de Fransecky d'amener le IIe corps à Gravelotte et de se mettre à la disposition du commandant de la Ire armée.

Quand l'ordre en question parvint à Rezonville, la *3e* division et l'artillerie de corps étaient déjà réunies auprès de la localité et la tête de la *4e* division y arrivait elle-même.

A 5 h. 45, la *3e* division et l'artillerie de corps se

---

(1) *Opérations de la Ire armée*, par von Schell.
(2) Quartier-maître général de la Ire armée. Voir : *Les Opérations de la Ire armée*, par von Schell.
(3) *Vingt-quatre heures de stratégie*, loc. cit.
(4) *Historique du Grand État-Major prussien*.
(5) D'après Fr. Hœnig, il était 5 heures juste (?).

mettaient en marche pour venir se masser au Sud de Gravelotte. La *4*ᵉ division ne quittait Rezonville que trois quarts d'heures plus tard.

Déploiement de la 32ᵉ brigade. — Il était 6 heures, et le II⁰ corps était par conséquent encore éloigné de plus de deux kilomètres de Gravelotte, lorsque le général de Gœben « ne prenant conseil que de lui-même (1) » résolut d'attaquer les hauteurs du Point-du-Jour avec les quatre bataillons de la *32*ᵉ brigade (Rex) qui lui restaient (2).

Ces bataillons étaient déjà arrivés à Gravelotte (3), lorsque, par suite d'une coïncidence curieuse (4), ils auraient reçu le même ordre du général Steinmetz (5) (6). Le *72*ᵉ et le IIᵉ bataillon du *40*ᵉ s'avancèrent donc vers l'Est, puis franchirent le ruisseau et furent arrêtés sur la route où l'on forma les faisceaux (7) pendant que le général de Gœben allait personnellement reconnaître les environs de Saint-Hubert en longeant la lisière des bois au Nord de la grande route. Là, il put constater que non seulement cet important point d'appui possédait une garnison très suffisante, mais que les abords de la chaussée étaient encombrés d'une foule d'isolés dont la présence était plus nuisible qu'utile. « Les troupes qui occupaient Saint-Hubert, dit Fritz Hœnig, étaient bien

---

(1) *Les Opérations de la Iʳᵉ armée*, par von Schell.

(2) Deux bataillons du *40*ᵉ venaient d'être envoyés : le Iᵉʳ sur la Malmaison, pour couvrir le flanc gauche ; le IIIᵉ vers le confluent des deux ravins, dans le bois des Génivaux.

(3) Kunz. *Kriegsgeschichtliche Beispiele.*

(4) Mais à laquelle le major von Schell ne fait cependant aucune allusion.

(5) D'après l'*Historique du Grand État-Major prussien.*

(6) Le *9*ᵉ hussards suivit la *32*ᵉ brigade sans que l'on puisse, d'après Fritz Hœnig, savoir qui en donna l'ordre.

(7) Kunz. *Kriegsgeschitliche Beispiele, Heft 1.*

suffisantes et une certaine discipline régnait dans la ferme. Il en était bien différemment à l'Ouest de cette dernière. En ce point, des fractions appartenant aux unités les plus diverses et formant au total l'équivalent d'un régiment, se serraient en groupes compacts de part et d'autre de la route ; il était difficile d'y rétablir l'ordre, car, à chaque instant, les projectiles ennemis faisaient de grandes trouées dans ces masses (1). La situation était à peu près la même en des points situés encore plus à l'Ouest. Le général de Gœben ne pouvait s'arrêter pour rétablir l'ordre dans ces troupes ; il chargea quelques officiers de les rassembler et de les ramener derrière le front de combat. Le général de Gœben retourna ensuite à Gravelotte. Malheureusement, il fut presque impossible de rassembler les hommes, parce qu'on n'avait pas assez d'officiers. En conséquence, le champ de bataille continua à présenter un spectacle peu réjouissant, qui ne devait pas être sans influence sur les troupes qui entrèrent en ligne plus tard. Des *isolés* se glissaient continuellement dans les bois et, de là, gagnaient l'arrière ; ou bien ils se blotissaient dans le fond de la Mance, derrière des abris qui les dérobaient aux yeux des officiers et aux projectiles de l'ennemi. Comme 59 compagnies (2) étaient entassées à l'intérieur et aux alentours de Saint-Hubert, l'*écoulement* des *isolés* continua jusque bien avant dans la soirée ; ces masses formaient en quelque sorte un réservoir d'où les hommes s'échappaient peu à peu (3). »

C'est sans doute ce spectacle « peu réjouissant » qui

---

(1) Peut-être s'agit-il de quelques projectiles tirés par les batteries du 3ᵉ corps, car, à ce moment, le feu de l'artillerie française était presque complètement éteint.

(2) Y compris les 16 compagnies de la *32ᵉ* brigade, restées dans le fond du ravin.

(3) *Vingt-quatre heures de stratégie* (loc. cit.).

fit hésiter le général de Gœben à lancer au milieu d'une pareille cohue une attaque au reste assez peu opportune.

Les quatre bataillons de la brigade Rex restèrent donc sur la chaussée, derrière leurs faisceaux, en attendant que les graves événements qui allaient se dérouler les amenassent à se porter sur Saint-Hubert.

Dispositions prises par les 2ᵉ et 3ᵉ corps entre 5 et 7 heures. — On a fait remarquer précédemment que les fractions des 2ᵉ et 3ᵉ corps qui constituaient la ligne de combat entre la ferme de Moscou et les carrières du Point-du-Jour, n'avaient, — grâce aux abris naturels ou artificiels qui les couvraient, — qu'assez peu souffert du feu de l'ennemi. Aussi, le commandement s'était-il à peu près complètement abstenu jusqu'ici de procéder à la relève des troupes de première ligne. Mais cette opération, dont on a pu trouver des exemples nombreux et souvent injustifiés dans les batailles des journées précédentes, était d'une pratique trop ancrée dans les habitudes d'alors pour qu'on crût pouvoir en différer plus longtemps l'application, bien qu'elle fût loin de s'imposer; car, ainsi qu'on va le voir, il aurait suffi, pour l'éviter, de procéder d'une manière plus complète qu'on ne le fit, à la distribution de cartouches aux hommes qui en manquaient.

Les bataillons de la division Vergé, déployés au Sud du Point-du-Jour, avaient été particulièrement peu éprouvés. Vers 6 heures du soir cependant, le colonel du 55ᵉ recevait du commandant de la 1ʳᵉ division l'ordre de se préparer à se retirer du feu, « attendu qu'il était engagé depuis le matin sans interruption (1) ». Le colonel de Waldner aurait alors répondu à l'officier

---

(1) *Saint-Privat — Le Point-du-Jour*, par un témoin oculaire (W.); *Spectateur militaire* du 1ᵉʳ juillet 1886.

d'ordonnance du général Vergé : « Veuillez, je vous prie, dire au général que je suis engagé depuis ce matin, il est vrai, mais que j'ai perdu fort peu de monde ; que la position est excellente ; que je réponds de la tenir au moins jusqu'à 10 heures du soir et que je ne l'évacuerai que de nuit. Si, de jour, je traversais à découvert, avec le régiment rallié, le terrain que vous venez de parcourir, je perdrais, pour me retirer, plus de monde que je n'en ai perdu jusqu'à cette heure (1). »

En fait, et grâce à l'attitude énergique du colonel du 55e, le projet du commandant de la 1re division ne reçut aucune suite ; mais au Nord du Point-du-Jour une prescription analogue émanant du général Fauvart-Bastoul fut suivie d'effet. Ordre fut donné au 8e de ligne de relever le 23e (2), qu'on considérait comme l'un des régiments du 2e corps les plus fatigués (3). Il était à peu près 6 heures quand le régiment du colonel Haca (4) rompit en colonne par pelotons et longea, par le Nord, l'ancienne voie romaine. En débouchant sur la crête 349, cette colonne profonde attira immédiatement sur elle le feu de l'adversaire, et le colonel fut blessé l'un des premiers. Tous les officiers supérieurs ayant été mis hors de combat le 16, le capitaine Francot prit le commandement et fit déployer le régiment de part et d'autre de la voie romaine et un peu en arrière du coude de la grande route (5) : le Ier bataillon au Nord et les

---

(1) *Saint-Privat — Le Point-du-Jour* (loc. cit.).

(2) Pertes totales du 23e : 3 officiers et 59 hommes, c'est-à-dire 3,5 p. 100 environ.

(3) D'après le *Journal de marche* du 2e corps. Le 32e eut cependant des pertes un peu plus élevées que le 23e : 3 officiers et 87 hommes, c'est-à-dire 6,5 p. 100 environ.

(4) Heure la plus vraisemblable parmi celles qu'indique le *Rapport* du général Maugin. La suite des événements montre au moins que l'heure de 7 heures, reproduite par l'*Historique* du 8e, est inadmissible.

(5) Pendant le déploiement, quelques fractions du 8e ouvrirent le

II⁰ et III⁰ au Sud, de sorte que le 8⁰ de ligne vint s'entasser derrière des tranchées-abris et épaulements rapides qu'occupaient déjà des compagnies appartenant au 80⁰, au 32⁰ et au 23⁰ ; on éprouva alors les plus grandes difficultés à faire rétrograder ceux des hommes qui manquaient de cartouches et qui appréhendaient de traverser le terrain battu situé en arrière de leurs couverts (1). Les bataillons appartenant au 32⁰ et au 80⁰ (2) restèrent sur place, mais on parvint à rallier les hommes du 23⁰ et le régiment tout entier se replia derrière la crête, où il fut arrêté par le général Frossard en personne, auquel une recrudescence passagère du feu de l'artillerie prussienne, faisait sans doute craindre une nouvelle attaque.

Vers 6 h. 30 du soir, c'est-à-dire après que le colonel Haca eût porté son régiment sur la ligne de combat, le 66⁰ fut appelé de la lisière des bois de Châtel pour relever le 8⁰ (3) « à droite et à gauche de la ferme incendiée (Point-du-Jour) (4) ». Le colonel Ameller se conformant à cette indication, — erronée puisque le 8⁰ était en réalité à cheval sur la voie romaine, — fit avancer son régiment en bataille en lui faisant exécuter un demi à gauche et l'amena jusqu'au taillis clairsemé qui s'éten-

---

feu sur les hommes du 1ᵉʳ bataillon du 80⁰ qui occupaient les tranchées près du coude de la grande route. Le sous-lieutenant Tournebize s'élança, sous une grêle de balles, au devant du 8⁰ pour le prévenir de son erreur. (*Historique manuscrit* de 1871, du 80⁰.)

(1) *Rapport* du général Mangin (*loc. cit.*).

(2) $\frac{I}{80}$, $\frac{I, II}{32}$, $\frac{III}{80}$. Ce dernier bataillon venait de renforcer, dans leurs tranchées, les compagnies du 1ᵉʳ bataillon du même régiment qui occupaient déjà le Point-du-Jour (1ʳᵉ et 2ᵉ) et le coude de la route (4ᵉ).

(3) Qui cependant venait seulement de se déployer. Le colonel Ameller donne comme motif de cet ordre que le 8⁰ n'avait plus d'officiers supérieurs.

(4) *Rapport* du colonel Ameller, commandant le 66⁰.

dait alors entre l'ancienne route et la nouvelle (1) (2). Après avoir abrité ses troupes derrière le talus de l'ancienne chaussée, le colonel du 66ᵉ dirigea aussitôt le Iᵉʳ bataillon puis bientôt le IIᵉ sur le Point-du-Jour. « Dès l'envoi de ce premier renfort, dit le colonel Ameller, le général Sanglé-Ferrière qui se trouvait avec des troupes plus que suffisantes à la maison brulée, me fit prier de cesser l'envoi de renforts et d'aller lui parler ; ce que je fis sans retard en arrêtant en route le IIᵉ bataillon du 66ᵉ que je venais de lancer. Le général Sanglé-Ferrière me dit que loin d'avoir besoin de renforts, il y avait encombrement de troupes et qu'il me priait de retirer les miennes : ce que je fis en le prévenant que j'allais rendre compte de cette disposition à mon général de brigade qui m'avait envoyé, et que néanmoins j'allais me tenir à sa disposition avec mon régiment derrière le talus de la route (3). » Les trois bataillons du 66ᵉ restèrent donc jusqu'à nouvel ordre, en soutien d'une ligne de combat très dense qui, là, comme sur les points voisins n'avait, à ce moment, nul besoin d'être relevée.

Reprise de la lutte (aux environs de 6 h. 45). — Vers 6 h. 30, la tête de colonne du IIᵉ corps prussien avait atteint Gravelotte et la *3ᵉ division*, suivie de l'artillerie de corps, se massait au Sud-Ouest de la localité.

Du point qu'il occupait à l'Ouest de la ferme Mogador, le Roi, — qui, contrairement à son habitude, paraît être intervenu effectivement, cette fois, dans la direction des opérations, — crut voir, dans l'attitude des troupes

---

(1) *Souvenirs* du général Devaureix, alors lieutenant au 66ᵉ.

(2) La zone comprise entre l'ancienne route et la voie romaine avait été, antérieurement, plantée de la même manière, ainsi que l'indique la carte de l'état-major ; mais, en 1870, cette zone était défrichée.

(3) *Rapport* du colonel Ameller (*loc. cit.*), confirmé par le *Rapport* du général Sanglé-Ferrière.

françaises, « les indices d'une profonde lassitude (1) ». Comme la journée était déjà très avancée et qu'on entendait une violente canonnade vers le Nord, il lui parut opportun de profiter de cette circonstance pour prononcer, avant la chute du jour, un puissant effort contre la gauche française. Il ordonna donc, un peu après 6 h. 30, au général Steinmetz « de lancer contre les hauteurs du Point-du-Jour, toutes les forces disponibles ».

On reviendra plus loin sur cette décision du souverain et sur les observations qu'elle provoqua de la part du maréchal de Moltke. Il suffit pour l'instant de noter qu'à 6 h. 45 à peu près, c'est-à-dire au moment où les généraux de Zastrow et de Fransecky se disposaient à exécuter les ordres donnés par le commandant de la Ire armée, la ligne de combat de l'infanterie française ouvrit brusquement un feu violent et que les batteries voisines de Moscou rentrèrent en action.

L'arrivée de masses profondes sur le plateau de la Maison de Poste, en effet, n'avait échappé ni au commandant du 3e corps (2), ni même aux troupes de la ligne de combat du 2e corps, d'où l'on put découvrir les préparatifs d'une puissante attaque paraissant devoir être directement dirigée sur le Point-du-Jour (3). C'est à ce moment, c'est-à-dire probablement aux environs de 6 h. 30, que le maréchal Lebœuf paraît avoir prescrit aux réserves de la division Aymard (4) de renforcer les

---

(1) *Historique du Grand État-Major prussien.*
(2) *Conseil d'enquête sur les capitulations.* Déposition du maréchal Lebœuf. Séance du 23 février 1872.
(3) Illusion qui provenait sans doute de ce que les bataillons de tête de la masse formée par le IIe corps apparaissaient au Sud de Gravelotte.
(4) $\frac{I, III}{60}, \frac{II}{44}$. Le 11e chasseurs resta cependant en réserve sur la lisière du bois.

défenseurs du plateau de Moscou, et aux batteries disponibles laissées en arrière de la crête de l'Arbre mort de rentrer en ligne. La 5ᵉ batterie du 11ᵉ vint donc reprendre position aux environs de Moscou, tandis que les deux batteries de 12 du corps d'armée (11ᵉ et 12ᵉ du 11ᵉ) s'avancèrent jusque sur la crête, — sans doute dans le voisinage de l'Arbre mort (1) (2).

Au Sud de Moscou, cependant, aucune autre disposition particulière ne paraît avoir été prise sous l'empire des craintes pourtant justifiées que pouvait faire naître l'apparition du corps du général de Fransecky. Il est vrai qu'au 2ᵉ corps on avait déjà prescrit de renforcer la ligne de combat et que les ordres donnés dans ce but étaient alors en voie d'exécution, — au moins dans la mesure qu'on a indiquée précédemment. Mais en ce qui concerne l'artillerie, malheureusement, on ne crut pas devoir faire appel aux batteries du corps d'armée encore disponibles, lesquelles eussent cependant pu coopérer à une contre-attaque dont on avait au moins le devoir de prévoir l'éventualité ; les neuf batteries du 3ᵉ corps se trouvèrent donc seules en mesure, un

---

(1) Le maréchal Lebœuf venait d'employer, comme on vient de le dire, les réserves de la division Aymard, lorsqu'un officier le prévint que des voltigeurs de la Garde étaient stationnés dans les bois de Châtel. Il fit aussitôt mander auprès de lui le général Brincourt, mais celui-ci rendit compte de la consigne qu'il avait reçue « de ne se laisser engager ni surtout porter en première ligne sans un ordre du commandant de la Garde ». (Ordre du général Bourbaki au général Deligny.) Le commandant du 3ᵉ corps adressa alors au maréchal Bazaine la demande de pouvoir utiliser les voltigeurs. Il reçut une heure plus tard l'autorisation de disposer d'un seul régiment, « à la condition de ne pas l'éloigner ». (*Conseil d'enquête sur les capitulations.* Déposition du maréchal Lebœuf. Séance du 23 février 1872.)

(2) C'est à peu près à ce moment, ainsi qu'on l'a déjà vu, que le commandant du 3ᵉ corps, ayant reçu de mauvaises nouvelles des 6ᵉ et 4ᵉ corps, envoya vers Amanvillers le 41ᵉ de ligne avec les 1ʳᵉ et 2ᵉ batteries à cheval du 17ᵉ.

peu avant 7 heures, de contre-battre : partie (1.), les batteries ennemies voisines de Mogador ; partie (2), l'infanterie réunie dans le vallon de Saint-Hubert.

La vue des masses prussiennes apparaissant sur le plateau de Gravelotte avait spontanément provoqué la reprise du feu sur tout le front de combat du 2e corps et de la 4e division du 3e; toutefois, aucun document ne permet de trouver trace, à ce moment de la lutte, d'un mouvement offensif de l'infanterie française, ainsi qu'on l'a souvent écrit. Tout paraît s'être borné, pour l'instant, à une fusillade intense dirigée par les défenseurs du plateau du Point-du-Jour sur les compagnies ennemies réunies autour de Saint-Hubert, et à l'arrivée sur la ligne de combat du 32e, du IIIe bataillon de ce régiment, jusque-là maintenu en réserve.

Cette brusque réouverture du feu, après une longue accalmie, produisit une impression de profonde démoralisation parmi les troupes mélangées, et épuisées pour la plupart, qui, malgré les ordres du général de Gœben et les tentatives des officiers prussiens, garnissaient encore les abords de la grande route (3). La masse confuse dans laquelle on ne rencontrait qu'exceptionnelle-

---

(1) $\frac{6}{11}$, $\frac{11}{4}$, $\frac{7}{11}$, $\frac{9}{4}$, $\frac{11,12}{11}$, $\frac{12}{4}$.

(2) $\frac{9}{11}$, $\frac{5}{11}$.

(3) Les fractions du *33e* (appartenant pour la plupart au IIe bataillon), qui occupaient les Sablières avec de faibles détachements des *39e* et *40e*, restèrent dans leur abri. Plus au Sud, le capitaine Wobeser, arrêté en pleins champs à quelque distance des grandes carrières, recula jusqu'au bois avec son détachement (fr. $\frac{1, 8}{33}$) et fut fusillé, pendant sa retraite, par les fractions de troupes amies restées sur la lisière. Pendant l'accalmie qui suivit, le capitaine Wobeser rassembla sous son commandement 88 hommes appartenant aux *33e*, *39e* et *40e* régiments. (*Kriegsgeschichtliche Beispiele*, *Heft 1.*)

ment une unité groupée sous le commandement de son chef, soudainement tirée de la quiétude relative dont elle jouissait depuis longtemps déjà, ne put sans doute supporter la perspective d'une nouvelle lutte, fut prise de panique et commença à refluer vers le fond du ravin, déjà encombré d'isolés de tous les corps.

La batterie Gnugge (3ᵉ du 7ᵉ) s'était maintenue jusque-là en position derrière le jardin de Saint-Hubert ; mais assaillie par une grêle de balles et traversée par « un torrent de fuyards (1) », trois de ses pièces furent entraînées jusqu'à une centaine de mètres vers le Sud et l'une d'elle vint culbuter les faisceaux du Iᵉʳ bataillon du 72ᵉ (32ᵉ brigade). Toutes reprirent cependant le feu et furent, en partie, servies par des hommes d'infanterie que le capitaine Gnugge arrêta pour remplacer ceux de ses canonniers qui avaient pris la fuite (2).

« Ce spectacle, dit Fritz Hœnig, visible à l'œil nu depuis Gravelotte, y fit naître l'impression que les Français, après avoir atteint, dans leur attaque (3), la lisière des bois, continuaient leur marche sur Gravelotte à travers la forêt (4). La rapidité avec laquelle s'était produit cet événement, l'épaisse fumée qui avait précédé les

---

(1) *Historique du Grand État-Major prussien.*
(2) D'après Fritz Hœnig, *Vingt-quatre heures de stratégie.*
(3) Fritz Hœnig admet, à la suite du Grand État-Major prussien, que les troupes françaises prononcèrent un mouvement offensif à ce moment. Or le seul bond en avant dont on retrouve les traces fut exécuté par les troupes voisines du coude de la grande route, mais seulement un peu plus tard, alors que la 32ᵉ brigade, accompagnée du 9ᵉ hussards, apparut à hauteur de Saint-Hubert. Le silence complet des *Rapports* et *Historiques* français sur une attaque qui eût été tout à l'honneur des troupes, est assez caractéristique pour qu'on puisse en conclure que cette attaque ne fut réellement pas prononcée, — à moins qu'il ne s'agisse que de très faibles fractions qui, franchissant les tranchées-abris, s'avancèrent quelque peu sur les pentes pour mieux voir.....
(4) Bande boisée de la Mance.

colonnes d'attaques (!), les nuages de poussière qui derrière elles montaient dans le crépuscule, la confusion observée d'abord dans Saint-Hubert, la fumée et la poussière enveloppant la batterie Gnugge au point qu'on ne voyait plus en elle qu'une masse informe dont quelques fragments épars s'échappaient vers l'arrière, l'affaiblissement progressif du feu de cette : batterie toutes ces causes produisirent en un instant, sur les hauteurs de Gravelotte, une impression de saisissement. La plupart crurent que la batterie Gnugge avait été enlevée ; on ne savait si les pièces étaient en mouvement vers l'avant ou vers l'arrière, ou demeurées en place.....
Soudain, on vit, sur tout le front au Sud de la grande route, sortir du bois par la lisière *occidentale*, une troupe confuse d'infanterie de tous les régiments, affolée par la panique, mélange bigarré d'épaulettes blanches, rouges ou bleues, qui se précipitait sur la ligne d'artillerie allemande en train de tirer (1). Au premier instant, il fut même impossible de distinguer si ces « débris informes » appartenaient aux troupes amies ou ennemies. Comme ces hommes, poussés par la frayeur, par l'épouvante, privés de raison et de force morale, couraient en criant de tous côtés, ils auraient parfaitement pu être des assaillants français. Aussi éprouva-t-on une certaine appréhension dans la ligne d'artillerie du VIIe corps, et se mit-on à regarder en arrière, vers le IIe corps ; des officiers résolus se précipitèrent en avant des batteries pour éclaircir la situation. Ceux-ci virent alors qu'il n'y avait là que des masses d'infanterie allemande affolée ; mais dans quel état ! Épuisés moralement, aucun ordre, aucun commandement ne pouvait les émouvoir ; divers officiers d'artillerie se précipitèrent au milieu d'elles,

---

(1) A ce moment la *3e division* se préparait seulement à prononcer son attaque contre le Point-du-Jour, et se trouvait, par conséquent, encore auprès de Gravelotte.

sabre au clair ; on les menaça de les mitrailler ; rien n'y fit ! En de pareilles circonstances, le soldat perd tout discernement. Ne pouvant rassembler ces débris, on chercha à les diriger en arrière du front de l'artillerie ; cela fut non moins impossible. Pleins de frayeur, d'épouvante, les fuyards couraient droit devant eux sur les canons allemands, se frayaient un passage au travers des batteries ; les appels énergiques ne pouvaient même pas les ramener à la raison. Ce ne fut que bien loin derrière la ligne d'artillerie qu'ils s'arrêtèrent ; des officiers de toutes armes, du général au lieutenant y mirent la main. Le grand quartier général et le chef de la Ire armée ne restèrent pas sans être impressionnés par cet événement ; on redoubla d'efforts pour prévenir un revers ; mais, comme toujours en pareille circonstance, il est impossible de réparer complètement les négligences commises dans les dispositions préparatoires et de rattraper le temps perdu, et d'une faute, on tombe dans une autre : de la négligence dans la précipitation (1). »

Mais avant que l'influence du grand quartier général se fit sentir dans le combat par l'intervention de la *3e* division d'infanterie et de fractions du VIIe corps, une nouvelle tentative, suivie d'une seconde panique, devait encore marquer les péripéties de la lutte autour de Saint-Hubert.

Attaque de la 32e brigade par Saint-Hubert. — Au moment même où la masse des fuyards refluait vers le ravin sous une fusillade intense, les quatre bataillons de la *32e* brigade arrêtés sur la chaussée prirent vivement les armes. Il était alors à peu près 7 h. 30. Bien qu'un certain nombre d'hommes du Ier bataillon du *72e* eussent été entraînés dans la débâcle, le

---

(1) *Vingt-quatre heures de stratégie* (*loc. cit.*).

général de Barnekow fit battre les tambours et enleva sa colonne au pas de charge.

« C'était la première fois, fait fort justement remarquer Fritz Hœnig, que pendant ces longues heures, on menait plusieurs bataillons à la fois à l'ennemi ; c'était la première attaque d'infanterie importante contre le Point-du-Jour (1). » En tête s'avançaient les trois bataillons du 72e ; le IIe bataillon du 40e suivait avec quelques fractions d'autres corps ; plus en arrière encore, dans le fond du ravin, se trouvait le 9e hussards.

Le Ier bataillon du 72e se déploya en tirailleurs ; les autres restèrent en colonne. Dès l'abord, la 2e compagnie se jeta dans le jardin de Saint-Hubert qui avait été presque complètement évacué par son ancienne garnison. Les trois autres compagnies du Ier bataillon tentèrent de s'avancer au delà de la ferme, par les abords de la grande route, mais un feu intense les ramena bientôt vers l'arrière. Sur ces entrefaites, la 5e compagnie et des fractions de la 9e avaient rejoint la 2e et se déployaient face à la ferme de Moscou. Les trois dernières compagnies du IIe bataillon restaient en soutien derrière le mur du jardin, et les fusiliers s'arrêtaient derrière la ferme et dans les carrières.

Désormais, toute l'infanterie prussienne était rejetée dans ses abris, et le feu des tranchées françaises diminua considérablement d'intensité, marquant une accalmie passagère dans le combat.

Un peu plus tard (2), les trois compagnies du IIe bataillon, qui formaient soutien derrière les murs du jardin, tentèrent de déboucher vers le coude de la grande route. C'est au moment où le général de Barnekow faisait cette nouvelle tentative, que le 9e hus-

---

(1) *Vingt-quatre heures de stratégie* (loc. cit.)
(2) C'est-à-dire probablement dans les environs de 7 h. 30.

sards, qui s'était lui-même porté en avant, arriva dans le voisinage de Saint-Hubert (1). « A l'apparition de ces cavaliers émergeant du ravin, au milieu d'une buée épaisse, faite d'ombre, de brouillard et de fumée (2) », les défenseurs des tranchées-abris voisines du Point-du-Jour, chargèrent leurs armes et s'apprêtèrent à les recevoir par un feu rapide. Mais tout d'un coup, « un cri éclate : « Les voilà ! A la baïonnette ! A la baïonnette ! » répètent mille voix. A cinquante pas émerge du brouillard une colonne marchant au pas, la baïonnette croisée, la tête basse. Un gros sous-officier crie : « *Vorwärts!* (2) ». C'étaient les trois compagnies du IIe bataillon du 72e (3) qui s'avançaient au delà de Saint-Hubert et avaient déjà dépassé le jardin de la ferme d'une centaine de pas (4). « Tout le monde s'élance ; tout le monde tire ; tout le monde crie, dit le général Raynal de Tissonnière. C'est le moment où les coups de feu font flamme et éblouissent l'œil. Plus de commandement ! Plus de direction ! J'entends comme un grand bruit de pas dans le ravin ; les cris cessent ; le feu s'apaise ; on revient sur la route..... »

Bien que le récit qu'on vient de citer manque de détails précis sur la contre-attaque dont il s'agit, il semble, si on le rapproche de l'*Historique* du 80e et des indications données par le rapport du général Mangin,

---

(1) D'après Fritz Hœnig, *Vingt-quatre heures de stratégie*.
(2) D'après le *Récit* du général Raynal de Tissonnière, alors capitaine commandant la 4e compagnie du Ier bataillon du 80e. (*Revue du Cercle militaire* du 25 janvier 1902, p. 114.)
(3) Auxquelles se joignit bientôt la 2e compagnie.
(4) D'après Kunz, *Kriegsgeschichtliche Beispiele. Heft 1.* — Les indications de distance correspondent mal, puisqu'il y a environ 300 mètres depuis le jardin de Saint-Hubert jusqu'au coude de la grande route où était déployée la compagnie du capitaine Raynal de Tissonnière.

que trois compagnies du 80ᵉ (1) et peut-être *un bataillon du 85ᵉ* (sans doute, dans ce cas, les 3ᵉ, 4ᵉ, 5ᵉ et 6ᵉ compagnies du Iᵉʳ) sortirent de leurs tranchées et s'élancèrent au-devant de l'assaillant (2). Mais le silence gardé par les relations allemandes sur cette contre-attaque aussi bien que le peu de place qu'elle tient dans les documents français, montrent que le mouvement offensif fut de très faible envergure, que le contact des deux adversaires n'eut pas lieu et que tout se réduisit à une violente, mais courte fusillade (3).

---

(1) $4\dfrac{I}{80}$, 4, $5\dfrac{II}{80}$.

(2) Il est possible : 1° que le général Mangin ait commis une erreur sur le numéro du régiment, car il semble qu'il s'agisse d'un bataillon très voisin des troupes faisant partie de sa brigade (8ᵉ de ligne); 2° s'il n'y a pas erreur sur le numéro du régiment, que la contre-attaque du 85ᵉ ait été prononcée à un autre moment. Dans ce cas, il est impossible de prêter à cette contre-attaque une importance très grande, car ni le *Rapport* du général Sanglé-Ferrière, ni l'*Historique* du 85ᵉ n'en font mention.

(3) Cette esquisse de contre-attaque est la seule dont on trouve trace dans les documents authentiques concernant les troupes déployées entre Moscou et le Point-du-Jour (*); mais c'est aussi la seule dont les relations étrangères ne fassent aucune mention, alors que celles-ci prêtent à leurs adversaires d'alors des retours offensifs qui avaient le mérite, il est vrai, d'expliquer plus facilement les terribles paniques qui sévirent dans les rangs prussiens..... Bien que ces retours offensifs eussent été tout à l'honneur des troupes françaises, le souci d'une rigoureuse impartialité oblige à en rejeter l'hommage jusqu'à ce que de nouveaux documents ou des témoignages indiscutables viennent en établir l'existence. Il importe assez peu, d'ailleurs, de savoir si pendant tout le cours de la soirée, quelques fractions isolées et peu importantes dépassèrent légèrement la ligne de défense marquée par les tranchées-abris, afin de mieux découvrir certaines parties du terrain qui échappaient à leurs vues. L'essentiel serait d'établir si, un peu avant 7 heures du soir, les troupes de la ligne de combat du 2ᵉ corps prononcèrent une véritable contre-attaque poussée jusque dans le voisinage de Saint-Hubert et jusqu'auprès

(*) Sous la restriction faite dans la note précédente.

Il n'en fallut pas d'avantage toutefois pour rompre l'attaque prussienne qui se transforma en une retraite précitée jusqu'au delà de la ferme de Saint-Hubert (1).

Mais sur ces entrefaites, le II° bataillon du *40°* était intervenu à son tour. Appelé en toute hâte à Saint-Hubert, après une pointe inutile vers le Nord par le ravin de la Mance, le bataillon avait laissé deux compagnies en réserve derrière la ferme et avait lancé les deux autres (7° et 8°) vers le coude de la route par le Sud de la chaussée. Mais cette tentative échoua comme celle qui l'avait précédée et les deux compagnies prussiennes durent s'arrêter presque aussitôt sous un feu des plus meurtriers (2).

Tous les efforts de la *32°* brigade pour déboucher de Saint-Hubert restaient donc infructueux et son attaque était désormais rompue.

De leur côté, les quelques compagnies du 80° et du 85° qui avaient prononcé la contre-attaque dont il vient d'être question, se repliaient sur leurs positions de combat. Malheureusement, le mouvement de recul qu'elles effectuèrent ainsi, produisit un instant de trouble parmi les troupes restées dans les tranchées-abris. Le 8° de ligne crut voir, dans cette retraite, la preuve d'un insuccès et fut pris d'un commencement de panique que les officiers parvinrent cependant à enrayer assez rapidement (3). Puis, une nouvelle accalmie se

---

des bois de la Mance, ainsi qu'on l'admet généralement de l'autre côté du Rhin. On a déjà dit qu'en l'état actuel des connaissances sur ce sujet, il était impossible de l'admettre.....

(1) Quelques hommes du *72°* restèrent cependant dans les fossés de la grande route et tiraillèrent soit contre Moscou, soit contre le Point-du-Jour.

(2) Pendant ce temps, le III° bataillon du *40°*, envoyé comme on sait vers le confluent de la Mance dans les Génivaux, tenta de s'avancer sur Moscou. Il dut rétrograder presque immédiatement dans le ravin.

(3) *Rapport du général Mangin*. — Il ne faut pas confondre cette

manifesta dans les tranchées-abris françaises, tandis qu'une seconde débâcle se produisait sur l'arrière de la ligne de combat prussienne.

Après s'être arrêté près de Saint-Hubert, en effet, le 9ᵉ hussards avait été assailli par une grêle de balles si intense que le colonel avait aussitôt prescrit de mettre pied à terre. Or, pendant que les bataillons de la *32ᵉ* brigade tentaient de dépasser la ferme, un détachement de réservistes du *9ᵉ* hussards, montés sur des chevaux non dressés, et arrivant directement de Trèves, franchissait précisément la Mance pour rejoindre leur régiment. Au lieu de faire reconduire vers l'arrière un détachement d'hommes de complément qui se présentaient dans des circonstances aussi critiques, le colonel en forma un 5ᵉ escadron qu'il plaça sur la même ligne que les autres. Lorsque les compagnies de la *32ᵉ* brigade les plus avancées refluèrent au delà de Saint-Hubert, la fusillade augmenta d'intensité. Pour soustraire ses escadrons à ce feu, le colonel du *9ᵉ* hussards fit sonner la retraite (1). Mais presque aussitôt, les réservistes prirent le trot. « L'allure devint de plus en plus rapide, dit Fritz Hœnig (2) ; les chevaux qui n'étaient pas habitués au feu, prirent peur en entendant le bruit qui se faisait dans le défilé et s'emballèrent. Comme si ce malheur n'avait pas suffi, le 5ᵉ escadron avait entraîné la

---

légère panique du 8ᵉ avec une autre, beaucoup plus sérieuse, que décrit l'*Historique* du régiment, à laquelle le général Mangin fait également allusion, et qui se produisit plus tard, lors de l'attaque de la *3ᵉ* division prussienne.

Il semble résulter de la suite du récit de l'*Historique* du 8ᵉ, — mais sans qu'on puisse l'affirmer d'une manière positive — que le premier mouvement de recul fut arrêté seulement sur la crête 349, et que tout le régiment fut rallié sur ce point, où il resta.

(1) *Kriegsgeschichtliche Beispiele. Heft 1*, par Kunz et *Geschichte des 2. Rheinischen Husaren-Régiments Nr. 9*. Berlin, 1889.

(2) *Vingt-quatre heures de stratégie* (loc. cit.).

moitié du 4ᵉ. Les projectiles tombaient au milieu des hommes ; des obstacles de toute nature aggravaient encore la situation ; enfin, à la grande stupeur de tous les spectateurs qui se trouvaient à Gravelotte, une masse de cavaliers sortit à fond de train du débouché occidental du bois (de la Mance). Au premier moment, tout le monde fut glacé d'épouvante. Cet événement causa d'autant plus de souci à Gravelotte que, comme on sait, on venait d'avoir le spectacle d'une panique semblable au Sud de la grande route ; mais comme les bêtes vont plus vite que les hommes et ont plus de souffle, les chevaux affolés se jetèrent dans les débris des divers régiments qu'on était précisément en train de rassembler sur la grande route (il y avait surtout là des hommes des 33ᵉ et 60ᵉ régiments). Il devait encore arriver quelque chose de pire : à droite de la grande route, stationnaient des voitures de toute nature et des chevaux de main ; ils étaient restés jusque-là dans l'ordre le plus parfait, de sorte que tout le côté gauche de la route était resté libre. Mais, au passage des hussards, une partie des attelages s'excita, fit demi-tour, puis se lança également dans la cohue. Rien n'y fit ; plusieurs officiers se jetèrent, le sabre au clair, dans cette foule affolée d'hommes et de chevaux et s'efforcèrent d'arrêter ce flot furieux. Hussards, fantassins de tous les corps, chevaux de main et ordonnances, fourgons à bagages et autres, tout se mélangea et se fraya violemment un passage vers l'arrière. La confusion était indescriptible. Le grand quartier général et le commandant de la Iʳᵉ armée contemplaient avec chagrin ce douloureux spectacle (1). Quelque

---

(1) « C'était devant nos yeux une panique complète, dit Verdy du Vernois, alors lieutenant-colonel au grand quartier général ; plus d'un visage peut avoir eu, en ce moment, une expression d'anxiété. Il fallait d'abord conduire le Roi ailleurs, puis faire arrêter les fuyards. Tout le monde sauta à cheval. Quelques-uns de nos officiers d'état-major se

grandiose que fût le coup d'œil de l'arrivée du IIe corps, il ne put effacer cette vision fâcheuse. Personne ne put trouver de *cause* à cette panique ; tout le monde était ému, et en vain ! Les hommes et les chevaux avaient

---

hâtèrent vers le village pour arrêter les fuyards ; nous autres, nous formions une troupe tout près des généraux pour être sous la main dans le tumulte. Après que le chemin que Sa Majesté devait prendre pour partir fut solidement occupé, Moltke retourna avec nous et s'en alla à nouveau vers Gravelotte où, du côté qui faisait face à l'ennemi, le feu d'infanterie était devenu très violent, en tout cas encore au delà du ravin. Cependant nous eûmes l'impression que le combat était déjà commencé tout près du village..... » (*Im grossen Hauptquartier 1870-71. Persönliche Erinnerung*. Note rédigée par le lieutenant-colonel Verdy du Vernoy le 23 août 1870.)

C'est après ces événements que le Roi et son entourage prenaient le chemin de Rezonville ; le maréchal de Moltke, accompagné de son état-major, retournait près de Gravelotte où il allait assister au départ de la 3e division pour Saint-Hubert.

C'est *peut-être* à ce moment aussi que le grand quartier général prussien donna l'ordre de démasquer les ponts de la Moselle en vue d'une retraite éventuelle. Bien que l'affirmation de ce fait ait été présentée pour la première fois par le colonel d'Andlau en 1872 (*), elle ne paraît pas avoir été confirmée jusqu'ici par les publications officielles allemandes. Il est cependant hors de doute, — ainsi qu'en témoigne le *Bulletin de renseignements* établi par l'État-Major général français le 22 août, — qu'un hussard du 7e régiment (**), fait prisonnier le matin même près de Moulins, déclara, entre autres choses, que dans la soirée du 18 (***) « on avait pris des dispositions pour la retraite », et qu'il avait été « un de ceux chargés d'arrêter tout mouvement de passage sur la Moselle et de faire dégager les routes pour les tenir libres (****) ».

Il est naturellement impossible ici de dire si les allégations de ce hussard (riche industriel des environs de Bonn) étaient rigoureusement véridiques de tous points, et l'on ne pourra s'en rapporter sur ce sujet qu'à l'impartialité du Grand État-Major prussien.

(*) *Metz. — Campagne et négociations.*
(**) Et non du *8e*, comme le dit par erreur le colonel d'Andlau.
(***) Vers 4 heures. Mais cette heure paraît être erronée. Il semble plus vraisemblable de supposer que si l'ordre en question fût réellement donné, cela eut lieu au moment des grandes paniques dont il vient d'être question.
(****) *Bulletin de renseignements* du grand quartier général, du 22 août, 8 heures du matin.

perdu tout sentiment ; les coups de sabre et les imprécations glissaient sans les émouvoir sur ces êtres affolés ; ce ne fut que lorsque la respiration manqua aux hommes et aux chevaux que ce flot furieux s'arrêta, et naturellement on ne put le rassembler que bien loin en arrière du IIe corps. Plusieurs fuyards ne s'arrêtèrent qu'aux environs de Vionville, répétant partout : « Nous sommes battus ! »

Quant aux trois escadrons et demi du *9e* hussards engagés sur la route aux environs de Saint-Hubert sous le commandement de leur chef, ils avaient été arrêtés presque aussitôt, et le général de Barnckow avait fait appel à l'un d'eux pour protéger le ralliement de son infanterie. L'escadron désigné dépassa aussitôt la ferme, mais « ne vit pas sur quoi charger » ; il changea donc de direction et vint, finalement, se rallier au Sud de la grande route, près de la lisière du bois, et en arrière des compagnies du *39e* (1).

L'attaque de la *32e* brigade allemande eut donc le même sort que les autres. Très vivement rejetée au delà de Saint-Hubert, tant par les feux de la défense que par la menace d'une offensive de quelques compagnies du 80e et du 85e, elle n'avait obtenu d'autre résultat que de provoquer, — indirectement, — un léger trouble sur la ligne de combat française.

En revanche, elle était maintenant entassée autour de la ferme et dans les carrières voisines avec les débris de quarante-trois compagnies qui avaient échappé aux deux paniques successives. Toute cette cohue n'était plus désormais que vouée à une « incapacité complète (2) ».

---

(1) D'après Fritz Hœnig. *Vingt-quatre heures de stratégie.*
(2) *Kriegslehren im Kriegsgeschichte. III. Betrachtungen uber die Schlacht von Gravelotte-Saint-Privat*, von Scherff.

C'est dans ces conditions qu'allait se produire une nouvelle et importante attaque de l'adversaire par le vallon de Saint-Hubert; attaque grandiose par le nombre d'hommes mis en jeu sur un espace très restreint, mais qui devait cependant se briser, comme les précédentes, sur la ligne de défense française peut-être un peu affaiblie déjà, mais non point assez toutefois pour céder devant une menace aussi peu préparée, aussi mal coordonnée et conduite avec tant d'insouciance.....

Ordres d'attaque donnés aux IIe et VIIe corps. — On se souvient qu'au moment où le Roi prescrivit au général Steinmetz « de lancer contre les hauteurs du Point-du-Jour toutes les forces disponibles (1) », un silence presque complet régnait sur les hauteurs de Moscou et des grandes carrières, silence que le souverain aurait pris, paraît-il, pour un signe de « profonde lassitude (2) » des troupes françaises, tandis que le « redoublement de feux » qu'on entendait vers le Nord lui aurait fait conclure « que l'action décisive était engagée par la IIe armée (3) ».

Dans ses *Mémoires*, le maréchal de Moltke est beaucoup moins affirmatif que l'*Historique du Grand État-Major prussien* en ce qui concerne les indices de lassitude qu'auraient manifestés les troupes des 2e et 3e corps. Il dit seulement, — en exposant les motifs déterminants de l'ordre royal, — que le feu de l'artillerie française étant presque totalement interrompu, et qu'au contraire le canon tonnant de plus en plus fort dans la direction du Nord, *il fallait à tout prix tenter quelque chose de décisif.* Il est d'ailleurs à noter qu'en s'exprimant ainsi,

---

(1) *Historique du Grand État-Major prussien.*
(2) *Ibid.*
(3) *Ibid.*

le Maréchal semble parler au lieu et place du roi Guillaume et qu'il n'expose nullement son opinion personnelle ; malgré une allusion à la grande fatigue des troupes des deux parties en présence, en effet, il déclare plus loin *qu'on ne pouvait espérer frapper le soir même un coup décisif changeant totalement la face des choses*, et que, *personnellement*, il eut agi sagement en *n'autorisant pas* le IIe corps à attaquer l'ennemi à une heure si avancée.

Si d'ailleurs on s'en rapporte à Fritz Hœnig, on aurait vite reconnu, dans l'entourage du Roi, que l'ordre donné par ce dernier allait obliger le IIe corps à franchir le défilé de la Mance en colonne de route ; qu'il ne pourrait se déployer que de l'autre côté du ravin et sur un terrain encombré d'obstacles de toute sorte, et qu'enfin il ne serait à même de prononcer son attaque que très tard, alors que l'obscurité gagnerait déjà le champ de bataille, et que, par suite, l'artillerie ne pourrait plus le soutenir. Le maréchal de Moltke aurait alors fait valoir auprès de son souverain de sérieuses objections, aussi bien contre l'opportunité de l'attaque elle-même, que contre la direction choisie pour cette attaque. « Quelque vivacité que mit de Moltke à justifier son opinion, dit Fritz Hœnig, le Roi ne se rendit à *aucun* de ses conseils ; il persista tout simplement dans son projet et donna des ordres dans ce sens au général Steinmetz ; mais il lui laissait, en tout cas, le choix du procédé à employer pour se porter en avant (1) ».

Bien qu'on ne connaisse rien des termes exacts dont se servit le Roi pour prescrire au commandant de la Ire armée d'attaquer les hauteurs du Point-du-Jour, il est intéressant de noter à ce sujet l'opinion que Verdy du Vernois exprime dans sa relation de la bataille datée du

---

(1) *Vingt-quatre heures de stratégie* (loc. cit.).

23 août 1870 (1). D'après l'ancien chef de section du grand quartier général, on pensait, sur la foi du *Rapport* du général Steinmetz annonçant en même temps la prise de Saint-Hubert (2) et le mouvement en avant de la cavalerie et de l'artillerie à l'Est de la Mance, que les troupes prussiennes occupaient effectivement les hauteurs de la rive gauche du ravin. En arrivant à Mogador, on fut donc assez désagréablement surpris lorsqu'on reconnut « que les hauteurs que le *Rapport* Steinmetz avait indiquées comme conquises ne se trouvaient absolument pas en notre possession et que la division de cavalerie Hartmann qui devait avoir commencé la poursuite ne se trouvait pas au delà du défilé, mais en deçà (1)..... ».

Bien que Verdy du Vernois paraisse avoir ignoré alors l'échec de la *poursuite* ordonnée par le commandant de la Ire armée, la nouvelle en était néanmoins parvenue, comme on sait, au grand état-major général. Mais il semble toutefois qu'on ait incomplètement compris les deux comptes rendus du général Steinmetz, puisque la vue de l'infanterie massée autour de Saint-Hubert seulement, donna l'impression que les hauteurs conquises avaient été *perdues* depuis l'arrivée des rapports dont il vient d'être question (3). Il est même à supposer que les explications qu'on ne put manquer de donner au Roi dans cette circonstance, n'éclaircirent pas entièrement la question à ses yeux car, un peu plus tard, lorsque le commandant de la Ire armée eut rejoint le souverain, celui-ci lui aurait dit : « que si les hauteurs

---

(1) *Im grossen Haupquartier 1870-1871. Persönliche Erinnerung.*
(2) Voir page 610.
(3) Il est d'ailleurs à remarquer, que dans le second *Rapport* daté de 4 h. 15, Steinmetz fait seulement savoir que la *poursuite* a échoué et que la lutte est *toujours* indécise *sur les hauteurs situées au delà des bois de Vaux et des Génivaux.*

avaient été *prises*, puis *perdues*, tous les efforts, maintenant, devaient tendre à les reprendre (1) ».

On voit par là, que si, sur ce point particulier, les souvenirs de Verdy du Vernois sont exacts, le roi Guillaume aurait été préoccupé, — en même temps qu'il ordonnait l'attaque pour les raisons indiquées plus haut, — de réparer un échec tactique et de reprendre possession d'une position qu'il croyait avoir été forcé d'abandonner. Au moins, doit-on retenir de tout ceci l'impression qu'éprouva le Grand État-Major prussien en arrivant à Gravelotte, impression que Verdy du Vernois ne paraît pas avoir été le seul à partager.

Quoi qu'il en soit, et tandis que le maréchal de Moltke, blessé du peu de cas qu'on faisait de ses conseils, s'éloignait lentement du Roi pour marquer son mécontentement (2), le général Steinmetz retournait à Gravelotte pour exécuter l'ordre impératif qu'il venait de recevoir.

C'est alors que le commandant de la Ire armée aurait prescrit au général de Zastrow de porter au delà de la Mance les bataillons du VIIe corps encore à l'Ouest des bois (3) et au IIe corps « de coopérer à l'attaque qui se préparait » (4). C'est à peu près au même instant également, c'est-à-dire aux environs de 6 h. 45, que la fusillade reprit avec violence, ainsi qu'on l'a déjà relaté, sur tout le front compris entre le Point-du-Jour et Moscou.

Mais à ce moment, la 3e division d'infanterie n'était pas encore rassemblée en entier au Sud de Gravelotte,

---

(1) *Im grossen Haupquartier 1870-1871* (*loc. cit.*).
(2) *Vingt-quatre heures de stratégie*. D'après la déclaration de témoins oculaires que Fritz Hœnig ne nomme malheureusement pas.
(3) 73°, 74° et 77° régiments.
(4) *Historique du Grand État-Major prussien*.

de sorte que l'attaque projetée ne put être exécutée immédiatement.

On sait déjà comment l'intense fusillade partie des positions françaises provoqua une première panique chez les troupes prussiennes entassées autour de Saint-Hubert ; comment la *32*^{e} brigade, réunie depuis quelque temps déjà à l'Est du ravin, fut ainsi amenée à prononcer une attaque — infructueuse — par Saint-Hubert (7 h. 30) et comment, enfin, une seconde panique, — celle du *9*^{e} hussards, — vint apporter un trouble profond sur les derrières de la Ire armée.

Tous ces événements s'étaient déroulés avant que le IIe corps eût quitté les environs de Gravelotte, c'est-à-dire pendant qu'on *préparait* l'attaque ordonnée par le Roi.....

L'*Historique du Grand État-Major prussien* est malheureusement très sobre de détails sur la nature des ordres d'exécution donnés par le général Steinmetz, aussi bien que sur les mesures préparatoires prises par les généraux de Zastrow et de Fransecky.

En ce qui concerne les prescriptions émanées du commandant de la Ire armée vers 7 heures, l'ouvrage allemand dit simplement que le commandant du VIIe corps fut invité à porter au delà du ravin de la Mance ceux de ses bataillons qui étaient encore disponibles à l'Ouest des bois, et que le commandant du IIe dut *coopérer* à l'attaque précédente en enlevant les hauteurs opposées, ainsi que les fermes qui s'y trouvaient, si c'était possible ; la direction générale du mouvement de ce dernier corps d'armée était indiquée par les arbres de la grande route qui se profilaient à l'horizon *à côté* du Point-du-Jour.....

Fritz Hœnig n'est guère plus précis que l'*Historique* allemand et fait seulement remarquer que la question restait ignorée, de savoir si, dans l'esprit du général

Steinmetz, les bataillons du général de Zastrow devaient partir de l'Ouest pour attaquer de front la position du Point-du-Jour, ou s'ils devaient, au contraire, déboucher du Sud-Ouest pour prendre en flanc les défenseurs des fossés de la grande route.

Il est donc difficile, en l'état actuel des connaissances sur ce sujet, de définir exactement quel était le caractère que le commandant de la Ire armée entendait imprimer à l'attaque qu'il prescrivait par ordre supérieur, et encore bien moins d'indiquer les procédés qu'il comptait mettre en œuvre pour l'exécuter. Au reste, il est permis de croire, si l'on s'en rapporte à Fritz Hœnig, qu'à la suite de l'entrevue du général Steinmetz avec le Roi, — entrevue dans laquelle le souverain paraît avoir vivement manifesté son mécontentement au sujet des mesures prises avant son arrivée autour de Gravelotte, — le commandant de la Ire armée fut désormais en proie à une mauvaise humeur croissante et que loin d'exprimer ses scrupules comme il aurait dû le faire, il se contenta d'exécuter uniquement ce qui lui était prescrit sous forme d'ordres nettement définis (1).

Il est donc possible, si ces allégations sont fondées, que le général Steinmetz se soit borné à donner à ses subordonnés, les indications sommaires qu'indique l'*Historique* allemand, et qu'il ait même négligé d'assurer la concordance des efforts de deux commandants de corps d'armée, dont l'un (le général de Zastrow) ne disposait, à l'heure actuelle, que de bataillons dispersés sur un front de 2 kilomètres, et dont l'autre (le général de Fransecky) était fort mal renseigné, comme on va le voir, sur la situation du combat à l'Est de la Mance.

Marche d'approche de la 3e division. — Vers 7 heures,

---

(1) *Vingt-quatre heures de stratégie*, page 269.

en effet, les bataillons disponibles du VIIᵉ corps étaient répartis entre la grande route, près de laquelle stationnaient les trois bataillons du *74ᵉ*, et la lisière du bois de Vaux où se trouvait l'aile droite du *73ᵉ* (1). Entre ces deux régiments c'est-à-dire vis-à-vis des sablières, les 1ʳᵉ et 4ᵉ compagnies du *77ᵉ* se tenaient dans le fond du ravin (2). En outre, les fusiliers du *77ᵉ* occupaient Gravelotte ; enfin, le IIᵉ bataillon du même régiment et les fusiliers du *53ᵉ* étaient réunis beaucoup plus au Sud dans le voisinage du chemin d'Ars. C'était donc un total de neuf bataillons et demi dont disposait le général de Zastrow.

Quand l'ordre d'attaque lui eut été communiqué, le commandant du VIIᵉ corps prescrivit au 1ᵉʳ bataillon du *77ᵉ* (c'est-à-dire en réalité aux 1ʳᵉ et 4ᵉ compagnies) de se porter vers les sablières et aux trois bataillons du *73ᵉ* de marcher vers les carrières du Point-du-Jour ; puis il maintint en réserve, — contrairement, autant qu'on peut en juger, aux intentions du général Steinmetz, — les six bataillons qui lui restaient (3).

De son côté, le général de Fransecky avait pu se rendre compte, paraît-il, de la difficulté de traverser sur un large front la bande boisée de la Mance, dans

---

(1) Le IIIᵉ bataillon du *73ᵉ* avait été envoyé sur cette lisière un peu après 5 heures. Là, il entrait en liaison avec le *53ᵉ* placé à sa droite. Le IIᵉ bataillon était resté au moulin de la Mance. (Kunz, *Heft 1* et Fritz Hœnig, *Der Kampf um die Steinbrucke von Rozerieulles*.)

(2) L'*Historique du Grand État-Major prussien* dit que le Iᵉʳ bataillon était tout entier réuni en ce point. Mais l'*Historique* du *77ᵉ* fait observer qu'il y a là une erreur, car les 2ᵉ et 3ᵉ compagnies avaient été conduites jusqu'à la grande route lors de l'attaque de la *1ʳᵉ* division de cavalerie. Ces compagnies gagnèrent ensuite la ferme Saint-Hubert, où elles restèrent jusqu'au soir. (*Die Geschichte des Infanterie-Regiments Nr. 77.*)

(3) $\frac{\text{I, II, III}}{74}, \frac{F}{53}, \frac{\text{II}}{77}, \frac{F}{77}.$

le but de rassembler ensuite son infanterie sur les pentes opposées, pour se porter, finalement, à l'attaque des positions du Point-du-Jour. « Il voyait bien, dit Fritz Hœnig, qu'on ne pouvait exécuter l'ordre reçu, mais il connaissait trop le caractère du général Steinmetz pour espérer obtenir gain de cause, s'il adressait des observations à ce dernier. Il résolut donc de prendre les choses comme elles étaient (1)..... », et se décida à faire marcher toute son infanterie par la grande route.....

La *3*ᵉ division reçut l'ordre de gagner la chaussée, de franchir le ravin, puis de faire immédiatement ensuite : *tête de colonne à droite* pour pouvoir se déployer en échelons très serrés, et « jeter, dans le moindre délai, une masse considérable de troupes dans l'action engagée sur le versant opposé (2) ». La cavalerie devait rester à Gravelotte (3) et l'artillerie de corps, qu'on ne pouvait songer à engager dans le défilé de la Mance, devait chercher à s'établir sur le plateau à l'Ouest du ravin.

Si l'on s'en tient à ces indications, il n'est pas douteux que le général de Fransecky se fût bien réellement décidé, quoiqu'à son corps défendant et malgré les circonstances difficiles auxquelles il se heurtait, à lancer une attaque en masse sur les hauteurs du Point-du-Jour, attaque qui, dans son esprit, ne pouvait avoir pour objet que d'amener la décision contre un adversaire qu'il croyait peut-être déjà à bout de forces. Malheureusement pour les Allemands, des circonstances imprévues pour eux allaient bientôt ajouter leurs effets déplorables aux conséquences inévitables des erreurs commises, dès le

---

(1) *Vingt-quatre heures de stratégie* (*loc. cit.*).
(2) *Historique du Grand État-Major prussien.*
(3) *Vingt-quatre heures de stratégie* (*loc. cit.*).

principe, par le commandement supérieur et faire ainsi échouer leur dernière tentative de la journée.

Il devait être un peu plus de 7 h. 30, et la *32*e brigade tentait par conséquent l'attaque que l'on sait au delà de Saint-Hubert, lorsque la *3*e division, précédée d'une avant-garde formée du *2*e bataillon de chasseurs, du *54*e régiment d'infanterie et de la 1re batterie légère (1), rompit à travers champs pour se rapprocher de la grande route en longeant les bois de la Mance (2). Le soleil était alors couché depuis plus de vingt minutes (3) et l'obscurité gagnait peu à peu l'étroite vallée de la Mance déjà grandement voilée par la fumée. Un peu auparavant, les quatre bataillons désignés par le général de Zastrow s'étaient mis en marche : les 1re et 4e compagnies du 77e se dirigeaient vers les sablières (4), et le IIe bataillon du *73*e s'avançait vers les grandes carrières du Point-du-Jour par le chemin conduisant, du moulin de la Mance, à la cote 353. Quant au Ier bataillon du *73*e, il paraît établi (5) que contrairement à la version du *Grand État-Major prussien*, il reçut l'ordre, à 7 h. 30, de franchir le ravin sur la chaussée et de marcher ensuite sur le Point-du-Jour.

Pendant que l'infanterie du IIe corps s'acheminait vers la grande route, précédée du Ier bataillon du *73*e, la deuxième panique (celle du *9*e hussards) provoquait la

---

(1) D'après Hoffbauer (*loc. cit.*).
(2) D'après Kunz, la tête de la *3*e division franchit le ravin à 8 heures environ (*2*e bataillon de chasseurs). Elle dut donc quitter son lieu de rassemblement au Sud de Gravelotte (distance : 2 kilomètres) un peu après 7 h. 30.
(3) Coucher du soleil : 7 h. 10 (heure de Metz).
(4) L'*Historique* du 77e ne mentionne cependant pas ce mouvement des 1re et 4e compagnies.
(5) Par Kunz et par Fritz Hœnig.

profonde confusion qu'on a déjà décrite aux abords de Gravelotte. Là, se tenaient les généraux Steinmetz et de Fransecky. Le maréchal de Moltke, venant de Mogador, ne tardait pas à y arriver également (1).

D'après Fritz Hœnig, le spectacle de cette panique « ne pouvait qu'entretenir et confirmer (?) le grand quartier général dans l'idée qu'il était nécessaire de faire une vigoureuse contre-attaque avec des troupes fraîches (2) ». Cette supposition s'applique sans doute au Roi lui-même, car, autant qu'on en peut juger par ce qui a déjà été dit, le chef d'état-major général n'approuvait nullement l'attaque aux débuts de laquelle il allait assister. Tout au plus pourrait-on admettre qu'en constatant les effets de la crise qui sévissait alors autour de Gravelotte, il n'osa prendre sur lui de contrevenir aux ordres de son souverain en arrêtant la marche offensive du corps Fransecky, ainsi qu'il en exprima ultérieurement le regret dans ses *Mémoires*. D'ailleurs, et d'après les *Souvenirs personnels* de Verdy du Vernois, le maréchal de Moltke, n'intervint point à ce moment dans la direction du II° corps et se contenta *d'assister* au défilé des Poméraniens qui s'engageaient sur la chaussée (3).

---

(1) « A 8 heures environ, dit Verdy du Vernois, il faisait presque complètement noir à cause de la fumée de la poudre qui subsistait dans les fonds ; c'est à ce moment que nous entrâmes à Gravelotte. Devant nous avançait la *3e* division ; derrière nous, la *4e* s'approchait, ayant à sa tête les troupes du *21e*. Seules, les maisons en flammes permettaient de distinguer, par places, un peu plus clairement. » (*Relation du 22 août 1870. Personliche Erinnerung*) (*loc. cit.*).

(2) *Vingt-quatre heures de stratégie* (*loc. cit.*). Dans ses *Kriegsgeschichtliche Beispiele, Heft 1*, Kunz émet l'affirmation que les *chefs supérieurs* estimèrent qu'il fallait rapidement pousser à l'ennemi les troupes fraîches des Poméraniens. Mais il ne spécifie pas quels étaient ces *chefs supérieurs*, parmi lesquels il semble cependant qu'on rencontre des opinions très divergentes.....

(3) « Maintenant, dit Verdy du Vernois, je puis aussi parler d'une

Quant au général de Fransecky, il aurait alors prescrit au 2ᵉ bataillon de chasseurs de prendre sa direction sur le Point-du-Jour, « pour soutenir à droite l'*effort principal*, lequel devait porter *sur Saint-Hubert* (1) ».

Il serait intéressant de connaître d'une manière plus précise l'ordre donné, à ce moment, par le commandant du IIᵉ corps, car celui qu'indique l'*Historique* officiel ne paraît plus répondre exactement aux prescriptions du général Steinmetz, prescriptions d'après lesquelles la direction générale de l'attaque était indiquée « par les peupliers de la route, qui se profilaient à l'horizon *à côté* des ruines calcinées du Point-du-Jour (2) ». Au moins est-on en droit de s'étonner que l'*effort principal* dût porter *sur* Saint-Hubert, et pourrait-on être conduit à admettre que le général de Fransecky ne savait réellement pas ainsi que l'affirme Fritz Hœnig (3) si, oui ou non, les Allemands s'étaient maintenus dans ce point d'appui.

D'après le même auteur, le commandant du IIᵉ corps se serait abstenu, à cause même de l'indécision où il était, de donner des *instructions particulières* relativement à l'attaque de la ferme précitée. Bien que cette allégation ne soit pas en contradiction absolument for-

---

légende qui a commencé à se répandre aussitôt après la bataille, à savoir que le maréchal de Moltke avait conduit personnellement le IIᵉ corps à l'attaque. Elle put naître de ce fait que l'état-major du grand quartier général s'est trouvé un certain temps près de ce corps au moment où il se portait en avant. Une direction personnelle du IIᵉ corps par le chef de l'état-major général ne rentrait pas dans ses attributions, et cela n'eut d'ailleurs pas lieu. Du reste, le commandant du IIᵉ corps, le brave général de Fransecky, n'y aurait jamais consenti. » (*Im grossen Haupquartier 1870-1871. Personliche Erinnerung.*)

(1) *Historique du Grand État-Major prussien.*
(2) *Ibid.*
(3) *Vingt-quatre heures de stratégie* (loc. cit.).

melle avec celle du Grand État-Major prussien, il n'en est pas moins à souhaiter que toutes les circonstances qui ont accompagné une attaque comme celle du II⁰ corps soient définitivement éclaircies à l'aide de documents authentiques et de témoignages indiscutables, — ce qu'on ne saurait évidemment faire ici......

Quoi qu'il en soit, le I⁰ʳ bataillon du *73⁰* puis l'infanterie de la *3⁰* division s'engagèrent sur la chaussée « tambours battant, fanfares en tête (1) » ; le *2⁰* bataillon de chasseurs, qui marchait en avant des troupes du II⁰ corps, franchissait le fond du ravin à 8 heures environ (2), non sans se heurter aux nombreux fuyards qui abandonnaient précipitamment la Mance pour regagner Gravelotte (3).

Sur ces entrefaites, l'artillerie du II⁰ corps avait tenté d'entrer en ligne, comme elle en avait reçu l'ordre.

---

(1) *Historique du Grand État-Major prussien.*
(2) Kunz. *Kriegsgeschichtliche Beispiele, Heft 1.*
(3) « Quand le *2⁰* bataillon de chasseurs et le *54⁰* traversèrent le fond du ravin, dit Fritz Hœnig, une foule considérable de soldats *qui s'étaient défilés* s'y trouvaient rassemblés. Le son de la musique des troupes fraîches qui arrivaient fut, pour ces derniers, le signal de se lever et d'aller *se rassembler* plus en arrière. Ces hommes avaient si bien perdu toute espèce de discernement qu'ils ne distinguaient plus les sonneries allemandes de celles de l'ennemi; ils s'enfuirent vers l'arrière. Leur fuite suscita quelques obstacles et quelques entraves à la marche des troupes qui s'avançaient, mais celles-ci n'en furent pas particulièrement affectées. » (*Vingt-quatre heures de stratégie.*)

D'après Kunz (*Kriegsgeschichtliche Beispiele, Heft 1*), les troupes qui combattaient dans les bois au Nord de la grande route furent également fâcheusement impressionnées par la fanfare du II⁰ corps, fanfare qui, d'ailleurs, « rendit les Français attentifs à l'attaque qui les menaçait ». Les fractions du *28⁰*, du *29⁰* et du *69⁰*, engagées sous bois, avaient remarqué (ou appris) que les compagnies de la *32⁰* brigade avaient été repoussées au delà de Saint-Hubert (après 7 h. 30, par conséquent), mais elles n'avaient pas su que la contre-attaque fran-

Mais parvenue à Gravelotte en colonnes serrées, elle éprouva les plus grandes difficultés à trouver place sur la ligne de combat des pièces appartenant aux VII⁰ et VIII⁰ corps. Celles-ci avaient accéléré leur tir depuis la reprise de la lutte (6 h. 45) (1), et l'on ne pouvait songer, par conséquent, à suspendre le feu pour faire resserrer les intervalles.

« C'est à grand'peine, dit le major Hoffbauer (2), qu'à l'extrême aile droite de cette grande ligne d'artillerie, une section de la 2ᵉ batterie à cheval, la IIIᵉ batterie lourde et la 3ᵉ batterie à cheval (du IIᵉ corps), purent trouver un emplacement convenable. Il n'y eut que les deux dernières batteries qui purent ouvrir le feu contre les masses ennemies établies près du Point-du-Jour; mais elles reçurent l'ordre de cesser le feu pour ne pas être exposées à tirer contre leurs propres troupes qui marchaient au delà du défilé (3). Les autres batteries de l'artillerie de corps se tenaient en réserve au Sud-Est de Gravelotte. »

Quant à la 1ʳᵉ batterie légère qui accompagnait l'avant-garde de la 3ᵉ division, elle marcha sur la route

---

çaise avait regagné les tranchées-abris. « Lorsque la musique retentissante des Poméraniens se fit entendre sur la route du ravin de la Mance, ils pensèrent que c'était la musique de troupes françaises et ils se crurent coupés..... Ce n'est que peu à peu, et très lentement, que s'éclaira la situation. Mais il ne faut pas s'étonner que, dans ces circonstances embrouillées, les soldats des pays rhénans tirèrent par-ci par-là sur les Poméraniens. »

(1) Les batteries de la Iʳᵉ armée ne tiraient plus que lentement, lorsqu'à 6 h. 45 le feu reprit violemment sur les hauteurs occupées par le défenseur. Elles ouvrirent alors un tir plus rapide, principalement sur les abords des fermes de Moscou et du Point-du-Jour. (D'après *Les Opérations de l'artillerie allemande*, par le major Hoffbauer.)

(2) *Les Opérations de l'artillerie allemande.*

(3) Ces deux batteries ne tirèrent qu'un seul coup de canon chacune.

à la suite de l'infanterie. Mais comme cette dernière ne tardait pas à s'engager dans un combat de feu très vif, la batterie fut arrêtée et revint par la suite prendre position sur les hauteurs de Gravelotte, d'où elle ne put tirer qu'une quinzaine d'obus.

Les autres batteries de la *3e* division tentèrent de prendre part à la lutte, mais ne purent également tirer qu'un nombre insignifiant de projectiles (1), de sorte qu'en réalité l'artillerie du IIe corps ne fut d'aucun secours aux troupes d'infanterie qui s'avançaient à l'attaque de l'autre côté du ravin. D'ailleurs, les batteries des VIIe et VIIIe corps ne leur fournirent pas un appui plus efficace, car l'obscurité devenait de plus en plus complète et l'on ne pouvait bientôt plus reconnaître les emplacements de l'artillerie ennemie qu'à la flamme lancée par les pièces (2). Comme, de leur côté, les batteries du 3e corps se trouvaient dans la même situation, le feu ne tarda pas à s'éteindre de part et d'autre, et la lutte, dont il va être maintenant question, se déroula presque entièrement sans que l'artillerie y coopérât réellement (3).

Attaque de la 3e division. — Dès qu'il fut arrivé au fond du ravin, le Ier bataillon du *73e* s'était formé en colonnes de compagnies et avait commencé à gravir les pentes opposées. Le général de Hartmann, qui avait devancé les troupes de sa division (la *3e*), maintint la 4e compagnie du *73e* le long de la chaussée et dirigea les

---

(1) Les 2e et IIe vinrent un peu plus tard se placer aux côtés de la 1re légère, mais ne tirèrent respectivement que six et un obus. La Ire arriva plus tard encore et ne put ouvrir le feu. La 5e tira deux projectiles.

(2) Hoffbauer (*loc. cit.*).

(3) Sauf cependant pendant l'engagement de la tête de colonne (2e B. Ch. et *54e*).

trois autres sur le Point-du-Jour. Celles-ci arrivèrent rapidement jusqu'à 200 mètres des tranchées françaises (vers 8 heures); mais, reçues par un feu violent et ne voyant aucune troupe derrière elles, elles reculèrent jusqu'à ce qu'elles rencontrassent des fractions du 2ᵉ bataillon de chasseurs qui marchaient vers le même point.

Aussitôt après avoir franchi le ravin, c'est-à-dire aux environs de 8 heures, le 2ᵉ bataillon de chasseurs avait, en effet, déboîté vers la droite, et avait tout d'abord occupé la lisière orientale des bois de la Mance en étendant son aile droite jusqu'à la hauteur des carrières du Point-du-Jour, lesquelles venaient d'être réoccupées depuis peu de temps par le détachement du capitaine Wobeser (1). La 2ᵉ compagnie et une fraction de la 4ᵉ furent ainsi amenées à prendre part à la lutte qui se déroula dans ces carrières, mais qui resta sans liaison avec celle dont il s'agit pour l'instant, et qu'on ne relatera, par conséquent, que plus tard.

Le reste du bataillon de chasseurs, formé en colonnes de compagnies, s'avança vers le Point-du-Jour (2) avec les fractions du *39ᵉ* qui étaient restées en ordre un peu en avant de la lisière des bois, puis avec les trois compagnies du *73ᵉ* dont il vient d'être question et qu'il trouva sur sa route. En même temps, d'autres fractions du *79ᵉ* marchaient : les unes (9ᵉ et 2ᵉ compagnies) vers les Sablières, les autres (10ᵉ et 11ᵉ) vers la grande route en partant du Sud de Saint-Hubert (3).

Grâce à l'obscurité, l'assaillant parvint jusqu'à courte

---

(1) 88 hommes appartenant aux *33ᵉ*, *39ᵉ* et *40ᵉ*. Voir ce qui a été dit du détachement du capitaine Wobeser, page 620, note 3.

(2) Probablement en passant entre les Sablières et Saint-Hubert.

(3) D'après Kunz. *Kriegsgeschichtliche Beispiele, Heft 1.* Il est à remarquer que les indications du plan 6 B du Grand État-Major prussien (reproduites faute de mieux par le croquis n° 9) ne s'accordent qu'imparfaitement avec le récit cependant très étudié de Kunz.

distance des tranchées-abris françaises (1), mais alors un feu rapide d'infanterie le força à se coucher à terre et coupa court, pour l'instant, à toute nouvelle tentative de sa part.

Pendant ce temps, le 54ᵉ franchissait lui-même le ravin (2). C'est alors que « sur la foi d'un faux bruit d'après lequel l'ennemi aurait repris Saint-Hubert (3), le 54ᵉ avait été lancé au pas de course vers cette ferme, sur la gauche des chasseurs ». Les fusiliers avaient, les premiers, traversé la profonde coupure de la Mance en passant au Sud de la route, pendant que les deux autres bataillons suivaient la chaussée. Les 11ᵉ et 12ᵉ compagnies marchaient en avant, en colonnes de compagnie; les 9ᵉ et 10ᵉ à leur suite, en demi-bataillon. Sur la route, les mousquetaires se heurtaient tout d'abord à la batterie Gnugge (3ᵉ du 7ᵉ) qui avait amené les avant-trains à 8 h. 15 et cherchait en vain à gagner Gravelotte (4). En outre, un certain nombre d'isolés, continuant à s'écouler vers l'arrière ainsi que cela se passait avec plus ou moins d'intensité depuis près de deux heures déjà, traversèrent la première ligne du 54ᵉ; d'autres furent, au contraire, entraînés par elle vers l'avant;

---

(1) 300 mètres du Point-du-Jour, d'après Fritz Hœnig.

(2) Un peu avant 8 h. 30, d'après Kunz. Le 54ᵉ n'aurait donc pas suivi *immédiatement* le 2ᵉ bataillon de chasseurs.

(3) *Historique du Grand État-Major prussien.* On a vu que, d'après Fritz Hœnig, le général de Fransecky n'était pas fixé sur ce point avant même de faire descendre sa tête de colonne dans le ravin et que, d'ailleurs le Grand État-Major prussien indique qu'en partant de Gravelotte la 3ᵉ division avait déjà reçu l'ordre de faire porter son *effort principal sur Saint-Hubert*. Kunz n'admet cependant pas cette dernière affirmation et dit que « les Prussiens n'avaient pas un seul instant reçu la mission d'attaquer Saint-Hubert ». Ils croyaient cependant la ferme aux mains des Français, comme on va le voir.....

(4) Kunz. *Kriegsgeschichtliche Beispiele, Heft 1.* La batterie ne put arriver à Gravelotte qu'après 9 heures.

mais cette fuite constante d'hommes dispersés et revenant de Saint-Hubert, ne pouvait que confirmer le colonel du 54ᵉ dans l'opinion que la ferme était occupée par les Français (1).

La marche des nouveaux arrivants ne fut cependant pas arrêtée, et conformément aux ordres d'attaque qu'ils avaient reçus, ils ouvrirent le feu dès que la distance leur permit de découvrir au milieu de l'obscurité l'infanterie massée dans le voisinage de Saint-Hubert. Malheureusement pour eux, cette infanterie appartenait aux nombreuses compagnies prussiennes qui avaient combattu antérieurement autour de la ferme et était constituée par les débris de ces compagnies, qui avaient résisté jusque-là aux paniques successives qu'on connaît. Alors se produisit une nouvelle débâcle..... « Lorsque les soldats qui se trouvaient aux abords et à l'intérieur (2) de Saint-Hubert, dit Fritz Hœnig, reçurent des coups de feu venant de l'arrière, les faibles liens qui maintenaient encore le bon ordre parmi eux se rompirent, et un flot de fuyards appartenant à tous les corps se précipita sur le 54ᵉ. Cette masse affolée et confuse, qui rompit complètement et culbuta même le 54ᵉ (3), rejeta naturellement par son choc les nouveaux bataillons en dehors de la direction qui leur avait été assignée ; à côté du 54ᵉ, d'autres fractions de troupes étaient en marche le long de la grande route ; les

---

(1) D'après Kunz. *Heft 1.*
(2) Fritz Hœnig note cependant plus loin que la panique ne produisit aucun effet sur les troupes placées *dans l'intérieur* de la ferme.
(3) Cette dernière affirmation paraît contestable ou, tout au moins, exagérée, car il résulte du récit des faits donné par Kunz qu'aussitôt la panique passée, le 54ᵉ se porta à l'attaque. Fritz Hœnig dit lui-même, un peu plus loin, qu' « après avoir laissé passer les fuyards, le 54ᵉ poussa de l'avant en deux groupes..... ». Une troupe culbutée et complètement rompue n'eût pas été à même de le faire.....

fuyards s'y heurtèrent encore dans le fond du ravin, et ce ne fut qu'au prix des plus grands efforts qu'on put y maintenir l'ordre. Là, s'entre-choquaient dans l'obscurité deux courants de sens contraire : l'un, se dirigeant en désordre et sans chef, de l'avant à l'arrière ; l'autre, venant à sa rencontre.

« Cet état de choses se prolongea pendant des heures entières (?), jusqu'au moment où le IIe corps eut pris position en masse, à faible distance du front ennemi, et où une obscurité épaisse enveloppa amis et ennemis. Il ne pouvait être question d'exécuter une attaque de nuit au milieu de semblables circonstances ; cette nouvelle panique, la plus funeste et la plus durable de la journée, avait, dès le début, étouffé dans son germe toute action d'ensemble ; il fallait s'estimer heureux, si l'on arrivait à opposer une barrière au désordre et si l'on remplaçait la muraille que les colonnes formaient *dans le sens de la profondeur*, par une muraille s'étendant *dans le sens du front*, contre le Point-du-Jour..... Il est impossible de faire une description plus minutieuse de cette panique et des effets qu'elle produisit en arrière de la ligne de combat, car les cris, les gémissements et la confusion se perdaient dans l'obscurité, et la nuit est discrète... »

Bien qu'on doive impartialement tenir compte du penchant assez accusé que paraît manifester Fritz Hœnig de pousser au noir la description des moments de crise qui ont marqué la fin de la lutte des armées allemandes, il n'en paraît pas moins avéré que l'élan des Poméraniens fut arrêté, dès le principe, par un torrent de fuyards et que le trouble profond qui se manifesta encore une fois sur cette partie du champ de bataille avait pour origine première l'incohérence des décisions successives émanées des divers échelons du haut commandement ; incohérence qui fut encore grandement augmentée, dans ses fâcheux effets, par la précipitation qu'on apporta, sous l'empire de craintes non justifiées, à exécuter, sans réflexion ni préparation, des prescriptions mal définies par les uns et désapprouvées par les autres.

Quand la panique se fut un peu apaisée, le *54*ᵉ parvint cependant à reprendre sa marche en avant (1).

Les 9ᵉ et 10ᵉ compagnies qui, suivant l'expression de Fritz Hœnig avaient *enlevé d'assaut* la ferme Saint-Hubert à leurs frères d'armes, tentèrent, — vainement, — d'attaquer les tranchées françaises voisines de Moscou ; elles durent bientôt reculer jusque derrière le point d'appui qu'elles venaient de *conquérir*. La 4ᵉ compagnie, toutefois, vint les remplacer et se déploya face à Moscou, — mais sans pouvoir, à ce qu'il semble, obtenir de résultat sensible, — tandis que la 8ᵉ s'embusquait dans le jardin de Saint-Hubert. Les 6ᵉ et 7ᵉ compagnies restaient en réserve au Nord de la route tandis que les 1ʳᵉ, 2ᵉ, 3ᵉ et 5ᵉ s'arrêtaient provisoirement au Sud de la chaussée. La 11ᵉ compagnie se dirigeait directement vers le Sud et n'allait pas tarder à intervenir dans la lutte dont il sera parlé plus tard et qui se déroulait en ce moment même devant les sablières et les grandes carrières.

Quant à la 12ᵉ compagnie, elle avait dépassé Saint-Hubert et s'avançait maintenant par les abords de la grande route, c'est-à-dire dans la direction même où un faible détachement du *72*ᵉ s'était, comme on sait, maintenu dans les fossés, après l'échec de la *32*ᵉ brigade (2). La situation de ce détachement devint alors très périlleuse ; fusillé en tête par les tranchées françaises, il ne tarda pas à être assailli par les balles des Poméraniens

---

(1) Le récit des faits suivants est emprunté à Kunz (*Kriegsgeschichtliche Beispiele, Heft 1*), qui paraît avoir serré de plus près la vérité que Fritz Hœnig.

(2) Voir page 627, note 1.

auxquels l'obscurité continuait à empêcher de distinguer les amis des ennemis. On parvint cependant à mettre fin à cette erreur, mais pendant ce temps, les troupes restées près de Saint-Hubert ouvrirent elles-mêmes le feu et rien ne put arrêter « ce tir sauvage dans toutes les directions (1) ».

C'est sur ces entrefaites, que les deux derniers bataillons du *14e* (2), puis les trois bataillons du *2e* apparurent à leur tour au Sud de Saint-Hubert.

Comme le *54e* avait engagé sur la chaussée deux de ses bataillons en colonne mince, et qu'en outre des fuyards et des obstacles de toute nature avaient considérablement ralenti le mouvement, le commandant de la *5e* brigade (général de Koblinsky) qui marchait en tête du gros de la *3e* division et « brûlait d'impatience d'arriver (3) », fit rompre ses troupes en passant par le Sud de la route. Aussitôt après avoir dépassé les bois, les deux bataillons du *14e* furent déployés en ligne de colonnes de compagnie ; puis, ils obliquèrent franchement vers le Sud sans qu'il soit possible d'indiquer un motif plausible à ce mouvement, et allèrent se mélanger au « flot humain » qui encombrait déjà les environs des grandes carrières du Point-du-Jour.

Mais à mesure que la nuit s'avançait et que l'accumulation des troupes augmentait sur la rive gauche de la Mance, la confusion devenait plus grande. Alors qu'il était encore sur la chaussée, le *2e* régiment, — qui suivait le *14e*, — avait déjà subi les effets démoralisants du désordre complet qui régnait sur ce point. « La grande route, dit Kunz, était encombrée de cadavres, de

---

(1) Kunz, *Heft 1* (*loc. cit.*).
(2) Le Ier bataillon était resté à Pont-à-Mousson. Le *42e* régiment fut maintenu en réserve à l'Ouest du ravin.
(3) *Vingt-quatre heures de stratégie.*

chevaux morts, de voitures renversées, d'équipements de toute sorte..... Une grande quantité de blessés refluaient vers l'arrière, accompagnés d'ailleurs de nombreux soldats non blessés ; des détachements du VIIIe corps, qui devaient se rassembler dans le ravin de la Mance, rétrogradèrent sur la route. Il faisait déjà si noir, qu'on ne pouvait plus distinguer les Français des Prussiens ; il n'y avait plus que les fermes en flammes de Moscou et du Point-du-Jour et les lignes d'éclairs produites par le feu rapide des Français qui se trouvaient dans leurs tranchées, qui permettaient de se faire une idée approximative de l'endroit où se tenait l'ennemi. Mais on ne pouvait pas toujours distinguer si les éclairs provenaient du feu des Français ou du nôtre propre ; c'est pourquoi on fit souvent feu, de l'arrière, sur ses propres troupes qui combattaient héroïquement plus en avant. De tout cela, vinrent les pertes, l'incertitude, le désordre, le trouble (1)..... »

Le Ier bataillon du 2e déboucha le premier du ravin et s'avança tout d'abord en ligne de colonnes de compagnie. Mais la cohésion ne tarda pas à être complètement rompue. La 1re compagnie et une fraction de la 2e poussèrent droit devant elles et arrivèrent au milieu de l'obscurité jusqu'aux fractions du 2e bataillon de chasseurs arrêtées devant le Point-du-Jour avec des fractions du 39e ; le reste de la 2e compagnie, mélangé à d'autres troupes, parvint un peu plus tard auprès de la 1re ; mais complètement désorientées, ces fractions refluèrent jusque sur la rive droite de la Mance ; la 3e compagnie tenta de suivre les précédentes ; mais, reçue par une violente fusillade des troupes amies réunies près de Saint-Hubert, elle fit précipitamment demi-tour et alla chercher un refuge dans le bois ; la 4e compagnie,

---

(1) *Kriegsgeschichtliche Beispiele*, Heft 1.

rompue par un flot de fuyards, ne put se rassembler que dans le fond du ravin.

Les fusiliers du 2ᵉ régiment, toutefois, furent moins disloqués. Le gros du bataillon (9ᵉ, 11ᵉ et 12ᵉ compagnies) parvint jusqu'auprès des compagnies du *54*ᵉ réunies autour de Saint-Hubert; il s'arrêta provisoirement en ce point, tandis que la 10ᵉ compagnie s'avança plus à l'Est à proximité de la grande route.

Parmi les compagnies du IIᵉ bataillon, enfin, deux (les 6ᵉ et 7ᵉ) s'avancèrent sur la chaussée jusqu'à peu de distance de Saint-Hubert; la 5ᵉ tenta d'abord de suivre les fossés de la grande route; mais ayant essuyé le feu de ses propres troupes, elle obliqua vers la droite à travers champs et s'arrêta dès qu'elle fut hors de danger; quant à la 8ᵉ compagnie, elle se heurta dès l'abord à un fort détachement en déroute et fut entraînée jusqu'au fond du ravin.

Si donc on embrasse d'un coup d'œil d'ensemble le déploiement et l'engagement des neuf bataillons auxquels le général de Fransecky avait fait exécuter le passage du ravin, on constate qu'au fur et à mesure de leur arrivée sur les pentes de la rive gauche, tous ces bataillons, primitivement destinés à agir en masse contre les positions françaises de Saint-Hubert et du Point-du-Jour, s'égrenèrent dans les directions les plus divergentes, et que quelques compagnies, au plus, parvinrent seulement à engager un combat de feu avec le défenseur.

A l'Est de Saint-Hubert, deux compagnies (1) arrivèrent jusqu'en présence de la ligne de combat de la division Aymard, non sans que l'une d'elles eût, au préalable, assailli à coups de fusil un détachement ami (du *72*ᵉ).

---

(1) $\frac{2, 4}{54}$.

Plus au Sud, devant le Point-du-Jour, cinq compagnies à peu près (1) engagèrent une fusillade à courte distance avec les défenseurs de la grande route. Plus au Sud encore, dix compagnies environ (2) s'égarèrent dans une direction absolument excentrique et allèrent, sans aucune nécessité, *assister* à une lutte complètement distincte de celle à laquelle on les destinait, et qui se déroulait comme on le verra plus tard, près des carrières du Point-du-Jour. Enfin, vingt compagnies, c'est-à-dire plus de la moitié de celles qu'on avait amenées, tourbillonnaient au sortir du ravin, se disloquaient en partie, se fusillaient réciproquement et, finalement, se fractionnaient en deux groupes, dont l'un (seize compagnies) (3) se jetait à terre près de Saint-Hubert au milieu des débris de tous les régiments du général Steinmetz, et dont l'autre (quatre compagnies) (4) était entraîné par des fuyards jusqu'au fond du ravin.

Il était alors à peu près 9 heures du soir et, en réalité, l'attaque de la *3e* division était complètement rompue.

A ce moment. le général de Fransecky se trouvait en arrière de Saint-Hubert avec le général de Barnekow et le général de Hartmann (commandant la *3e* division). Il est assez difficile de préciser ici, avec certitude,

---

(1) $\frac{1,\ 3\ \text{et fr.}\ 4}{2\ \text{B. Ch.}}$, $\frac{1,\ 10\ \text{et fr.}\ 2}{2}$ (avec des fractions du *39e* et du *73e*, appartenant au VIIe corps).

(2) $\frac{2\ \text{et fr.}\ 4}{2\ \text{B. Ch.}}$, $\frac{11}{54}$, $\frac{\text{II et F}}{14}$.

(3) $\frac{1,\ 2,\ 3,\ 5,\ 6,\ 7,\ 8.\ 9,\ 10}{54}$, $\frac{5,\ 6,\ 7,\ 9,\ 11,\ 12}{2}$, plus $\frac{4}{73}$ appartenant au VIIe corps.

(4) $\frac{3,\ 4,\ 8\ \text{et fr.}\ 2}{2}$.

quelles furent alors les intentions du commandant du
II⁰ corps, mais il semble qu'après s'être rendu compte
de l'impossibilité où il était d'obtenir un résultat plus
positif, il se décida à appeler à lui de nouvelles troupes
fraîches, pour le cas sans doute, où l'adversaire tenterait lui-même un retour offensif contre les masses désorganisées de l'armée prussienne.

D'après Kunz, c'est « pour empêcher l'incroyable
désordre qui régnait de prendre trop d'extension (1) »,
que le chef d'état-major du II⁰ corps se serait rendu
auprès du *42⁰* et qu'il l'aurait amené, des bords de la
Mance où il était provisoirement resté en réserve, jusque
sur les pentes orientales du ravin. Les trois bataillons
d'infanterie prirent alors une formation de rassemblement au Sud de la grande route et vis-à-vis du Point-du-Jour, non sans éprouver, d'ailleurs, des pertes assez
sensibles (2).

De même, la *8⁰* brigade avait été appelée du plateau
de Gravelotte vers Saint-Hubert (3). Le *21⁰* régiment
marchait en tête ; il déploya deux compagnies comme
avant-garde dès qu'il eut franchi le ravin, et pendant
que ces deux compagnies se jetaient dans Saint-Hubert,
le reste du régiment se formait en ligne de colonnes de
compagnie et continuait à s'avancer vers l'Est « en
poussant des hurrahs continuels (4) ». Bien que les

---

(1) *Kriegsgeschichtliche Beispiele, Heft 1.*

(2) 4 officiers et 103 hommes.

(3) La *4⁰* division tout entière avait quitté Rezonville et s'était rassemblée près de Gravelotte après le départ de la *3⁰*. L'*Historique du Grand État-Major prussien* dit que cette division se massait à l'Est de Gravelotte *au coucher du soleil* (7 h. 10). Il semble qu'il y ait là une impossibilité. D'ailleurs, ceci est en contradiction avec le plan 6 B du même ouvrage, qui, à 7 heures, place la *4⁰* division à Rezonville, c'est-à-dire à 3 kilomètres de Gravelotte.

(4) Kunz. *Heft 1.*

bataillons fussent assaillis par des feux prussiens venant de la lisière des bois de la Mance, et que l'une des compagnies fut dispersée par une bande de fuyards, ils arrivèrent jusqu'à hauteur de Saint-Hubert où ils formèrent les faisceaux.

Quelques instants plus tard, le *61ᵉ* (deuxième régiment de la *8ᵉ* brigade) arrivait également à l'Est de la Mance, mais s'arrêtait beaucoup plus en arrière que le *21ᵉ*, c'est-à-dire près du sommet des berges du ravin. Comme d'ailleurs la sonnerie de : « Cessez le feu » ne tarda pas à se faire entendre, le *61ᵉ* fit demi-tour et retourna au Sud de Gravelotte.

D'après Kunz, ce serait le capitaine Gnugge qui, toujours empêché par l'encombrement de ramener sa batterie (3ᵉ du 7ᵉ) de l'autre côté du ravin, aurait tout particulièrement attiré l'attention du général de Fransecky sur les désastreux effets de la fusillade «insensée» que les troupes amies échangeaient continuellement entre elles. Le commandant du IIᵉ corps serait alors remonté vers Saint-Hubert, et aurait, une première fois, fait sonner : « Cessez le feu ». Il était à peu près 9 h. 30.

Mais la fusillade n'était pas encore près de s'éteindre pour cela.....

Fin du combat entre Moscou et le Point-du-Jour. — Pendant que les fractions du IIᵉ corps affluaient successivement aux environs de Saint-Hubert et s'y livraient, — entre elles ou avec les nombreux débris des bataillons de la Iʳᵉ armée, — à une véritable lutte fratricide qui provoquait une série presque ininterrompue de paniques, voici, — autant qu'on en peut juger (1), — ce qui s'était passé sur la faible ligne de combat qui s'était

---

(1) D'après Kunz. *Heft 1.*

constituée, au hasard des circonstances, vis-à-vis du Point-du-Jour.

On se rappelle qu'à la suite de l'échec de la *32ᵉ* brigade, dont un faible détachement était resté dans les fossés de la grande route à quelques centaines de mètres des tranchées françaises, toutes les compagnies appartenant au *72ᵉ* et au IIᵉ bataillon du *40ᵉ* s'étaient rassemblées, soit dans la ferme de Saint-Hubert elle-même, soit un peu plus en arrière avec les nombreux isolés de tous les corps qui stationnaient déjà sur ce point. Lorsque les régiments poméraniens surgirent successivement du ravin, il se produisit, comme on l'a vu, « une véritable mêlée sauvage et désordonnée (1) » qui entraîna une partie des hommes du *72ᵉ* jusque dans les fonds de la Mance. Quelques hommes de la 4ᵉ compagnie de ce régiment, cependant, rejoignirent un peu plus tard les fractions du *2ᵉ* bataillon de chasseurs qui s'étaient avancées vers le Point-du-Jour, et parvinrent même à atteindre, au milieu d'une obscurité presque complète, les fossés de la grande route, où ils furent d'ailleurs fusillés par l'autre détachement du *72ᵉ* resté en avant de Saint-Hubert.

C'est alors « qu'après d'innombrables malentendus (1) », le *72ᵉ* reçut l'ordre de se rassembler au Nord de la grande route et que « la masse sauvage (2) » se mit en mouvement. Le IIᵉ bataillon se forma à l'Ouest de Saint-Hubert et le IIIᵉ au fond du ravin.

C'est aussi sur ces entrefaites, que le *54ᵉ*, puis le *14ᵉ* régiment étaient survenus sur le lieu du combat, l'un s'arrêtant en grande partie près de Saint-Hubert, et l'autre s'égarant vers les carrières du Point-du-Jour, dans une direction absolument excentrique.

---

(1) Kunz. *Heft 1.*
(2) *Ibid.*

Lorsque le 2ᵉ régiment se déploya à son tour, quelques hommes du 72ᵉ restés sur place, furent poussés par un officier vers le coude de la grande route, tandis que la 8ᵉ compagnie et une fraction de la 10ᵉ du 40ᵉ se joignaient aux fractions du 2ᵉ régiment qui marchaient vers le Point-du-Jour pour rejoindre les détachements du 2ᵉ bataillon de chasseurs et du 39ᵉ. Les 9ᵉ, 11ᵉ et 12ᵉ compagnies du 2ᵉ, provisoirement arrêtées au Sud de Saint-Hubert, essayèrent de se porter également en avant quelques instants plus tard. C'est alors que la première sonnerie de *Cessez le feu*, ordonnée par le général de Fransecky, se fit entendre, — vers 9 h. 30 du soir, — et les trois compagnies en question, fusillées par leurs voisines et obéissant au signal parti de l'arrière, se retirèrent jusqu'à la Mance avant d'avoir pu atteindre la ligne de combat.

Bien qu'il soit difficile de préciser exactement quel était l'effectif de l'infanterie prussienne déployée devant les tranchées françaises entre le Point-du-Jour et le coude de la route, on peut, d'après ce qui a été dit précédemment, l'évaluer, — d'ailleurs très approximativement, — à la valeur de deux ou trois bataillons. Parmi ces troupes, cinq compagnies à peu près appartenaient au IIᵉ corps (1), et c'était là tout ce que la formidable attaque lancée par le général de Fransecky était parvenue à engager vis-à-vis de l'objectif primitivement désigné.

Il est naturellement impossible de décrire dans ses détails les péripéties du combat qui se déroula pendant la dernière demi-heure de la lutte entre les compagnies

---

(1) $\frac{1, 3, \text{fr. } 4}{2 \text{ B. Ch.}}$, $\frac{1, 10}{2}$, fr. $\frac{2}{2}$. En outre, trois compagnies du 73ᵉ, $\frac{8}{40}$, fr. $\frac{10}{40}$, fr. $\frac{II}{72}$ et $\frac{1, 2, 3}{73}$ appartenaient aux VIIᵉ et VIIIᵉ corps.

prussiennes très éparses et les masses d'infanterie française encore entassées dans les fossés de la grande route.
Il apparaît seulement que cette lutte fut marquée par de courts instants d'une fusillade intense que les sonneries répétées du général de Fransecky faisaient cesser brusquement, mais qui se rallumait d'elle-même un peu plus tard.

Dans les tranchées-abris de la défense, on avait joui d'une tranquillité relative à partir du moment où l'artillerie allemande eût cessé son feu. Pendant que les bataillons du IIe corps s'usaient au milieu de l'obscurité dans une lutte intestine qui dispersait leurs compagnies et brisait leur élan, les bataillons français déployés au Nord du Point-du-Jour n'eurent affaire, — de temps à autre, — qu'aux quelques fractions d'infanterie prussienne que les hasards de la marche amenaient successivement en leur présence.

Plusieurs fois, l'obscurité avait occasionné chez le défenseur des incertitudes sur la nationalité des troupes qu'on voyait surgir à courte distance en avant des tranchées, — troupes que leurs uniformes sombres fit souvent prendre, — comme cela arrivait déjà fréquemment en plein jour, — pour des chasseurs à pied français. Chaque fois, cependant, la fusillade reprenait assez à temps pour que les nouveaux arrivants fussent obligés de suspendre leur mouvement offensif. Il apparaît même qu'à certains moments quelques fractions des troupes françaises s'élancèrent un peu au delà de la route pour fusiller à courte portée un adversaire qu'on apercevait à peine au milieu de l'obscurité (1).

---

(1) D'après récits allemands résumés par le major Kunz....., mais il est difficile d'en trouver trace dans les documents français. Le silence de ces derniers paraît au moins prouver que ces petites *contre-attaques* (?) furent de très courte envergure.

Mais déjà, et grâce à la nuit qui se faisait de plus en plus sombre, bon nombre d'hommes, que le mélange des unités soustrayait en grande partie à la surveillance de leurs chefs, abandonnaient leur poste de combat, soit parce qu'ils manquaient réellement de cartouches, soit parce qu'ils saisissaient l'occasion de transporter des blessés vers l'arrière, soit même simplement parce que quelques-uns d'entre eux éprouvaient, tout comme dans le camp adverse, le besoin irrésistible de « *se défiler* ». Après une longue et chaude journée de lutte comme celle qui venait de s'écouler, la désagrégation de la ligne de combat française, si elle ne se manifesta pas sous une forme aussi violente et aussi complète que chez les Allemands, n'en poursuivit pas moins son œuvre lente mais continue.

D'ailleurs, les périodes de repos qui séparaient les courts moments de fusillade dont il a été question, paraissaient indiquer que la lutte était terminée ou touchait à sa fin, et il semble qu'à partir de 9 h. 30 bon nombre de compagnies et de bataillons furent ralliés par leurs chefs et reconduits plus en arrière. Il résulte, en effet, de la relation du général de Tissonnière (1) qu'avant la cessation complète du feu, les fractions du 80e appartenant aux Ier et IIIe bataillons (ainsi que celles du 8e restées en première ligne) furent rassemblées et ramenées dans le voisinage de Moscou, où le 85e tenait toujours ses tranchées-abris. Il est impossible de fixer d'une manière précise ce qui restait alors de troupes françaises aux abords du coude de la grande route, mais il paraît probable que les fossés étaient encore occupés, à ce moment, par un assez grand nombre d'hommes appartenant à divers régiments, et particulièrement au 32e de ligne.

Dans le voisinage du Point-du-Jour, il semble qu'on

---

(1) *Revue du Cercle militaire* (*loc. cit.*).

ait également procédé au relèvement régulier de quelques fractions des troupes déployées en première ligne. Mais la dislocation de la ligne de combat, y faisait surtout nettement sentir ses effets, car le général Sanglé-Ferrière, qui vers 7 heures du soir, avait dû refuser, ainsi qu'on l'a vu plus haut, le concours que lui offrait le 66ᵉ, dut, — sans doute entre 9 h. 30 et 10 heures, — appeler à lui les bataillons du colonel Ameller pour occuper les tranchées maintenant très dégarnies et faire face aux détachements prussiens qui se montraient, plus nombreux qu'ailleurs, à faible distance en avant (1).

« Petit à petit, dit le colonel du 66ᵉ dans son *Rapport*, la plupart des troupes mélangées qui formaient la masse dont se plaignait le général (2), se retiraient, battant en retraite avec ou sans ordre. Aussi, le général Sanglé-Ferrière ne tarda-t-il pas à m'envoyer son aide de camp, pour me prier de relever avec mes troupes, le peu qui lui restait dans ses embuscades. »

C'est en exécution de cet ordre que les Iᵉʳ et IIIᵉ bataillons du 66ᵉ furent portés en avant et déployés le long de la route respectivement à droite et à gauche des maisons du Point-du-Jour, tandis que le IIᵉ bataillon était maintenu en réserve à 200 mètres en arrière.

Mais au moment même où le 66ᵉ s'avançait vers les fossés de la route, une panique à laquelle il est difficile d'assigner une cause nettement définie (3), se produisait un peu plus au Nord. Peut-être les détachements prus-

---

(1) Détachements appartenant au 2ᵉ bataillon de chasseurs et aux 2ᵉ, 39ᵉ, 40ᵉ et 72ᵉ régiments.

(2) A cause de l'encombrement qu'elle occasionnait encore vers 7 heures sur la ligne de combat.

(3) D'après le *Rapport* du général Mangin.

Le *Rapport* du colonel Ameller place cette panique vers minuit, ce qui paraît être le résultat d'une erreur. L'*Historique* du 8ᵉ se rapproche évidemment beaucoup plus de la vérité en la plaçant *vers* 9 h. 30.

siens qui, sur certains points, s'étaient rapprochés à très faible distance de la chaussée, ouvrirent-ils brusquement le feu (1); peut-être aussi quelques retardataires des compagnies françaises qui venaient de se replier, rétrogradèrent-ils eux-mêmes trop précipitamment (2). Quoi qu'il en soit, et bien que la situation ne fût point réellement aggravée (3), sur ce point, un grand désordre se manifesta tout à coup en avant des positions sur lesquelles s'était retiré le 8ᵉ de ligne, c'est-à-dire de part et et d'autre de la voie romaine. Un grand nombre d'hommes (4) se rejetèrent vivement sur les bataillons du colonel Haca. Mais des officiers du 8ᵉ se précipitèrent au-devant d'eux avec leurs troupes après avoir fait mettre baïonnette au canon et en faisant sonner la charge. Alors, « cette masse confuse s'arrêta, puis, changeant de sentiment, s'avança vigoureusement en poussant de grands cris (5) ». On ne saurait cependant conclure de cette dernière affirmation, faite par l'*Historique* du 8ᵉ, que la panique dont il est question fut ainsi enrayée dès le principe et que *tous* les fuyards furent si vivement ramenés au combat. Il résulte, en effet, de l'*Historique* du 8ᵉ, lui-même, qu'une partie au moins des IIᵉ et IIIᵉ bataillons disparut dans la mêlée, et le général Mangin relate dans son *Rapport* que les positions défendues par le colonel Haca restèrent garnies d'un nombre d'hommes *suffisant* pour qu'elles ne soient pas compro-

---

(1) Voir l'*Historique* du 8ᵉ (man. de 1870).
(2) Voir le *Rapport Mangin*.
(3) Voir l'*Historique* du 8ᵉ (man. de 1870).
(4) L'*Historique* du 8ᵉ (man. de 1871) dit 3,000 ou 4,000..... Ce chiffre est évidemment très exagéré étant donné ce que l'on sait sur la situation de la ligne de combat française à ce moment. L'*Historique* du 8ᵉ, daté de 1875, rectifie cette erreur en disant que « *plusieurs centaines d'hommes* » refluèrent tout à coup vers l'arrière.
(5) *Historique* du 8ᵉ (man. de 1871).

mises (1). D'ailleurs, il serait tout à fait invraisemblable d'admettre, — quelle que fût la valeur des troupes françaises, — qu'un désordre affectant l'allure d'un « sauve-qui-peut général (2) » et se produisant au milieu d'une obscurité complète après une longue et fatigante journée de combat, ait pu se transformer presque instantanément et pour *tous* les fuyards, en un vigoureux retour offensif. Si donc une fraction, — peut-être importante, — de ces fuyards fut ramenée par l'énergique intervention du 8e, on doit supposer que les autres poursuivirent leur course vers l'arrière, entraînant avec eux certaines fractions des troupes fraîches qui tentaient de leur barrer le chemin.

Cependant, le 66e n'avait pas été atteint par la panique qui se déroulait à sa droite, de sorte que de part et d'autre du Point-du-Jour, la ligne de combat française se trouva être rétablie par l'arrivée de troupes intactes.

Il devait être alors 10 heures du soir environ et, sur ce point, la fusillade cessa à peu près complètement (3).

Pendant la fin de la lutte qu'on vient de décrire, la 7e brigade du IIe corps avait fait son apparition auprès de Saint-Hubert. Appelés des environs de Gravelotte à la suite de la 8e brigade (*21e* et *61e*), les *9e* et *49e* s'avancèrent donc par la grande route encore encombrée, non sans être fusillés, — comme tous ceux qui les avaient précédés, — par les nombreux isolés qui peuplaient les

---

(1) Le général Mangin dit aussi qu'une minime fraction du 66e fut entraînée vers l'arrière. Ceci, il est vrai, est en contradiction avec les termes du *Rapport* du colonel Ameller.

(2) *Rapport* du colonel Ameller, du 66e.

(3) D'après le *Rapport* du colonel Ameller, le 66e ne tira pas un coup de fusil.

bois de la Mance (1). La 7ᵉ brigade parvint cependant à gagner les abords de la ferme Saint-Hubert, au delà de laquelle les fusiliers du 9ᵉ furent placés aux avant-postes. C'est à peu près à ce moment, c'est-à-dire vers 10 heures que le 8ᵉ bataillon de chasseurs fut rassemblé dans le fond du ravin.

Mais une nouvelle débâcle se manisfesta alors dans les rangs du 21ᵉ qui avait, — ainsi qu'il a été dit, — formé les faisceaux au Sud de Saint-Hubert. Le régiment venait de détacher deux compagnies vers la ligne de combat (2), lorsqu'il reçut soudain un feu terrible (probablement l'un des derniers qui partit des tranchées françaises). « Les hommes endormis s'éveillèrent et se levèrent en hâte (3) ; ils se précipitèrent pêle-mêle pendant le premier moment d'effroi ; beaucoup d'entre eux se précipitèrent au milieu de l'obscurité dans les carrières de Saint-Hubert, non sans se faire d'ailleurs quelques blessures (4). »

Une heure plus tard, le 21ᵉ, enfin rassemblé, fut reconduit à Gravelotte où se trouvait déjà le 61ᵉ, puis à Rezonville où il avait laissé ses sacs (5).

---

(1) Kunz. *Heft 1*.

(2) La 8ᵉ compagnie s'avança vers le Point-du-Jour. La 4ᵉ tenta, avec une compagnie du 54ᵉ, une pointe vers Moscou. Mais elle fut reçue par une vive fusillade du 83ᵉ et fut rejetée vers Saint-Hubert.

(3) Le régiment était sur pied depuis 1 heure du matin ; dès qu'on eut formé les faisceaux près de Saint-Hubert, les hommes, morts de fatigue, s'étaient jetés sur le sol malgré la cohue indescriptible qui y régnait et malgré la fusillade qui se rallumait à chaque instant dans toutes les directions.

(4) Kunz. *Heft 1*.

(5) Vers 11 heures du soir, le 21ᵉ fut ramené à Rezonville, mais il fut reconduit ultérieurement à Saint-Hubert où il établit des avant-postes, tandis que $\frac{II}{61}$ plaçait ses grand'gardes devant le Point-du-Jour.

(Kunz, *Heft 1*.)

Bien qu'on entendît encore quelques coups de feu jusqu'à une heure avancée de la nuit (1), la lutte avait pris fin sur cette partie du champ de bataille.

Les 24 bataillons du II⁰ corps, — qu'on avait tout d'abord prémédité de lancer en masse sur les positions de la défense, après les avoir rassemblés au delà de la Mance (2), — n'étaient parvenus à pousser sur la ligne de combat que quelques compagnies, d'ailleurs égarées dans toutes les directions, tandis que la plupart des autres étaient arrêtées, au fur et à mesure de leur arrivée près de Saint-Hubert, par la cohue qui y stationnait depuis de longues heures déjà. En réalité, et bien que quelques détachements prussiens fussent parvenus, à la faveur de l'obscurité, jusque dans le fossé occidental de la grande route, où ils passèrent la nuit (3), les positions françaises du 2⁰ corps et de la division Aymard ne furent forcées sur aucun point et restèrent jusqu'au lendemain matin la possession de leurs défenseurs.

Fin du combat près des carrières du Point-du-Jour. — Il reste maintenant, pour terminer le récit des faits qui

---

(1) « Les blessés qui se trouvaient étendus dans le ravin de la Mance, tiraient continuellement pour se faire remarquer et pour avoir du secours. » (Kunz, *Heft 1*.)

(2) Au moins, tout d'abord, ceux de la 3⁰ division.

(3) Le fait est d'ailleurs très nettement signalé par le général Devaureix, alors lieutenant au 66⁰. « A peine embusqués dans le fossé de la grande route, dit le général dans ses *Souvenirs*, nous entendons parler allemand, et nous apercevons bientôt la silhouette d'un grand nombre de fantassins ennemis, occupant, à quinze pas tout au plus devant nous, l'autre fossé de la même route..... » Le lendemain matin l'infanterie prussienne était encore là quand le 66⁰ se mit en route vers Metz : « En voyant notre mouvement, les Allemands se lèvent à leur tour et nous contemplent, immobiles. Chose tout à fait inattendue, ils nous laissent partir sans même tirer sur nous un seul coup de fusil! »

se déroulèrent dans la soirée devant les positions du général Frossard, à relater l'attaque excentrique des bataillons du VII⁰ corps partant des bois de Vaux, et la lutte que l'*Historique du Grand État-Major prussien* passe d'ailleurs complètement sous silence et qui eut pour théâtre les carrières mêmes du Point-du-Jour (1).

On se rappelle qu'au moment où le général de Zastrow donna à trois bataillons et demi l'ordre de se porter à l'attaque (2), le III⁰ bataillon du *73⁰* occupait depuis près de deux heures déjà le rentrant que forme la lisière du bois de Vaux non loin de la cote 353. Vers 7 h. 30 du soir, c'est-à-dire au moment où cet ordre allait être suivi d'exécution, le II⁰ bataillon du *73⁰* était encore près du moulin de la Mance, et le I⁰ʳ bataillon du *73⁰*, puis les 1ʳᵉ et 4⁰ compagnies du *77⁰* stationnaient beaucoup plus au Nord, le long du ravin.

A l'Est de la position occupée par le III⁰ bataillon du *73⁰*, c'est-à-dire sur la partie de la lisière du bois de Vaux qui fait face au coude méridional de la grande route, les trois bataillons (3) qui s'y trouvaient aux avant-postes depuis la veille (4) avaient été renforcés, vers 11 h. 30 du matin, par les II⁰ et III⁰ bataillons du *13⁰*.

---

(1) La *Relation* qui suit a été rédigée d'après les ouvrages de Kunz (*Kriegsgeschichtliche Beispiele, Heft 1*) et de Fritz Hœnig (*Der Kampf um die Steinbrucke von Rozerieulles*), ainsi que d'après les *Historiques* suivants : *Geschichte der Fusilier-Regiments General-Feld-Marschall Prinz Albrecht von Preussen Nr. 73; 5. Westfalisches Infanterie-Regiments Nr. 53; Die Geschichte des 2. Hannowerschen Infanterie-Regiments Nr. 77; Geschichte des Westfalischen Jager-Bataillons Nr. 7*.

(2) $\frac{I, II, III}{73}$ et $\frac{1, 4}{77}$.

(3) $\frac{I, II}{53}$ et 7 B. Ch.

(4) Voir page 106.

Dans le courant de l'après-midi, les fusiliers du *13ᵉ* s'étaient déployés sur la lisière entre le Iᵉʳ bataillon du *53ᵉ* et les compagnies du 7ᵉ bataillon de chasseurs, lesquelles avaient elles-mêmes poussé leurs tirailleurs jusque sur la crête de la longue croupe 342-305 (1).

Depuis la lisière du bois, les vues sont très imparfaites dans la direction du Nord, et c'est à peine si, de certains points de cette lisière, on peut découvrir quelques portions de la ligne de combat de la brigade Jolivet. D'ailleurs, la distance la plus faible qui séparait la position du *53ᵉ* des tranchées occupées par le 77ᵉ dépassait la portée efficace du fusil prussien. Pendant tout le cours de la journée, le combat fut donc très peu violent sur cette partie du champ de bataille, entre deux adversaires qui, ni l'un ni l'autre, — quoique pour des raisons différentes, — ne se souciaient d'en venir aux mains. A certains moments seulement, une fusillade plus intense s'engageait entre des tirailleurs qui, de part et d'autre, furent sans doute parfois poussés un peu en avant de leurs positions de combat. Lors de la première occupation des carrières du Point-du-Jour par des fractions du *33ᵉ*, en particulier, les tirailleurs du *53ᵉ* semblent s'être avancés sur la croupe 353 et avoir fusillé les compagnies du 77ᵉ qui combattaient avec des fractions du *33ᵉ*.

Certains auteurs militaires allemands (2) regrettent amèrement que les bataillons déployés sur la lisière Nord des bois de Vaux n'aient pas prononcé une vigoureuse attaque contre l'aile gauche du 2ᵉ corps. « Une marche en avant du groupe de combat du VIIᵉ corps, dit Kunz, faite avec décision et dirigée contre les car-

---

(1) *Geschichte des Westfälischen Jäger-Bataillons Nr. 7*. — Berlin, 1897.

(2) Fritz Hœnig et Kunz (*Vingt-quatre heures de stratégie* et *Kriegsgeschichtliche Beispiele, Heft 1*).

rières devait produire un grand succès. Si l'on estimait que les cinq bataillons déjà réunis sur ce point n'étaient pas suffisants, rien n'empêchait de les renforcer au moyen des réserves encore utilisables du VII° corps. Il nous manqua simplement d'avoir en cette circonstance un général de division qui, à une haute intelligence tactique, aurait joint une impétuosité et un élan que nous avons trouvés chez nombre d'officiers allemands dans des circonstances beaucoup moins favorables. C'était le moment de montrer de l'énergie, car une action vigoureuse aurait produit d'autres résultats que l'élan du général Steinmetz dans ses efforts continuels au delà de l'étroit chemin du ravin de la Mance. Malheureusement, le groupe de combat qui se trouvait sur la lisière du bois de Vaux était formé de troupes appartenant aux deux divisions du VII° corps et il lui manquait un chef décidé. »

Peut-être le major Kunz s'avance-t-il beaucoup en ne doutant pas du succès d'une telle attaque, mais on commettrait la même faute que lui en affirmant que cette attaque eût été victorieusement repoussée par un défenseur qui se trouvait, — *en supposant bien entendu qu'il se maintînt toujours sur le pied d'une défensive passive ainsi qu'il le fit partout au 2° corps*, — dans une situation très différente de celle qui lui était faite par le terrain auprès du Point-du-Jour. Il est possible, que les bataillons du 77° qui restaient, de parti pris, à peu près entièrement terrés dans les fossés de la grande route, d'où ils n'avaient qu'un champ de tir peu étendu (1), se fussent crus forcés d'évacuer leur position de combat devant un adversaire qui eût pu, d'un côté gagner les carrières par le revers occidental de la croupe 353, et de l'autre,

---

(1) Pour augmenter un peu l'étendue de leur champ de tir, les tirailleurs du 77° avaient surélevé le talus extérieur du fossé.

s'avancer à couvert jusque sur la croupe 342. Encore, faudrait-il tenir compte de ce fait important, que sur cette partie du champ de bataille, les Allemands ne possédaient pas une seule pièce d'artillerie, tandis que le général Frossard, manifestement préoccupé d'une attaque partant du bois de Vaux, disposait encore, à 7 heures du soir, de la plupart de ses batteries qui, — elles, — eussent battu plus facilement que l'infanterie le terrain avoisinant les bois.

Quoi qu'il en soit, on ne saurait nier que la discussion n'est possible sur ce sujet, qu'à la condition expresse de supposer le défenseur absolument passif dans les fossés qu'il occupait réellement et d'où, il est vrai, il ne sortit pour ainsi dire point. Mais il n'en est pas moins intéressant de constater, qu'à défaut d'esprit nettement offensif, il eût suffit à l'aile gauche du 2e corps d'organiser et d'occuper d'une manière tant soit peu rationnelle la partie du terrain qui s'étend entre les bois et la grande route, pour clouer à tout jamais l'infanterie prussienne sur la lisière des taillis et surtout pour empêcher des batteries d'en déboucher si par aventure le commandement allemand se fut avisé d'en amener de ce côté.

En se plaçant à ce point de vue, on voit donc que le projet du maréchal de Moltke d'attaquer *simultanément* par Gravelotte et *par le bois de Vaux* (1), présentait, au moins en principe, de grands aléas et qu'il escomptait, en fait, une impéritie incroyable de la part de son adversaire ; impéritie dont le défenseur se rendit d'ailleurs coupable.....

Quoi qu'il en soit, et pendant que le général d'Osten-Sacken s'avançait sous bois avec le IIe bataillon du *73e*,

---

(1) Ordre de 10 h. 30 du matin.

un fait important se passait dans les carrières du Point-du-Jour.

Vers 7 h. 45 (1), en effet, le capitaine Wobeser qui avait maintenu à la lisière du bois, le détachement hétérogène comprenant des hommes des *33ᵉ 39ᵉ* et *40ᵉ* (2), s'élançait à nouveau vers la pointe méridionale des carrières qu'il avait été forcé d'évacuer une première fois devant la contre-attaque de trois compagnies du 77ᵉ appuyées par le commandant de Brauneck du 76ᵉ et par quelques compagnies du 55ᵉ (3).

D'après les relations allemandes (4), le capitaine Wobeser aurait trouvé les carrières inoccupées par les troupes françaises. On se rappelle cependant que les trois compagnies du 77ᵉ qui avaient prononcé la contre-attaque dont il vient d'être question avaient poussé jusqu'au bord Sud-Ouest de ces carrières où elles avaient d'ailleurs fait un certain nombre de prisonniers. Les documents qu'on possède ne permettent pas de suivre d'une manière précise les opérations ultérieures de ces compagnies, non plus que celles des fractions du 55ᵉ et du 76ᵉ qui s'étaient avancées à leur suite. La seule indication qui paraît en contradiction avec la version allemande est donnée par le *Rapport* du général Jolivet (5) où il est dit qu'à la suite de la contre-attaque ordonnée au commandant de Brauneck, « la position avancée (c'est-à-dire sans doute celle qu'on venait de conquérir à l'extrémité des carrières) fut maintenue jusqu'à la fin

---

(1) A ce moment, par conséquent, le Iᵉʳ bataillon du *73ᵉ* marchait sur le Point-du-Jour, mais la tête de colonne du IIᵉ corps (*2* B. Ch.) n'avait pas encore franchi le ravin.

(2) En tout 88 hommes. Voir page 620, note 3.

(3) Voir pages 390 et suivantes.

(4) De Kunz et de Fritz Hœnig.

(5) Reproduit intégralement par le *Journal de marche* de la 2ᵉ brigade de la 1ʳᵉ division du 2ᵉ corps.

de la journée (1) ». Mais cette indication générale n'est appuyée par aucun fait précis qui permette d'en vérifier l'exactitude, et le silence que gardent les *Rapports* ou *Historiques* sur un nouveau combat qui se serait déroulé sur ces « positions avancées » paraît bien plutôt démontrer que les compagnies françaises s'étaient repliées, tout au moins dans le voisinage de la grande route, sinon sur la route elle-même. Peut-être cette évacuation n'eut-elle lieu *qu'à la fin de la journée* ainsi que le dit le *Rapport* Jolivet, mais il paraît probable, en tout cas, qu'elle fut exécutée avant 7 h. 45, c'est-à-dire avant le nouveau mouvement offensif du capitaine Wobeser.

Celui-ci put donc progresser sans coup férir jusqu'à la lisière orientale des carrières en profitant des abris successifs que lui procurait une série de parois verticales et s'approcher ainsi jusqu'à faible distance de la ligne de combat de la brigade Jolivet. « C'était un gros succès, dit Kunz, et si on en avait eu connaissance à Gravelotte, on aurait certainement pu rompre et culbuter la position française, malgré toutes les difficultés que nous avons décrites. Malheureusement, le commandement supérieur ne sut absolument rien de l'occupation des carrières..... (2) »

Outre qu'il faille faire des réserves sur ces conclusions, en ce sens que la victoire escomptée par le major Kunz repose surtout sur l'hypothèse d'une organisation et d'une préparation de l'attaque du IIe corps absolument différentes de ce qu'elles furent en réalité, on doit observer que l'avantage que le commandement prussien aurait pu tirer de la situation réelle dans les carrières provenait beaucoup plus de la faute qu'avait commise la division

---

(1) Cette affirmation est reproduite par le *Journal de marche* de la 1re division, mais ne se trouve pas dans le *Rapport* du général Vergé.

(2) *Kriegsgeschichtliche Beispiele, Heft 1.*

Vergé, en négligeant de garder une sorte de forteresse naturelle importante, que du fait de son occupation, — très précaire, — par une poignée d'hommes qui fût restée à la merci du défenseur, si celui-ci l'eût voulu.....

Quoi qu'il en soit, il est à retenir ce fait que l'établissement du détachement Wobeser dans les carrières resta ignoré, non seulement du commandement supérieur à Gravelotte, mais même des deux généraux de Glumer et d'Osten-Sacken (1) qui, quelques instants plus tard, allaient tenter une attaque contre l'extrême gauche de la division Vergé.

Il était à peu près 8 heures quand le IIe bataillon du *73*[e] atteignit la lisière du bois de Vaux; là, il retrouva le IIIe bataillon de son régiment et les 1re et 4e compagnies du *13*[e] (2).

Le commandant de la *25*[e] brigade disposait alors de sept bataillons et demi, mais cinq d'entre eux se trouvaient assez éloignés vers l'Est et à cette heure tardive il était fort difficile de se rendre compte, à vue, de la situation des troupes amies, d'ailleurs en grande partie embusquées sous bois.

Le général de Glumer, présent sur les lieux, et fort mal renseigné lui-même, était, paraît-il, « partisan de la prudence ». Mais le général d'Osten-Sacken, « qui avait comme principe la véritable offensive prussienne », se décida, néanmoins, à attaquer l'aile gauche française, — c'est-à-dire les positions occupées par le 77e près du coude méridional de la grande route, — en passant par le Sud des carrières.

Il est impossible de préciser ici, faute de renseigne-

---

(1) Kunz. *Heft 1*.

(2) Ceci se passait donc à peu près au moment où la tête de colonne du IIe corps franchissait la Mance.

ments suffisants, les considérations qui, dans l'esprit du commandement local, ont motivé le choix de cet objectif de l'attaque. Mais si l'on admet la version de Kunz, d'après laquelle on était convaincu que *les grandes carrières étaient toujours en possession des troupes françaises*, on peut s'étonner de la direction donnée à une attaque qui, d'après les ordres supérieurs, devait se lier à celle du IIe corps, et qui allait, d'après ce qu'on croyait savoir, défiler devant un important point d'appui de la défense.

On sait que cependant le hasard des circonstances favorisa, au moins dans une certaine mesure, les troupes allemandes et atténua grandement les effets fâcheux qu'aurait pu avoir l'inconséquence du commandement.

Il était plus de 8 heures du soir lorsque les deux bataillons du *73e* s'avancèrent directement vers le coude de la grande route (1). Les quatre bataillons du *13e* et du *53e* s'ébranlèrent également vers le même objectif, mais un peu plus tard seulement. Grâce à l'obscurité déjà grande, le mouvement s'effectua d'abord sans attirer le feu du défenseur, dont l'attention était d'ailleurs accaparée, à ce moment, par le détachement du capitaine Wobeser avec lequel s'engageait une vive fusillade.

Il est impossible de trouver dans les documents qu'on possède les détails du combat que soutinrent, dans les carrières, les fractions du 55e, du 76e et du 77e avec le détachement en question. Kunz et surtout Fritz Hœnig sont, au contraire, excessivement précis sur les péripéties de cette lutte qui aurait consisté en une série d'au moins quatre contre-attaques françaises, — d'ailleurs toutes victorieusement repoussées ainsi qu'on

---

(1) Les 1re et 4e compagnies du *13e* ne paraissent pas avoir pris part au mouvement offensif. (D'après les conclusions de Kunz.)

pouvait s'y attendre, — et partant de points exactement déterminés par un croquis (1). Quel que soit le crédit qu'on puisse accorder à une relation aussi exacte d'un combat de nuit où les troupes allemandes ne se reconnaissaient pas toujours entre elles, ainsi qu'on va le voir, il paraît au moins avéré que le détachement Wobeser fut accueilli par une *très vive fusillade* de la gauche du 76ᵉ et de la droite du 77ᵉ (2). Peut-être pourrait-on admettre que pendant cette lutte certaines fractions des deux régiments (3) se levèrent successivement de leurs abris ou même s'avancèrent de quelques pas dans les carrières pour mieux tirer et qu'ils procurèrent ainsi à l'assaillant l'illusion de contre-attaques dont les documents français ne parlent aucunement (4).

Cependant, une accalmie ne tarda pas à se manifester dans les carrières où le faible détachement prussien, — réduit maintenant à une soixantaine d'hommes faisant tous face à la grande route, — craignit de ne pouvoir se maintenir s'il n'était pas secouru. Or, pendant que les officiers se concertaient sur ce qu'il y avait de mieux à faire, ils reçurent tout à coup des coups de feu venant de l'arrière (5). C'était un détachement prussien qui s'avançait au combat et dont Kunz ne peut parvenir à

---

(1) *Skizze der Steinbrucke von Rozerieulles nach der Aufnahme am Tage nach der Schlacht.* (Fritz Hœnig.)

(2) L'*Historique* du 76ᵉ place cet épisode du combat à 9 h. 30. Cette heure paraît trop tardive.

(3) Appartenant sans doute à $\frac{1}{76}$ et $\frac{1}{77}$.

(4) L'*Historique* du 77ᵉ parle seul d'une charge à la baïonnette; mais elle fut manifestement dirigée contre la ligne de combat du général d'Osten-Sacken (*troupe débouchant en force des bois*). D'ailleurs, Kunz n'est pas éloigné d'admettre lui-même, lorsqu'il relève les contradictions qui existent entre les divers rapports et historiques prussiens, que la lutte se réduisit, *sur le front*, à un combat de mousqueterie.

(5) Kunz. *Heft 1*.

établir l'identité. Il ne serait pas impossible cependant que les nouveaux arrivants fissent partie des deux bataillons de gauche du général d'Osten-Sacken, car l'*Historique* du *73e* régiment prussien relate que l'attaque fut dirigée à la fois contre la grande route et *contre les carrières* (1). Bien que Kunz ne pense pas que le fait soit exact, il ne le nie pas absolument et remarque, en concluant, « que beaucoup de choses étaient possibles en ce soir de malheur et que de semblables faits se sont passés ailleurs (2) ».

Il est, en outre, assez difficile de négliger cette indication caractéristique donnée par l'*Historique* du *73e*, savoir : que les compagnies des IIe et IIIe bataillons déployées sur une seule ligne craignaient d'être prises en flanc par les troupes françaises supposées embusquées dans les carrières, indication qui explique tout naturellement la fusillade qui fut dirigée par l'aile gauche du *73e*, soit contre le détachement Wobeser lui-même, — lequel faisait alors face à la grande route, — soit, par-dessus ce détachement, contre la ligne de combat des troupes adverses.

D'ailleurs, il semble que cette fusillade fut d'assez courte durée, et que le général de Glumer, toujours convaincu de la présence de l'ennemi dans les carrières, ne tarda pas à donner le signal de la retraite et à prescrire « de se borner à tenir fortement le contour des bois (3) ».

Le deux bataillons du *73e* se retirèrent donc, — en bon ordre, — et se rassemblèrent près de la lisière des taillis qu'ils venaient de quitter.

---

(1) *Geschichte des Fusilier-Regiments General-Feldmarschall Prinz Albrecht von Preussen Nr. 73.* — Berlin, 1891.
(2) *Heft 1.*
(3) *Historique du Grand État-Major prussien.*

Pendant ce mouvement de retraite les bataillons du 13ᵉ et du 53ᵉ poussèrent, — beaucoup plus à l'Est, — leurs tirailleurs jusqu'à courte distance de la grande route : mais un feu rapide du 77ᵉ suivi d'une contre-attaque à la baïonnette les força à reculer. D'ailleurs, l'ordre de retraite du commandant de la 13ᵉ division dut leur parvenir peu de temps après, et ils rétrogradèrent également vers les bois.

L'attaque du général d'Osten-Sacken venait donc d'échouer complètement, et il n'est pas sans intérêt de constater combien l'indécision qui régnait sur la véritable situation dans les carrières fit lourdement sentir son action sur les ordres successifs du commandement : *avant* l'attaque, en orientant le général de brigade vers un point excentrique comme s'il eût voulu tout simplement *faire quelque chose*, sans toutefois se heurter à un point d'appui qu'il considérait probablement comme trop important pour qu'il en eût raison, et en inspirant au général de division une prudence qu'il n'eut cependant pas l'énergie de faire prévaloir ; *pendant* l'attaque elle-même, en occasionnant une méprise qui exalta les craintes du général de Glumer et lui fit arrêter un mouvement qu'il eût sans doute mieux fait de ne pas autoriser dans les conditions désavantageuses où il fut ordonné, mais qui, une fois entamé, exigeait peut-être d'être poussé à fond pour éviter un désastre possible.

Cependant la lutte dans les carrières n'était pas encore terminée.....

Autant pour faire cesser le feu des troupes amies que pour chercher du renfort, le capitaine Wobeser remit le commandement à l'un des lieutenants présents et se porta personnellement vers les bois. Soit qu'il eût pris une direction différente de celle d'où venaient les coups de feu, soit que le *73ᵉ* eût déjà commencé sa retraite et se fût perdu dans la nuit, l'officier ne rencontra personne sur son chemin. Aussi obliqua-t-il vers Saint-Hubert et se trouva-t-il bientôt en présence des fractions du *2ᵉ* bataillon de chasseurs qui s'étaient aventurées comme on sait vers les carrières (1).

Il devait être alors au moins 8 h. 30.

Le détachement de la *4ᵉ* compagnie de chasseurs fut conduit en une position de soutien dans la partie Sud-Est des carrières, tandis que la 2ᵉ compagnie s'arrêtait plus en arrière, sur la lisière même.

Pendant ce temps, la fusillade s'était rallumée entre le détachement Wobeser et les défenseurs de la route (2). Mais de nouveaux égarés du IIᵉ corps ne tardaient pas à faire leur apparition sur le lieu du combat. Cette fois, c'était la 11ᵉ compagnie du *54ᵉ* qui arrivait vers les carrières et se plaçait en réserve à l'extrémité méridionale de celles-ci, tandis que quelques fractions du *39ᵉ* et du *40ᵉ* se réunissaient sur la lisière Nord-Est (3).

Enfin, et après l'arrivée de ces détachements, se produisit une contre-attaque française dirigée contre le flanc droit des troupes prussiennes, c'est-à-dire contre les fractions du *2ᵉ* bataillon de chasseurs placées près de la lisière Sud-Est des carrières (4). Il est possible, que la contre-attaque dont il s'agit eût été réellement prononcée par une partie du 77ᵉ (sans doute alors le

---

(1) $\dfrac{2 \text{ et fr. } 4}{2 \text{ B. Ch.}}$.

(2) Il s'agirait encore, d'après Kunz et Fritz Hœnig, d'une contre-attaque française (?), — victorieusement repoussée comme toutes les précédentes......

(3) Voir page 659. Les deux bataillons du *14ᵉ* qui suivaient la compagnie du *54ᵉ* s'avancèrent jusqu'auprès des carrières et s'arrêtèrent, à la nuit, face aux positions du 55ᵉ, avec lequel ils engagèrent le feu.

(4) Kunz. *Heft 1*.

Ier bataillon), bien que la charge à la baïonnette que relate l'*Historique* du régiment, — et dont il a déjà été parlé, — paraisse plutôt avoir eu pour objectif les tirailleurs du général d'Osten-Sacken.

Il paraît tout au moins établi que la lutte se ralluma alors vivement dans les carrières et sur la partie du terrain qui l'avoisine au Sud. Mais il ne semble pas qu'il soit résulté de ce combat une décision quelconque, car chacun des adversaires conserva ses positions au milieu d'une obscurité qui devenait de plus en plus profonde. Au reste, la sonnerie de : *Cessez le feu !* ne tarda pas à se faire entendre (vers 9 h. 30), et sur cette partie du champ de bataille, la fusillade s'éteignit plus rapidement que dans le voisinage du Point-du-Jour.

Il était 10 h. 30 du soir quand le capitaine Wobeser, craignant d'être enveloppé le lendemain matin par des forces supérieures, se décida à ramener son détachement vers les bois en chargeant la 11e compagnie du *54e* de protéger sa retraite.

*
* *

Lorsqu'à partir de 10 heures du soir le silence se fit presque complet sur le champ de bataille de la Ire armée (1), les troupes prussiennes n'étaient guère plus avancées que vers 4 heures de l'après-midi. Non seulement les positions de la défense n'avaient été entamées sur aucun point, mais presque toutes les attaques allemandes, — quelquefois formidables par l'effectif,

---

(1) Il y eut encore cependant par instants, et jusqu'à une heure avancée de la nuit, de courts moments de fusillade provoqués par les mouvements de troupes dont il va être question.

engagé, sinon par l'art qui présida à leur organisation, — avaient été rejetées ou s'étaient disloquées d'elles-mêmes, dans des conditions telles que le résultat final pouvait être considéré comme un sérieux échec. Le IIe corps, sur lequel on avait primitivement compté pour donner le coup de grâce à l'adversaire, était à peine parvenu à pousser quelques compagnies jusqu'aux fusils du défenseur, et la plus grande partie du corps d'armée se trouvait éparpillée, aux hasards de mouvements effectués dans l'obscurité, sur les deux rives de la Mance. C'était lui, cependant, qui constituait, de beaucoup, la troupe la moins désorganisée sur laquelle on put compter pour protéger le ralliement de la Ire armée.

On résolut donc, au grand quartier général, de reformer aussi bien que faire se pourrait, le corps du général de Fransecky sur la rive gauche de la Mance, pendant que l'infanterie des VIIe et VIIIe corps se rassemblerait plus en arrière sur le plateau de Gravelotte.

Au IIe corps, les *7*^e et *8*^e brigades furent placées près de Saint-Hubert, de part et d'autre de la grande route (1), puis elles installèrent des avant-postes dont les mouvements provoquèrent sur plusieurs points, et en particulier devant Moscou, une série de fusillades, d'ailleurs très localisées. La *3*^e division se réunit peu à peu entre Saint-Hubert et le ravin.

Les fractions des VIIe et VIIIe corps qui n'avaient pas été atteintes par les nombreuses paniques de la soirée rétrogradèrent peu à peu sur le plateau de Gravelotte et de la Malmaison, et la *1*^{re} division de cavalerie recula jusqu'auprès de Rezonville. Mais cette retraite dura toute la nuit et « il faut même s'étonner, dit Fritz Hœnig, que dans des circonstances aussi pénibles, on ait pu

---

(1) C'est dans ce but que les fractions de la *4*^e division qui avaient repassé le ravin furent rappelées à Saint-Hubert.

— *au milieu de l'obscurité* — venir à bout de cette tâche, comme on l'a fait ».

Enfin, lorsque le feu se fut éteint sur le front de combat de la Ire armée, le général Steinmetz rentra à Gravelotte où il reçut, seulement alors, le compte rendu du général de Goltz lui annonçant l'issue du combat de la *29e* brigade devant Sainte-Ruffine.....

XI. — **La nuit du 18 au 19 août et la retraite sur Metz.**

La retraite de l'aile droite française, — On sait déjà dans quelles désastreuses conditions le 6e corps, — entraînant avec lui quelques fractions du 4e, — commença sa retraite sur Woippy pendant que le canon tonnait encore du côté de Saint-Privat. Il n'y a donc à revenir ici sur ce sujet que pour relater les événements qui marquèrent la fin du mouvement rétrograde des troupes du maréchal Canrobert vers Metz.

Les commandants Lonclas et Caffarel avaient été successivement envoyés à Plappeville, à partir de 7 h. 30 du soir, autant pour demander des ordres au grand quartier général que pour lui rendre compte de la situation du combat. Mais comme, autour de Saint-Privat, la retraite ne tardait pas à s'imposer et qu'on ne pouvait attendre le retour des deux officiers d'état-major, le commandant du 6e corps se décida à exécuter, — à défaut d'autres prescriptions, — celles qui lui avaient été transmises par son sous-chef d'état-major lorsque celui-ci était rentré de Châtel-Saint-Germain au début de la bataille.

D'après ces prescriptions, le 6e corps devait bivouaquer *entre le saillant Nord du fort Moselle et le Sansonnet*. Mais la hâte qui présida à la mise en route des divers échelons du corps d'armée, le désordre qui accompagna la retraite et sans doute aussi l'impossibilité de se reconnaître, par une nuit noire, au milieu d'un encombrement considérable, eurent pour résultat d'éparpiller les divers corps de troupe dans tout l'espace qui s'étend entre le Ban-Saint-Martin, le fort Moselle et Woippy. Les deux batteries de la division Levassor-Sorval (7ᵉ et 8ᵉ du 18ᵉ), qui avaient quitté le champ de bataille de très bonne heure pour aller se ravitailler au parc mobile du commandant Maignien (1), s'arrêtèrent même près de Plappeville après avoir perdu plusieurs voitures au milieu de la panique qu'on a déjà décrite et qui se manifesta vers 7 heures sur la route de Saulny (2).

L'infanterie de la 1ʳᵉ division arriva vers 11 heures à Woippy et établit son bivouac entre la voie ferrée et le chemin vicinal qui conduit directement à Metz par le Sansonnet, à l'exception, toutefois, du 10ᵉ de ligne, qui s'avança jusqu'à la porte de Thionville.

Le 9ᵉ régiment s'était trouvé morcelé en deux fractions sur le champ de bataille même. Les IIᵉ et IIIᵉ bataillons s'engagèrent sur la route de Saulny à la suite de la division Tixier, mais le Iᵉʳ bataillon se retira par la forêt de Jaumont et les bois de Fèves, de sorte qu'une partie du régiment s'arrêta au château Saint-Éloy, tandis que l'autre s'avança jusqu'à la gare de Devant-les-Ponts.

La division Levassor-Sorval, à peu près entièrement ralliée avant le commencement de la retraite, paraît avoir conservé plus de cohésion et parvint, malgré l'encombrement de la route, à se réunir en entier vers 1 heure du matin à la sortie de Woippy.

En revanche, la division La Font de Villiers fut très disloquée ; la 1ʳᵉ brigade se réunit vers 11 heures au Sud de Woippy ; le 93ᵉ, séparé d'elle, s'aventura jusque sur les glacis du fort Moselle ; le 94ᵉ, enfin, qui avait formé

---

(1) C'est-à-dire sur le plateau de Plappeville.
(2) Voir croquis nº 12.

l'extrême arrière-garde du 6ᵉ corps, dépassait Woippy et s'arrêtait, vers 4 heures du matin, à la Maison-Rouge.

Quant à la division de cavalerie du Barail, elle avait dû, pour pouvoir avancer, cheminer en dehors de la route en suivant la lisière des bois. Elle parvint ainsi à Saulny. Mais là, les embarras de voitures, les enchevêtrements de colonnes et l'obscurité séparèrent les régiments, qui n'arrivèrent que successivement aux bivouacs qu'ils occupaient le 14 août, c'est-à-dire : au Ban-Saint-Martin pour le 2ᵉ chasseurs d'Afrique et près de la porte de Thionville pour les 2ᵉ et 3ᵉ chasseurs de France.

A l'exception des deux batteries dont il a été question plus haut (7ᵉ et 8ᵉ du 18ᵉ), toute l'artillerie du 6ᵉ corps avait été réunie sur les hauteurs de la Croix qu'elle quitta par fractions successives au fur et à mesure de l'épuisement des munitions. Des six batteries placées sous les ordres du lieutenant-colonel de Montluisant, quatre arrivèrent à Woippy vers 2 heures du matin (5ᵉ, 7ᵉ, 8ᵉ et 12ᵉ du 8ᵉ), mais les deux autres (9ᵉ et 10ᵉ du 13ᵉ) gagnèrent le Ban-Saint-Martin, où arriva également pendant la nuit l'une des batteries (la 6ᵉ du 19ᵉ) de la division du Barail. La 5ᵉ batterie du 19ᵉ parvint isolément à la porte de Thionville. Les batteries du lieutenant-colonel Jamet (5ᵉ, 6ᵉ, 7ᵉ du 14ᵉ) établirent leur parc au Nord du fort Moselle, près de Devant-les-Ponts.

On voit par là que les éléments du 6ᵉ corps furent loin de se grouper sur le terrain qui avait été indiqué par l'ordre du grand quartier général; bien qu'il ne soit pas possible d'affirmer que le maréchal Canrobert ait formulé à ce sujet des prescriptions très précises, il semble qu'une des raisons principales de ce déplorable éparpillement doit être recherchée dans le désordre qui régnait dès 7 heures du soir sur la route de Woippy, désordre qui ne put qu'augmenter encore par l'afflux successif des troupes qui descendaient, au milieu des ténèbres, du plateau de Saint-Privat.

D'ailleurs, la colonne du 6ᵉ corps n'était pas la seule qui suivit la route de Woippy. La brigade de dragons du 4ᵉ corps, mise pendant l'après-midi à la disposition du maréchal Canrobert, fut entraînée par le mouvement général de retraite et arriva, vers minuit, au Sud de Woippy. Les batteries de la réserve du général de Ladmirault s'écoulèrent également par la même voie et arrivèrent aussi, mais à de longs intervalles (entre 11 heures et 3 heures du matin) auprès de Woippy. Enfin, le général de Cissey quitta après 8 h. 30 du soir la lisière du bois de Saulny avec les fractions de sa division qu'il était parvenu à retenir sur ce point. Il traversa les bois pour rejoindre la grande route et arriva vers 2 heures du matin à l'entrée de Woippy. Quant aux autres fractions d'infanterie de la division, elles refluèrent vers Lorry par le plateau Saint-Vincent; des détachements du 1ᵉʳ et du 6ᵉ de ligne n'atteignirent Woippy qu'à 4 heures du matin, sous la conduite du général de Ladmirault, et les 1ʳᵉ et 2ᵉ compagnies du 20ᵉ bataillon de chasseurs s'arrêtèrent vers minuit et demi à Lorry même.

L'artillerie du général de Cissey avait dû, comme on sait, s'arrêter près des carrières de la Croix en attendant qu'une place fût libre pour elle sur la grande route. Vers 9 heures, elle parvint à se mettre en marche. Mais les batteries n'avancèrent qu'avec une extrême lenteur au milieu d'obstacles de toute sorte et furent bientôt séparées en deux groupes; les 5ᵉ et 9ᵉ atteignirent le Sansonnet, mais la 12ᵉ dut s'arrêter près de Lorry. Enfin, les deux batteries de la réserve générale (6ᵉ et 7ᵉ du 13ᵉ) que le commandant Contamine avait amenées à Saint-Privat dans la soirée, descendirent jusqu'à Saulny, puis gagnèrent, par Lorry et Plappeville, le plateau du Saint-Quentin où elles établirent leur parc vers 2 heures du matin.

Pendant que le 6ᵉ corps et une partie du 4ᵉ s'écoulaient par la route de Briey, la division de Lorencez se réunissait, ainsi qu'il a déjà été dit, auprès de la ferme Saint-Vincent. La brigade Pradier (64ᵉ et 98ᵉ) restait seule sur le champ de bataille autour du château de Montigny et la brigade Bellecourt (5ᵉ chasseurs, 13ᵉ et 43ᵉ), qui s'était ralliée sur la lisière des bois de Saulny vers la fin de la journée, rétrogradait, entre 9 heures et 9 h. 30, par la route de Lorry, en même temps que les batteries du général Grenier (5ᵉ, 6ᵉ et 7ᵉ du 1ᵉʳ).

C'est sur ces entrefaites, c'est-à-dire très probablement vers 10 heures du soir, que les fractions de la Garde qui avaient poussé jusqu'à hauteur d'Amanvillers reçurent du général Bourbaki l'ordre de regagner leurs bivouacs.

A ce moment, il ne restait plus aucune autre troupe française sur la lisière occidentale du bois de Saulny, si ce n'est le 7ᵉ hussards (1). La brigade Jeanningros, les batteries du général Picard et les 3ᵉ et 4ᵉ batteries à cheval franchirent donc la bande du bois de Saulny, puis s'engagèrent sur la route du Gros-Chêne, suivies par la 2ᵉ brigade, par les 5ᵉ et 6ᵉ batteries à cheval, et par les 3ᵉ et 4ᵉ batteries du 17ᵉ (de la réserve du 3ᵉ corps). Les grenadiers atteignirent leurs bivouacs de Plappeville à partir de 11 heures du soir; les batteries à cheval de la Garde retournèrent à leur camp du Saint-Quentin, toujours suivies par les deux batteries de la réserve du 3ᵉ corps, qui passèrent la nuit à proximité du fort (2).

---

(1) Le 2ᵉ hussards, qui avait été provisoirement attaché à la division de grenadiers, bien que les guides fussent présents, paraît s'être retiré en même temps que la brigade Jeanningros. Il alla camper sur les glacis de Metz.

(2) Les 1ᵉʳ et 2ᵉ voltigeurs passèrent la nuit près de Châtel. Le reste de la 1ʳᵉ division de la Garde resta sur le mont Saint-Quentin pendant toute la journée du 19.

Tous les mouvements rétrogrades dont il a été question jusqu'ici, avaient été exécutés de la propre initiative des commandants de corps d'armée. Le maréchal Canrobert, pressé par le temps, s'était simplement inspiré de l'indication qu'il avait puisée dans l'ordre rapporté de Châtel par son sous-chef d'état-major, tandis que le général de Ladmirault, forcé d'abandonner le plateau d'Amanvillers, avait simplement rassemblé une partie de ses troupes sur le plateau Saint-Vincent (1), pendant que le reste de son corps d'armée était entraîné, malgré sa volonté, par celles du 6ᵉ corps sur Woippy.

Le grand quartier général pendant la soirée du 18 août. — En rentrant à son quartier général vers 7 heures du soir, le commandant en chef ignorait naturellement le désastre, — non encore consommé, — qu'allait éprouver le 6ᵉ corps à Saint-Privat. Il allégua plus tard qu'à ce moment de la journée, les comptes rendus qui lui étaient parvenus « n'étaient pas inquiétants (2) » et l'on sait par les *Souvenirs* du général Jarras qu'il sut faire partager à son chef d'état-major général l'optimisme qu'il n'avait cessé de manifester pendant tout le cours de l'après-midi.

Il est surprenant que le maréchal Bazaine n'ait considéré comme *inquiétants* ni le rapport que lui fit le capitaine de Chalus vers 3 heures, ni « l'avis pressant » qui lui fut expédié de Saint-Privat à 5 h. 30 et dans

---

(1) Le lieutenant-colonel Saget paraît avoir communiqué vers 5 heures au général de Ladmirault l'ordre de retraite pour le 19, — ou au moins l'extrait concernant le 4ᵉ corps. — Le commandant de ce corps d'armée savait, dans tous les cas, qu'il devait se replier entre le Sansonnet et Lorry. (Voir *Conseil d'enquête*, séance du 23 février 1872 et *Procès Bazaine*, page 232.)

(2) *L'Armée du Rhin*, par le maréchal Bazaine.

lequel le maréchal Canrobert accentuait la gravité de la situation et le manque de munitions (1).

Il devient, en outre, tout à fait incompréhensible que les comptes rendus qui lui arrivèrent de l'aile droite française, depuis le commencement de la bataille, ne lui aient pas fait concevoir des craintes sérieuses, car on se rappelle qu'il avait lui-même prévu le cas d'un mouvement enveloppant de l'ennemi par le Nord et qu'il avait insisté sur la nécessité de tenir ferme à Saint-Privat pour permettre à toute l'armée d'exécuter, — *sans y être forcée par l'ennemi*, — ce qu'il appelle par euphémisme *un changement de front en arrière* (2).

En admettant d'ailleurs qu'il ait pu conserver l'espoir de maintenir des positions de combat considérées par lui comme « inexpugnables », il est absolument inadmissible qu'il soit resté dans le doute sur l'importance de la bataille, car la violente canonnade qu'il avait entendue devait forcément le convaincre qu'il s'agissait d'un engagement général sur tout le front de son armée.

Enfin, fait tout à fait caractéristique et qui montre à quel point le Maréchal s'engageait de propos délibéré dans un dédale de restrictions et de mensonges, il ne trouva, pour rendre compte à son souverain de la lutte grandiose qui venait de se dérouler pendant tout le cours de l'après-midi, que ces seul mots :

« ..... J'arrive du plateau. L'attaque a été très vive. En ce moment, 7 heures, le feu cesse. Nos troupes constamment restées sur leurs positions. Un régiment, le 60ᵉ (3), a beaucoup souffert en défendant la ferme de Saint-Hubert (4). »

---

(1) *Note* du maréchal Canrobert.
(2) *Lettre* du maréchal Bazaine au maréchal Canrobert, 18 août, 10 heures du matin.
(3) Il faut évidemment lire : le 80ᵉ.
(4) *Dépêche* du maréchal Bazaine à l'Empereur (en réponse à une

Or, la douloureuse vérité était celle-ci : le commandant en chef, s'il revenait effectivement *d'un plateau*....., n'en était pas moins resté, pendant les quelques heures où il consentit à quitter son appartement de Plappeville, à 4 kilomètres sur les derrières du véritable champ de bataille ;

A 7 heures, le feu ne cessait pas...... ; la canonnade, au contraire, se rallumait plus violente que jamais sur tout le front de combat et si, à ce moment, les troupes françaises n'avaient pas encore abandonné leurs positions, l'une des deux formidables attaques que les armées prussiennes tentaient simultanément aux deux ailes allait définitivement décider du succès en faveur des Allemands ;

Enfin, ce n'était pas *un* régiment qui avait beaucoup souffert, mais bien quatre corps d'armée entiers, qui avaient combattu avec une admirable bravoure pendant près de sept heures en laissant 13,000 hommes sur le terrain......

Pendant toute la journée du 18 août, comme pendant toute celle du 16, le commandant en chef n'eut en réalité qu'une seule préoccupation : se ménager la possibilité de replier son armée sous la protection des forts de la place. S'il manifesta, dans la matinée, quelque appréhension au sujet de son aile droite, le canon, dès qu'il se fit entendre, lui fit reporter toute son attention vers la haute vallée de la Moselle, par laquelle il craignait que l'en-

---

demande au sujet de l'approvisionnement de Verdun). Cette dépêche, rédigée par le Maréchal à 7 heures, comme l'indique le texte même (*), ne fut transmise par l'état-major qu'à 8 h. 20. Elle ne put d'ailleurs être expédiée au camp de Châlons, ainsi qu'en rendit compte le directeur du télégraphe à 8 h. 50.

(*) Et contrairement, par conséquent, à l'allégation des *Épisodes*, page 105 d'après laquelle elle serait datée de 7 h. 50.

nemi ne fît irruption sur la seule route qu'il se plût à considérer, c'est-à-dire sur celle qui passe à Moulins.

Il est vrai que plusieurs comptes rendus lui avaient signalé l'apparition de forces importantes dans la direction du Sud. Il s'avait qu'Ars était occupé en force par les Prussiens (1). Vers 1 heure de l'après-midi, il avait appris, par les plantons postés sur le Saint-Quentin, que des masses considérables passaient la Moselle et montaient par la vallée de Gorze (2). Enfin, il continuait à admettre qu'une armée de réserve commandée par le roi Guillaume était toujours sur la rive droite de la Moselle, prête sans doute à se jeter sur son flanc gauche par le Sud de Metz (3).

Il apparaît donc que dans l'état des connaissances du maréchal Bazaine sur la situation de l'ennemi, il était naturel de prévoir l'éventualité d'une attaque par la haute vallée de la Moselle et par la plaine de Frescaty. Au reste, la légitimité d'une pareille supposition n'est plus niable aujourd'hui puisqu'elle fut précisément consacrée, au moins dans une certaine mesure, par les événements eux-mêmes. En outre, il était évident que, dans la situation où se trouvait l'armée française depuis le

---

(1) *Bulletin de renseignements* de la Garde, 18 août, 10 heures du matin.

(2) *Note* du colonel Melchior, chef d'état-major de l'artillerie de la Garde (*Épisodes de la guerre de 1870*, p. 104).

(3) Cette armée de réserve (de 100,000 hommes) avait été signalée le 17 août comme étant aux environs de Pange (*Lettre* du maréchal Bazaine à l'Empereur, 17 août). Le 18 à 2 heures le commandant en chef répétait la même chose au maréchal de Mac-Mahon (*Lettre* du maréchal Bazaine au maréchal de Mac-Mahon, Plappeville, 2 heures [d'après *L'Armée du Rhin*, page 77], expédiée à 4 h. 5 de Metz). D'ailleurs le général Blanchard, commandant du grand quartier général, confirmait, le 18, la présence du roi de Prusse au château d'Aubigny et l'arrivée du maréchal de Moltke *avec toutes les réserves prussiennes* (*20,000 hommes*)..... (?)

17 août, il était de la plus haute importance pour elle de mettre à l'abri du canon ennemi ses communications avec Metz, soit pour en tirer des approvisionnements et assurer ses évacuations après une bataille victorieuse, soit pour se replier vers la place, ainsi qu'elle fut obligée de le faire dans la réalité. Il faut toutefois remarquer que l'extrême aile gauche française, appuyée par le fort du Saint-Quentin, aurait pu être très facilement protégée contre le canon de l'adversaire, si l'on ne se fut pas contenté de prendre des mesures de sûreté dérisoires (1).

Si donc on ne peut imputer à crime au maréchal Bazaine l'*intention* qu'il eut de mettre la route de Moulins à l'abri des atteintes de l'ennemi, on doit lui reprocher hautement de s'être laissé complètement accaparer par cette seule préoccupation, sans d'ailleurs que son activité brouillonne et stérile fût parvenue à atteindre le seul résultat qu'il recherchait.

On a souvent écrit, à tort comme on va le voir, que le commandant en chef n'eut d'attention que pour son aile gauche, en comprenant sous cette dénomination les positions occupées par les troupes du 2ᵉ corps, et l'on a fait remarquer en même temps, — non sans raison cette fois, — que ces positions tiraient des formes mêmes du terrain et des accidents du sol, une grande force de résistance. Or, on ne relève ni dans les actes du maréchal Bazaine, ni dans ses écrits ultérieurs, les traces d'une telle attention. A l'exception de l'envoi de la 1ʳᵉ brigade de voltigeurs à Châtel-Saint-Germain dans le courant de la matinée (2), — envoi dont l'opportunité fut d'ailleurs presque immédiatement abandonnée à l'appréciation du

---

(1) Quelques compagnies de la brigade Lapasset à Jussy et Sainte-Ruffine, et trois compagnies de chasseurs de la Garde à Moulins, Maison-Neuve et Sainte-Ruffine. (Voir pages 151 et 185.)

(2) Voir page 182.

commandant de la Garde, — on constate au contraire qu'aux doléances que le général Frossard fit transmettre par le commandant Guioth sur la difficulté de défendre le plateau du Point-du-Jour, le Maréchal répondit simplement « que les positions (de l'armée) étaient très bonnes et que le commandant du 2ᵉ corps n'avait pas à se plaindre des siennes (1). ».

Il résulte de tout ceci, que l'unique préoccupation du Maréchal visa, non pas même l'*aile gauche* de son armée, mais seulement la partie de ses communications avec Metz qui passent au pied du Saint-Quentin. C'est cette portion de route qu'il avait très justement, — mais très inefficacement, — prescrit de protéger dès le matin (2), mais c'est elle aussi qui, grâce au parti pris bien arrêté qu'il avait de rentrer sous Metz, suffit à le détourner complètement de ses devoirs de commandant en chef.

Il est vrai qu'à la demande du commandant du 6ᵉ corps transmise par le lieutenant de Bellegarde, le Maréchal répondit par la promesse d'envoyer au secours de l'aile droite une division de la Garde et deux batteries de 12. Ces batteries furent effectivement mises en route par ordre du grand quartier général, mais on sait déjà combien il est douteux que le maréchal Bazaine ait bien réellement prescrit au général Bourbaki d'acheminer ses grenadiers vers Saint-Privat. Le commandant de la Garde affirme avoir pris lui-même cette initiative (3), et ne fait aucune allusion à des instructions qu'il aurait pu recevoir du Maréchal à ce sujet. D'ailleurs, le récit que le capitaine de Chalus fit de son entrevue avec le commandant en chef (4), démontre que celui-ci abandonna le projet qu'il avait formé en présence du lieutenant de

---

(1) Voir page 186.
(2) Voir page 185.
(3) Voir page 401, note 3.
(4) *Instruction du procès Bazaine.* Voir page 407.

Bellegarde, avant même qu'il se fût décidé à en prescrire l'exécution.

Lorsqu'il eut connu par un compte rendu du général Bourbaki la décision que celui-ci avait prise de conduire les grenadiers au Gros-Chêne, il se contenta de laisser faire son subordonné, sans lui donner la moindre instruction sur le rôle qu'il entendait lui réserver dans la bataille.

C'est seulement vers la fin de la journée que le commandant en chef, rencontrant *par hasard* le commandant de Beaumont, se décida enfin à donner à la Garde un ordre, sur la nature duquel les doutes subsistent (1).

Alors que le commandant de Beaumont affirme qu'il était chargé de dire au commandant de la Garde de rentrer au bivouac et d'en prévenir le maréchal Canrobert, le maréchal Bazaine, au contraire, prétend qu'il prescrivit au général Bourbaki *de se mettre en communication avec le commandant du 6ᵉ corps, mais d'éviter de s'engager à la légère* (2). Or, en admettant que la thèse soutenue par le commandant en chef fût la vraie, on ne saurait assimiler des propos aussi vagues et aussi pleins de restrictions, à un ordre ferme, ni même à une instruction générale susceptible de guider le chef d'une réserve de l'armée.

Il paraît hors de doute que si l'une des phrases que dit avoir prononcées le maréchal Bazaine fût parvenue au

---

(1) Voir page 412.

(2) Il est à noter que les dires du maréchal Bazaine ont varié sur ce point. Dans son ouvrage *L'Armée du Rhin*, il dit avoir prescrit au général Bourbaki « de se mettre *à la disposition* du maréchal Canrobert, tout en ne s'engageant pas à la légère, et de veiller sur sa droite ».

Dans ses *Épisodes* il s'agit de « *se mettre en communication* avec le maréchal Canrobert *et avec le général de Ladmirault* ».

On a déjà dit que ce fut l'ordre de retraite qui fut transmis par le commandant de Beaumont, mais que cet ordre ne fut suivi d'aucune exécution immédiate.

commandant de la Garde, celui-ci fût resté tout aussi indécis qu'il le fut en réalité, et il semble, dès lors, que l'intervention du commandement supérieur dans la bataille se réduisit, en fait, à la surveillance du pointage de quelques pièces d'artillerie sur le mont Saint-Quentin, et à l'envoi au 6e corps de deux batteries et d'une vingtaine de caissons de munitions.

De la part d'un commandant en chef qui détient entre ses mains le sort d'une armée et avec lui la destinée de tout un peuple, une telle conduite ne saurait mieux être assimilée qu'à celle d'un simple soldat qui abandonne son poste en présence de l'ennemi.....

On sait déjà avec quel désintéressement le Maréchal reçut, — vers 9 heures du soir, — la nouvelle de l'échec du 6e corps et avec quelle tranquille assurance il s'appliqua à rassurer les officiers qui lui avaient été envoyés par le maréchal Canrobert (1) pour lui annoncer une retraite qui devait, dans tous les cas, disait-il, s'effectuer le lendemain matin.

Lorsqu'à peu près au même moment, le capitaine de La Tour du Pin se présenta au grand quartier général, cet officier ne put naturellement rendre compte du mouvement rétrograde de l'aile droite du 4e corps, puisque ce mouvement n'était pas encore entamé lorsqu'il avait quitté Amanvillers; mais le commandant en chef ne lui en prescrivit pas moins de faire commencer immédiatement la retraite vers Metz (2) : « Je crus pouvoir affirmer au Maréchal, dit le capitaine de La Tour du

---

(1) Le commandant Lonclas, puis le commandant Caffarel. Voir page 527, note 1.

(2) Le général Jarras commet une erreur dans ses *Souvenirs* (p. 128), en ce qui concerne le compte rendu du capitaine de La Tour du Pin sur le mouvement rétrograde de la droite du 4e corps. (Voir *Procès Bazaine*, p. 282.)

Pin, que nous tenions nos positions (bien entendu je ne parlais que du 4ᵉ corps) ; que j'avais vu le général de Lorencez à Amanvillers ; que la brigade Pajol était à Montigny ; que le 3ᵉ corps était ferme dans ses lignes et qu'il venait de nous appuyer par l'envoi d'un régiment ; que la bataille n'était pas perdue, mais qu'elle était à recommencer le lendemain matin. » Le Maréchal me répondit : « Il s'agit bien de cela ! Nous devions nous en aller demain matin ; *nous nous en irons ce soir*, voilà tout ! (1) »

En sortant du cabinet du Maréchal, les officiers d'état-major des 4ᵉ et 6ᵉ corps reçurent du général Jarras l'ordre de mouvement qui avait déjà été communiqué dans la matinée aux sous-chefs d'état-major par le colonel Lewal (2), de sorte que le général de Ladmirault en eut connaissance vers 11 h. 30, à la ferme Saint-Vincent et qu'il parvint à 11 h. 45 au maréchal Canrobert alors arrivé à Woippy.

En attendant que ce même ordre fut expédié aux 2ᵉ et 3ᵉ corps par les soins du général Jarras, le commandant en chef écrivit la lettre suivante au général Frossard et au maréchal Lebœuf (3) :

---

(1) *Procès Bazaine*, déposition du capitaine de La Tour du Pin. Ces paroles sont en contradiction avec la thèse que présente le Maréchal dans ses *Épisodes* et d'après laquelle l'ordre de mouvement dont il va être question n'aurait été établi qu'en *prévision* d'une *retraite forcée*. Du moins, montrent-t-elles que la décision était déjà prise, dans l'esprit du Maréchal, de se replier sous Metz le 19 au matin quoi qu'il advienne.

(2) Voir page 179.

(3) Seul, l'exemplaire adressé au 2ᵉ corps a été retrouvé dans les archives, mais une annotation de la main du général Frossard indique que cette lettre était également destinée aux 3ᵉ et 4ᵉ corps. Le texte montre d'ailleurs qu'elle s'adressait surtout, dans l'esprit du maréchal Bazaine, au commandant du 4ᵉ corps dont il ignorait encore la retraite. Cependant, ni le général de Ladmirault, ni le maréchal Lebœuf ne font allusion à cette lettre..... Peut-être ne leur parvint-elle pas ?

                                                Plappeville, 18 août.

« A la suite des événements d'aujourd'hui, le maréchal Canrobert m'a fait connaître qu'il est dans l'obligation de se retirer par la route de Briey, de la position qu'il occupait à Saint-Privat-la-Montagne. Ce mouvement découvre votre droite, et je m'empresse de vous en prévenir afin que vous recommandiez la plus grande vigilance de ce côté. J'ajoute que vous recevrez bientôt, après la présente lettre, mes instructions relatives aux dispositions à prendre pour vous mettre dans les positions que commande la situation actuelle.

                                                « BAZAINE. »

Quant à l'ordre de mouvement dont il vient d'être question, il était ainsi conçu :

Ordre de mouvement pour la matinée du 19 août.

                                                Plappeville, 18 août.

« *La Garde* restera provisoirement dans ses campements. Elle aura en avant d'elle, et sur sa gauche, le 3ᵉ corps.

« *Le 2ᵉ corps* se portera par la grand'route en arrière de Longeville, s'établira perpendiculairement à la route, la droite à la montagne de Saint-Quentin. Il aura de forts avant-postes en avant de Longeville. Il aura en avant de son extrême droite la gauche du 3ᵉ corps établie à Scy, et en arrière, la division de cavalerie Forton.

« *Le 3ᵉ corps* prendra les deux routes qui aboutissent à Châtel-Saint-Germain et viendra occuper le plateau de Plappeville de la manière suivante : son extrême gauche sera aux villages de Scy et de Lessy, occupant par une forte grand'garde le moulin de Longeau. Le reste du corps sera sur le plateau de Plappeville et sa droite atteindra le village de Lorry. On fera faire les travaux de défense nécessaires à Scy, Longeau, Lessy, sur le plateau et à Lorry. Les parties Sud-Ouest des bois de Châtel-Saint-Germain et de Vigneulles devront être occupées; on y fera des abatis, des communications et des embuscades pour prévenir toute surprise de l'ennemi.

« Il aura à sa gauche le 2ᵉ corps et à sa droite le 4ᵉ corps.

« Il aura soin de ne pas se servir de la route de Saint-Privat à Plappeville par les bois de Lorry, qui est réservée au mouvement du 4ᵉ corps.

« *Le 4ᵉ corps* prendra la route de Saint-Privat à Plappeville par les bois de Lorry, puis, descendant du plateau à ce village, il établira sa gauche un peu au delà, contournant le pied de la montagne de Plappeville et descendant par l'arête du coteau du Coupillon jusqu'au Sansonnet où sera sa droite. Il aura à sa gauche le 3ᵉ corps et à sa droite le 6ᵉ.

« *Le 6ᵉ corps* prendra la route de Briey pour venir occuper sa nouvelle position. La droite au saillant Nord du fort Moselle et sa gauche au Sansonnet. Il aura à sa gauche le 4ᵉ corps.

« *La division du Barail* sera provisoirement attachée au 6ᵉ corps et campera avec lui. Un régiment sera toujours chargé d'éclairer la route de Thionville par de petits détachements poussés très au loin.

« *La division de Forton* campera derrière le 2ᵉ corps établi en arrière de Longeville et sera spécialement chargée de la surveillance de la Moselle en amont de sa position ; un régiment sera toujours chargé d'éclairer la route vers Ars-sur-Moselle. Ne pas occuper le Ban-Saint-Martin, destiné à la réserve d'artillerie de l'armée.

« *Les batteries de la réserve de l'armée* iront au Ban-Saint-Martin. Elles seront prêtes à marcher à 11 heures du matin, mais ne commenceront leurs mouvements que lorsqu'elles en recevront l'ordre.

« *A tout le monde.* Une distribution sera faite aussitôt

que possible, les voitures rechargées et tout préparé pour le mouvement, ainsi que les bagages. Les bagages et toutes les voitures partiront à 3 heures du matin.

« Les prévôts des corps et des divisions s'occuperont avec le plus grand soin de faire écouler les convois et de dégager les routes. Ils empêcheront le bruit et les cris. Les troupes se mettront en marche au jour, mais au plus tard à 4 h. 30 du matin. On ne fera aucune sonnerie, sauf la diane, et on se mettra en marche sans batterie, ni sonnerie.

« Dans les campements on ménagera les vignes autant que possible. »

Il est à remarquer que cet ordre, — rédigé très probablement au plus tard pendant la matinée du 18 (1), — ne fait aucune allusion aux mouvements vers le Nord des masses ennemies qu'on avait signalées au grand quartier général dès les premières heures de la journée. En fait, — et ceci n'est pas pour surprendre, après la connaissance que l'on a des errements que suivait alors le grand état-major général, — l'ennemi y est considéré comme inexistant, et, par suite, toute mesure de protection destinée à assurer, le cas échéant, la sécurité du mouvement rétrograde fait défaut.

En outre, il est tout à fait remarquable que ni le commandant en chef, ni le chef d'état-major général ne crurent devoir modifier le texte d'un ordre qui ne tenait aucun compte de la nouvelle situation créée par la

---

(1) D'après la *Relation* du général Henry, cet ordre fut reçu *pendant la bataille*. La *Note* du maréchal Canrobert, paraît indiquer qu'il parvint à Saint-Privat entre 1 h. 30 et 4 heures. Dans sa déposition au procès Bazaine, le Maréchal dit qu'il lui fut apporté par son sous-chef d'état-major. Le colonel Lewal l'aurait donc dicté à Châtel-Saint-Germain, contrairement à ce que dit le général Jarras (*Souvenirs*, page 129), relativement à la rédaction de l'ordre de mouvement.

bataille. L'adversaire, maintenant au contact, continuait à rester totalement ignoré et, pour se dérober à l'étreinte d'un ennemi vainqueur, les corps d'armée recevaient un ordre qui eût été déjà tout à fait insuffisant pour le cas où les armées allemandes fussent restées stationnaires depuis la veille.

On doit observer cependant que cet ordre tranche si nettement sur plusieurs points avec ceux qui avaient été dictés depuis le 14 août par le nouveau commandant en chef, qu'on est en droit de supposer que celui-ci se borna à en tracer les grandes lignes, mais qu'il resta, cette fois, étranger à sa rédaction. Fait à peu près inconnu jusqu'ici, en effet, le mouvement général était ordonné avec quelque apparence de méthode. Des heures de départ étaient indiquées; chaque corps d'armée disposait d'un itinéraire distinct et d'une zone déterminée pour l'établissement de ses bivouacs....., toutes choses qui constituent évidemment la partie la plus élémentaire du service d'un état-major, mais qui, il faut bien l'avouer, apparaissent presque comme une nouveauté dans l'histoire des tristes journées marquées par le commandement supérieur du maréchal Bazaine.

La retraite du 4ᵉ corps. — Il devait être à peu près 11 h. 30 quand le capitaine de la Tour du Pin rejoignit le commandant du 4ᵉ corps à la ferme Saint-Vincent et lui communiqua l'ordre de mouvement du grand quartier général. Il est cependant à noter que dans sa déposition devant le conseil de guerre de Trianon, le général de Ladmirault déclara que cet ordre fut transmis directement aux divisions et qu'il n'intervint pas pour donner le signal du départ[1]. La communication fut faite, en

---

[1] C'est-à-dire, en l'espèce, à la brigade Bellecourt et à la division de Lorencez, qui, seules, étaient présentes sur le plateau Saint-Vincent.

effet, par le capitaine de la Tour du Pin(1) avant qu'il eût rencontré le commandant du corps d'armée, et comme cet officier ne pouvait avoir trouvé dans les paroles que lui avait adressées le maréchal Bazaine qu'un ordre d'exécution immédiat, il présenta, au général de Lorencez — et probablement au général Bellecourt — la retraite prescrite comme devant être entamée de suite.

Dès 11 h. 30, la brigade Bellecourt se mettait en marche (2). Elle se dirigea sur Lorry, gagna la route de Saulny à Metz par le Sansonnet et installa son bivouac au hameau de la Ronde.

A minuit, la division Lorencez (3) rompait à son tour. Elle prenait le même itinéraire que la brigade Bellecourt. L'artillerie divisionnaire s'arrêtait au Sansonnet et l'infanterie campait à 4 heures du matin auprès de Devant-les-Ponts, entre le village et la voie ferrée de Thionville. L'artillerie de la 2ᵉ division (5ᵉ, 6ᵉ et 7ᵉ du 1ᵉʳ) avait suivi la 3ᵉ division et n'arrivait qu'au matin à la gare de Devant-les-Ponts. Enfin, le 7ᵉ hussards avait quitté vers minuit également la lisière des bois de Saulny. Arrivé à Lorry, il s'arrêta pour faire abreuver les chevaux et bivouaqua au Sansonnet vers 3 heures du matin.

---

(1) *Procès Bazaine.* Déposition du capitaine de La Tour du Pin.

(2) Cette heure n'est indiquée explicitement nulle part comme étant celle du départ de la ferme Saint-Vincent. Mais elle s'impose : 1º parce que personne, au 4ᵉ corps, ne paraît avoir tenu compte des indications fournies au lieutenant-colonel Saget sur les bivouacs à occuper le 19. Le général de Ladmirault déclare (*Procès Bazaine*) qu'il ignorait ces bivouacs; 2º parce que la brigade Bellecourt dut partir *avant* la division Lorencez, qui forma l'arrière-garde avec une de ses brigades et qui partit elle-même à minuit.

(3) Plus le IIIᵉ bataillon du 64ᵉ, mais moins les 1ᵉʳ et IIIᵉ bataillons du 33ᵉ, et le IIIᵉ du 65ᵉ, ce dernier ayant été affecté comme escorte à la réserve d'artillerie.

Quant aux deux bataillons du 33ᵉ qui étaient restés au château de Montigny avec le 41ᵉ, ils n'eurent connaissance de l'ordre de retraite que vers 1 heure du matin. Ils se mirent aussitôt en marche, mais n'arrivèrent à Devant-les-Ponts qu'à 9 heures.

Ces seules indications suffisent à montrer le désarroi qui régnait parmi les troupes des 4ᵉ et 6ᵉ corps aux premières lueurs du jour, le 19 août. En fait, il n'avait été tenu aucun compte des indications contenues dans l'ordre de mouvement du grand quartier général et relatives aux bivouacs. Le 6ᵉ corps était réparti, aux hasards d'une marche de nuit, entre le fort Moselle, Devant-les-Ponts et Woippy, et le 4ᵉ était éparpillé dans la même zone de terrain, alors qu'il eût dû se rassembler entre le Sansonnet et Lorry.

Les 2ᵉ et 3ᵉ corps pendant la nuit. — On a déjà dit les raisons pour lesquelles il est permis de douter que le commandant du 3ᵉ corps ait reçu l'ordre du maréchal Bazaine prescrivant indistinctement à tous les corps d'armée qu'il supposait être restés sur leurs positions de combat, c'est-à-dire aux 2ᵉ, 3ᵉ et 4ᵉ, de surveiller attentivement la direction de Saint-Privat. Dans l'esprit du commandant en chef, cet ordre devait surtout concerner le corps du général de Ladmirault, alors que par suite de la retraite de ce dernier la mission indiquée revenait effectivement à celui du maréchal Lebœuf.

En fait, aucune disposition particulière ne fut prise par le 3ᵉ corps, et ce furent les huit bataillons appartenant à la brigade Pradier et au 41ᵉ, qui couvrirent, comme on sait, par quelques grand'gardes échelonnées à l'Ouest et au Nord de Montigny-la-Grange, le point d'appui de l'extrême droite française.

Après la cessation du feu, le maréchal Lebœuf avait

simplement prescrit à son corps d'armée de conserver ses positions de combat (1).

A l'extrême droite du 3ᵉ corps, le 51ᵉ resta dans ses tranchées-abris, mais la plus grande partie de la 1ʳᵉ division fut ralliée en arrière du bois de la Charmoise, qu'on continua à occuper avec deux compagnies du 62ᵉ.

Le IIIᵉ bataillon du 95ᵉ passa la nuit dans les taillis où il avait combattu toute la journée, c'est-à-dire dans le bois des Génivaux (2).

La 2ᵉ division, — à l'exception du 41ᵉ qui resta à Montigny, — continua à occuper la ferme de Leipzig et les tranchées-abris situées plus au Sud (3).

La 3ᵉ et la 4ᵉ division stationnèrent également toute la nuit sur les positions qu'elles occupaient à 9 heures du soir, mais un bataillon et demi du 2ᵉ voltigeurs s'avança jusque sur les positions du général Aymard (4).

Pendant les premières heures de la nuit, la fusillade se ralluma par instants dans les environs de la ferme de Moscou avec les grand'gardes allemandes.

Les batteries des divisions s'étaient reformées en arrière de la crête, ainsi que celles de la réserve du corps d'armée.

Quant aux deux brigades de cavalerie, elles avaient reçu l'ordre de rentrer à Metz dès 7 heures du soir.

---

(1) *Rapport* du maréchal Lebœuf.

(2) Derrière la 1ʳᵉ division, les Iᵉʳ et IIIᵉ bataillons du 71ᵉ occupaient, comme on sait, le bois de Châtel. Le IIᵉ bataillon du 71ᵉ fut chargé par le général Montaudon de reconnaître la route de Saint-Privat à Châtel, à travers ces mêmes bois.

(3) Le 90ᵉ s'était rassemblé tout entier au Sud de Leipzig, entre le 19ᵉ et le 69ᵉ.

(4) 1, 2 $\frac{I}{80}$ et $\frac{III}{80}$ rétrogradèrent jusque dans le ravin de Châtel (peut-être auprès du IIᵉ bataillon, dont on ne retrouve pas de trace après l'évacuation de la ferme Saint-Hubert).

Leur retraite s'était effectuée par Châtel et Longeville, mais l'encombrement de la route par des voitures de toute sorte était tel que les cavaliers durent se faufiler au milieu d'elles en colonne par un. La marche fut très lente et les deux brigades n'installèrent pas leurs bivouacs avant 11 heures du soir, près de la porte de Thionville.

Le 2ᵉ corps conserva également pendant toute la nuit les positions qu'il avait si vaillamment défendues. Le 66ᵉ avait maintenu dans les fossés de la grande route les deux bataillons qu'il avait déployés à la fin de la journée de part et d'autre du Point-du-Jour (1). Plus au Sud, les bataillons du général Jolivet (76ᵉ et 77ᵉ) restaient aussi déployés le long de la chaussée de Metz.

En seconde ligne, et derrière le 66ᵉ, se trouvait le 67ᵉ. A la droite du 67ᵉ, la 1ʳᵉ brigade de la division Fauvart-Bastoul s'était ralliée face à l'Ouest et s'étendait en arrière de Moscou. La brigade Valazé s'était rassemblée auprès de son ancien bivouac, le long du chemin qui descend dans la vallée de Châtel.

La brigade Lapasset avait laissé le 97ᵉ à Sainte-Ruffine, où toutes les compagnies de ce régiment passèrent la nuit sur les emplacements qu'elles occupaient à la fin du combat.

La réserve d'artillerie du 2ᵉ corps s'était reformée dans ses bivouacs du matin avec trois batteries divisionnaires (2).

Quant à la division de cavalerie Valabrègue, on sait qu'elle avait quitté les environs de Longeau dès avant 5 heures pour aller bivouaquer au Ban-Saint-Martin.

---

(1) Les quatre premières compagnies du IIIᵉ bataillon du 85ᵉ occupaient la ferme.

(2) $\frac{6, 7, 8}{5}$. La 9ᵉ du 5ᵉ avait rétrogradé sur la route de Moulins. Les 5ᵉ et 12ᵉ du 5ᵉ bivouaquaient sur la lisière du bois de Châtel.

La retraite des 2ᵉ et 3ᵉ corps. — L'ordre de mouvement du grand quartier général ne parvint au maréchal Lebœuf et au général Frossard que vers 1 h. 30 du matin. Contrairement aux prescriptions qu'il contenait, la marche fut entamée dès 3 heures par l'artillerie du 3ᵉ corps et par la 1ʳᵉ division (1).

Les batteries de la réserve, suivies de celles des 1ʳᵉ, 2ᵉ et 3ᵉ divisions, descendirent directement du plateau de l'Arbre Mort sur Châtel-Saint-Germain, passèrent à Lessy et allèrent former le parc, au delà de Plappeville, sur les pentes du mont Saint-Quentin qui descendent vers Devant-les-Ponts. Toutes les batteries étaient accompagnées de leurs réserves. Le parc d'artillerie, qui avait reçu la veille l'ordre de se masser à Lorry, se rendit auprès de Plappeville à 6 heures du matin.

La 1ʳᵉ division se mit en marche en même temps que l'artillerie. Pendant qu'elle se rassemblait, les Iᵉʳ et IIIᵉ bataillons du 71ᵉ (2) et le 18ᵉ bataillon de chasseurs furent chargés de couvrir le mouvement en occupant le plateau de la Folie; puis le général Montaudon dirigea sa colonne sur Montigny et, de là, gagna la route de Châtel, route sur laquelle il retrouva le IIᵉ bataillon du 71ᵉ qui lui servit alors d'avant-garde. Mais lorsque la tête de la division arriva à Châtel, elle se heurta aux batteries qui descendaient de l'Arbre Mort, de sorte qu'elle dut tourner à gauche et gagner directement par de mauvais chemins le plateau de Plappeville où furent installés les bivouacs (3).

---

(1) D'après l'ordre de mouvement, les *bagages et toutes les voitures* devaient seuls partir à 3 heures. Les troupes ne devaient rompre qu'au jour et au plus tard à 4 h. 30.

Dès le début du mouvement, le maréchal Lebœuf fit prévenir le général Frossard qu'il se repliait.

(2) De la 3ᵉ division.
(3) Au Nord-Ouest du fort, la droite appuyée à Lorry.

Il était à peu près 4 heures du matin, lorsque le général Pradier s'aperçut que la division Montaudon battait en retraite. Resté sans ordres, il résolut d'en faire autant. Mais pendant qu'on réunissait les blessés encore valides qui se trouvaient dans la ferme de Montigny, le IIIe bataillon du 98e se mettait en marche à la suite des troupes de la 1re division du 3e corps, abandonnant ainsi sa brigade qu'il ne rejoignit que beaucoup plus tard.

De son côté le 41e avait également rompu les faisceaux. A 6 heures, il s'engagea sur la route de Châtel et suivit la colonne du général Montaudon.

Il était 6 h. 30, lorsque le général Pradier fit rompre à son tour les quatre bataillons qui lui restaient (1). Pendant qu'il se dirigeait sur Amanvillers pour atteindre la route du plateau Saint-Vincent, un escadron ennemi apparut dans la direction de Vernéville (2). Les deux compagnies du 98e qui se trouvaient encore en grand'garde sur le chemin bordé de peupliers exécutèrent quelques feux de salves qui forcèrent l'adversaire à rétrograder.

Arrivé à Amanvillers, le gros de la brigade prit la route de Lorry, dépassa cette localité et rejoignit ensuite les troupes du 4e corps parmi lesquelles le général de Ladmirault remettait, à ce moment, un peu d'ordre en leur faisant prendre, entre le Sansonnet et Lorry, les bivouacs indiqués par l'ordre de mouvement du grand quartier général.

Lorsque l'artillerie du 3e corps se fut écoulée vers Châtel, la 2e division (3) la suivit, protégée dans sa

---

(1) $\frac{I, II}{64}$, $\frac{I, II}{98}$.

(2) 2e escadron du 1er régiment de cavalerie hessoise, en reconnaissance vers un camp dont il avait aperçu les tentes entre Montigny et Amanvillers.

(3) Moins le 41e.

retraite par le 90ᵉ qui vint prendre position sur le plateau de l'Arbre mort avec une section de la 11ᵉ batterie du 4ᵉ. Après avoir dépassé Châtel, la division Nayral gagna le plateau de Plappeville et s'installa, vers 8 heures, à l'Ouest du fort.

Ce fut enfin le tour de la 3ᵉ division qui suivit le même itinéraire que la 2ᵉ jusqu'à Lessy, mais qui, de là, remonta les pentes du Saint-Quentin et établit son bivouac au-dessus de Scy et de Lessy.

Quant aux deux bataillons du 71ᵉ qui étaient restés sur le plateau de la Folie pour couvrir la retraite de la division Montaudon, ils avaient conservé leurs positions pendant deux heures environ. Ils rétrogradèrent ensuite sur Châtel ; mais pendant leur mouvement, des détachements de cavalerie apparurent dans les environs de la Folie et de Leipzig. Ces détachements appartenaient à l'escadron du 6ᵉ dragons prussien (IXᵉ corps) que le général de Wrangel avait dirigé de ce côté lorsqu'il avait appris la retraite des troupes françaises. Les cavaliers allemands durent s'arrêter devant une vive fusillade que dirigeaient sur eux les deux bataillons du 71ᵉ, depuis la lisière des bois. Les deux bataillons français ne durent abandonner que très tard leur poste de surveillance, car ils ne rejoignirent pas leur division avant 2 h. 30 de l'après-midi.

Pendant que la plus grande partie du 3ᵉ corps rétrogradait vers Châtel, le 2ᵉ se repliait vers Longeau.

Dès 2 heures du matin, en effet, le général Frossard avait donné l'ordre suivant :

Plateau de Châtel, 19 août, 2 heures du matin.

« Le 2ᵉ corps ira s'établir aujourd'hui en arrière de Longeville dans des positions qui seront indiquées ultérieurement.

« L'artillerie de réserve, les bagages du corps et

ensuite les batteries divisionnaires se mettront en mouvement aussitôt le présent ordre reçu.

« Les bagages et l'artillerie divisionnaire, restés sur le plateau, descendront par le chemin qui débouche à l'entrée de Châtel, du côté de la rivière (1). Tous les *impedimenta* iront se parquer dans les terrains libres en arrière de Longeville. Un officier de l'état-major général indiquera les emplacements.

« Le mouvement rétrograde des troupes commencera à 4 heures très précises du matin par la droite, c'est-à-dire par la 2e division ; la 1re division suivra ; la brigade Lapasset formera le dernier échelon et l'arrière-garde du corps d'armée. »

Il serait difficile, à la lecture de cet ordre, de se représenter comment l'état-major du 2e corps entendait organiser ses colonnes pendant la retraite qu'on allait entreprendre, car à l'exception des bagages et d'une partie de l'artillerie divisionnaire, nul itinéraire n'est indiqué. On ne peut donc que se borner à relater comment le mouvement s'exécuta réellement.

La réserve d'artillerie, suivie des batteries divisionnaires bivouaquées auprès d'elle, descendit dans le ravin de Châtel par l'ancienne voie romaine, dès que lui parvint l'ordre du général Frossard (2). Toutes les batteries rejoignirent leurs réserves dans le ravin, puis gagnèrent la grande route de Metz. Mais en approchant de Moulins, l'encombrement devint tel qu'on n'avança plus que très lentement. Les deux batteries de 12 du commandant Rebillot s'arrêtèrent à hauteur de Longeville ; les autres parvinrent jusqu'au Ban-Saint-Martin, où elles s'installèrent au hasard des emplacements

---

(1) C'est-à-dire par l'ancienne voie romaine.

(2) D'après le *Journal de marche* de l'artillerie du 2e corps (19 août), le départ aurait eu lieu à 2 heures. Il faut évidemment retarder un peu l'heure de ce départ.

laissés disponibles par les nombreuses troupes qui y stationnaient déjà (1).

C'est à la suite de l'artillerie du 2ᵉ corps que la 4ᵉ division du 3ᵉ, s'engagea également sur la voie romaine. Au moment de quitter ses tranchées-abris au Sud de Moscou, le général Aymard avait appelé le 11ᵉ bataillon de chasseurs en première ligne afin de couvrir le mouvement de retraite, tandis que les quatre compagnies du IIIᵉ bataillon du 85ᵉ continuaient à occuper la ferme du Point-du-Jour. La division gagna Lessy en passant par Longeau et installa son bivouac sur le versant occidental du mont Saint-Quentin; puis le IIᵉ bataillon du 44ᵉ fut envoyé en grand'garde à Lessy.

Quant aux deux divisions du 2ᵉ corps, elles paraissent s'être écoulées toutes deux par le ravin de Rozérieulles (2). Le mouvement commença dès 4 heures par la 1ʳᵉ brigade de la 2ᵉ division, que suivit bientôt la 2ᵉ brigade. L'évacuation du fossé oriental de la grande route par les deux bataillons du 66ᵉ se fit dans le plus grand calme, en présence des compagnies prussiennes qui avaient passé la nuit dans le fossé opposé et qui se contentèrent d'assister impassibles au rassemblement du régiment (3).

La 1ʳᵉ brigade de la division Vergé se mit alors en marche, tandis que le général Jolivet restait en position sur la chaussée pour protéger la retraite, jusqu'à ce que le gros de la colonne fût arrivé à hauteur de la brigade Lapasset, laquelle devait, à son tour, couvrir le mouvement général du 2ᵉ corps en formant l'arrière-garde.

---

(1) 3 D. C., $\frac{7,8}{20}$, $\frac{9,10}{13}$, $\frac{D.C}{2}$, 2 Ch. A., $\frac{6}{19}$.

(2) Au moins, cela est-il certain pour la 1ʳᵉ division. Ce n'est que vraisemblable pour la 2ᵉ.

(3) D'après les *Souvenirs* du général Devaureix, alors lieutenant au 66ᵉ.

La 2e division gagna, par le ravin de Châtel, la grande route de Moulins et vint établir ses bivouacs au Nord de Longeville, mais la 1re brigade de la 1re division, sans doute arrêtée par l'encombrement, déboîta vers la gauche et atteignit le village de Scy où elle s'arrêta pour faire le café. Elle se remit en route une heure plus tard, laissa le 3e bataillon de chasseurs à Scy, le 55e régiment à l'Ouest de Longeville, et alla former son bivouac sur les pentes de la butte Charles-Quint, c'est-à-dire à l'Est du fort Saint-Quentin.

La brigade Jolivet (76e et 77e) ne quitta ses positions (à l'Est des carrières du Point-du-Jour) qu'un peu avant 6 heures du matin. Au moment où le dernier bataillon du 77e évacuait les fossés de la grande route, une fusillade assez vive éclata soudain devant le front du 76e, c'est-à-dire dans la région du Point-du-Jour. C'étaient les postes avancés du 9e et du IIe bataillon du 61e prussiens qui ouvraient le feu sur les dernières fractions du 2e corps. Le 76e riposta vigoureusement et fit taire le feu de l'ennemi. Après quoi, le général Jolivet fit reprendre la retraite qui s'opéra par échelons sur Moulins et Longeville en passant par les hauteurs de Scy.

Quant à la brigade Lapasset, elle ne paraît pas avoir attendu que la brigade Jolivet eût entièrement défilé devant elle pour entreprendre son mouvement rétrograde, car le 84e se replia dès 6 heures avec la 7e batterie du 2e et la compagnie du 14e bataillon de chasseurs. La compagnie d'éclaireurs du 84e resta cependant en position sur la croupe 334 pendant plus d'une heure encore. On ne retrouve aucun renseignement précis sur l'évacuation de Rozérieulles par le 97e, mais il paraît probable qu'elle eut lieu à peu près en même temps que la retraite du 84e, c'est-à-dire avant que la 2e brigade de la 1re division eût défilé par Longeau. D'après le rapport du général Lapasset, le mouvement de sa brigade s'opéra par positions échelonnées entre lesquelles défila le gros des troupes. Comme d'ailleurs le général Jolivet rencontra la brigade mixte à Scy au moment où il y arriva lui-même, il paraît probable que le 84ᵉ se replia vers ce point en passant par le Nord-Est de Longeau, tandis que le 97ᵉ passait par Moulins.

De Scy, le général Lapasset conduisit sa brigade sur les pentes du Saint-Quentin qui aboutissent à Devant-les-Ponts, c'est-à-dire sans doute derrière les bivouacs de la 1ʳᵉ division. Il était alors 11 heures du matin.

On voit par ce qui précède que les 2ᵉ et 3ᵉ corps avaient abandonné le plateau de Leipzig et du Point-du-Jour de très grand matin, et qu'entre 7 et 8 heures, aucune fraction de ces deux corps d'armée ne se trouvait plus à l'Ouest du ravin de Châtel (1).

Or, fait curieux, et qui ne paraît correspondre à aucun plan d'ensemble de la part du commandement supérieur, le général Deligny prescrivait à 7 heures au 4ᵉ voltigeurs d'aller relever, sur l'éperon de Châtel-Saint-Germain, la 1ʳᵉ brigade de sa division. A 9 heures, ce régiment arriva, effectivement, à Châtel, et déploya ses bataillons dans les tranchées-abris des 1ᵉʳ et 2ᵉ voltigeurs, tandis que ceux-ci reprenaient le chemin du mont Saint-Quentin où ils arrivaient vers 11 heures.....

A l'exception de trois bataillons de voltigeurs maintenus, on ne sait pourquoi, sur une position dont l'occupation ne pouvait, à elle seule, répondre à aucun but tactique, l'armée française se trouvait donc désormais entassée sur la rive gauche de la Moselle dans un étroit espace dont la ligne extérieure était jalonnée par Mou-

---

(1) Sauf, *peut-être* les deux bataillons du 71ᵉ, dont il a été question plus haut.
Le 4ᵉ voltigeurs était, comme on va le voir, dans le bois de Châtel.

lins, les glacis du fort de Plappeville, Lorry, Woippy, et Saint-Éloy.

D'une manière générale, les corps d'armée qui avaient rétrogradé sous Metz pendant la matinée du 19 août, avaient pu effectuer leurs mouvements sans être inquiétés par l'ennemi. Bien que l'encombrement ou l'étroitesse de certains chemins eussent rendu la marche lente et pénible, les corps du général Frossard et du maréchal Lebœuf conservèrent un assez bon ordre et, à l'exception d'assez nombreux isolés qui ne rejoignirent leurs régiments que plus tard, tout le monde se retrouva groupé dans les bivouacs par unités constituées.

Seuls, les 4ᵉ et 6ᵉ corps, étaient, comme on sait, passablement mélangés et disloqués à la suite d'une retraite qui s'était effectuée en pleine nuit. Mais, dès le matin du 19, le général de Ladmirault et le maréchal Canrobert, avaient fait rectifier les bivouacs en se conformant, au moins en partie, aux prescriptions de l'ordre de mouvement du grand quartier général. C'est ainsi que le 4ᵉ corps s'installa, par divisions accolées, entre Lorry et le Sansonnet (1) et que le 6ᵉ corps se reforma entre le Sansonnet et la Moselle (2).

D'autre part, la réserve générale d'artillerie reçut dès

---

(1) La 1ʳᵉ division sur la hauteur du Coupillon; la 2ᵉ division à sa gauche; la 3ᵉ division entre celle-ci et Lorry; la division de cavalerie sur les glacis du fort Moselle, près de la porte de Thionville. A 4 heures de l'après-midi, la réserve d'artillerie dégageait le Ban-Saint-Martin et allait camper dans l'île Chambière. Le quartier général s'installait au Sansonnet.

(2) La 1ʳᵉ division dans la plaine de Saint-Éloy, face au Nord; le 9ᵉ de ligne à sa gauche et à l'Est de la route de Thionville; la 3ᵉ division entre cette route et la voie ferrée; la 4ᵉ division entre celle-ci et le Sansonnet; la division de cavalerie au Nord-Est de la route de Thionville (à 300 mètres du fort Moselle). Le quartier général du corps d'armée à Devant-les-Ponts.

le matin l'ordre de se rendre au Ban-Saint-Martin, tandis que la 3ᵉ division de cavalerie, qui se trouvait en ce point, allait camper dans l'île Chambière.

On peut donc dire que vers le milieu de la journée du 19, toutes les grandes unités de l'armée se trouvaient réformées et placées dans la main de leurs chefs respectifs. Si l'on se reporte par la pensée à la marche inverse qui, commencée le 14 août par le 2ᵉ corps, ne s'acheva que dans la matinée du 16 pour le 4ᵉ, on serait tenté de trouver ce résultat tout à fait remarquable. En réalité, il ne fait que ressortir d'une manière frappante l'impéritie du haut commandement qui, après Borny, s'entêta dans cette incompréhensible décision de faire défiler toute une armée par une seule route. Et c'est ainsi que quelques jours à peine après que cette faute irréparable eût été consommée, les événements, montraient combien il eût été aisé de faire écouler l'armée en quatre colonnes pour gagner, pendant la journée du 15, le plateau de Saint-Privat, Moscou et, de là, celui de Vionville, Doncourt.....

Il faut toutefois remarquer, — si l'on veut se représenter, au moins d'une manière approchée, l'état dans lequel se trouvait l'armée au lendemain de la bataille de Saint-Privat, — que l'ordre matériel, tel qu'il paraît résulter du ralliement des grandes unités, était plus apparent que réel. Certaines fractions, et plus particulièrement celles qui appartenaient aux 4ᵉ et 6ᵉ corps, avaient été fortement éprouvées (1). En outre la plupart des régiments de ces deux corps d'armée avaient dû laisser leurs bagages sur le champ de bataille, par suite de l'absence des voitures qu'on avait envoyées à Metz dans la matinée du 18 pour y chercher des vivres. Certains bataillons, tels que ceux de la division de Cissey

---

(1) Voir le tableau ci-contre.

LA GUERRE DE 1870-1871.

	PERTES EN		NOMBRE DE			EFFECTIF MOYEN des HOMMES DISPONIBLES par			POUR CENT DES PERTES en hommes.			
	officiers	hommes	bataillons	escadrons (1)	batteries	bataillon	escadron	batterie	d'infanterie	de cavalerie	d'artillerie	
2ᵉ corps.												(1) Non compris les escadrons d'escorte du commandᵗ en chef $\left(\frac{2}{2\text{ ch}}\right)$ et $\left(\frac{5}{5\text{ huss}}\right)$ et du maréchal Canrobert $\left(\frac{6}{6\text{ ch}}\right)$.
1ʳᵉ Dᵒⁿ	15	289	13	»	3	565	»	145	3,8	»	1,8	
2ᵉ Dᵒⁿ	12	175	13	»	3	500	»	145	2,6	»	1,6	
Br. Lapasset	4	60	6¼	4	1	520	90	120	1,8	0	0,8	
Dᵒⁿ de cavⁱᵉ	»	1	»	18	»	»	100	»	»	0	»	
Résᵛᵉ d'artⁱᵉ	»	24	»	»	6	»	»	150	»	»	2,7	
3ᵉ corps.												
1ʳᵉ Dᵒⁿ	24	315	13	»	3	635	»	150	6,0	»	4,5	
2ᵉ Dᵒⁿ	3	72	13	»	3	580	»	140	0,8	»	2,5	
3ᵉ Dᵒⁿ	33	600	13	»	3	640	»	150	7,0	»	6,0	
4ᵉ Dᵒⁿ	47	788	13	»	3	625	»	150	9,5	»	4,5	
Dᵒⁿ de cavⁱᵉ (2)	1	»	»	24	»	»	110	»	»	0	»	(2) Le 10ᵉ chasseurs, bien qu'affecté depuis le matin au 6ᵉ corps, resta effectivement avec le 3ᵉ corps.
Résᵛᵉ d'artⁱᵉ	2	54	»	»	8	»	»	160	»	»	4,0	
4ᵉ corps.												
1ʳᵉ Dᵒⁿ	90	1826	13	»	3	665	»	140	20,7	»	7,6	
2ᵉ Dᵒⁿ	91	1621	13	»	3	630	»	145	19,2	»	9,0	
3ᵉ Dᵒⁿ	81	1711	13	»	3	690	»	145	18,6	»	7,4	
Dᵒⁿ de cavⁱᵉ	4	34	»	16	»	»	100	»	»	2,1	»	
Résᵛᵉ d'artⁱᵉ	6	120	»	»	6	»	»	155	»	»	13,0	
6ᵉ corps.												
1ʳᵉ Dᵒⁿ	78	1929	13	»	4	660	»	115	21,7	»	8,0	
2ᵉ Dᵒⁿ	12	460	3	»	2	465	»	165	10,9	»	5,7	
3ᵉ Dᵒⁿ	38	972	12	»	3	505	»	135	14,6	»	1,5	
4ᵉ Dᵒⁿ	60	1490	12	»	2	575	»	130	21,4	»	3,9	
Dᵒⁿ de cavⁱᵉ	6	47	»	13	2	»	105	155	»	2,5	4,2	
Garde.												
1ʳᵉ Dᵒⁿ	4	54	13	»	3	540	»	130	0,7	»	0	
2ᵉ Dᵒⁿ	1	48	10	»	3	465	»	120	0,2	»	2,2	
Dᵒⁿ de cavⁱᵉ	»	»	»	29	»	»	95	»	»	0	»	
Résᵛᵉ d'artⁱᵉ	»	»	»	»	6	»	»	140	»	»	0	
Résᵛᵉ de cavⁱᵉ.												
3ᵉ Dᵒⁿ	»	2	»	16	2	»	105	130	»	0	0	
Résᵛᵉ gˡᵉ d'artⁱᵉ.												
13ᵉ	»	14	»	»	6	»	»	165	»	»	1,4	
18ᵉ	»	»	»	»	6	»	»	120	»	»	0	

n'avaient même pu reprendre leurs sacs. Enfin les vivres manquaient presque complètement et le réapprovisionnement en munitions s'imposait avec urgence, surtout au 6e corps.

Le 3e corps avait éprouvé des pertes sensibles (1), mais sa consommation en munitions d'artillerie avait été relativement faible, de sorte que l'ensemble de ses batteries possédaient encore à peu près les deux tiers de leur approvisionnement total (2). Si l'on se rappelle que le maréchal Lebœuf n'avait été que peu engagé pendant la journée du 16, on doit en conclure que son corps d'armée était certainement celui qui se trouvait, après le 18, dans les meilleures conditions matérielles et morales.

Il est vrai que le 2e corps n'avait perdu que très peu de monde dans ses tranchées du Point-du-Jour et à Sainte-Ruffine. Mais ses batteries ne possédaient plus guère que le tiers à peu près de leur approvisionnement normal, et les vivres manquaient presque complètement. D'ailleurs les troupes du général Frossard, très sérieusement éprouvées par les combats qu'elles avaient livrés antérieurement, se trouvaient à peu près dépourvues d'ustensiles de campement et bon nombre d'entre elles n'avaient plus de sacs depuis les journées de Forbach et de Rezonville.

On doit enfin retenir ce fait, — nettement mis en lumière par la comparaison des états de pertes établis le 20 ou le 21 août, avec ceux de la première quinzaine de septembre, — qu'un grand nombre d'isolés, séparés de leurs régiments par les événements du 16 et du 18, s'éparpillèrent au hasard des circonstances et ne rejoi-

---

(1) Au moins pour les 1re, 3e et 4e divisions.
(2) Sans tenir compte du parc, qui était encore très largement pourvu.

gnirent leurs compagnies que plusieurs jours après la retraite sous Metz (1).

Il faut donc conclure de tout ceci que si, dans la journée du 19, on parvint à reformer sur le terrain les diverses unités de l'armée et à réparer ainsi les effets du mélange qui s'était produit pendant la nuit précédente parmi les éléments des 4ᵉ et 6ᵉ corps, les troupes, généralement fort épuisées, réclamaient impérieusement un repos qui leur permît de se réapprovisionner en effets de toute sorte, en vivres et en munitions.

Aussi, n'apparaît-il pas que le maréchal Bazaine, enfin parvenu à réaliser son secret désir au prix de deux défaites, ait faussement apprécié, cette fois, la situation qu'il avait d'ailleurs largement contribué à créer lui-même lorsqu'il écrivit à l'Empereur, le 19 août (2) :

« L'armée s'est battue hier toute la journée sur les positions de Saint-Privat et de Rozérieulles et les a conservées. Le 4ᵉ et le 6ᵉ corps seulement ont fait vers 9 heures du soir un changement de front, l'aile droite en arrière pour parer à un mouvement tournant par la droite, que des masses ennemies tentaient d'opérer à l'aide de l'obscurité.

« Ce matin j'ai fait descendre de leurs positions les 2ᵉ et 3ᵉ corps et l'armée est de nouveau groupée sur la rive gauche de la Moselle, de Longeville au Sansonnet, formant une ligne courbe passant par le haut du Ban-Saint-Martin, derrière les forts de Saint-Quentin et de Plappeville.

« *Les troupes sont fatiguées de ces combats incessants*, qui ne leur permettent pas les soins matériels, *et*

---

(1) Voir ce qui a été dit à ce sujet dans la notice relative aux pertes du 16 août. (*Metz*. Fascicule II, page 600.)
(2) Ce *Rapport*, rédigé le 19, ne fut expédié que le 20.

il est indispensable de les laisser reposer deux jours ou trois. Le roi de Prusse était ce matin avec M. de Moltke à Rezonville et tout indique que l'armée prussienne va tâter la place de Metz..... »

Malheureusement le Maréchal ajoutait :

« Je compte toujours prendre la direction du Nord et me rabattre ensuite par Montmédy sur la route de Sainte-Menehould à Châlons, si elle n'est pas fortement occupée. Dans le cas contraire je continuerai sur Sedan et même Mézières pour gagner Châlons..... »

Quelles étaient à ce moment les véritables intentions du commandant en chef ? Le projet auquel il faisait allusion n'était-il pas tout simplement présenté au souverain pour masquer une apathie dont il comptait bien ne pas se départir? Ces questions ne seront traitées que plus tard, parce qu'elles se relient directement aux opérations de l'armée de Châlons, mais on peut dès maintenant affirmer que la communication de ce projet au maréchal de Mac-Mahon fut la cause initiale du désastre qui frappa à Sedan la dernière armée française encore debout.

Les armées allemandes après la bataille. — Par suite de la retraite des troupes françaises qui avaient combattu au Nord de Montigny-la-Grange, la IIe armée allemande avait entièrement perdu le contact. Seuls, quelques blessés et quelques traînards français furent pris dans le village d'Amanvillers où pénétra pendant la nuit une patrouille du 1er régiment hessois. Le lendemain matin, un escadron de ce régiment entreprenait une reconnaissance vers les tentes d'un camp, d'ailleurs abandonné, qu'on apercevait au Nord de Montigny; mais il a déjà été dit que, reçu par une fusillade très vive des grand'gardes laissées par le 98e sur le chemin bordé de peupliers à l'Ouest de Montigny, il avait dû rétrograder vers l'arrière. Une patrouille du 2ᵉ régiment de cavalerie hessoise s'avançait, vers 6 heures, sur la route de Saulny, mais n'y trouvait aucune trace des Français.

Conformément à la prescription de l'ordre que le prince Frédéric-Charles avait expédié aux corps d'armée la veille au soir (à 8 h. 30), les chefs d'état-major s'étaient réunis à la Caulre vers 5 heures du matin. Là, le général de Stiehle leur communiqua les instructions du commandant de la IIᵉ armée, qui, n'ayant encore reçu aucun ordre du commandement en chef, se préoccupa, avant tout, d'interdire à l'armée française toute tentative de retraite vers l'intérieur du pays. « Le général de Stiehle, dit l'*Historique* officiel allemand, résuma ces instructions en disant que, pour ce jour-là, il s'agissait d'investir complètement l'adversaire refoulé sous Metz et de lui fermer toute communication avec l'intérieur (1);

---

(1) La veille, pendant le cours même de la bataille, le prince Frédéric-Charles avait insisté à plusieurs reprises pour qu'on cherchât à couper les communications de l'armée française.

On sait que dès 11 h. 30 du matin, il avait prescrit au XIIᵇ corps de couper la voie ferrée et le télégraphe entre Metz et Thionville et qu'à 3 h. 15, il réitérait cet ordre en prescrivant même l'occupation immédiate de la vallée de la Moselle inférieure. Enfin, à 6 h. 45, il l'invitait, — peut-être prématurément cette fois, — à jeter une brigade d'infanterie sur Woippy.

Par suite de la résistance qu'il rencontra sur le plateau de Saint-Privat, le prince royal de Saxe ne put acheminer de l'infanterie vers la Moselle, mais la cavalerie ne se fit pas faute de pousser jusque-là. Un peu avant 4 heures, la division de cavalerie avait reçu l'ordre de lancer deux escadrons vers Maizières pour couper le chemin de fer. Ces deux escadrons, atteignirent respectivement Richemont et Uckange entre 7 heures et 8 heures du soir, coupèrent le télégraphe et la voie ferrée et rentrèrent à Auboué le lendemain matin.

Une autre entreprise, à plus grande envergure, était dirigée vers la voie des Ardennes allant de Thionville à Mézières par Longuyon. Un détachement de pionniers partait en voitures à 5 heures du soir d'Auboué. Entre 2 heures et 3 heures du matin, il arrivait à Mercy-le-Bas,

qu'il y avait lieu, à cet effet, de resserrer le cercle des troupes allemandes et de lui donner plus de consistance et de continuité en accentuant le mouvement des ailes ; enfin, qu'il était essentiel aussi d'occuper le plus promptement possible tous les postes importants au point de vue d'un solide établissement de l'armée allemande, en tant qu'ils ne se trouveraient pas dans la sphère d'action immédiate des batteries de la place. Le IXe corps et la Garde devaient, en conséquence, se rabattre sur Metz en conversant progressivement à droite et commencer par prendre possession d'Amanvillers. Le XIIe corps porterait sa division de gauche jusque dans le voisinage de Woippy, pour fermer à l'ennemi le chemin de Thionville par la rive gauche de la Moselle. Comme l'exécution de ces divers mouvements et de ceux que l'on projetait encore pouvait fort bien amener une reprise de la lutte dans cette journée du 19, il était arrêté que, le cas échéant, le IIIe corps au centre, le Xe à l'aile gauche, formeraient la réserve de l'armée. »

Malheureusement pour les armées allemandes, c'est à peine si ces prescriptions reçurent un commencement d'exécution.

Des fractions seulement de la *18e* division occupèrent les fermes de la Folie et de Leipzig après que le 3e corps, eut complètement évacué le plateau. Un escadron du 6e dragons tenta de pousser jusqu'à Châtel-Saint-Germain, mais il fut arrêté par l'infanterie française (deux bataillons du 71e) qui occupait encore le bois. La *25e* di-

---

situé à 30 kilomètres de Briey. Le fil télégraphique et les rails furent détruits. Le détachement était de retour à Roncourt le lendemain à 1 heure de l'après-midi.

Enfin, les *17e* et *18e* hulans, maintenus pendant toute la journée du 18 aux environs de Puxe, avaient surveillé les trois routes conduisant à Verdun, et une reconnaissance avait atteint Haudiomont d'où elle avait constaté la présence de troupes nombreuses en avant de Verdun.

vision ne poussa à Amanvillers qu'un seul bataillon et se borna elle-même à rapprocher quelque peu ses bivouacs du village.

La Garde, très fortement éprouvée la veille, s'occupait depuis le matin à reconstituer ses unités tactiques désorganisées (1) et n'avait pas encore quitté ses bivouacs, lorsqu'à 9 heures elle reçut du prince Frédéric-Charles un rappel à l'ordre qui lui enjoignait formellement d'occuper sans plus tarder Amanvillers et Montigny avec une partie de ses troupes, et de continuer avec le reste la conversion à droite que l'armée devait dessiner pour se rabattre sur Metz. Le *3e* grenadiers, le bataillon de chasseurs et une batterie furent alors dirigés sur Montigny, précédés du *2e* régiment de hulans ; mais la cavalerie n'arriva à destination qu'à 11 heures et l'infanterie à midi. Le prince Louis de Hesse, qui commandait la colonne, remit ses troupes au bivouac au Sud de Montigny. Enfin, le reste de la Garde, loin d'effectuer la conversion à droite qui lui était ordonnée pour la seconde fois, resta purement et simplement sur ses emplacements.

A 8 heures du matin, le prince royal de Saxe dirigeait, non point une division, mais la *46e* brigade seulement, vers la vallée de la Moselle (2). Encore, la colonne

---

(1) « Les pertes en officiers supérieurs et en commandants de compagnie étaient si considérables que, pour pourvoir au remplacement provisoire des commandants de bataillon, on était obligé de recourir aux capitaines du bataillon de chasseurs et du bataillon de pionniers de la Garde. » (*Historique du Grand État-Major prussien*.)

(2) Avec un escadron et un détachement de pionniers.

L'*Historique* officiel allemand fait remarquer que c'était là l'exécution de l'ordre reçu la veille. Cependant, le chef d'état-major arrivait à 8 heures à Roncourt, et comme, retardé par un accident de cheval, il s'était fait devancer par un officier, on ne pouvait ignorer les prescriptions du prince Frédéric-Charles données le matin même à la Caulre.

ne se porta-t-elle pas vers Woippy, mais beaucoup plus au Nord, vers Maizières, où elle parvint à midi. Les pionniers détruisirent la voie ferrée, puis le détachement tout entier rétrograda sur Marange. Pendant la matinée, la *24ᵉ* division était venue camper autour de Malancourt et la division de cavalerie près d'Auboué. Tout le reste du XIIᵉ corps avait conservé ses emplacements de la nuit précédente.

Cependant, les ordres du commandant de l'armée parvinrent au prince de Saxe, — au plus tard à 8 heures. Mais comme sur ces entrefaites, il avait appris que la Garde demeurait immobile dans ses bivouacs de la nuit, il en conclut « qu'il ne pouvait être question de procéder sur-le-champ au changement de front à droite que le commandant en chef projetait de faire exécuter à toute l'aile gauche de l'armée (1)..... ». Il se borna donc à « régler ses propres dispositions dans le sens de ces modifications au plan primitif (2)..... ». Vers midi, il prescrivit à la *23ᵉ* division de se rendre auprès des carrières de Jaumont ; à l'artillerie de corps, de se rassembler auprès de Roncourt ; à la *24ᵉ* division de se réunir à l'Est de Saint-Privat et à la division de cavalerie de marcher sur Marange, puis sur Buxières pour éclairer la vallée de la Moselle dans la direction de Metz. Mais de nouveaux ordres émanés du grand quartier général vinrent mettre obstacle à l'exécution de ces ordres.....

Quant aux IIIᵉ et Xᵉ corps ils étaient naturellement restés sur leurs emplacements de la nuit, ainsi que la 5ᵉ division de cavalerie. La *6ᵉ* division de cavalerie rétrogradait vers Doncourt à cause du manque d'eau.

On voit qu'en fait les prescriptions du commandant de

---

(1) *Historique du Grand État-Major prussien.*
(2) *Ibid.*

la II⁰ armée restèrent à peu près à l'état de lettre morte.

Au lieu du mouvement général de conversion vers la droite qui devait avoir pour résultat d'enserrer l'armée française dans ses nouveaux bivouacs et, en particulier, d'amener une division entière jusque dans le voisinage de Woippy, quelques fractions seulement de l'armée occupèrent le plateau de la Folie, de Leipzig et d'Amanvillers, tandis que le corps saxon se contenta de pousser une pointe jusque dans la vallée de la basse Moselle, sans d'ailleurs s'y maintenir.

La passivité que montrèrent le XII⁰ corps et la Garde en cette occasion paraît tout à fait caractéristique et donne la mesure de ce qu'on était en droit d'attendre, au lendemain de la bataille, de la part de troupes qui avaient cependant fait preuve d'une grande endurance au combat.

A l'aile droite allemande, quelques fractions de la Ire armée avaient occupé les hauteurs de Moscou et du Point-du-Jour après le départ des troupes françaises. Avant même que cette évacuation fût terminée, quelques détachements du 9⁰ régiment et le II⁰ bataillon du 61⁰ avaient échangé, comme on sait, une assez vive fusillade avec le 76⁰ de ligne aux environs du Point-du-Jour.

Lorsque les troupes françaises se furent complètement retirées, la 4⁰ division d'infanterie occupa le plateau ; la 7⁰ brigade entre Moscou et le Point-du-Jour ; la 8⁰ entre ce dernier point et les bois de Vaux. Deux batteries s'installèrent auprès du Point-du-Jour, mais quelques coups tirés par le fort Saint-Quentin les forcèrent bientôt à rétrograder. Deux escadrons s'avancèrent respectivement vers Rozérieulles et vers les fermes de Leipzig et de la Folie, non sans recevoir quelques coups de fusil des arrière-gardes françaises. Enfin, les troupes de la 4⁰ division entreprirent bientôt la construction d'ouvrages de campagne sur le plateau du Point-du-Jour.

Quant à la *3e* division d'infanterie, elle fut ramenée dans la matinée sur la rive droite de la Mance où se trouvait déjà l'artillerie de corps.

Le VIIIᵉ corps et la *1*ʳᵉ division de cavalerie restèrent dans leurs bivouacs de la nuit entre Gravelotte et Rezonville.

Le VIIᵉ corps rappela au Sud de Gravelotte les bataillons qu'il avait laissés pendant la nuit dans les bois de Vaux, mais la *26*ᵉ brigade continua d'occuper les positions de Jussy.

Dès que la retraite des troupes françaises fut complète, le général Steinmetz, désormais assuré que la lutte ne reprendrait pas le jour même, fit appeler, sur le plateau de Gravelotte, les premiers échelons des convois et les ambulances restés sur la rive droite de la Moselle. En même temps on procédait au recomplètement des munitions.

Les troupes prussiennes de la rive droite de la Moselle. — Pendant la journée du 18, le général de Manteuffel avait envisagé l'éventualité d'une tentative française par la grande route de Strasbourg. En conséquence, la *1*ʳᵉ division et l'artillerie de corps s'étaient établies entre Frontigny, Chesny et Mécleuves, tandis que l'avant-garde prenait position à Jury. Le gros de la *2*ᵉ division restait à Courcelles et à Laquenexy, mais la *4*ᵉ brigade venait se rassembler vers la fin de l'après-midi auprès d'Augny.

La *3*ᵉ division de cavalerie faisait surveiller, de Coin-lès-Cuvry, la zone de terrain comprise entre la Moselle et la Seille.

Le 19 août, le Iᵉʳ corps et la *3*ᵉ division de cavalerie conservèrent les emplacements précités et une nouvelle division venue de l'intérieur apparaissait devant Metz.

C'était la *3e* division de réserve qu'on avait constituée avec les troupes d'étapes de la IIe armée et une partie de la garnison de Mayence, sous le commandement du général de Kummer (1).

Entièrement rassemblée à Sarrelouis, le 15 août, elle avait reçu, le 16, l'ordre du maréchal de Moltke « d'investir et de bloquer provisoirement Metz, et de surveiller Thionville afin d'assurer les communications de l'armée allemande opérant à l'Ouest de la Moselle contre toute tentative venant de la première de ces places (2) ».

Le général de Kummer s'était mis en marche le 17, et avait atteint les Étangs avec son avant-garde le 18. Le lendemain, le gros de la division bivouaquait à Retonfay et faisait occuper Servigny, Noisseville et Flanville. L'avant-garde avait marché sur Failly et poussait ses avant-postes au delà de Vany et de Villers-l'Orme où ceux-ci échangeaient quelques coups de fusil avec des détachements français. Cependant, comme le fort Saint-Julien mettait ses pièces en action, les avant-postes prussiens durent se replier vers l'arrière.

Le grand quartier général allemand après la bataille. — Le maréchal de Moltke avait assisté, des environs de Gravelotte, aux désastres successifs qui se manifestèrent dans les rangs du IIe corps et de la Ire armée. D'après Verdy du Vernoy, on aurait cependant remporté, dans l'entourage du chef d'état-major général, cette impression que finalement *la hauteur* (c'est-à-dire sans doute celle du Point-du-Jour) avait été *conquise* et que *tout*

---

(1) Elle comprenait : une brigade d'infanterie ; deux brigades de landwehr ; une brigade de cavalerie de réserve à 4 régiments ; deux batteries lourdes ; quatre batteries légères de réserve ; une compagnie de pionniers. Soient : 18 bataillons, 4 régiments de cavalerie et 6 batteries.

(2) *Historique du Grand État-Major prussien.*

avait marché à souhait (1). Peut-être faut-il entendre par là qu'après avoir envisagé la possibilité d'une défaite complète, on se montra fort satisfait, du côté allemand, de constater qu'on était parvenu à se maintenir aux environs de Saint-Hubert. Au reste, rien ne prouve que le maréchal de Moltke eût partagé l'optimisme de ses officiers d'état-major et il apparaît bien plutôt que, dans l'ignorance où il était alors de ce qui s'était passé devant le front de la IIe armée, il considérait la bataille comme indécise et la retraite de l'armée française comme peu probable.

Le Maréchal avait quitté les environs de Gravelotte vers 9 h. 30 du soir (2) avec son état-major et s'était dirigé vers Rezonville. Chemin faisant, il fut avisé que le Roi, déjà arrivé en ce point, lui demandait un rapport sur la situation du combat.

« Nous nous mîmes au trot, dit Verdy du Vernois. A peine avions-nous dépassé Gravelotte que je crus devoir dire au maréchal de Moltke qu'il vaudrait mieux marcher au pas, car ce mouvement de retraite à grande allure d'un assez grand nombre de cavaliers commençait déjà à faire impression sur les blessés et les isolés qui se trouvaient des deux côtés de la route, de sorte qu'on pouvait craindre à nouveau de voir une panique se produire, comme cela avait eu lieu une heure auparavant. A la suite de cette remarque, le Maréchal fit passer son cheval au pas et nous atteignîmes ainsi la sortie Ouest de Rezonville. Au Sud de la route, et à proximité de celle-ci, sa Majesté s'était installée près d'un hangar brûlé, devant un feu fait avec différentes portes, des échelles, etc..... Comme après être descendu de cheval,

---

(1) *Im Grossen Haupquartier 1870-1871. Personliche Erinnerungen.* (Rapport rédigé le 23 août 1870.)

(2) Car, d'après Verdy du Vernois, il arriva à Rezonville vers 10 heures.

j'étais précisément de ce côté-là de la route, je fus le premier qui arriva auprès de Sa Majesté. Au moment où j'arrivais, j'entendis un officier supérieur qui disait d'un ton très convaincu : « Mais, maintenant, Majesté, sauf meilleur avis et après les grandes pertes d'aujourd'hui, nous ne devons pas continuer l'attaque demain, mais bien attendre les Français. » Cette idée me sembla si monstrueuse, que je ne pus m'empêcher de dire tout haut : « Alors, je ne sais pas pourquoi nous avons attaqué aujourd'hui. » Naturellement, je reçus sur un ton peu aimable cette réponse : « Lieutenant-colonel que désirez-vous ? » Mais au même moment, de Moltke arrivait entre nous deux. Il n'avait pas entendu l'entretien, et il dit de sa voix tranquille et décidée : « Votre Majesté n'a qu'à donner l'ordre de continuer l'attaque demain, si l'ennemi garde encore ses positions au dehors de Metz. » L'ordre fut aussitôt rédigé..... »

Cet ordre pour la journée du 19, reste inconnu. Il ne fut d'ailleurs probablement pas expédié aux corps d'armée, car, si l'on ne connaissait, à ce moment, au grand quartier général, que ce qui avait trait à la situation de la Ire armée, la nouvelle de la victoire du prince Frédéric-Charles ne tarda pas à arriver à Rezonville (1). Les comptes rendus de plus en plus précis se succédèrent et dès les premières heures de la matinée on fut avisé de la retraite de l'armée française sous Metz.

A 8 h. 45 du matin, et peut-être même bien avant, le grand quartier général allemand avait certainement abandonné toute idée de poursuivre la lutte, puisqu'il expédiait aux commandants des Ire et IIe armées, un ordre général délimitant les zones qui leur étaient affectées pour les bivouacs et pour les réquisitions (2).

---

(1) Après minuit, d'après Fr. Hœnig.
(2) *Correspondance* du maréchal de Moltke.

Dès 11 heures du matin, enfin, un nouvel ordre général, qu'il n'y a pas lieu d'examiner pour l'instant, traçait les grandes lignes des nouvelles opérations qu'on allait entreprendre contre l'armée de Châlons, tandis qu'on se bornerait à surveiller l'armée de Metz.

Ainsi se terminait, victorieusement pour les armées allemandes, la première partie des opérations dirigées par le maréchal de Moltke contre les forces que la France avait mises sur pied dès les premiers jours de la déclaration de guerre.

Certes, le résultat obtenu était immense. Des deux armées françaises, l'une, qui venait de subir coup sur coup plusieurs batailles malheureuses, était menacée d'un étroit investissement, tandis que l'autre, déjà partiellement atteinte dans son moral et dans son organisation, se reformait en hâte au camp de Châlons sans que le haut commandement fût encore fixé sur la mission qu'il convenait de lui donner.

En admettant, comme n'avait pas manqué de le faire le grand quartier général prussien, que l'intérêt supérieur de la défense « commandait d'effectuer le plus tôt possible, la jonction de l'armée du Rhin avec les forces en arrière (1) », il n'est pas niable que de Moltke était en droit de considérer comme à peu près définitif l'isolement d'un adversaire qui avait fait preuve jusqu'ici d'une aussi faible capacité manœuvrière. C'est donc avec raison que l'ouvrage officiel allemand estime que « la retraite définitive des Français sous les murs de Metz, marquait un changement capital dans la situation générale de la campagne » et que « la lutte entre les deux armées, entamée depuis le 14 août, avait abouti à une première solution ».

---

(1) *Historique du Grand État-Major prussien.*

Il est seulement permis de se demander si cette solution était bien celle qu'avait poursuivie de Moltke pendant le cours des journées précédentes ou, plus exactement, si le succès indiscutable qu'il venait de remporter avait bien été prévu par lui dans la forme où il se manifesta.

On a déjà eu l'occasion, dans les pages qui précèdent (1), de s'élever incidemment contre l'affirmation de l'*Historique du Grand État-Major prussien* d'après laquelle l'*idée principale* qui se dégage du *Mémoire* de l'hiver 1868-69 « se traduisit, dès les premières opérations déjà, par une tendance *évidente* à refouler le gros des forces ennemies au Nord de leur communication avec Paris (2) ». Présentée sous cette forme, cette affirmation paraît inexacte, en ce qu'elle tend à faire remonter l'idée première d'une manœuvre enveloppante de l'aile droite française au *Mémoire* en question, alors que celui-ci se bornait à indiquer que le plan d'opérations consisterait uniquement « à rechercher l'armée principale de l'adversaire et à l'attaquer là où on la trouverait (3) ». Au printemps de 1870, c'est-à-dire, quelques mois à peine avant la déclaration des hostilités, le chef d'état-major général prussien restait tout aussi muet sur le projet de couper l'armée française de ses communications avec l'intérieur du pays, car dans sa *Note* du 6 mai 1870 relative à la marche en avant contre la ligne de la Moselle, il précisait seulement la direction générale sur laquelle les armées allemandes pouvaient compter le plus sûrement rencontrer l'armée adverse pour lui livrer bataille (4).

---

(1) Voir *Journée du 13 août*.
(2) *Historique du Grand État-Major prussien*, p. 71.
(3) *Correspondance militaire* du maréchal de Moltke.
(4) *Note* du 6 mai 1870. *Correspondance militaire* du maréchal de Moltke.

Il semble donc que ce ne soit qu'au cours même des opérations en Lorraine que l'idée de rejeter l'armée française vers le Nord se fit jour dans l'esprit du maréchal de Moltke, mais peu à peu, sans que, d'ailleurs, il s'en ouvrît clairement à ses subordonnés.

On trouve des traces indiscutables, de cette idée de manœuvre, d'abord dans le projet relatif au rôle qu'on réservait à la IIIe armée, après le déploiement stratégique sur la Sarre, c'est-à-dire après le 9 août, puis, deux jours plus tard, dans la manière de concevoir la mission de la IIe armée alors que les Français se furent arrêtés derrière la Nied française. Mais il est à remarquer qu'à aucun moment avant la soirée du 16, le maréchal de Moltke n'exprima nettement le concept qui se dégage de l'analyse de ses ordres, et que jamais avant cette date il ne traça explicitement aux commandants d'armée une ligne de conduite susceptible de les guider d'une manière ferme.

Si donc on relève dans les directives du grand quartier général prussien des *traces* de la « tendance » à laquelle fait allusion l'*Historique* officiel, on ne saurait en conclure que ces tendances traduisaient des idées exposées dans un plan d'opérations rédigé avant la guerre, mais seulement qu'elles résultaient de l'application, quelquefois un peu hésitante, à une série de situations concrètes d'une conception qui paraît n'avoir eu tout d'abord, dans l'esprit de de Moltke, qu'un caractère d'ordre relativement secondaire vis-à-vis de la réalisation du but primordial qui consistait à rechercher l'armée ennemie et à la battre.

En fait, le projet d'atteindre l'armée française *dans la région de la Meuse* en l'enveloppant par le Sud, ne se manifesta tout à fait clairement qu'après la bataille de Borny, et ce n'est qu'après celle de Rezonville que le grand quartier général allemand exprima nettement l'importance décisive qu'il y aurait à refouler l'adversaire vers le Nord et à l'acculer à la frontière du Luxembourg (1).

« Après la bataille du 14, dit à ce sujet le général de Woyde, le commandement suprême des Allemands avait simplement envisagé la possibilité d'atteindre les Français, pendant leur retraite ultérieure de Metz, sur l'une ou l'autre rive de la Meuse, de manière à les battre ou à les repousser vers le Nord ; c'est ce qui résulte clairement des instructions du grand quartier général et des dispositions prises par le commandant en chef de la IIe armée allemande pour le 16 août. Il en résulte naturellement, que la bataille de Mars-la-Tour, livrée le 16, qui eut pour conséquence d'arrêter définitivement les Français dans leur retraite, ne doit pas, non plus, être attribuée aux combinaisons de la direction suprême des Allemands ; bien plus, cette bataille surprit le haut commandement allemand de la manière la plus complète. Ce n'est que dans la soirée de cette journée, que le maréchal de Moltke, dans la lettre qu'il écrivit au prince Frédéric-Charles, émit pour la première fois l'idée qu'il était déjà possible, à ce moment, de contraindre l'armée française à s'arrêter immédiatement à l'Ouest de Metz et de la rejeter vers la frontière belge. Enfin, les circonstances dans lesquelles les Allemands remportèrent, le 18 août, la victoire, à Gravelotte, leur occasionnèrent une nouvelle surprise. Ils avaient compté rejeter l'armée de Bazaine contre la frontière neutre, — où elle devait trouver sa perte, — et en finir ainsi définitivement avec elle ; au lieu de cela, ils n'avaient réussi qu'à la rejeter sur les forts de Metz, en arrière desquels l'armée française pouvait rester, tout au moins pendant la période la plus rapprochée, complètement à l'abri du danger, et tout à fait hors d'atteinte. Il résulte de ces considérations que nous découvrons bien, ici, une série

---

(1) *Ordre* au commandant de la IIe armée, 16 août, 8 heures du soir, et *Lettre* au général de Stiehle, 16 août, 8 heures du soir.

d'opérations militaires qui se succédèrent rapidement et qui furent couronnées par le succès, mais nous n'y découvrons pas la moindre trace d'une opération d'ensemble, bien combinée, qui poursuit, en connaissance de cause, un but définitif nettement déterminé. Il ne faut pas, en outre, négliger de mentionner que la chaîne, si brillante en apparence, formée par la série des opérations qui permirent à l'armée allemande d'envelopper l'adversaire, aurait pu, étant donnée la situation militaire qui se présentait à la date du 16 août, être rompue et brisée complètement par une défaite, et que cette défaite aurait eu des conséquences très fâcheuses pour cette armée. »

On ne peut que s'associer, dans leur ensemble, aux conclusions du général de Woyde, mais en apportant, toutefois, une atténuation à la rigueur avec laquelle il juge la direction générale des opérations qui amenèrent les armées allemandes devant Saint-Privat.

S'il est difficile, en effet, de trouver dans les prescriptions successives du maréchal de Moltke la preuve évidente qu'il poursuivit, sans aucune défaillance, depuis le déploiement stratégique sur la Sarre, la réalisation d'une de ces manœuvres décisives, dont l'entière conception paraît réservée au génie intuitif des seuls grands capitaines, et dont l'exécution énergique et impeccable maîtrise les événements et impose véritablement la loi à l'adversaire, on doit reconnaître, en toute impartialité, que même en tenant compte dans la plus large mesure de l'impéritie du commandement français, le chef du Grand État-Major prussien a toujours su racheter par une remarquable logique déductive les hésitations ou même les erreurs qu'il avait commises la veille, soit dans la recherche du but général qu'il poursuivait, soit dans l'accomplissement d'une manœuvre qu'il conçut peu à peu au fur et à mesure que se déroulaient les événements.

TABLEAUX DES PERTES A LA BATAILLE DE SAINT-PRIVAT

I. — Armée française.

Toutes les observations d'ordre général, qui ont été exposées en tête du tableau des pertes du 16 août, sont applicables à celui du 18. Les chiffres suivants ont été, comme ceux du 16, relevés sur les états de pertes et sur les tableaux récapitulatifs établis à Metz pendant le mois de septembre 1870. Ils sont donc souvent fort différents de ceux qu'on trouve dans les *Rapports* datant de la fin du mois d'août ou même dans bon nombre d'*Historiques* rédigés après la guerre à l'aide de renseignements numériques souvent très erronés. Il y a lieu également de se reporter à la remarque qui a été faite antérieurement au sujet de la répartition des pertes entre les différentes catégories de *tués*, *blessés* et *disparus*.

		OFF^{rs}			HOMMES DE TR.				CHEV^x D'ART^{ie}		MUNI-TIONS D'ART^{ie}
		T.	Bl.	Tot^x.	T.	Bl.	Disp.	Tot^x.	T.	Bl.	
2e corps.											
1re Div^{on}.											
1re Br.	3e B. Ch...	»	2	2	2	8	22	32			
	32e......	»	3	3	6	58	23	87			
	55e......	1	2	3	8	24	5	37			
2e Br.	76^e......	»	5	5	2	26	13	41			
	77^e......	»	2	2	13	64	7	84			
Art... {5^e}	5^e...	»	»	»	»	2	»	2	2	»	495
	6^e...	»	»	»	1	2	»	3	3	»	976
	12^e m.	»	»	»	1	2	»	3	7	»	438
Tot^x : 1re D^{on}.		1	14	15	33	186	70	289	12	»	1909
2e Div^{on}.											
1re Br.	12e B. Ch..	»	2	2	»	25	3	28			
	8e......	1	4	5	2	26	15	43			
	23e......	1	2	3	1	39	19	59			
2e Br.	66e......	1	1	2	»	19	8	27			
	67e......	»	»	»	»	9	1	10			
Art... {5^e}	7e...	»	»	»	»	1	»	1	1	1	245
	8e...	»	»	»	»	»	»	»	»	»	200
	9e...	»	»	»	»	6	»	6	24	»	12
Génie...........		»	»	»	»	1	»	1	»	»	»
Tot^x : 2e D^{on}.		3	9	12	3	126	46	175	25	1	457

	OFF^{rs}			HOMMES DE TR.				CHEV^x D'ART^{ie}		MUNI- TIONS D'ART^{ie}.
	T.	Bl.	Tot^x.	T.	Bl.	Disp.	Tot^x.	T.	Bl.	
Brigade Lapasset.										
84^e	»	»	»	5	12	7	24			
97^e	3	1	4	7	23	5	35			
Art. : 7e du 2^e	»	»	»	»	1	»	1	»	5	258
Tot^x : Br. Lapasset.	3	1	4	12	36	12	60	»	5	258
Div^{on} de cavalerie.										
1re Br. : 4e Ch.	»	»	»	»	1	»	1			
Tot^x : D^{on} de Cie.	»	»	»	»	1	»	1			
Rés^{ve} d'Art^{ie}.										
10e ... ⎰ 5^e	»	»	»	1	5	»	6	7	»	84
11e ... ⎱	»	»	»	3	8	»	11	5	2	720
6e .... ⎰ 15^e	»	»	»	»	1	»	1	»	»	»
10e ... ⎱	»	»	»	»	2	»	2	»	1	60
7e .... ⎰ 17^e	»	»	»	»	1	1	2	2	4	»
8e .... ⎱	»	»	»	»	2	»	2	1	»	»
Tot^x : Rés^{ve} d'Art^{ie}.	»	»	»	4	19	1	24	15	7	864
Services administrat.	2	»	2	»	»	3	3	»	»	»
Tot^x du 2e corps.	9	24	33	52	368	132	552	52	23	3488
3e corps.										
Q^r G^l	»	(1) 3	3							(1) G^l de Berck- heim.
1re Div^{on}.										
⎧ 18e B. Ch..	»	»	»	2	6	1	9			
1re Br. ⎨ 51^e	1	3	4	1	28	6	35			
⎩ 62^e	1	»	1	4	39	6	49			
2e Br. ⎰ 84^e	3	3	6	35	199	24	258			
⎱ 95^e	2	9	11	17	115	12	144			
⎧ 5e ⎫	»	1	1	»	»	»	»	»	»	»
Art... ⎨ 6e ⎬ 4e ...	»	»	»	3	5	1	9	12	»	257
⎩ 8e ⎭	»	»	»	»	11	»	11	9	4	650
Génie : 6e du 1er....	»	1	1	»	»	»	»	»	»	»
Tot^x : 1re D^{on}.	7	17	24	62	403	50	515	21	4	907

LA GUERRE DE 1870-1871.

	OFFrs			HOMMES DE TR.				CHEVx D'ARTie		MUNITIONS D'ARTie.
	T.	Bl.	Totx.	T.	Bl.	Disp.	Totx.	T.	Bl.	
2e Divon.										
1re Br.. { 15e B. Ch..	»	»	»	»	2	»	2			
19e......	»	1	1	3	8	»	11			
44e......	»	»	»	»	6	3	9			
2e Br.. { 69e......	»	1	1	»	3	3	6			
90e......	1	»	1	3	30	»	33			
Art... { 9e } 4e...	»	»	»	»	1	»	1	2	3	493
11e	»	»	»	1	5	»	6	20	»	
12e	»	»	»	1	3	»	4	8	»	440
Totx : 2e Don..	1	2	3	8	58	6	72	30	3	933
3e Divon.										
Qr G¹............	»	1	1	»	»	»	»			
1re Br.. { 7e B. Ch..	2	4	6	21	74	28	120			
7e.......	»	1	1	4	13	3	20			
29e.......	1	4	5	13	97	81	191			
2e Br.. { 59e.......	3	11	14	20	119	38	177			
74e.......	»	4	4	3	28	34	65			
Art... { 5e } 11e..	»	1	1	2	7	»	9	4	2	646
6e	»	»	»	1	5	»	6	5	4	1132
7e	1	»	1	»	12	»	12	6	6	
Totx : 3e Don..	7	26	33	64	352	184	600	15	12	1778
4e Divon.										
1re Br.. { 11e B. Ch..	»	1	1	4	18	»	22			
44e......	3	5	8	6	63	1	70			
60e......	4	7	11	18	113	41	172			
2e Br.. { 80e......	7	16	23	36	236	118	390			
85e......	»	4	4	11	89	13	113			
Art... { 8e } 11e..	»	»	»	»	1	1	2	23	16	611
9e	»	»	»	1	6	»	7			857
10e	»	»	»	1	10	1	12			
Totx : 4e Don..	14	33	47	77	536	175	788	23	16	1468

	OFF^{rs}			HOMMES DE TR.				CHEV^x D'ART^{ie}		MUNI-TIONS D'ART^{ie}.	
	T.	Bl.	Tot^x.	T.	Bl.	Disp.	Tot^x.	T.	Bl.		
Div^{on} de Cav^{ie}.											
1re Br. E.-M......	1	»	1	»	»	ι.	»				
Tot^x : D^{on} de Cie.	1	»	1	»	»	»	»				
Résve d'Art^{ie}.											
7e ... } 4^e	»	»	»	5	8	»	13	»	»	508	
10e ...	»	1	1	1	6	»	7	11	»		
11e ... } 11^e	»	»	»	»	8	»	8	»	»	403	
12e ...	»	»	»	»							
1er ... ⎱	»	1	1	1	7	»	8	3	2	240	
2e ... ⎱ 17^e	»	»	»	»	1	»	1	1	»	»	
3e ... ⎱	»	»	»	»	6	»	6	1	9	1324	
4° ... ⎱	»	»	»	»	8	»	8	5	7	876	
Tot^x : Résve d'Art^{ie}.	»	2	2	7	44	»	51	21	18	3353	
Services administrat.	»	»	»	»	»	»	»	»	»	»	
Tot^x du 3e corps.	30	83	113	218	1393	415	2026	110	53	8439	
4e corps.											
Q^r G^l	»	(1) 2	2								(1) G^l Osmont.
1re Div^{on}.											
Q^r G^l	»	2	2	»	»	»	»				
⎧ 20e Ch. ...	2	3	5	9	83	7	99				
1re Br. ⎨ 1er	4	19	23	45	344	71	460				
⎩ 6^e	13	40	23	41	177	48	266				
⎧ E.-M......	»	(2) 1	1	»	»	»	»				(2) G^l de Goldberg.
2e Br.. ⎨ 57^e	4	11	15	28	224	216	468				
⎩ 73^e	5	14	19	37	285	174	496				
⎧ 5e ⎫	1	1	2	5	6	1	12	5	2	910	
Art... ⎨ 9e ⎬ 15e..	»	»	»	1	8	1	10	4	»	577	
⎩ 12e ⎭	»	»	»	1	40	»	11	18	7	1380	
Génie : 9e du 2e...	»	»	»	2	»	1	3	»	»	»	
Tot^x : 1re D^{on}.	29	61	90	169	1437	519	1825	27	9	2867	

		OFF^rs			HOMMES DE TR.				CHEV^x D'ART^ie		MUNI-TIONS D'ART^ie.
		T.	Bl.	Tot^x.	T.	Bl.	Disp.	Tot^x.	T.	Bl.	

2e Div^on.

		T.	Bl.	Tot^x.	T.	Bl.	Disp.	Tot^x.	T.	Bl.	
Q^r G^l............		»	1	1	»	»	»	»			
1re Br. { E.-M....		»	(1) 1	1	»	»	»	»			(1) G^l Bellecourt.
5^e B. Ch..		»	2	2	8	85	18	111			
13^e......		5	13	18	33	230	110	373			
43^e......		15	16	31	22	376	105	503			
2e Br.. { E.M.....		»	(2) 1	1	»	»	»	»			(2) G^l Pradier.
64e.....		4	8	12	26	197	83	306			
98e.....		6	13	19	36	225	23	284			
Art... { E.-M....		1	»	1	»	»	»	»	»	»	»
5e }		»	2	2	3	14	»	17	20	5	1020
6e } 1er...		»	»	»	»	6	»	6	7	8	647
7e }		2	1	3	»	16	»	16	4	5	727
Génie : 10e du 2e...		»	»	»	1	2	2	5	»	»	»
Tot^x : 2e D^on...		33	58	91	129	1151	344	1624	31	18	2394

3e Div^on.

		T.	Bl.	Tot^x.	T.	Bl.	Disp.	Tot^x.	T.	Bl.	
1re Br. { 2e B. Ch...		2	11	13	21	157	42	220			
15e......		7	9	16	31	234	48	313			
33e......		2	4	6	7	113	5	125			
2e Br.. { 54e......		10	15	25	66	360	107	533			
65e......		8	13	21	34	315	137	486			
Art... { 8e }		»	»	»	»	2	»	2	»	1	660
9e } 1er...		»	»	»	3	19	»	24	18	»	647
10e }		»	»	»	1	5	»	6	7	3	780
Génie : 13e du 2e....		»	»	»	»	2	»	2	»	»	»
Tot^x : 3e D^on..		29	52	81	165	1207	339	1711	25	4	2087

Div^on de Cav^ie.

		T.	Bl.	Tot^x.	T.	Bl.	Disp.	Tot^x.	T.	Bl.	
1er Br. { 2e Huss...		»	»	»	»	1	»	1			
7e Huss...		»	2	2	»	8	2	10			
2e Br.. { 3e Dr.....		»	»	»	»	6	»	6			
11e Dr....		»	2	2	3	10	4	17			
Tot^x : D^on DE Cie.		»	4	4	3	25	6	34			

	OFF^{rs}			HOMMES DE TR.				CHEV^x D'ART^{ie}		MUNI- TIONS D'ART^{ie}.	
	T.	Bl.	Tot^x	T.	Bl.	Disp.	Tot^x	T.	Bl.		
Rés^{ve} d'Art^{ie}.											
11e... } 1er......	»	1	1	3	19	»	22	8	11	446	
12e...	»	2	2	»	18	»	18	7	1	548	
E.-M. }	1	»	1	»	»	»	»	»	»	»	(1) Environ.
6e... } 8^e	1	-	4	3	10	3	16	17	»	(1)1100	
9e...	»	1	1	1	4	»	5	4	3	(1)1000	
5e... } 17e......	»	»	»	4	26	18	48	78		719	
6e...	»	»	»	1	6	4	11	1	4	1036	
Tot^x: Rés^{ve} D'Art^{ie}.	2	4	6	12	83	25	120	134		4849	
Services administrat.	»	1	1	3	4	2	9	»	»	»	
Tot^x du 4e corps.	93	182	275	481	3607	1232	5320	248		12197	
6e corps.											
Q^r G^l............	»	(2) 1	1								(2) G^l Henry.
1re *Div^{on}.*											
1re Br. { 9e B. Ch...	4	5	9	7	37	95	139				
4^e......	7	7	14	11	39	524	574				
10e......	6	18	24	14	61	341	416				
2e Br.. { 12e......	5	18	23	49	155	435	639				
100e......	1	5	6	5	58	45	108				
Art... { 5e }	»	»	»	»	4	»	4	»	»	(3) 700	(3) Environ.
7e } 8e...	»	»	»	»	11	»	11	»	2	(3) 600	
8e }	»	1	1	2	13	3	18	5	4	660	
12e }	»	»	»	»	7	»	7	4	»	(3) 600	
Génie: 3e du 3e.....	1	»	1	»	4	12	16	»	»	»	
Tot^x: 1re D^{on}.	24	54	78	88	386	1455	1929	9	6	2560	
2e *Div^{on}.*											
Q^r G^l............	»	1	1	»	»	»	»				
1re Br. { E.-M.....	»	(4) 1	1	»	»	»	»				(4) G^l Plombin.
9e........	1	9	10	»	75	66	141				
Art... { 9e } 43e...	»	»	»	»	5	4	9	1	»	533	
10^e }	»	»	»	1	7	2	10	9	2	434	
Tot^x: 2^e D^{on}.	1	11	12	1	87	72	160	10	2	967	

LA GUERRE DE 1870-1871.

		OFFrs			HOMMES DE TR.				CHEVx D'ARTie		MUNITIONS D'ARTie.	
		T.	Bl.	Totx.	T.	Bl.	Disp.	Totx.	T.	Bl.		
3e Divon												
1re Br. {	75e......	1	4	5	9	41	49	99				
	94e......	5	6	11	1	80	33	114				
2e Br.. {	E.-M....	»	(1)1	1	»	»	»	»				(1) Gl Colin.
	93e......	2	7	9	»	127	309	436				
	94e......	3	6	11	5	26	286	317				
Art... {	E.-M.....	»	1	1	»	»	»	»				
	5e }	»	»	»	»	»	»	»	1	»	987	
	6e } 14e..	»	»	»	»	»	»	»	4	2	550	
	7e }	»	»	»	»	1	»	1	2	2	800	
Génie : 7e du 3e....		»	»	»	»	1	4	5	»	»	»	
Totx : 3e Don.		13	25	38	15	276	684	972	7	4	2337	
4e Divon.												
1re Br. {	25e......	2	8	10	21	80	146	247				
	26e......	2	6	8	9	134	87	230				
2e Br.. {	28e......	5	18	23	51	193	408	652				
	70e......	6	13	19	9	112	230	351				
Art... {	7e } 18e..	»	»	»	1	8	»	9	18	5	(2) 900	(2) Environ.
	8e }	»	»	»	»	1	»	1	15	»	650	
Totx : 4e Don.		15	45	60	91	528	871	1490	33	5	1550	
Divon de cavalerie.												
1re Br. {	2e Ch.....	»	»	»	»	2	1	3				
	3e Ch.....	»	4	4	3	18	7	28				
2e Br .	2e Ch. A..	»	»	»	»	3	»	3				
Art... {	5e } 19e..	»	2	2	4	7	1	12	15	2	1023	
	6e }	»	»	»	»	1	»	1	8	»	875	
Totx : Don de Cie.		»	6	6	7	31	9	47	23	2	1898	
Services administrat.		»	»	»	»	»	18	18	»	»	»	
Totx du 6e corps.		53	142	195	202	1308	3106	4616	82	19	9312	

	OFF^{rs}.			HOMMES DE TR.				CHEV^x D'ART^{ie}		MUNITIONS D'ART^{ie}.
	T.	Bl.	Tot^x.	T.	Bl.	Disp.	Tot^x.	T.	Bl.	
Garde.										
Q^r G^l	»	1	1							
1re Div^{on}.										
1re Br. { 1er Voltig..	»	»	»	»	11	»	11			
2e Voltig..	»	1	1	2	34	1	37			
2e Br. 3e Voltig...	»	»	»	»	3	»	3			
Tot^x : 1re D^{on}.	»	1	1	2	48	1	51			
2e Div^{on}.										
1re Br. { Zouaves...	»	1	1	»	4	»	4			
1er Grenad.	»	»	»	»	5	1	6			
Art... { 3e } Rég.	»	»	»	1	5	»	6	4	7	182
4e } monté	»	»	»	»	2	»	2	»	2	182
Tot^x : 2e D^{on}..	»	1	1	1	16	1	18	4	9	364
Rés^{ve} d'Art^{ie}.										
3e c... { Régiment	»	»	»	»	»	»	»	»	»	} 633
1er c... { à cheval..	»	»	»	»	»	»	»	»	»	
Tot^x : Rés^{ve} D'Art^{ie}.	»	»	»	»	»	»	»	»	»	633
Tot^x de la Garde	»	3	3	3	64	2	69	4	9	997
Rés^{ve} de caval.										
3e Div^{on}.										
2e Br.. 7e cuirass..	»	»	»	»	2	»	2			
Tot^x : Rés^{ve} Caval^{ie}.	»	»	»	»	2	»	2			
Rés^{ve} g^{ale} d'art^{ie}.										
5e .... }	»	»	»	»	»	»	«	»	»	
6e .... } 13^e	»	»	»	2	3	»	5	4	»	} 816
7e .... }	»	»	»	»	9	»	9	13	»	
8e .... }	»	»	»	»	»	»	»	»	»	
Tot^x : R^{ve} G^{le} D'Art^{ie}.	»	»	»	2	12	»	14	17	»	(1) 816
F^t de St-Quentin										
Nombre de coups tirés	»	»	»	»	»	»	»	»	»	(2) 57 (3) 15

(1) L'art. à chev. de la réserve générale ne tira que « *quelques* coups » dans la direction de la Maison-Rouge.

(2) De 24.
(3) De 12.

Tableau récapitulatif.

	OFFrs			HOMMES DE TR.				CHEVx D'ARTie		MUNI-TIONS D'ARTie
	T.	Bl.	Totx.	T.	Bl.	Disp.	Totx.	T.	Bl.	
2e corps.										
1re Division........	1	14	15	33	186	70	289	12	»	1909
2e Division........	3	9	12	3	126	46	175	25	1	457
Brigade Lapasset...	3	1	4	12	36	12	60	»	5	258
Division de cavalerie.	»	»	»	»	1	»	1	»	»	»
Réserve d'artillerie..	»	»	»	4	19	1	24	15	17	864
Services administrat.	2	»	2	»	»	3	3	»	»	»
	9	24	33	52	368	132	552	52	23	3488
3e corps.										
Quartier Général....	»	3	3	»	»	»	»	»	»	»
1re Division........	7	17	24	62	403	50	515	21	4	907
2e Division........	1	2	3	8	58	6	72	30	3	933
3e Division........	7	26	33	64	352	184	600	15	12	1778
4e Division........	14	33	47	77	536	175	788	23	16	1468
Division de cavalerie.	1	»	1	»	»	»	»	»	»	»
Réserve d'artillerie..	»	2	2	7	44	»	51	21	18	3353
	30	83	113	218	1393	415	2026	110	53	8439
4e corps.										
Quartier Général....	»	2	2	»	»	»	»	»	»	»
1re Division........	29	61	90	169	1137	519	1825	27	9	2867
2e Division........	33	58	91	129	1151	341	1621	31	18	2394
3e Division........	29	52	81	165	1207	339	1711	25	4	2087
Division de cavalerie.	»	4	4	3	25	6	34	»	»	»
Réserve d'artillerie..	2	4	6	12	83	25	120	134		4849
Services administrat.	»	1	1	3	4	2	9	»	»	»
	93	182	275	481	3607	1232	5320	248		12197
6e corps.										
Quartier Général....	»	1	1	»	»	»	»	»	»	»
1re Division........	24	54	78	88	386	1455	1929	9	6	2560
2e Division........	1	11	12	1	87	72	160	10	2	967
3e Division........	13	25	38	15	276	681	972	7	4	2337
4e Division........	15	45	60	91	528	871	1490	33	5	1550
Division de cavalerie.	»	6	6	7	31	9	47	23	2	1898
Services administrat.	»	»	»	»	»	18	18	»	»	»
	53	142	195	202	1308	3106	4616	82	19	9312

Metz. — III.

	OFF⁽ʳˢ⁾			HOMMES DE TR.				CHEV⁽ˣ⁾ D'ART⁽ⁱᵉ⁾		MUNI-TIONS D'ART⁽ⁱᶜ⁾.
	T.	Bl.	Tot⁽ˣ⁾	T.	Bl.	Disp.	Tot⁽ˣ⁾	T.	Bl.	
Garde.										
Quartier Général ...	»	1	1	»	»	»	»	»	»	»
1ʳᵉ Division	»	1	1	2	48	1	51	»	»	»
2ᵉ Division	»	1	1	1	16	1	18	4	9	364
Réserve d'artillerie..	»	»	»	»	»	»	»	»	»	633
	»	3	3	3	64	2	69	4	9	997
Rés⁽ᵛᵉ⁾ de caval⁽ⁱᵉ⁾										
3ᵉ Division de caval.	»	»	»	»	2	»	2	»	»	»
R⁽ᵛᵉ⁾ g⁽ˡᵉ⁾ d'art⁽ⁱᵉ⁾										
13ᵉ	»	»	»	2	12	»	14	17	»	846
Tot⁽ˣ⁾ génér⁽ˣ⁾.	185	434	619	958	6754	4887	12599	617		35249 (1)
					13218					

(1) Plus 72 coups eq tirés par le fort ¹³⁾ de St-Quentin.

II. — Armées allemandes.

	OFF^{rs}.	HOMMES.	TOT^x.
Ire ARMÉE.			
VIIe corps.			
13e D^{on}...	17	468	485
14e D^{on}...	14	278	292
Art^{ie} de corps...	8	72	80
Détachement sanitaire...	»	3	3
T^{ox}...	39	821	860
VIIIe corps.			
15e D^{on}...	125	2,206	2,331
16e D^{on}...	53	846	899
Art^{ie} de corps...	»	30	30
Détachement sanitaire...	»	3	3
T^{ox}...	178	3,085	3,263
1re D^{on} de cav^{ie}...	7	88	95
IIe ARMÉE.			
Garde.			
Quart^r général...	1	»	1
1re D^{on}...	160	4,177	4,337
2e D^{on}...	140	3,673	3,813
Art^{ie} de corps...	5	60	65
Pionniers...	1	13	14
T^{ox}...	307	7,923	8,230
IIe corps.			
Quart^r général...	3	»	3
3e D^{on}...	39	877	916
4e D^{on}...	12	311	323
Art^{ie} de corps...	»	2	2
Détachement sanitaire...	1	3	4
T^{ox}...	55	1,193	1,248

	OFFrs.	HOMMES.	TOTx.
IIIe corps.			
3e rég. d'artie	2	50	52
IXe corps.			
Quartr général	2	»	2
18e Don	102	2,123	2,225
25e Don	79	1,596	1,675
Artie de corps	16	169	185
Totx	199	3,888	4,087
Xe corps.			
19e Don	»	1	1
20e Don	2	80	82
Artie de corps	4	18	22
Totx	6	99	105
XIIe corps.			
23e Don	35	781	816
24e Don	66	305	1,372
12e Don de cavie	2	6	8
Artie de corps	2	20	22
Abtheilung des colonnes	1	»	1
Totx	106	2,113	2,219
5e Don de cavie	1	»	1
Totx généraux	**900**	**19,260**	**20,160**

Ravitaillements en vivres et en munitions pendant la période du 14 au 18 août.

I. — Service des vivres.

On sait que les convois de l'armée comprenaient à la fois des voitures du train des équipages et des voitures civiles requises par le service de l'intendance dans les départements voisins (1).

A l'exception du 6ᵉ corps, que son convoi n'avait pu rejoindre à Metz, chaque corps d'armée possédait un convoi comprenant :

1º Ceux de chacune des divisions (infanterie et cavalerie) et de la réserve d'artillerie ;

2º Celui du quartier général, formant une réserve pour le cas où le service viendrait à manquer au cours d'une marche en avant (2).

Enfin, la réserve générale d'artillerie, les divisions de cavalerie de réserve et le grand quartier général de l'armée possédaient également chacun leur convoi.

Le nombre des voitures du train des équipages, — qui constituaient ce qu'on appelait alors le *train régulier* par opposition au *train auxiliaire* formé par les voitures de réquisition, — était relativement très faible et ne dépassait pas 500, tandis que celui des voitures de réquisition s'élevait au chiffre de 2,890.

---

(1) *Instruction du procès Bazaine*, déposition de l'intendant Gaffiot, chef du service des transports. *Procès Bazaine*, déposition du colonel Fay.

(2) *Procès Bazaine*; intendant Gaffiot.

Journée du 14 août.

Dans le *Rapport* du 13 août, le maréchal Bazaine « commandant en chef des 2ᵉ, 3ᵉ et 4ᵉ corps » (1) avait ordonné :

1º Que les troupes aient toujours, dans le sac, 2 jours de vivres non compris ceux de la journée courante ;

2º Que les voitures du train régulier des divisions portent au moins 4 jours de vivres (2) ;

3º Que le train auxiliaire soit maintenu au moins à une demi-journée de marche en arrière des corps d'armée.

Il paraît difficile de concevoir comment ces deux dernières prescriptions eussent pû être appliquées, étant donnée la situation de l'armée et les projets de retraite qui, d'ailleurs, avaient déjà reçu un commencement d'exécution (3).

Quoi qu'il en soit, l'ordre précité eut au moins cette conséquence heureuse de provoquer un redoublement d'activité dans le service de l'intendance. Des distributions furent faites aux troupes dans la soirée du 13 et dans la matinée du 14, en même temps que les convois furent recomplétés, au delà même, pour certains corps, des prévisions du grand quartier général, ainsi qu'on va le voir (4).

Approvisionnements du sac. — Dans la matinée du 14, les troupes possédaient les approvisionnements suivants :

2ᵉ corps : 2 jours de biscuit et 3 jours de vivres de campagne (5) ;

---

(1) C'est sans doute là la raison pour laquelle cet ordre ne fut pas communiqué à tous les corps d'armée. (*Procès Bazaine*, déposition de l'intendant Gaffiot.)

(2) Les voitures du train des équipages étaient trop peu nombreuses pour que cette prescription pût être réalisée.

(3) En réalité, la séparation du train régulier et du train auxiliaire n'eut pas lieu.

(4) Les voitures du train régulier étant en très petit nombre, les intendants firent charger la plus grande partie des approvisionnements sur les voitures du train auxiliaire.

(5) *Instruction du procès Bazaine*, déposition de l'intendant Bagès, du 2ᵉ corps.

3º corps : 4 jours de biscuit; 4 jours de vivres de campagne; 2 jours d'avoine (1);

4º corps : 4 jours de biscuit ou pain et 4 jours de vivres de campagne (2);

6º corps : 3 jours de biscuit; 3 jours de vivres de campagne (3);

Garde : de 2 à 4 jours de biscuit; 4 jours de vivres de campagne; 2 jours d'avoine. La division de grenadiers n'avait touché que 2 jours de biscuit mais attendait incessamment deux autres jours (4);

1ʳᵉ division de cavalerie : 2 jours de vivres (biscuit et vivres de campagne) (5);

3º division de cavalerie : 2 jours de vivres (biscuit et vivres de campagne); 1 jour d'avoine (6).

En résumé, les troupes portaient sur le sac de 2 à 4 jours de biscuit et de 3 à 4 jours de vivres de campagne. Les distributions de pain (7), de viande ou de lard, et de petits vivres ayant eu lieu pour la journée du 14, les corps d'armée se trouvaient, d'ores et déjà complètement alignés en vivres u sac jusqu'aux dates ci-après :

---

(1) Même situation que la Garde. *Instruction du procès Bazaine*, déposition de l'intendant Mony, directeur du service des subsistances de l'armée. La distribution ne fut terminée pour certains corps de troupe que le 15 au matin.

(2) Sur l'ordre du général de Ladmirault les troupes furent alignées jusqu'au 18 inclus. (*Procès Bazaine* et *Instruction du procès Bazaine*; intendant Gayard, du 4º corps.)

(3) À l'*Instruction du procès Bazaine*, le maréchal Canrobert a déclaré que le 14 son corps d'armée avait reçu quatre jours de vivres, mais il semble que ce soit là une inexactitude; voir aux pièces annexes du 14 août la situation du 94º.

(4) Pièces annexes, journées du 13 et du 14.

(5) *Ibid.*

(6) *Procès Bazaine* et *Instruction du procès Bazaine;* intendant Birouste, de la 3º division de cavalerie.

(7) Certains corps, comme le 2º, avaient touché du pain pour le 14 et pour le 15. (*Journal* de l'intendant Bouteiller. — Pièces annexes, journée du 14 août.)

2ᵉ corps, jusqu'au 16 inclus ;
3ᵉ corps, jusqu'au 18 inclus ;
4ᵉ corps, jusqu'au 18 inclus ;
6ᵉ corps, jusqu'au 17 inclus ;
Garde, jusqu'au 18 inclus ;
1ʳᵉ division de cavalerie, jusqu'au 16 inclus ;
3ᵉ division de cavalerie jusqu'au 16 inclus.

Convois : Approvisionnements et emplacements. — Les convois se ravitaillèrent à Metz pendant la soirée du 13 et pendant la matinée du 14 (1); la plupart des chefs de service des corps d'armée profitèrent de l'ordre du 13 pour charger une quantité de vivres notablement supérieure à celle qui correspondait à 4 journées.

C'est ainsi que l'intendant de Préval chargea le convoi du grand quartier général d'un supplément de 100,000 rations de biscuit. En même temps, et en prévision de la marche vers Châlons, qu'on paraissait définitivement entreprendre, un train contenant 80,000 rations de pain (soit à peu près une demi-journée pour toute l'armée) fut tenu prêt à partir pour Verdun (2). D'ailleurs, 2 millions de rations de biscuit venaient d'arriver en gare (3).

A la suite du ravitaillement au moyen des ressources de la place de Metz, et par conséquent après les distributions aux troupes, les convois portaient les approvisionnements suivants :

Convoi du grand quartier général : 173,000 rations de pain ou biscuit ; 136,000 rations de farine ; 3 jours de vivres de campagne pour toute l'armée (4).

Convoi du 2ᵉ corps : 100 quintaux de farine (soit environ une journée de pain); plus 20,000 rations de biscuit; 6 à 8 jours de vivres de campagne, 2 jours d'avoine (non compris celle du 14); 8 jours de viande sur pied (5).

---

(1) *Procès Bazaine;* intendant Mony.
(2) *Procès Bazaine;* intendant de Préval.
(3) *Dépêche* de l'Empereur à l'Impératrice, 14 août, 10 h. 55 matin.
(4) *Instruction du procès Bazaine*; intendant Mony.
(5) *Lettre* de l'intendant Bagès au général Frossard. Pièces annexes, journée du 14 août.

Convoi du 3ᵉ corps : 6 ou 8 jours de vivres de toute nature, plus un troupeau de bétail (1).

Comme le 13 août, le général Decaen écrivait au maréchal Bazaine que les ressources permettaient de se mettre en marche avec 4 jours de vivres dans le convoi (2); il faut en conclure que l'intendant Friant prit dans la journée à Metz un approvisionnement dépassant de beaucoup le minimum prescrit par l'ordre du 13.

Convoi du 4ᵉ corps (3) : Le convoi du 4ᵉ corps avait été également chargé d'approvisionnements très considérables.

A lui seul, le convoi du quartier général du corps d'armée transportait : 12 jours de pain, biscuit ou farine, plus 12 jours de vivres de campagne et 5 jours d'avoine.

En outre, les convois de chacune des divisions portaient, en moyenne : près de 2 jours de pain ou biscuit (4) ; de 3 à 8 jours de vivres de campagne selon les divisions ; environ 2 jours d'avoine.

Le 4ᵉ corps disposait donc au total : de 13 à 14 jours de pain ou biscuit environ ; d'au moins 17 jours de vivres de campagne et d'environ 4 jours d'avoine.

Convoi de la Garde (5) : 8 jours de vivres de toute nature.

Convoi de la 3ᵉ division de cavalerie : 3 jours de vivres de toute nature et 3 jours d'avoine.

Marche des convois. — On se rappelle que les convois commencèrent le passage de la Moselle dès le matin du 14 août, mais qu'en raison du mauvais état des ponts militaires, dont la plupart étaient encore en réparation, toutes les voitures furent acheminées vers les deux ponts fixes de la ville de Metz. Il est inutile de revenir ici sur la lenteur avec laquelle s'effectua

---

(1) *Instruction du procès Bazaine*; intendant Friant.

(2) *Lettre* du général Decaen au maréchal Bazaine. Pièces annexes, 13 août.

(3) *Instruction du procès Bazaine et Procès Bazaine*; intendant Gayard du 4ᵉ corps.

(4) Trois jours pour la 1ʳᵉ division, un jour pour chacune des deux autres.

(5) *Instruction du procès Bazaine;* intendant Lebrun, de la Garde.

la marche ni sur l'encombrement des rues et des ponts qui en résulta.

Dans la soirée, les emplacements des convois étaient les suivants :

Convoi du quartier général, au Ban-Saint-Martin ;
Convoi du 2e corps, entre Moulins et Maison-Neuve ;
Convoi du 3e corps, au Ban-Saint-Martin ;
Convoi du 4e corps, partie au Ban-Saint-Martin, partie à Saint-Éloy ;
Convoi de la Garde, au Ban-Saint-Martin ;
Convoi de la 3e division de cavalerie, au Ban-Saint-Martin.

Journée du 15 août.

On voit, par ce qui précède, qu'au moment où, le 15 au matin, l'armée allait se mettre en marche pour Verdun, les convois étaient très largement approvisionnés et pouvaient, en tenant compte des vivres du sac dont les troupes disposaient déjà par suite des distributions antérieures, assurer la subsistance pendant plus de huit jours encore (1). Étant données les circonstances critiques dans lesquelles s'opérait le mouvement de retraite et en considérant d'autre part l'assurance qu'on avait de pouvoir se procurer des vivres au cours d'une retraite vers l'arrière, c'est-à-dire dans une région vierge à peu près de toute réquisition, ces approvisionnements eussent pu être considérablement réduits au profit de la place de Metz et surtout au profit de la mobilité de l'armée. Malheureusement, comme les convois devaient naturellement prendre la tête des troupes, il était déjà trop tard, non point pour

---

(1) Les troupes et les convois portaient des approvisionnements différents suivant les corps d'armée, mais en établissant une moyenne approximative et en supposant que les approvisionnements des convois fussent répartis suivant les besoins, on trouve que ces convois contenaient environ huit jours de vivres-pain (pain, farine ou biscuit) et dix jours de vivres de campagne. Les distributions aux troupes étaient donc assurées pour le moins jusqu'au 22 août inclus. — Cette appréciation est d'ailleurs presque exactement vérifiée par la déposition de l'intendant Gaffiot, qui, à l'*Instruction du procès Bazaine,* déclara que les distributions étaient assurées jusqu'au 23.

laisser dans la région de la Moselle une partie de ce convoi, mais bien pour opérer les transbordements nécessaires à la constitution, sur les voitures du train des équipages, — les seules qui n'eussent point encombré et ralenti les colonnes, — d'un approvisionnement comprenant, dans les proportions convenables, des vivres de toute nature (1).

Le maréchal Bazaine prit, comme on va le voir, la détermination d'alléger son convoi, mais dans des conditions telles que cette détermination eût été désastreuse pour l'armée en admettant que celle-ci eût été, par la suite des événements, en mesure de continuer sa marche vers l'Ouest. Au reste, l'ordre, tardif, de licencier purement et simplement les convois auxiliaires se trouvait être inexécutable par suite du départ d'une grande partie de ces convois.

De son quartier général à Moulins, le commandant en chef avait, en effet, assisté au défilé des troupes sur la route de Gravelotte et avait été frappé du nombre considérable de voitures de réquisition marchant à l'aventure au milieu de la colonne (2). C'est alors qu'il prit la décision de licencier le convoi auxiliaire, mesure, que, d'après sa déposition au conseil de guerre de Trianon, le commandant en chef prétend

---

(1) Cet ordre avait, il est vrai, été donné par le Maréchal, dès le 13 août, mais il était resté inexécuté. Il ne s'appliquait d'ailleurs qu'aux 2ᵉ, 3ᵉ et 4ᵉ corps. Au reste le train régulier était trop réduit pour qu'il pût recevoir quatre jours de vivres comme le prescrivait l'ordre. On aurait peut-être pu constituer, cependant, un convoi contenant une ou deux journées de vivres en utilisant à la fois les fourgons du train régulier et quelques voitures de réquisition choisies parmi les meilleures.

(2) Dans ses *Souvenirs*, le général Jarras fait remarquer que les convois avaient bien été groupés au Ban-Saint-Martin, mais qu'ils avaient reçu l'ordre de se mettre en route successivement et par unités constituées. Or, un grand nombre de conducteurs civils, « trompant la vigilance des vaguemestres », s'engagèrent sur la route au fur et à mesure qu'ils trouvèrent un espace libre. « Pour mettre de l'ordre dans le service des voitures de réquisition, on en avait confié la direction à quelques officiers, sous-officiers et brigadiers du train des équipages; mais le nombre de ces chefs était très insuffisant, et leur surveillance sans efficacité possible, de telle sorte que chaque conducteur civil, livré

avoir préparée antérieurement en prescrivant, dès le 13 août, de transborder les vivres des voitures civiles sur celles du train des équipages (1).

Quoi qu'il en soit, l'ordre de licenciement fut transmis verbalement, vers 11 heures du matin, à l'intendant de Préval, qui remplissait alors les fonctions d'intendant général de l'armée, en l'absence de l'intendant Wolff envoyé à Verdun pour faire préparer des approvisionnements en vue de la retraite de l'armée.

« Le 15, à Moulins, dit l'intendant de Préval, le Maréchal commandant en chef me fit donner l'ordre de licencier et de faire rétrograder le convoi auxiliaire qui portait les vivres de l'armée. Je trouvai cette mesure tellement grave que je me rendis auprès du Maréchal. Il maintint l'ordre qu'il m'avait donné. Alors, pour dégager ma responsabilité des conséquences que l'exécution de cet ordre pouvait entraîner, — bien que cette demande de ma part fût un peu insolite, — je priai le Maréchal de me donner un ordre écrit (2). » Ordre, dont voici le texte (3).

Moulins-les-Metz, 15 août 1870.

M. l'Intendant général,

J'ai décidé, à la date de ce jour, que toutes les voitures de réquisition et d'entreprise cesseraient de suivre l'armée. Après déchargement total ou partiel des denrées qu'elles transportent, elles seront dirigées sur Metz, et mises à la disposition

---

en quelque sorte à lui-même, marchait et s'arrêtait en n'obéissant qu'à sa propre volonté. » (*Souvenirs*, page 94.)

Soit qu'une partie du convoi prît spontanément le chemin de Lessy, comme le dit le général Jarras, soit que ce mouvement eût été le résultat d'un ordre apporté par le colonel Ducrot, comme le dit l'intendant Wolff, ces voitures n'en vinrent pas moins encombrer la voie réservée aux 3e et 4e corps.

(1) Voir à ce sujet la note 1 de la page 747.
(2) *Procès Bazaine*, page 259.
(3) Lu par l'intendant Wolff à la *Commission d'enquête sur les capitulations*. Séance du 17 février 1872.

de l'intendant de la 5ᵉ division militaire, pour être licenciées, ou utilisées, s'il y a lieu, pour les besoins de la place.

Le Maréchal commandant en chef,
BAZAINE.

Mais l'ordre était déjà, en partie au moins, inexécutable.....

Un grand nombre de voitures étaient engagées sur la route, pêle-mêle avec les troupes, et il était aussi impossible de les décharger et de faire la distribution de leur contenu que de les faire rétrograder vers Metz.

On laissa donc filer vers Gravelotte les convois du grand quartier général (1), des réserves de cavalerie, et du 2ᵉ corps. Seuls, les convois auxiliaires des 3ᵉ et 4ᵉ corps et de la Garde furent maintenus au Ban-Saint-Martin et sur les glacis de la place, mais non pas déchargés toutefois.

2ᵉ corps. — Dans la matinée du 15 août, l'intendant Bagès du 2ᵉ corps avait encore pu faire charger sur son convoi un supplément de 1800 rations de biscuit. Néanmoins, l'approvisionnement total des convois du 2ᵉ corps ne dépassait pas 38,000 rations de cette nature, soit plus d'une journée de vivres-pain.

Le 2ᵉ corps était, à ce point de vue, le plus mal partagé, mais il eût été aisé de recourir au convoi du grand quartier général quand cela eût été nécessaire, c'est-à-dire pour la journée du 18, car la journée du 16 était largement assurée par les distributions antérieures, et le convoi du 2ᵉ corps pouvait faire face à la consommation du 17. Quant aux autres denrées, — et en particulier la viande, — elles étaient toutes assurées et au delà pour la prochaine distribution (2).

Toutefois, l'arrivée des convois sur le plateau fut très lente.

---

(1) Y compris le convoi supplémentaire de 100,000 rations de biscuit que l'intendant de Préval avait fait charger la veille à Metz et qui s'achemina par le col de Lessy.

(2) *Lettre* de l'intendant Bagès au général Frossard. Pièces annexes. Journée du 15 août.

Pendant toute la journée du 15 et pendant la nuit suivante, les voitures du train des équipages, comme celles du train auxiliaire, arrivèrent une à une à Rezonville où elles furent parquées (1) : le train régulier à l'Ouest du village et au Sud de la route ; les voitures de réquisition au Sud de ces dernières. Une distribution fut faite dans l'après-midi à une partie des troupes, et complétée le lendemain matin pour l'autre partie (2).

3e corps. — Dès le matin du 15, le maréchal Lebœuf avait prescrit aux troupes de s'aligner en vivres et en avoine jusqu'au 17 inclus et de n'emmener avec elles que les voitures militaires (3). La distribution eut lieu avant le départ, au moins pour la plupart des troupes, car certains corps paraissent s'en être dispensés ainsi qu'en témoigne une lettre du sous-intendant Lahaussois au général Metman.

A la suite de l'ordre de licenciement du convoi auxiliaire, on prescrivit aux voitures de réquisition de rester au Ban-Saint-Martin, les voitures du train régulier devant seules suivre les divisions. On laissa ainsi dans la place : 3 jours de pain et biscuit ; plus : 8 jours de vivres de campagne, 6 jours de viande sur pied et 2 jours d'avoine.

En outre, on abandonnait dans les magasins de la place de la Comédie, à Metz, une grande quantité de riz, sel, sucre et café, plus : 60,000 rations d'avoine déjà reçues et 150,000 rations d'avoine en cours de réception.

4e corps. — L'ordre du 13, qui prescrivait de charger le plus possible le convoi, était déjà exécuté lorsque, le 15, le général

---

(1) *Journal* de l'intendant Bouteiller.
(2) *Instruction du procès Bazaine.* Intendant Bagès.
(3) Pièces annexes. *Ordre* du 3e corps et son supplément. Il est à remarquer que déjà les troupes étaient alignées en vivres jusqu'au 18 et en avoine jusqu'au 16. L'ordre en question dénote donc une connaissance incertaine des besoins. Quoi qu'il en soit, une distribution eut lieu avant le départ, distribution dans laquelle on donna sans doute le pain et la viande pour la journée.
(4) *Lettre* du général Besson au maréchal Canrobert. Pièces annexes.

de Ladmirault décida que les troupes seraient formées en colonnes légères n'emportant avec elles que les quatre jours de vivres distribués antérieurement et que tout le convoi, sauf le matériel roulant des hôpitaux (10 voitures du train des équipages), serait laissé à Metz. Le convoi régulier resta donc sur les glacis et au Ban-Saint-Martin avec le convoi auxiliaire.

Aucune distribution n'est mentionnée pour la journée du 15.

6ᵉ corps. — Les distributions pour la journée durent être faites, au moins en partie, par le convoi du grand quartier général, car le général Bisson se plaint au maréchal Canrobert, de n'avoir reçu qu'une ration *incomplète*.

Garde. — Ordre fut donné dès le matin de toucher au convoi 2 jours de pain, vivres de campagne et avoine (1).

Le train auxiliaire resta au Ban-Saint-Martin, mais le train régulier accompagna les troupes et transporta avec lui : du sucre, du café, 2 à 3 jours de biscuit et de l'avoine (2).

3ᵉ division de cavalerie. — Les 80 voitures auxiliaires constituant le convoi de la division de Forton avaient quitté le Ban-Saint-Martin à la première heure ; mais elles ne parvinrent que très avant dans la journée à Gravelotte, où elles s'arrêtèrent.

Matinée du 16 août.

Le 16 au matin, dès qu'il eut donné l'ordre d'ajourner le départ de l'armée pour Verdun, le Maréchal prescrivit de faire de suite des distributions selon les ressources. Il ajoutait que les voitures civiles devaient être renvoyées vers l'arrière après qu'on aurait chargé le plus possible les voitures du train des équipages (3). Enfin, les sous-intendants étaient invités à se

---

(1) Pièces annexes : Extrait du *registre d'ordre* de la Garde.
(2) *Instruction du procès Bazaine* et *Procès Bazaine*. Déposition de l'intendant Lebrun.
(3) Ce qui prouve que la présence d'une partie des convois auxiliaires à Gravelotte lui était connue.

procurer l'avoine par la voie des réquisitions si celle des convois faisait défaut (1).

Effectivement, l'intendant de Préval ordonna aux chefs de service des corps d'armée de faire fouiller les villages environnants et de rassembler à Mars-la-Tour tous les approvisionnements qu'ils pourraient se procurer (2).

2e corps. — A la première heure du jour le convoi du 2e corps était tout entier rassemblé à Rezonville. La viande nécessaire pour la journée fut abattue et du bétail fut acheté à Rezonville et aux environs pour compléter le troupeau (3).

Les distributions aux troupes, qui n'avaient rien touché la veille, commencèrent; mais elles n'étaient pas terminées lorsque le canon se fit entendre (4).

Les troupes coururent aux armes et un certain désordre se produisit parmi les voitures du convoi auxiliaire. Certains conducteurs civils déchargèrent leurs voitures, d'autres s'enfuirent par la grande route ou par des sentiers. Le troupeau fut en grande partie dispersé. On parvint cependant à rallier les deux tiers des voitures en arrière de Gravelotte.

3e corps. — Le convoi auxiliaire du 3e corps étant resté tout entier au Ban-Saint-Martin, les voitures du train régulier accompagnaient seules les troupes. En déduisant de l'approvisionnement total, les denrées laissées à Metz (5) et la distribution du 15, on est conduit à estimer à plus de 2 journées de pain (ou biscuit) le chargement du train régulier, — lequel était en outre accompagné du troupeau de bétail.

Il n'apparaît cependant pas qu'on fit une distribution aux troupes dans la matinée du 16.

4e corps. — Tout le convoi du 4e corps étant resté sur les glacis (près de la porte de Thionville) par ordre du général de

---

(1) Pièces annexes. 16 août.
(2) *Procès Bazaine.* Intendant de Préval et intendant Gaffiot.
(3) *Instruction du procès Bazaine.* Intendant Bagès.
(4) *Journal* de l'intendant Bouteiller. Pièces annexes.
(5) Voir page 750.

Ladmirault, les troupes se mirent en marche, le 16 au matin, sans autres approvisionnements que ceux du sac, mais ceux-ci assuraient la subsistance jusqu'au 18 inclus (1).

D'ailleurs, les convois des 2ᵉ et 3ᵉ divisions et de la division de cavalerie rejoignirent ultérieurement leurs divisions respectives (2).

6ᵉ corps. — Le 16 au matin, le 6ᵉ corps reçut, par les soins du convoi du grand quartier général : un jour de pain et biscuit et une ration de vin.

Garde. — Le convoi du train régulier qui avait accompagné la Garde à Gravelotte reçut l'ordre de distribuer une ration de biscuit, deux rations d'avoine et une ration de viande (3). Mais cette dernière, qui devait être délivrée à 10 heures du matin, ne fut *probablement* pas distribuée à tous les corps de troupe.

3ᵉ division de cavalerie. — Dès le matin, l'intendant Birouste s'était procuré des vivres à Vionville et commençait les distributions vers 9 heures. Elles n'étaient pas terminées lorsque le canon vint semer la panique parmi les voitures du convoi auxiliaire qui arrivaient en cet instant même. Sur les 80 voitures qui composaient ce convoi, 32 furent définitivement perdues ; mais les 48 autres ne furent ralliées en entier que dans la journée du 17. Cependant, une quinzaine de voitures avaient été arrêtées à Gravelotte dès le 16 au matin, de sorte que la distribution du 17 se trouva être assurée (4).

Soirée du 16 août.

On se rappelle qu'à son arrivée à Gravelotte, vers 10 heures du soir, le maréchal Bazaine fut rejoint par l'intendant de

---

(1) *Instruction du procès Bazaine.* Intendant Gayard.
(2) Celui de la division de cavalerie dès le 16 ; celui de la 2ᵉ division, le 16 au soir à Doncourt ; celui de la 3ᵉ division, le 18 à Amanvillers.
(3) *Ordre* du général Bourbaki. Pièces annexes du 17.
(4) *Instruction du procès Bazaine* et *Procès Bazaine*. Intendant Birouste.

Préval. Le commandant en chef avait certainement reçu dès les premières heures du jour, ainsi qu'on l'a déjà fait remarquer, les réclamations de quelques-uns des commandants de corps d'armée au sujet de la pénurie des vivres, puisqu'il avait fait transmettre, dans la matinée, ces réclamations à l'intendant en chef de l'armée (1). Bien que toutes les troupes, en effet, eussent été pourvues, en vertu des distributions antérieures, des vivres nécessaires pour assurer leur subsistance jusqu'à une date variant du 16 au 18, on comprend que les commandants de corps d'armée, inquiets de se trouver séparés de la plus grande partie de leurs convois, aient manifesté des craintes à ce sujet. D'ailleurs, il est certain que bon nombre d'hommes gaspillèrent prématurément les vivres qui leur avaient été confiés. Enfin, et grâce à la malheureuse coutume de déposer les sacs avant le combat, quelques divisions se trouvaient bien réellement, quoique temporairement, privées de toutes ressources (2).

Il y a toutefois lieu d'observer que certains commandants de corps d'armée paraissent avoir ignoré la véritable situation de leurs troupes au point de vue de l'approvisionnement en vivres. C'est ainsi que le 16 au matin, alors que le capitaine de France vint de la part du maréchal Bazaine demander au général Frossard des renseignements sur sa situation, celui-ci répondit « qu'il n'avait pas de vivres pour la journée du 16 ; qu'il y avait très peu de biscuit, pas de riz, pas de sucre et pas de café ». Or, on sait qu'en cet instant même l'intendant du 2ᵉ corps procédait à une distribution et qu'au reste les troupes avaient déjà été pourvues antérieurement de vivres jusqu'au 16 inclus. D'autre part, le général Frossard paraît avoir ignoré pendant plusieurs années encore après la guerre la présence de son convoi à Rezonville, c'est-à-dire aux côtés mêmes de son quartier général, car il déclara devant le *Conseil d'enquête sur les capitulations* et à l'*Instruction* du procès Bazaine, que les voitures du 2ᵉ corps n'avaient pu rejoindre en totalité ni le 15, ni le 16, à cause de l'encom-

---

(1) *Procès Bazaine*. Intendant Gaffiot.
(2) *Instruction du procès Bazaine*. Intendant Bagès.

brement des routes et que le matin de la bataille il n'y avait que très peu de voitures auprès des troupes. Or, on sait qu'en réalité la totalité du convoi était parquée à Rezonville dès le matin, et que le soir du combat, à la suite du désordre provoqué par la canonnade, les deux tiers de ce convoi se trouvaient rassemblés à Gravelotte même, c'est-à-dire à quelques centaines de mètres de l'emplacement où le commandant du 2e corps avait rallié ses troupes.

D'ailleurs, le commandant du 2e corps n'était pas le seul qui ignorât les ressources dont il pouvait disposer. Il est assez remarquable, en effet, que le soir de la bataille, quand le maréchal Bazaine fit part à l'intendant de Préval de ses craintes au sujet des approvisionnements, ce dernier lui proposa de se rendre à Metz pour y chercher un convoi, alors que celui du grand quartier général stationnait depuis la veille à Gravelotte même. Or ce convoi contenait encore, après les distributions faites dans la matinée :

  257,000 rations de biscuit ou farine ;
  625,000 rations de sel ;
  750,000 rations de café ;
  619,000 rations de sucre ;
  330,000 rations de vin ou eau-de-vie ;
   27,500 rations de fourrages ;
  Un troupeau de bétail (1).

Il est non moins digne de remarque, enfin, que le commandant en chef ne crut pas devoir rappeler à l'intendant, — si celui-ci l'ignorait, — qu'en vertu des ordres donnés le matin, une partie des approvisionnements du train auxiliaire dont il avait constaté la présence à Gravelotte avait dû être placée sur les fourgons du train des équipages. Il se contenta purement et simplement d'autoriser l'intendant en chef à aller chercher dans la place un convoi de vivres, tandis qu'une sage répartition des ressources immédiatement disponibles eût largement suffi pour assurer la subsistance du 17.

La situation réelle des approvisionnements dans la soirée du 16 paraît, en effet, avoir été la suivante :

---

(1) *Procès Bazaine.* Intendant Mony.

2ᵉ corps. — Le 2ᵉ corps avait été aligné le 14 jusqu'au 16 inclus ; de plus, il avait reçu 1 jour de vivres, tant dans l'après-midi du 15 que dans la matinée du 16 (à l'exception toutefois de certaines fractions pour lesquelles le canon vint interrompre la distribution). Normalement, la majorité des corps de troupe pouvait être considérée comme pourvue jusqu'au 17 inclus. Mais il est fort probable qu'une partie des vivres du sac avait été consommée prématurément par les hommes. Si l'on considère d'autre part que bon nombre de régiments ne rentrèrent en possession de leurs sacs que le lendemain matin, on doit admettre, qu'en général, le 2ᵉ corps manquait de vivres le soir de la bataille.

Mais on doit ajouter que la majorité des voitures du convoi (les deux tiers) étant parquée à Gravelotte même, il aurait suffi d'un ordre du commandant de corps d'armée pour qu'une distribution fût faite immédiatement (1).

3ᵉ corps. — Le 3ᵉ corps avait été aligné en vivres jusqu'au 18, et avait en outre touché une distribution dans la journée du 15. Il eût donc dû être pourvu jusqu'au 19 inclus. La déclaration de l'intendant Friant à l'instruction du procès Bazaine laisse supposer qu'une partie de ces vivres avait été gaspillée, puisqu'au dire de ce fonctionnaire les troupes n'étaient plus pourvues que pour la journée du 17. Néanmoins la situation n'avait rien de précaire le 16 au soir et le commandant du 3ᵉ corps, aussi bien que son chef d'état-major, étaient d'avis qu'on ne pouvait être arrêté par la question des vivres (2).

---

(1) L'intendant Bagès (*Instruction du procès Bazaine*) dit que le 16 au soir, les troupes du 2ᵉ corps auraient dû avoir deux jours de vivres dans le sac, mais que malheureusement ces vivres avaient été souvent gaspillés et que les sacs n'avaient pas toujours été retrouvés.

D'après ce même fonctionnaire, la partie du convoi ralliée près de Gravelotte comprenait encore : 1 jour de biscuit, 3 ou 4 jours de vivres de campagne et quelques têtes de bétail.

(2) *Conseil d'enquête, Instruction et procès Bazaine* : déposition du maréchal Lebœuf. — *Lettre* du colonel d'Ornant au maréchal Lebœuf du 16 février 1872. (Pièces annexes.)

D'ailleurs, il convient de remarquer que le convoi auxiliaire seul était resté au Ban-Saint-Martin ; les 50 voitures du train des équipages dont disposait le 3ᵉ corps accompagnaient les troupes et pouvaient par suite assurer un complément de vivres.

4ᵉ corps. — Le 4ᵉ corps avait été également pourvu de vivres jusqu'au 18. Sans doute, le gaspillage y avait été moindre que dans d'autres corps d'armée, car on ne trouve nulle part mention d'une pénurie d'approvisionnements. Le général de Ladmirault déclare même formellement qu'en comprenant les approvisionnements des convois qui rallièrent les troupes sur le champ de bataille, il disposait de 4 jours de vivres (1). Il semble toutefois qu'il y ait là une exagération, car les voitures du train régulier appartenant à la 2ᵉ division et à la division de cavalerie rejoignirent seules les troupes ; si donc ces deux divisions étaient alignées jusqu'au 20 août, comme le dit le général de Ladmirault, il semble que, les 1ʳᵉ et 3ᵉ ne possédaient réellement que les vivres du sac, qui au dire de l'intendant Gayard, s'élevaient à 3 jours au moment du départ de Woippy, c'est-à-dire le matin même du 16 (2).

6ᵉ corps. — Le 6ᵉ corps avait reçu une distribution le 15 août (3) et avait été précédemment aligné jusqu'au 17. Il eut donc dû être pourvu jusqu'au 18, ou au moins jusqu'au 17.

Peut-être y eut-il cependant gaspillage ou perte de denrées, car le maréchal Canrobert déclarait le 16 au matin au capitaine de France, du grand quartier général, que le 6ᵉ corps ne possédait plus de riz que pour le 17 ou qu'on avait à peine de quoi faire une distribution de biscuit (4).

Quoique ces renseignements fussent assez vagues, il est

---

(1) *Conseil d'enquête* et *Instruction du procès Bazaine*. Dépositions du général de Ladmirault.

(2) *Instruction du procès Bazaine.* Intendant Gayard.

(3) Cette distribution fut incomplète à la vérité, mais une autre distribution de biscuit, et dont on ne tient pas compte ici, eut lieu, comme on sait, le 16 au matin.

(4) *Procès Bazaine.* Capitaine de France.

permis de supposer qu'à la fin de la bataille le 6ᵉ corps n'était pas absolument dépourvu de vivres, mais que, cependant, une distribution générale était nécessaire pour la journée du lendemain.

Garde. — La Garde était largement pourvue (1) et possédait encore *au moins* deux jours de vivres, puisque, dans la journée du 17, la Garde répondait à un questionnaire du grand quartier général qu'elle possédait encore deux jours de vivres du sac et deux jours dans la réserve du corps d'armée (2). D'ailleurs, les voitures du train des équipages, — relativement très nombreuses pour ce corps d'armée (30 sur 130), — avaient suivi les troupes ainsi que le troupeau.

3ᵉ division de cavalerie. — La division de cavalerie de Forton n'avait reçu des vivres que pour jusqu'au 16 inclus. Comme, depuis le 14, elle n'avait touché de son convoi aucune distribution, elle manquait certainement de vivres pour le 17. Mais elle en fut effectivement pourvue par son intendant au moyen des quinze voitures du convoi qui avaient été arrêtées à Gravelotte après la panique de la matinée (3).

En résumé, on voit que, de tous les éléments de l'armée, les 2ᵉ et 6ᵉ corps seuls avaient besoin d'être réapprovisionnés le 17 au matin. Tous les autres corps possédaient encore de un à deux jours de vivres du sac et certains disposaient en outre des approvisionnements transportés par le train des équipages.

On a déjà fait remarquer que le 2ᵉ corps eût pu être réapprovisionné le soir même au moyen des ressources de son convoi auxiliaire. Quant au 6ᵉ corps, il se trouvait exactement dans les mêmes conditions vis-à-vis du convoi auxiliaire du grand quartier général réuni à Gravelotte, puisque ce convoi était

---

(1) *Instruction du procès Bazaine* et *Procès Bazaine*. Dépositions du général Bourbaki et de l'intendant Lebrun.
(2) Pièces annexes.
(3) *Instruction du procès Bazaine* et *Procès Bazaine*. Intendant Birouste.

normalement chargé de pourvoir à ses besoins. Ce dernier convoi contenait, comme on l'a vu plus haut (1), environ une journée et demie de vivres-pain (biscuit et farine) pour toute l'armée, un approvisionnement considérable de sel, sucre et café (plus de trois jours) et un troupeau de bétail (2).

En prélevant ce qui était nécessaire au 6ᵉ corps, on fut donc encore resté en possession d'une réserve très importante qu'il eût été possible de répartir le lendemain matin entre les autres corps d'armée, qui, tous, se fussent ainsi trouvés suffisamment pourvus pour gagner une région où l'intendant général Wolff avait déjà réuni de grands approvisionnements sur l'ordre du maréchal Bazaine lui-même (3).

Malheureusement, la Direction du service de l'intendance ignorait bien réellement, comme on l'a déjà fait remarquer, les ressources dont elle disposait immédiatement. L'intendant de Préval déclara, en effet, à l'*Instruction* du procès de

---

(1) Page 755.

(2) Dont une partie, il est vrai, fut dispersée dans la matinée. (*Procès Bazaine*. Intendant Mony).

(3) Dès le 12 août, l'intendant général Wolff s'était rendu à Verdun pour y rassembler des approvisionnements. Après y avoir réuni 500,000 ou 600,000 rations, il écrivait au Ministre, le 14 août, de lui expédier dans cette place 200,000 rations (pain compris) le 15 ; 200,000 rations (pain compris) le 16 ; 200,000 rations (pain compris) plus 3,000 quintaux d'avoine le 17.

Il demandait en même temps qu'on prît les mesures nécessaires pour que 200,000 rations et 3,000 quintaux d'avoine arrivassent à Sainte-Menehould le 18 ; à Valmy le 19 et à Suippes le 20. (Pièces annexes. Journée du 14 août.) Cette lettre porte en marge : « Reçue le 16 alors que 252,000 rations avaient été expédiées à Longuyon et 660,000 à Verdun. »

Dans la soirée du 14, l'intendant Wolff se rendit à Montmédy pour presser la constitution d'une réserve qu'il avait également ordonné de réunir sur ce point, puis il revint à Metz le 15 au soir.

Le 16, de très bonne heure, il se présentait au commandant en chef et lui rendait compte de sa mission. On sait que le maréchal Bazaine lui prescrivit de retourner à Verdun puis à Montmédy pour y surveiller la réunion des approvisionnements.

Cependant, les vivres affluaient d'heure en heure à Verdun et à Lon-

Trianon : « qu'il ne devait rester que très peu de vivres aux troupes le 16 au soir et qu'il ne devait y avoir sur le plateau que la partie du convoi de biscuit et les voitures du train régulier, qui étaient fort peu nombreuses ».

Aussi, ce haut fonctionnaire proposait-il au Maréchal, qui, d'ailleurs, ne l'avisait point de ses projets de retraite, de faire expédier de Metz les convois qui y étaient restés.

Journée du 17 août.

L'intendant de Préval, accompagné du directeur du service des subsistances (Mony) et du directeur du service des transports (Gaffiot), arriva à Metz vers minuit et fit atteler aussitôt un convoi d'environ 500 voitures appartenant pour la plupart au 3ᵉ corps, tandis que l'intendant Mony s'entendait avec le service de la place pour presser la fabrication du

---

guyon et le maréchal Bazaine recevait, par dépêche, confirmation des renseignements fournis le matin même par l'intendant général, au moins en ce qui concerne la première de ces places.

Le gouverneur de Verdun télégraphiait, en effet, à 7 h. 40 du matin, au major général :

« Verdun renferme en ce moment pour 3 ou 4 jours de biscuit et d'autres vivres de campagne..... » (Pièces annexes.)

Une seconde dépêche, apportée dans la journée par un émissaire, annonçait « qu'il y avait à Verdun 4 jours de vivres pour toute l'armée ». (Pièces annexes.)

Le commandant en chef était donc fixé sur la quantité des approvisionnements qu'il pourrait trouver à Verdun, et il est difficile de s'expliquer comment il put, le 18 août, répondre à l'Empereur, qui lui demandait par dépêche « s'il fallait laisser à Verdun le grand approvisionnement qui y était » : « J'ignore l'importance de Verdun ; je crois qu'il est nécessaire de n'y laisser que ce dont a besoin la place. » (*Dépêche du Maréchal à l'Empereur*, 18 août, 7 heures du soir.) Cette réponse est d'autant plus incompréhensible que le Ministre avait télégraphié le 17 au soir, à 7 h. 5 : « Verdun est bondé de biscuit et je fais continuer les envois. »

En revanche, on ne paraît pas avoir eu connaissance avant le 21 de l'approvisionnement constitué à Longuyon. (*Procès Bazaine.* Intendant Mony.)

pain, de manière qu'on pût expédier un nouveau convoi à l'armée le lendemain, 18 (1).

Le départ du premier convoi eut lieu le 17, à 4 h. 30 du matin, c'est-à-dire au moment même où les voitures réunies à Gravelotte reprenaient la direction de Metz.....

Le convoi de l'intendant Gaffiot arrivait à Moulins quand le capitaine Fix, du grand quartier général, avisa l'intendant de Préval de la retraite de l'armée vers Metz. Celui-ci se rendit aussitôt auprès du général Coffinières, qui lui conseilla d'arrêter le convoi et de l'utiliser pour ravitailler l'armée sur les nouvelles positions qu'elle allait prendre. Mais, sur ces entrefaites, l'intendant Gaffiot, ayant reçu l'ordre de faire demi-tour, rétrograda sur Plappeville et Ban-Saint-Martin, où il fut rejoint dans la journée par les voitures du grand quartier général.

Une partie des approvisionnements de ces dernières avait été abandonnée auprès de Gravelotte. Dans la journée du 16, en effet, l'intendant de Préval avait fait décharger les voitures contenant des effets de campement. Puis, quand il fallut évacuer les blessés sur Metz, on fit décharger encore une cinquantaine de fourgons du train des équipages contenant des vivres. Le Maréchal, informé de ce fait, autorisa la distribution de ces denrées. Certains régiments, profitant de l'occasion, prirent livraison de quelques vivres; mais la plus grande partie des approvisionnements déchargés dut être brûlée au dernier moment. Le convoi du grand quartier général perdit de ce fait (2) :

35,150 rations de biscuit;
10,000 — de farine;
625,000 — de sel;
750,000 — de café;
619,000 — de sucre;

---

(1) *Conseil d'enquête*, *Instruction du procès Bazaine* et *Procès Bazaine*. Dépositions des intendants de Préval, Mony et Gaffiot.

(2) Y compris les quantités que les troupes s'adjugèrent le 17 au matin.

200 rations de foin;
4,222 — d'avoine;

plus du vin et de l'eau-de-vie (1).

Dans la journée, le maréchal Bazaine écrivait aux commandants de corps d'armée « qu'il s'occupait avec la plus grande activité de sortir de la situation actuelle en ce qui concerne les besoins des troupes ». « Tous mes soins, dit-il, tendent à arriver à une avance de quatre jours dans le sac. » Puis il ajoutait en *post-scriptum* : « Le convoi d'administration n'ayant pas pu monter jusqu'à Plappeville, je l'envoie au Ban-Saint-Martin, où je vous prie d'envoyer chercher ce qui vous est nécessaire pour ravitailler vos troupes. Je vous recommande spécialement de n'employer à cet usage que des voitures militaires (2). »

Mais avant que ces ordres ne parvinssent à destination, la plupart des intendants des corps d'armée avaient déjà envoyé chercher leurs convois à Metz (3). Quelques-uns d'entre eux, et en particulier celui du 3e corps, parvinrent à amener, dès le 17 au soir, un certain nombre de voitures jusqu'auprès des troupes.

Enfin, de nouveaux ordres du grand quartier général prescrivaient aux corps d'armée de faire prendre par les voitures des équipages militaires un jour de biscuit, deux jours de vivres de campagne et un jour d'avoine sur le plateau de Plappeville, où l'intendance venait de faire réunir les approvisionnements nécessaires.

Ainsi donc, tandis que les intendants des corps d'armée s'occupaient, de leur propre initiative, à ramener les convois vers l'armée, le commandant en chef prescrivait un ravitaillement vers l'arrière.

En réalité, le temps manqua pour exécuter les prescrip-

---

(1) Environ 9,000 rations de biscuit avaient déjà été prises sans bons réguliers, la veille au soir, par les troupes.

(2) *Lettre* du Maréchal aux commandants de corps d'armée et aux chefs de service.

(3) *Lettre* de l'intendant de Préval au maréchal Bazaine.

tions du grand quartier général, de sorte que les voitures des corps d'armée ne furent acheminées vers le plateau de Plappeville que le lendemain matin 18. D'autre part, et sauf quelques exceptions, les intendants ne purent ramener de Metz les approvisionnements qui leur étaient nécessaires, de sorte qu'aucune distribution ne fut faite aux troupes pendant la journée du 17 (1).

Dans la soirée, vers 8 heures du soir, le commandant en chef fit appeler l'intendant de Préval pour lui prescrire de se rendre à Châlons par Thionville et de faire diriger au plus vite vers Metz tous les approvisionnements en pain et biscuit qu'il pourrait se procurer. Il s'ouvrit d'ailleurs à lui de son projet de se replier par le Nord et lui indiqua la place de Longuyon comme étant un centre de ravitaillement sur lequel il convenait de constituer des approvisionnements (2).

---

(1) Les fractions des convois qui parvinrent jusqu'aux bivouacs, arrivèrent trop tard pour qu'on put procéder immédiatement à une distribution.

(2) L'intendant de Préval partit à 10 heures du soir pour Châlons en même temps que le commandant Magnan. Or ce dernier avait également reçu l'ordre du commandant en chef de faire avancer autant que possible vers les places frontières, et en particulier sur Montmédy, tous les trains qui pourraient se trouver sur la ligne des Ardennes à destination de l'armée. (*Procès Bazaine*. Commandant Magnan.)

Le commandant Magnan et l'intendant de Préval furent reçus par l'Empereur le 18. Le premier dépeignit la situation de l'armée de Metz d'une telle façon que tout le monde fut convaincu, au quartier impérial, que le maréchal Bazaine n'avait plus ni vivres ni munitions. (*Procès Bazaine*. Intendant de Préval et *Conseil d'enquête*. M. Rouher.)

Quant à l'intendant de Préval, il ne trouva aucun approvisionnement jusqu'à Charleville. Là, il donna l'ordre d'activer la fabrication du pain pour augmenter le chargement des quelques wagons de cette denrée qui s'y trouvaient. Il recueillit ensuite 1500 quintaux de biscuit à Givet, 55,000 rations de pain à Reims, et 100,000 autres à Châlons. Tous ces approvisionnements ne purent naturellement parvenir à Metz.

Dès le 16 août, le Ministre avait fait expédier à Longuyon 252,000 rations de pain, mais il n'apparaît pas que d'autres approvisionnements aient été constitués dans cette place.

2ᵉ corps. Le convoi du 2ᵉ corps fut parqué près de Châtel-Saint-Germain.

Dans la journée, l'intendant Bagès se rendit à Metz, où il obtint une journée de pain et de l'avoine pour les chevaux. Le foin et la paille furent achetés à Châtel-Saint-Germain. Malheureusement, le pain et l'avoine n'arrivèrent de Metz que pendant la nuit, de sorte que la distribution en fut remise au lendemain. Aucune distribution n'est signalée.

3ᵉ corps. — Le 3ᵉ corps n'avait plus de vivres que pour la journée du 17 (voir page 180); l'intendant Friant était allé à Metz chercher une partie du convoi, mais l'autorisation lui fut d'abord refusée de l'amener jusque sur le plateau de Moscou (1). Il obtint cependant dans la soirée de conduire jusqu'aux bivouacs les voitures contenant une journée de vivres. Mais il ne parvint à destination que dans la nuit et ne put par conséquent procéder à une distribution immédiate (2).

Peut-être, cependant, les troupes touchèrent-elles dans la journée une ration de viande, car les troupeaux étaient, avec les voitures du train régulier, auprès des bivouacs (3).

4ᵉ corps. — Le 4ᵉ corps possédait encore des vivres pour la journée du 18 (4).

Néanmoins, l'intendant Gayard fit préparer à Metz un convoi exclusivement chargé sur des voitures du train régu-

---

(1) Voir la lettre du maréchal Lebœuf au maréchal Bazaine, 17 août, 4 h. 30 du soir.

Au procès Bazaine, le commandant du 3ᵉ corps a déclaré que le ravitaillement se fit le 17 de grand matin. Il faut évidemment entendre par là que l'intendance se préoccupa dès le matin de se procurer des vivres, car la lettre précitée, de même qu'une autre lettre datée de 2 h. 30 du soir, prouvent que dans l'après-midi le maréchal Lebœuf s'inquiétait encore des moyens de faire une distribution pour le lendemain.

(2) *Instruction du procès Bazaine.* Intendant Friant.

(3) Voir la *Lettre* du maréchal Lebœuf au maréchal Bazaine, dans laquelle le commandant du 3ᵉ corps signale que 50 bœufs ont été pris sur son troupeau par des régiments d'autres corps.

(4) Voir page 757.

lier, et destiné à la distribution du lendemain. Ce convoi ne fut prêt à partir que le 18 au matin (1).

6ᵉ corps. — Aucune distribution ne fut faite au 6ᵉ corps dans la journée du 17 ; le 9ᵉ régiment toucha cependant un ou deux jours de vivres à Gravelotte, — provenant sans doute des denrées déchargées par le convoi auxiliaire du grand quartier général (2).

Garde. — Une distribution de viande fut faite aux troupes le 17 pour le 18. Celles qui n'avaient pu en percevoir le 16 au matin en touchèrent deux rations (3). Aucune autre distribution ne paraît avoir été faite. D'ailleurs, les troupes avaient encore deux journées de vivres dans le sac (4).

3ᵉ division de cavalerie. — L'intendant Birouste fit distribuer le contenu des quinze voitures ralliées la veille à Gravelotte et compléta ses ressources en allant chercher un convoi de vivres à Plappeville dans la soirée du 17.

Journée du 18 août.

Le 18 au matin, certains corps d'armée dirigèrent vers Metz, conformément aux ordres du commandant en chef, toutes les voitures disponibles et particulièrement les voitures à bagages, dont le chargement, laissé sur place, fut en grande partie perdu à la suite de la bataille.

D'ailleurs, la Direction du service de l'intendance de l'armée faisait savoir aux chefs de service des corps d'armée que les distributions se feraient désormais à Metz, où les approvisionnements des convois auxiliaires seraient tenus à leur disposition (5). Mais, ainsi qu'on va le voir, certains convois

---

(1) *Lettre* de l'intendant Gayard au général de Ladmirault, 17 août. *Instruction du procès Bazaine.* Intendant Gayard.

(2) Voir les *Renseignements* fournis par l'intendance. Pièces annexes du 18 août.

(3) Pièces annexes du 17.

(4) Pièces annexes du 17. *Questionnaire* de la Garde.

(5) *Note* de l'intendant en chef aux intendants des corps d'armée. Pièces annexes. Journée du 18 août.

partis de Metz étaient déjà arrivés pendant la nuit sur le champ de bataille; d'autres se mirent en route dès le matin et même se croisèrent avec des voitures vides venant des bivouacs.

2e corps. — Les deux premières divisions du 2e corps touchèrent des vivres de bonne heure au Ban-Saint-Martin (1). Il est probable cependant que la distribution fut faite assez tôt, à l'aide des ressources du convoi parqué près de Châtel-Saint-Germain. On se rappelle, en effet, que, selon toute vraisemblance, les troupes durent vivre le 17 sur les approvisionnements du sac, déjà assez incomplets (2). Or, le matin du 18, le général Frossard répondait au capitaine Guioth (3), venu aux renseignements de la part du commandant en chef, que les vivres de campagne ne manquaient pas, non plus que la viande, mais qu'il était impossible de faire cuire cette dernière par suite de la perte, à Rezonville, d'un grand nombre d'ustensiles de campement (4).

La brigade Lapasset se trouva amplement approvisionnée par suite de l'arrivée d'un convoi de vingt-deux voitures du 5e corps chargées de denrées de toute nature à l'adresse de la brigade (5).

3e corps. — Une distribution eut lieu le 18 au matin, puis toutes les voitures que l'intendant Friant avait amenées sur le plateau de Moscou pendant la nuit (6) furent reportées vers Metz (7).

---

(1) *Compte rendu* fourni par l'intendance le 18 au matin. Pièces annexes du 18.
(2) Voir page 736.
(3) *Procès Bazaine.* Capitaine Guioth.
(4) Il est vrai que le commandant du 2e corps ajoutait « qu'on attendait encore le pain et le biscuit ». Peut-être ignorait-il l'arrivée pendant la nuit du convoi de pain et de biscuit envoyé par l'intendant Bagès.
(5) *Note* du sous-intendant Courtois. Pièces annexes du 18.
(6) Voir page 764.
(7) Pièces annexes du 18 et *Instruction du procès Bazaine.* Intendant Friant.

4ᵉ corps. — Le convoi, préparé la veille à Metz (1), fut fractionné en quatre détachements. Les trois premiers partirent successivement entre 5 heures et 8 heures du matin. Le dernier devait se mettre en route à midi, mais le canon en fit suspendre le départ.

Le premier détachement seul arriva à Amanvillers avant la bataille. Le second arrivait auprès des bivouacs quand le premier coup de canon se fit entendre. Le troisième ne dépassa pas les hauteurs de Plappeville et rentra à Metz le lendemain matin. Ceux qui arrivèrent jusqu'au champ de bataille eurent un certain nombre de voitures perdues ou détruites. De plus, on ne put faire qu'une très faible partie des distributions (2).

D'ailleurs, et bien que le général de Ladmirault eût été informé que le convoi auxiliaire viendrait ravitailler les troupes (3), le commandant du 4ᵉ corps, pensant sans doute que contre-ordre avait été donné à la suite des prescriptions du grand quartier général qu'on connaît, fit diriger sur Metz les voitures à bagages pour y chercher des vivres. Mais, l'ordre du maréchal Bazaine n'étant arrivé qu'assez tard, il semble que l'exécution en fut très incomplète, ce qui permit de sauver une partie des bagages, — ceux-ci n'ayant pas tous été déchargés sur le champ de bataille.

6ᵉ corps. — Bien que les distributions antérieures eussent dû, normalement, assurer la subsistance jusqu'au 18, on a vu que, dès le 16 au soir, certaines fractions du 6ᵉ corps étaient à bout de ressources. Cette situation ne put que se généraliser dans tout le corps d'armée, puisqu'à l'exception du 9ᵉ régiment, — et peut-être de quelques autres, — on ne toucha rien dans la journée du 17. Quoi qu'il en soit, le défaut d'approvisionnements n'était pas encore absolu, car le maréchal Canrobert a déclaré que, le 18 au matin, la moitié des hommes possédait encore une journée de vivres (4). Mais une distribution n'en était pas moins indispensable. Dès le 17 août,

---

(1) Voir page 764.
(2) *Instruction du procès Bazaine.* Intendant Gayard.
(3) *Lettre* de l'intendant Gayard au général de Ladmirault, 17 août.
(4) *Conseil d'enquête.* Maréchal Canrobert.

le commandant du 6e corps avait prescrit à son chef d'état-major d'envoyer chercher des vivres au convoi du grand quartier général, mais il ne semble pas que cette prescription fut suivie d'effet.

Le 18 au matin, les voitures régimentaires reçurent l'ordre de se réunir à 8 heures à l'entrée de Saint-Privat pour aller, de là, toucher des vivres sur le plateau de Plappeville (1). Le convoi partit effectivement, mais ne put rejoindre les troupes à cause de la bataille, de sorte que le 6e corps ne reçut de vivres ni le 17, ni le 18 (sauf les exceptions déjà signalées).

Garde. — Ordre fut donné par le général Bourbaki, le 18 au matin, de s'aligner en vivres jusqu'au 22 août inclus et en avoine jusqu'au 21 (2).

D'après les indications fournies par l'intendant du corps d'armée (3), ces distributions étaient assurées tant au moyen des ressources dont disposaient immédiatement les troupes (voitures du train des équipages), qu'au moyen de celles du train auxiliaire réunies au Ban-Saint-Martin.

Il est impossible de dire si ces distributions eurent réellement lieu. Peut-être furent-elles faites partiellement à l'aide des approvisionnements du convoi régulier présent à Plappeville. Il est d'ailleurs à remarquer que les vivres du sac suffisaient certainement à la subsistance du 18 (4).

3e division de cavalerie. — Le convoi que l'intendant Birouste parvint à ramener de Plappeville le 17 au soir (5) assura la subsistance du 18 (6).

Observations générales. — Si l'on considère l'ensemble du service des vivres pendant la période s'étendant du 14 au

---

(1) *Ordre* du maréchal Canrobert. Pièces annexes du 18.
(2) *Ordre* du général Bourbaki. Pièces annexes du 18.
(3) *Lettre* de l'intendant Lebrun au général Bourbaki. Pièces annexes du 18.
(4) Voir page 765.
(5) Voir page 765.
(6) *Instruction du procès Bazaine* et *Procès Bazaine.* Intendant Birouste.

18 août, on est frappé de ce fait que les approvisionnements chargés sur voitures furent, — au total, — toujours très supérieurs aux besoins des troupes, mais que, malgré la présence des convois au milieu des colonnes ou des bivouacs, les distributions ne furent assurées que de la façon la plus irrégulière et la plus incomplète.

Les causes de ce déplorable état de choses sont de natures diverses.

En premier lieu, on doit considérer que l'organisation du service des transports était des plus défectueuse. Parmi les 3,400 voitures affectées à cet important service, près des 6/7es consistaient en chariots du pays conduits par des convoyeurs civils très insuffisamment encadrés au moyen de quelques officiers, sous-officiers ou brigadiers du train des équipages. Dans des conditions normales, de pareils convois ne se fussent sans doute déplacés qu'avec une extrême lenteur et sans grand ordre. Dans les circonstances difficiles d'une marche en retraite s'effectuant sous la pression d'une armée jusque-là victorieuse, la lenteur et le désordre ne pouvaient qu'augmenter encore. Au moins eût-il été nécessaire de chercher à parer dans la mesure du possible à des difficultés faciles à prévoir par des dispositions appropriées, par un redoublement de surveillance dans les colonnes de voitures, et surtout par une sage ordonnance des mouvements.

Malheureusement, aucune de ces mesures ne fut mise en pratique, et c'est là qu'apparaît la responsabilité du haut commandement, car, à aucun moment de la période envisagée, le grand quartier général ne se préoccupa des convois que pour leur prescrire, en bloc, de s'engager sur une route unique, que les troupes devaient suivre elles-mêmes immédiatement. L'organisation judicieuse de colonnes de voitures, la détermination d'itinéraires convenables et la fixation d'heures de départs s'accordant avec la marche des troupes ne furent l'objet d'aucune prescription.

Il faut d'ailleurs ajouter, qu'en ce qui concerne la constitution des approvisionnements et les opérations du ravitaillement et des distributions, l'ingérence directe du commandant en chef ne se fit sentir que par des ordres inexécutables au point de vue technique. C'est ainsi qu'au moment d'abandonner la rive droite de la Moselle, le maréchal Bazaine ordonnait de charger quatre jours de vivres sur une catégorie de voitures dont le nombre était absolument insuffisant pour cet objet.

Le 15 août, il donnait un ordre de licenciement des convois auxiliaires aussi inexécutable que le précédent, étant donné le désarroi qui régnait alors au milieu des colonnes. Le 16 et le 17, il laissait la Direction de l'intendance acheminer des vivres vers l'armée, alors que celle-ci rétrogradait précisément vers la place, abandonnant ou emmenant avec elle des approvisionnements très importants qu'on avait oublié d'utiliser. Enfin, à ce désordre inextricable vint encore s'ajouter celui que provoqua un ordre de réapprovisionnement vers l'arrière, alors que déjà les chefs de service des corps d'armée tentaient eux-mêmes d'amener une partie de leurs convois vers l'avant.

Si le haut commandement de l'armée agit, au point de vue du ravitaillement, avec une inconséquence égale à celle dont il fit preuve dans la conduite générale des opérations, il est juste d'ajouter que la Direction du service de l'intendance ne sut, à aucun moment, ni renseigner le grand quartier général sur la quotité et l'emplacement de ses approvisionnements, ni provoquer des ordres convenables pour assurer les distributions aux troupes. Mais peut-être, cependant, ne convient-il pas de s'étonner outre mesure de pareils faits, car on ne doit pas perdre de vue que la cause primordiale du désordre qui régnait alors dans tous les services de l'armée incombe tout entière au chef, dont les néfastes décisions l'ont conduite à sa perte.

II. — Service des munitions d'artillerie.

La question des approvisionnements en munitions d'artillerie et du ravitaillement des batteries et des parcs, avait été l'objet d'une enquête spéciale de la part du *Conseil de guerre* de Trianon.

Malheureusement, on ne put tenir compte à ce moment que des rapports d'ensemble des commandants de l'artillerie des corps d'armée, de dépositions orales souvent peu précises et enfin de quelques *Historiques* des batteries. On ne parvint point, de la sorte, à fixer, avec quelque approximation, la consommation des batteries sur le champ de bataille ; on n'arriva même pas, — faute d'avoir consulté des documents originaux qui ne se trouvaient pas encore réunis (1), — à distinguer les consommations du 14 de celles du 16.

Bien qu'il ne soit pas toujours possible, encore aujourd'hui, de déterminer exactement le nombre de projectiles délivrés *à chacune des batteries* par les parcs de corps d'armée, la connaissance à peu près complète que l'on a maintenant de la consommation de ces batteries, des distributions faites *à chaque corps d'armée* par leurs parcs et à ceux-ci par l'arsenal de Metz, permet de faire, à ce qu'il semble, un pas de plus dans la question.

Dans les calculs qui vont suivre, on a négligé les *boîtes à mitraille* qui n'ont été tirées qu'en très petit nombre et dans des cas exceptionnels. Le chargement des coffres a donc été décompté sur le taux de : 37 obus par coffre de 4 ; 17 obus par coffre de 12 et 36 boîtes à balles par caisse blanche pour mitrailleuses. L'erreur pouvant résulter de ce fait est certainement de peu d'importance.

---

(1) Bon nombre de renseignements sur les munitions ont été retrouvés dans les états établis par les chefs de groupe ou les capitaines commandants, et relatifs aux pertes en hommes et en chevaux. D'autres proviennent de notes prises auprès des batteries, le lendemain même de la bataille, par des officiers de l'état-major de l'artillerie, en vue des opérations du ravitaillement.

On doit d'ailleurs faire remarquer dès maintenant qu'il ne faut pas considérer les chiffres donnés plus loin comme rigoureusement exacts. Pendant le cours de la bataille, en effet, quelques caissons ou avant-trains ont été détruits ou abandonnés sur le terrain. De l'ignorance où l'on est sur la limite dans laquelle ces voitures étaient encore chargées au moment de leur perte, il est résulté l'obligation de les négliger. D'ailleurs, la consommation de certaines batteries n'est connue qu'approximativement. Il en résulte que, logiquement, on aurait dû arrondir dès l'abord certains des chiffres qui vont suivre. Mais comme tous ces chiffres se déduisent successivement les uns des autres dans la période de temps considérée, on aurait risqué, en opérant ainsi, d'accumuler de nouvelles erreurs qui seraient venues s'ajouter à celles qu'on ne peut éviter. On a donc préféré conserver à ces chiffres l'apparente rigueur avec laquelle ils se présentent, sauf à faire observer une fois pour toute que les unités et les dizaines, — et même les centaines, s'il s'agit des totaux des corps d'armée, — doivent être largement arrondies.

2ᵉ corps. — Au départ de Metz, le 14 août dans la journée, les batteries et le parc du 2ᵉ corps étaient au complet (sauf *peut-être* en ce qui concerne les boîtes à balles des batteries de mitrailleuses) (1), car le parc avait été antérieurement réapprovisionné par l'arsenal de Metz après avoir lui-même recomplété les batteries.

Le parc arriva le 15 à Rezonville, où il passa la nuit suivante (2).

Le 16, il se porta, au début de la lutte, près de Gravelotte

---

(1) *Instruction du procès Bazaine.* Colonel Brady et commandant Welter.

(2) Il comprenait :

48 caissons de 4................	}	5,513 obus.
5 affûts de 4....................		
24 caissons de 12...............	}	1,241 —
1 affût de 12...................		
192 caisses blanches pour canons à balles.		6,912 boîtes à balles.

et distribua des munitions aux batteries dans le courant de la journée.

Pendant le combat du 16, le 2ᵉ corps avait consommé :

    8,307 coups de 4 ;
    1,390   —   12 ;
    1.269 boîtes à balles ;

c'est-à-dire environ :

    80 p. 100) de l'approvisionne- (53 p. 100) de l'approvision-
    95 — } ment total des bat- { 52 — } nement total du
    26 —) teries engagées et (12 —) corps d'armée.

Une partie seulement des munitions dépensées fut remplacée, dans la journée du 16, par le parc, qui distribua surtout des caissons de 4, quelques caissons de 12 et quelques caisses de boîtes à balles (1) (2). Aussi, le général Gagneur prescrivit-il le 17 aux généraux de division de faire procéder au ravitaillement des batteries qui n'avaient pas leurs coffres au complet.

Cette opération fut exécutée dans la journée même ou dans la matinée du lendemain au Ban-Saint-Martin, où s'était transporté le parc, et dans la limite des ressources dont il disposait.

Or, il est à remarquer que, les batteries du 2ᵉ corps ayant tiré 8,307 coups de 4 et 1390 coups de 12 dans la journée du 16, le parc, qui ne comprenait que 5,069 obus de 4 (3) et 1241 obus de 12, ne put pas les réapprovisionner d'une manière absolument complète (4). Si toutefois on tient compte de ce fait que la 11ᵉ batterie du 5ᵉ se rendit directement le 18

---

(1) *Instruction du procès Bazaine* et *Procès Bazaine*. Gardes d'artillerie Choisy et Lecomte.

(2) Quatre caissons de 4 furent distribués au 6ᵉ corps. (*Instruction du procès Bazaine*. Colonel Brady, directeur du parc.)

(3) C'est-à-dire 5,513 obus (approvisionnement normal), moins les 444 obus donnés au 6ᵉ corps.

(4) L'arsenal de Metz ne distribua aucune munition à l'armée dans la journée du 17 et le parc du 2ᵉ corps n'en toucha pas avant la fin de l'après-midi du 18.

à l'arsenal, où elle toucha 262 obus de 12, on peut admettre que, pour la bataille de Saint-Privat, les batteries de 12 et les mitrailleuses avaient un approvisionnement complet, mais que les batteries de 4 ne possédaient, au plus, que 7,085 obus, c'est-à-dire environ les 7/10es de leur approvisionnement normal. Ces ressources furent cependant plus que suffisantes pour faire face aux besoins de la lutte, puisque, le 18, le 2e corps ne consomma que :

2,234 obus de 4 ;
804 — de 12 ;
450 boîtes à balles ;

c'est-à-dire environ :

31 p. 100
55 —   de l'approvisionnement des batteries.
9 —

Si, comme il paraît probable, le parc distribua toutes les munitions de 4 qui lui restaient (1), il ne devait plus posséder, vers le milieu de la journée du 18, que :

113 obus de 12 ;
3,753 boîtes à balles.

Le colonel Brady, directeur du parc, avait reçu l'ordre de se mettre en rapport avec le colonel de Girels, directeur à Metz, pour recompléter ses voitures.

Après avoir terminé les distributions dans la matinée du 18, un convoi de caissons vides fut dirigé sur le plateau de Plappeville, où l'arsenal de Metz avait réuni depuis la veille un parc mobile (2).

---

(1) Voir le *Journal de marche* de l'artillerie du 2e corps.
(2) Ce parc mobile comprenait :

30 caissons.... de 4, c'est-à-dire.. 3,552 obus de 4.
6 avant-trains.
11 caissons de 12, c'est-à-dire....... 561 obus de 12.
8 chariots pour mitrailleuses, c'est-à-dire..................... 4,608 boîtes à balles.

Il arriva dans l'après-midi du 17 sur le plateau de Plappeville, mais ne distribua aucune munition ce jour-là.

D'après une liste de répartition préparée à l'état-major de l'artillerie de l'armée, le parc du 2ᵉ corps ne devait recevoir que :

    1,900 obus de 4 ;
    400 — de 12 ;
    1,152 boîtes à balles.

Il était donc loin d'être au complet et ne devait alors posséder que :

    1,900 obus de 4 environ ;
    513 — de 12 — ;
    4,905 boîtes à balles.

Le 18 au soir, le parc du 2ᵉ corps rentrait à l'arsenal de Metz, où, par suite d'une erreur restée sans explication, il cessa de fonctionner jusqu'au 26, date à laquelle il fut enfin remis à la disposition du général Frossard (1).

3ᵉ corps. — Pendant la bataille de Borny, l'artillerie du 3ᵉ corps avait consommé :

    2,246 coups de 4 ;
    195 — de 12 ;
    783 boîtes à balles ;

c'est-à-dire environ :

14 p. 100 ⎫ de l'approvision- ⎧ 9 p. 100 ⎫ de l'approvision-
13 — ⎬ nement total des ⎨ 7 — ⎬ nement total du
8 — ⎭ batteries et..... ⎩ 5 — ⎭ corps d'armée.

Le lendemain, les opérations du ravitaillement des parcs ne commencèrent qu'à 4 heures du soir, alors que le commandant Maignien fut revenu auprès du détachement qu'il commandait avec une liste de répartition des munitions établie par l'état-major de l'artillerie de l'armée. Des distributions furent alors faites aux 2ᵉ, 3ᵉ et 6ᵉ corps et aux batteries des 13ᵉ, 18ᵉ et 20ᵉ régiments d'artillerie.

Après ces distributions, le parc mobile ne comptait plus que 6 avant-trains de 4, c'est-à-dire 222 obus de 4, lesquels furent d'ailleurs distribués à la nuit, après la cessation du feu.

(1) Après la bataille de Saint-Privat, les batteries du 2ᵉ corps furent directement réapprovisionnées par l'arsenal.

Pendant la journée du 15, les batteries se réapprovisionnèrent (pour la plupart à l'arsenal) et touchèrent respectivement (1) :

Les batteries de 4 de la 1re division.... 269 obus.
— de la 2e — .... 518 —
— de la 3e — .... 284 —
— de la 4e — .... 585 —

Les deux batteries de 12 de la réserve paraissent s'être réapprovisionnées (195 obus) auprès du parc, qui alla recompléter partiellement son approvisionnement à l'arsenal en touchant deux caissons de 12, c'est-à-dire 102 obus. Il paraît également avoir aligné au complet les 2e et 4e batteries du 17e (188 coups de 4) et s'être recomplété lui-même en touchant à l'arsenal 188 obus de 4.

Il résulte de là que, le 16 au matin, le parc du 3e corps possédait à très peu de chose près son complet réglementaire en obus, c'est-à-dire :

7,807 obus de 4 (complet);
1,148 — de 12 au lieu de 1241 (2).

Les batteries paraissent également avoir été, à peu près, alignées au complet. D'après les chiffres des distributions faites par l'arsenal (3), il aurait seulement manqué : 43 obus à la 1re division ; 312 à la 3e; 22 à la 4e et 25 à la 1re batterie du 17e (réserve d'artillerie).

L'approvisionnement des batteries présentes sur le plateau de Rezonville pendant la bataille (4) était donc de :

---

(1) La 6e batterie du 4e, de la division Metman, ne se recompléta cependant à l'arsenal que dans la journée du 16.

(2) Le parc du 3e corps comprenait :

68 caissons. } de 4, c'est-à-dire...... 7,807 obus de 4.
7 affûts... }

24 caissons. } de 12, c'est-à-dire..... 1,241 obus de 12.
1 affût... }

16 chariots de parc pour mitrailleuses,
c'est-à-dire................. 9,216 boîtes à balles.

(3) *Note* du colonel de Girels, datée du 16 août.
(4) Non compris par conséquent celles de la division Metman.

13,360 obus de 4 ;
1,462 — de 12 (1).

En ce qui concerne les mitrailleuses, rien ne permet de croire qu'elles aient été recomplétées. Le chiffre très faible des consommations du 14 ne parut sans doute pas nécessiter une telle opération, de sorte que les trois batteries de mitrailleuses qui prirent part à la bataille du 16 ne disposèrent que de 6,846 boîtes à balles au lieu de 7,533 qui était leur complet réglementaire. Le parc, en revanche, était toujours pourvu de son approvisionnement normal, c'est-à-dire de 9,216 boîtes à balles.

Comme, le 15, dans la journée, le parc vint bivouaquer entre Saint-Marcel et Villers-aux-Bois, on peut affirmer que les batteries du 3ᵉ corps présentes sur le plateau disposaient, au total, dans leur corps d'armée, de :

21,167 obus de 4 ;
2,610 — de 12 ;
16,062 boîtes à balles.

Or, la consommation du 16 fut seulement de :
3,909 coups de 4 ;
930 — de 12 ;
1,320 boîtes à balles ;

c'est-à-dire :

29 p. 100 ⎫ de l'approvision- ⎧ 18 p. 100 ⎫ de l'approvision-
63 — ⎬ nement des bat- ⎨ 36 — ⎬ nement du corps
20 — ⎭ teries et...... ⎩ 8 — ⎭ d'armée.

Le 16 au matin, alors que le canon se fit entendre, le parc rétrograda vers l'arrière de 1 ou 2 kilomètres et ne distribua aucune munition aux batteries pendant le cours de la journée. Il revint, à la nuit tombante, reprendre son bivouac et com-

---

(1) Le complet réglementaire aurait été :
Pour 12 batteries de 4............. 13,764 obus.
— 2 batteries de 12............. 1,462 obus.
— 3 batteries de mitrailleuses.... 7,533 boîtes à balles.

mença immédiatement les distributions. Le ravitaillement des batteries, qui n'avaient d'ailleurs consommé que relativement peu de projectiles, ne paraît pas avoir été complètement achevé, car le parc ne distribua que :

1,998 obus de 4 ;
376 — de 12 ;
469 boîtes à balles (1).

Par suite, les batteries du 3e corps (2) possédaient le 17 au matin :

13,431 obus de 4 ;
908 — de 12 ;
8,410 boîtes à balles ;

c'est-à-dire :

85 p. 100
62 —   de leur approvisionnement normal.
84 —

Comme, d'ailleurs, aucune distribution ne fut faite par le parc dans la journée du 17 ni dans celle du lendemain, c'est avec cet approvisionnement que le 3e corps combattit le 18.

Le parc, par suite des distributions faites après la bataille du 16, ne comptait plus que :

5,809 obus de 4 ;
772 — de 12 ;
8,747 boîtes à balles.

Dans la journée du 17, et pendant que le parc se transportait entre Lorry et Amanvillers, le général commandant l'artillerie du 3e corps adressait au général Soleille une

---

(1) Par différence entre le déficit du parc le 16 au matin et le déficit indiqué le 17 par le général de Rochebouët au général Soleille.

(2) Y compris les batteries de la division Metman, auxquelles il manquait toujours : 312 obus de 4 et 96 boîtes à balles.

demande à l'effet de remplacer les munitions consommées le 16. Conformément aux ordres du commandant de l'armée, le recomplétement partiel du parc eut lieu le 18, auprès du parc mobile de Plappeville, mais seulement vers la fin de l'après-midi (1).

D'après la liste de répartition des munitions du parc mobile, le 3e corps avait droit à :

  748 coups de   4 ;
  150 — de 12 ;
 1,152 boîtes à balles.

Si, comme il est vraisemblable (2), ces chiffres représentent, sauf pour les boîtes à balles, ceux de la distribution qui fut faite, le parc du 3e corps possédait à la fin de la journée :

  6,557 obus de 4, au lieu de 7,807 ;
    922 — de 12,   — 1,241 ;
  9,216 boîtes à balles, — 9,216.

Il n'apparaît pas que le parc ait pu procéder pendant la bataille à un ravitaillement, au reste peu nécessaire. Les batteries du 3e corps ne consommèrent, en effet, pendant la journée du 18, que :

  5,634 obus de   4 ;
    405 — de 12 ;
  2,400 boîtes à balles ;

c'est-à-dire :

  42 p. 100
  45 — } de l'approvisionnement réel des batteries.
  29 —

---

(1) Malgré les ordres du commandant du 3e corps et par suite d'un malentendu, le capitaine Joyeux qui commandait la colonne ne quitta le bivouac qu'à 2 h. 30 de l'après-midi. (*Instruction du procès Bazaine* et *Procès Bazaine. Capitaine Joyeux*.)

(2) Car le parc mobile distribua toutes ses munitions aux corps pour lesquels on avait fait la répartition. Il ne put cependant distribuer toutes ses boîtes à balles au 3e corps auquel il en manquait un peu.

4ᵉ corps. — Les batteries du 4ᵉ corps avaient tiré le 14 août :

    1,884 coups de 4 ;
    144 — de 12 ;
    438 boîtes à balles ;

c'est-à-dire environ :

15,5 p. 100	⎫ de l'approvision-	11 p. 100	⎫	de l'approvision-
10 —	⎬ nement total des	5,5 —	⎬	nement total du
6 —	⎭ batteries et....	3 —	⎭	corps d'armée.

Par ordre du chef d'état-major, les batteries furent, en général, réapprovisionnées par le parc pendant la journée du 15. Les 6ᵉ et 7ᵉ batteries du 1ᵉʳ, cependant, le furent directement par l'arsenal.

Le parc distribua (1) :

    1,247 obus de 4 ;
    122 — de 12 ;
    382 boîtes à balles ;

et l'arsenal :

    696 obus de 4 (2).

Le total des distributions relatives au calibre de 4 dépassant légèrement la consommation du 14, il est probable que quelques batteries avaient un petit déficit antérieur. En revanche, l'approvisionnement des batteries de 12 et des batteries de mitrailleuses ne paraît pas avoir été exactement aligné au complet (22 obus de 12 et 56 boîtes à balles, en moins).

Le 16 août au matin, les batteries du 4ᵉ corps possédaient donc l'approvisionnement suivant :

    10 batteries de 4 .... 11,470 obus de 4 ;
    2 — de 12 .... 1,442 — de 12 ;
    3 — de mitrailleuses. 7,477 boîtes à balles.

---

(1) *Instruction du procès Bazaine.* Chef artificier Pollart.
(2) *Note* du colonel de Girels, datée du 16 août.

Quant au parc (1), il ne reçut aucune munition de l'arsenal (2) et partit, par conséquent, de Woippy, le 16 au matin, avec :

    4,266 obus de 4 ;
    1,119 — de 12 ;
    6,530 boîtes à balles.

Les consommations du 16 furent, pour l'artillerie du 4ᵉ corps, de :

    3,141 obus de 4 ;
    917 — de 12 ;
    765 boîtes à balles ;

c'est-à-dire environ :

27 p. 100 ⎫ de l'approvision- ⎧ 20 p. 100 ⎫ de l'approvisionne-
64 —   ⎬ nement réel des ⎨ 36 —   ⎬ ment total du corps
10 —   ⎭ batteries et.... ⎩ 5,5 —   ⎭ d'armée (3).

Le parc d'artillerie partit de Woippy au milieu de la colonne des troupes du 4ᵉ corps ; il passa par Sainte-Marie-aux-Chênes et arriva à Doncourt vers 3 heures du soir. Aucune distribution ne fut faite par lui pendant l'après-midi, mais le ravitaillement des batteries commença pendant la nuit et se

---

(1) Dont l'approvisionnement normal était de :

    48 caissons .... ⎫
    5 affûts .... ⎬ 5,513 obus de 4.
    24 caissons .... ⎫
    1 affût .... ⎬ 1,241 obus de 12.
    12 chariots de batterie .... 6,912 boîtes à balles.

(2) Ainsi qu'en témoigne la *Note* des munitions délivrées par cet établissement et signée du colonel de Girels. (*Loc. cit.*)

Le général Laffaille (*Conseil d'enquête*) commet une erreur en disant que le parc reprit à Metz les munitions qui lui manquaient. Le colonel Luxer, directeur de ce parc, est au contraire dans le vrai, sauf en ce qui concerne le chiffre qu'il indique, en disant (*Instruction du procès Bazaine*) « qu'il manquait les 1300 coups délivrés le 15 au matin ».

(3) En négligeant la consommation de la 9ᵉ batterie du 8ᵉ qui reste inconnue. L'erreur ainsi commise sur l'ensemble est peu importante.

continua pendant la matinée du 17. Il fut ainsi distribué aux batteries :

> 2,362 obus de 4 ;
> 756 — de 12 ;
> 765 boîtes à mitraille ;

de sorte qu'elles disposèrent dans leurs coffres de :

> 10,691 obus de 4 ;
> 1,281 — de 12 ;
> 7,477 boîtes à balles ;

c'est-à-dire environ :

> 93 p. 100 }
> 88 — } de l'approvisionnement normal des batteries.
> 99 — }

Il restait au parc (1) :

> 1,904 obus de 4 ;
> 363 — de 12 ;
> 5,765 boîtes à balles.

c'est-à-dire environ :

> 35 p. 100 }
> 32 — } de son approvisionnement normal.
> 83 — }

Dans la journée du 17, le directeur du parc du 4ᵉ corps écrivit au général Soleille pour lui signaler l'urgence de pourvoir au recomplétement de ses munitions. Il lui fut sans doute répondu de diriger ses voitures vides sur Metz, car, dès l'arrivée du parc à Amanvillers, celles-ci furent conduites à l'arsenal. Mais, arrivées trop tard dans la soirée, elles ne furent chargées que dans la matinée du lendemain et reçurent :

---

(1) Les chiffres suivants se rapprochent d'ailleurs beaucoup des chiffres *approximatifs* donnés le 17 août au général Soleille par le colonel Luxer. (Documents annexes du 17 août.)

1,570 obus de 4
482 — de 12 } (1).

Après cette opération, le parc disposait donc de :
  3,474 obus de 4 ;
  845 — de 12 ;
  5,765 boîtes à balles ;

c'est-à-dire :
  68 p. 100
  68 —   } de son approvisionnement normal.
  83 —

Pendant l'après-midi du 18, le commandant Voisin, qui ramenait le convoi de l'arsenal de Metz, porta en avant une douzaine de caissons de 4 et de 12 et distribua immédiatement 849 obus de 4 et 333 obus de 12 aux batteries, qui étaient d'ailleurs loin de manquer de munitions, puisqu'elles ne consommèrent que :
  8,143 obus de 4 ;
  994 — de 12 ;
  3,060 boîtes à balles.

c'est-à-dire :
  67 p. 100 (2) de leur ap-   52 p. 100 de l'approvisionne-
  62 —   provisionne-   40 —   ment total du corps
  41 —   ment total et 23 —   d'armée (3).

6ᵉ corps. — Le 6ᵉ corps était dans des conditions peu avantageuses au point de vue des munitions, puisqu'il ne possédait pas de parc. Il ne disposait donc, le 16 au matin, que du seul approvisionnement des batteries, savoir :

  9 batteries de 4 .... 10,323 obus de 4 ;
  2   —   de 12 ...... 1,462 — de 12.

---

(1) *Note* du colonel de Girels, datée du 19 août.
(2) Car la 6ᵉ batterie de 8ᵉ toucha directement à l'arsenal 648 coups de 4, ce qui porta l'approvisionnement des batteries à 12,188 obus de 4.
(3) Le parc du 4ᵉ corps fournit quatre caissons de 4 au 6ᵉ corps.

Les consommations du 16, qu'on exagéra beaucoup le soir ou le lendemain de la bataille (1), ne furent en réalité que de :

4,274 obus de 4 ;
294 — de 12 ;

c'est-à-dire :

42 p. 100
20 — } de l'approvisionnement des batteries.

Comme d'ailleurs le 6ᵉ corps reçut pendant le cours même de la bataille :

Du 2ᵉ corps : quatre caissons de 4, c'est-à-dire 444 obus de 4 ;
De la Garde : 380 obus de 4 ;

il lui restait à la fin de la bataille :

6,873 obus de 4 ;
1,168 — de 12 ;

soient :

67 p. 100
80 — } de l'approvisionnement des batteries ;

---

(1) Et même plusieurs années encore après la guerre. C'est ainsi que le général de Berckheim (*Conseil d'enquête*) déclara que le 6ᵉ corps avait consommé presque toutes ses munitions. « Le 16 au soir, dit-il, on a demandé à Canrobert : « Que vous manque-t-il en munitions ? » Il a répondu : « Tout. »
Certaines batteries, et particulièrement les 6ᵉ et 7ᵉ du 14ᵉ, tirèrent en effet beaucoup, mais l'impression produite sur le maréchal Canrobert provient très probablement (*Instruction du procès Bazaine;* de Chalus) de ce que les réserves des batteries étaient à Gravelotte, et que le tir dut être interrompu de ce fait. Le capitaine de Chalus prétend que les réserves des batteries de la 3ᵉ division étaient à peu près épuisées quand il les retrouva à Gravelotte. Ceci est incroyable étant donnée la consommation des batteries, et il est permis de se demander si cet officier les retrouva bien réellement au milieu de l'encombrement produit par le 2ᵉ corps. Ce fut lui, cependant, qui ramena les munitions cédées par le 2ᵉ corps et par la Garde.

c'est-à-dire beaucoup plus de munitions qu'il n'en avait consommé dans la journée même.

Pendant la nuit du 16 au 17, cependant, le maréchal Canrobert écrivait au maréchal Bazaine qu'il n'avait plus de munitions. Bien que ce fut là, sans doute, une exagération de langage (1), il n'en est pas moins vrai que la situation du 6ᵉ corps exigeait un ravitaillement. Malheureusement, le commandant de l'armée se borna à répondre qu'il avait ordonné au général Soleille « de presser l'exécution de ses ordres » (relatifs au ravitaillement), et comme d'autre part la journée du 17 août fut uniquement employée *à faire étape*, le 6ᵉ corps ouvrit le feu dans l'après-midi du 18 sans avoir touché un seul projectile.

Le maréchal Canrobert parvint cependant, à force d'insistance, à obtenir quelques caissons pendant le cours même de la bataille :

Le 4ᵉ corps fournit 4 caissons : 444 obus de 4.

Le commandant Abraham amena du parc mobile, et par ordre du général Soleille, 8 caissons de 4 : 888 obus de 4, et 4 caissons de 12 : 204 obus de 12.

Le capitaine de Chalus amena également du parc mobile 4 caissons de 4 : 444 obus de 4.

Enfin, l'artillerie de la 3ᵉ division put se procurer 3 caissons « abandonnés » et appartenant peut-être au 4ᵉ corps, c'est-à-dire : 333 obus de 4.

Pendant le cours du combat de Saint-Privat, le 6ᵉ corps disposa donc, en réalité, de 11,240 obus de 4 et de 1372 obus de 12 (2).

---

(1) Lors du procès Bazaine, le commandant du 6ᵉ corps dit, en effet : « Ce fut avec des caissons à moitié ou au tiers pleins, qui me restaient de la bataille de Rezonville, que j'ai eu à soutenir la bataille (du 18). » En fait, l'approvisionnement restant dépassait les deux tiers de l'approvisionnement normal des batteries ainsi qu'on vient de le voir.

(2) Les batteries affectées au 6ᵉ corps le 16 août possédaient encore, comme on sait, 6,873 obus. Or le 17, les 5ᵉ et 6ᵉ batteries du 19ᵉ furent mises à sa disposition avec un approvisionnement de 2,258 pro-

Sa consommation fut de :

8,345 obus de 4 ;
967 — de 12 ;

c'est-à-dire :

73 p. 100
70 — } de l'approvisionnement total.

L'artillerie du maréchal Canrobert ne tira donc pas tous les obus dont elle disposait, mais la pénurie de munitions se fit cependant sentir pour un grand nombre de batteries, parce que leurs réserves, restées pour la plupart sur la route de Woippy, refluèrent prématurément sur Metz, ou bien furent introuvables au milieu de la cohue qui encombrait, sur le soir, la chaussée et ses abords.

Garde. — Les consommations du 14 furent insignifiantes (10 obus de 4 et 15 boîtes à balles) et furent d'ailleurs remplacées par le parc.

Le 16 au matin, les batteries de la Garde possédaient :

10 batteries de 4 .... 11,470 obus de 4 ;
2 — de mitrailleuses. 5,022 boîtes à balles.

Quant au parc d'artillerie (bivouaqué à Gravelotte), il transportait (1) :

48 caissons de 4 ....
5 affûts de 4 .... } 5,513 obus de 4.
8 chariots pour mitrailleuses. 4,608 boîtes à balles.

Les consommations du 16 furent de :

3,028 obus de 4 ;
1,344 boîtes à balles ;

---

jectiles (approvisionnement normal diminué des 36 obus tirés le 16). Le total disponible le 18 était donc de 10,796.

(1) Sauf les quelques projectiles dont il vient d'être question et qu'on peut négliger.

c'est-à-dire :

26 et 27 p. 100 de l'approvisionnement des batteries et 18 et 14 p. 100 de l'approvisionnement total du corps d'armée.

Le parc commença les distributions dans la nuit même du 16 ; il les continua pendant la matinée du 17, et toutes les batteries furent alignées au complet réglementaire (1). En admettant, d'ailleurs, que quelques batteries fissent exception à cette règle, il est hors de doute qu'elles touchèrent les munitions qui leur manquaient à Plappeville, où le parc et les troupes de la Garde vinrent bivouaquer dans la journée du 17.

Bien que l'*Historique* du parc de la Garde relate que des voitures vides furent envoyées à l'arsenal de Metz dès le 17 août, il est certain qu'aucune distribution ne fût faite par cet établissement (2). D'ailleurs, le général Bourbaki prescrivait, le 18 dans la matinée, au général Pé de Arros, de recompléter son parc, et un convoi de ravitaillement fut aussitôt dirigé sur le plateau de Plappeville, auprès du parc mobile. Mais le commandant Maignien avait interdit de distribuer des munitions avant qu'il fût de retour du quartier général de l'artillerie de l'armée. On sait qu'il revint auprès de son détachement à 4 heures du soir, porteur d'une liste de répartition entre les différents corps d'armée. Or, cette liste ne prévoyait aucune autre distribution à la Garde sauf deux chariots de caisses blanches pour mitrailleuses, c'est-à-dire 1152 boîtes à balles. Il est probable que cette distribution fut faite, mais aucune munition de 4 ne fut certainement délivrée sur le plateau de Plappeville. Par contre, le parc de la Garde toucha à l'arsenal de Metz 1108 coups de 4 (3).

Le 18 août, les batteries avaient donc un approvisionnement complet, mais le parc ne possédait que :

3,213 obus de 4 (4) ;
4,416 boîtes à balles.

---

(1) *Conseil d'enquête*. Général Pé de Arros.
(2) *Note* du colonel de Gireïs, datée du 17 août.
(3) *Note* du colonel de Gireïs, datée du 18 août.
(4) Car il avait remis 380 obus de 4 au 6e corps pendant la bataille du 16.

Le 18 août, les consommations de l'artillerie ne furent que de 997 obus de 4, c'est-à-dire environ 9 p. 100 de l'approvisionnement réel des batteries et 6,7 p. 100 de l'approvisionnement réel du corps d'armée.

3e division de cavalerie. — Les 7e et 8e batteries du 20e tirèrent, le 16, 1160 obus de 4, c'est-à-dire 39 p. 100 de leur approvisionnement total.

Le 18 août, elles touchèrent 374 coups au parc mobile de Plappeville, ce qui porta leur approvisionnement à 1508 coups. Mais elles n'eurent pas l'occasion de tirer ce jour-là.

Réserve générale d'artillerie. — La réserve générale d'artillerie n'avait pas été rejointe à Metz par son parc. Elle ne possédait donc que l'approvisionnement des batteries.

Deux batteries du 18e eurent, seules, l'occasion de tirer quelques coups le 14 août : 46 obus de 4.

Comme ces munitions n'auraient pu être remplacées que par l'arsenal et que les *Notes* journalières du colonel de Girels n'en font aucune mention, il est certain que ce déficit, d'ailleurs insignifiant, ne fut pas comblé.

Le 16 août, les batteries restées sous le commandement du général Canu et présentes sur le plateau de Gravelotte se réduisaient à six batteries de 4 $\left(\frac{1, 2, 3, 4, 5, 6}{18}\right)$ et deux batteries de 12 $\left(\frac{11, 12}{13}\right)$.

Elles disposaient alors de :

    6,836 obus de 4 ;
    1,462 — de 12.

Les consommations du 16 furent de

    2,363 obus de 4 ;
    525 — de 12 ;

c'est-à-dire :

$\left.\begin{array}{l}34 \text{ p. } 100\\ 36 \quad —\end{array}\right\}$ de l'approvisionnement des batteries.

La réserve générale ne toucha que le 18 quelques munitions

sur le plateau de Plappeville. Le parc mobile lui distribua seulement :

300 obus de 4 ;
192 — de 12.

Les batteries venues de Rezonville disposèrent donc alors de :

4,773 obus de 4 ;
1,129 — de 12.

Mais comme, le 18, les quatre batteries du 13e restées à Metz rejoignirent les autres sur le mont Saint-Quentin, l'approvisionnement réel fut de :

4,773 obus de 4 ;
4,053 — de 12.

Les consommations du 18 furent de 816 obus de 12, c'est-à-dire 20 p. 100 de l'approvisionnement des batteries.

*
* *

Si l'on cherche à résumer la situation des batteries au point de vue des ressources dont elles disposaient immédiatement sur les champs de batailles du 16 et 18, c'est-à-dire en faisant abstraction des parcs de corps d'armée, et *en ne considérant que les projectiles qu'elles portaient réellement dans leurs coffres*, on arrive aux résultats consignés dans le tableau suivant :

	CONSOMMATIONS DU 16			CONSOMMATIONS DU 18		
	4	12	M.	4	12	M.
	p. 100.	p. 100.	p. 100.	p. 100.	p. 100.	p. 100.
2e corps	80	95	26	30	55	9
3e corps	29	63	20	42	45	29
4e corps	27	64	10	67	62	44
6e corps	42	20	»	73	70	»
Garde	26	»	27	9	»	0

On voit que, pendant la bataille du 16, le 2ᵉ corps fut le seul qui dépensa la plus grande partie de son approvisionnement. En ne considérant que les pièces de 4, — de beaucoup les plus nombreuses, — il apparaît que le 3ᵉ corps, le 4ᵉ et la Garde ne consommèrent pas 30 p. 100 de leurs ressources et que le 6ᵉ n'en consomma à peu près que 40 p. 100.

Le 18 août, la Garde ne tira qu'un nombre de coups insignifiant; le 2ᵉ corps 30 p. 100 et le 3ᵉ 42 p. 100. Seuls, les 4ᵉ et 6ᵉ atteignirent des chiffres élevés, mais qui ne dépassèrent cependant que de très peu les deux tiers ou les trois quarts des ressources présentes sur le champ de bataille.

Il est toutefois important de remarquer que les chiffres précédents s'appliquent à l'ensemble des batteries de chacun des corps d'armée et non pas à chacune d'elles. Il est donc très admissible, — et ce fait indiscutable est encore vérifié par l'examen des tableaux des pertes relatifs aux batailles sous Metz, — que quelques batteries manquèrent effectivement de munitions et se trouvèrent ainsi dans l'obligation d'abandonner prématurément la lutte. Mais si la consommation de ces batteries dépassa le pour cent moyen qu'indique le tableau précédent, il en résulte forcément que la dépense des autres resta inférieure à ce chiffre et que, par conséquent, bon nombre d'unités se retirèrent du champ de bataille avec un approvisionnement qui se trouva être parfois assez important.

Il est cependant nécessaire de faire à ce sujet une distinction, car les réserves des batteries restèrent, dans bien des cas, complètement séparées des batteries de combat (1) et, sauf quelques exceptions, ces réserves ne firent aucune tentative pour aller réapprovisionner les pièces sur la ligne de combat. Pendant la bataille du 18, en particulier, le ravin de Châtel,

---

(1) La *réserve* d'une batterie de 4 comprenait 2 caissons et 1 avant-train d'affût, soient 259 obus sur les 1147 qui formaient l'approvisionnement total de la batterie ; la *réserve* d'une batterie de 12 comprenait 6 caissons et un avant-train d'affût, soient 323 obus sur 731.

(Il n'est pas tenu compte, comme il a déjà été dit, des boîtes à mitraille).

sur les derrières des 2ᵉ et 3ᵉ corps, et le couloir qui mène à Saulny, sur les derrières du 6ᵉ, furent encombrés par des réserves qui se trouvaient, par surcroît, mélangées à un nombre considérable de voitures de toute espèce.

Les batteries de combat éprouvèrent donc de grandes difficultés à retrouver les échelons laissés en arrière, et bon nombre d'entre elles n'y parvinrent même pas. Si donc les munitions manquèrent sur certains points de la ligne de combat, il faut surtout attribuer ce fait aux fâcheux errements qu'on suivait alors très généralement et qui consistaient à maintenir les réserves des batteries à une trop grande distance en arrière du champ de bataille, sans d'ailleurs exiger d'elles qu'elles fissent tout leur possible pour amener des caissons pleins à la batterie de combat, ni même qu'elles restent en liaison intime avec les unités dont elles dépendaient.

On arrive ainsi, en ce qui concerne le service des munitions d'artillerie, à une conclusion comparable à celle qu'on a exposée plus haut au sujet du service des vivres, à savoir que, sauf en ce qui concerne le 2ᵉ corps le 16 et le 6ᵉ le 18, tous les corps d'armée disposèrent bien réellement d'un approvisionnement de première ligne (1) suffisant pour faire face aux exigences du combat, mais que, grâce à des errements funestes, une partie de cet approvisionnement ne parvint pas sur la ligne des pièces.

---

(1) C'est-à-dire dans les batteries (avec leurs réserves) et sans tenir compte des parcs.

ERRATA

Page 4, note 3. Supprimer la phrase : *Parmi celles-ci, la division de Cissey....,* etc.

Page 158, ligne 24. Au lieu de : 11ᵉ, lire 10ᵉ.

Page 212, ligne 7. Au lieu de : *commandant Grevel*, lire : *lieutenant-colonel Guével*.

Page 264, note 1. Au lieu de : *quatre bataillons au lieu de cinq*..... $\left(\frac{I}{64}, \frac{I, II, III}{98}\right)$, lire : *cinq bataillons*..... $\left(\frac{I, III}{64}, \frac{I, II, III}{98}\right)$.

Page 266, ligne 2. Après : (le IIᵉ), ajouter : *et un du 65ᵉ (le IIIᵉ)*.

Page 318, ligne 7. Au lieu de : *aucune pièce n'était plus en batterie*, lire : *trois batteries étaient encore en position, mais elles ne tiraient plus* $\left(\frac{8}{8}, \frac{12}{8}, \frac{10}{13}\right)$.

Paris. — Imprimerie R. Chapelot et Cᵉ, rue Christine, 2.

LIBRAIRIE MILITAIRE R. CHAPELOT & Ce
30, Rue et Passage Dauphine, à Paris.

Général H. BONNAL

L'ESPRIT DE LA GUERRE MODERNE

LA MANŒUVRE
DE
SAINT-PRIVAT

18 juillet-18 août 1870

ÉTUDE DE CRITIQUE STRATÉGIQUE ET TACTIQUE

PREMIER VOLUME

Paris, 1904, 1 vol. gr. in-8 avec 33 cartes en couleurs. **14 fr.**

Paris. — Imprimerie R. CHAPELOT et Ce, 2, rue Christine.

www.ingramcontent.com/pod-product-compliance
Lightning Source LLC
Chambersburg PA
CBHW061722300426
44115CB00009B/1075